HEYNE
BÜCHER

HANS GEORG PRAGER

Panzerschiff DEUTSCHLAND
Schwerer Kreuzer LÜTZOW

*Ein Schiffs-Schicksal vor den
Hintergründen seiner Zeit*

WILHELM HEYNE VERLAG

MÜNCHEN

HEYNE-BUCH Nr. 01/6269
im Wilhelm Heyne Verlag, München

Genehmigte, eingekürzte Taschenbuchausgabe
Copyright © 1981 by Koehlers Verlagsgesellschaft mbH, Herford
Printed in Germany 1983
Umschlagfoto: Enno Kleinert, München
Umschlaggestaltung: Atelier Ingrid Schütz, München
Gesamtherstellung: Presse-Druck, Augsburg

ISBN 3-453-01801-X

*»Ich habe mich bemüht,
die Welt weder zu verhöhnen, noch zu beweinen,
noch zu verabscheuen,
sondern sie zu begreifen . . . so wie sie ist!«*

*Baruch Spinoza
(Tractatae politicae)*

Inhaltsverzeichnis

Panzerkreuzer auf Fabrikschornstein!

An einem Augustmorgen des Jahres 1928 tickert der Morse-schreiber im Telegrafenzimmer einer Hamburger Feuerwache eine routinemäßige Alarmdepesche. Obwohl sie fehlerfrei durchgegeben wurde und gestochen scharf ablesbar ist, drahtet der wachhabende Feuerwehr-Telegrafist anstelle der üblichen Rückmeldung das Kurzsignal »rp«: »Bitte repetieren!«

Die Depesche konnte unmöglich ihre Richtigkeit haben . . .

Aber der Morseschreiber wiederholt im genau gleichen Wortlaut das sonderbarste Telegramm in Hamburgs Feuerwehrgeschichte: »Von Polizei — Panzerkreuzer auf Fabrikschornstein! Droht herabzufallen!«

Blitzschnell klärt telefonische Rückfrage den Sachverhalt: Während der Nacht haben kommunistische Demonstranten eine große Panzerkreuzer-Attrappe auf einem Fabrikschornstein befestigt, um auf diese Weise weithin sichtbar gegen den soeben endgültig von der Reichsregierung beschlossenen Bau des Panzerschiffes »A« für die kleine Reichsmarine der Weimarer Republik zu protestieren.

Aufkommender Starkwind droht jetzt, die recht massive und schwere Attrappe zum Absturz zu bringen. Sie ist damit nicht nur zum politischen Ärgernis, sondern zugleich zur Passanten-Gefährdung geworden. Und in solchen Fällen holt man grundsätzlich die Feuerwehr.

Die Kreuzer-Attrappe auf dem Fabrikschornstein wird zum Stadtgespräch. Und genau damit haben die Agitatoren der Kommunistischen Partei Deutschlands gerechnet. Sie erhoffen Breitenwirkung bei ihrer jüngsten Propaganda-Offensive gegen die staatstragenden Parteien, in erster Linie gegen die Sozialdemokraten. Das neueste KPD-Schlagwort lautet: »Volksentscheid gegen den Panzerkreuzer!«

Wenige Tage vorher, am 10. August 1928, hat nämlich die Reichsregierung, unter der Kanzlerschaft von Hermann Müller-Franken (SPD), den einstimmigen Beschluß zum Bau des Panzerschiffes »A« gefaßt. Der Neubau ist, in Übereinstimmung mit dem Versailler Vertrag, als Ersatz für das total veraltete und be-

Die Reichstagswahl vom 20. Mai 1928

Mit 153 von 491 Reichstagssitzen ist die Sozialdemokratische Partei Deutschlands als stärkste Fraktion aus der Wahl hervorgegangen. Nach dem Wahlsieg wird Hermann Müller (SPD), genannt Müller-Franken, als neuer Reichskanzler mit der Bildung einer Regierung beauftragt, in der eine Koalition von Sozialdemokratischer Partei (SPD), Deutscher Volkspartei (DVP), Deutscher Demokratischer Partei (DDP), Zentrum und Bayerischer Volkspartei (BVP) über die Mehrheit von 301 Sitzen — gegenüber 190 Sitzen der Opposition — im Reichstag verfügt.

Reichskanzler Müllers Dilemma liegt darin, daß seine Partei mit der Anti-Panzerkreuzer-Parole gegen die nunmehrigen Koalitionspartner in den Wahlkampf gezogen war. Die SPD kann sich in Anbetracht dieser Situation gegen den Reichswehrminister und die bürgerlichen Minister des Kabinetts nicht durchsetzen, als es am 10. August zur endgültigen Abstimmung über den praktisch schon beschlossenen Bau des Panzerschiffes kommt.

Die bürgerlichen Minister haben die Blöße ihrer sozialdemokratischen Koalitionspartner sehr wohl erkannt: Würde es wegen des bereits im Wehretat gesicherten Reichswehr-Projektes tatsächlich zur Koalitionsfrage kommen, wäre die Auflösung des eben erst gewählten Reichstages die unvermeidliche Folge. Bei Neuwahlen müßte die SPD jedoch mit Stimmenverlusten rechnen, denn sie hat schließlich nicht nur einen linken Flügel. In klarer Erkenntnis ihrer Achillesferse stimmen deshalb Reichskanzler Müller-Franken und seine SPD-Minister Severing, Hilferding und Wissell für das Panzerschiff und vermeiden somit die Kabinettssprengung.

Diese Handlungsweise wird von der »Basis« nicht verstanden. Mißbilligungs-Fackelzüge und Protestkundgebungen, lautstarke Sprechchöre, telegrafische Rücktrittsforderungen sowie Säcke voller Briefe von Jungdemokraten und empörten Wählern sind äußere Anzeichen für das, was die »Vossische Zeitung« mit den Worten umreißt: *»Vielleicht seit 1914 ist keine Frage der inneren Politik in dieser größten deutschen Partei so leidenschaftlich diskutiert worden wie diese. Und es ist für die gesamte Öffentlichkeit wichtig, das zu wissen.«*

Die »Berliner Börsenzeitung« schreibt: *»Für die Sozialdemokratie und für die Linksdemokratie war die Auseinandersetzung um den Panzerkreuzer eine entscheidende Episode in dem Ringen zwischen ›Militarismus‹ und ›Pazifismus‹. Bei dieser Entscheidung konnte es kein Schwanken geben ... Viele Monate hat ununterbrochen der Kampf der Linken gegen den Panzerkreuzer und seine Verfechter gedauert. Er hat den früheren Reichswehrminister (Dr.*

reits außer Dienst gestellte Linienschiff *Preußen* geplant. Mit der öffentlichen Bekanntgabe haben Reichskanzler Müller und die ebenfalls sozialdemokratischen Minister Severing, Wissell und Hilferding sich selbst und die gesamte SPD-Fraktion in eine ausgesprochen prekäre Situation hineinmanövriert.

Der linke Flügel der Partei, die Jungdemokraten und das gesamte linke Wählerpotential der Weimarer Republik sind heftig in Wallung geraten. Dort empfindet man den Regierungsbeschluß zum Bau des Panzerschiffes empört als SPD-»Umfall«.

Tatsächlich haben die Sozialdemokraten bei der Reichtagswahl vom 20. Mai 1928 nicht zuletzt deswegen die meisten Stimmen auf sich vereinigen können, weil sie den Wahlkampf unter dem Schlagwort führten: »*Wer keinen Panzerkreuzer will, der wähle Liste 1! (SPD).*«

Seit dem einstimmigen Baubeschluß des Kabinetts gibt es in Vorstadtlokalen und auf Parteiversammlungen der »Basis« nur noch ein einziges Gesprächsthema: Das vertrackte Panzerschiff und die unverstandene Haltung der eigenen Partei. Die Gemüter erhitzen sich bei den Diskussionen immer mehr. Und über Nacht erlangt ein Mann aus dem Volke eine besondere, keineswegs ungefährliche Publizität: Der Kriegsversehrte Friedrich Wilhelm Möller aus der Rheinsberger Straße im Norden von Berlin. Als alter SPD-Wähler hat er Strafantrag gegen die sozialdemokratischen Politiker des Regierungskabinetts wegen »*Untreue, Betruges und Vorspiegelung falscher Tatsachen*« gestellt!

Aber sogar rechtsstehenden Kreisen des nationalen und konservativen Lagers will kaum Schadenfreude über die Nöte des Reichskanzlers Müller aufkommen. Es ist allzu offensichtlich, wer der eigentliche lachende Dritte ist — mit welcher konsequenten Strategie und Zielrichtung die KPD und ihre militante Speerspitze, der Rote Frontkämpfer-Bund, aus der Sache politisches Kapital schlagen. Sie treten jetzt zum Generalangriff an.

Plötzlich sind Mauern, Bauzäune, Brücken, Litfaßsäulen mit Plakaten bepflastert oder mit Protestparolen beschmiert. Überall regnen agitatorische Flugblätter in Menschenansammlungen — oder sie werden den Arbeitern beim Schichtwechsel vor dem Fabriktor in die Hand gedrückt. Sogar Kinder-Demonstrationen werden vielerorten auf die Beine gebracht. Manche in die politische Auseinandersetzung eingespannte Nesthäkchen können im steifen Wind die großen Transparente kaum richtig festhalten, auf die man »ihre« Proteste gepinselt hat: »*Kinderspeisung statt Panzerkreuzer.*« Die Polemik linksradikaler Schlagzeilen, insbesondere des KPD-Zentralorgans »Die Rote Fahne«, wird von Tag zu Tag aggressiver. Die Zeitung spricht schon am 12. August von »Wahlkampf-Lüge« und »Verrat«. Die Überschrift ihrer Titelseite lautet: »*Der Panzerkreuzerskandal — Sozialdemokratische Wähler, so hat man euch betrogen!*« Das Blatt enthält den radikalen Aufruf: »*Heraus aus der Partei der Sozialverräter, heraus aus der Partei der Panzerkreuzer-Sozialisten! Hinein in die Rote Front, hinein in die Partei des Proletariats, in die KPD!*«

Am 14. August besteht „Die Rote Fahne" auf sofortiger Einberufung des Reichstages zwecks Stellungnahme zum Panzerkreuzerbaubeschluß und fordert: »*Organisiert den Massenprotest in Betrieb und Gewerkschaften!*« Am 16. August lautet die Hauptschlagzeile des Blattes: »*Volkssturm gegen Panzerkreuzer — Mobilisiert alle Kräfte zur Abrechnung!*«

Einen Tag später propagiert das KPD-Zentralorgan in Riesenlettern auf der Titelseite: »*Volksentscheid gegen Panzerkreuzer*« und verkündet folgenden Entschluß des Zentralkomitees der Kommunistischen Partei Deutschlands: »*Die KPD erwartet, daß alle für den Kampf gegen die neuen Kriegsrüstungen und Massenbelastungen interessierten Organisationen der werktätigen Bevölkerung sich zu einem einheitlichen gemeinsamen Vorgehen zusammenfinden.*

Eine ungeheure politische Erregung hat die »werktätigen Massen« Deutschlands nach dem Beschluß der Koalitionsregierung auf sofortigen Bau eines neuen Panzerkreuzers ergriffen. Die breiten Massen erkennen,

11. Jahrg. / Nr. 190 / Preis für Groß-Berlin 10 Pfennig   Berlin, Dienstag, 14. August 1928

Die Rote Fahne

Zentralorgan der Kommunistischen Partei Deutschlands (Sektion der Kommunistischen Internationale)

Begründet von
Karl Liebknecht und Rosa Luxemburg

Empörung der Arbeiter

gegen die Panzerkreuzer-Politik der SPD.-Führer

KPD.-Reichstagsfraktion fordert sofortige Einberufung des Reichstags / Antrag gegen Panzerkreuzerbau und Ueberweisung der ersten Rate für Kinderspeisung Organisiert den Massenprotest in Betrieb und Gewerkschaften!

Berlin, Donnerstag, 16. August 1928

Volkssturm gegen Panzerkreuzer

Zynisches Eingeständnis des Wahlschwindels durch den „Vorwärts" — Der Panzerkreuzerbau die Eröffnung der neuen Kriegspolitik der Sozialdemokratie

Berlin, Freitag, 17. August 1928

VOLKSENTSCHEID

gegen Panzerkreuzer!

Beschluß des Zentralkomitees der Kommunistischen Partei Deutschlands

Berlin, Sonnabend, 18. August 1928

Verbot des Panzerkreuzerbaus!

Der Gesetzentwurf der KPD. auf Verbot des Baues von Kriegsschiffen

Mobilisiert die Betriebe!

Entsprechend den Beschlüssen des Zentralkomitees der Kommunistischen Partei wird die kommunistische Reichstagsfraktion den Organisationen, die sich am Kampfe gegen neue Kriegsrüstungen und neue Massenleistungen beteiligen wollen, den Vorschlag eines Gesetzes auf Verbot des Baues von Panzerschiffen und Kreuzern unterbreiten. Der entscheidende Paragraph des für die Vorberatung ausgearbeiteten Entwurfes soll lauten:

„Der Bau von Panzerschiffen und Kreuzern jeder Art ist verboten."

daß der Panzerkreuzerbau verschärfte Kriegsgefahr, neues Wettrüsten, verstärkte Kriegshetze gegen die Sowjetunion, neue Unterdrückung der Arbeiterschaft, neue Milliardenbelastung der Werktätigen und weitere Verschlechterung der sozialen Fürsorge bedeutet.

Der Volksentscheid soll eine gewaltige, die gesamte Bevölkerung zusammenfassende Massenbewegung gegen die imperialistische Unterdrückungs- und Ausplünderungspolitik werden.«

Geschulte Kader, versehen mit dem Organisationstalent und der Improvisationsgabe zielbewußter, noch dazu militärisch ausgebildeter Klassenkämpfer, setzen am Wochenende 18./19. August 1928 sieben Sonderzüge und 300 Lastkraftwagen aus den Gauen Berlin-Brandenburg, Magdeburg-Anhalt, Halle-Merseburg, Thüringen, Sachsen und Pommern in Bewegung, um 25 000 Mitglieder des Roten Frontkämpfer-Bundes beim »Mitteldeutschen Rot-Front-Treffen« in Leipzig zusammenzubringen. Die Aktion wird als erster »Massenprotest gegen den Panzerkreuzerbau und gegen die Koalitionspolitik« (!) veranstaltet.

Die Regisseure des Treffens wissen das in vielen Arbeitervierteln entstandene Reizklima richtig einzuschätzen, sprach doch auch die linkssozialistische »Plauener Volkszeitung« dieser Tage von einer »schändlichen Verhöhnung der deutschen Arbeiterschaft und den Bemühungen der Sozialistischen Internationale«. Und sie fügte hinzu: »Wir verlangen den Austritt unserer Genossen aus der Reichsregierung. Wir fordern schärfsten Kampf im Parlament gegen das Bürgertum. Keinen Pfennig dieser Reichswehr!«

Die Wähler=Rebellion auf der Linken

Sprech=Chöre gegen den Panzerkreuzer

»Die Deutsche Friedensgesellschaft protestiert auf das Entschiedenste gegen den Beschluß des Reichskabinetts, den Bau des im vorigen Reichstag beschlossenen Panzerkreuzers zu beginnen. Dieser Kabinettsbeschluß ist der

Bei ihrer Polit-Offensive gegen die von ihnen wortwörtlich als »Panzerkreuzer-Sozialisten« und »Sozial-Imperialisten« (!) verunglimpften Sozialdemokraten kann sich die Kommunistische Partei Deutschlands darauf verlassen, daß vielerorten gutgläubige Friedensfreunde, ja ganze Pazifisten-Vereinigungen in die gewünschte Kerbe schlagen werden. Ihre Rechnung geht auf: Die »Liga für Menschenrechte« und die »Deutsche Friedensgesellschaft« schließen sich prompt den Panzerkreuzer-Protesten an.

Der Charlottenburger Pfarrer August Bleier erklärt lauteren Herzens den geplanten Panzerkreuzer zum »Volksfeind«. Er findet für seine ausführlichen Darlegungen ein bereitwilliges Forum — im Zentralorgan der KPD.

Politische Kabaretts spießen den bedrängten Reichskanzler Müller-Franken unter allabendlichen Lachsalven des Publikums auf. Und in der »Literarischen Welt« dichtet der unter dem Pseudonym »Caliban« bekannte Willy Haas mit spitzer Feder:

Das Panzerschiff
»Siehst du den Kreuzer auf den Wellen?
Nie fährt er in den Hafen ein,
Denn alle tapfern Sturmgesellen
Der S.P.D. schrei'n wütend: Nein!
Die Million' dafür zu zahlen,
Verweigern sie mit ganzer Kraft.«
»Mein Junge, das war vor den Wahlen
Und Müller-Frankens Kanzlerschaft!«
Die Wahl hat seine Macht erweitert,
Nun gibt er schleunigst jede Mark.
Er weiß ja: Wenn der Kreuzer scheitert,
Versinkt auch die Regierungsbark.

Nun wird des Flottenraums Erfüller,
Die S.P.D., applausumjohlt.
»Da sieh nur, wie der Lotse Müller
Den Kreuzer in den Hafen holt.«
Und wenn die wackern blauen Mützen
Des neuen Kreuzers erst beim Trank
Am Abend in der Messe sitzen,
Gilt Müllern ihr fideler Dank.
Ja, ja, ihm dankt man sie alleine,
Obgleich's ihn seelisch arg beschwert.
»Nicht nur Paris«, denkt er, »auch meine
Regierung ist 'ne Messe wert.«

Wenig später, am 27. August 1928, unterzeichnet der deutsche Außenminister Gustav Stresemann in Paris — übrigens demonstrativ als Erster — den vom amerikanischen Staatssekretär Kellog initiierten und vom französischen Ministerpräsidenten und Außenminister Briand aufgenommenen sowie weitergeführten Kellog-Pakt, der den Verzicht auf den Krieg als Werkzeug internationaler Politik ausspricht. Dieser Kriegsächtungspakt wird sofort von 15 Nationen, bis Ende 1929 sogar von insgesamt 54 Nationen unterzeichnet.

Friedensfreunde glauben sich damit endlich am Ziel ihrer Sehnsüchte. Sie verstehen nun weniger denn je, wozu die Reichswehr der Deutschen Republik überhaupt noch ein neues Panzerschiff benötigt. Und so stellt die Mehrheit der SPD-Fraktion am 31. Oktober 1928 den Antrag, den Bau dieses umstrittenen Schiffes zu verweigern. Diese Maßnahme ist das Ergebnis vorhergegangener parteiinterner Auseinandersetzungen über wehrpolitische Grundfragen und zugleich ein Zugeständnis an den vehement aufbegehrenden linken Flügel der Partei.

In einer zweitägigen Reichtagssitzung am 15. und 16. November 1928 tragen alle Parteien noch einmal ihren Standpunkt in der Panzerschiffsfrage vor. Die Debatte ist lebhaft und kontrovers. In namentlicher Abstimmung wird der Antrag der SPD-Fraktion zur Baueinstellung des Schiffes am 16. November mit einer Mehrheit von 257 zu 202 Stimmen abgelehnt.*

Es ist nicht ohne Delikatesse, daß Reichskanzler Müller-Franken und die Ministerkollegen seiner Partei bei dieser Abstimmung gezwungen werden, mit ihrer Fraktion gegen einen eigenen Kabinettsbeschluß vom 10. August zu stimmen. Der Historiker Helmut Heiber beurteilt diese Reichstagsszene wie folgt**:

»Es ging also einzig und allein um ein Alibi. Welchen Eindruck freilich eine solche Zirkusvorstellung in einer Öffentlichkeit machen mußte, die dem Parlamentarismus und der Demokratie ohnehin mehr als skeptisch und mit sehr kritischen Augen gegenüberstand — darüber hat sich, als es vielleicht noch Zeit gewesen wäre, von den Verantwortlichen niemand groß den Kopf zerbrochen.«

Nach der Reichstagssitzung vom 16. November 1928 sind die Weichen definitiv zugunsten der Reichsmarine gestellt. Noch am gleichen Tage meldet das Wolffsche Telegrafenbüro, daß das Reichsministerium den Deutschen Werken in Kiel den Bauauftrag für das Panzerschiff *»A«* erteilt habe.

---

* Die Mehrheit gegen den SPD-Antrag kommt zustande, weil die kleine Fraktion der Deutschen Demokraten ihren Widerstand gegen das Panzerschiff aus taktischen Erwägungen aufgegeben hat, um eine Koalitionskrise zu vermeiden.
** Helmut Heiber: »Die Republik von Weimar«, dtv-Weltgeschichte des 20. Jahrhunderts, Band 3.

Ganz neue Wege

Die Marine-Konstruktionsabteilung stand vor der fast unlösbaren Aufgabe, mit der vom Versailler Vertrag diktierten Maximalwasserverdrängung von nur 10 000 t auskommen zu müssen. Dennoch sollte sie einen modernen Ersatzbau für das inzwischen zwar hoffnungslos veraltete, jedoch über 13 200 t verdrängende Linienschiff »Preußen« schaffen und damit den Prototyp für weitere Ersatzbauten, die der Versailler Vertrag der kleinen, auf einen Umfang von 15 000 Mann begrenzten Reichsmarine der sogenannten Weimarer Republik ausdrücklich zugebilligt hatte.

Die Neukonstruktion mußte also mehr als 3000 Deplacement-Tonnen kleiner sein. Sie sollte jedoch nicht nur vier, sondern sogar sechs schwere Geschütze vom Kaliber 28 Zentimeter tragen, dazu acht 15-cm-Geschütze als Mittelartillerie, acht Torpedorohre und eine ausreichende Bestückung mit schweren und leichten Flugabwehrgeschützen. Das neue Kriegsschiff sollte ausreichend standfest gepanzert und obendrein auch noch 10 Knoten schneller sein als sein Linienschiffs-Vorgänger. Das war an Forderungen jedoch keineswegs alles: Das Schiff soll Linienschiff und schneller Kreuzer zugleich sein. Es muß als flexible schwimmende schwere Batterie zur Verteidigung der Ostseezugänge ebenso fungieren können wie als Rückgrat eines Linienschiffsverbandes, als Deckungsschiff zur Sicherung eigener Seeverbindungen und eventuell sogar als ozeanfähiges, für eine wirksame Störung französischer Überseeverbindungen geeignetes Fahrzeug.

Der durchaus auch persönlich zu den Schöpfern dieses »Linienschiffskreuzers« zählende Amtschef Dr.-Ing. h. c. Preße soll einmal schmunzelnd bemerkt haben: »*Wir sind ja schon recht dankbar, daß das Ding nicht auch noch als Marineluftschiff eingesetzt werden soll!*«

Bereits bei der Konstruktion dieses in jeder Hinsicht neuartigen Panzerschiffes mußte mehr als je zuvor beim Bau einer Einheit der Schweren Seestreitkräfte mit jedem einzelnen Kilogramm Gewicht gegeizt werden. Es mußten neue Werkstoffe wie

Leichtstahl und sogar Duraluminium (für Inneneinrichtungen), zu 90% elektrische Schweißung* anstelle von Nietverfahren und nicht zuletzt eine neue, beinahe gewagt erscheinende Schiffsbau-Statik das Unmögliche möglich machen.

Die Konstruktion dieses Schiffes bedeutet geistiges Judo gegenüber den engen Fesseln des Versailler Vertrages. Es wird international völlig neue Maßstäbe auf dem Sektor Marinerüstung erzwingen und hat alle Chancen, die kleine 15 000-Mann-Marine der Weimarer Republik in den Kreis der Seemächte zurückzuführen.

Die internationale Fachwelt hält bislang den Bau eines ernstzunehmenden Mehrzweck-Kampfschiffes vom Schlachtschiff- oder, besser gesagt, Schlachtkreuzer-Charakter unter der gegebenen Versailler Tonnagebegrenzung für absolut aussichtslos.

Verlorene Kriege machen jedoch ungemein erfinderisch, allzu drückende Friedensverträge schaffen in besonderem Maße Freiheitsdrang und Energien. Sie zwingen dazu, nicht mehr aus dem vollen zu schöpfen, sondern jedes Detail recht sorgfältig zu durchdenken.

Nach einem ersten Vorentwurf der Jahre 1920—1923 haben sich die Konstrukteure seit 1924 in aller Stille, aber auch in aller Intensität mit dem Entwurf von sieben grundverschiedenen Versionen des zu bauenden »Wunderschiffes« befaßt und insgesamt 18 Entwurfs-Varianten vollständig durchgerechnet. Die Konstruktion dieses Schiffes liegt außerhalb jeder Entwicklungslinie und stellt als technisches Novum das schwierigste Problem in der Lebensarbeit wohl aller Beteiligten dar, die großenteils schon in den Tagen von Großadmiral Tirpitz unter Geheimrat Bürkner im Konstruktionsdepartment des Reichsmarineamtes tätig waren.

Die Marinekonstruktionsabteilung hat das Panzermaterial des Neubaues so ausgewählt, daß es zugleich tragender Verband des Schiffes werden kann: Der Panzer wird einen langgestreckten, geschlossenen Kasten bilden, der die beiden schweren Drillingstürme in ein möglichst starres Ganzes konsequent mit einbezieht. Anders würde es überhaupt nicht möglich, mit dem vorge-

---

* Das von Oberbaurat Burkhardt in den Kriegsschiffbau der Reichsmarine eingeführte E-Schweißen erbringt allein beim Panzerschiff »A« eine Gewichtsersparnis von 550 tons!

gebenen geringen Gesamtgewicht genügend Festigkeit und Schutz des schlanken Schiffskörpers zu erreichen! (Siehe Generalplan S. 22.)

Der gepanzerte Teil soll sozusagen ein Schiff für sich innerhalb des Schiffes darstellen. Die Schutzeinrichtungen werden aus einer geschickten Kombination von äußerem (Detonations-) und innerem (Splitter-)Schutz bestehen. Der eigentliche Panzer, der schräggestellte Seitenschutz von 50—60 mm Stärke, wird in seiner Wirkung durch die wulstartig gewölbte Außenhaut, die verstärkte Beplattung des Aufbaudecks und die ebenfalls konsolidierte Außenhaut ergänzt. Die Schutzwirkung wird noch von 20 mm starken Splitterlängsschotten zwischen Panzerdeck und Oberdeck erhöht.

Der innere Schutz wird aus den inneren Wallgangschotten, dem 40 mm starken Panzerdeck, der Abdeckung der seitlichen Ölzellen und den seitlichen Längsschotten bestehen.

Aber auch diese Rechnung würde nie und nimmer aufgehen, wenn man sich nicht in der Zusammenarbeit mit der Maschinenfabrik Augsburg-Nürnberg A.G. (M.A.N.) zu einer revolutionären Neuerung durchgerungen hätte: Panzerschiff »A« wird als erstes großes Kriegsschiff der Welt ausschließlich mit Dieselmotoren fahren!

Acht Großdiesel werden in zwei Viereregruppen — eine für jede Propellerwelle — wechselseitig angeordnet. Sie benötigen den geringsten Anteil an der Schiffslänge. Sie machen weder raumfressende Kesselanlagen noch einen zweiten Schornstein erforderlich.

Die Motorenanlage wird komplett vom Panzerschutz bedeckt, der freilich auch alle anderen lebenswichtigen Teile einschließlich der Munitionskammern, Rechenstellen, der Kommandozentrale usw. aufnehmen muß.

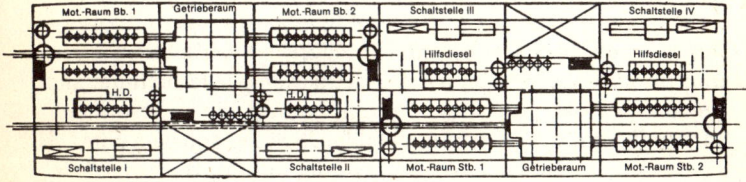

Dank der jederzeit auch alarmmäßig sofort herstellbaren Funktionsbereitschaft der Antriebsanlage wird bei diesem Schiff zeitraubendes Dampfaufmachen ebenso entfallen wie Treibölverbrauch beim Ruhen der Anlage. Die hohe Wirtschaftlichkeit des Dieselantriebs dürfte einen »traumhaften« größtmöglichen Aktionsradius ermöglichen.

Natürlich weiß jeder von den versammelten Technik-Experten, daß mit dem heutigen Tag die eigentliche Kleinarbeit erst beginnt. Da wohlgemerkt nur 10 000 t Wasserverdrängung erlaubt sind, wird an Bord des Panzerschiffes nicht nur mit jedem Gewichtskilo, sondern auch mit jedem Quadratmeter Platz sparsamst umgegangen werden müssen, wenn das erforderliche Gewirr von hochentwickelten schiffs- und waffentechnischen Einrichtungen jemals hinter bzw. unter dem schützenden Panzer zusammengedrängt werden soll. Kaum anders als auf einem Unterseeboot werden stählerne Innereien die ohnehin knappen Hängemattenplätze der Besatzung beengen, denn es werden bestimmte Einrichtungen und Räumlichkeiten von nicht unbedingtem Gefechtswert in die ungepanzerten Teile des »Linienschiffskreuzers« — in die beiden oberen Decks sowie ins Vor- und Achterschiff — verlegt werden müssen.

Einer der Konstrukteure hat kürzlich am Reißbrett sarkastisch geäußert: »*Wenn wir das alles in den ›Dampfer‹ hineinstopfen, was wirklich hineingehört, sollten wir lieber ein Fernlenkschiff daraus machen. Ich weiß beim besten Willen nicht, wo ich überhaupt noch Platz für die Besatzung hernehmen soll!*«

Kreuzfahrt-Standard bekommt das nun in Bau gegebene, geheimnisvolle Panzerschiff auf gar keinen Fall.

Der Artikel 195 des Versailler Vertrages hatte im »Kieler Rechteck«, im gesamten Gebiet zwischen neun und sechzehn Grad östlicher Länge, sogar das Vorhandensein von Küstenbefestigungen verboten. Die »entfestigte« Ostseeküste reicht damit von der Flensburger Förde bis in den Raum von Kolberg in Hinterpommern! Damit liegt der Großteil der insgesamt 1650 km langen deutschen Küste fremden Zugriffen weitgehend offen. Und dieser unbefestigte Teil der deutschen Küste befindet sich genau den Ostseeausgängen gegenüber, die einen besonderen Sorgenpunkt der Marineleitung bilden. Seit 1921 rücken nämlich das stark bewaffnete Frankreich und der mit französischer Mili-

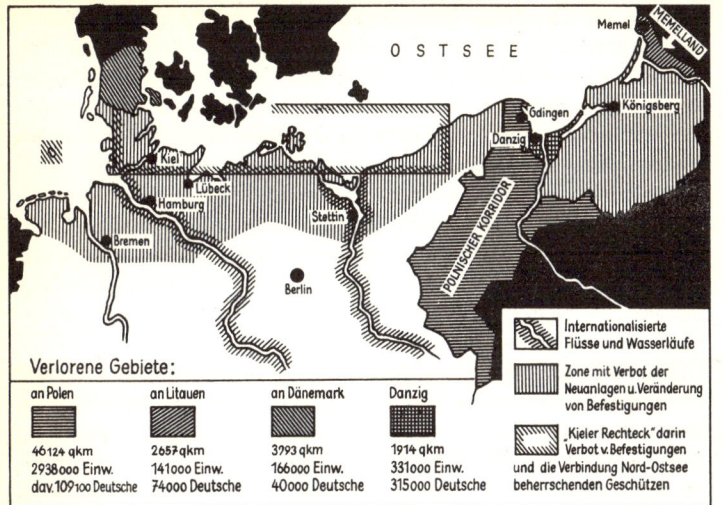

Verlorene Gebiete:

an Polen	an Litauen	an Dänemark	Danzig
46124 qkm	2657 qkm	3993 qkm	1914 qkm
2938000 Einw.	141000 Einw.	166000 Einw.	331000 Einw.
dav. 109100 Deutsche	74000 Deutsche	40000 Deutsche	315000 Deutsche

Internationalisierte Flüsse und Wasserläufe

Zone mit Verbot der Neuanlagen u. Veränderung von Befestigungen

"Kieler Rechteck" darin Verbot v. Befestigungen und die Verbindung Nord-Ostsee beherrschenden Geschützen

tärhilfe im Neuaufbau befindliche Staat Polen machtpolitisch immer enger zusammen. Das gipfelte schließlich im französisch-polnischen Militärabkommen von 1926, in dessen Artikel 7 sich die französische Regierung verpflichtete, zur Verteidigung der polnischen Küste und des für eine Anlandung französischer Hilfstruppen vorgesehenen Ostseehafens ein Geschwader von zwei Linienschiffen, vier Kreuzern, vier Zerstörern, drei U-Booten und einem Minenleger in die Ostsee zu entsenden.* Außerdem wurde mit französischer Hilfe nicht nur der polnische Hafen Gdingen als Konkurrenzhafen von Danzig ausgebaut, sondern durch Neubauten französischer Werften auch die neu geschaffene polnische Marine verstärkt.

Im übrigen kann die Marineleitung nur hoffen, daß in einem Konfliktfalle das Vorhandensein der relativ starken italienischen Flotte Frankreichs Marine an einer völligen Entblößung des Mittelmeeres hindern wird. Die Republik von Weimar konzentriert sich also vor allem auf die Verteidigung der Ostseezugänge.*

Sie tut es, um dort das Eindringen französischer Einheiten mit-

---

* Ähnlich wie die Bundesmarine ab 1956 — wenn auch in geografisch umgekehrter Blickrichtung!

21

tels Minen und Torpedoangriffen möglichst zu verhindern. Sogar für die alten Linienschiffe wurde eine gewagte neue Nachtangriffstaktik entwickelt, die eigentlich mehr dem Mute der Verzweiflung entsprang. Vor allem aber hat die Reichsmarine die Seeverbindung der durch Versailles vom Deutschen Reich abgetrennten Provinz Ostpreußen aufrechtzuerhalten, die Zufuhr zu den eigenen Seehäfen zu sichern und in diesem Sinne notfalls auch gegen einen französischen Blockadering in der Nordsee vorzugehen. Auch ist es ihr verständliches Anliegen, durch bewaffnete Neutralität — nach dem Muster Schwedens oder der Schweiz — das Deutsche Reich möglichst aus Konflikten anderer Staaten herauszuhalten.

Bei all diesen Überlegungen geht die Marineleitung von der »wohlwollenden Neutralität« Großbritanniens in solchen Fällen aus. Tatsächlich hat das kontinentale Übergewicht Frankreichs seit dem Versailler Vertrag die traditionelle »balance of power« in Europa gestört. Schon aus Gründen der Rivalität zu Frankreich ist der britischen Regierung ein Mindestmaß von Abwehrkraft der deutschen Seestreitkräfte nur recht. Auch die Vereinigten Staaten stehen einem völligen Verzicht auf eine deutsche Landesverteidigung zur See skeptisch gegenüber, weil er den Chauvinismus von Deutschlands Nachbarländern anheizen könnte.

Vor diesem Hintergrund müssen alle Überlegungen gesehen werden, die zur Konstruktion des Panzerschiffes »A« und seiner späteren Nachfolger geführt haben.

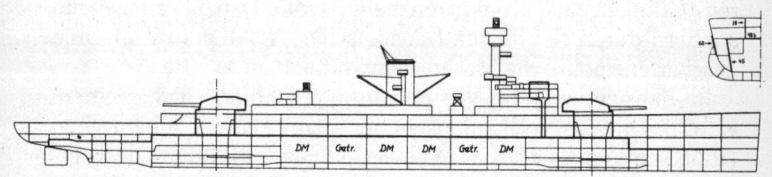

Generalplan der *Deutschland*. Die dickere schwarze Linie deutet den Verlauf des Panzers an, auf den die ebenfalls gepanzerten Barbetten der Geschütztürme und der Panzerschacht zwischen dem gepanzerten vorderen Artilleriestand sowie Kommandostand und der Zentrale aufgesetzt sind. Oben rechts: Die Panzerstärke in Millimetern.

Winkelzüge gegen Versailles

Zum Schiffbauersatzplan der Reichsmarine, im Rahmen des Versailler Vertrages, gibt es überhaupt keine Alternative. Aber die in Versailles festgelegte Tonnagegrenze und die knappen Haushaltsmittel des Reichswehrministeriums zwingen dazu, bei Konstruktion und Bau des Prototyps Panzerschiff »A« völlig neue technische Wege zu beschreiten.

Es wurde schon erwähnt, daß die ersten Konstruktionsarbeiten im Jahr 1920, konkretere Arbeiten 1924 aufgenommen wurden. Zunächst war freilich jeglicher Neubau von Kriegsschiffen höchst problematisch, denn »*die Basis deutscher Seerüstung war durch den Verlust der Kaiserlichen Werft Danzig, die Auflösung der Kaiserlichen Werft Kiel sowie Plünderung, Desorganisation und Verfall der Kaiserlichen Werft Wilhelmshaven (umbenannt in Marinewerft) sehr eingeengt worden. Neben materieller Substanz waren mit der Abwanderung vieler Spezialisten auch deren Erfahrungen für den deutschen Kriegsschiffbau verlorengegangen*« (Zitat Dr. Sandhofer, siehe Quellenverzeichnis).

Der Versailler Vertrag schrieb zwar ein Deplacement von 10 000 Tonnen als Höchstgrenze für alle Linienschiff-Ersatzbauten vor, legte aber keine Obergrenze für die Bewaffnung (Kaliber, Anzahl) fest. Daraus ergibt sich groteskerweise eine für Deutschland unerwartet günstige Situation: 1922 ist das Abkommen von Washington in Kraft getreten, das als einziger wirksamer Vertrag zur Begrenzung der Seerüstung in die Geschichte eingegangen ist.* Das 1922 ratifizierte Abkommen von Washington legte

---

* Die Gründe für sein Vorhandensein: Japan expandierte vorher durch verstärkten Flottenbau, die U. S. Navy versuchte deshalb, durch ein Mehr von Marinerüstung mitzuziehen. Großbritannien aber fühlte seine Dominanz auf den Meeren der Welt durch die Vergrößerung der amerikanischen und japanischen Flotte in Frage gestellt. Das geldknappe England konnte gegen den Wirtschaftsriesen USA rüstungsmäßig nicht mithalten.

Allen wettrüstenden Seemächten wurde plötzlich klar, daß eine Eskalation im Bau von Großkampfschiffen keiner der daran beteiligten Nationen wirklich etwas nützte, jedoch ungeheure Geldmittel notwendig machte. Um diese unselige Entwicklung zu bremsen, lud der amerikanische Präsident Harding im Jahre 1921 Großbritannien, Japan, Italien und Frankreich zu einer Konferenz nach Washington ein.

einen zehnjährigen Baustopp für Schlachtschiffe, eine 10 000-tons-Höchstgrenze für Kreuzer und überdies den Verzicht auf Kreuzer-Kaliber über 20,3 cm fest.

Das Deutsche Reich als Kriegsverlierer war jedoch von der Konferenz ausgesperrt. Da der drei Jahre vorher geschlossene Versailler Vertrag jedoch den Ersatz der Linienschiffe ausdrücklich erlaubte, war die kleine Reichsmarine nicht an den in Washington vereinbarten zehnjährigen Baustop gebunden und durfte deshalb auch weiterhin Schlachtschiffe bauen — worunter man nach Washington weltweit Schiffe mit einem Kaliber über 20,3 cm versteht. Der Nichtteilnehmer Deutschland war also in gewisser Hinsicht ein Gewinner der Konferenz von Washington!

Da dieses Abkommen aber zugleich internationale Maßstäbe für den Kriegsschiffbau festlegte, konnten die Deutschen mit einem Kunstgriff weiteren Nutzen aus dem Washington-Abkommen schlagen und die Versailler Rüstungsgrenzen etwas lockern. In Washington wurde nämlich ein neuer Deplacementsbegriff entwickelt, der seitdem als Standard-, Washington- oder Typdeplacement im Kriegsschiffbau gilt. Darunter ist das in englischen »tons« angegebene Gewicht des seeklaren Schiffes inklusive Munition, Wasser in Kesseln und Rohrleitungen, Wasch- und Trinkwaser für die Besatzung und sonstiger Ausrüstung — jedoch ohne Brennstoff — zu verstehen. Natürlich ist dieses Typgewicht in Wirklichkeit nie vorhanden, weil ein Kriegsschiff ja Brennstoff benötigt und damit entsprechend schwerer wird.

In der deutschen Marine rechnete man bis dato traditionsgemäß anders. Die Verdrängung wurde in metrischen Tonnen angegeben, außerdem bezog man einen bestimmten Anteil von Brennstoff gleich in das Konstruktionsdeplacement ein.

In der Marinekonstruktionsabteilung rieb man sich die Hände. Durch die Anwendung der neuen Berechnungsgrundlage von Washington kann das neue Panzerschiff um 15-20% größer sein und bleibt dennoch im Rahmen der 10 000-tons-Grenze! Die Deutschen übernahmen also stillschweigend die Washington-Berechnung, die zum Zeitpunkt des Versailler Vertrages noch nicht existierte.

Obwohl das neue Panzerschiff zur Erlangung seiner übergroßen Fahrstrecke von 15 000—20 000 Seemeilen rund 3000 t Treiböl an Bord nehmen muß, kann das Brennstoffgewicht bei der Konstruktion unbeachtet bleiben. In Versailles hatte man außerdem kurioserweise vergessen, die Anzahl und Kaliber der schweren Geschütze zahlenmäßig festzulegen. Man verließ sich wohl allzu sehr darauf, daß mehr als vier Rohre vom 28-cm-Kaliber bei einem 10 000 tons verdrängenden Schiff ohnehin gar nicht realisierbar seien. Ganz sicher ist sich die Marineleitung freilich nicht, ob die zahlenmäßig stärkere Armierung bei den Linienschiff-Ersatzbauten von der Entente wirklich hingenommen wird. Sie startet einen originellen Versuchsballon, um herauszufinden, ob eventuell auch ein Kaliber von 30,5 cm gestattet sein würde.

Leiter der deutschen Völkerbundsgruppe Marine, zugleich Mitglied des Rüstungsausschusses beim Völkerbund in Genf, ist Konteradmiral Freiherr v. Freyberg-Eisenberg-Allmendingen. Dieser ebenso zielbewußte wie geschickt taktierende Flaggoffizier begeht bei einer gesellschaftlichen Veranstaltung in Berlin dem britischen Marineattaché gegenüber eine »gezielte Indiskretion«. Er lanciert das falsche Gerücht, Deutschland wolle seine durch Versailles gestatteten Linienschiff-Ersatzbauten nun doch lieber mit 30,5-cm-Geschützen bewaffnen.

Das Ergebnis ist erheiternd: Der britische Botschafter saust gleich anderntags »mit fliegenden Rockschößen« ins Auswärtige Amt und protestiert gegen diese unerlaubte Bestückung. Daraufhin beruhigt man den aufgebrachten Briten, man wolle selbstverständlich mit Rücksicht auf die Versailler Vertragsmächte beim 28-cm-Kaliber der Ersatzbauten bleiben.

Der britische Botschafter tritt mit einem Gefühl der Erleichterung den Rückweg an. Daß die Deutschen jedoch in Wirklichkeit eine Vermehrung der Geschützzahl dieses Kalibers planen, bleibt wohlweislich unerwähnt. Aber Drillingstürme dieses Kalibers gelten bis zu diesem Zeitpunkt als unvorteilhaft. Sie haben zwangsläufig geringere Feuergeschwindigkeit als Zwillingstürme, weil sich das mittlere Geschützrohr in geschwenkter Stellung des Turmes nicht nachladen läßt.*«

Die durch Versailles zu überdurchschnittlichen Anstrengun-

---

* Tatsächlich mußten damals alle Kriegsschiffe der Welt ihre schweren Drillingstürme nach jedem Schuß in die Nullstellung zurückfahren — bei den Alliierten noch bis zum Jahre 1945!

gen gezwungenen Deutschen erfinden jedoch eine neue Methode, die bis Ende des Zweiten Weltkrieges zu den bestgehüteten Geheimnissen im deutschen Artilleriewesen gehört: Sie konstruieren für die »28-cm-Drehlafette C/28«, den eigens für Panzerschiff »A« und seine späteren Nachfolger entwickelten (später auch noch auf den Schlachtschiffen *Scharnhorst* und *Gneisenau* eingebauten) Drillingsturm, einen raffiniert ausgeklügelten Drehtisch, der zusammen mit dem Ringwagen der Geschoßplattform, also der unteren Turmetage, auch die für das mittlere Rohr bestimmte Sechs-Zentner-Granate übernimmt und blitzschnell dem mittleren Munitionsaufzug zuführt (siehe S. 65).

Dieser hochentwickelte, in vielen Details völlig neue Geschützturm C/28 wird nicht nur dieselbe, sondern sogar noch eine höhere Feuergeschwindigkeit entwickeln als sämtliche bis dahin bekannten Doppel-Geschütztürme (Zwillingstürme) in den Marinen der Welt!

Allein auf dem Sektor Artillerie und Feuerleiteinrichtungen hat die Waffenabteilung des allgemeinen Marineamtes, in enger Zusammenarbeit mit Krupp, Zeiss und Siemens sowie anderen Industriefirmen, eine Fülle von Neuerungen, von denen noch die Rede sein wird, speziell für Panzerschiff »A« entwickelt.

Der mysteriöse Spion

Wir schreiben mittlerweile das Jahr 1930. Am 30. März hat eine neue Regierung unter Reichskanzler Brüning (Zentrum) ihre Amtsgeschäfte aufgenommen. Das Plenum des Reichstages hat am 23. Mai die zweite Haushaltsrate für das Panzerschiff — erneut gegen die Stimmen von SPD und KPD — bewilligt, die erste Rate für das jetzt ebenfalls geplante Panzerschiff »B« jedoch gestrichen. Man ist zu dem Entschluß gekommen, angesichts der sich immer weiter verschärfenden Weltwirtschaftskrise und der deutschen Finanzkrise den Schiffsbauersatzplan der Reichsmarine zeitlich zu strecken. Immerhin ist der zügige Weiterbau des Prototyps Panzerschiff »A« gesichert. Und so wächst auf der Helling der Deutschen Werke in Kiel der überraschend schlanke Rumpf des äußerlich viel eher an einen Kreuzer als an ein Linienschiff erinnernden Neubaues heran. Die Typenbezeichnung »Panzerschiff« ist übrigens eine reine Verlegenheitslösung, weil das im Werden begriffene Schiff aus jedem bisher bekannten Rahmen fällt. Im Grunde wird es vom Kaliber und von der Geschwindigkeit her ein echter Schlachtkreuzer sein. Doch die Marineleitung lehnt sich mit der Typbezeichnung bewußt an die Formulierung des Versailler Vertrages an.

Nur mehrfach von der Marineabwehrabteilung im Marinekommandoamt sowie von der Politischen Polizei der Republik auf ihre Zuverlässigkeit »durchleuchtete« Werftarbeiter, Techniker und Ingenieure erhalten Zutritt zum streng bewachten Werftgelände. Selbst ranghohen Offizieren der Reichsmarine ist ohne Sonderausweis das Betreten der Deutschen Werke oder bestimmter Abteilungen der am Bau beteiligten Großfirmen der Sektoren Antriebs- und Waffentechnik verwehrt.

Die ausländischen Geheimdienste sind hellwach. Ihnen wird immer deutlicher klar, daß in Kiel ein Kriegsschiff entsteht, das praktisch das gesamte Abkommen von Washington sprengt und völlig neue Zeichen im Flottenbau zu setzen vermag.

Soviel wissen jetzt auch die Admiralstäbe des Auslandes: Panzerschiff »A« wird stärker bewaffnet als jeder gleichschnelle Kreuzer der Weltflotte, zum anderen aber — bis auf drei Ausnahmen (die britischen Schlachtkreuzer *Hood, Renown* und *Repulse*) — schneller sein als jedes ihm kalibermäßig überlegene Großkampfschiff. Das ist der »Stein der Weisen«, wenn man sich von der Ungunst des Versailler Vertrages freischwingen will!

Versailles hat den Deutschen U-Boote und Flugzeuge grundsätzlich verboten. Jetzt aber entwickeln sie ein völlig neuartiges Kriegsschiff, das wie ein Hecht im Karpfenteich wirken dürfte. Der Aktionsradius soll, wie man hört, außerordentlich groß werden. Das ausdauernd schnelle Schiff erscheint für eine Tip-and-run-Taktik wie geschaffen: Es könnte sich nach jedem Waffenerfolg gegen den Zufuhrverkehr eines Gegners für längere Zeit in die Weite des Ozeans zurückziehen. Zugleich ist das Schiff mit Sicherheit als Rückgrat der deutschen Seestreitkräfte ernstzunehmen, wenn es gegen eine gegnerische Blockade vorgeht oder Angreifer abschlägt.

Eines Tages erscheint bei der angesehenen Firma Nordmark-Film in Kiel ein besonders bevollmächtigter Kapitän zur See aus dem Reichsmarineamt und übermittelt deren Chef, dem Filmproduzenten Garms, den Auftrag, über das Werden des Panzerschiffes, vom jetzigen Baustadium an, einen Dokumentarfilm zu drehen. Die Aufnahmen seien streng geheim, es dürfe deshalb grundsätzlich nur in Begleitung von eigens dazu bevollmächtigten Offizieren gedreht werden.

Chef und Kameraleute der Nordmark-Film werden vorher politisch überprüft und für zuverlässig befunden. Und bald erscheint jeden Morgen ein Kraftwagen der Reichsmarine mitsamt Begleitoffizier, um die Kameraleute ins Werftgelände hinüberzufahren.

Beim Drehen postieren sich jedesmal Offiziere zur Linken und zur Rechten der Kamera und schreiben genau vor, in welche Richtung das Objektiv gehalten oder geschwenkt werden darf.

Die belichteten Filme dürfen jeweils nur unter Aufsicht entwickelt werden. Die entwickelten Streifen werden sofort lückenlos mit Meterquittung dem aufsichtführenden Offizier ausgehändigt. Und beim Schnitt des Filmes wird dafür gesorgt, daß jeder nicht benötigte Zentimeter sofort vor Augenzeugen verbrannt wird.

Der fertige Film wird nach dem Kleben kopiert, die vorherige

Schnittkopie muß ebenfalls vollständig verbrannt werden. Die Endkopie aber wird umständlich versiegelt und in einem Kieler Panzerschrank eingelagert. Dort soll sie auf Abruf bereitgehalten werden.

Dieser Abruf wird zu einer Art Staatsaktion: Eines Tages erscheint ein hoher Marineoffizier des Marinekommandoamtes und weist sich durch ein mit mehreren Unterschriften und Siegeln beglaubigtes Schreiben als Begleitoffizier des zur Abholung des Films berechtigten mitgebrachten Zivilisten von der Reichsmarine-Filmstelle aus. Firma Nordmark-Film händigt den Film daraufhin weisungsgemäß, gegen Quittung, »ans Marinekommandoamt« aus. Der mit dem Überbringen des Films zum Berliner Tirpitzufer beauftragte Zivilist und sein Begleitoffizier besteigen den fahrplanmäßigen D-Zug nach Berlin.

In der Reichshauptstadt jedoch kommt der Marineoffizier ohne seinen mysteriösen Begleiter an. Dieser ist ihm unterwegs durch einen Trick aus dem Kurierabteil entwischt — leider mitsamt dem Film.

Bei der Spionageabwehr der Marine und des Reichsministeriums schlägt man die Hände über dem Kopf zusammen. Sofort wird eine streng geheime kriminalpolizeiliche Untersuchung angesetzt, bei der lediglich zutage kommt, daß alle beim Drehen des Panzerschiff-Films aufgewandten Sicherheitsmaßnahmen letztlich für die Katz gewesen sind.

Die Reichsmarine ist offensichtlich einer »umgekehrten Köpenickiade« zum Opfer gefallen. Der für total zuverlässig befundene Filmabholer, besagter Zivilangestellter von der Filmstelle des Marinekommandoamtes, hat seine Rolle glänzend gespielt. Ihm vertraute jeder. Er war jedoch in Wirklichkeit ein gut getarnter ausländischer Spion, vermutlich sogar ein als Zivilist verkleideter Offizier!

Diese nie ganz aufgeklärte Spionageaffäre des Jahres 1930 beweist auf jeden Fall, wie sehr das neue Panzerschiff im Ausland ernstgenommen wird — selbst von der so bedeutenden Seemacht Großbritannien, von deren wohlwollenden Neutralität in einem Konfliktfalle gegenüber Deutschland aus Gründen der Machtbalance ausgegangen werden kann. Aber ein neuer Schiffstyp, der wochenlang und mit großem Aktionsradius auf dem Atlantik Kreuzerkrieg führen könnte, ruft dennoch in höchstem Grade das Interesse der britischen Admiralität wach. Vorsicht ist geboten, wenn »Britannia rules the waves« weiter gelten soll.*

Mitarbeiter der deutschen Abwehr wollen den Entwender des Films jedenfalls später in London gesehen haben.

---

* Dieses Motto »Großbritannien beherrscht die Wellen« (aller Ozeane) darf als bekannt vorausgesetzt werden. Zu der erwähnten Spionageaffäre ist übrigens nachzutragen, daß ungeachtet der strengen Geheimhaltungsversuche der Reichswehr die Marineleitung den Neubau im Jahre 1930 einer sowjetischen Offiziersdelegation gezeigt hat. Das dürfte im Rahmen derzeitiger Zusammenarbeit zwischen dem Reichswehrministerium und dem Kreml geschehen sein. Sie diente dem Versuch, mit russischer Hilfe Versailles zu überwinden. Es bleibt offen, in welchem Maße die Sowjets bei ihrer Besichtigung des im Werden begriffenen Panzerschiffes Einblick bekamen oder doch gewisse »Aussparungen« in Kauf nehmen mußten.

Beim Stapellauf »ausgebüxt«

Am 19. Mai 1931 liegt heller Sonnenglast über der Kieler Förde, die von gala-beflaggten Fördedampfern, Ausflugsschiffen und Wassersportfahrzeugen wimmelt. Auch die ganze Stadt prangt in festlichem Flaggenschmuck. Ein Sonderzug nach dem anderen läuft in den Kieler Hauptbahnhof ein, um neue Massen von Schaulustigen herbeizubringen.

Alle Kinder haben schulfrei. Immer mehr Menschen umsäumen das stadtseitige Fördeufer und die Straße zwischen dem Hauptbahnhof und den Deutschen Werken. Auf dem ausnahmsweise für die Öffentlichkeit freigegebenen Werftgelände rücken Schulklassen, Studentenkorporationen, Kriegervereine, Marinebund, »Stahlhelm« kolonnenweise oder in Marschblöcken an. Die Schutzpolizei hat mit der Verkehrsregelung und Sicherung alle Hände voll zu tun.

Auf dem Werftgelände sind es schließlich 60000 Menschen, die Kiels großer Stunde entgegenfiebern: Dem Stapellauf von »Panzerschiff A — Ersatz *Preußen*«. Girlandengeschmückt liegt der ausgesprochen rassige Rumpf mit leuchtend rotem Unterwasserschiff auf der Helling.

An ihren Ankerbojen hat sich zur Feier des Tages die ganze Flotte der Reichsmarine mit Großem Flaggenschmuck versammelt. Das Segelschulschiff *Niobe* und die als Gäste erschienenen Handelsmarine-Schulschiffe *Deutschland* und *Großherzogin Elisabeth* verschönern mit ihren weißen Rümpfen das Bild. Zahlreiche Flugzeuge mit Bildreportern kreisen über den Schiffen.

Es ist eine Szenerie, die fast an glanzvolle Tage von Kaiserbesuchen vor 1914 erinnert. Und wer die Viertelmillion erwartungsfroher Menschen in dieser Stadt betrachtet, hält es kaum für möglich, daß es sich um Angehörige derselben Nation handelt, die sich noch vor zweieinhalb Jahren wegen dieses Panzerschiffes so zerstritten hat. Breiteste Bevölkerungskreise empfinden das neue Flottenflaggschiff der Reichsmarine jetzt offensichtlich als maritimen Stolz der Nation. Es ist völlig undenkbar, daß es hier, in dieser Stimmung, noch irgend jemand wagen wollte, gegen das Panzerschiff zu demonstrieren.

Auf dem Kieler Hauptbahnhof ist der Rote Teppich auf Bahnsteig 1 ausgelegt, der seit je für prominente Besucher freigemacht wird.

Der als Taufpate vorgesehene Reichspräsident der deutschen Republik, Paul von Hindenburg, gleicht in der Uniform des Generalfeldmarschalls, noch immer mit der Pickelhaube der früheren Kaiserlichen Armee, einer patriotischen Bilderbuchfigur. Er nimmt auf dem Bahnsteig die Meldung des Chefs der Marinestation der Ostsee entgegen. Dann wird er von dem Admiral zum Bahnhofsvorplatz geleitet, der ebenfalls von einer riesigen Menschenmenge umsäumt ist.

Hindenburgs Anfahrt zu den Deutschen Werken läßt sich akustisch kilometergenau verfolgen, denn überall wird der Kraftwagen des Reichspräsidenten von brausenden Hurrarufen begleitet.

Die Stapellaufrede hält Reichskanzler Dr. Brüning. Sie wird über eine Kette von Großlautsprechern im gesamten Werftgelände wiedergegeben. Brünings etwas zu lang geratene Ausführungen gipfeln in dem bemerkenswerten Kern.

»Ich glaube nicht, daß es irgend einen wahren Friedensfreund in der Welt stören kann, wenn dieser Stapellauf ... feierlich begangen wird, währenddes in Genf der deutsche Außenminister als Vorsitzender des Völkerbundrates dem hohen Ziel des Weltfriedens und der europäischen Verständigung dient. Deutschland kann mit größtem Recht und mit tiefstem Ernst von sich sagen, daß es in gewissenhafter Erfüllung seiner Abrüstungsverpflichtung nichts von dem versäumt hat, was ihm die Verträge auferlegen. Wir warten darauf, daß, wenn aus diesen Verträgen überhaupt eine Hoffnung für die Menschheit entstehen soll, unsere Abrüstung Nachahmung findet.

Daß wir bemüht sind, unserem Volke das geringste Maß von Sicherheit zu verbürgen, das uns die Verträge zugebilligt haben, ist selbstverständlich. Auch das liegt im Interesse Europas und der Welt. Nicht dadurch dient man dem Frieden, daß man Völker zweierlei Rechts und zweierlei Sicherheit schafft. Nur eine Gemeinschaft freier, gleichberechtigter Völker, ihre Zufriedenheit, ihr eigenes Verantwortungsgefühl und ihre freiwillige Unterordnung unter den Gedanken friedlichen Ausgleichs können eine sichere Bürgschaft für den Weltfrieden sein.«

Das sind treffsichere, nachdenklich stimmende Worte aus dem Munde des Kanzlers, dessen Regierung zwischen den politischen Fronten von »Rechts« und »Links« einen Kurs der Mitte zu steuern versucht.

Aber Brünings Rede wird nicht bis zu Ende übertragen. Es knackt plötzlich deutlich vernehmbar im Lautsprecher — die Stimme des Kanzlers bleibt weg. Gedämpfte Ausrufe des Erstaunens und ein vielstimmiges Gemurmel des Publikums registrieren die unfaßbare Tatsache, daß sich das neue Panzerschiff, wie von Geisterhand geschoben, unerwartet in Bewegung setzt. Balken zersplittern mit Getöse, Qualm steigt von der Ablaufbahn auf. In immer schnellerem Tempo rauscht der graue Schiffsrumpf seinem Element entgegen, ohne die Taufe abzuwarten.

Die Verwirrung ist beträchtlich. Die durch Hindenburg zu werfende Sektflasche bleibt zwangsläufig heil. Der Reichspräsident ruft dem Schiff, so laut es seine altersbrüchige Stimme vermag, wenigstens noch den Taufspruch hinterher. Aber von den Lautsprechern wird das nicht mehr übertragen, weil ein Kabel von dem ablaufenden Schiff zerrissen worden ist. So bleibt auch das nach dem Taufspruch gemurmelte humorige Bonmot des Generalfeldmarschalls ungehört: »*Donnerwetter, ich glaube, der Kahn ist partout Abstinenzler!*« Was ist so unerwartet geschehen?

Die Werftzimmerleute hatten wie üblich schon die Stopper der vorderen Schlittenwiege teilweise herausgeschlagen, in welcher der Neubau auf der eingeseiften Ablaufbahn lag. Sie hatten die Wiege damit vorsorglich gelockert, um das Schiff beizeiten für Taufe und Ablauf vorzubereiten und hielten es allein noch mit der Ablaufbremse fest. Sie konnten freilich nicht wissen, daß der Kanzler mit seiner Rede die Zeit so weit überziehen würde. Inzwischen gab die Ablaufbremse durch Bruch zweier Stahlseile der allzu lange daranhängenden Überlast unerwartet nach.

Aber die an Bord des ablaufenden Panzerschiffes befindlichen Werftarbeiter reagierten blitzschnell und entfalteten die an beiden Schiffsseiten aufgerollten Transparente mit dem weithin lesbaren Schiffsnamen *Deutschland*.

Das Marinemusikkorps intoniert rasch noch die Nationalhymne. Das Schiff erreicht binnen einer halben Minute sein Element und verneigt sich dort durch tiefes Eintauchen des Vorschiffes vor seinem großen Publikum. Nach Überwindung einiger Schrecksekunden brechen die auf der Werft anwesenden 60 000 Menschen in spontane Hochrufe aus und singen in gewaltigem

Chor den Refrain des Deutschlandliedes mit. Die Menschenmassen am anderen Fördeufer fallen in den Gesang mit ein. Ein organisierter Sprechchor ruft »Rotfront!« dazwischen — was wirkungslos bleibt.

Als der Chef der Ehrenkompanie nach all dem Getöse seinen Soldaten wieder »Das Gewehr über!« zurufen kann, schwimmt Panzerschiff *Deutschland* bereits auf der Förde, wo vier herbeigeeilte Schleppdampfer den Ausreißer einfangen und zum Ausrüstungskai bugsieren.

Generalfeldmarschall von Hindenburg steht noch immer reglos wie eine Säule da. Niemand wird je erfahren, was in dieser Minute in dem Greis vorgeht. Empfindet er es als böses Omen, daß sich das vielumstrittene Schiff seiner Taufe entzog?

Die Stimmung der vielen tausend Augenzeugen ist zweigeteilt. Die Abergläubischen empfinden es als ungutes Zeichen, daß ausgerechnet dieses Schiff, das den Namen *Deutschland* trägt, ungetauft geblieben ist. Andere aber amüsieren sich über den Vorfall und sind überzeugt, daß das Panzerschiff *Deutschland* im Laufe seines Lebens ganz gewiß mit noch weiteren Überraschungen und Eigenmächtigkeiten aufwarten wird.

Pressestimmen des Auslands

»Kiels großer Tag«, wie die »Kieler Zeitung« vom 20. Mai 1931 in ihrer Schlagzeile das Stapellauf-Ereignis nennt, erzeugt ein beträchtliches Presse-Echo. Erneut befaßt sich die Weltpresse und die gesamte maritime Fachliteratur mit dem Panzerschiff. Manche Experten-Urteile fallen geradezu pathetisch aus. So schreibt »Naval and Military Record«, London, gleich in der nächsten Ausgabe vom 27. Mai: *»Der Sieg der deutschen Technik erinnert daran, daß die Größe eines Kriegsschiffes nicht unbedingt ein richtiger Maßstab für seine Kampfstärke ist. Die besten Schiffe schaffen die beste Flotte.«*

Die schwedische Marinezeitung »Var Flotta« urteilt in ihrer Juni-Ausgabe. *»Das Panzerschiff ›Deutschland‹ stellt eine großartige Leistung dar, die man nicht nur mit Rücksicht darauf beurteilen darf, daß deutsches Genie und deutsche Geschicklichkeit ein in der ganzen Welt mehr oder minder widerwillig bewundertes technisches Meisterwerk zustande gebracht haben. Die Leistung wird erst recht gewürdigt, wenn man sich dessen erinnert, daß es*

ein besiegtes, nahezu am Boden liegendes, unter Schulden und inneren Partei-
zwistigkeiten leidendes Land ist, welches trotz seiner gegenwärtigen Armut ge-
radezu ein Nationalvermögen dafür einsetzt, um seine Unabhängigkeit und
seine Seeinteressen zu behaupten.«

»The Japan Times and Mail«, Tokio, schreibt am 11. Juli, unter dem
Eindruck des vorangegangenen Freundschaftsbesuchs der *Emden:*
»Man braucht nur einen deutschen Kreuzer wie die ›Emden‹ gesehen zu haben,
um feststellen zu müssen, daß die deutsche Flotte hinsichtlich Disziplin, Gesit-
tung und Ausbildung keiner anderen Flotte nachsteht. Der Gedanke eines auf
Deutschland auszuübenden Drucks zwecks Einstellung des Weiterbaus der
›Taschenschlachtschiffe‹ erscheint ziemlich kindisch und unwürdig.«

Die in New York erscheinende amerikanische Zeitschrift »The
Motorship« schreibt in ihrer Nr. 3/1929: *»Bei diesem wahrhaft außeror-*
dentlichen Schiff ist das scheinbar Unmögliche verwirklicht worden. Man war
der Ansicht, daß die Einschränkung des Versailler Vertrages endgültig jeden
Versuch seitens Deutschlands unmöglich machen würden, ein Schiff gefährli-
chen Charakters zu bauen. Aber die Deutschen sind ein wagemutiger Men-
schenschlag, und sie haben ein tatsächlich außerordentliches Resultat erzielt.
Sie haben einen ›Kreuzer-Vernichter‹ geschaffen.«

Hector Bywater kommt am 22. Januar 1929 in der »Baltimore Sun«
zu dem Resumee: *»Ich zögere nicht — und ich glaube, daß amerikanische*
Leser mir beipflichten werden — zu behaupten, daß dies (Panzerschiff ›A‹ und
seine wahrscheinlichen Nachfolger) die hervorragendsten Schlachtschiffe sein
werden, die während der letzten 20 Jahre gebaut worden sind . . . Soviel steht
fest: Keine Flotte, ganz gleich wie mächtig und zahlreich sie auch sein mag, die
durch das Washingtoner Abkommen festgelegt worden ist, würde in der Lage
sein, mit einem Schiff des Typs ›Ersatz Preußen‹ zu konkurrieren, wenn das
letztere zum Kreuzen herausgeschickt wird, um die Meere abzuräumen und ei-
nen Beutezug gegen die Schiffahrt zu unternehmen. . . . Riesige Eichen entste-
hen aus ganz kleinen Eicheln — und ein verhältnismäßig kleines, auf einer
deutschen Werft gebautes Schiff kann eine Umwälzung in den Rüstungsbe-
schränkungen hervorrufen.«

»The Engineer«, London, stellt wenige Tage vor dieser Aussage
fest: *»Wenn man alle Punkte in Erwägung zieht, muß man sagen, daß die*
Deutschen ein ganz außerordentliches Schiff geschaffen haben, von dem man
ohne weiteres behaupten darf, daß es eine neue Epoche im Kriegsschiffbau ein-
leitet.«

Kurz vor dem Stapellauf hatte »Het Allgemeen Handelsblad«, Am-
sterdam, geschrieben: *»Die deutsche Marine erobert sich langsam, aber si-*
cher ihren alten Platz in der Welt zurück«. Und ebenfalls noch vor dem
Kieler Ereignis, am 17. Mai 1931, meinte die »New York Times«: *»Der*
Einfluß des deutschen Schiffes auf das internationale Abrüstungsproblem tritt

schon klar zutage. Die Deutschen haben bewiesen, daß ein Höchstmaß an Kampfkraft auch ohne gewaltige Wasserverdrängung zu erreichen ist. Durch das deutsche Panzerschiff ist die ideale Höchstgrenze auf etwa 15 000 ts herabgesetzt. . . . Mit vier dieser ›Taschen-Schlachtschiffe‹ und vier neuen 6000-ts-Kreuzern von gleichfalls besonders starkem Typ wird Deutschland zwar keine erstklassige Seemacht werden, jedenfalls aber wird es aufhören, unbedeutend zur See zu sein, wie man es in Versailles beabsichtigte. Deutschland wird sicherlich für jede in einen Seekrieg verwickelte Macht ein erwünschter Bundesgenosse (!) sein.«

In einem wesentlich unfreundlicheren, eher schon deutschfeindlich zu nennenden Artikel berichtet am Tag nach dem Stapellauf die »New York Evening Post« voller Schadenfreude über den mißglückten Auftakt: »*Dem Taschen-Schlachtschiff, dem 10 000-Tonner-›Deutschland‹, widerfuhr beim Stapellauf jenes Mißgeschick, das Seeleute fürchten. Es riß sich los und sauste ins Wasser, bevor es in aller Form durch Zerschellen einer Flasche Sekt getauft war. Was gegenüber (ganz) Europa eine stolze Geste sein sollte, erwies sich als Ereignis von Pech, (betroffenem) Schweigen und Vorahnungen.*«

Beide amerikanische Blätter verwenden teils wohlwollend, teils mißgünstig denselben Begriff: »pocket-battleship«. Damit ist ein neuer Spitzname entstanden, der fortan aus dem angelsächsischen Sprachgebrauch nicht mehr wegzudenken ist. Als Taschen- oder Westentaschen-Schlachtschiff werden Panzerschiff *Deutschland* und auch seine beiden Nachfolger in aller Welt populär.

Geheimnisvolles Brummen über Augsburg

Es ist freilich nur ein Tropfen auf den heißen Stein, daß etwa 80% der Baukosten des neuen Panzerschiffes (80 Millionen Mark) als Arbeitslöhne in die Bevölkerung zurückfließen. Während bei der Deutsche Werke A.G. in Kiel über 900, in ganz Deutschland immerhin rund 6000 Menschen an Weiterbau und Ausrüstung der *Deutschland* arbeiten, wächst die deutsche Arbeitslosenziffer bis Ende 1932 auf über sieben Millionen, die Zahl der Kurzarbeitenden auf über fünf Millionen an.

Panzerschiff *Deutschland* muß noch neunzehn weitere Monate im Ausrüstungsbecken der Werft verbringen, bis Hunderte von hochwertigen Maschinen, Hilfs- und Werkzeugmaschinen, E-Motoren, Apparaten, Geräten und Anlagen aller Art unter den beengten Platzverhältnissen an Bord installiert sind.

Wer seit Februar 1931 als Fremder die bayerische Großstadt Augsburg besucht, blickt an bestimmten Tagen vielleicht erwartungsvoll zum Himmel, weil er das weltberühmte Luftschiff *Graf Zeppelin* oder seinen derzeit nicht minder legendären Konkurrenten, das zwölfmotorige Großflugboot *DO-X*, in der Nähe wähnt. Tag für Tag, oft sogar nachts, ist nämlich in Augsburg ein charakteristisches dumpfes Brummen weithin hörbar. Den Einheimischen ist freilich klar, was es mit diesen Geräuschen auf sich hat: Bei der Maschinenfabrik Augsburg-Nürnberg A.G. (M.A.N.) absolvieren nach und nach alle zwölf Großdiesel für Panzerschiff *Deutschland* ihren 74stündigen Höchstbelastungs-Dauerlauf auf dem Prüfstand. Es handelt sich um acht Neunzylinder für die eigentliche Antriebsanlage und vier Fünfzylinder als Nebenaggregate für den dazugehörigen Hilfsantrieb der Spülluftgebläse, der Kühlwasser-, Kühlöl-, Schmieröl- und Luftpumpen ihrer langgestreckteren »Brüder«.

Jede einzelne von den im Zylinderdurchmesser und Kolbenhub durchweg gleichen Maschinen wird beim Probelauf mit einer Wasserbremse und einem Dynamo belastet, gegen die sie arbeiten muß. Der jeweils auf dem Prüfstand befindliche Großdiesel muß übrigens das gesamte M.A.N.-Werk Augsburg mit Licht- und Kraftstrom versorgen, weil bei jedem dieser Probeläufe sämtliche anderen Generatordiesel wohlweislich abgestellt werden.

Bei jeder Abnahmeprüfung eines Motors sind neben Baubeamten von der K-Abteilung der Marineleitung auch Ingenieuroffiziere sowie, umschichtig, auch Unteroffiziere und Mannschaften vom Baubelehrungskommando der *Deutschland* anwesend — Männer des technischen Reichsmarine-Personals, die als gelernte Dreher, Schlosser und Maschinenbauer zeitweilig nach Augsburg abgestellt wurden, um von der M.A.N. möglichst intensiv mit allen Einzelheiten der völlig neuartigen Motorenanlage vertraut gemacht zu werden. Die in London erscheinende Fachzeitschrift »Engineer« hatte recht, als sie schon im Herbst 1928 hellhörig wurde und schrieb: »*Es schwebt ein tiefes Geheimnis über diesen Maschinen. Sie scheinen einen großen Fortschritt im Verbrennungsmaschinenbau darzustellen.*«

Es erregt verständlicherweise international Aufsehen, daß der gesamte Antrieb der *Deutschland* erstmals ausschließlich durch »Ölmaschinenanlagen« erfolgen soll. Einen derartigen Schritt hat bis dato noch keine Marine der Welt gewagt!*

Bei Erteilung des problematischen Bauauftrags für die Motorenanlage der *Deutschland* (im Jahre 1928) war sich die M.A.N. sehr wohl darüber im klaren, daß völlig neue Wege beschritten werden mußten, um das Einheitsgewicht der Motoren von 50 kg/PS im Ersten Weltkrieg auf etwa 8 kg/PS zu senken. Man unternahm es deshalb erstmals, die Motorengestelle nicht mehr aus besonders hochwertigen Sondergußeisen herzustellen, sondern zwecks Gewichtsersparnis nur aus Blechen und Stahlträgern zusammenzuschweißen. Bevor man sich aber zur Anwendung dieser Bauweise entschließen konnte, wurde eine Probeausführung durch eine exzentrisch angeordnete Masse in wochenlangen Dauer-Schwingungsproben starken Wechselbeanspruchungen ausgesetzt. Sie sollten insbesondere die Festigkeit des Maschinengestells gegen alle denkbaren späteren Betriebserschütterungen erweisen. Wider Erwarten riß in einem Falle infolge Materialermüdung das verwendete Stahlblech, während aber die

---

* *Panzerschiff Deutschland* und seine Nachfolger *Admiral Scheer* (Ersatz *Lothringen)* und *Admiral Graf Spee* (Ersatz *Braunschweig)* sind bis zum heutigen Tage die einzigen großen Kampfschiffe der Welt geblieben, die mit Dieselmotoren fuhren. Sie waren sozusagen Motor-Schlachtkreuzer.

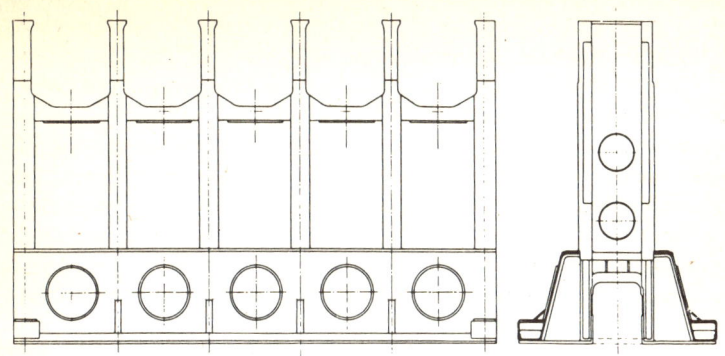

Die neuen geschweißten Maschinengestelle der *Deutschland*-Motoren (Hilfs-diesel)

geschweißten Nähte die schwere Prüfung durchweg vorzüglich überstanden. Man konnte also alle Bedenken gegen die Schwei-ßung der Motorengestelle fallenlassen.

Unter dem Zwang der Gewichtseinsparung ging man noch ei-nen Schritt weiter: Man verzichtete bei diesen Motoren auf die sonst übliche, unten geschlossene Grundplatte und führte statt dessen die Zugankerbauart bis zur letzten Konsequenz durch.

Zuganker haben die Aufgabe, alle hochbeanspruchten Stellen des Motoraufbaues und hier vor allem die Schweißnähte von den gefährlichen Wechselspannungen freizuhalten.

Die an den Motoren-Erprobungen teilnehmenden Männer des Maschinenpersonals von der »Baubelehrung Panzerschiff *Deutschland*« trauen zunächst ihren Augen kaum: Bei diesen merkwürdigen neuen Motoren greifen die Zuganker nicht mehr unmittelbar im Unterteil der gewohnten Grundplatte neben den Grundlagerbolzen an. Sie sind vielmehr so nahe an die Kurbel-welle herangerückt, daß sie gleichzeitig die Grundlagerbolzen er-setzen.* Die ganze Kurbelwelle hängt sozusagen direkt an den Zugankern, die die entsprechend ausgeführten unteren Grundla-gerhälften von unten her gegen das Maschinengestell pressen (s. S. 42)! Die oberen Lagerdeckel stützen sich dann nur noch

---

* Der Verzicht auf Grundlager macht es idealerweise möglich, diese Motoren derart schmal zu bauen, daß mühelos zwei von ihnen nebeneinander gestellt werden kön-nen — eine Grundvoraussetzung für die raffinierte Anordnung der Motorenräume des Panzerschiffs, von der noch die Rede sein wird!

mittels Druckschrauben nach oben gegen das Gestell ab. Mehr als einmal kommt es vor, daß erfahrene Obermaschinisten der Reichsmarine einigermaßen fassungslos davorstehen und dann prompt den unteren Teil der Kurbelwanne abklopfen. Er erweist sich lediglich als dünne Blechschale, die allerdings öldicht am Gestell befestigt ist. Und man sieht es den Mienen dieser Praktiker an — sie zweifeln daran, daß ein Verzicht auf einen soliden Stahlgußunterbau gutgehen kann.

Ihnen kommen diese Motoren vor wie Häuser ohne Fundament. Bislang ist das Maschinenpersonal sichtbar solide Motorenkonstruktionen gewohnt, bei denen die Oberkante der Grundplatte über die Mitte der Kurbelwelle emporragt. Sie wissen immerhin, was von der guten Bettung einer Kurbelwelle abhängt und wie man bisher vor allem durch die Grundplatte ausreichende Steifigkeit erzielte. Nun aber stehen sie vor Großdieseln, bei denen die Kurbelwelle sozusagen freischwebend im Raume hängt und das gesamte Maschinengestell nur noch ein Rahmengestell darstellt, dessen unterer Teil allenfalls als blecherner Kurbelkasten zu bezeichnen ist. Zwar leuchtet den »alten Hasen« die gute Zugänglichkeit des Triebwerks ein. Es bleibt ihnen jedoch zunächst schleierhaft, woher solche Maschinengestelle genügend Steifigkeit bekommen sollen.*

Die Motoren für Panzerschiff *Deutschland* (wie auch die für seine beiden Nachfolger *Admiral Scheer* und *Admiral Graf Spee*) sind doppelwirkende Zweitaktmaschinen, die zu diesem Zeitpunkt allein imstande sind, die im Kriegsschiffbau geforderten großen Leistungen zu produzieren. Bei solchen Motoren erfolgt die Zündung sowohl an der Ober- als auch an der Unterseite des Kolbens. Damit erhöht sich die Leistungskonzentration, weil ja jeder einzelne Kolben auf dem Hin- wie auf dem Rückweg Arbeit leistet. Außerdem läßt sich bei Schleichfahrt mit ganz langsamen Maschinenumdrehungen die Zündung der Zylinder-Unterseiten

---

* Die Quersteifigkeit wird dadurch erreicht, daß die Gestellrahmen in der Höhe des Zwischenbodens, wo die Kolbenstange in den Kurbelraum durchtritt, nochmals miteinander verbunden sind. Auch werden die (ebenfalls geschweißten) Gleitbahnträger zur Versteifung des Gestells mit herangezogen. Vor allem aber sind sämtliche Arbeitszylinder dreiteilig ausgeführt: Ihre Mittelstücke sind durchweg noch aus Stahl gegossen und können deshalb zusätzlich zur Gestellversteifung herangezogen werden.

abschalten, so daß höchst sparsam »einfachwirkend« weitergefahren werden könnte.

Doppeltwirkende Zweitakter machen jederzeitige Zylinder- und Kolbenbesichtigungen möglich, ohne daß eigens dafür (wie bei Viertaktmotoren) der Zylinderdeckel abgehoben werden muß. Man kann vom seitlich an den Zylindern entlanglaufenden, grundsätzlich zu solchen Motoren gehörenden Spülluftkanal aus in die Zylinder hineinblicken.

Der Spülluftkanal führt den Zylindern das benötigte große Quantum Verbrennungsluft zu. Die von den Nebenaggregaten oder Hilfsdieseln angetriebenen Turbo-Gebläse erzeugen jene Spülluft, die eine unentbehrliche Doppelfunktion hat: Sie muß die beiden Verbrennungsräume der Ober- und Unterseite eines jeden Arbeitszylinders mit genug Frischluft versorgen. Sie hat aber zugleich die wichtige Aufgabe, die Auspuffgase der vorhergegangenen Verbrennung blitzschnell und möglichst restlos aus dem Zylinder herauszuschieben.

Andere Motorenbauer haben dieses verzwickte Problem nur durch den Bau extrem umfangreicher Gegenkolbenmaschinen oder durch aufwendigen Einbau zusätzlicher Ventile mit dem zugehörigen Antriebsmechanismus in den Griff bekommen. Die Maschinenfabrik Augsburg-Nürnberg A.G., die als erste deutsche Firma den Typ eines doppeltwirkenden Zweitaktmotors geschaffen hat, erfand längst eine Spülung, die hinsichtlich ihrer Effektivität der einer Gegenkolbenmaschine bei wesentlich kleineren und leichteren Motoren gleichkommt: Mit ihrer Umkehr-Schlitzspülung macht sie die wesentlich aufwendigere Ventilspülung überflüssig. Die Spül- und Auspuffschlitze liegen auf derselben Seite. Die Art des Luftstromes ermöglicht eine ausgezeichnete Reinigung des Zylinders von Abgasen, denn diese werden von der Spülluft vorwärts geschoben und nahezu restlos durch die Auspuffschlitze gedrückt. Beim Beginn des neuen Verdichtungshubs ist somit der Zylinderraum mit fast reiner Luft gefüllt, was bei relativ niedrigem Spüldruck gute, rauchlose Verbrennung mit geringem Treibstoffbedarf zur Folge hat.

Speziell für Panzerschiff *Deutschland* wurde zusätzlich zur bereits patentierten M.A.N.-Umkehrspülung eine weitere Neuerung entwickelt, die dem Maschinenpersonal vom Baubelehrungskommando der Reichsmarine auf Anhieb Hochachtung abnötigt: Über eine Zwischenwelle und eine Zahnkette werden besondere Auslaßdrehschieber betätigt. Sie schließen die Auspuffschlitze genau in dem Augenblick ab, in dem der Kolben beim Verdichtungshub die Spül(luft)schlitze verdeckt. Dadurch wird eine größere Füllung des Zylinders mit Frischluft erreicht. Die Verdichtung beginnt also nicht nur früher, sondern auch bei höherem Luftdruck im Zylinder.

Schon auf dem Prüfstand hat sich erwiesen, daß die Verwendung der neuartigen Auslaßdrehschieber nicht unwesentlich da-

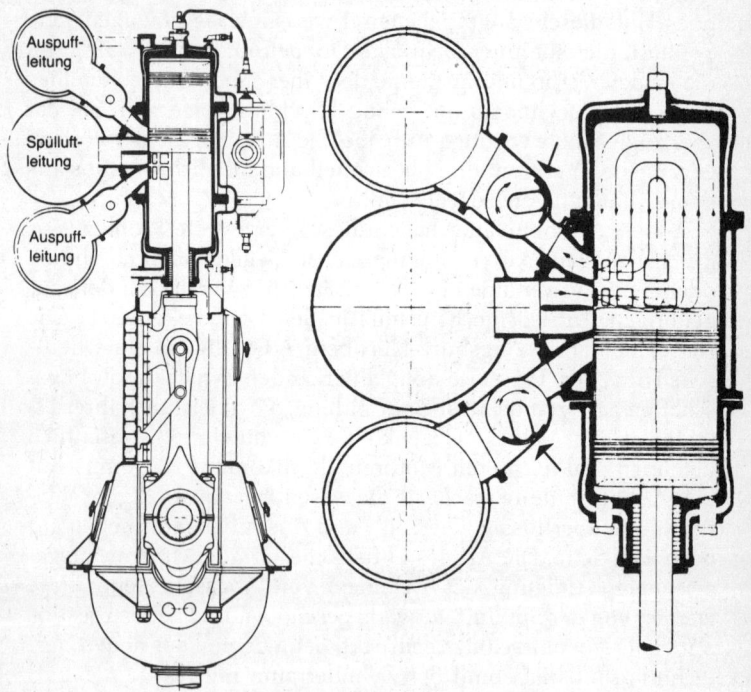

Die Zeichnung links zeigt einen der schmalen *Deutschland*-Antriebsdiesel im Querschnitt, samt Spülluftkanal und Auspuffleitungen, bei »Kolbenstellung oben«. Rechts die vergrößerte Darstellung des Zylinders und der dank Spül- und Auspuffschlitzen bei »Kolbenstellung unten« erzeugte, von Abgasen reinigende Luftstrom. Die Pfeile kennzeichnen die Stellung der Auslaßdrehschieber vor Beginn des neuen Verdichtungshubs.

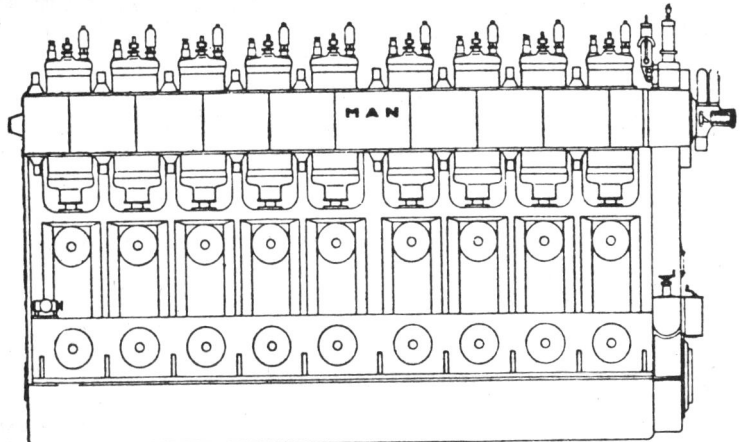

zu beiträgt, den geforderten mittleren Kolbendruck bei denkbar sparsamem Brennstoffverbrauch zu erreichen.

So reibungslos auch die Probeläufe der einzelnen *Deutschland*-Motoren abgewickelt werden können, so bereiten sie doch den Motorenbauern zunehmend »graue Haare«. Die Prüfstand-Ingenieure behalten natürlich ihren Kummer streng für sich: Präzisions-Nachmessungen beweisen, daß sämtliche Kolbenstangen aus Chrom-Molybdän-Vanadium-Stahl bei den Probeläufen krumm werden — teilweise bis zu 1,2 Millimetern. Dieser Zustand ist für den späteren Bordbetrieb untragbar. In wochenlanger »Detektivarbeit« gehen deshalb Metallurgen, Meßtechniker und Motorenbauer gemeinsam den vermuteten Eigenspannungen des Kolbenstangenmaterials auf die Fährte. Erst danach erkennen sie, daß das Material völlig schuldlos an den Verformungen ist. Eigentliche Ursache ist die zu geringe Wärmeabführung in der Kolbenstangenstopfbuchse und in der Stopfbuchse selbst, die nun schleunigst behoben wird, bevor ein Motor nach dem anderen wieder demontiert und per Tiefladewaggon auf die Reise nach Kiel geht — zur Bordmontage auf dem Panzerschiff.

Bezahltes »Lehrgeld« und lärmreiche Probefahrt

Am 14. Juli 1932, noch mitten in der Ausrüstungsphase des Panzerschiffes *Deutschland*, stellt die Reichsmarine so unauffällig wie möglich das Artillerieschulboot *Bremse* in Dienst. Das maximal nur 1870 ts verdrängende Schulboot *Bremse* ist in Wirklichkeit Versuchsschiff für die völlig neuartige Antriebsanlage der *Deutschland*, deren zu erwartende Mucken möglichst in Erfahrung gebracht werden sollen, bevor das Panzerschiff selbst seinen Fahrbetrieb aufnimmt. Und weil ein Artillerieschulboot bei seinen nahezu permanenten Schießübungen häufig die Fahrstufe wechseln muß — vom gefechtsmäßigen Höchstfahrt-Anlauf bis zum Stoppen zum Zweck der Scheiben-Trefferaufnahme —, ist das eigenartig langgestreckte Schiff, das sich durch auffällig weit auseinandergezogene Schornsteine auszeichnet, durchaus die geeignete schwimmende Erprobungsstelle für ein neues Antriebssystem. Die *Bremse* ist das erste ausschließlich mit Dieselmotoren ausgerüstete größere Überwasser-Kriegsschiff der Welt. Es fährt mit doppeltwirkenden Zweitaktern.

Zwischen den Antriebsdieseln und dem Zahnradgetriebe wurde eine Vulcan-Flüssigkeitskupplung installiert, die das überaus empfindliche Zahnradgetriebe vor dem Einfluß des motorischen Ungleichförmiggrades schützt. Diese »elastische Schaltkupplung« bietet die Möglichkeit, einzelne Motoren durch Ölfüllung oder Ölentleerung der Kupplung beliebig dazu- oder abzuschalten.

Artillerieschulboot *Bremse* fährt mit acht Achtzylinder-Zweitaktern und verfügt damit sozusagen über die doppelte Marschmotorenanlage der *Leipzig*. Auf jede Propellerwelle wirkt eine Gruppe von vier Dieseln, die jeweils paarweise nebeneinanderstehen. Zwischen jedem Motorenpaar befindet sich das besagte Vulcan-Getriebe, dessen Hydraulik es also möglich macht, jede Welle wahlweise mit einem, mit zwei, drei oder allen vier Motoren zu fahren.

Die eingeschifften Ingenieure und Techniker der M.A.N. sowie das in Augsburg angelernte Maschinenpersonal der *Bremse* gehen mit Feuereifer an die Arbeit, um alle denkbaren Motorschaltungen und Kupplungskombinationen durchzufahren und das Versuchsschiff bei allen Fahrtstufen und Belastungszuständen gründlich zu erproben. Da das Artillerieschulschiff auch als Scheiben-Schnellschlepper eingesetzt wird, sind die Tests recht vielfältig.

Endlich können der Brennstoffverbrauch und der Gesamtwirkungsgrad der Antriebsmotoren — bezogen auf die Kupplungsleistung — und die exakte WPS-Leistung der Propellerwellen unter realen Bordverhältnissen gemessen werden. Auch über den bestgeeigneten Spülluftdruck bei Vollast und den Wirkungsgrad der Gebläse werden konkrete Aufschlüsse gewonnen, die auf dem Prüfstand nur bedingt möglich waren. Daraus resultieren Berechnungen, die der *Deutschland*-Motorenanlage zugute kommen werden.

Die Marineleitung und der Motorenhersteller können sich gleichermaßen gratulieren, daß ihnen das „Versuchskaninchen« *Bremse* zur Verfügung steht. Sie zahlen bei der Erprobung dieses Schiffes rechtzeitig »Lehrgeld« für einen Fehler, der sich bei der doppelt so starken Maschinenanlage der *Deutschland* auf keinen Fall wiederholen darf: Bei einer der manövermäßigen Abschaltungen eines *Bremse*-Antriebsdiesels während des Fahrbetriebes »geht« beim Entleeren der hydraulischen Kupplung der Motor mit Donnergetöse »durch« und erleidet Maschinenbruch. Seit diesem gefährlichen Vorfall weiß man, daß jeder von den mehr als doppelt so leistungsfähigen *Deutschland*-Antriebsdieseln durch einen besseren Regler gesichert werden muß, der das Überschreiten einer bestimmten, vorher einstellbaren Drehzahl verhindert.

Die Motorenanlage ist bereits komplett eingebaut, wenn auch noch nicht funktionsfähig. Sie befindet sich, wie gesagt, voll unter dem Schutz des Panzerdecks in der sogenannten Stauung über dem Innenboden, also an tiefster Stelle des Schiffes. Das Panzerdeck ist nur für die Zuluft- und Abgasleitungen durchbrochen. Die Durchbrüche werden durch Panzermuffen geschützt.

Am 19. Januar 1933 tritt das Panzerschiff seine erste Werftprobefahrt an, der am 8. Februar die zweite folgt. Aber der erste Eindruck vom Betrieb der größten und kompaktesten bis dato je in ein Schiff installierten Dieselmotorenanlage ist deprimierend: Schon bei höheren Fahrtstufen, erst recht bei Vollast füllen sich die vier Motorenräume derart mit Abgasen, daß das Erprobungspersonal wie blind umhertappt. Niemand kann es über längere Zeiträume hinweg in den Räumen aushalten. Grund für die Misere ist vor allem das erst jetzt erkannte Phänomen, daß der Auspuffdruck bei höheren Drehzahlen so hoch ist, daß die Abgase nicht ausreichend durch die Austritte des Auspufftopfes abgeführt werden können. Sie schlagen in die Leitungen zurück. Man behilft sich damit, sofort nach der ersten Probefahrt größere Löcher in den Auspufftopf zu brennen. Aber nach diesem Provisorium wird man sich schnellstens um eine konstruktive Verbesserung bemühen. Das gilt auch für die Frischluftversorgung der ohne Maschinenschacht angelegten, vollständig unter den Panzerschutz gedrängten Motorenräume. Die erste Probefahrt beweist, daß einige Lüfterleitungen änderungsbedürftig sind.

Negativste Erkenntnis beider Probefahrten ist jedoch die vom unerträglichen Abgaslärm der *Deutschland*. Er ist so infernalisch, daß die Werftarbeiter den Spitznamen »*Dröhnland*« prägen. Einige sagen auch kurz und verächtlich »*Rummelpott*« zu dem neuen Panzerschiff.

Natürlich haben die Motorenbauer eine gewisse Vorsorge getroffen. Sie wissen, daß die hochpferdigen Diesel durch die angeschlossenen Abgasleitungen infolge der darin entstehenden Luft- und Gasschwingungen ebensoviel »Körperschall« übertragen wie durch metallische Verbindungen von der Maschine ans Fundament, an die Außenhaut und ans Wasser. Man hat also Schallfilter eingebaut. Aber solche Dämpfer können nur empirisch, d. h. in der Fahrpraxis, getestet werden. Ihre Drosseleffekte erhöhen, wie sich nun herausstellt, den ohnehin schädlichen Auspuffgegendruck. Außerdem sind sie offenkundig für viele Tonfrequenzen unwirksam. Man folgert daraus, daß für die völlig neuartige Panzerschiff-Motorenanlage geeignete akustische Schalldämpfer erst noch entwickelt werden müssen. Nur sie können alle im Auspufflärm vorkommenden akustischen Schwingungen — von den hohen bis zu den tiefen — wirksam vernichten. Mit Schallschluckstoffen und anderen herkömmlichen Mitteln ist hier überhaupt nichts zu machen. Man wird sich um Filter bemühen, die mit den dämpfenden Eigenschaften von Schwingungskreisen auch die Teiltöne der tiefen Frequenzen bekämpfen. Aber das geht nicht von heute auf morgen.

Jedenfalls kommen die an der Werftprobefahrt teilnehmenden Baubeamten und Ingenieuroffiziere zu dem Ergebnis, daß unter den zunächst gegebenen Umständen die normalerweise übliche Befehlsübermittlung durch Bootsmannspfeifen und durch die üblichen Lautsprecher der Wachdienstanlage während der Fahrt illusorisch sein dürfte. Die Reichsmarine muß darauf bestehen, daß sofort an und unter Deck in größerer Zahl Boschhörner und Kehlkopfmikrofone zum Zweck der Befehlsübermittlung an Bord der *Deutschland* eingebaut werden!

Noch immer rummelt das Panzerschiff weithin hörbar, als es am 27. Februar 1933 morgens endgültig seine Bauwerft verläßt, um — zunächst weiterhin unter Handelsflagge und mit Zivilbe-

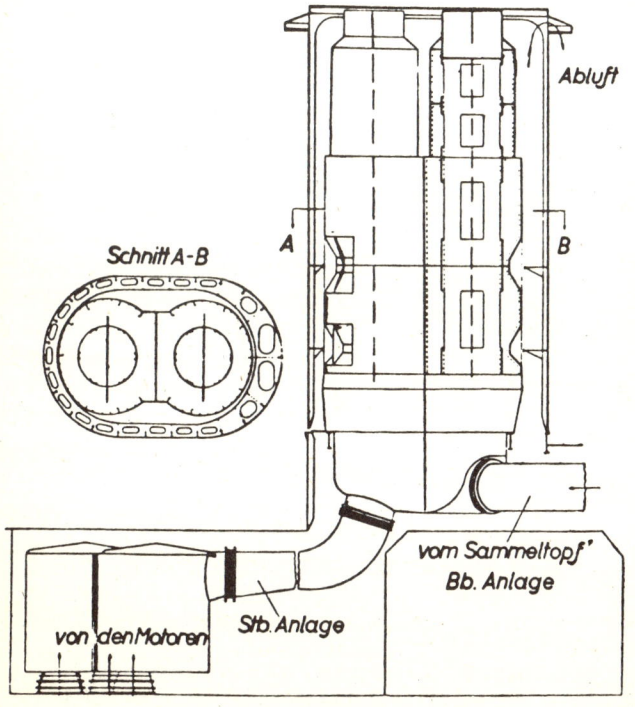

Die verbesserte schalldämpfende Abgasanlage für die beiden Schwester-schiffe *Admiral Scheer* und *Admiral Graf Spee,* die in ähnlicher Form nachträg-lich auch in die *Deutschland* eingebaut wurde.

satzung — durch den Kaiser-Wilhelm-Kanal nach Cuxhaven zu fahren. Dort macht die *Deutschland* am Imperatorkai fest. Am nächsten Tag steigen die Abnahmekommission der Marinewerft Wilhelmshaven sowie ein weiteres Kontingent von Offizieren, Unteroffizieren und Mannschaften ein, die dem Kommando dieses Schiffes zugeteilt sind. Auch die Vertreter der wichtigsten Lieferfirmen steigen an Bord.

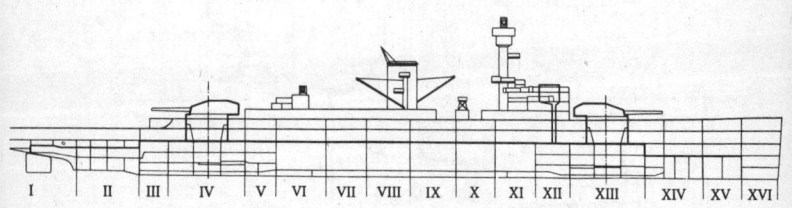

Die Aufgliederung des Schiffsrumpfes in einzelne, wasserdicht voneinander abgeschottete Abteilungen. Traditionsgemäß werden sie mit römischen Ziffern von achtern nach vorn gezählt, weil die Abteilung I mit Propellern und Ruder die lebenswichtigsten Teile zur Aufrechterhaltung der Manövrierfähigkeit des Schiffes enthält.

Schnitt durch das Panzerschiff *Deutschland*

Bauwerft: Deutsche Werke Kiel A. G. — Stapellauf: 19. Mai 1931 — Länge 187 m — Breite 20,7 m — Tiefgang: 5,8 m — Verdrängung: 10 000 ts — Hauptmaschinen: 8 M.A.N.-Dieselmotoren — Maschinenleistung: 54 000 PS — Geschwindigkeit 26 Knoten.

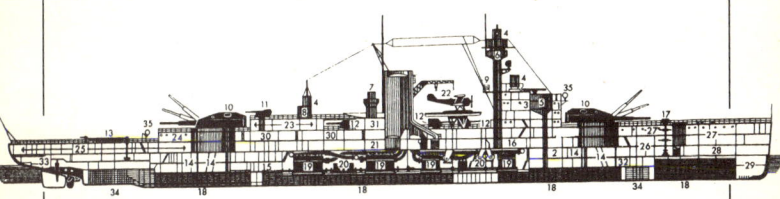

1: Leitstand für Schiffsführung	18: Treibölzellen
2: Kommandozentrale	19: M.A.N.-Dieselmotoren
3: Kartenhaus	20: Getrieberäume
4: Entfernungsmesser	21: Schmiede
5: Vorderer Kommandoturm	22: Wasserflugzeug
6: Gefechtsm. m. Marsen	23: Kommandantenräume
7: Hint. Flaleitstand	24: Offiziersmesse
8: Hinterer Artillerie-Stand	25: Wohnräume für Oberfeldwebel
9: Leitstand f. Luftziele	26: Unteroffiziersräume
10: 28-cm-Geschützturm	27: Mannschaftsräume
11: 8,8-cm-Flak	28: Magazin
12: 15-cm-S.K.	29: Trimmzellen
13: Torpedorohre	30: Schreibstuben
14: Munitionsräume	31: Küchen
15: Art.-Rechenstelle	32: Kühlraum
16: Artillerieausgabe	33: Vorräte
17: Ankerspill	34: Frisch-, Trink- u. Waschwasser
	35: Funkpeiler

(Umgezeichnet nach einer großen farbigen Wandtafel aus dem Verlage E. S. Mittler & Sohn, Berlin)

Der gepanzerte Kommandoturm innerhalb des Brückenaufbaues enthält, wie bei jedem gepanzerten Kampfschiff, im obersten Teil den (vorderen) Artilleriestand, darunter (im Bereich der Kommandobrükke) den Kommandostand samt Gefechtssteuerstelle. Beide in der Schnittzeichnung unter Ziffer 5 zusammengefaßte Bereiche sind durch einen Panzerschaft mit der Kommandozentrale verbunden, die unter dem Panzerdeck als Schiffssicherungsleitstand fungiert.

»Große Kurbel« bei Helgoland

Panzerschiff *Deutschland* wirft die Leinen zur Übergabefahrt los, die in die Gewässer bei Helgoland führt. Dabei werden alle Munitionsförderanlagen einschließlich der elektrischen Geschoßhebezangen und der Munitionsaufzüge probehalber durchgefahren, die Richt- und Schwenkwerke der Geschütze und alle Spezialmaschinen für den Betrieb der beiden Drillingstürme überprüft. Krupp-Fachleute nehmen schließlich zwecks Vorführung der Geschützverschlüsse und der wahlweise schaltbaren Abfeuerkontakte ein erstes Probeschießen vor, bei dem sich freilich keine Granate und keine Treibladung in den Rohren, sondern nur die Kartuschzünder in den Hülsen befinden. Auch die Schwere Artillerie bringt deshalb nur scharfe Knalle anstelle eines Geschützdonners hervor.

Zeiss-Spezialisten besorgen derweilen das Justieren der nunmehr fertig eingebauten Entfernungsmeßgeräte und sonstiger Zieloptiken nach Peilobjekten auf Helgoland.

In den Motorenräumen wird nacheinander jeder Antriebsdiesel einzeln angelassen und separat manövriert, unter sorgfältiger Überwachung der dazugehörigen Instrumente.

Anschließend wird jede der beiden Motorengruppen gemeinsam von ihrem jeweils im vorderen Motorenraum der betreffenden Schiffsseite angeordneten Hauptmaschinenstand aus gemeinsam bedient. Dazu sind nicht mehr Handgriffe notwendig als für die Bedienung eines Einzelmotors oder Motorenpaares, wohl aber eine viel größere Zahl von Instrumenten. Da es sich bei Panzerschiff *Deutschland* jedoch um ein Kriegsschiff handelt, das im Gefecht jederzeit mit Ausfällen zu rechnen hat, gibt es neben den beiden Hauptmaschinistenständen im vorderen Motorenraum jeder Schiffsseite im hinteren Motorenraum noch jeweils einen Hilfsmaschinistenstand, der die beiden Motoren dieses Raums wiederum gemeinsam zu bedienen gestattet. Auf diese Weise wirken für die Maschinenmanöver die zu derselben Propellerwelle gehörigen Motoren als eine geschlossene Maschineneinheit. Die Abnahmekommission läßt die acht Motoren einzeln, paarweise, gruppenweise und auch alle zusammen in jeder nur denkbaren Fahrtstufe und Schaltung durchfahren und überprüft mit Argusaugen die dabei auftretenden Umdrehungen, Zylinderdrücke, Zylindertemperaturen, den Auspuffdruck und die Abgastemperaturen, die Funktionsweise der Vulcan-Kupplungen und der Sicherheitsregler. Besonders beeindruckt ist die Abnahmekommission von den geradezu phantastischen Manövrier- und Steuereigenschaften der *Deutschland,* sobald die Antriebsanlage mit sogenannter Manöverschaltung fährt. Dabei läuft die Hälfte der Diesel vorwärts, die andere Hälfte zurück. Das Einschalten der Getriebe bewirkt, daß effektiv die Hälfte der Gesamtleistung sofort voll auf jede Schraube, im jeweils gewünschten Drehsinn, wirkt. Es ist kein Umsteuern der Motore notwendig! Bei entgegengesetzt laufenden Propellern dreht das Schiff ideal. Da auch alle nautisch-technischen Kommandoelemente und alle bereits funktionsfähigen Befehlsübermittlungs-Anlagen (Bü-Anlagen) sichtbar in Ordnung sind und die See-Eigenschaften der bei Höchstfahrt und Hartruder bis zu 13° krän-

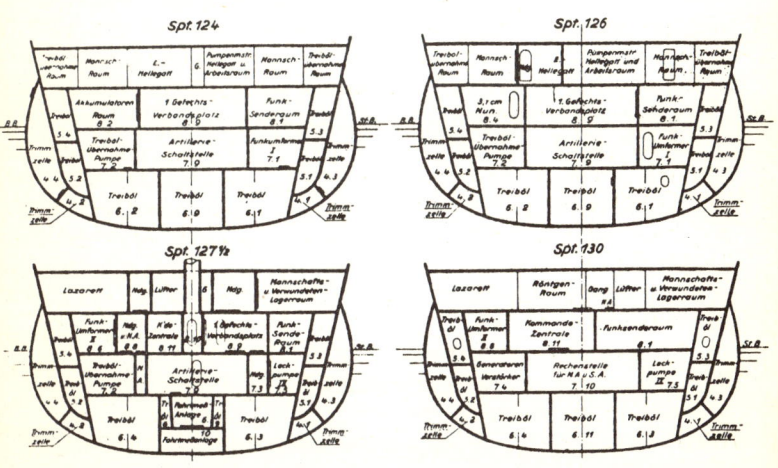

Beispiele für die durchdachte Raumausnutzung an Bord des Panzerschiffes *Deutschland* geben diese Querschnitte im Bereich dieser vier Spanten. Sie sind nur Beispiele für das gesamte übrige Schiff. Die Torpedoschutzwülste werden jeweils als Trimmzellen benutzt und erfüllen eine doppelte Funktion.

51

genden, d. h. sich auf die Seite legenden *Deutschland* für gut befunden werden, gilt das Schiff als abgenommen. Die in den Restpunktlisten der einzelnen Abschnitte (Ressorts) niedergelegten, noch vorhandenen kleineren Mängel werden von der Marinewerft des künftigen Hauptliegeplatzes Wilhelmshaven bearbeitet.

Am Abend des 28. Februar 1933 kommt Panzerschiff *Deutschland* bei sternenklarem Himmel und kaltem Ostwind eine Stunde vor Mitternacht erstmals in seinem künftigen Heimathafen Wilhelmshaven an. Die von dem langen, arbeitsreichen Tag ziemlich übermüdeten Probefahrtteilnehmer trauen ihren Augen nicht: Trotz der Kälte und der späten Stunde haben sich an die 1000 Menschen bei der Dritten Einfahrt von Wilhelmshaven eingefunden. Sie wollen unbedingt diesen legendären Neuzugang der Reichsmarine mit eigenen Augen sehen. Viele Menschen sind vor Begeisterung sogar auf Zäune, Bäume und Laternenpfähle geklettert.

Die an Bord befindlichen 85 Mann militärischen Personals, vom ersten Besatzungsstamm, wissen zu reagieren. Sie bauen sich einigermaßen paradEMÄßig an Deck auf und nehmen bewegt die Hurrarufe der nächtlichen Menschenansammlung entgegen, um sie nach Marinebrauch dreifach zu erwidern.

»Heiß Flagge und Wimpel!«

Es vergeht noch ein ganzer Monat, ehe Panzerschiff *Deutschland* offiziell in Dienst gestellt werden kann. Und so wählt man den 1. April 1933 für die damit verbundene Zeremonie aus.

Hinter der *Deutschland* liegt an diesem Tag der Leichte Kreuzer *Emden*. Beide Schiffe haben ihre Hecks einander zugekehrt. Der Flaggstock der *Deutschland* ist noch leer, an dem der *Emden* aber weht noch die schwarz-weiß-rote Reichskriegsflagge mit dem Eisernen Kreuz.

Die *Emden*-Besatzung nimmt geschlossen Abschied von ihrem Schiff, das wegen bevorstehender Grundinstandsetzung und gleichzeitiger Modernisierungs-Umbauarbeiten für längere Zeit außer Dienst gestellt wird. So etwas geschieht bei Seeleuten nie ohne wehmütige Rückerinnerungen. Aber was hilft es: Die Bootsmannspfeifen schrillen, die Wachdienstanlage ruft »Alle Mann achteraus!« Nach der Abschiedsansprache des Kommandanten werden feierlich Flagge und Wimpel der *Emden* niedergeholt.

Die kleine Reichsmarine Versailler Zuschnitts ist viel zu knapp an Personal, um anders handeln zu können. Sie stellt Schiffe bei längeren Werftliegezeiten grundsätzlich außer Dienst und bemannt inzwischen andere Schiffe mit dem abkömmlich gewordenen Personal. Und der Chef der Marineleitung, Admiral Raeder, begrüßt diese Methode auch noch aus einem anderen Grund: Man wünscht keine zusammengewürfelten Besatzungen, die erst längere Zeit brauchen, um endlich eine Einheit zu bilden. Man nimmt lieber eingefahrene, aufeinander eingestellte Leute, denn sie geben einen festen Stamm mit guter Disziplin ab, die gerade beim Einfahren neuer Schiffe besonders nötig ist, weil der rein militärische Dienst dabei oft zu kurz kommt.

Das neue schwimmende Zuhause liegt nur zehn Meter hinter dem *Emden*-Heck: Die Besatzung des Leichten Kreuzers zieht geschlossen auf Panzerschiff *Deutschland* um und stellt diesen Neubau in Dienst! Drüben formiert sich die Besatzung neu und tritt divisionsweise zur Musterung an.

Der Bootsmaat der Wache pfeift »Seite«, die angetretenen Divisionen machen »Augen rechts!«, während Kapitän zur See Hermann von Fischel kurze Zeit später als Kommandant erstmals die *Deutschland* betritt. Die Ehrenwache präsentiert dabei das Gewehr.

Kapitän v. Fischel läßt sich seine Offiziere vorstellen und mustert jede einzelne Division. Dann läßt er »Alle Mann achteraus« befehlen. So stehen die Männer als Auditorium ihrem Kommandanten gegenüber, der nun unter den Geschützrohren von Turm »Bruno« vor die dort aufgestellten Mikrofone tritt: »*Kameraden! Auf Befehl des Chefs der Marineleitung sollen wir heute das Panzerschiff ›Deutschland‹ in Dienst stellen. Das erste Schiff einer neuen Klasse, von der das zweite heute mittag vom Stapel laufen wird.*

Entworfen und erbaut in einer Zeit innerer Zerrissenheit und äußerer Ohnmacht, trägt auch dieses Schiff den Stempel des Versailler Vertrages. Aber trotz allem hat man es verstanden, das Beste zu schaffen. Und unsere Sache ist es, mit diesem Schiff das Beste zu leisten.

Unsere Indienststellung erhält eine besondere Weihe durch den Umstand, daß das deutsche Volk heute Bismarcks Geburtstag feiert . . .«

Der Kommandant erinnert in seiner Rede an alle Namensvorgänger der *Deutschland* unter den Schiffen der Marine. Und er endet mit den Worten: »*Unsere Pflicht ist es, den Kreuzergeist der ›Emden‹, deren Besatzung den Kern der ›Deutschland‹-Besatzung bildet, zu pflegen. Unsere Pflicht ist es, auf diesem Schiff unseren Mann zu stehen, jeder an seiner Stelle — komme, was kommen mag.*

Und so wollen wir denn geloben, diese unsere Pflicht zu tun, indem wir rufen: Der Reichspräsident, Generalfeldmarschall von Hindenburg, unser deutsches Volk und Vaterland — Hurra!«

Nach den drei kurzen, von der Besatzung erwiderten Hurras, kommen nacheinander die Kommandos: »*Front nach achtern! . . . Heiß Flagge und Wimpel!«*

Unter den Klängen des Präsentiermarsches steigen die große, schwarz-weiß-rote Flagge und zugleich der lange Kommandantenwimpel langsam empor, während die Ehrenwache wiederum das Gewehr präsentiert. Zum Schluß spielt der Bordmusikzug die Nationalhymne. Damit ist Panzerschiff *Deutschland* offiziell in Dienst gestellt.

Die bereits an Bord gewesenen 85 Mann vom »Erststamm« und die übergestiegenen 474 Mann der *Emden* reichen als Besatzung noch nicht aus. Deshalb treffen im Rahmen des Frühjahrsstellenwechsels in Kürze die neuen Flottenrekruten ein, die man baldmöglich in die Crew integrieren wird. Panzerschiff *Deutschland* bekommt insgesamt eine Besatzung von 643 Mann, von denen 628 Soldaten sind. Der Rest ist Zivilpersonal: Acht Köche und Stewards, ein Friseur, drei Schuhmacher und drei Schneider.

Die militärische Besatzung besteht aus 33 Offizieren, 24 Oberfeldwebeln, zehn Feldwebeln, 121 Unteroffizieren und 440 Mannschaftsdienstgraden. 267 Mannschaftsdienstgrade gehören der Bootsmannslaufbahn, d. h. der seemännischen »Laufbahn I« an, 109 Mann der Maschinenlaufbahn »Laufbahn II«. Alle anderen Soldaten sind Spezialisten wie Zimmerleute, Torpedo- und Artilleriemechaniker, Funk-, Signal- und Verwaltungsgasten, ja sogar Tamboure und Hornisten der Musiklaufbahn sind vertreten. Eins ist jedoch von vorneherein klar: Dieses große Kriegsschiff mit seinem komplizierten technischen Organismus und der Vielfalt seiner Bewaffnung ist personell unterbesetzt. Aber die Decke der Reichsmarine ist und bleibt in dieser Hinsicht zu kurz. Der Versailler Vertrag verbietet die Ausbildung von Reservisten und zwingt außerdem die Marineleitung, nur Freiwillige mit einer Verpflichtung auf 12 Jahre Dienstzeit einzustellen — auch für Mannschaftsdienstgrade! So bleibt einfach nichts anderes übrig: Jeder der Männer muß mehrere Gefechtsstationen besetzen können. Reserven für Personalausfälle sind nicht vorhanden.

Aber dafür ist das Personal der Reichsmarine von allererster Qualität. Diese kleine Streitmacht kann es sich leisten, schärfste Personalauslese zu bertreiben. Ihr strömen aus allen Teilen Deutschlands und aus allen Bevölkerungskreisen Freiwillige in großer Zahl zu. Schon Mitte der zwanziger Jahre waren es jedes Jahr 30 000 bis 40 000 junge Männer, von denen nur 1000 eingestellt werden konnten. Inzwischen ist die Freiwilligenzahl noch größer, aber die Kopfquote darf nicht erhöht werden.

Allein für die Seeoffizierslaufbahn lagen im Jahr 1932 618 Aufnahmeanträge vor, von denen nur 45 berücksichtigt werden konnten. Für 522 Ingenieuroffiziersbewerber gab es nur 14 freie Stellen. Für die Sanitätsoffizierslaufbahn konnten von 121 Bewerbern nur sechs, von 123 Bewerbern der Verwaltungsoffizierslaufbahn nur vier eingestellt werden.

Aber auch aus dem Ausland dämmert es inzwischen, daß eine

durch Versailles erzwungene, derart scharfe Personalauslese die Qualität des tatsächlich eingestellten Personals auf geradezu ideale Weise erhöht!* Schon am 5. August 1929 schrieb der Pariser Mitarbeiter der britischen Fachzeitschrift »Naval and Military Record«: *»Französische Seeoffiziere bewundern in höchstem Maße die tadellose Erscheinung der Seeleute und Schiffe der deutschen Nachkriegsflotte. Sie erblicken darin den höchsten Grad der Vervollkommnung an Gefechtswert. Auf den in Dienst gestellten deutschen Kriegsschiffen sind alle wichtigen Gefechtsposten mit zuverlässigen Spezialisten von großer Geschicklichkeit und langjähriger Erfahrung besetzt, was bei der Zunahme an Technik in der Kriegsführung bedeutungsvoll ist. Hierauf beruht die Überlegenheit des ›Versailler-Vertrags-Deutschland‹ zur See.«*

---

* Tatsächlich bildete das Reichsmarine-Personal in der späteren Kriegsmarine ein fachlich hervorragendes Korps von Offizieren sowie Unteroffizieren mit und ohne Portepee!

Kurs Norwegen—Island

Mitte Mai 1933 werden die Vorbereitungen für die von der Besatzung herbeigesehnte Jungfernreise des Panzerschiffes immer offensichtlicher: Proviant-, Trinkwasser-, Munitions- und Treibstoffübernahme folgen rasch aufeinander. Die immer noch an Bord befindlichen rund 100 Zivilisten der M.A.N.-Motorenwerke und das Maschinenpersonal des Schiffes erfüllen die vier Motorenräume und die beiden Getrieberäume mit reger Geschäftigkeit. Dem Anlassen der Motoren, der Inbetriebnahme der größten je auf der Welt in ein Schiff installierten Diesel-Antriebsanlage, geht eine lange Kette von genau einzuhaltenden technischen Maßnahmen voraus.

Erst wenn alle acht Hauptmotoren durchprobiert sind, dürfen sie zusammen oder gruppenweise zu je zwei neu angelassen werden. Und dann bestimmt der Gruppenschalthebel des Fahrstandes, ob fortan mit allen vier Motoren oder nur mit zwei Motoren pro Welle gefahren wird.

Jetzt, beim Seeklarmachen, befindet sich der Leitende Ingenieur, Korvettenkapitän Dr.-Ing. Lüttge, persönlich am Hauptfahrstand, der für Manöverschaltung vorbereitet wird. Und nach Probelauf aller acht Hauptmotoren sowie Kontrolle aller Flüssigkeitskupplungen und Zahnradgetriebe gibt der L. I. telefonisch die Meldung *»An Brücke: Antriebsanlage ist klar!«*

Punkt 8.00 Uhr ertönt das Kommando *»Vorn und achtern alle Leinen los!«* durch Wachdienstanlage und BÜ-Telefone.

Zwei Schlepper bugsieren die *Deutschland* behutsam von der Nordmole weg. Dann dröhnen die Hauptmotoren des Panzerschiffes in ihrer unverkennbaren Tonlage los. Ihr Rummeln und Bullern vermischt sich mit dem ebenfalls ziemlich lauten Heulen der Spülluftgebläse. Unter dem Heck quirlt silbernes Schraubenwasser der beiden Propeller hervor. An der Achterkante des (hinteren Drillings-)Turms »Bruno« hat sich der Bordmusikzug aufgestellt und schmettert sein »Muß i denn . . .«

Wer von der Besatzung und auch vom M.A.N.-Personal irgend abkömmlich ist, steht an Deck, denn die Nordmole wimmelt von Menschen. Die Angehörigen der in Wilhelmshaven wohnenden *Deutschland*-Besatzungsmitglieder sind wohl ziemlich vollzählig versammelt. Aber auch Familienmitglieder, Freunde und Verwandte anderer »*DE*-Fahrer« sind — teilweise von weither — hinzugekommen, um diesen Augenblick mitzuerleben. Das Panzerschiff verabschiedet sich vom »Publikum« mit einem durchdringenden Typhonsignal.

Dann heißt es über alle Lautsprecher der Wachdienstanlage: »*Seeposten der Steuerbordwache sich klarmachen!*« Das Panzerschiff geht ankerauf. Und jedermann an Bord empfindet es als Befreiung, daß es endlich in See geht.

Zunächst wird noch in Manöverschaltung weitergefahren, solange sich die *Deutschland* in »Revierfahrt«, in dem beengten Fahrwasser der Jade befindet. Bei Manöverschaltung läuft, wie schon gesagt, von den in Betrieb befindlichen Hauptmotoren pro Motorenraum einer »Voraus«, der andere »Zurück«. Fahrmanöver werden dann durch einfaches Legen der Bedienungshebel für die Vulcan-Flüssigkeitskupplungen — vom Hauptfahrstand aus — durchgeführt. Die Motoren laufen unverändert weiter wie bisher. Nur wird mal der vorauslaufende, dann wieder der zurücklaufende Motor auf die jeweilige Welle gekuppelt, sobald der Maschinentelegraf das verlangt. Selbst Dutzende von einzelnen Fahrmanövern verbrauchen keine Anlaßluft!

Die Reise zum Skagerrak wird beim Feuerschiff *Außenjade* noch einmal unterbrochen. Nach altem Seemannsbrauch besteht für jedes neu in Dienst gestellte Kriegsschiff das ungeschriebene Gesetz, bei Antritt der Jungfernreise Wilhelmshavens »schwimmender Haustürlampe« eine Buddel Rum zu spendieren. Dabei ist es üblich, einen vollen Drehkreis um das Feuerschiff zu fahren und dabei eine Boje mit der angebändselten Flasche über Bord zu werfen.

Drüben auf dem Feuerschiff hat der Brückenwächter die Bordwand des Panzerschiffes schon lange mit dem Fernglas genau beobachtet, ihm entgeht keine Bewegung auf der *Deutschland*. Inzwischen ist auch die gesämte Feuerschiffs-Freiwache an Deck gekommen, um fröhlich herüberzuwinken. Und kaum ist die sehnlichst erwartete »Rum-Boje« mit der Beschriftung »Wohl bekomm's! — »*Deutschland*« geworfen, sitzen schon vier Feuerschiffsmatrosen im Beiboot. Sie erreichen die Boje mit olympiareifer Geschwindigkeit.

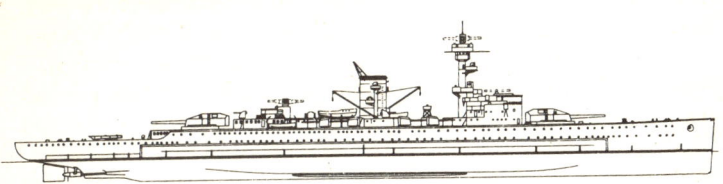

Die drei Grundsilhouetten in der Lebensgeschichte des Panzerschiffes. Oben die bei der Indienststellung gültige Form: Der »Sonderaufbau« zwischen Schornstein und Gefechtsmast trägt noch kein Flugzeugkatapult, sondern nur einen Magnetkompaß. Als S-Flak befinden sich noch drei Einzelrohrgeschütze vom Kaliber 8,8 cm an Bord.

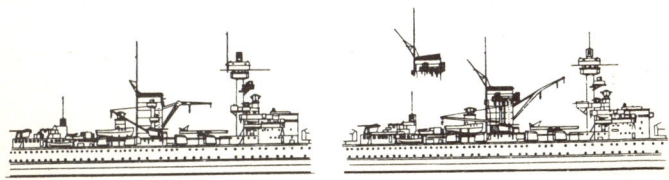

Aussehen ab Herbst 1935: Das Katapult und der erste, gitterartige Flugzeugkran sind installiert, eine Doppeldecker-Schwimmermaschine vom Typ He 60 als Bordflugzeug vorhanden. Die alten Einzelrohrgeschütze der S-Flak sind durch moderne 8-cm-Doppellafetten ersetzt. Der Vormars trägt eine Hauptflakeinsatzplattform. Rechts: Aussehen ab Baujahr 1937: Neue Kräne, zunächst noch kein Schornsteinaufsatz. (Er folgte erst 1938.)

Aussehen ab August 1944: Die L-Flak-Bewaffnung ist durch 2-cm-Vierlinge (z. B. auf Turm »Anton«) und durch 4-cm-Geschütze (beiderseits der Brückeninsel) verstärkt. Seit 1941 hat das Schiff schrägen Atlantik-Bug und S-Flak vom Kaliber 10,5 cm sowie zweimal erhöhten Schornsteinaufsatz. De-Te-Haus und Toppstand auf dem Vormars.

Kapitän zur See v. Fischel, auf der Brücke der *Deutschland,* kann sich die Bemerkung nicht verkneifen: »*Tja, meine Herren, so wünsche ich mir künftig auch unsere Kuttermanöver! Ist das klar?*«

Es wird eine wundervolle Seereise, bei strahlendem Sonnenschein und spiegelglattem Wasser. Das Schiff durchsteuert mit brausender Bugsee bald ganze Flottillen von kurrenden, d. h. mit Schleppnetz fangenden, dänischen Fischkuttern.

Der Sonnenuntergang vor Jütlands Westküste ist von unbeschreiblicher Farbenpracht. Und die rotglitzernde Nachglut der Sonne bleibt noch lange auf der See, deren klarer Spiegel von der auseinanderlaufenden, mit weißer Mähne überkippenden Bugwelle des Panzerschiffes schließlich durchschnitten wird.

Bei sternklarer Nacht kommt das Leuchtfeuer von Hanstholm am Südwestausgang des Skagerrak in Sicht. Unverändert läuft die *Deutschland* 19 Knoten Marschfahrt. Auf jede Propellerwelle sind dabei nur zwei von den jeweils vier Motoren jeder Schiffsseite gekuppelt.

Bei wiederum strahlender Sonne umrundet die *Deutschland* am nächsten Morgen Kap Skagen. Sie steuert Kurs Süd — vorbei an den Inseln Laesö und Anholt — und nimmt Kurs auf den Nordausgang vom Großen Belt.

Anderntags läuft Panzerschiff *Deutschland* gegen 19 Uhr in den Kieler Hafen ein und geht zum erstenmal an eine der Festmachetonnen der Förde, die als Liegeplätze der großen Kriegsschiffe dienen. Bald ist der »Neuling«, die technische Sensation der Reichsmarine, von einer großen Sportboote-Mahalla umringt und wird entsprechend neugierig betrachtet.

Aber für Panzerschiff *Deutschland* sind die Tage in Kiel nur ein Zwischenaufenthalt. Die Gedanken der Männer sind längst auf etwas anderes konzentriert: Morgen abend soll die erste Auslandsreise beginnen.

Pünktlich um 20 Uhr wirft die *Deutschland* von ihrer Boje los, um wieder nordwärts zu steuern. Auch im Kattegat und Skagerrak, vor Süd- und Südwestnorwegen bleibt das Wetter weiterhin prächtig, so daß auch die immer noch ziemlich schlimm vom Gasdunst der Motorenräume mitgenommenen Männer des Maschinenpersonals beim Luftschöpfen während der Freiwache voller Begeisterung sind. Panzerschiff *Deutschland* nähert sich mehr und mehr dem eigentlichen Fjordland von Norwegen, der so herrlichen Kombination von Meeres- und Hochgebirgsland-schaft. Die vorgelagerten Schären geben dem Ganzen noch einen besonderen Reiz.

Bei strahlendem Wetter rauscht die *Deutschland* in den König der Fjorde, den 180 km langen Sognefjord hinein. Nun bleibt niemand mehr unter Deck, der Freiwache hat oder abkömmlich ist. Auch die Panzerblenden dürfen wieder geöffnet werden. Die »Gebirgsreise per Schiff« wird zum unvergeßlichen Erlebnis. Der Sognefjord bietet an seinen Ufern einen imposanten Wechsel von noch schneebedeckten Berggipfeln, steilen Felsschründen, glitzernden Wasserfällen mit sanft gerundeten Hängen, frühlingsgrünen Almen und weißblühenden Obstgarten. Er ist ein ertrunkenes eiszeitliches Urstromtal, das sich bald öffnet, bald schließt und an jeder Biegung neue Perspektiven bietet.

Jetzt sieht man an Steuerbord voraus, auf dem schräggeneigten Hang von Vangsnes, jenes kolossale Standbild des norwegischen Sagenhelden Fridtjof gen Himmel ragen, das der Norwegen-Schwärmer Kaiser Wilhelm II. kurz nach der Jahrhundertwende als »Geschenk der Deutschen an das norwegische Volk« gestiftet hat. Mit einem Kreuzer der Kaiserlichen Marine wurde das Monument hertransportiert, von der Besatzung des Schiffes stückweise mit Beibooten an Land gewuchtet und auf dem vorbereiteten Sockel zusammengefügt.

Vor dem gegenüberliegenden Kurort Balestrand wird kurz vor 20.00 Uhr »Fallen Anker!« befohlen. Die Verkehrsboote werden ausgesetzt, die ersten Landurlauber verlassen das Schiff. Sie betreten ein rustikales Idyll mit malerischen, weit auseinandergezogen liegenden Häusern zwischen den weißen Wolken von Kirsch- und Apfelblüten. Am nächsten Morgen unternimmt die gesamte Besatzung, in zwei Hälften nacheinander, Ausflüge durch den Fjaerlandfjord nach Mundal und zum weiter im Innern gelegenen Gletscher Böjums Bràe.

Bald nimmt die *Deutschland* mit dröhnenden Motoren Kurs Island auf, und man bekommt schließlich die Insel von der zweieinhalbfachen Größe der Schweiz in Sicht. Die Besatzung kommt dabei erstmals mit jener rauhen subarktischen Zone in Berührung, in der plötzliche Eisnebel und Temperaturstürze geradezu die Regel sind. Schließlich geht es — durch Geschwader von

Fischdampfern — über Islands berühmte Fanggründe hinweg südostwärts. Der weitere Kurs führt zwischen den Färöer-Inseln hindurch.

Bei der Nordmeerreise wird zunächst im Zweiraumbetrieb mit vier Motoren weitergefahren. Und das technische Personal gewöhnt sich rasch daran, daß die Motorenräume alle 24 Stunden gewechselt werden, damit ein Ausgleich der Betriebsstunden erreicht wird und außerdem laufende Prüf- oder Instandsetzungsarbeiten durchgeführt werden können. Als normaler Rhythmus spielt sich ein, daß jeweils der 1. und 3. oder aber der 2. und 4. Motorenraum zusammen in Betrieb sind.

Aber auf der Rückseite von Island über die Färöer zum Skagerrak wird im Vierraumbetrieb mit allen acht Motoren gefahren.

Für die Ingenieuroffiziere und die Obermaschinisten erweist sich die Nordmeerreise als ebenso erkenntnisreich wie für die Fachleute von der M.A.N.: Panzerschiff *Deutschland* kann Fahrtstufen bis 25 Knoten ohne weiteres als Dauerfahrt verkraften! Dabei werden 377 Propellerumdrehungen produziert. Für 6—10 Stunden ist sogar eine »äußerste Dauerleistung« von etwa 390 U/min möglich. »Hochgesteigerte Fahrt« mit 400 U/min hält das Schiff immerhin 3—5 Stunden, Höchstfahrt eine Stunde lang durch. Sie dürfte bei rund 28 Knoten Geschwindigkeit liegen. Ein erstaunliches Schiff!

Und die Ingenieuroffiziere geben zu, daß ihre Erwartungen weit übertroffen werden. Die Verbrauchsmessungen während der Nordmeer-Dauerfahrt enthüllen ein streng zu hütendes Geheimnis: Mit 19 Knoten Marschfahrt, die immerhin höher liegt als die Maximalgeschwindigkeit der Reichsmarine-Linienschiffe, hält Panzerschiff *Deutschland* eine Fahrstrecke von 11 600 Seemeilen durch! Bei sparsamster Fahrweise wären sogar Fahrstrecken bis zu 20 000 Seemeilen ohne Brennstoffergänzung möglich. Das ist ein Aktionsradius, der im Kriegsschiffbau der ganzen Welt ohne Parallele ist.

Die jungen »Heizer« sind fasziniert von ihrer gewaltigen Maschinenanlage. Was macht es da schon, daß man immer noch unter Abgasen, Kopf- und Ohrenschmerzen zu leiden hat, daß immer wieder Duplex-Kolbenringe brechen und die *Deutschland* ein bereits bei der Werftprobefahrt gezeigtes Laster wiederholt: Bei Dauerfahrt mit höherer Geschwindigkeit werden die Abgasaus-

tritte im Schornstein derart heiß, daß sie dort festgesetzte Ölkohleschicht zur Rotglut bringen.

Jemand spöttelt: »*Da hat man uns ein Kriegsschiff versprochen, das
völlig rauchlos zur See fahren kann. Statt dessen haben wir gleich den roten Hahn auf dem Schornstein. Das kann auf Feindfahrt ja heiter werden!*«

Zweimal müssen tatsächlich auf der Nordmeerfahrt Schorn-
steinbrände durch aufenterndes Maschinenpersonal mit Hand-
feuerlöschern niedergekämpft werden. Bei jeder Fahrt über 21 kn
werden die Schornsteinkammern durch die Maschinen-Ge-
fechtsgruppe überwacht.

Am 1. Juni gegen 12.00 Uhr mittags liegt das Panzerschiff nach
seiner Testfahrt durchs Nordmeer wieder in der Schleuse der
Wilhelmshavener Dritten Einfahrt.

Nochmals kommt Werftpersonal an Bord, um unterwegs auf-
getretene Mißstände zu beheben, Vermessungen vorzunehmen,
die noch fehlenden Leichtpanzer-Schutzhauben auf die beiden
Vierlings-Torpedorohrsätze zu montieren und die *Deutschland*
für die *Meilenfahrt* bei Pillau — zur genauen Messung ihrer
Höchstgeschwindigkeit — vorzubereiten, vor allem aber auch
auf das Anschießen der Artillerie.

Fünf Tage später verlegt das Panzerschiff in die Ostsee. Erstmals durchläuft es den Kaiser-Wilhelm-Kanal mit militärischer
Besatzung — und zwar in nur sechs Stunden. Das Panzerschiff
darf den schwarzen Zylinder eines Wegerechtsschiffes führen
und hat deshalb in allen Kanalweichen freie Fahrt, während sämtliche Gegenkommer solange »anbinden« müssen. Nahezu auf
der gesamten Strecke sind die Ufer mit winkenden Menschen
bevölkert. Bei der Meilenfahrt durch die Meßstrecke bei Pillau
liegt die tatsächliche Höchstgeschwindigkeit des neuen Panzerschiffes bei 28,2 Knoten.

»Tiefstapeln« ist freilich im Kriegsschiffbau allgemein üblich.
In den Flottenlisten und Flottentaschenbüchern des In- und Auslandes findet man später die Höchstgeschwindigkeit der *Deutschland* mit 26 kn angegeben — ihre Fahrtstrecke mit nur 10 000 sm.

»Mit Übungsgranaten laden und sichern!«

Tag für Tag — ob in See oder im Hafen — steht Gefechtsdienst auf dem Tagesplan. Stundenlang werden sämtliche Schaltungen und Bedienungshandgriffe in dem großen Organismus der weitgehend mechanisierten Drillingstürme bis zur schlafwandlerisch sicheren, gefechtsmäßigen Beherrschung eingeübt —. auch die alarmmäßige Besetzung der Türme.

Wenn ab und zu übungshalber mit Trommeln und Horn »Klarschiff zum Gefecht« geschlagen, bevor vom Turmführer exerziermäßig »Grundstellung!« befohlen wird, wieseln pro Geschützturm 60 Mann Besatzung auf ihre Gefechtsstation. Die Besatzungen der Geschützplattformen zwängen sich übers Aufbaudeck, von unten her, durch die Einstiegsluken — die Bemannungen der unter Deck liegenden Maschinen-, Kartusch- und Geschoßplattform jedoch durch eine rasch aufgekurbelte Panzertür innerhalb der Barbette in den Turm.

Die Männer von der Geschoßplattform haben jedesmal den weitesten Weg zurückzulegen. Ihre Gefechtsstation befindet sich dreizehn Meter unterhalb der Turmdecke! Wie eine U-Boot-Besatzung beim Alarmtauchen lassen sie sich in die engen Leiterschächte fallen, die durch die Maschinen-, Zwischen- und Kartuschplatten des mitdrehenden Turmunterbaus abwärts führen. Dabei treten sich die »Lords« öfters gegenseitig auf die Hände.

In der Granatkammer werden sofort alle Fahrschalter der elektrischen Förderbänder, der an Deckenschienen selbstfahrenden elektrischen Geschoßhebezangen, die Verriegelungen der Lade- und Übergabetische, des Ringwagens und des Drehtisches besetzt. Die Geschoßplattform ist klar zur Förderung der sechs Zentner schweren Granaten vom Kaliber 28 cm.

Ein Deck höher, in der Kartuschplattform, geschieht Ähnliches, um die ebenso schweren Hauptkartuschen (mit Messinghülsen) und dazu die drei Zentner schweren, in Segeltuch eingenähten Vorkartuschen im gleichen Takt zu fördern.

Währenddessen haben oben in der Geschützplattform die Entfernungsmesser ihre Sitze am fest eingebauten Zehn-Meter-Basisgerät bezogen, die Geschützführer der einzelnen Rohre — je-

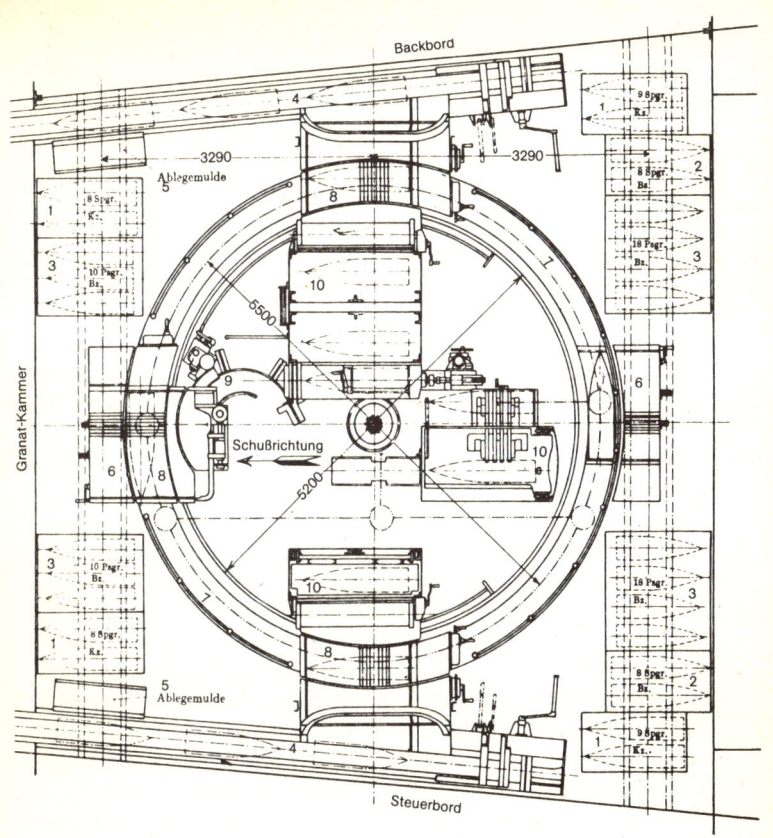

Die Geschoßplattform eines Drillingsturmes (28 cm): 1 Kopfzünder-, 2 Bodenzünder-Sprenggranaten, 3 Bodenzünder-Panzersprenggranaten, 4 Förderbänder aus der Granatkammer, 6 Ladetische, 7 Ringwagen, 8 Übergabetische des Ringwagens, 9 Drehtisch-Schwenkbereich, 10 Munitionsaufzug. Siehe dazu auch Abb. auf den Seiten 392—395.

weils einer für Seite und einer für Höhe — die Richtsitze besetzt. Die Befehlsübermittler (BÜ's) haben die Telefone umgenommen. Die Werteeinsteller hocken vor ihren Richt- und Einstellhandrädern, auch die Vorhandsleute zum hydraulischen Laden sowie die Verschlußnummern für die ebenfalls hydraulischen Geschützverschlußkeile sitzen klar.

»Maschinen anstellen!«

In der nächsttieferen Maschinenplattform und der darunterliegenden Zwischenplattform führen jetzt Artilleriemechanikersmaate und -gasten die befohlenen Schaltungen für die Richt- und Abfeuerverfahren durch. Sie überprüfen die Stromversorgung, Schwenkwerke, Hydraulikpumpen und melden anschließend dem als Turmführer fungierenden Oberstückmeister klar: »*Maschinen sind angestellt und laufen!*«

Wie von Geisterhand bewegt, völlig lautlos, schwenkt der schwere Drillingsturm im Karusselltempo zur Seite, heben und senken sich knurrend die Rohre. Auf diese Weise werden Schwenkwerk und Richtmaschinen kontrolliert. Mal fingern die Geschützrohre einzeln, mal als geschlossene Drillingsgruppe aus der Ladestellung in die gewünschte Rohrerhöhung und wieder in die Ladestellung 2° zurück. Abschnittsweise werden alle Richt- und Abfeuerverfahren durchgeprobt.

»*Mit Übungsgranaten laden und sichern!*« kommandiert nun der Turmführer, was die Turmlautsprecher laut und deutlich auch an die anderen Plattformen durchgeben.

Schlagartig erfüllt ein ungeheures Poltern und Dröhnen den Riesenbau des Turmes von ganz unten bis hinauf zur Decke. In der Geschoßplattform laufen wimmernd die auf Lastheben geschalteten Elektromotoren der ferngesteuerten Geschoßhebezangen. Sie surren und jaulen, wenn sie ihre schwere Last als Schwebebahn mit metallischem Rölpern und Klappern unter den Schienen der Raumdecke entlangtransportieren.

Bald geben die wieder weggefierten Roboterzangen die Granaten auf die Ladetische frei. Polternd rollen sie von deren schiefer Ebene auf die der Übergabetische vom in Ladestellung geschobenen Ringwagen weiter, der Sekunden später erneut — durch den kräftigen Schub von Seemannshänden — auf seinen Kugellagern in Bewegung gesetzt wird und den Munitionsaufzügen des zur Seite geschwenkten Geschützturms nacheilt. Klickend rasten schließlich die Federverblockungen vor den Aufzugschächten ein. Die Geschosse können sofort in den Fahrstuhl übergerollt werden. Und während das alles geschieht, rollert auch der Drehtisch flink auf dem engen Kreisbogen des Ringwagens entlang, um ungeachtet der jeweiligen Turmstellung auch die Granate für das mittlere Rohr an Ort und Stelle zu bringen.

Ein Hupsignal ertönt, ein Leuchtschriftfeld wird sichtbar. Jeder von den drei hydraulisch betriebenen Schleppfahrstühlen ist jetzt mit einer Granate beladen. Beim Emporsausen nehmen sie eine Turmetage höher den jeweils dazugehörigen Kartuschstuhl mit eingeladener Vor- und Hauptkartusche auf und liften sie ebenfalls in die Geschützplattform empor. Dort drücken hydraulische Stempel die übereinander im Fahrstuhl liegenden drei Chargierungsteile (Granate, Vorkartusche, Hauptkartusche) gleichzeitig in die ebenfalls dreigeschossigen Ladeschwingen hinaus, die schließlich ihren Inhalt durch Überschwenken direkt vor das jeweilige Geschützrohr fördern. Sobald die Geschützrohre wieder in Ladestellung sind, öffnen sich ihre hydraulischen Geschützverschlüsse, ihre Keile fahren mit metallischem Knallen zur Seite. Teleskopartik fahren die hydraulischen Ansetzer zuerst die Granaten ins jeweilige Geschützrohr, danach die beiden Kartuschteile in dessen dahinterliegende Zündkammer. Die Geschützverschlüsse werden sofort wieder geschlossen und die Rohre vom Richtmotor knurrend erneut in die für den nächsten Schuß errechnete Rohrerhöhung hochgefahren. Der gesamte geschilderte Vorgang vom Ablegen der Granaten auf die Ladetische der Geschoßplattform bis zum Befehl »Salve-feuern!« dauert genau 30 Sekunden! Pro Minute feuert der Geschützturm zwei Salven, fliegen 36 Zentner Granatgewicht von dannen. Das sind bei einer Vollsalve mit beiden Türmen 72 Zentner todbringender Geschosse . . . 3,6 Tonnen Verderben!

Der Turmführer ist ein »alter Hase« seines Faches. Er überblickt jede Bewegung in der Geschützplattform. Leuchtschriftmelder und andere Signalmittel informieren ihn genau über alle Vorgänge auf den unteren Plattformen, mit denen er auch per Turmlautsprecheranlage verbunden ist.

Ab und zu kommandiert der Turmführer: »Turm stromlos, Förderung umschalten auf Handbetrieb!«

Jetzt reißen auf Geschoß,- Kartusch- und Geschützplattform überall halbnackte, schweißnasse Gestalten an den Ketten der Differentialflaschenzüge für die Reserveförderung. Es ist eine anstrengende Geduldsarbeit, mit der großen Übersetzung fertig zu werden und die beträchtlichen Chargierungsgewichte mit Muskelkraft anzuheben und auch den hydraulisch betriebenen Munitionsaufzug im Handpumpbetrieb zu bedienen.

Schließlich ertönt es wie eine Erlösung:
»*Schaden behoben, zurückschalten auf E-Förderung!*«
Alle denkbaren Schaltungen werden auch hier durchgeübt:
»*Umschalten auf Einzelabfeuerung!*« — »*Zurückschalten auf Zentralabfeuerung!*« — »*Neue Schaltung: Abfeuern von Hand!*«

Die gesamte Besatzung der *Deutschland* fiebert dem Anschießen entgegen, denn bei dieser Gelegenheit erlebt sie zum ersten Mal ihre 28-Zentimeter-Geschütze in Aktion. Geschossen wird mit voller Treibladung, was man normalerweise bei Übungsschießen — zwecks Schonung der Rohre — nicht zu tun pflegt. Man reduziert dann die Treibladung auf zwei Drittel, indem man die separaten Vorkartuschen wegläßt.

Beim Anschießen aber ist es unbedingt notwendig, daß mit voller Treibladung geschossen wird. Dabei beträgt die theoretiche Gefechtsentfernung maximal 430 Hektometer, was 43 Kilometern entspricht!

Panzerschiff *Deutschland* ist das erste Kriegsschiff der Welt, bei dessen Drillingstürmen das mittlere Geschützrohr in jeder beliebigen Schwenkstellung des Turmes nachgeladen werden kann. Alle anderen Kriegsschiffe müssen derartige Türme jedesmal zum Laden in die Zurrstellung zurückschwenken, was natürlich die Feuergeschwindigkeit erheblich reduziert.

Die eigens für das Beschicken des entsprechenden Munitionsaufzuges entwickelten, auf dem Ringwagen entlanglaufenden Drehtische der Geschoßplattformen gehören zu den bestgehüteten Geheimnissen des neuen Panzerschiffes (und seiner beiden Nachfolger). Es besteht striktes Verbot, über das Nachladen der geschwenkten Türme irgend etwas auszuplaudern. Kein einziger Besucher darf jemals in eine Geschoßplattform geführt werden. Auch die Geschützplattformen sind absolut tabu, weil ein fachmännisches Auge schon aus der Anordnung der Munitionsaufzüge gewisse Rückschlüsse ziehen könnte. Bei jedem Hafenaufenthalt sind deshalb die Geschütztürme an und unter Deck unbedingt abzuschließen und sogar durch Vorhängeschlösser zu sichern. Auch die Schalt- und Rechenstellen sowie die Artilleriestände dürfen von keinem Fremden besichtigt werden.

Für die Mittelartillerie und die Schwere Flak — vorerst sind nur Einzelrohrgeschütze vom Kaliber 8,8 cm an Bord — ist nächtliches Torpedobootsabwehrschießen auf Entfernungen bis zehn Hektometer der nächste Schritt zur artilleristischen Vervollkommnung. Nach beiden Seiten gleichzeitig muß starkes Feuer unterhalten werden können. Im gepanzerten vorderen und achteren Stand befindet sich deshalb je ein Zielgeber für jede Schiffsseite.

Zielsäulen mit großem Blickwinkel und nachtstarker Optik fassen von den Ständen aus die schnellfahrenden Ziele auf, übertragen ihre Seitenrichtung gleich auf den Zielgeber, wo sie abgelesen und nachgesteuert werden können. Und gleich daneben sind Befehlsgeber angebracht, die durch Einstellung von Schußentfernung und Seitenvorhalt zunächst unter Ausschaltung der Artillerierechenstelle die Batterie sofort zum Feuern bringen können. Bei den nächtlichen Torpedobootsabwehr-Schießübungen muß laut Vorschrift in spätestens einer Minute und fünfzig Sekunden nach dem Alarm der erste Treffer auf den Schnellschleppscheiben erzielt sein!

Die Zielsäulen steuern zugleich die Scheinwerferrichtgeräte mit, bis diese ihrerseits das Ziel aufgefaßt haben. Die Richtgeräte sind Produkte einer neuzeitlichen Fernsteuertechnik: sie lenken die Scheinwerfer über Kabelimpulse ins Ziel, ermöglichen das An- und Abstellen der Lichtquellen sowie das Öffnen und Schließen der Blende, ohne daß noch eine Bedienungsmannschaft auf den zugigen Scheinwerferpodesten der beiden Schornsteinmasten ausharren muß.

Für angreifende Torpedoboote wird das Panzerschiff bald zu einem gefürchteten Manövergegner. Und da die Reichsmarine mittlerweile auch schon einige Versuchs-Schnellboote besitzt, haben Mittelartillerie und Flak aller Kaliber sowie die Scheinwerfer zugleich Gelegenheit, auch die besonders schwierige Schnellboot-Abwehr einzuüben.

Tauziehen hinter den Kulissen

Niemand von den Männern in den Mannschaftsdecks und Unteroffiziersmessen ahnt etwas davon, daß ihr Schiff hinter den Kulissen noch immer ein Stück Weltpolitik in Bewegung hält.

Panzerschiff *Deutschland* ist genau das geworden, was sich seine Auftraggeber und Erbauer davon erhofft hatten: Ein *politisches Schiff*. Es hat ein neues seestrategisches Konzept eröffnet.* Der Bau des Panzerschiffes hat in der Tat das in Washington geschaffene neue Ordnungsprinzip gestört.** Auf einer erneuten Konferenz der Washington-Vertragsmächte, die 1930 in London stattfand, kam es zwischen Japan, den USA und Großbritannien zu einem Dreimächtevertrag, der weitere Beschränkungen des Flottenbaues zum Ziel hatte. Die vorher dominierende Seemacht Großbritannien erkannte dabei die Gleichstellung der amerikanischen Flotte an. Frankreich aber versagte dem Abkommen seine Zustimmung, weswegen wiederum auch Italien seine Unterschrift verweigerte.

Das neue deutsche Panzerschiff, das der Chefingenieur im französischen Marineamt, Lamouche, »*einen Kriegsschifftyp von furchtbarer Originalität*« genannt hatte, gab Frankreich zumindest den Vorwand zum Bau von einem neuen Schlachtschiff, richtiger gesagt Schlachtkreuzer mit 26 500 ts Wasserverdrängung (*Dunkerque*). Das führte wiederum zu italienischem Mißtrauen und zu einem entsprechenden Schlachtschiffneubau auch dieser Nation.

Frankreich beharrte darauf, Fragen der Flottenbegrenzung nicht durch das Abkommen von London, sondern durch allge-

---

* Edwin James hatte das schon am 30. Januar 1929 in der »New York Times« richtig vorausgesehen: »*Entweder müßten die großen Seemächte ihre bisherigen Ansichten über 10 000-ts-Kreuzer mit 20,3-cm-Geschützen berichtigen, oder aber Deutschland müßte aufgefordert werden, sich den Bestimmungen des Washington-Vertrages anzuschließen.(!) In letzterem Falle würde es interessant sein zu erfahren, welchen Preis Deutschland dafür fordern wird. Es wird einen Preis fordern, wenn es beweist, daß es etwas Nennenswertes als Gegenleistung zu bieten hat.*«

** Dr. Sandhofer sagt darüber: »*Die Lücke zwischen Versailles und Washington bot damit dem Deutschen Reich den Ansatz zu einer Revision der bestehenden Verträge, falls es gelang, einen brauchbaren modernen Linienschiffersatz zu entwerfen.*« (Militärgeschichtliche Mitteilungen Nr. 9/1968.)

meine Abrüstungsverhandlungen vor dem Völkerbund zu behandeln. Die erste dieser im Endeffekt ergebnislosen Konferenzen begann Anfang 1932. Die deutsche Regierung verkündete in einer Note, sie werde erst nach Klärung der Frage, ob eine Abrüstungskonvention auch zugunsten Deutschlands als einem wirklichen Vertragspartner Anwendung finde, an der Genfer Konferenz teilnehmen. Die Präsidialregierung v. Papen vertrat die Ansicht, daß die deutsche Gleichberechtigung durch derartige Pressionen durchaus realisierbar wäre.

Die hervorragend gelungene Konstruktion des Prototyps Panzerschiff *Deutschland*, auf den die deutsche Regierung im Falle einer tatsächlichen allgemeinen Abrüstung sogar zu verzichten bereit gewesen war, erwies sich als ein geeigneter Hebelarm für eine Neuorientierung der deutschen Außenpolitik. Trotz Versailles waren die Deutschen zur See wieder ein ernstzunehmender Faktor, wie das neue Panzerschiff kundtat. Es konnte sich eine Art Kompensationsgeschäft auf dem Sektor Gleichberechtigung in Rüstungsfragen daraus entwickeln.

Als Frankreich zunächst den deutschen Argumenten gegenüber noch immer die kalte Schulter zeigte, zog Reichskanzler v. Papen am 14. September 1932 die deutsche Delegation aus Genf zurück. Reichswehrminister v. Schleicher genehmigte daraufhin im November 1932 demonstrativ einen Umbauplan* der Reichsmarine, der nunmehr die volle Ausschöpfung der durch Versailles erlaubten Quote von sechs Panzerschiffen des neuen Typs vorsah.

Dieser Schachzug blieb nicht ohne Folgen: Man signalisierte neue Gesprächsbereitschaft. Anfang Dezember 1932 nahm Reichsaußenminister v. Neurath in Genf Verhandlungen über die Gleichberechtigung Deutschlands in Rüstungsfragen auf. Er kam nicht mit leeren Händen, denn von den neuen stark beachteten Westentaschen-Schlachtschiffen waren schon zwei im Bau, ein drittes soeben in Auftrag gegeben worden. Und nun rückten auch noch drei weitere der Verwirklichung näher!

Frankreich, das zunächst noch keine Annäherung der Stand-

---

* Der Umbauplan des Reichswehrministers, noch vor Hitlers Kanzlerschaft verabschiedet, genehmigte übrigens auch die Mehreinstellung von 1450 Unteroffizieren und Mannschaften zum 1. Juli 1933, um die Reichsmarine von ihren notorischen Peronalsorgen zu entlasten.

punkte hatte erkennen lassen, wußte die Zeichen der Zeit richtig zu deuten: Wenn man die Detuschen überhaupt wieder an den Verhandlungstisch zurückbekommen wollte — was dringend erwünscht war —, mußte man dem deutschen Außenminister zunächst einen Erfolg zugestehen. So erkannten am 11. Dezember 1932 Großbritannien, Frankreich und Italien Deutschlands Anspruch auf Gleichberechtigung zumindest im Grundsatz an.

Großbritannien mußte nach dem Scheitern seines in Genf vorgebrachten Mac Donald-Plans* ein natürliches Interesse daran haben, die Seerüstung anderer Mächte in Grenzen zu halten und möglichst in eine gegenseitige Balance zu bringen.

Für Großbritannien bedeutet der neue deutsche Typ der Panzerschiffe ein Gewicht im Sinne der »Balance of Powers«, möglicherweise gegenüber dem vorher aus den Londoner Verhandlungen ausgeschorenen Frankreich, nicht zuletzt aber auch gegen den in Bälde erwarteten maritimen Machtzuwachs der Sowjetunion.

Schon drei Jahre zuvor — am 1. Mai 1929 — hatte die angesehene britische Fachzeitschrift »Naval and Military Record« hervorgehoben, »*daß eine angemessene und schlagkräftige deutsche Flotte im Interesse der Aufrechterhaltung des Gleichgewichts der Seemächte Europas, ganz besonders der an der Ostsee gelegenen, sehr erwünscht ist. Die politischen Verhältnisse der Ostseestaaten tragen den Keim der Unruhe in sich — und der Wahn Moskaus, welches sich einbildet, es müsse sich um die Geschäfte der ganzen Welt, nur nicht um seine eigenen kümmern, kann leicht zu unheilvollem Mißbrauch der Roten Flotte führen. Die deutsche Flotte allein bildet ein Gegengewicht gegen jede derartige Möglichkeit.*«

Dieselbe Fachzeitschrift wiederholte anderthalb Jahre später, am 1. Oktober 1930: »*Wir haben bei mehr als einer Gelegenheit die Ansicht vertreten, daß eine starke deutsche Ostseeflotte als Gegengewicht*

---

* Der britische Premierminister Ramsay MacDonald (Labour Party) legte am 16. März 1933 einen Abrüstungsplan vor, nach dem das Panzerschiff ›D‹ statt 1934 erst 1936 gebaut werden sollte. Zwar hätte der MacDonald-Plan die Aufstockung des Heeres der Reichswehr von 100 000 auf 200 000 Mann ermöglicht und das französische Heimatheer ebenfalls auf 200 000 Mann begrenzt. Gegen den Plan erhob sich aber erheblicher Widerspruch der kleinen Seemächte, die auf ihrem gegenwärtigen Stand ›eingefroren‹ werden sollten. Den großen Seemächten hingegen wollte man freistellen, im Rahmen ihrer Sonderverträge weiterzurüsten. Deswegen fand der MacDonald-Plan verständlicherweise allgemeine Ablehnung.

gegen die Sowjetflotte im Interesse des europäischen Friedens durchaus er-
wünscht ist.«

Vor diesem Hintergrund von Realitäten bemüht sich jetzt, im Jahre 1934, der etwas verfrüht als »starker Mann« apostrophierte Adolf Hitler, Großbritannien ein Abkommen über das künftige Stärkeverhältnis der deutschen und britischen Flotte schmackhaft zu machen. Für England böte sich ein durchaus vorteilhaftes politisches Geschäft: Wenn Großbritannien die Aufkündigung des Versailler Vertrages durch Deutschland tatsächlich billigt, soll durch freiwillige deutsche Flottenbaubeschränkung im Stärkeverhältnis 35:100 zugunsten Englands dafür gesorgt werden, daß London jeglicher Furcht vor einer etwa ausufernden Seerüstung Deutschland enthoben ist.

In der Tat ist das eine attraktive Idee, weil sich diese Vereinbarung für beide Seiten zu lohnen scheint. Admiral Raeder, Chef der Marineleitung, plädierte zunächst für einen 50 %-Anteil, akzeptierte aber dann den Vorschlag Hitlers. Auch im Auswärtigen Amt zeichnet sich Verständnis für einen derartigen Gegenseitigkeitsvertrag ab. Es wird zwar noch eine Zeit dauern, bis ein entsprechendes Abkommen perfekt ist; aber bei richtigem Taktieren und maßvoller Neubaupolitik der Marineleitung stehen die Chancen nicht schlecht.

Im Dezember 1933 stimmte der deutsche Reichskanzler zwar der Bereitstellung von Mitteln für ein fünftes Panzerschiff *(E)* im Marinehaushalt des Jahres 1934 zu. Aber mit Rücksicht auf Großbritannien glaubt er noch nicht offiziell genehmigen zu können, daß die beiden nunmehr aus dem Haushalt 1934 zu finanzierenden neuen Panzerschiffe *D* und *E* zur Verstärkung ihrer Offensivkraft je einen dritten Drillingsturm (28cm) erhalten. Und er lehnt aus politischen wie technischen Gründen eine Kalibererhöhung auf 38 cm ab. Darüber hinaus würde eine Bestückung mit 38-cm-Geschützen die Fertigstellung der Schiffe erheblich verzögern, weil das entsprechende Geschütz noch nicht fertig konstruiert ist.

In den Decks der *Deutschland* ahnt man von solchen weltpolitischen Schachzügen wenig.

Auf Atlantik-Reisen

Vom 9. bis 23. Juni 1934 geht die *Deutschland* zum zweiten Mal seit der Indienststellung auf Große Fahrt: Mit dem Artillerieversuchskommando für Schiffe an Bord und zusammen mit dem Leichten Kreuzer *Köln* unternimmt sie eine erste Atlantik-Reise mit Kurs Süd. Die beiden Schiffe rauschen durch den Kanal, passieren bei strahlend schönem Wetter den berühmten »Preußischen Grenadier«, den schwarz-weiß-gestreiften Leuchtturm der Insel Ushant (Quessant), und erleben eine unerwartet friedliche Biskaya. Dann ziehen sich *Deutschland* und *Köln* für eine Weile ungesehen in die Weite des »Großen Teiches« zurück.

Am Anfang stehen häufige E-Meß- und Koppelübungen zur Ausbildung des gesamten Feuerleitpersonals einschließlich der Entfernungsmeß-Spezialisten an. Dabei stehen sich die beiden Schiffe — oft am Rande der Sichtweite — gegenüber und fahren entweder mit vorgeschriebenen Kursen und Fahrtstufen oder nach eigenem Ermessen.

Schließlich wird auch das erste Kaliberschießen der *Deutschland* im Atlantik veranstaltet. Kreuzer *Köln* schleppt an überlanger Trosse ein selbstgebasteltes Scheibenfloß hinter sich her.

Alle Fahrübungen und Maschinenschaltungen dieser Reise verraten Eingeweihten ein jetzt endgültig gutgeheißenes Konzept der Marineleitung: Die technische Verbindung von Motoren mit großer Fahrstrecke und massierter Artillerie macht im Konfliktfalle eine Atlantik-Kriegsführung überzeugend ratsam — *»Bewegung in die Weite, gepaart mit starker Feuerkraft, etwa der gleichzeitig einsetzenden Motorisierung des Heeres durch Panzerfahrzeuge mit Artillerie entsprechend; Bewegung und Feuer als Grundlage neuer Operationsprinzipien.«* *»Die Flottenabteilung macht sich Gedanken über die Möglichkeit, eine Atlantik-Kriegführung mit längerer Zeitdauer, unter voller Ausnutzung des Fahrbereichs und laufender Versorgung mit Nachrichten und Nachschub anstelle von vorübergehenden Unternehmungen und Vorstöße detachierter Einheiten der Nordseestreitkräfte. Man kommt darauf, daß Atlantik und heimische Gewässer trotz der gegebenen Wechselwirkung zwei getrennte Kriegsschauplätze sind. Das Operationsgebiet der Panzerschiffe im Atlantik wird, so meint man mit einiger Berechti-*

gung, normalerweise außerhalb des Bereichs der feindlichen Luftstreitkräf-
te, also stark abgesetzt von der Feindküste liegen.« (R. Güth »Die Marine des Dt. Reiches 1919-39«). Und man stellt sich als möglichen
Gegner Frankreich vor, weswegen es bei Ausbrüchen in den Atlantik gilt, den Kanal zu meiden, der von den Luft- und Seestreitkräften Frankreichs beherrscht wird. Ziel einer Atlantik-Kriegführung sollen vor allem die französischen Truppentransporte
aus Nordafrika sein. (400 000 Mann in den ersten Kriegswochen:
der Alptraum der deutschen Heeresleitung!) Und es versteht sich
von selbst, daß das Rückgrat solcher Atlantik-Unternehmungen
Panzerschiff *Deutschland* und seine bald zu erwartenden Schwesterschiffe sein sollen.

Im August 1934 besucht Panzerschiff *Deutschland* den schwedischen Hafen Göteborg. Die Kommunistische Partei des Landes
hat überall Flugblätter verteilt, die einen auf Bajonette aufge-
spießten Hitler zeigen. Warnungen der schwedischen Polizei vor
eventuellen Übergriffen gegen Landurlauber müssen ernstgenommen werden. Der Kommandant ordnet an, daß Landgang
nur jeweils zu fünft gestattet ist.

Sei es nun, daß diese Maßnahme Anrempeleien und Prügel-
überfälle verhindert oder daß KP-Propaganda und öffentliche
Meinung nicht miteinander identisch sind: Die Bevölkerung von
Göteborg nimmt die blauen Jungs aus Deutschland recht herzlich und gastfrei auf. Göteborg ist eine weltoffene Hafenstadt —
und ein Marinefreundschaftsbesuch, gleich welchen Landes, hat
hier seit je seinen besonderen Stellenwert. Auch die Kgl. Schwedische Marine macht aus ihrer freundschaftlichen Einstellung
zur deutschen Reichsmarine keinen Hehl.

Geradezu hartnäckig fordert die britische Royal Navy seit ge-
raumer Zeit einen Freundschaftsbesuch der *Deutschland* in einem
britischen Hafen. Das Interesse an diesem Schiff ist unverkennbar groß. Und so unternimmt gleich nach den Herbstmanövern
1934 die *Deutschland* als nunmehriges Flaggschiff des Befehlha-
bers der Linienschiffe (B.d.L.), der von Linienschiff *Schlesien* auf
den Neubau übergestiegen ist, eine Reise nach Schottland. Zunächst aber führt das Panzerschiff eine Übungsfahrt bis nach Fair
Island durch. Diese Insel liegt als markante »Wendemarke« zwischen den Färöer und den Shetlands. Für die Besatzung der
Deutschland ist dieses Seegebiet bereits eine vertraute »Gegend«,

an die sich freilich wenig schöne Erinnerungen knüpfen: Im Januar 1934 war das Panzerschiff schon einmal vor den Shetland-Inseln aufgekreuzt, aber dabei meldete das Schalenkreuzanemometer auf der Signalrah volle Windstärke 11.

Diesmal ist das Wetter zwar ebenfalls stürmisch, aber das Panzerschiff kann volle 19 kn Marschfahrt durchhalten. Das führt freilich dazu, daß der Bug immer wieder mit gewaltiger Kraft in anrollende Seen hineinboxt und Gischtschleier das Vorschiff bis hinauf zum Vormars überschütten.

Nach diesem rauhbeinigen Seetörn dreht die *Deutschland* wieder südwärts und läuft schließlich, nach Abfeuern des Landessaluts, die Reede des schottischen Hafens Leith an. Von diesem Liegeplatz aus erkennt man die große Eisenbahnbrücke über den Firth of Forth und das ankernde britische Schlachtschiff *Nelson*.

Die Besatzung der *Deutschland* lernt divisionsweise Edinburgh und seine herrliche Umgebung mit Hochmooren, Gebirgstälern und Bergseen kennen und schließt Freundschaft mit vielen Schotten — darunter sind auch solche, die rund zwei Jahrzehnte vorher in deutscher Kriegsgefangenschaft waren.

Am nächsten Tag ist Panzerschiff *Deutschland* zur Besichtigung für jedermann freigegeben. In langer Schlange bauen sich die Schotten und Engländer an der Einbootungsstelle auf. Sie nehmen auch die entsetzliche Schaukelei der Überfahrt mit den Kraftbooten des Panzerschiffes in Kauf, weil sie unbedingt das »pocket-battleship« sehen wollen, das Tage zuvor von vielen Gästen der Royal Navy besucht worden ist und höchste Anerkennung gefunden hat. Das Presse-Echo ist überaus positiv. Es wird ein ausgesprochen freundschaftlicher Abschied, als »Dora-Emil« (wie die *Deutschland* nach ihrem Signalcode genannt wird) am Montagmorgen mit dem Heuler sein Auslaufen bekanntgibt. Überall am Ufer sind winkende Menschen zu sehen. Noch einmal wird die Flagge gedippt und werden Signalsprüche ausgetauscht.

Im März 1935 unternimmt das Panzerschiff einen Dauerfahrt-Test unter tropischen Bedingungen. Er führt zunächst vor die Küste von Brasilien, anschließend ins Karibische Meer. Der Englische Kanal und die Biskaya bescheren dem Schiff drei Tage lang Sturm mit Stärke 8—10 nach der Beaufort-Skala. Aber der Kommandant reduziert die Marschfahrt nicht, er rennt bewußt gegen die heranstürmenden Seen an, um die Belastungsmöglichkeiten des Schiffes auch unter extremen Wetterbedingungen zu erproben. Tatsächlich sind einige Frischluftansaugstutzen der Motorenräume falsch angelegt und deshalb nicht seewassersicher. Auch stellt sich heraus, daß infolge der ansteigenden Back bei gleichzeitig gerade abfallendem Steven überkommende Seen jedesmal gleich bis aufs Mitteldeck durchlaufen. Der Einbau eines zweiten Wellenbrechers im Vorschiff wird dringend erforderlich. Andererseits beweist die *Deutschland* in den Sturmseen der Biskaya ihre sonst vorzüglichen See-Eigenschaften. Auch bei Seegang und Dünung von der Seite werden am Pendel Schlingerbewegungen von höchstens 24° beobachtet. Und selbst bei »Maschine stop« kann der Kommandant beweisen, daß sogar das quer zur See liegende Schiff auch bei derartigem Sturm kaum Schlingerbewegungen macht.

Nach einer zünftigen Äquatortaufe in den ruhigeren Seegebieten des mittleren Atlantik macht das Schiff am 27. März 1935 seinen »Landfall« in der Neuen Welt. Es stößt genau bei der hell erleuchteten Stadt Natal auf die Küste von Brasilien und erreicht damit den südlichsten Punkt der Reise. Aber die Besatzung weiß, daß sie sich mit Landgang noch bis zur Karibik gedulden muß. Das Erprobungsprogramm läßt einen Hafenaufenthalt zunächst nicht zu. Die *Deutschland* folgt auf der Weiterreise, wieder äquatorwärts steuernd, der brasilianischen Küste.

Im Funkempfangsraum der *Deutschland* herrscht seit Tagen gespannte Aufmerksamkeit. Drei Spezialisten vom Funkbeobachtungsdienst (B-Dienst) der B-Leitstelle Neumünster sind mit an Bord, die ständig bestimmte Funkfrequenzen überwachen.

Man weiß sehr wohl, daß der Royal Navy die Südamerika-Reise des Panzerschiffes nicht verborgen geblieben ist und daß man die *Deutschland* durch zahlreiche britische Kriegsschiffe zu beschatten versucht. Die Tommies wüßten allzu gern Näheres über deren Dauer-Geschwindigkeit, vor allem über den noch immer geheimnisumwitterten Aktionsradius.

Die Briten halten zwar weitgehend Funkstille, um ihre eigenen Standorte nicht zu verraten, aber die B-Dienst-Spezialisten auf der *Deutschland* können dennoch aus einigen Befehls-Funksprüchen der Marinefunkstellen von Gibraltar, Portsmouth und Rosyth Rückschlüsse ziehen. Auch Kapstadt schaltet sich zeitweilig in den Funkverkehr ein.

Der Kommandant der *Deutschland* hat strikte Anweisung, Ausländer jeder Art über die Fahrstrecke im unklaren zu lassen. Auch das Maschinenpersonal bleibt zu besonderer Geheimhaltung verpflichtet. Aber Kapitän v. Fischel und der Leitende Ingenieur sind sich illusionslos darüber im klaren, daß der britische und wahrscheinlich auch der französische Geheimdienst alle Bunkerstationen von Süd- und Mittelamerika im Auge behalten werden. Ein Nichtbunkern der *Deutschland* auf dieser Reise würde dem Ausland allzu eindeutige Rückschlüsse über den mutmaßlichen Aktionsradius geben. Irgend etwas wird geschehen müssen, um die Tatsache zu verschleiern, daß dieses »pocketbattleship« mühelos die Strecke Wilhelmshaven—Südamerika hin und zurück schafft, ohne unterwegs seine Treibölvorräte ergänzen zu müssen. Und während am 1. April die Küsten von Barbados und Santa Lucia, schön wie im Bilderbuch, an den Augen der *Dora-Emil*-Besatzung vorbeiziehen, hat das »Kommando Panzerschiff *Deutschland*« einen listigen Entschluß gefaßt: Man wird gleich im nächsten Hafen Schritte unternehmen, eine Ölübernahme zu beantragen — so auffällig wie möglich, am besten gleich aus britischen Beständen. Und man weiß inzwischen auch, wo man das gar nicht benötigte zusätzliche Treiböl im Schiffsbauch versteckt!

Die Reise entlang der Kleinen Antillen weckt natürlich immer stärkere Sehnsucht nach Landgang. Drei Wochen nach dem Auslaufen aus Wilhelmshaven ist es endlich soweit: Nach einem »Hakenschlag« in wieder südliche Richtung und Passieren der Inseln St. Vincent und St. George läuft die *Deutschland* den Hafen von Port of Spain auf Trinidad an. Oberheizer Ernst de Jong notiert in sein Tagebuch:

»Mit dem nicht weit von uns auf der Reede ankernden französischen Schulkreuzer *Jean d'Arc* machen wir Salutaustausch. Bald kommen der Kommandant des Kreuzers und der Vertreter des englischen Gouverneurs an Bord.

Unsere Motoren sind gut über die Runde gekommen, Ausfälle hatten wir während der Dauerfahrt nicht. Nur der Zuganker eines Dieselmotors ist gerissen, er muß mit Bordmitteln erneuert werden. Wir schaffen das auch, denn unsere Maschinenwerkstatt ist bestens ausgestattet. Der Werkstattleiter versteht sich auf Gewindeschneiden und E-Schweißen gleichermaßen. Übrigens hat er unterwegs in Äquatornähe auf einer Stelling (Stellage) außenbords gehangen und eins der Fallreeps-Davits elektrisch geschweißt, das uns bei dem schweren Sturm in der Biskaya abgerissen wurde. Was uns freilich langsam, aber sicher auf die Nerven geht, sind die immer wieder wegbrechenden schwedischen Duplex-Kolbenringe, die immer noch die Schwachpunkte der sonst hervorragenden Motorenanlage sind. Aber wir lassen uns nicht verdrießen und wechseln die Ringe immer wieder gegen neue aus. Das Kolbenziehen ist allerdings bei den herrschenden Tropentemperaturen nicht unbedingt ein Vergnügen, zumal der Ausbau eines Kolbens infolge der zwangsläufig niedrigen Maschinenraumdecke besonders schwierig ist. Aber gearbeitet wird willig, rund um die Uhr — was außerhalb der Motorenräume gar nicht bekannt wird. Die Nachtschicht hält sich jedesmal mit kaltem Tee und Schmalzstullen ›fit‹.

Immerhin haben wir mit der 7., 8. und 9. Division drei Divisionen Maschinenpersonal an Bord. Unsere Ingenieure und Obermaschinisten sind fürsorglich genug, den Arbeitsplan für anfallende Kolbenring-Reparaturen so aufzustellen, daß auch von uns jeder Gelegenheit bekommt, Trinidad ausgiebig kennenzulernen.

Ein Bordfest, an dem die in Port of Spain wohnenden Deutschen und die meisten anderen Europäer teilnehmen, beendet nach drei Tagen unseren Inselaufenthalt. Wir laufen nach St. Nicolas auf der niederländischen Antilleninsel weiter, das viel weiter im Westen liegt, unmittelbar vor dem Golf von Venezuela. Auf diese Weise ›schippern‹ wir an der Südkante des Karibischen Meeres entlang und passieren Eilande mit so klangvollen Namen wie Isla de Margerita, Isla Orchila, schließlich auch Curaçao.

Die Insel Aruba verrät uns ihre Position schon von weitem: Uns weht ein ziemlich penetranter Ölduft entgegen. Und im Hafen von St. Nicolas geschieht es, daß wir in aller Öffentlichkeit Treiböl aus einem britischen Marinetanker übernehmen, dessen Schiffsleitung gewiß mit einiger Genugtuung unseren hohen Bunkerbedarf registriert!

Natürlich ahnen die Tommies nicht, daß wir vorher in aller Heimlichkeit erhebliche, noch vorhandene Ölmengen aus den Bunkern unseres Schiffes in Zellen unserer Torpedoschutzwülste umgepumpt haben, die normalerweise mit Seewasserfüllung gefahren werden. Die Täuschung gelingt uns jedenfalls bestens.

Mit Nordostkurs reisen wir weiter, passieren St. Croix, die schönste von den Virgin-Islands, und laufen durch die Anegada-Passage — zwischen Anquilla und Tortola, Inseln ›unter dem Winde‹ — wieder in den Atlantik zurück. Wir erleben zum ersten Male die braunen Golfkrautfelder der Sargassosee und erreichen am 10. April wieder den nördlichen Wendekreis. Das wochenlang als Dienstanzug getragene Sportzeug muß wieder dem Arbeitszeug weichen.

Am 13. April bekommen wir Windstärke 8, die sich am folgenden Tag zeitweilig auf volle Stärke 11 steigert. Hohe Brecher branden über die Back und lassen die ›Deutschland‹ in allen Verbänden zittern. Aber in Höhe der Azoren flaut es wieder etwas ab. Es bleibt zwar noch stürmisch; aber die Maschinen können wieder ›ausgreifen‹, so daß wir rechtzeitig den Kanal passieren und am 19. April wieder in den Heimathafen einlaufen. Der Osterurlaub des Jahres 1935 ist gerettet.«

Nach der 36tägigen Erprobungsreise meldet der Befehlshaber der Linienschiffe dem Flottenkommando:

»Das Schiff hat in fast auf die Stunde genau 32 Seetagen 12 286 sm zurückgelegt. Dies entspricht einem Durchschnittsetmal von ca. 384 sm und einer Durchschnittsgeschwindigkeit von 16 kn. Gelegentliches Stoppen bei seemännischen Manövern zum Aussetzen von Scheiben, Bestattungen, Küstenbeobachtungen, Reparaturzwecken usw., zusammen ca. 20 Stunden, ist hierbei nicht mitberechnet, so daß tatsächliches Etmal und Durchschnittsgeschwindigkeit während der eigentlichen Fahrzeit um eine Kleinigkeit höher liegen. Auf der ganzen Reise hat sich das Schiff sowohl hinsichtlich seiner See-Eigenschaften, seiner Maschinenanlage und seiner Eignung für tropische Gewässer vorzüglich bewährt.

Das Schiff und damit die Klasse der Panzerschiffe hat meines Erachtens mit der durchgeführten Fahrt seine Vollwertigkeit und ganz besonders seine Tauglichkeit zur Verwendung für ausgedehnte Kreuzerunternehmungen in vollem Umfang erwiesen . . .

Am wichtigsten ist der erbrachte endgültige Beweis dafür, daß die Antriebsanlage schon bei Normalfüllung der Ölbunker — ohne Verwendung weiterer Zellen wie auf Aruba — folgende Fahrstrecken ermöglicht: 1 Motor auf jeder Welle: 13 Knoten = rd. 17 400 sm; 2 Motoren auf jeder Welle: 19 Knoten = rd. 11 600 sm; 3 Motoren auf jeder Welle: 22 Knoten = rd. 7900 sm; 4 Motoren auf jeder Welle: 23,7 Knoten = rd. 4750 sm.

Konfrontation und Einvernehmen

Während der Tropenreise der *Deutschland* »warfen große Ereignisse ihre Schatten voraus«: Am 16. März 1935, zwei Tage nach dem Auslaufen des Panzerschiffes, wagte Hitler ein riskantes Spiel. Er verkündete die Wiedereinführung der allgemeinen Wehrpflicht und hob einseitig die militärischen Bestimmungen des Versailler Vertrages weitgehend auf. Er gab zwecks Vortäuschung von Stärke sogar demonstrativ einige bis dahin geheimgehaltene Rüstungsmaßnahmen öffentlich bekannt.

Mancher Zeitgenosse hielt erschrocken den Atem an, weil diese Herausforderung doch von den einstigen Siegermächten unmöglich hingenommen werden konnte. Tatsächlich erhob die britische Regierung zwei Tage später formellen Protest. Und bald darauf traten Großbritannien, Frankreich und Italien in Stresa zu einer Konferenz zusammen, auf der diese drei Staaten Front gegen Deutschland zu machen schienen.

Der seit Hindenburgs Tod als »Führer und Reichskanzler« titulierte »H« — um nochmals mit dem Historiker Golo Mann zu sprechen — pokerte tatsächlich äußerst hoch. Aufmerksamen Betrachtern fiel allerdings auf, daß er bei der Verkündung der »Wehrhoheit« und bei der unerwarteten Offenlegung deutscher Rüstungsmaßnahmen — sogar bis zum Bluff — Zurückhaltung auf dem Sektor Marinerüstung übte. Er unterließ jede offizielle Aufkündigung der die Marine betreffenden Versailler Bestimmungen!

Seine Rechnung schien aufzugehen: Großbritannien verband seinen Protest gegen die einseitige Aufkündigung von Versailles zugleich mit der Anfrage, ob der Besuch des britischen Außenministers Sir John Simon und des britischen Lordsiegelbewahrers Sir Anthony Eden in Berlin genehm sei! Am 25. März 1935 kam dieser Besuch tatsächlich zustande — genau zu dem Zeitpunkt, als »*die deutsche Marine bedenklich deutlich mit ihrem geheimnisvollen ›poket-battleship‹ in den Weiten des Weltmeeres auftrat*«.

Am 18. Juni 1935 unterzeichnet man in London das englisch-deutsche Flottenabkommen, demzufolge die deutsche Flotte 35% vom Bestand der britischen Flotte umfassen dürfe.

Angesichts der relativ kleinen britischen U-Boot-Flotte dürfe der deutsche Bestand an U-Booten sogar 45% des britischen betragen. Das ist ein beachtliches Zugeständnis, weil gerade die deutsche U-Bootwaffe im Weltkrieg 1914—18 die britischen Seeverbindungen so effektiv angegriffen haben. Doch jetzt vertrauen die Briten ihren neuen U-Boot-Abwehr-Waffen (ASDIC*) und bekommen außerdem von den Deutschen die Zusicherung, U-Boote künftig gegen Handelsschiffe nur noch nach Prisenordnung einzusetzen.

Die britische Zustimmung ist wohl nicht allein dem britischen Grundsatz der »Balance of Power« auf dem Kontinent zu verdanken. Auch die Klugheit und Mäßigung des britischen Admirals of the Fleet, Lord Jellicoe, hat maßgeblich zu der Entscheidung des Kabinetts beigetragen. Dieser einstige Gegner der deutschen Hochseeflotte in der Skagerrakschlacht vertritt engagiert den Standpunkt: *»Wenn es nicht gelingt, in absehbarer Zeit unsere beiden Nationen zusammenzuführen, dann ist der Zeitpunkt zu übersehen, zu dem Europa seine Rolle ausgespielt hat.«*

Bei Briten wie Deutschen bestehen im Volk längst beträchtliche Sympathien füreinander. Der Wunsch, niemals wieder gegeneinander Krieg führen zu müssen, ist ebenso vehement wie ehrlich. Und so bleibt es nicht aus, daß sich nach dem Flottenvertragsabschluß die Royal Navy und die deutsche Marine mit mehreren Freundschaftsbesuchen und Begegnungen annähern. Das fällt um so leichter, da ja Bordgewohnheiten und Zeremoniell in der deutschen Marine seit den Tagen der Kaiserlichen Marine denen der Royal Navy angeglichen sind. In den deutschen Bestimmungen für den Dienstbetrieb an Bord (»Dienst an Bord«) ist die Übereinstimmung mit den britischen »King's Regulations« geradezu auffällig.

Für Panzerschiff *Deutschland* haben die Einführung der allgemeinen Wehrpflicht und die Lösung von Versailles unmittelbare Folgen. Im Sommer 1935 wird, da nunmehr die Personalmisere der Marine in kürzester Zeit behoben sein dürfte, die Friedensstärke der Besatzung auf 43 Offiziere und 943 Unteroffiziere und Mannschaften (sowie 14 Zivilisten) neu festgelegt. Und wer vor-

---

* Die Abkürzung bedeutet Anti-Submarine Detection Investigation Committee, die neuen ASDIC-Ortungsgeräte arbeiten nach dem Schallecho-Prinzip.

her gedacht hatte, das Schiff sei überfüllt, der wundert sich nun selbst, wie reibungslos auch der plötzliche Zuwachs von 300 Mann zu verkraften ist: Die Zahl der Spinde in den Wohndecks läßt sich ohne Schwierigkeit »durch eine Schicht mehr« erhöhen, die der Hängematten erst recht. Unter dem personellen Neuzuwachs sind 11 Mann, die äußerlich aus dem Rahmen fallen. Sie tragen keine Marineuniform, sondern das neue Graublau der Luftwaffe — mit den gelben Spiegeln der Fliegertruppe. Die Männer sind, neben dem Flugzeugführer, Triebwerkmechaniker, Zellentechniker, Waffenwarte, Funkmechaniker usw. für das neue Bordflugzeug.

Bei den Deutschen Werken Kiel wird in kurzer Zeit das längst erprobte und einbaufertige Preßluftkatapult auf den »Sonderaufbau« der *Deutschland* aufgesetzt. Bald hebt auch der seit der letzten Werftliegezeit vorhandene Flugzeugkran des Panzerschiffes das dazugehörige Heinkel-Schwimmerflugzeug vom Typ He 60 behutsam an. Mit viel Sorgfalt und Augenmaß wird der »Papagei auf seine Stange« gesetzt.

Die *Deutschland* ist das erste Kriegsschiff der deutschen Marine, das je ein Flugzeugkatapult an Bord bekommen hat. Und so bleibt es nicht aus, daß zunächst unentwegt damit herumexperimentiert wird. Die Besatzung muß an die »Flugzeugseemannschaft« gewöhnt werden, bevor die nächsten Schritte verantwortet werden können: Katapultstart während der Fahrt und auch Wiederanbordnahme des Flugzeugs bei fahrendem Schiff, das dann mit Hilfe des ausgebrachten Landesegels den Seegang glättet.

Das Ausbringen des Landesegels erweist sich als schwierig, weil ja der Flugzeugkran mittschiffs steht. Folglich kann auch das Landesegel nicht am Heck, sondern leider nur seitlich neben dem Schiff ausgebracht werden, um dort die Wellen zu glätten. Da aber auch das Flugzeug mit Seitenruder und Wasserrudern zugleich voll steuerfähig bleibt, kommt es kaum jemals mit der Bordwand in Berührung. (Natürlich stehen dennoch sicherheitshalber Seeleute und Männer des Fliegerbodenpersonals mit Absetzstangen klar.)

Panzerschiff *Deutschland* probiert bei Fahrtstufen zwischen sieben und sechzehn Knoten die Manöver gründlich durch und steuert dabei einen geraden Kurs, der jeweils 30—40 Grad von der Windrichtung abliegt. Dadurch bekommt das Landesegel etwas »Lee«.

Das Flugzeug schiebt sich dann mit eigener Kraft auf das durchs Wasser geschleifte Landesegel hinauf. In aller Ruhe kann dort sein Heißgeschirr in den Kranhaken eingepickt werden.

Bald findet man bei diesen Versuchen heraus, daß der Doppeldecker sogar bei schrägem Aufsetzen nicht vom Landesegel abrutscht, weil die Faltenbildung der Gummimatte das verhindert. Das Bordflugzeug liegt in jedem Falle unerwartet ruhig auf dem Segel, so daß getrost der Motor abgestellt werden kann.

Die Schiffsführung der *Deutschland* entdeckt auch, daß man das Flugzeug während der Fahrt sogar längere Zeit auf dem Landesegel liegenlassen kann, sofern man es dabei einigermaßen gut festmacht. Und man kommt schließlich auf den Gedanken, die Maschine in dieser Lage zwischenzutanken! Das erspart neuen Katapultstart und vorherige Wiederanbordnahme.

Das Verfahren ist ideal einfach: Soll das Flugzeug wieder einen Wasserstart vornehmen, so wird nach Anwerfen seines Motors das Landesegel einfach bei etwa 10 kn Fahrt durch Wegfieren der Flutspier getaucht. Die Maschine schwimmt dann auf und schert mit eigener Kraft wieder vom Schiff ab.

Die ganze Anlage ist wirklich gut durchdacht. Und doch hat sie den Nachteil, nicht übermäßig belastbar zu sein.

Eines Tages steht draußen ziemlich rauhe See. Das Bordflugzeug ist zwei Stunden vorher routinemäßig zu einem Aufklärungsflug gestartet und soll nach der Wasserlandung wieder eingesetzt werden. Das Panzerschiff behält möglichst viel Fahrt, um die Glättewirkung des Landesegels zu vergrößern. Aber genau in dem Augenblick, wo das Flugzeug mit seinen Schwimmern auf

---

Das Landesegel besteht aus einer Gummimatte (aus vulkanisierter Drahtlitze) und wird in Ruhestellung auf einer in zwei Halterungen an Deck lagernden Rollspier aufgetrommelt. Jedesmal beim Ausbringen des Landesegels hebt der Flugzeugkran der *Deutschland* zunächst den versenkbaren Mast der Schleppsegelanlage aus seinem Mastrohr empor. Nach Festsetzen des Mastes werden alle Stagen steif gestellt. Die nun von oben her durch zwei Hanger festgehaltene Rollspier wird dann elektrisch ausgeschwenkt, bis sie rechtwinklig zur

Bordwand festgesetzt werden kann. Gleichzeitig mit der Rollspier samt aufgetrommeltem Landesegel schwingt man eine sogenannte Flutspier aus, die schließlich das in Schleppstellung abgerollte Landesegel »beim Schlaffittchen« hält. Diese Spiere schleppt das Landesegel so mit, daß seine Vorkante sich etwa einen Meter über der Wasserfläche befindet. Der durch die Fahrt des Schiffes auf das Landesegel ausgeübte waagrechte Zug wird fortan durch die Flutspier aufgenommen, der senkrechte hingegen durch die Rollspier. (Endlagenschalter in der elektrischen Einrichtung sorgen dafür, daß beide Spieren richtig stehen.)

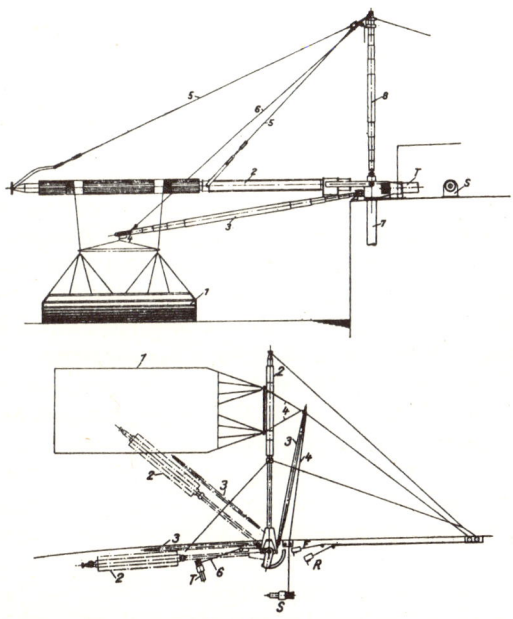

Landesegel.

1 Gummimatte. 2 Rollspier. 3 Flutspier. 4 Schleppleine mit Hahnepot. 5 Hanger der Rollspier. 6. Toppnant der Flutspier. 7 Mastrohr. 8 Mast. 9 Schaltschrank. T Winde für Toppnant der Flutspier. S Winde für Schleppleine des Landesegels. R Handwinde für Vorgeer der Rollspier. F Handwinde für Vorgeer der Flutspier.

die Matte gerollt ist und festgemacht wurde, passiert das Unglück: Die steif durchgesetzte »Vorgeer« der Rollspier bricht. Die Spier schlägt mit voller Wucht krachend zurück, die Flutspier allein kann Landesegel und Flugzeug nicht mehr halten und knickt ab. Das Flugzeug schmettert daraufhin gegen die Bordwand und havariert. Wie durch ein Wunder kommen die beiden Flieger mit dem Schrecken davon.

Umgehend kommt aus Kiel-Holtenau ein neues Flugzeug an Bord. Aber der Kommandant will nach dem Unfall von dem Landesegel verständlicherweise nichts mehr wissen. Die Gefahr einer Unfallwiederholung erscheint ihm zu groß. Kapitän Fischel kehrt lieber zu einer Methode zurück, die sich bereits 1916—1918 auf dem Hilfskreuzer *Wolf* bewährt hat, der auf seiner 445tägigen Kaperfahrt in den Pazifik erstmals ein Bordflugzeug mitgenommen hat — das freilich jedesmal von der Wasserfläche aus starten mußte, weil kein Katapult vorhanden war. Vor der Wiederanbordnahme des kleinen, noch recht primitiven Flugzeugs fuhr jeweils Hilfskreuzer *Wolf* mit Hartruderlage einen Drehkreis und glättete damit die Wogen. Auf diesem künstlich geschaffenen »Ententeich« konnte dann das Bordflugzeug einigermaßen sicher seine Wasserlandung vornehmen.

Nun bleibt Panzerschiff *Deutschland* bei dieser alten Methode, das Schleppsegel wird bald wieder von Bord gegeben.

Man weiß auf der Brücke der *Deutschland* sehr wohl zu schätzen, daß man künftig jederzeit über eigene Luftaufklärung verfügt und daß das Flugzeug auch im Falle von erkannter U-Bootgefahr sofort enge Sicherung für das eigene Schiff fliegen kann. Und doch bereitet das Vorhandensein des Doppeldeckers — der Tag und Nacht, bei jedem Wind und Wetter ohne Hangarschutz auf dem offenen Katapult stehen muß — eine Menge von Verdruß. Überdies wird nahezu bei jedem Kaliberschießen die Maschine durch die Druckwellen der feuernden Drillingstürme, bisweilen sogar der Mittelartillerie beschädigt. Das Bodenpersonal hat immer alle Hände voll mit Flickarbeiten und sogar Rahmenbruchreparaturen zu tun. Und dem Kommando Panzerschiff *Deutschland* ist nicht recht wohl beim Gedanken daran, daß im etwaigen Gefechtsfalle ein einziger Treffer in das mit Fliegerbenzin aufgetankte und obendrein startbereit munitionierte Flugzeug schreckliche Folgen für das Aufbaudeck haben kann . . .

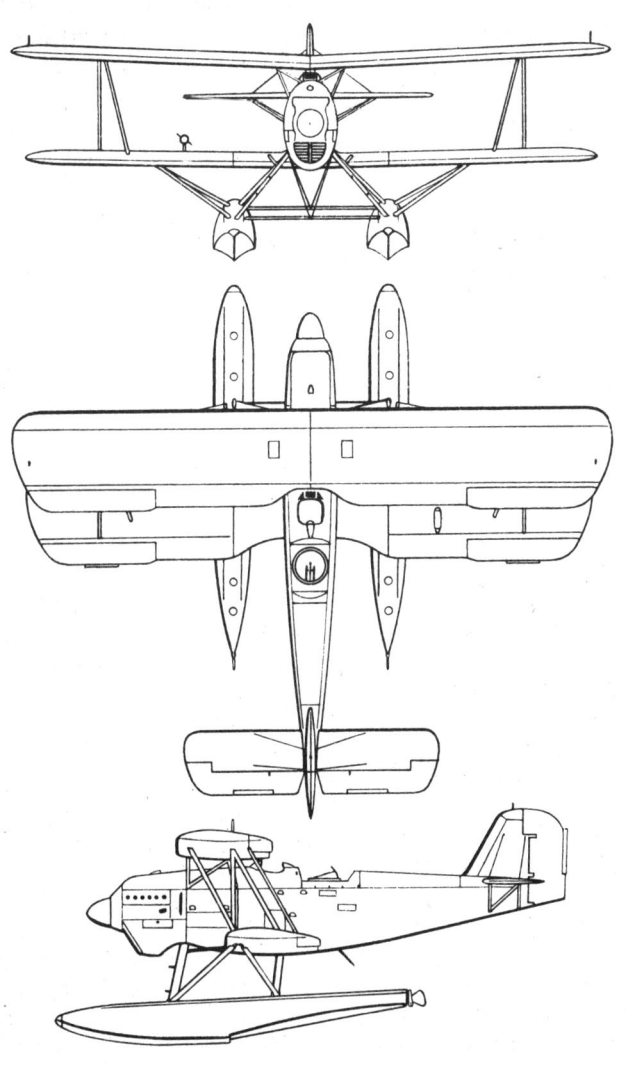

Bordflugzeug He 60

Vollsalve auf das Fernlenkzielschiff

Die Ausbildung der Artillerie, vor allem aber der sie leitenden Artillerieoffiziere zu Höchstleistungen setzt voraus, daß eine wirklichkeitsnahe Zieldarstellung mit rasch wechselnden Gefechtslagen die Reaktion des Feuerleitpersonals herausfordert. Kaliberschießen auf ein stilliegendes Zielschiff wie das alte Panzerschiff *Baden* bringt diese Möglichkeiten nicht. Deshalb hat die Reichsmarine schon 1926—28 das damals aufgelegte Reserve-Linienschiff *Zähringen* zu einem Fernlenk-Zielschiff umgebaut und rüstet seit 1934 auch das Linienschiff *Hessen* auf ähnliche Weise um. Ein Kaliberschießen auf das selbstfahrende, unberechenbar Kurs und Geschwindigkeit ändernde, sich sogar einnebelnde und zur Imitation von eigenem Mündungsfeuer mit Kanonenschlägen »zurückschießende« Fernlenkschiff ist jedesmal Höhepunkt der Gefechtsausbildung. In dem ständig wechselnden Verhalten des »Gegners« kann man die Lage und Trefferwirkung des eigenen Feuers recht realistisch erfassen, auch wenn dabei eine besondere Zielschiffsmunition mit hochempfindlichem Kopfzünder und einer die Granate relativ »milde« zerlegenden Sprengladung verwendet wird.

Das zum Fernleitboot *Blitz* umgebaute Torpedoboot *T 185* läßt das Zielschiff mit Geschick sogar in die Wasserfontänen der Geschoßeinschläge vom schießenden Schiff hineinsteuern oder ganz unerwartet auf Gegenkurs drehen. Geschossen wird in diesem Falle auf 240 Hektometer = 24 km Entfernung. Man nimmt Treffer auf dem Fernlenkschiff getrost in Kauf. Entstandene Löcher in den wenigen an Deck verbliebenen Aufbauten werden jedesmal durch Aufsetzen neuer Blechplatten geflickt. Alle verwundbaren Teile wie Antriebsanlage, Steuerorgane, Funkempfänger, Kesselautomatik befinden sich unter dem schützenden Panzerdeck.

Nach Möglichkeit wird jedes Kaliberschießen aufs Fernlenkschiff gefechtsmäßig und damit in allen denkbaren Feuerleitschaltungen durchgeführt. Genau wie im Ernstfall muß jeder plötzliche Ausfall in dem Gesamtorganismus mit blitzschnellen Reaktionen verkraftet werden.

Das Feuer der beiden 28-cm-Drillingstürme wird wahlweise vom Zielgeber des (im Brückenbereich liegenden) gepanzerten vorderen Artilleriestandes, dann zur Abwechslung vom Zielgeber des ebenfalls gepanzerten achteren Artilleriestandes, schließlich vom Vormars geleitet. Sogar der gemeinsame Ausfall beider Artilleriestände und des Vormarsstandes wird mitten im Schießen durchexerziert, was die Drillingstürme sofort zum selbständigen Weiterfeuern mit Hilfe der in jedem Turm eingebauten eigenen Zieloptik und Abfeuerkontakte veranlaßt.

Bald wird von »Batterietrennung« wieder auf „Feuervereinigungsschießen" (mit allen in Frage kommenden Kalibern zugleich) umgeschaltet — diesmal mit haargenau gleichzeitigem elektromagnetischem Abfeuern aller Geschütze, zwecks Vermeidung gegenseitiger Pulverqualm-Sichtbehinderung und Druckwellen-Belästigung.

Die beiden Artillerie-Rechenstellen im unteren Plattformdeck, in unmittelbarer Nachbarschaft der 28-cm-Granatenkammern, besorgen im Normalfall der „direkten Steuerung" die Feuerleitung, das Richten und sogar das Abfeuern der Geschütze selbst. Die mit den Zielgebern der Artilleriestände gemessenen Seiten- und Höhenwinkel und die von den E-Meß-Geräten ermittelten Entfernungen zum Ziel werden blitzschnell so in den Rechengang eingespeist, daß sich die Vorhaltbildung, der Aufsatzwinkel und die Lenkung der Geschütze darauf aufbauen können. Das setzt natürlich voraus, daß auch die Gegnerfahrt und Gegnerlage sowie die zu berücksichtigenden ballistischen Werte beim Rechenvorgang ebenfalls verarbeitet werden müssen. Mit unglaublichem Tempo und größtmöglicher Präzision wird vor jedem neuen Schuß an den Schußwertrechnern gekurbelt, werden die eingegebenen Werte in Seiten-, Höhen- und Aufsatzwinkel umgerechnet, werden aber auch die Entfernungs- und Seitenverbesserung gegenüber dem vorherigen Schuß berechnet und in neue Richt- und Schwenkwerte umgesetzt.

Auch die Mittelartillerie des Panzerschiffes wird von den beiden Rechenstellen aus dirigiert, während die Schwere Flak und die Torpedowaffe über eigene Rechenstellen verfügen.

Je eine Artillerie-Rechenstelle konzentriert sich auf eine der beiden 15-cm-Batterien — für den Fall, daß nach beiden Seiten zugleich geschossen werden muß. Überhaupt hängt ja im Gefechtsfall das Überleben von der perfek beherrschten Kunst reaktionsschneller Feuerverteilung ab, sobald mehrere Ziele unter Feuer zu nehmen oder etwaige Angriffe von Torpedobooten, Schnellbooten, Flugzeugen — womöglich mitten im laufenden Artilleriegefecht — abzuwehren sind.

Die Mittelartillerie des Panzerschiffes ist übrigens auch dafür eingerichtet, bei massierten Flugzeugangriffen die Schwere Flak wirkungsvoll zu unterstützen. In solchen Fällen werden ihre Rohre mit sogenannter Zonenmunition geladen. Man schießt mit Schrapnells, die in einer vorher am Zünder eingestellten »Zone«, d. h. in bestimmtem Abstand vom Schiff in der Luft detonieren und mit einer Batteriesalve einen Feuerwall von vier zerplatzenden Granaten in den gemessenen Entfernungsbereich eines aufliegenden Pulks legen. (Das geht übrigens auch mit 28-cm-Granaten.)

Auch beim Zonenschießen werden die gemessene Entfernung der angreifenden Maschinen und deren Anflughöhe von der zuständigen Rechenstelle in die erforderliche Rohrerhöhung beim Schuß »umgesetzt«.

Mit ihren Getrieben für Addition, Multiplikation, Division, ihren Winkelfunktions-, Differentations- und Integrationsgetrieben stehen die neuartigen Rechenstellen der *Deutschland* als mechanische Wunderwerke auf der Höhe der Entwicklung im vorelektronischen Zeitalter. Die Arbeit ihres Personals weiß man am besten zu würdigen, wenn man sich vergegenwärtigt: Zwischen zwei Salven der Schweren Artillerie liegen genau 30 Sekunden, zwischen denen der Mittelartillerie im Normalfall nur 7,5 Sekunden Zeit! Außerordentlich schnell also — und bei der Schweren und Leichten Flak zwangsläufig noch viel schneller — funktioniert das perfekt eingeübte Zusammenspiel des gesamten Feuerleit- und Artilleriepersonals auf Panzerschiff *Deutschland*. Wie ein Uhrwerk laufen alle angedeuteten Maßnahmen zwischen »*Frage Messung?*« des I.A.O. und dem Kommando »*Schwere (Artillerie) eine Salve — feuern!*« ab. Und es versteht sich von selbst, daß auch Kurs und Fahrtstufe des eigenen Schiffes bei den jeweiligen Rechenvorgängen jeweils mitberücksichtigt werden müssen.

Die vier großen 10-Meter-Basisgeräte im Vormars, auf dem achteren Artilleriestand und in beiden Drillingstürmen liefern

die wesentlichsten Voraussetzungen für den Erfolg des Schießens. In schneller Reihenfolge gehen die Wertemeldungen der
Entfernungsmesser telefonisch bei den Rechenstellen ein: »Messung zwohundertachtundsiebenzighundert . . . zwohundertsechsundsie-
benzighundert . . . zwohundertfünfundsiebenzighundert!«

»Die Basisgeräte sind besonders wärmeisoliert, mit temperaturunemp-
findlichen Spezialgläsern versehen und durch Einbau von Lufttrocknern
und Gebläsen weitmöglich gegen Verstimmen durch einseitige Erwärmung
und atmosphärische Fehlerquellen geschützt. Die Geräte sind der Höhe
nach stabilisiert, sie machen also ebenso wie die gerichteten Geschützrohre
die Seegangsbewegungen gegenüber dem Horizont nicht mit.

Das sorgfältig ausgewählte, ausgebildete und ständig von Ärzten sowie
Psychologen überwachte E-Meß-Personal wird beim Schießen laufend
vom Ober-E-Meß-Meister kontrolliert, der mit Hilfe eines besonderen
Sehrohres die angesetzten Geräte einzeln überprüft und jederzeit Geräte
mit schlechten Meßbedingungen sofort von der Werte-Ermittlung absetzen
kann.«

Die beiden oberhalb der Admiralsbrücke nestartig neben dem
Gefechtsmast angebrachten, kreiselgesteuerten Flak-Entfer-
nungsmeß- und Feuerleitstände vom Typ SL 2 sind eigenstabili-
siert und haben unbegrenzten Schwenkbereich. Da auch sie die
Schiffsbewegungen im Seegang nicht mitmachen, müßten sie
richtigerweise Anti-Wackeltöpfe heißen. Ein System von etwa 20
Servomotoren und von Laufgewichten sorgt dafür, daß diese
Stände auf Grund ihrer laufenden Kreisel-Horizontierung um alle drei Achsen jederzeit »die Kimm halten«, und zwar mit einer
Genauigkeit von 4/16 Grad. Dank der jeweiligen, mechanisch be-
wirkten Pendelkorrekturen machen diese »Wackeltöpfe« das
vorher notwendig gewesene »Horizontprüfen« überflüssig und
ermöglichen — infolge eingebautem künstlichem Horizont —
sogar bei Nacht Zielauffassen und Zielhalten, wenn mit Hilfe
von Leuchtgranaten-Illumination oder Scheinwerferbeleuchtung
geschossen wird.

Freundschaftsbesuch und bitterer Ernst

Im Juni 1936 geht Panzerschiff *Deutschland* zu einer Auslandsreise wieder in See. Erstes Reiseziel ist die Biskaya, zweites die Irische See. Dort bekommt das Schiff eine derart mörderische seitliche Dünung zu fassen, daß der Krängungsanzeiger auf der Brücke Pendelausschläge bis zu 40° nach jeder Seite kundtut. Nur mit Anstrengung können sich Rudergänger und Posten Maschinentelegraf bei solchem Schlingern überhaupt auf den Grätings halten. Sie müssen sich ebenso anklammern wie Wachoffizier und Kommandant.

Dora-Emil setzt die Übungsreise schließlich rund um Großbritannien fort. Vom Pentland Firth (nördlich Schottland) aus läßt der Kommandant Kurs aufs Skagerrak, von dort auf Kattegat und Öresund absetzen. Im Zeichen der Freundschaft von Royal Navy und deutscher Kriegsmarine steht der gemeinsame Besuch des britischen Kreuzers *Frobisher* und des deutschen Panzerschiffes in der Hauptstadt des Königreiches Dänemark bevor.

Die *Frobisher* hat bereits am Langelinje-Kai von Kopenhagen festgemacht, als die *Deutschland* einläuft. Sie bekommt den Liegeplatz unmittelbar vor dem »Tommy« angewiesen. Aber steifer, ablandiger Wind macht das Dreh- und schließlich das Anlegemanöver des Panzerschiffes zeitweise problematisch. Britische Kadetten nehmen seine Leinen wahr.

Wie seinerzeit in Göteborg, protestiert auch in Kopenhagen die Kommunistische Partei des Landes lautstark gegen den Besuch eines »Nazikreuzers« und versucht mit erheblichem Propaganda-Aufwand einen »Besuchsboykott«. Aber das dänische Publikum kümmert sich nicht darum. Es strömt zu Tausenden durch die Decks beider Kriegsschiffe und betrachtet vor allem das so häufig genannte Westentaschen-Schlachtschiff aus dem Nachbarland mit unverhohlenem Interesse.

Während dieses Freundschaftsbesuches erscheint übrigens auch der Oberbefehlshaber der Kgl. Dänischen Marine, Admiral Rechnitzer, in Gala-Uniform zum offiziellen Besuch beim Befehlshaber der Linienschiffe (B.d.L.), Konteradmiral Carls, auf der *Deutschland*.

Den feierlichen Abschluß des britisch-deutschen Freundschaftsbesuches und eines gemeinsamen Sportfestes in Dänemark bildet — genau in der St.-Hans-Aften (Johannisabend) genannten Mittsommernacht — ein vom Bordmusikzug der *Deutschland* gegebenes dreistündiges Konzert auf dem Langelinje-Kai. Dabei steht in ganzer Schiffslänge eine Kette von *DE*-Männern mit brennenden Fackeln Spalier. Außerdem sind alle Scheinwerfer des Panzerschiffes mit ihren Lichtstrahlen vertikal nach oben gerichtet. Zehntausende von Dänen wohnen dieser stimmungsvollen Darbietung von Volksweisen und sogar von dänischen Johannis-Liedern bei.

Nach dem Kopenhagen-Besuch stehen zunächst Kaliberschießen, Flak- und Torpedoschießen sowie Ostseebäder-Besuche auf dem Programm. Die Besatzung erlebt ihr Heimatland in diesen heiteren Sommertagen des Jahres 1936 auffallend optimistisch und selbstbewußt. Der deutsch-englische Flottenvertrag vom Vorjahr hat vermeintlich den Frieden sicherer gemacht. Alle Nationen der Welt (mit Ausnahme der UdSSR) entsenden ihre Sportler zu den bevorstehenden Olympischen Spielen nach Berlin und zu den Olympischen Segelwettkämpfen nach Kiel. Seit Monaten sind sämtliche Schiffahrts- und Fluglinien nach Deutschland für die Olympia-Zeitspanne ausgebucht, haben Zehntausende von ausländischen Schlachtenbummlern Quartiere bestellt.

Aber noch während der neue Olympia-Jachthafen am Hindenburgufer von Kiel Mitte Juli 1936 die ersten ausländischen Trainingsgäste empfängt, verlegt *Dora-Emil* wieder zur Nordsee zurück. Dort finden Übungsschießen und danach gemeinsame Verbandsübungen des Befehlshabers der Linienschiffe sowie des Befehlshabers der Aufklärungsstreitkräfte (B.d.A.) statt. Dabei evolutionieren Panzerschiffe und Leichte Kreuzer zeitweilig zusammen.

Unweit Helgoland platzt am 23. Juli 1936 um 13.15 Uhr ein Funkspruch des Oberbefehlshabers der Kriegsmarine an den B.d.L. dazwischen: »*Deutschland* und *Admiral Scheer* sofort Übung abbrechen. Einlaufen Wilhelmshaven!«

Im Auswärtigen Amt und im Oberkommando der Kriegsmarine überstürzen sich eingehende Meldungen und veranlaßte Maßnahmen, denn am Vortag haben der Gesandtschaftsrat

Schwedemann von der deutschen diplomatischen Vertretung in Madrid und der deutsche Generalkonsul Köcher in Barcelona telegrafisch dringend um die Entsendung deutscher Kriegsschiffe in spanische Gewässer ersucht. Der in Spanien ausgebrochene Bürgerkrieg führe zu Bedrohungen und Ausschreitungen und mache den Schutz deutscher, österreichischer und schweizerischer Staatsbürger notwendig.

Gegen die Bedenken Hitlers* entscheidet Generaladmiral Raeder sich für sofortige Entsendung der beiden Panzerschiffe nach Spanien. *Deutschland* und *Admiral Scheer* sind die einzigen voll eingefahrenen, modernen Einheiten unter den Schweren Seestreitkräften der deutschen Marine; sie machen darum den Anfang.

Im heimatlichen Wilhelmshaven verwandelt sich der Liegeplatz Alaska in eine Art Heerlager. Die beiden Panzerschiffe haben nur zwölf Stunden Zeit zum Umtausch der Übungsmunition gegen Gefechtsmunition und für die nächtliche Übernahme von Bunkeröl sowie Verpflegung. Kriegsmäßig werden sie für mindestens zwei Monate Einsatz ausgerüstet.

Es kommen aber auch zusätzliche Infanteriemunition, verstärkte Landungsausrüstung und eine zusätzliche Sanitätsausstattung an Bord. Das Lazarettpersonal der *Deutschland* macht verständlicherweise Stielaugen, als es sogar eine komplette gynäkologische Ausrüstung darunter entdeckt. Geburtshilfe auf einem Kriegsschiff? Aber unter den zu erwartenden Flüchtlingen muß auch mit Schwangeren gerechnet werden.

Reichlich übernächtigt werfen die Seeleute am anderen Morgen um 8.00 Uhr die Leinen der beiden Panzerschiffe los, während immer noch überzählige Gegenstände und Versorgungsgüter verstaut oder behelfsmäßig in irgendwelchen Ecken seefest gezurrt werden müssen.

Konteradmiral Carls und Kapitän zur See Fanger haben ihre

---

* Der damalige Befehlshaber der Aufklärungsstreitkräfte, Konteradmiral Boehm, sagte dazu treffend: »*Ein politischer Fehlgriff der deutschen Seestreitkräfte in diesem Unruheherd könnte schwerwiegende Folgen für Deutschland haben.*«

Rolf Güth schreibt: »*Die Flotte als politisches Instrument in einer Krisenbeherrschung, das war das Problem. Es ist verständlich, daß Hitler zögerte, während Raeder entschlossen war, denn dem Deutschen Reich öffnete sich zum ersten Male seit der Zeit vor 1918 die Möglichkeit, gleichberechtigt an der Seite der Seemächte aufzutreten.*«

Sorgen auf dieser Fahrt. Die in hektischer Vielzahl bei ihnen eingehenden Funksprüche setzen mosaikartig das diffuse Bild einer Kriegslage zusammen, bei der sich zunächst weder ein Frontverlauf noch eine politische Logik erkennen lassen. Noch am Auslauftag hat das Auswärtige Amt über Funk mitgeteilt, daß die Situation des Personals in der Sommerresidenz der deutschen Botschaft in San Sebastian höchst kritisch geworden ist. Es befindet sich im Keller der Botschaftskanzlei direkt am Strand, während im Ort heftige Straßenkämpfe toben. Schnellste Hilfe sei geboten.

Zum anderen wird die Lage in Barcelona als bedrohlich gemeldet, wo Übergriffe gegen Deutsche und Plünderungen deutschen Eigentums einen Kriegsschiff-Schutz erforderlich machen. Der B.d.L. detachiert deshalb die *Admiral Scheer* sofort ins Mittelmeer, während die *Deutschland* unverzüglich Kurs San Sebastian aufnimmt. Die Zustände in der Stadt müssen ausgesprochen schlimm sein, denn auch die französische Marine hat inzwischen einen Zerstörer zur Abholung ihres diplomatischen Personals dorthin in Marsch gesetzt, obwohl die Volksfrontregierung Frankreichs die Volksfrontregierung von Spanien aus ideologischen Gemeinsamkeiten heraus wohlwollend unterstützt. Aus weiteren Funkmeldungen geht übrigens hervor, daß auch die britische, italienische und amerikanische Marine Einheiten zum Schutz bedrohter Ausländer nach Spanien in Marsch gesetzt haben.

Aus Funksprüchen kristallisiert sich immer eindeutiger heraus, daß die Rettungsaktion San Sebastian jetzt höchste Eile erfordert, zumal auch das Personal der britischen und amerikanischen Botschaft gerade noch rechtzeitig in den Keller der deutschen Sommerresidenz geflüchtet war und nun mit ihren diplomatischen Kollegen aus Deutschland gemeinsam eingeschlossen ist. Auch liegen jetzt dringende Hilferufe auch aus Bilbao und Santander vor.

In der Biskaya brüten Kommandant, Navigationsoffizier und Obersteuermann gemeinsam über der Seekarte von Spaniens Nordküste/Östlicher Teil, über dem Hafenplan von San Sebastian und dem Handbuch für die Biskaya. Das Anlaufen dieses Hafens ist für das Panzerschiff selbst unmöglich. Es muß trotz Dünung auf der Reede »auf und ab stehen« und die Abholaktion der im Botschaftsgebäude eingeschlossenen Zivilpersonen und anderer bedrohter Deutscher allein dem Landungskorps überlassen, dem — mangels Sichtverbindung — im Notfall kein Feuerschutz durch die Schiffsartillerie gegeben werden kann.

Am 26. Juli um 6.00 Uhr steht *Dora-Emil* vor San Sebastian. Keine Funkstelle und kein Morsescheinwerfer antworten, kein Lotsenboot kommt. Die Küste hüllt sich in feindseliges Schweigen. Von weitem sind Gewehr- und MG-Feuer hörbar.

Trotz Dünung gelingen das Aussetzen zweier mit je einem Weltkriegs-Maschinengewehr vom Typ 08/15 behelfsmäßig bewaffneter Verkehrsboote und das Einsteigen zweier Landungszüge — mit Stahlhelm, Tornistern und Handfeuerwaffen, unter Mitnahme von fahrbaren Bootskanonen und Maschinengewehren sowie Sprengladungen und Funkgeräten. Und bald sind die Kraftboote vollends in der steilen Felsenschlucht verschwunden, die das Fahrwasser zum Hafen San Sebastian wie einen Hohlweg in sich aufnimmt.

Es herrscht eine gespenstische Stimmung in der Stadt. Man sieht schwelende Brände, Barrikaden, politische Transparente und halbuniformierte Miliz mit roten Armbinden. An der Anlegestelle der Boote kommt es zu einer ersten Zusammenrottung von Gestalten, die gefüllte Maschinengewehr-Patronengurte am Leibe tragen und die Ankömmlinge mit geballter Rotfront-Faust begrüßen. Wieder knallen irgendwo Schüsse. Sprengungen und Artilleriefeuer sind zeitweilig hörbar.

Baskische Separatisten und radikale Flügel der Volksfront beherrschen den Hafen und belagern die Garnison. Nirgendwo lassen sich Behördenvertreter sehen. Deshalb setzt sich ein starker Stoßtrupp der *Deutschland* auf eigene Faust in Bewegung, durchdringt ohne Gewaltanwendung den Belagerungsring vor der Botschaftskanzlei und holt das gesamte eingeschlossene Botschafts- und Konsulatspersonal sowie mit in dieses Gebäude geflüchtete Angehörige der britischen und amerikanischen Botschaft heraus, ohne daß von den mitgeführten Sprengladungen Gebrauch gemacht werden muß.

Der andere Landungszug hat inzwischen den Liegeplatz der beiden V-Boote wie einen kleinen Brückenkopf militärisch abgesichert. Unbehelligt erreicht ihn schließlich der Stoßtrupp mit seinen Schützlingen, unter denen sich auch eine Dame mit einem

Kleinkind auf dem Arm befindet, das seinen Teddybären liebevoll an sich drückt. Welcher Kontrast ist das zu den finsteren Mienen haßerfüllter Revolutionsgarden, die wiederum als drohende Menge die Einbootungsstelle umlagern. Aber die Aktion geht ohne Zwischenfälle ab. Die V-Boote kehren auf schnellstem Wege zum Schiff zurück. Inzwischen hat das Auswärtige Amt in Berlin seine Botschaft in Paris längst beauftragt, zur Anlandung der Flüchtlinge dem Panzerschiff das Anlaufen des französischen Biskayahafens St. Jean de Luz möglich zu machen. Die französische Anlaufgenehmigung wird auch erteilt, aber die Lage in Bilbao ist inzwischen so brisant geworden, daß die *Deutschland* sich unverzüglich auch dorthin begeben muß. Nun sollen die aus San Sebastian herausgeholten Zivilpersonen in Portugalete, dem Seehafen von Bilbao, an den herbeigefunkten deutschen Dampfer *Kronos* übergeben werden, der sie in den französischen Hafen weiterbringt.

In Bilbao sind die Zustände noch chaotischer als in San Sebastian. Aber die Abgabe der Flüchtlinge an die *Kronos* und das Anbordbringen weiterer Flüchtlinge aus Bilbao und Umgebung gehen reibungslos vor sich. Das Panzerschiff verlegt am zweiten Tag seines Bilbao-Aufenthaltes zunächst nach Santander, bringt einen weiteren Schub Flüchtlinge von dort ebenfalls nach Portugalete und läuft dann nach San Sebastian zurück. Es müssen dort weitere Gruppen von deutschen und ausländischen Flüchtlingen aus der Stadt sowie aus den Nachbarorten Reneteria und Pasajes an Bord genommen werden.

Am Tag zuvor hat sich das Schicksal der belagerten Militärgarnison von San Sebastian erfüllt. Sie mußte kapitulieren. Die Offiziere wurden gefangengenommen und werden sich auf den Tod gefaßt machen müssen, der Rest hat, sofern das noch möglich war, das Weite gesucht.

Nach Erledigung des Auftrages San Sebastian läuft die *Deutschland* nach Gijon, um abermals 82 an Bord befindliche Flüchtlinge an den inzwischen aus St. Jean de Luz zurückgekehrten Dampfer *Kronos* abzugeben. Und während dieser Überfahrt geschieht das, was in der deutschen Marinegeschichte vermutlich einmalig ist: Eine Engländerin bekommt an Bord eines deutschen Kriegsschiffes ein Kind. Sie wird im Schiffslazarett der *Deutschland* von einem gesunden Knaben entbunden. Da das Panzerschiff völkerrechtlich ein Stück deutsches Hoheitsgebiet ist, bescheinigt der als Standesbeamte fungierende Kommandant: Geburtsort *Deutschland* (Panzerschiff), Geburtsland Deutsches Reich!

In Gijon trifft *Dora-Emil* auf den nach Wiedereinbau seiner Geschütze eilends gefechtsbereit gemachten und am 27. Juli ebenfalls nach Spanien in Marsch gesetzten Kreuzer *Köln*, der seinerseits gerade Flüchtlinge aus der Stadt herausgeholt hat, darunter drei Schwerverletzte. Sie wurden das Opfer einer unsinnigen Beschießung der Stadt durch einen »nationalspanischen« Kreuzer.

In der Funkempfangsstelle des Panzerschiffes treffen in immer dichterer Folge Lagenachrichten, Anfragetelegramme und Funkbefehle ein. So erfährt das FT-Personal zuerst davon, daß der an Bord befindliche Konteradmiral Carls zum Befehlshaber aller deutschen Seestreitkräfte in Spanien ernannt worden ist und daß zum anderen die französische Nachrichten-Agentur soeben in der Weltpresse verbreitet hat, die Verkehrsboote der *Deutschland* hätten von ihren Maschinengewehren Gebrauch gemacht und sich damit in den Bürgerkrieg eingemischt. Der B.d.L. stellt umgehend den wahren Sachverhalt dar, das Oberkommando der Kriegsmarine (O.K.M.) verlangt daraufhin das Dementi der Falschmeldung.

Im übrigen gehen immer neue Hilferufe von deutschen und italienischen Konsulaten ein, die Schutz des Lebens und Eigentums ihrer Staatsangehörigen fordern. In einer Sitzung des Diplomatischen Korps in Madrid erklärt der deutsche Geschäftsträger die Bereitschaft Deutschlands, an der Ausreiseunterstützung für Staatsangehörige aller Länder mitzuwirken. Tatsächlich wird der Flüchtlingsstrom immer internationaler. Das mit drei Schwesterbooten jetzt ebenfalls in spanischen Gewässern eingetroffene Torpedoboot *Albatros* muß bei einem neuerlichen Evakuierungseinsatz aus San Sebastian sechs Deutsche, zwei Österreicher, acht Spanier, zwei Schweden, eine Polin, drei Italiener und zwei Amerikaner — unter diesen Personen sind sieben Kinder — aus diesem Hexenkessel herausholen!

Am 30. Juli läuft *Dora-Emil* von Gijon nach La Coruña weiter und gibt Öl an Torpedoboot *Leopard* ab. *Admiral Scheer* ist mittlerweile in Barcelona angekommen und meldet, die Stadt sei in der Hand der Volksfrontregierung, »praktisch jedoch herrschen die Kommunisten«. Wegen der verworrenen Lage seien auch ein französischer, ein britischer und zwei italienische Kreuzer in Barcelona anwesend. Und auch auf *Admiral Scheer* befänden sich die ersten Flüchtlinge.

Der spanische Rundfunk verbreitet die Nachricht, daß für Ausreisewillige nochmals die Möglichkeit besteht, in Gijon an Bord deutscher Kriegsschiffe zu gehen. Bei dieser Aktion nimmt Torpedoboot *Kondor* den von Terroristen behelligten argentinischen Konsul nebst Frau und Kind sowie zehn weitere Argentinier an Bord.

Die vom Reichsverkehrsministerium herbeibeorderten deutschen Handelsschiffe werden in die Evakuierungsmaßnahmen eingeschaltet und laufen, teilweise im Pendelverkehr, nach Frankreich und Italien.

Nach wie vor bestehen diplomatische Beziehungen zwischen der Volksfrontregierung und Deutschland. Und so kommt immer mehr System in die Abtransporte. Nach dem anfänglichen ungeregelten Durcheinander in San Sebastian, Bilbao und Gijon werden die deutschen Kriegsschiffe in den Häfen der (republikanischen) Regierung wie auch in Häfen der »nationalspanischen« Rebellen offiziell und korrekt aufgenommen. Allerdings erteilt das Oberkommando der Kriegsmarine am 31. Juli vorsorglich den Befehl, daß beim Einlaufen in die Häfen der einen wie der anderen Bürger-Kriegspartei gleichermaßen ein Teil der Mittelartillerie und der Flak feuerbereit sein muß und daß die Flak auch im Hafen stets klar zum Feuern zu bleiben habe. Um Verwechslungen der Schiffe zu vermeiden, werden als Fliegersichtungszeichen auffällig schwarz-weiß-rote Banderolen quer über die Schutzschilde oder Geschütztürme der jeweiligen Hauptartillerie aller deutschen Kriegsschiffe gemalt. Auf der *Deutschland* sind sie jeweils drei Meter breit. Das Schiff »sieht aus wie ein Pfingstochse«.

Nach Evakuierungs-Einsätzen in den republikanischen Mittelmeerhäfen Almeria und Malaga und Anlaufen des zur »weißen« Partei gehörenden nordafrikanischen Hafens Ceuta nimmt die *Deutschland* Kurs auf Barcelona, wo sie am 9. August eintrifft. Dort befinden sich noch rund 1500 Deutsche, nachdem soeben ein Hapag-Dampfer den Hafen mit 560 nach Genua zu bringenden Flüchtlingen verlassen hat.

Am nächsten Tag sucht Konteradmiral Carls in Begleitung sei-

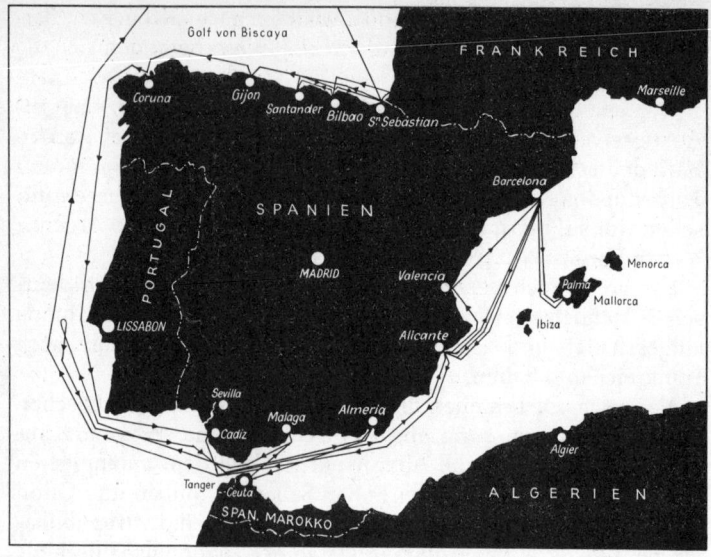

Die beim ersten Spanien-Einsatz der *Deutschland* angelaufenen Häfen von Spanien und Spanisch-Marokko: 26./28. 7. 1936 San Sebastian, 27./28. 7. Bilbao, 28. 7. Santander, 29./30. 7. Gijon, 30. 7. La Coruna, 31. 7. — 2. 8. Cadiz, 2. 8. Almeria, 3./4. 8. Ceuta, 4. 8. Malaga, 8., 22. und 25. 8. Alicante, 23. 8. Valencia, 7. — 18. 8. sowie 20./21. und 23./24. 8. Barcelona, dazwischen auch Palma de Mallorca.

nes Adjutanten den Präsidenten der Autonomen Katalonischen Regierung, Luis Companys y Jover, auf und gewinnt von diesem gemäßigten Volksfront-Politiker einen vorzüglichen Eindruck. Companys spricht Carls sein Bedauern über die inzwischen vorgekommene Ermordung von vier Deutschen in Barcelona aus und betont ausdrücklich seinen Abscheu vor der Gewaltherrschaft der Anarchisten.

Die immer deutlicher zutage tretende deutsch-italienische Intervention für General Franco verschlechtert allerdings bald das Klima, außerdem reißen in Barcelona radikale Elemente schließlich mehr und mehr die Macht an sich. Jede Nacht hören die Wachtposten vor dem Schiff das Knallen von Exekutionssalven.

Barcelona bleibt für die nächste Zeit hauptsächlich Aufenthaltsort für das B.d.L.-Flaggschiff. Aber auch nach Palma de Mallorca, Alicante und Valencia werden Einsätze gefahren.

Bis Mitte Oktober 1936 bringen die deutschen Seestreitkräfte 15 317 Flüchtlinge aus Spanien heraus, unter denen sich 5539 Deutsche und immerhin 9778 Ausländer (Angehörige von 41 Nationen!) befinden. Und es erhöht die internationale Kameradschaft, daß Kriegsschiffe anderer Länder ebenso unermüdlich ähnliche Evakuierungseinsätze fahren. So bringt die Royal Navy bis zum genannten Zeitpunkt rund 6000 Zivilpersonen in Sicherheit, darunter viele Deutsche. Jedenfalls fördert der allen erkennbare Sinn der Einsätze in erheblichem Maße das Selbstverständnis der Kriegsmarine. Die Alltagsarbeit vor Spaniens Küsten hat mit ihrem unaufhörlichen Kriegswach-Törn, ihrer ständigen Gefechtsbereitschaft, immer neuen »Klarschiff«-Alarmen bei den häufigen Begegnungen mit republikanischen Seestreitkräften und ihrem außerordentlich regen Funkverkehr nebenbei einen hohen Ausbildungswert.

Bis Mitte Oktober bleibt die *Deutschland* freilich nicht ununterbrochen in Spanien. Am 25. August übergibt Konteradmiral Carls den Befehl über die deutschen Spanien-Seestreitkräfte an den Befehlshaber der Aufklärungsstreitkräfte, Konteradmiral Boehm, und läuft zunächst nach Wilhelmshaven zurück. Dort trifft das Panzerschiff am 31. August ein. Konteradmiral Carls wird zur ausführlichen Berichterstattung nach Berlin geholt.

Der Nichteinmischungsausschuß

Am 24. August 1936 signierte das Deutsche Reich in London, gemeinsam mit den Niederlanden, das auf französisches Betreiben hin zustande gekommene Nichteinmischungsabkommen, zu dessen Unterzeichnern zu diesem Zeitpunkt bereits Frankreich, Großbritannien, Italien, Schweden, Belgien, Dänemark und die Tschechoslowakei gehören. Aufgabe des Nichteinmischungsausschusses (NIC = Non-Invention Committee) soll fortan »die Regelung und Vereinheitlichung der zur Beibehaltung der Nichteinmischung erforderlichen Maßnahmen« sein.

Alle im NIC zusammenarbeitenden Seestreitkräfte bekommen strikten Befehl zur militärischen Nichteinmischung. Die im NIC-Rahmen eingesetzten Kriegsschiffe sind also keinesfalls mit den kämpfenden Einheiten der »Legion Condor« gleichzusetzen.

Dennoch wird das NIC ein kurioses Zweckbündnis der Weltpolitik. Obwohl laut Vertrag keine der beiden Bürgerkriegsparteien von einem NIC-Teilnehmer Kriegsmaterial erhalten soll, sind sich alle Signatarmächte illusionslos darüber im klaren, woher die Hilfslieferungen für die Volksfrontregierung einerseits und General Francos Gegenregierung andererseits kommen.

Aber allen Widersprüchlichkeiten und Mängeln zum Trotz funktionierte die Arbeit der im NIC zusammenwirkenden Seestreitkräfte, jedenfalls klappen die Humanitärbemühungen und der Schutz der Handelsschiffahrt vor Spaniens Küste reibungslos.

Inzwischen ist dem Oberkommando der Kriegsmarine klar, daß der mehr und mehr ausufernde Spanienkonflikt noch Jahre dauern wird. Der Schutz der Handelsschiffahrt macht es notwendig, ständig deutsche Kriegsschiffe in spanischen Gewässern einzusetzen. Für die erst im Aufbau befindliche kleine Flotte ist das eine erhebliche Belastung. Zwangsläufig spielt sich ein fester Ablösungsrhythmus der Befehlshaber und der Schiffe ein.

Schon am 1. Oktober 1936 läuft *Dora-Emil* zum zweiten Spanien-Einsatz aus. Da inzwischen die beiden letzten im Dienst befindlichen Linienschiffe *(Schleswig* und *Schleswig-Holstein)* als Kadettenschulschiffe aus der Flotte ausgegliedert worden sind, hat der nach wie vor an Bord der *Deutschland* befindliche Konteradmiral Carls die neue Dienstbezeichnung B.d.P. = Befehlshaber der Panzerschiffe bekommen. In der Bucht von Cadiz übernimmt Carls die Geschäfte des Befehlshabers der Seestreitkräfte vor Spanien (B.d.Sp.) wieder von Konteradmiral Boehm.

Der Bürgerkrieg in Spanien ist ein »Twilight War«, ein zwielichtiger Krieg, der vom Völkerrecht nicht erfaßt wird und sich damit in einer rechtsfreien, zumindest rechtsfremden Sphäre bewegt. Das amerikanische State Department verwendet deshalb wohlweislich den Begriff »Civil Strife« statt »Civil War« für den Konflikt, der mehr und mehr den Charakter einer innerspanischen Auseinandersetzung verliert und zum Stellvertreterkrieg zwischen Großmächten ausartet.

Es schält sich immer klarer heraus, daß die im Nichteinmischungsausschuß zusammenarbeitenden Staaten ihre Kriegsschiffe im Rahmen der vereinbarten Seeüberwachung* durchaus auch parteilich zu handhaben wissen: Die französischen Marine-Einheiten sichern direkt oder indirekt die Zufuhren für die rote Seite, die Briten grundsätzlich ihre Schiffe, auch wenn sie »undurchsichtige« Transporte vornehmen. Und seitdem sich Hitler zur Unterstützung Francos entschlossen hat, bleibt es gar nicht aus, daß die zumeist von Hamburg nach Spanien abgehenden »Sonderdampfer« nach Sevilla und Cadiz, bisweilen auch nach La Coruna, El Ferrol und Vigo, gleich beim Passieren von Ushant (Quessant) Standort, Reiseziel und mutmaßliche Ankunftszeit an den B.d.Sp. melden, der allerdings keine direkte Sicherung solcher militärischen Nachschubtransporte übernimmt. Für den deutschen Admiral ist es aber selbstverständlich, daß er beim Herannahen solcher Schiffe eine weit abgesetzte Aufklärung gegen republikanische Seestreitkräfte fährt, um die getarnten Transporter vor Überraschungen zu schützen. Das Einholen der Schiffe in die Dreimeilenzone wird hingegen grundsätzlich von Kriegsschiffen oder Flugzeugen der nationalspanischen Partei vorgenommen. Es geschieht aus Geheimhaltungsgründen nachts. Im Laufe der Zeit erreichen 170 solcher Transporte ohne Zwischenfälle ihr Ziel.

Aber die deutschen Seestreitkräfte sind mit dieser zusätzli-

---

* »Die Wirksamkeit dieser (See-)Überwachung ließ sehr viel zu wünschen übrig und litt unter derselben Parteilichkeit, die sie zu vermeiden suchte«, schrieb der spätere Großadmiral Dr. h. c. Erich Raeder in seinen Erinnerungen »Mein Leben« (Band 2).

chen Aufgabe überfordert. Es erscheint Konteradmiral Carls absurd, sogar jeden normalen Handelstransport mit Eisenerz oder Schwefelkies durch abgesetzte Aufklärung zu sichern. Der Ob.d.M. gibt ihm am 14. Oktober recht und macht der Überbeanspruchung durch Lockerung der Geleitvorschriften ein Ende. Von großer Bedeutung ist freilich die Lage-Erkundung in beiden Teilen von Spanien, die sich nach wie vor am besten durch das Anlaufen der jeweiligen Häfen, durch Vorbeifahrten und auch durch Aufklärungseinsätze der Bordflugzeuge vornehmen läßt. Konteradmiral Carls findet bald heraus, daß er zumeist ungleich besser informiert ist als das »nationalspanische« Hauptquartier in Burgos. Für Carls gilt deshalb auch weiterhin die alte Seemannsdevise: »Hilf dir selbst, dann hilft dir Gott«. So werden Aufklärungsergebnisse gesammelt, gefiltert und zur Unterstützung der »nationalspanischen« Partei nach Burgos weitergegeben.

Am 8. Oktober läuft die *Deutschland* in Alicante ein, wohin seit dem 30. August (seit der Verhaftung von 40 Deutschen) die deutsche Botschaft aus dem gefährdeten Madrid umgesiedelt worden ist. Die inzwischen eingetretenen Zustände sind äußerst deprimierend: Die Autonome Regierung von Katalonien ist offensichtlich nicht mehr Herr der Lage gegenüber den Anarchisten, zu deren Hauptstützpunkt Barcelona gehört. Am 10. Oktober offenbart der deutsche Geschäftsträger dem B.d.Sp., daß die politische Agitation gegen Deutschland und die Deutschen in Spanien jetzt systematisch und von der Zensur ungehindert betrieben würde. Die sowjetische Regie dabei sei unverkennbar. Konteradmiral Carls kommt »vor Ort« zu der Auffassung, es sei der sowjetischen Propaganda *»gelungen, die Massen glauben zu machen, sie kämpften für ein großes Ziel, obwohl sie de facto kaum wissen, was Sowjetsystem, Kommunismus und Anarchismus sind und als ›Faschist‹ jeden bezeichnen, der nicht ihren Reihen angehört, gleichgültig, ob er parteilos, Klerikaler oder Falangist ist«.*

In Barcelona kommt der deutsche Generalkonsul Köcher am 6. November auf die *Deutschland* und erklärt Konteradmiral Carls rundheraus, daß planmäßige Angriffe gegen alles Deutsche derart an der Tagesordnung seien, daß der weitere Verbleib des Generalkonsuls absurd sei und nur noch zur Lächerlichmachung beitragen könne. Auch seine ausländischen Amtskollegen seien jetzt in ähnlicher Lage. Drei Tage vorher habe der Doyen des Konsularischen Korps, der britische Generalkonsul King, seinen Kollegen aus Deutschland, Italien, Frankreich, den USA, Belgien, der Schweiz und der Türkei in gemeinsamer Sitzung daher vorgeschlagen, bei ihren Regierungen um Genehmigung zur demonstrativen gemeinsamen Abreise zu bitten, da sie allesamt Übergriffe gegen ihre verbliebenen Landsleute doch nicht mehr verhindern könnten.

Als Carls am 14. November 1936 in der Außenmündung des Arosa-Flusses — nördlich von Vigo — den Oberbefehl über alle deutschen Spanien-Seestreitkräfte erneut an Konteradmiral Boehm übergibt, ist das Bild der politischen Situation düsterer denn je: Ministerpräsident Largo Caballero hat kurz zuvor in einem Aufruf die durch sowjetische Lieferungen veränderte Lage erläutert: »*Wir haben jetzt eine gewaltige mechanisierte Bewaffnung, wir haben Tanks und eine mächtige Luftwaffe*«. Die republikanische Regierung erhofft eine Ausweitung des Konfliktes.

Am 7. November muß sie von Madrid nach Valencia flüchten, aber die Einnahme Madrids durch Franco mißrät vorerst. Am 18. November verlassen die deutschen und italienischen Diplomaten Alicante, denn Deutschland und Italien brechen an diesem Tage die diplomatischen Beziehungen zur Volksfrontregierung ab, um statt dessen die Regierung Francos anzuerkennen.

Am 21. November läuft Panzerschiff *Deutschland* wieder in Wilhelmshaven ein, vom zweiten Spanien-Einsatz zurück.

Als das Schiff am 31. Januar 1937 von Kiel abermals nach Spanien ausläuft, gerät es in der Nordsee bei Frostwetter in einen Sturm und erreicht völlig vereist den Kanal. Keine einzige Waffe ist mehr einsatzbereit, kein Zielgeber, E-Meßgerät oder Scheinwerfer. Das Deck gleicht einer Schlitterbahn. Erst das wärmere Golfstromwasser der Biskaya taut die »schwimmende Tropfsteinhöhle« wieder auf.

Am grünen Tisch in London klügelt am 20. Februar 1937 das Non-Invention Committee eine neue Form der Seeüberwachung aus und bereitet einen neuen Kontrollplan vor, den der auf Kreuzer *Devonshire* eingeschiffte britische Seebefehlshaber schlicht als »*nonsens, nur bedingt durch Politik*« bezeichnet. Konteradmiral v. Fischel spricht von *einer Art Keuschheitsüberwachung einer Jungfrau, die schon durch mehrere Hände gegangen ist*«: 130 NIC-Beobachter sollen zu Lande in Frankreich und Gibraltar Spaniens Grenzen überwachen, britische Beobachter in Portugal die Vorgänge auf portugiesischem Boden. Die Seekontrolle soll darin bestehen, daß Schiffe mit spanischen Bestimmungshäfen einen NIC-Beobachter an Bord nehmen, der sich im spanischen Hafen davon überzeugen soll, daß kein Kriegsmaterial gelöscht wird und keine Kriegsfreiwilligen von Bord gehen. So will man auch ein Freiwilligen-Embargo durchsetzen, nachdem bereits 35 000 Freiwillige aus 26 Ländern in den Internationalen Brigaden für die republikanische Seite, außerdem 4500 deutsche und 6000 italienische Freiwillige für die nationalspanische Seite mitkämpfen!

Panzerschiff *Deutschland* kreuzt abermals im Mittelmeer und soll dabei feststellen, ob die nach Spanien bestimmten Schiffe tatsächlich einen solchen Beobachter an Bord haben. Das gilt aber nur dann, wenn die Schiffe selbst die Flagge eines NIC-Landes führen! Die Lieferanten von Waffen und Kriegsgerät sind aber schlau genug, ihre eigentliche Flagge zu verstecken. Oft ändern die Schiffe ihre Namen, bisweilen auch Anstrich und Aufbauten.

Die geringe Breite der Kontrollzone und die allzu gute Sicht im Mittelmeer, die Schiffe »mit schlechtem Gewissen« rechtzeitig vor dem nächsten NIC-Kriegsschiff warnt, tun das übrige, an Bord der *Deutschland* Frustationsstimmung auszulösen. Man fühlt sich »auf den Pott gesetzt« und wäre wirklich lieber daheim an der Jade, anstatt hier unentwegt für nichts und wieder nichts auf Kriegsmarsch zu sein. Wie notwendig dabei aber jederzeit erhöhte Wachsamkeit ist, erlebt die Besatzung der *Admiral Scheer* am 31. März 1937, als vor Valencia ein republikanischer Zerstörer aggressiv wird. Er läuft mit hoher Fahrt auf das Panzerschiff an und richtet seine Torpedorohre darauf. Selbstverständlich stehen auch auf dem »Dickschiff« alle Mann schnell genug an den feuerbereiten Waffen.

Anfang April ist *Dora-Emil* wieder in Wilhelmshaven.

Doch schon am 10. Mai 1937 läuft Panzerschiff *Deutschland* zu seinem vierten Spanien-Einsatz aus. Der Marsch geht unverzüglich zunächst nach Gibraltar und dann ins Mittelmeer, denn seit April hat die internationale NIC-Seeüberwachung eine neue Form angenommen. Den einzelnen Seemächten sind jetzt bestimmte Kontrollzonen zugewiesen worden. Die Briten und

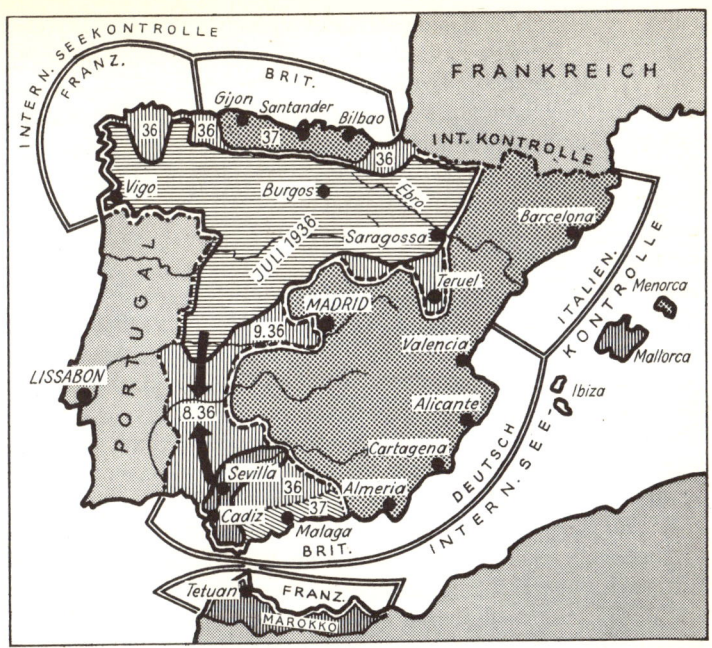

Die vom Non-Invention Committee (NIC) in London festgelegten Kontrollzonen für die Seeüberwachung der Atlantik- und Mittelmeerküsten von Spanien und Span.-Marokko. Der deutschen Kriegsmarine ist das Seegebiet zwischen Kap Gata und Kap Oropesa zugeteilt worden. Gepunktete Flächen:
Derzeitiger Machtbereich der Volksfrontregierung.

Franzosen überwachen Zonen vor der nationalspanischen Atlan-
tikküste, die Deutschen und Italiener solche vor der republikanischen Mittelmeerküste. Deutschen Kriegsschiffen ist dabei das
Seegebiet zwischen Kap Gata und Kap Oropesa zugewiesen worden. Alle in der Seeüberwachung eingesetzten Schiffe haben die
Nichteinmischungsflagge zu führen: Zwei schwarze Kugeln auf
weißem Grund. Und diese Flagge ist nachts ständig durch
Scheinwerfer anzuleuchten.

So warnt der Schutzmann seine bösen Buben wenigstens
schon von weitem. Dem Befehlshaber der Panzerschiffe fällt sofort auf, daß bei der Royal Navy eine immer deutlichere Hinwen-

dung zur britisch-deutschen Zusammenarbeit sichtbar wird. Der Besuch von Gibraltar hat ein geradezu herzliches Einvernehmen zwischen den beiden Marinen als »Brothers in Arms« bestätigt. Und es hat viel Sympathie geweckt, daß der deutsche Seebefehlshaber bei seinem Freundschaftsbesuch als erstes einen Kranz für die Gefallenen des britischen Zerstörers *Hunter* niederlegen ließ, der wenige Tage zuvor, am 13. Mai, von einer Treibmine schwer beschädigt worden war. Es gab dabei acht Tote und vierzehn Verwundete.

Im Mittelmeer kommt der britische »Commander-in-Chief Mediterranean«, Vice-Admiral Cunningham mit seinem Stab zum Freundschaftsbesuch auf die *Deutschland*. Die beiden Seebefehlshaber vereinbaren unter sich einen ständigen Informationsaustausch über Anlandung von Kriegsmaterial in den Mittelmeerhäfen, über Flottenbewegungen der beiden Bürgerkriegsparteien, über Funk-B-Dienst-Erkenntnisse, vor allem aber über Beobachtungen hinsichtlich der Minenlage. Tatsächlich sind die wenigen zugänglichen Informationen verworren. Schon im Herbst des Vorjahres hat Torpedoboot *Jaguar* angeblich vor dem noch republikanischen Santander ausliegende Minen als reinen Bluff ermittelt. Nach dem bedauerlichen *Hunter*-Vorfall sind Briten wie Deutsche natürlich gleichermaßen an echten Informationen interessiert.

Mitte Mai erhält die *Deutschland* den Auftrag, die Lage eines tatsächlich vorhandenen Minenfeldes vor Cartagena auszukundschaften. Sie nimmt laufend genaue Peilungen von den Kursen der ein- und auslaufenden Schiffe und übermittelt schließlich die gewonnenen Erkenntnisse auch den Briten.

Die im Raum Barcelona eingetretenen Zustände — mit ausgesprochenen Schreckenstaten anarchistischer Kreise und immer häufigeren nächtlichen Reihenerschießungen — führen ganz zwangsläufig zu immer engerer Kameradschaft zwischen den NIC-Seeüberwachern. Unter dem Eindruck drohender Gefahr kommt es im Mai 1937 zum politischen Kuriosum gemeinsamer britisch-deutsch-italienischer Verbandsübungen im Mittelmeer! Konteradmiral v. Fischel unterstellt sich dabei seinem rangälteren britischen Kollegen, der auf Kreuzer *Aurora* seine Flagge gesetzt hat. Panzerschiff *Deutschland* fährt unter Vice-Admiral Cunninghams Führung als »Taktische Nr. 2« hinter dem Briten.

»Taktische Nr. 3« ist ein Italiener usw. Zeitweilig hängt sich sogar aus freien Stücken der amerikanische Schwere Kreuzer *Quincy* an diese internationale Mahalla mit an! Für den Verband entsteht im Handumdrehen der Spitzname »Beefsteak-Sauerkraut-Makkaroni-Geschwader«. Als sich die Lage in Barcelona derart zuspitzt, daß ein Blutbad bevorzustehen scheint, finden sich auf der dortigen Reede Kriegsschiffe von fünf Nationen zusammen. Sie stellen unter dem Kommando des dienstältesten anwesenden Seebefehlshabers — des französischen Vizeadmirals Gensoul — einen gemeinsamen vorsorglichen Operationsplan auf: Franzosen, Briten, Amerikaner, Italiener und Deutsche sind ungeachtet der politischen Haltung ihrer Regierungen zu Alliierten geworden.

Da die NIC-Schiffe der deutschen Marine im Mittelmeer keine eigenen Stützpunkte haben, werden sie regelmäßig auf See versorgt. Für Proviant- und Ölübernahme hat sich schon 1936 die Naturhafenbucht von Palma de Mallorca auf den Balearen als besonders geeignet herausgestellt. Die Stadt Palma ist in nationalspanischer Hand — und sie ist relativ weit weg »vom Schuß«, von der nie ganz ungefährlichen katalonischen Küste.

Am 24. Mai 1937 ist die *Deutschland* auf der Reede von Palma angekommen. Sie soll dort wenig später Treiböl übernehmen — aus dem kombinierten Kabelleger und Tankdampfer *Neptun*, den das Oberkommando der Kriegsmarine von den Norddeutschen Seekabelwerken, Nordenham, als Versorgungsschiff gechartert hat. Am Morgen dieses 24. Mai fliegen Bomber der republikanischen Partei einen Angriff auf die Stadt und den Hafen von Palma, in dem sich außer der *Deutschland* der nagelneue nationalspanische Schwere Kreuzer *Baleares,* der britische Zerstörer *Hardy,* sechs italienische Schiffe der Seeüberwachung, zwei deutsche U-Boote und das deutsche Torpedoboot *Albatros* befinden.

Vier Fliegerbomben schlagen 50 bis 200 Meter neben den deutschen Schiffen ein. Die Kommandanten haben jedoch wohlweislich keine Feuererlaubnis erteilt, weil ihre Schiffe nicht direkt angeflogen worden sind. Panzerschiff *Deutschland* verläßt sicherheitshalber den Hafen, während Torpedoboot *Albatros* in Palma verbleibt.

Bei einem weiteren Angriff am gleichen Abend fallen zehn Bomben derart dicht neben das Boot, daß es vorsorglich auf Reede verholt. Am 26. Mai fallen abermals vier Bomben direkt neben *Albatros*. Auch wird das italienische Hilfsschiff *Barletta* von einer Bombe getroffen, die sechs und später (unter den Schwerverwundeten) zwei weitere Todesopfer fordert.

Ungeachtet der Vorfälle lehnt das Oberkommando der Kriegsmarine den von Konteradmiral v. Fischel vorgeschlagenen Protest an die (republikanische) Valencia-Regierung ab, *»weil ein Angriff auf Palma erklärlich, auf deutsche Schiffe nicht zu beweisen war«*.

Nach Ansicht des *Albatros*-Kommandanten, Kapitänleutnant Erdmenger, und des britischen Kommandanten der *Hardy* handelte es sich jedoch um einen gezielten und damit bewußten Angriff auf die deutschen und die italienischen Schiffe. Der B.d.P. wertet den Angriff als Versuch, die beiden Nationen aus ihrer bisherigen Seeversorgungsbasis Palma de Mallorca zu verdrängen. Aus diesem Grunde führt v. Fischel die Panzerschiffe *Deutschland* und *Admiral Scheer* bald demonstrativ nach Palma zurück. Für den Fall, daß man sie angreife, erhielten sie Befehl zur Eröffnung des Feuers aus sämtlichen Rohren.

Das O.K.M. ruft jedoch Fischel zurück, verbietet die weitere Benutzung des Stützpunktes Palma und beschränkt erneut den Waffengebrauch auf den Fall äußerster Notwehr. Auch weiterhin soll von NIC-Schiffen möglichst kein scharfer Schuß fallen.

Unerfindlich bleibt, warum das O.K.M. den ebenfalls von Franco-Truppen besetzten, jedoch von der nationalspanischen Marine nicht als Stützpunkt verwendeten Hafen von Ibiza/Pityusen für sicherer als Palma hält. Am Berliner Tirpitzufer verschließt man sich Kapitänleutnant Erdmengers Wahrnehmungen und vertritt die Auffassung, daß eine Ausweitung des Konfliktes auch gegen Kriegsschiffe der NIC-Mächte nicht im Interesse der Valencia-Regierung liegen könne. Der Versorgungstanker *Neptun* wird nach Ibiza beordert, um die ebenfalls dorthin in Marsch gesetzte *Deutschland* am 29. Mai 1937 auf der dortigen Reede zu beölen.

Fahrt ins Verhängnis

Auf dem Weg nach Ibiza sichtet der Flugabwehr-Ausguck des Panzerschiffes zeitweilig zwei Flugzeuge, die sich am Rande der Sichtweite halten und sich wie Fühlungshalter benehmen. Man hat es sich aber längst abgewöhnt, solche geradezu alltäglichen Dinge überzubewerten. Immerhin fährt man unter Nichteinmischungsflagge. Man ist auch fest davon überzeugt, daß die Anwesenheit von *Dora Emil* auf Ibiza der »rotspanischen« Seite unbekannt bleiben wird, denn man steuert zunächst einen Kurs, der eher auf ein Reiseziel wie Gibraltar oder Tanger schließen läßt.

Aber das »Kommando Panzerschiff *Deutschland*« ahnt nicht, daß seine ganz kurze Funknachricht an den Zivilkapitän des Versorgungstankers *Neptun* vom Funkbeobachtungsdienst der »Roten« mitgehört und richtig gedeutet wurde. Infolge eines Defektes in der Funkschlüsselmaschine ging der Spruch ausnahmsweise »offen« (unverschlüsselt) hinaus. Natürlich hat man ihn wenigstens verklausuliert, so daß ihn theoretisch nur der Empfänger verstehen kann. Aber man unterschätzt die Kombinationsgabe »auf der anderen Seite«.

Am Nachmittag des 29. Mai 1937 gibt Kapitän zur See Fanger um 18.16 Uhr auf der Reede von Ibiza das Kommando »*Fallen Anker!*« Und nach »*Maschine fertig!*« läßt er das Bedienungspersonal der Fla-Waffen wegtreten, einige Zeit später — unverständlicherweise — sogar den Fla-Ausguck auf der Vormarsplattform eingehen. Fanger hält es für ausreichend, wenn die Signalwache allein den weiteren Ausguck übernimmt. Der Kommandant ist als gerecht denkend und fürsorglich bekannt. Er weiß, daß seine Männer nach den wochenlangen Kontrollfahrten einmal Ruhe verdienen. Aber er wiegt sich allzu sehr in Sicherheit, in einem Krisengebiet. Lediglich die Ölübernahme soll auf Befehl des B.d.P. baldmöglichst noch vorgenommen werden. Deshalb läßt Kapitän Fanger einen Winkspruch an den Kapitän des noch an der Pier des Hafens von Ibiza liegenden Tankers absetzen: »*K an K: Wann kommen sie längsseits?*« Die Antwort lautet, daß sich noch einige Besatzungsmitglieder an Land befinden. Es dürfte also noch eine Weile dauern.

Daraufhin läßt Kapitän Fanger zunächst Chefboot, Kommandantenboot und eins der V-Boote aussetzen und an der ausgebrachten Backspier festmachen. Dann läßt er für die gesamte Besatzung mit Ausnahme der Wachen und des für die Ölübernahme notwendigen Personals »*Klardeck überall!*« auspfeifen.

Ab sofort ist also Freizeit. Wer will, darf schon jetzt seine Hängematte klarmachen, um sich endlich einmal richtig auszuschlafen. Auch jede andere Freizeitgestaltung ist erlaubt.

Da sich viele Soldaten zunächst an Oberdeck tummeln, um die sonnige Abendstimmung zu genießen, läßt der I. Offizier, Fregattenkapitän Plath, den Bordmusikzug auf der »Festwiese« des Aufbaudecks spielen. Das erhöht die ohnehin gelöste Stimmung. Herrlich ist diese Bucht von Ibiza, die sich wie eine Oase des Friedens darbietet. Ringsum über den Ufern sichtbare Segelwindmühlen ergeben in ihrer Zierlichkeit einen reizvollen Kontrast zu dem wuchtigen Gemäuer der Zitadelle auf dem Festungsberg.

Weil einige »Lords« gern ein bißchen paddeln möchten, wird auch das Aussetzen der beiden schiffseigenen Faltboote *Fietje* und *Tedje* erlaubt. Bald meldet die Signalwache »*Boot ahoi!*«

Im starken Brückenglas erkennt sie in einem näherkommenden Motorboot den Hafenkapitän sowie einige Honoratioren der Stadt und der Garnison. Die Gäste werden am Fallreep gebührlich empfangen und an Bord bewirtet. Sie geben ihrer Freude Ausdruck, dieses in Spanien berühmte Schiff kennenzulernen, das bislang noch niemals Ibiza angelaufen hat.

Wer von den Offizieren nicht an der Gesprächsrunde mit den Gästen teilnimmt, spielt auf der Schanz eine Runde Shuffleboard. Man kommt sich fast wie auf einer Kreuzfahrt vor.

Die um 18.20 Uhr aufgezogene Signalwache ruft gegen 18.40 Uhr den Adjutanten und den Flaggleutnant des B.d.P. an und meldet die Sichtung von vier Zerstörern in einer geschätzten Entfernung von 60 Hektometern.

Von der Admiralsbrücke aus wird der offensichtlich an Ibiza vorbeifahrende Verband aufmerksam weiterbeobachtet. Schließlich erkennen die wachhabenden »Signäler«, daß hinter ihnen auch zwei Kreuzer sichtbar werden. Sie werden vom Kartenhaus über Telefon an Adjutant und Flaggleutnant nachgemeldet.

Minuten später erkennt der Ausguck, noch mehr im Hintergrund, vier weitere Zerstörer.*

Beim Versuch, auch die restlichen vier Zerstörer nachzumelden, kommt keine Telefonverbindung mehr zustande. Die beiden angerufenen Offiziere sind im Schiff unterwegs. Der Adjutant macht sich gerade unauffällig an den Kommandanten heran, um ihn über die Sichtmeldung zu informieren. Kapitän Fanger hält es daraufhin für richtig, seine Gäste mit freundlicher Bitte um Verständnis vorzeitig wieder von Bord zu komplimentieren und befiehlt vorsorglich Zehn-Minuten-Bereitschaft für Hauptmaschinen, Ankerspill und Bootskran. Anschließend begibt sich Kapitän Fanger zur Brücke, um sich den Flottenverband im Zielgeber des vorderen Artilleriestandes näher anzusehen. Der I. Artillerieoffizier, Korvettenkapitän v. Arnswaldt, macht sich aus dem gleichen Grund auf den Weg zum Vormars-Artilleriestand. Weitergehende Sicherungen werden noch nicht befohlen. Doch nun überstürzen sich die Ereignisse in blitzschneller Folge: Stabssignalgast Huller entdeckt plötzlich, daß sich von achtern, aus Richtung der Abendsonne, zwei über die Berge gekommene Flugzeuge, in etwa 2000 m Höhe und nur noch etwa 1000 m entfernt, rasch nähern. Huller brüllt laut: *»Flugzeugangriff!«* Sofort springt Obersignalgast Kaminski an den Steuerbord-Signalgeber und löst mit den Alarmglocken — im Rhythmus des Morsezeichens »F« — Fliegeralarm aus.

Bevor der Kommandant die Maschinen selbst sehen kann (er rennt gerade erst aus der Brücke ins Freie) lösen sich von den Flugzeugen irgendwelche von der Abendsonne angeleuchteten Gegenstände, die man sekundenlang für Flugblätter hält. Aber dann rauscht es unheilvoll. Der weiterbeobachtenden Signalwache sausen Bomben direkt durchs Blickfeld der Brückengläser. Sofort danach schleudert gewaltiger Luftdruck die Ausguckposten um.

Kaminski rappelt sich sofort wieder hoch, sieht eine Schlammfontäne masthoch aus dem Wasser emporsteigen und Lehmklumpen bis hinauf zum Vormars schleudern. Der Obersignalgast sieht zugleich Deck und Rumpf des an der Backspier

---

* Die Beobachtung ist korrekt, denn es handelt sich bei dem gemeldeten Flottenverband um die republikanischen Kreuzer *Libertad* und *Mendez Nunez* sowie acht Zerstörer derselben Partei.

vertäuten Chefbootes auseinanderplatzen und die durch die Bombe aufgeschlagene Rumpfschale im Wasserschwall untergehen. Einen weiteren Bombeneinschlag bemerkt der »Signäler« in ca. 200 m Entfernung Steuerbord voraus.

Auch der umgefallene Obersignalgast Ludwig versucht in der gleichen Sekunde, wieder auf die Beine zu kommen und bemerkt erst jetzt, daß er einen Bombensplitter ins Bein bekommen hat.

Kapitän Fanger und der I.A.O. spüren beide zugleich auch die Erschütterung von Bombeneinschlägen direkt ins Schiff.

Vom Aufbaudeck tönen gellende Schreie empor. Feuerschein lodert auf, Rauchschwaden hüllen gleich darauf die Kommandobrücke ein. Jemand schlägt unten mit der Schiffsglocke »Feuer-Alarm«. Und da die *Deutschland* offensichtlich Volltreffer erhalten hat, springt Kapitän Fanger an den Signalgeber, um nun auch »Schottendicht-Alarm« zu geben.

Der I.A.O. greift sich rasch ein Fernglas und kann zwischen den emporbrodelnden Rauchschwaden gerade noch für einen kurzen Augenblick die beiden in Kielrichtung abfliegenden Angreifer-Maschinen erkennen. Er bemerkt, daß sie dunkel gestrichen sind und damit nicht den üblichen hellen Anstrich der Republikaner haben.

Während sich das alles mit der Schnelligkeit eines Zeitrafferfilms abspielt, bemerkt die Signalwache, daß plötzlich vier von den gesichteten Zerstörern auf das Panzerschiff zuhalten. Sie scheinen zum Torpedoangriff anzusetzen! Aber dann steigen auf den Zerstörern vier Qualmwolken empor, sie eröffnen also mit ihren Buggeschützen das Feuer! Die Signalwache brüllt dem Kommandanten zu: »*Rote Zerstörer feuern auf uns!*«

Etwa 200 m querab von der *Deutschland* jaulen die ersten Granaten als Kurzschüsse ins Wasser. Die zweite Salve liegt an Backbord, nur 50 m entfernt und fast deckend. Mindestens eine Granate ist dabei orgelnd zwischen den Funkantennen der *Deutschland* hindurchgeflogen!

Kaminiski rennt sofort in die andere Nock der Admiralsbrücke und bemerkt, wie eine weitere Granate penetrant nahe ins Kielwasser des eilig davonfahrenden Motorbootes mit den spanischen Gästen einschlägt. Sie kommen wie durch ein Wunder mit dem Schrecken davon.

Der Kommandant hat sofort »*Klarschiff zum Gefecht!*« befohlen und sieht nun, wie in Peilung zum Leuchtturm Botafoch eine weitere Salve ins Wasser schlägt. Er gibt an den I.A.O. die Zielverteilung auf die Zerstörer durch und setzt hinzu »*Feuer eröffnen, sobald klar!*«

Ringsum sind nur bruchstückhafte Wahrnehmungen möglich. Von der Brücke aus sieht man Menschen, darunter auch Verwundete, im Wasser treiben. Das unbeschädigt gebliebene V-Boot beginnt gerade in diesem Augenblick mit Rettungsmaßnahmen. Fanger sieht auch noch, wie genau zwischen den Granateinschlägen der Zerstörer eins von den Faltbooten auf dem Wasser herumtanzt. Seine beiden Insassen paddeln verzweifelt um ihr Leben.

Auch von der Back her sind jetzt Schreie hörbar. Schnell finden sich der Hilfsgast und ein Sanitätsgast bei zwei dort liegenden Schwerverwundeten ein. Dem einen quellen aus einer weit klaffenden Bauchwunde die Eingeweide heraus, dem anderen hat ein Splitter das linke Bein abgerissen.

Mit schaurigem Aufleuchten verwandelt sich das Bordflugzeug in eine brennende Fackel.* Es wird bis aufs Gerippe vom Feuer verzehrt, wobei seine MG-Munition mit immer neuen, scharfen Knallen »hochgeht«.

Überall jetzt Brände, Qualmwolken, Schmerzensschreie, sich an Deck wälzende Verwundete, mit Löschgeräten und Krankentragen vorüberhastende Trupps — Matrosen mit Schläuchen, Strahlrohren, Äxten, Gasmasken vorm Gesicht.

Mittlerweile steht ein pechschwarzer Qualmpilz über der *Deutschland.* Aber auch drüben in Ibiza lodern Brände auf, bersten Qualmwolken empor. Die »rotspanischen« Zerstörer feuern immer noch. Sie zielen miserabel und treffen dabei sogar mitten in die Stadt. Aber für all das hat niemand an Bord einen Blick. Überall müssen noch Verwundete geborgen werden; ihre Zahl ist erschreckend groß. Und unter Deck herrscht erst recht das Grauen.

* Eine der beiden Trefferbomben ist auf die Schutzschilddecke des dritten 15-cm-Geschützes der Steuerbord-Batterie aufgeschlagen. Ihre Splitter haben den Benzintank des auf dem Katapult stehenden Doppeldeckers durchsiebt. Dessen Kraftstoff ist in breiten Strömen ausgeflossen, entzündete sich als Lunte mit verheerender Wirkung an der Oberfeldwebel- und Kantinenküche und setzte die daneben in ihren Bootsbarrings liegende Motorbarkasse in Brand. Durch eine Rückzündung wird dann auch das Bordflugzeug selbst vom Feuer erfaßt.

Beim Angriff hatte, wie allgemein für spanische Hafenaufenthalte angeordnet, nur »einfacher Verschlußzustand« geherrscht. Nur die Schotten unterhalb des Panzerdecks und die Unterwasserschotten der Abteilung I bis XIII waren geschlossen. Infolge der offenen Oberdecksschotten wurden nach Detonation der bei Spant 116 eingeschlagenen 50-Kilo-Bombe das Zwischendeck sowie das Oberdeck von Spant 94 bis Spant 145 total zerstört. Diese beiden Unterdecksbereiche verwandelten sich in ein grauenhaftes Inferno:

Im Oberdeck schlug die Stichflamme der Bombendetonation durch die Öffnung der Kantine, vor der dicht gedrängt Mannschaftsdienstgrade zum Ankauf von Getränken und Tabakwaren anstanden. Kantine und Umgebung gerieten sofort lichterloh in Brand. Die meisten, nur mit leichtem Sportzeug bekleideten Soldaten erlitten schwere oder gar tödliche Brandwunden.

Im Zwischendeck ist die Stichflamme durchs offene Schott bei Spant 121 geschlagen und hat die vom Detonationsdruck aufgesprengte, verschlossen gewesene Artillerieausgabe erfaßt, deren feuergefährlicher Inhalt (Spiritus, Waffenöle, Ölfarben, Reinigungsmittel) sofort aufbrennen. Das Feuer breitet sich jetzt derart schnell aus, daß das im E-Hellegat und im Pumpenmeisterhellegat anwesende Personal die Räume nach keiner Seite mehr verlassen kann. Es muß unter Mitnahme der Verwundeten durch den Niedergang zum Motorenraum IV flüchten. Einigen der im Heizerdeck vom Feuer eingeschlossenen Soldaten bleibt nur die Flucht durch Bulleyes über Bord übrig.

Durch den Detonationsdruck ist auch die Unterdecktür zum Gefechtsmast aufgesprungen, hat dessen Farbe in Brand gesetzt und den Mast in eine Art Schornstein des heftig wütenden Unterdeck-Großfeuers verwandelt. Dieses setzt sich auch im Brückenniedergang aufwärts fort und zieht die Wohnräume des Brückenbereichs in Mitleidenschaft.

Nicht mehr als zwei leichte Fliegerbomben haben also Aufbau, Ober- und Zwischendeck im Handumdrehen in eine Flammenhölle verwandelt und fast alle dort vorhandenen Feuerlöschgeräte zerstört. Die Brandbekämpfung kann zunächst nur von Backbordseite aus vorgenommen werden. Sie wird auf Steuerbordseite erst möglich, nachdem Schlauchleitungen vom Vor- und Achterschiff durch die zerstörten Decks verlegt worden sind.

Der Großbrand hat auch alle benachbarten Räume derart verqualmt, daß unter Flottenatmern vorgegangen werden muß. Zwecks zusätzlicher Hilfeleistung bei der Brandbekämpfung wird bald das im Hafen von Ibiza liegende Torpedoboot *Leopard* längsseits geholt, das mit Feuerlöschern, Strahlrohren und Schaumrohren durch die Seitenfenster zu löschen beginnt.

Die vordere 15-cm-Munitionskammer in Abteilung X ist durch die Nähe des Brandherdes und Heißwerden der Wände so akut gefährdet, daß sich der Pumpenmeister, Obermaschinist Ritzmann, mit einem Obermaat und einem Obermatrosen der Leckwehr durch Flammen und Qualm zu den Flutschiebern durchkämpft. Auf eigene Initiative beginnt Ritzmann sofort mit dem Fluten der bedrohten Kammer. Weil die dafür vorgesehene Flutpumpe der Abteilung XI ausgefallen ist, stellt Ritzmann kurzentschlossen die Leckpumpe 10 zum Fluten an. Durch Ritzmanns spontane, richtige Maßnahme erhält das Panzerschiff allerdings zunächst Schlagseite.

Dieses kann durch das vom I.O. befohlene Gegenfluten in den Abteilungen VI und VII jedoch beseitigt werden.

Der Unterdeckstreffer hat das Schiffslazarett durch Eindrücken der Schotten und völlige Verqualmung sofort ebenso unbenutzbar gemacht wie den Haupt- und den Nebengefechtsverbandsplatz. Alle Glasflaschen und Behälter der Apotheke sind zertrümmert. Unter großen Schwierigkeiten werden die Verwundeten aus den verqualmten Räumen geborgen; das ist teilweise nur durch ein Oberlicht möglich. Alle Verwundeten werden zum achtern gelegenen II. Gefechtsverbandsplatz, die schwersten Fälle zur ebenfalls achtern gelegenen Offiziersmesse transportiert, die jetzt als Notoperationsraum dient und bald mit wimmernden, schreienden und um sich schlagenden Menschen überfüllt ist. Der Schiffsarzt muß sich sofort nach der Erstversorgung der schlimmsten Fälle auf die Verabreichung rasch wirkender, schmerzstillender Mittel (Injektion kleiner Dosen Morphium direkt in die Blutbahn, dazu Injektion eines Herzmittels) konzentrieren. Währenddessen dringen ein Sanitätsmaat, ein Obermatrose und ein Sanitätsgast mit Flottenatmern in das vom Feuer eingeschlossene Schiffslazarett vor, um dort weitere Transporthängematten und alles noch verwendbar gebliebene Verbandsmaterial zu bergen.

Eindringende Brandgase haben den Motorenraum 3 derart stark verqualmt, daß trotz Gasmaske der Aufenthalt dort fast unmöglich wird. Die Raumbesatzung muß sich häufig erbrechen, hält aber aus. Sie löscht sogar einen örtlichen Brand, der hinter dem Gebläse entstanden ist (verursacht von durch den Lüftungsschacht rinnendem Flugbenzin).

Im E-Werk 4 entsteht starke Rauch- und Gasgefahr. Das Personal muß Flottenatmer verwenden, um durch Kabelbündel von obenher eingedrungenes Löschwasser zu lenzen. Das Wasser hat Schiffsschluß und Ausfall von E-Maschine 4 verursacht. Aus demselben Grund fallen auch ein Umformer der Schaltstelle 3 und ein Funkumformer aus.

Es gelingt jedoch, die gesamte Antriebsanlage klarzuhalten.

Das alles geschieht in einem Wirbel von Ereignissen, während die vier Zerstörer immer noch schießen. Der ›Klarschiff‹-Befehl des Kommandanten kann aber erst allmählich und nur von einem Teil des Personals befolgt werden. Die Lage des ankernden Schiffes verbietet ohnehin den Einsatz des hinteren Drillingsturmes und der M.A.-Steuerbord-Batterie. Außerdem sind zunächst deren vier Geschütze sämtlich infolge der Bombentreffer unbrauchbar, die anderen vier wegen der Brände noch nicht zu bedienen. Die Munitionsaufzüge sind von Flammen umschlossen. Das Personal des vorderen Drillingsturmes ist großenteils tot oder schwer verwundet. Hinzu kommt noch, daß sich der mit der Verwahrung des Turmschlüssels beauftragte Mann unter den Toten befindet! (Aus den bekannten Geheimhaltungsgründen besteht nach wie vor strikte Anweisung, die Geschütztürme beim Anlaufen von Häfen verschlossen zu halten.)

Schließlich findet sich doch eine Turmbedienung zusammen, die durch den Kartuschauswurf in den Turm »Anton« eindringt und die Munitionsförderung in Gang bringt. Die Schwerverwundeten sind von der Back inzwischen weggeschafft.

Jetzt endlich schwenkt der Turm und richtet seine Rohre — genau 20 Minuten nach Beginn des »roten« Angriffs — auf die Zerstörer. Fast im gleichen Augenblick geht auf dem teilweise noch brennenden Aufbaudeck der *Deutschland* die Bereitschaftsmunition der Steuerbord-Batterie (15 cm) mit einiger Wucht »hoch«, und nahezu gleichzeitig fliegt auch der noch nicht losgegangene Rest der Flugzeugmunition in die Luft.

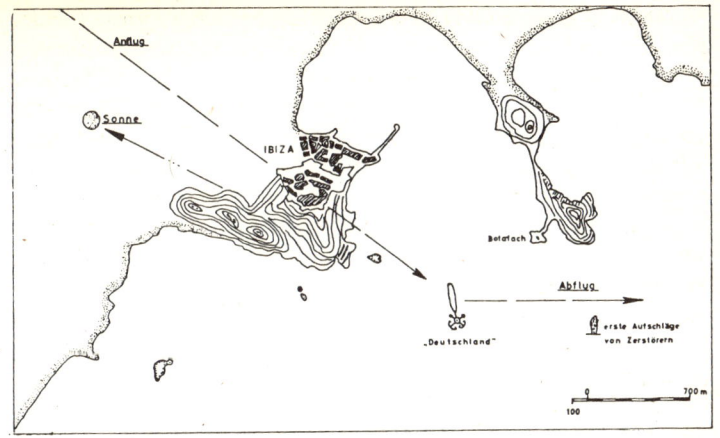

Der Ankerplatz der *Deutschland* auf der Reede von Ibiza während des Bombenangriffs. Die von See her das Panzerschiff beschießenden Zerstörer sind auf der Karte von S. 126 dargestellt.

Ist nun die Drohgebärde des geschwenkten Turmes mit seinen gerichteten Rohren oder der als Volltreffer gedeutete (von der aufgebrannten Munition verursachte) Detonations-Feuerball auf der *Deutschland* die Ursache dafür — jedenfalls stellen die vier Zerstörer das Feuer ein und drehen wieder seewärts ab, ihren weitergelaufenen Kreuzern hinterher.

Bis jetzt hat Kapitän Fanger das Ankeraufgehen noch nicht verantworten wollen, weil selbst leichter Fahrtwind die an Bord wütenden Brände nur unnötig angefacht hätten. Um 19.35 Uhr (23 Minuten nach dem Angriff) zeichnen sich aber die Löscherfolge bereits weitgehend ab, so daß die *Deutschland* doch ankerauf gehen und die Bucht von Ibiza mit langsamer Fahrt verlassen kann — Torpedoboot *Leopard* liegt dabei noch immer längsseits. Erst nach dessen Ablegen um 21.15 Uhr tritt Panzerschiff *Deutschland* — unter Zurücklassung zweier Kraftboote, von acht aus dem Wasser aufgefischten Verwundeten und zwei vermißten Paddelbootinsassen — den Nachtmarsch mit südöstlichem Kurs zum vereinbarten Treffpunkt mit Panzerschiff *Admiral Scheer* an, das sofort nach Erhalt der Funknachricht vom Überfall auf die *Deutschland* mit Höchstfahrt Kurs Ibiza aufgenommen

119

hat. Eine halbe Stunde nach Mitternacht treffen die beiden Panzerschiffe bei Formentera zusammen. Beide Ärzte der *Admiral Scheer* sowie ein reserveübender Assistenzarzt samt weiterem Sanitätspersonal steigen auf die *Deutschland* über, um tatkräftig bei der Behandlung der Verwundeten mitzuhelfen. Gleichzeitig gehen die Aufräumungsarbeiten, die Bergung der Toten und die Schadensaufnahme in den verwüsteten Decks weiter. Alle verfügbaren Handwerker der *Deutschland*-Besatzung beginnen mit der Ausbesserung der Schäden. Das Artilleriemechaniker-Personal stellt in unermüdlicher Arbeit die Gefechtsbereitschaft so weit wie möglich wieder her. Wer alle Zusammenhänge des Geschehens nach den Bombentreffern kritisch erforscht, entdeckt keine Beschönigung in den lobenden Sätzen von Kapitän zur See Fangers Abschlußbericht.*

---

* »Die Besatzung hat sich bei dem Überfall und seinen Auswirkungen vorbildlich verhalten. In pünktlicher und gewissenhafter Ausführung aller rollenmäßigen Manöver . . . sowie aber auch aus eigener Initiative, je nach Sachlage, hat die Besatzung aller Dienstgrade und Dienstzweige mit allen Kräften die schweren Folgen der Treffer zu meistern versucht . . . Die Soldaten haben durch dieses Ereignis in ihren jungen Jahren einen so tiefen Einblick in das Wesen des Krieges getan, wie es viele im wirklichen Kriege (1914/18) niemals getan haben. Die teilweise kaum vorstellbaren Eindrücke schauerlichster Art werden die Soldaten kaum jemals vergessen.«

Rätsel über Rätsel

Nicht nur auf *Admiral Scheer* hat es Kofpschütteln hervorgerufen, daß der Befehlshaber der Panzerschiffe am Abend des 29. Mai zunächst per Funk durchgab: »*Deutschland wird Hafen Ibiza liegend von roter Flotte beschossen*«, Minuten später aber mit einem zweiten Funkspruch statt dessen »*Treffer durch Fliegerbomben*« meldete. Dieser auch in Berlin nicht begriffene Widerspruch findet eine ebenso überraschende wie simple Erklärung:

Konteradmiral v. Fischel saß im Augenblick des Bombenüberfalls in der Badewanne. Als er die Einschläge ins Schiff verspürte, sprang er triefnaß und nackt ans Fenster, bemerkte nur die Artillerieeinschläge der roten Zerstörer und diktierte während des hastigen Anziehens seinem Läufer den nach seinen Beobachtungen für richtig gehaltenen ersten Funkspruch.

Weitere Schwierigkeiten in der Darstellung der Geschehnisse ergaben sich durch die Tatsache, daß die Nationalität der Flugzeuge nicht eindeutig ermittelt werden konnte. Wie gesagt: Fest stand nur, daß der Anstrich der Maschinen nicht dem üblichen Anstrich republikanischer Flugzeuge glich. Widersprüchliche Beobachtungen der Ausgucks, die stark durch Rauch behindert wurden, führten außerdem zu Zweifeln, ob es sich um zwei- oder womöglich dreimotorige (und damit italienische!) Maschinen gehandelt habe.

Die tatsächliche Identität der Flugzeuge bleibt der deutschen Seite zunächst verborgen, so daß die deutsche Regierung vorerst keinen Protest in Valencia erheben kann. Statt dessen werden alle nationalspanischen und italienischen Fliegerverbände vom deutschen Marineattaché in Spanien, Kapitän zur See Meyer-Döhner, eilig nach der Lokation ihrer Maschinen zum Zeitpunkt des Bombenangriffs befragt. Sie verneinen alle, einen Ibiza-Einsatz geflogen zu haben, der angesichts der nationalspanischen Besetzung Ibizas auch widersinnig gewesen wäre.

Das Rätsel löst sich erst am Mittag des 30. Mai, als die republikanische Valencia-Regierung den Angriff zugibt. Sie koppelt das Eingeständnis allerdings mit schwerwiegenden falschen Behauptungen. Ihr Kommuniqué lautet wörtlich:

»Am 29. Mai 5.00 Uhr nachmittags flogen zwei Regierungsflugzeuge von ihrer Flugbasis (ab), um ihren Aufklärungsdienst zu erfüllen. Als sie die Insel Ibiza überflogen, eröffnete das Kriegsschiff ›Deutschland‹, das 200 Meter von der Mole entfernt lag, mit den Geschützen das Feuer, obwohl die Flieger keinerlei Anlaß dazu gaben, weder den Schiffen noch der Stadt. Das Feuer erwiderten die Piloten und warfen zwölf Bomben, von denen vier (Beobachtungsfehler!) das Schiff trafen . . . Außerdem unterliegt der Rayon um Ibiza der französischen Kontrolle, und daher hatte das deutsche Schiff überhaupt kein Recht, sich daselbst aufzuhalten.«

Der aufnehmende Funkmaat im Funkempfangsraum der *Deutschland* traut seinen Augen nicht, als er diese ungeheuerliche Tatsachenverdrehung liest. Und bald brandet eine beträchtliche Erregung, eine kalte Wut durch die Wohndecks: Jetzt ist auch noch der Ermordete schuldig! Jeder auf diesem Schiff weiß schließlich, daß kein einziger Schuß abgefeuert wurde. Aber die Falschmeldung wird nun in gewohnter Leichtgläubigkeit von einem Großteil der Weltpresse übernommen.* Kommunistische oder mit dem Marxismus sympathisierende Kreise können auf diese Weise die Valencia-Regierung von jedem Schuldvorwurf entlasten.

Für die Besatzung der *Deutschland* aber wird es immer klarer, daß der Angriff mit republikanischen Maschinen durchgeführt worden war, die heimtückischerweise den nationalspanischen ähnlich gemacht worden waren (dunkler Anstrich). Um ihre toten und verwundeten Kameraden zu rächen, würde sie am liebsten das nächstbeste rotspanische Kriegsschiff in den Grund bohren. Höchst gefährliche, wenn auch psychologisch verständliche Reaktionen! Konteradmiral v. Fischel handelt in Übereinstimmung mit der ganzen »DE«-Besatzung, als er nach Berlin telegrafiert, Kommandant und Besatzung hätten gebeten, man möge das Panzerschiff nicht ablösen. Man sei dabei, die volle Gefechtsbereitschaft wiederherzustellen. Der B.d.P. möchte die *Deutschland* für einen eventuellen Vergeltungsschlag klarhalten. Er billigt auch Kapitän zur See Fangers Bericht, der mit der Feststellung schließt: *»Es hat sich selbstverständlich nicht um eine zufällige Angriffsgelegenheit gehandelt, sondern um einen durchdachten Plan . . . Zweifellos*

---

* Der Kommandant muß sich später sogar in Berlin rechtfertigen, warum er eigentlich nicht geschossen habe — er sei doch ganz eindeutig rechtswidrig angegriffen worden!

hat der bolschewistische Gegner gehofft, daß irgendeine vorzeitige Abwehr auf die Flotte beziehungsweise die Bomber seitens der ›Deutschland‹ einsetzen würde, um dann das Recht auf seine Seite zu ziehen, wie es jetzt in den (Valencia-)Regierungserklärungen lügnerischerweise behauptet wird.«

Der Seebefehlshaber und der Kommandant plädieren also beide dafür, daß der *Deutschland* eine eventuelle Repressalie selbst übertragen werden sollte. Aber der Schiffsarzt, Marineoberstabsarzt Dr. Sauerland, kommt zu dem Ergebnis, daß der ernste Zustand der meisten Schwerverletzten eine Aktion irgendwelcher Art doch nicht ratsam, sondern vielmehr das sofortige Anlaufen von Gibraltar vordringlich macht. Er findet mit diesem Ersuchen sofort Verständnis. Der B.d.P. läßt daraufhin den britischen Marinebefehlshaber von Gibraltar um Einlaufgenehmigung bitten.

Auf dem Wege zur britischen Kronkolonie holt Torpedoboot *Leopard* die *Deutschland* ein und bringt Besatzungsmitglieder des Panzerschiffes längsseits, die inzwischen aus Ibiza abgeholt wurden. Es handelt sich um die Bootssteuerer und Bootsheizer der zurückgelassenen Kraftboote und um die beiden vermißten Faltbootfahrer, die zwischen die Geschoßeinschläge der vier Zerstörer geraten waren. Da der eine von ihnen illegalerweise Nichtschwimmer ist — was er stets geschickt zu verbergen gewußt hat —, ist die Todesangst besonders verständlich, mit der die (dem Kentern knapp entgehenden) Kanuten fluchtartig in Richtung Botafoch-Leuchtturm davonpaddelten und sich dann hinter den Felsen der Halbinsel Talamanca in Deckung legten. Als endlich die Luft wieder rein war und die Rückkehr zum Schiff angetreten werden sollte, machte *Dora-Emil* jedoch ankerauf und verschwand. Also paddelten die beiden Vermißten zum Tanker *Neptun*, um sich zunächst dort und danach auf *Leopard* zu melden.

Bezeichnend für die Mentalität des Kommandanten ist dessen Reaktion, als sich die beiden Vermißten nun bei ihm an Bord zurückmelden. Fanger vergißt jegliche Etikette, umarmt die beiden Männer — einen Zimmermannsmaat und einen Obermatrosen — und drückt sie wie ein Vater an sich: *»Jungs, daß ich wenigstens euch zwei wiederhabe!«* Fanger hat feuchte Augen, denn er weiß, daß leider acht Verwundete im Katholischen Hospital von Ibiza zurückbleiben mußten. Ihr Zustand ist teilweise bedenklich.

Der Typ der Angreifer-Maschinen und der eigentliche Zweck des Angriffs, auch seine tatsächlichen Auftraggeber, waren der deutschen Geschichtswissenschaft bislang unbekannt.

Spanische Forschungen haben jedoch zutage gebracht, daß es sich bei den vermeintlich dreimotorigen Angreiferflugzeugen eindeutig um zweimotorige Maschinen des sowjetischen Typs Tupolew SB-2 »Katiuska« gehandelt hat. Die modernen, 400 km/h schnellen Kampfflugzeuge waren sowjetische Nachbauten der amerikanischen »Martin«-Bomber. Der I.A.O. hatte die Maschinen damals gleich richtig als zweimotorig angesprochen. Auch seine und der Signalwache bruchstückhaften Beobachtungen werden durch spanische Archivunterlagen voll bestätigt: Die Flugzeuge waren tatsächlich (rechtswidrig) umgemalt.

Waren die Angreifer auch sowjetische Flugzeuge neuesten Typs, so ist es jedoch gesicherte Erkenntnis, daß es sich bei allen sechs Flugzeuginsassen nicht um Sowjetrussen, sondern um namentlich bekannte Spanier der republikanischen Luftwaffe handelte.

Das auffällige »Timing« von Luftangriff und fast gleichzeitig einsetzender Beschießung durch vier schlecht schießende republikanische Zerstörer sprach schon damals für eine vorbereitete Aktion.

In Spanien haben die beiden jungen Historiker J. Joaquim Coll und J. Antonio Mora inzwischen bei eigenen Recherchen* Tatsachen aufgedeckt, die in Deutschland bis jetzt unbekannt geblieben sind. Sie sind überraschend, teilweise sogar sensationell: »*Zu dieser Zeit (Mai 1937) bestand der Plan des republikanischen (rotspanischen) Marine- und Luftfahrtministers Indalecio Prieto y Tuero darin, einen Konflikt zwischen den Diktaturländern Europas (Deutschland, Italien, Sowjetunion) hervorzurufen, indem er die beiden ›Katiuska‹-Bombenflugzeuge gegen die ›Deutschland‹ schickte . . . Die Gelegenheit für Prieto war somit die Möglichkeit, daß die (in Schwierigkeiten und Mißkredit geratene) Republik die bewaffnete Intervention ausländischer Streitkräfte auf spanischem Boden erreichen könnte. Die zwei Minister aus der Kommunistischen Partei wurden davon unterrichtet . . . Auf diese Weise könnte man die Lunte anzünden, die die Explosion eines sich über ganz Europa ausbreitenden Krieges verursachen würde.*«

Der erste Teil des Plans von Prieto bestand in mit sowjetischer Unterstützung zu unternehmenden intensiven Bombenangriffen gegen die gesamte deutsche (Spanien-)Flotte.

* Diplom-Arbeiten an der Universität Barcelona, Historische Fakultät. Auszüge daraus veröffentlicht ab 3. April 1975 in vier Folgen der Tageszeitung »Diario de Ibiza« unter dem Titel »El Bombardeo del *Deutschland* en Aguas de Ibiza«.

Der kommunistische Minister der Valencia-Regierung, Jesus Hernández —
einer der am stärksten Beteiligten in jener Angelegenheit und somit Zeuge von
außergewöhnlichem Wert —, schrieb:

»Das Treffen im Haus des Zentralkomitees kam mit der gleichen Schnelligkeit zustande, mit der der gesamte Apparat der Kommunistischen Partei mobilisiert wurde. Innerhalb von fünf Minuten wurde alles in Bewegung gesetzt, um
die politische Marschrichtung zu erfahren. Codovila begab sich zur sowjetischen Botschaft; Togliatti fuhr nach El Vedat, einem Dörfchen in der Nähe von
Valencia, wo die sowjetische Delegation — in einem Bauernhof innerhalb eines
schönen Orangenhains versteckt — einen sehr leistungsfähigen Funksender
eingerichtet hatte, mit dem sie die Verbindung mit Moskau herstellte. Uribe
(der kommunistische Minister Vicente Uribe) sollte die Stimmung des Staats-
ministers Giral, ich die des Premierministers Negrin ausloten.

Als Moskau von der delikaten Situation erfuhr, die Prieto hervorzurufen
versuchte, antwortete man prompt in einer kühlen sowie scharfen Form und un-
tersagte den Plan, mit dem sich Prieto unaufhörlich beschäftigte, ganz entschieden.

Dies war die Antwort: Widersetzen Sie sich der Provokation Prietos mit
allen Mitteln. Schlagen Sie ihm vor, bei den Kriegsangelegenheiten in Übereinstimmung mit der Partei zu arbeiten. Falls er nicht akzeptiert, treffen Sie die
erforderlichen Maßnahmen für seinen Ausschluß aus dem Verteidigungsmini-
sterium.« (Ende des Hernández-Zitats)

»Die Entscheidung Stalins war es in Wirklichkeit gewesen, die Europa vor
einem blutigen Holocaust (schon zum damaligen Zeitpunkt) bewahrte. Die
Entscheidung hing vielleicht mit der ›Säuberungsaktion‹ zusammen, die der
russische Diktator seinerzeit begann und in welcher der größte Teil der höheren
Offiziere eliminiert wurde. Dabei kam auch Jan Gamarnik, Chef der Zentral-
verwaltung, ums Leben. Vielen Persönlichkeiten der Militär-Elite wurde am
11. Juni 1937 (und damit 14 Tage nach dem Überfall auf das Panzerschiff
»Deutschland«) der Prozeß gemacht. Viele von ihnen wurden 24 Stunden später hingerichtet.

Stalin fühlte sich damals nicht vorbereitet, einen Krieg unverhältnismäßig
großen Ausmaßes zu tragen.«

Soweit die Spanier J. Joaquim Coll und J. Antonio Mora. — Fest
steht, daß die deutsche Funkaufklärung unmittelbar nach dem
Deutschland-Zwischenfall einen regen, geradezu hektischen Funkverkehr zwischen Valencia und Moskau registrierte. Er konnte nur zum
Teil entschlüsselt und daher vollinhaltlich nicht erfaßt werden.

Um ein Haar hätte der deutsche Dichter Gottfried Benn recht bekommen, der am 31. Mai 1937, zwei Tage nach dem Bombenangriff
auf Panzerschiff Deutschland, an seinen Freund Oelze schrieb: »Ibiza
und Sarajewo — so naheliegend ist der Vergleich.«

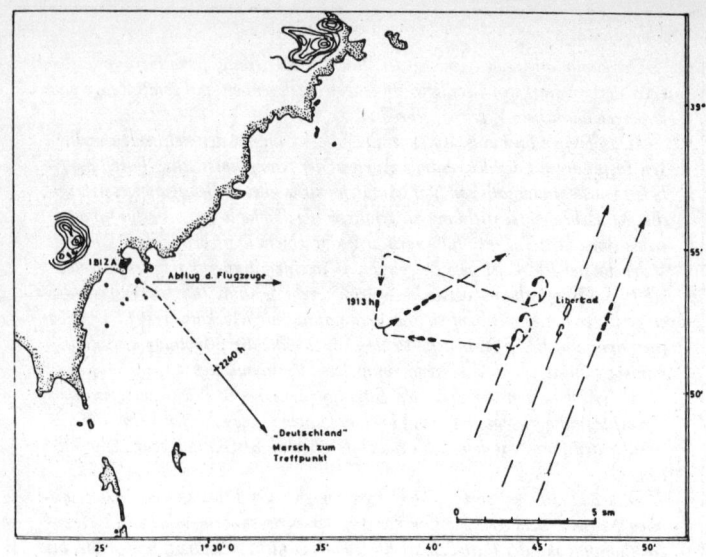

Diese Karte zeigt die Marschrichtung des republikanischen Flottenverbandes. Die beiden Kreuzer *Libertad* und *Mendez Nunez* sowie vier Zerstörer behalten ihren Kurs parallel zur Küste bei, während die vier anderen Zerstörer zeitweilig in Richtung Ibiza-Reede vorstoßen und um 19.13 Uhr schlecht gezieltes Geschützfeuer auf die *Deutschland* eröffnen, nahezu zeitgleich mit dem Bombenangriff der beiden Flugzeuge.

Internationale Kameradschaft

Am 30. Mai nachmittags macht Panzerschiff *Deutschland* im Kriegshafen von Gibraltar fest und gibt 20 Schwerverwundete an Land. Einen Tag später erhält das Schiff jedoch plötzlich Auslaufbefehl für einen weiteren, dringenden Einsatz. Daraufhin muß der Schiffsarzt, nach Rücksprache mit dem Military Hospital von Gibraltar, notgedrungen noch weitere 34 Verwundete zurücklassen.

Für die Briten ergibt sich daraus eine prekäre Situation, denn dieses größte Hospital der Kronkolonie hat nur 70 Betten. Es wird durch die Einlieferung von insgesamt 54 deutschen Patienten weit überfordert. Aus ganz Gibraltar werden deshalb alle verfügbaren Ärzte und Pfleger herangezogen. Als auch diese Maßnahme noch nicht ausreicht, entsendet die britische Admiralität per Flugboot vier weitere Krankenschwestern aus England nach Gibraltar, damit ausreichende Fürsorge und Pflege für die deutschen Schwerverwundeten sichergestellt wird! Außerdem stellen sich spontan zahlreiche Einwohner von Gibraltar zur Verfügung, um tatkräftig zu helfen. Die schweren Verbrennungen der meisten Verwundeten verlangen eine intensive und vorsichtige Behandlung.

Die Anteilnahme der englischen und der spanischen Bevölkerung von Gibraltar ist überaus herzlich. Aus allen Schichten gehen Spenden von Büchern, Zeitschriften, Eiern, Obst, Kuchen und Blumen ein.

Der Gouverneur von Gibraltar, General Harington, sowie der Rear-Admiral-in-Charge, Evans, besuchen persönlich die Verwundeten. Auch Vice-Admiral Blake, dessen Flaggschiff H.M.S. *Hood* eingelaufen ist, läßt es sich nicht nehmen, jedem deutschen Verwundeten ein Mützenband der *Hood* sowie ein von der Besatzung seines Flaggschiffes gespendetes Geldgeschenk in Höhe von je fünf Pound Sterling zu überreichen.

Mit Einverständnis der örtlichen Behörden wurden die Gefallenen der *Deutschland* in der Nacht vom 30. zum 31. Mai in Gibraltar von Bord gegeben. Man hat eine gemeinsame deutsch-britische Trauerfeier ins Auge gefaßt, die sich nun aber durch den unerwarteten Auslaufbefehl zerschlägt. Für die deutsche Besatzung ist es ein harter Schlag, ihre gefallenen Kameraden in einem fremden Land zurücklassen zu müssen, ohne wenigstens noch an deren Beisetzung teilnehmen zu können. Nur der deutsche Marinepfarrer Plantiko und der als Dolmetscher fungierende Stabssignalgast Schulle bleiben in der Kronkolonie zurück. Und die Royal Navy steht nun vor der Situation, mehr oder weniger allein mit den toten Deutschen fertig werden zu müssen.

Aber der Brief des ranghöchsten Seeoffiziers der Royal Navy in Gibraltar an den deutschen Kommandanten, Kapitän zur See Fanger, enthüllt eine so großartige Kameradschaft zwischen den Seeleuten zweier Nationen, daß seine wörtliche Wiedergabe angebracht erscheint:*

»Office of Rear-Admiral-in-Charge
Gibraltar
31st May, 1937
Sir,
I beg to acknowledge the receipt of your letter dated today, 31st May, 1937, and, in offering my deepest sympathy and that of my officers and men in your great loss.

I can assure you that we will give your late shipmates the honours which are justly due to them.

We are very sorry that you and your officers and men will not be able to attend the ceremony and hope that there will be an opportunity for you to pay your respects to your deads at some later date.

Assuring you once more of my deepest sympathy
I am,
Yours sincerely,
(gez.) Evans
Rear-Admiral«

---

* Die Übersetzung des Briefes vom Kommandierenden Konteradmiral von Gibraltar lautet:

    »Hiermit darf ich bitte den Empfang Ihres Briefes vom heutigen Tage bestätigen und Ihnen mein und meiner Offiziere sowie meiner Männer tiefstes Mitgefühl angesichts Ihres schweren Verlustes entgegenbringen. Ich kann Ihnen versichern, daß wir Ihren Schiffskameraden jene Ehrungen erweisen werden, die sie wirklich verdienen.

    Es tut uns sehr leid, daß Sie sowie Ihre Offiziere und Männer nicht imstande sein werden, der Zeremonie beizuwohnen. Aber ich hoffe, daß sich eine Gelegenheit für Sie ergeben wird, Ihren Toten zu irgendeinem späteren Zeitpunkt die letzte Ehre zu erweisen. Seien Sie nochmals meines tiefsten Mitgefühls versichert. Ihr ergebener Evans, Konteradmiral.«

Oben: Der unmittelbare Namensvorgänger des neuen Panzerschiffes war das 1904 vom Stapel gelaufene und 1906 als Flottenflaggschiff in Dienst gestellte Linienschiff *Deutschland* (Wasserverdrängung 14218 t, Hauptbewaffnung 4 28-cm- und 14 17-cm-Geschütze, 6 Torpedorohre 45 cm).

Unten: Das bereits 1902–05 erbaute und damit völlig veraltete Linienschiff *Preußen* (Wasserverdrängung maximal 14394 t) mußte als nicht mehr instandsetzungswürdig 1929 endgültig aus der Liste der (Reichsmarine-)Kriegsschiffe gestrichen werden. Das vorher als Mutterschiff für F-Boote (Flachgehende Minenräumboote, siehe Bild) verwendete Schiff mußte als erstes in Übereinstimmung mit dem Versailler Vertrag ersetzt werden. Panzerschiff *A* erhielt deshalb die offizielle Bezeichnung Ersatz *Preußen.*

Links oben: Vor dem Stapellauf des Panzerschiffes (19. Mai 1931) schreitet der Reichspräsident, Generalfeldmarschall v. Hindenburg (in Heeresuniform, mit Pickelhaube), die Front der Ehrenkompanie ab. Rechts neben ihm Reichswehrminister Groener, etwas abgesetzt neben diesem der Chef der Marineleitung, Admiral Raeder. Unter dem Vorschiff des Neubaues ist der vordere Ablaufschlitten gut erkennbar.

Mitte links: Reichskanzler Dr. Brüning während seiner zu lang geratenen Stapellaufrede. Neben ihm (auf der Taufkanzel) der Stationschef, Vizeadmiral Hansen. Links im Bild Reichspräsident v. Hindenburg, der als Taufpate bereitsteht.

Links unten: Vorbereitungen für den Stapellauf des *Panzerschiffes A (Ersatz Preußen)* bei der Bauwerft Deutsche Werke A.G., Kiel.

Rechts oben und unten: 60 000 Zuschauer sind auf dem Werftgelände Augenzeugen vom überraschenden, vorzeitigen Ablauf des ungetauft gebliebenen Panzerschiffes *Deutschland*.

Oben: Im November 1932 wird das noch in Ausrüstung befindliche Panzerschiff *Deutschland* in geschleppter Fahrt vom Ausrüstungskai der Deutschen Werke A.G. ins Trockendock verholt. Dort sollen eine nochmalige Bodenkonservierung vorgenommen und die beiden inzwischen fertiggestellten Propeller (Schiffsschrauben) angesetzt werden. Die beiden Drillingstürme sind bereits mitsamt Geschützrohren eingebaut, Mittelartillerie (15 cm) und Torpedorohrsätze fehlen noch. Gefechtsmast und Schornstein sind noch eingerüstet, die beiden 10-Meter-Basisgeräte (Entfernungsmeßgeräte) auf Vormars und achterem Stand noch nicht montiert.

Links: Mit feierlicher Flaggenniederholung wird am 1. April 1933 in Wilhelmshaven der Leichte Kreuzer *Emden* (Vordergrund) für längere Werftliegezeit außer Dienst gestellt. Dahinter das fast noch menschenleere neue Panzerschiff. Die Vierlings-Torpedorohrsätze sind noch ohne (Panzerschutz-)Kalotten.

Rechts oben: Ansprache des ersten Kommandanten der *Deutschland*, Kapitän zur See v. Fischel, anläßlich der am gleichen Tag vorgenommenen Indienststellung des Panzerschiffes.

Rechts Mitte: Die *Emden*-Besatzung steigt geschlossen auf das neue Panzerschiff *Deutschland* über und bildet dessen Besatzungsstamm.

Unten: Krängungsversuch des Panzerschiffs *Deutschland* in Wilhelmshaven, unterstützt durch das Gewicht der Geschützrohre von beiden nach Steuerbord geschwenkten Drillingstürmen. Dieser Test dient dem experimentellen Nachweis der Höhenlage des Gewichtsschwerpunktes zur Ermittlung der sog. statischen Stabilität nach Einbau aller Waffen und Geräte.

Oben: Die Fahrt in den Sognefjord ist jeweils Höhepunkt der Norwegen-Reisen von 1933 und 1934. Dieser rd. 180 km lange »König der Fjorde« bietet an seinen Ufern einen imposanten Wechsel von schneebedeckten Berggipfeln, steilen Felsschründen und glitzernden Wasserfällen.

Links: Kapitän zur See Hermann von Fischel, 1933–35 Kommandant der *Deutschland,* 1936–38 Befehlshaber der Panzerschiffe (das Foto zeigt ihn als Konteradmiral). Am 13. 5. 1950 in sowjetischer Gefangenschaft verstorben.

Links unten: Zugoffizier beim Unterricht. Das Mannschafts-Wohndeck ist durch Hochklappen der Bänke und Backen (Tische) freigeräumt und kann als Unterrichtsraum verwendet werden. Als »Gestühl« dient dabei grundsätzlich der hochkant gestellte »Utensilienkasten«.

Mitte unten: Klar bei Hängematten in einem der Wohndecks. Gleich wird »Ruh' im Schiff – Licht aus!« gepfiffen.

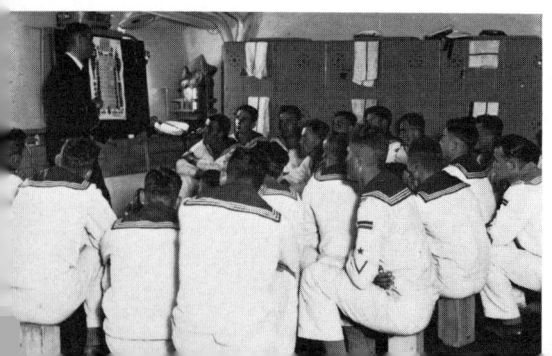

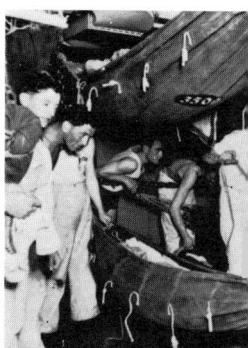

Rechts: Das Bordoriginal vom Panzerschiff *Deutschland:* Oberbootsmannsmaat Timm Kröger, dessen zumeist urkomische Formulierungen und Döntjes einen ganzen Anekdotenband füllen würden.

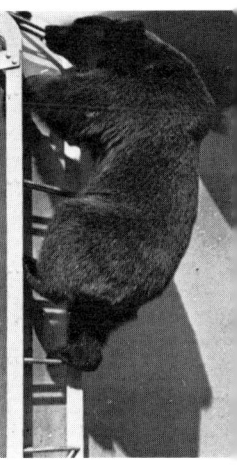

Links oben: Von seinen Kletterkunststücken rechtschaffen müde, leistet Hokko den übernächtigten Männern der Wachdivision Gesellschaft.

Rechts oben: Hokko, der Braunbär, Maskottchen des Panzerschiffes, auf Entdeckungsreise übers Schiff. Hier entert er über die Steigleiter auf den vorderen Drillingsturm »Anton«.

Rechts unten: Der einzige echte Freizeitplatz unter Deck ist der Mannschaftsleseraum. Er hat nur 50 Sitzplätze und muß darum umschichtig benutzt werden.

Oben: Blick auf das rechte 28-cm-Geschützrohr in einem der beiden Drillingstürme. Rechts im Vordergrund eine der Ladeschwingen. In der Mitte des unteren Bildrandes der teleskopartig ausfahrbare hydraulische Ansetzer, der nacheinander Granate, Vorkartusche und Hauptkartusche ins Rohr schiebt, sobald dessen Verschlußkeil hydraulisch geöffnet wird. Rechts Befehls-Übermittler-Telefone und eines der beiden zusätzlich zum 10-Meter-Basis-Entfernungsmeßgerät in jeden Turm eingebauten Sehrohre.

Rechts oben: Anschießen der Schweren Artillerie. Der Luftdruck einer Vollsalve der Drillingstürme ist so gewaltig, daß der Fotograf im Vordergrund Sekunden später mitsamt seinem Apparat an Deck geschleudert wird. Das Bedienungspersonal der Mittelartillerie ist hinter den 15-cm-Munitionsaufzügen in Deckung gegangen. (Erst 1937 werden Artillerie-Druckschotten auf dem Aufbaudeck eingebaut.)

Unten: Geschützreinigen von außen. Im Vordergrund wird der Messingmündungsdeckel des linken Rohrs von Turm »Anton« auf Hochglanz gewienert. Im Mittelgrund wird am Geschützrohr Farbe gewaschen. Die Männer im Hintergrund bearbeiten die Rohrschartenblenden des linken und rechten Geschützrohrs, die ohne Rohrhosen gut zu sehen sind.

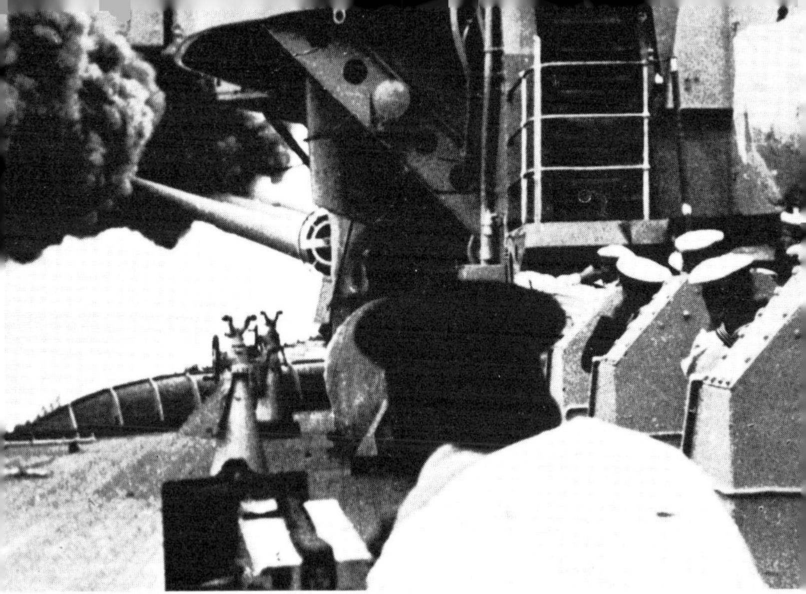

Mitte rechts: Die Waschraumkapazität des Panzerschiffes reicht in keiner Weise aus. Weitmöglich werden deshalb die tägliche Hängemattenmusterung und das anschließende »Sich-Waschen« – zumindest der jeweils jüngsten Besatzungsmitglieder (Flottenrekruten) – ins Freie verlegt. Diese Methode erzielt einen Abhärtungseffekt.

Rechts unten: Schornsteinmalen erfordert bisweilen einige Akrobatik. Noch stehen, bei dieser Mitte der dreißiger Jahre gemachten Aufnahme, die Scheinwerfer paarweise auf separaten Masten neben dem Schornstein. Die Aufnahme zeigt, daß die *Deutschland* sowohl mit Dampfpfeife als auch Typhon ausgerüstet ist.

Links oben: Die Bedienungsmannschaften der Mittelartillerie (acht 15-cm-Geschütze) sind inzwischen mit Kopfschutzhauben zum Schutz gegen den Luftdruck und Abschußlärm der 28-cm-Drillingstürme ausgestattet. Sie brauchen beim Feuern der Schweren Artillerie nicht mehr in Deckung zu gehen.

Links unten: Bugwappen, Backbordanker und Reserveanker des Panzerschiffes *Deutschland* werden bei der Erneuerung des Außenhautanstrichs ebenfalls »gepönt«, desgleichen der Vorsteven.

Mitte oben: Auf der Zylinderstation eines Motorenraumes. Man sieht zwei der paarweise nebeneinanderstehenden Antriebsdiesel.

Mitte unten: Die Maschinenwerkstatt im Oberdeck ist mit Drehbänken, Bohr- und Schleifmaschinen sowie Azetylen-Schweißanlage ausgestattet.

Rechts oben: Rechts das untere Maschinengestell eines Neun-Zylinder-Hauptdiesels mit den Kurbelwannenzugängen. Links Öl- und Spülluftleitungen.

Rechts unten: Die Zimmermannswerkstatt im Oberdeck wird zugleich als Mannschaftsraum genutzt. Auch die Segelmacher arbeiten hier.

Links oben: Der Neben-Motorenfahrstand von Motorenraum 2 bzw. 4, der die beiden Antriebsdiesel des Raumes samt Hilfsdiesel einzeln oder gemeinsam zu bedienen gestattet.

Links unten: Einer der beiden Haupt-Motorenfahrstände im vorderen Motorenraum jeder Schiffsseite – mit Gruppen-Schalthebel, Einzelschalthebel, Manövrierhebel, Handrad und Gestänge für die Drehzahlverstellung sowie Überwachungsinstrumenten für sämtliche Haupt- sowie Hilfsdiesel, Betätigung und Füllungsanzeiger für die Vulcan-Flüssigkeitskupplungen.

Mitte unten: Ein selbstgebasteltes Tremaran-Scheibenfloß für Übungsschießen im Atlantik.

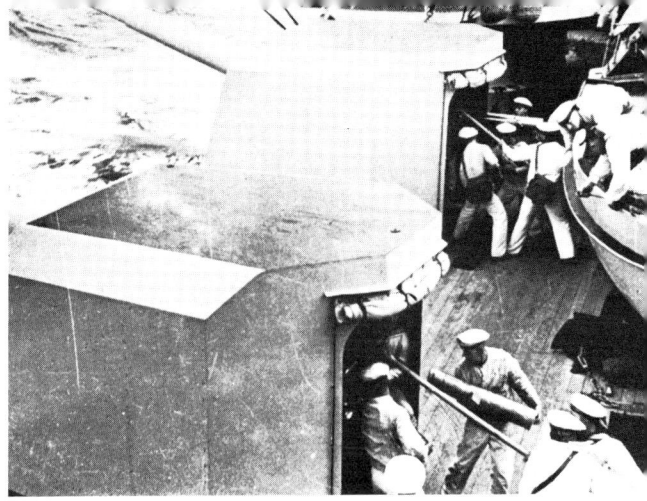

Oben: Geschütz-Exerzieren der Steuerbord-Batterie »Koester« (15-cm-Mittelartillerie). Gekonntes Zusammenspiel von Munitionsmannern, Ladenummern, Ansetzern, Höhen- und Seitenrichtmann, Befehlsübermittler und Geschützführer – beim wirklichen Schießen acht Chargierungen pro Minute!

Unten: Unter Anleitung von Sportlehrer Baumann wird auch auf hoher See der körperliche Leistungsstand durch regelmäßiges Geräte- und Bodenturnen, durch Gymnastik, Hindernisläufe und Boxen auf hohem Niveau gehalten.

Links oben: Nicht in zackiger Paradeaufstellung, sondern sonntäglich leger erwidert die Besatzung des Panzerschiffes das begeisterte Winken von »Kraft-durch-Freude-Urlaubern in der Spanischen See. Mittels ihrer Richtmaschinen machen auch die Geschützrohre der Drillingstürme »Winkewinke«. Zwischen Gefechtsmast und Schornstein fehlt noch das Flugzeugkatapult, aber der Flugzeugkran ist schon vorhanden (Frühjahr 1935).

Links unten: Drei Tage lang geht die *Deutschland* ziemlich schlimm »zukehr«, denn es »steamt« mit Windstärke 8–10 schräg von vorn. Dabei kreuzt sich der Seegang zeitweilig mit einer langanrollenden Atlantikdünung aus anderer Richtung.

Links Mitte: Beim Passieren des Äquators wird mit Schiffsglocke, Typhon und Dampfpfeife zugleich Lärm geschlagen.

Rechts Mitte: Mit »sanftem« Stoß vor die Brust gleitet nach den Vorbereitungsprozeduren jeder »Ungewaschene« rücklings ins Taufbecken, natürlich »Anzug Anzug«. Eine Horde von Taufnegern fiebert dem Ankömmling schon entgegen, besonders, wenn er ein Vorgesetzter ist.

Rechts oben: Der Kommandant hört sich schmunzelnd die Ankündigungen der zunächst »fälligen« Prominenten unter den Äquator-Täuflingen an. Links Konteradmiral Carls, Bildmitte die »liebliche« Thetis und Seine Majestät König Neptun.

Oben: Und immer wieder heißt es plötzlich: »Boje über Bord!« In großer Eile wieseln die Kuttergäste ins Boot und nehmen die Schwimmwesten um, während der Kutter klar zum Wegfieren gemacht wird. Jedes Bootsmanöver ist Schnelligkeitswettbewerb zwischen dem Backbord- und dem Steuerbord-Kutter (Bild).

Rechts oben: Dieses Foto ist ein beachtliches Dokument der Zeitgeschichte: Im Hafen von St. Nicolas auf Aruba übernimmt die *Deutschland* in aller Öffentlichkeit Treiböl aus einem britischen Marinetanker. Auf diese Weise wird die Royal Navy über den tatsächlichen Aktionsradius und die Fahrstrecke des Panzerschiffes hinweggetäuscht. Noch vorhandene Ölmengen wurden vorher aus seinen Bunkerzellen in die Torpedo-schutzwülste umgepumpt und dort »versteckt«!

Unten: Nachtgefechtsdienst mit Scheinwerferübung vor der brasilianischen Küste, in deren Sichtweite das Panzerschiff in die Karibik weitermarschiert.

Rechts: Im Takt von Stakkato-Einzelpfiffen der Bootsmannpfeifen wird der Steuerbord-Kutter nach einem Boje-über-Bord-Manöver mit Menschenkraft wieder »aufgelaufen«, d. h. aufgeheißt.

Oben: Nach einem Aufklärungsflug wird das Doppeldecker-Schwimmerflugzeug vom Typ He 60 vom Flugzeugkran (erste Ausführung 1935) nach der Wasserlandung wieder an Deck gehievt und wird mit den schon angeschlagenen Beiholern vorsichtig aufs Katapult zurückdirigiert, sobald der Kran zur Schiffsmitte eingeschwenkt ist.

Unten: Wegräumen aller Kartuschhülsen nach einem 28-cm-Übungsschießen. Etwa gleiche Stehhöhe haben die sechs Zentner schweren Granaten! Neben Turm »Anton« sind die hölzernen Kartuschfänger zur Schonung des Holzdecks montiert. Zur Vermeidung von Streifschüssen beim Schießen mit geringer Rohrerhöhung ist die Reling niedergelegt worden. Der über die Turmleiter aufenternde Matrose hat die Verschlußkappe für eins der beiden Turmsehrohre in der Hand – sicheres Zeichen dafür, daß das Schießen endgültig beendet ist.

Rechts oben. »Backen und Banken« in einem der Wohndecks. Zu den Mahlzeiten werden jedesmal die Tische (Backen) und Bänke heruntergeschlagen, die tagsüber zugunsten anderer Raumausnutzung und nachts wegen der Hängematten hochgeklappt sind. Als Essenholer-Gefäße dienen »Barkassen« (ovale Aluminium-Henkeltöpfe).

Rechts Mitte: Jede Back schält ihre Kartoffeln selbst und gibt sie in gekennzeichneten Kartoffelnetzen ab. Die Backschafter holen sie dann in der »Barkaß« von der Kombüse ab, sobald sie »tafelfertig« sind.

Unten: Eine zu keiner Zeit außer Kraft gesetzte »heilige Kuh« der Bordroutine ist an jedem Sonnabend die Backsgeschirrmusterung zur Feststellung der Vollzähligkeit der Eß- und Trinkgeschirre, Brotbretter und Bestecke. Die Stückzahl »stimmt« natürlich immer, weil man sich die tatsächlich fehlenden Stücke rechtzeitig vorübergehend auszuleihen versteht.

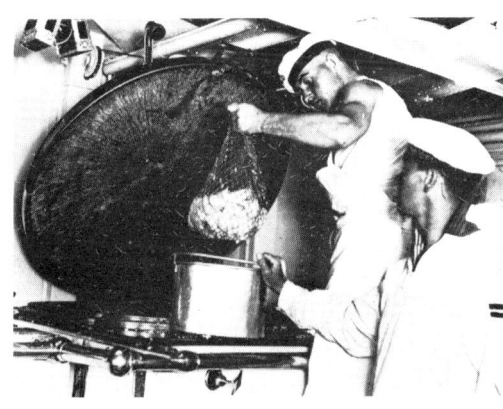

Oben: Gemeinsamer Freundschaftsbesuch des britischen Kreuzers *Frobisher* und des Panzerschiffes *Deutschland* (Juni 1936) in Kopenhagen.

Unten: Der Oberbefehlshaber der Kgl. Dänischen Marine, Admiral Rechnitzer, erscheint in Gala-Uniform zum Besuch – von der laut »Flaggen-, Salut- und Besuchsordnung« vorgeschriebenen Zahl Fallreepsgasten und von einer Ehrenwache mit präsentiertem Gewehr empfangen.

Oben: Kommunistische Boykottaufrufe schlagen fehl: Zu Tausenden besuchen Dänen voller Interesse das deutsche »Westentaschen-Schlachtschiff«. Auf dem Foto sind die eingeschwungene Backspier (an der Bordwand) und die markanten, beiklappbaren Brückennocken der Kommandobrücke und (darüber) der Admiralsbrücke zu erkennen.

Unten: Am Langelinje-Kai von Kopenhagen sind mit jeweils einem Meter Zwischenraum entlang der *Deutschland*-Schiffslänge Besatzungsangehörige mit brennenden Fackeln postiert, während am St.-Hans-Aften (Johannisabend) die Bordkapelle des Panzerschiffes vor einer großen Menschenmenge dänische Johannislieder und Volksweisen spielt und Scheinwerferspiele des Schiffes die Szenerie zusätzlich illuminieren.

Links oben: Der Ausbruch des Spanischen Bürgerkriegs im Juli 1936 setzt Eruptionen von Haß und Fanatismus frei. 320000 Gefallenen stehen rund 126000 Ermordete und Hingerichtete auf beiden Seiten gegenüber!

Rechts oben: Der spanische Frachter *Mar Cantabrico* wird mit einer Ladung Flugzeugmotoren und Kriegsmaterial aufgebracht.

Links unten: »Spanien von der Unterdrückung durch die faschistischen Reaktionäre zu befreien, ist keine Angelegenheit, die nur die Spanier angeht, sondern die gemeinsame Sache der ganzen fortschrittlichen Menschheit!« verkündet Stalin, dessen riesiges Porträt eine Versammlung der Kommunistischen Partei Spaniens überragt.

Links unten rechts: Trümmer, Blut und Tränen sind das Resultat massierter ausländischer Waffenlieferungen.

Unten links: Das Landungskorps des Panzerschiffs *Deutschland* macht sich für seinen ersten Menschenrettungseinsatz in San Sebastian klar.

Unten rechts: Musterung des Landungskorps vor einem weiteren Einsatz in Malaga. (Dort wird es vom Mob bedroht und muß die Bajonette aufpflanzen.)

Links: Anfangs bestehen normale diplomatische Beziehungen Deutschlands zur (rechtmäßigen) Volksfrontregierung von Spanien. Am 10. August 1936 stattet der mit seinem Flaggschiff *Deutschland* eingelaufene Befehlshaber der Linienschiffe (B.d.L.), Konteradmiral Carls, in Barcelona dem Präsidenten der Autonomen Republik Katalonischen Republik, Luis Companys Jover (zweiter von rechts), seinen Besuch ab. Der Spanier verabscheut anarchistische Gewalttaten und bedauert die Ermordung von Deutschen in Barcelona.

Rechts: Bei ihren Einsätzen zur Rettung oder Evakuierung von 15317 Zivilpersonen – darunter 9778 Ausländer aus 41 Nationen! – laufen die deutschen Kriegsschiffe die Häfen beider kriegführenden Parteien an. Auch Panzerschiff *Deutschland* wird für manchen Flüchtling zum rettenden Asyl. Eine Engländerin bringt sogar an Bord ein Kind zur Welt!

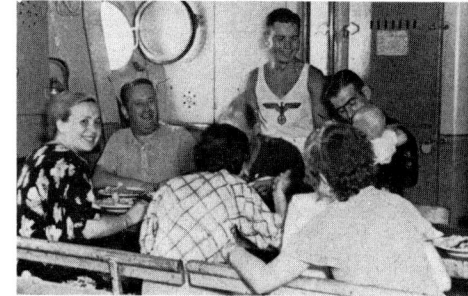

Links: Die sofort vom Landungskorps der *Deutschland* aus dem Keller der Sommerresidenz der Deutschen Botschaft in San Sebastian befreiten britischen, amerikanischen und deutschen Diplomaten samt Gefolge in Sicherheit auf Panzerschiff *Deutschland*. Baskische Separatisten und Terroristen hatten das Gebäude der Sommerresidenz umstellt und sich eine Geiselaktion davon versprochen.

Es verdient höchste Anerkennung, mit welcher Anteilnahme und organisatorischen Perfektion die Royal Navy am 1. Juni um 17.00 Uhr die Trauerfeier und Beisetzung zuwege bringt. Noch nie hat Gibraltar ein Begräbnis von solch allseitiger Teilnahme gesehen. Sowohl die Behörden als auch die militärischen Stellen von Gibraltar tun alles nur Erdenkliche, um durch die Ausgestaltung der Feier die innere Verbundenheit und Anteilnahme der englischen Bevölkerung nach dem Unglücksfall auch nach außen hin zu zeigen.

Die in die deutsche Kriegsflagge gehüllten Särge werden auf zwölf mit der britischen Flagge geschmückten Wagen vom Nordtor der Marinewerft zum Militärfriedhof gebracht. Den Wagen voran marschieren die militärischen Abteilungen, zusammengesetzt aus den verschiedenen Land- und Marinetruppenteilen von Gibraltar sowie die Militärkapelle. Gleich hinter den Särgen folgen der Konsul, der Pfarrer und die hier anwesenden deutschen Kapitäne mit ihren ausländischen Freunden vom Non-Invention Committee unter Führung des (deutschen) Chief Observing Officers, Korvettenkapitän der Seewehr a. D. Wiehr. Daran an schließen sich die Konsuln der hier vertretenen Staaten Europas (Frankreich aus naheliegenden Gründen ausgenommen). Den Abschluß bilden Marineabteilungen sämtlicher im Hafen stationierter Kriegsschiffe und je eine Abordnung von *U.S.S. Kane,* vom türkischen Zerstörer *Kecatepe* und vom holländischen U-Boot *0 13.*

Eine dichte Menschenmenge flankiert den gesamten, etwa zwei Kilometer langen Weg zwischen Nordtor und Friedhof, mit entblößtem Haupt die Särge grüßend. Auch der Friedhof selbst kann die unzähligen Menschen kaum fassen, die an der Trauerfeier teilzunehmen wünschen.

Der schon erwähnte Gouverneur von Gibraltar sowie die beiden Rear-Admirals Evans und Wells (letzterer vom 3. Kreuzergeschwader) erwarten den Trauerzug am Friedhof, an dessen Eingang die 2. Zerstörerflotille der Royal Navy eine besondere Ehrenwache aufgestellt hat.

Der anglikanische Dekan von Gibraltar, Very rev. Knight Adkin, und der britische Geistliche Rev. James Jensten assistieren dem deutschen Marinepfarrer beim Begräbnis und übernehmen den ersten Teil der Liturgie am Grabe.

In unmittelbarer Nachbarschaft von anderen Gräbern deutscher Soldaten der preußischen und der deutschen Marine (wie der Gefallenen von Tres Forcas und anderer) ist ein großes rechteckiges Gemeinschaftsgrab ausgehoben worden, in dem sämtliche Toten der *Deutschland* Seite an Seite beigesetzt werden. Nach Einsegnung der Toten feuern Ehrenabordnungen zweier britischer Kreuzer drei Ehrensalven über das Grab.

Leider versterben nachträglich, am 1. und 2. Juni, im Military Hospital auch noch zwei weitere Schwerverwundete. Die britische Marine läßt es sich nicht nehmen, auch diese beiden Toten mit allen militärischen Ehren zu bestatten.

Die britische Ehrung der deutschen Gefallenen ist um so höher einzuschätzen, weil Mißfallenskundgebungen unter republikanisch orientierten Gastarbeitern der Kronkolonie befürchtet werden müssen. Es gibt jedoch keine Demonstrationen irgendwelcher Art — sie würden sich allzusehr im Gegensatz zur öffentlichen Meinung auf der Halbinsel befinden.

Anfang Juni trifft beim Befehlshaber der Panzerschiffe eine funktelegrafische Nachricht aus Deutschland ein, die deutsche wie britische Kreise in eine ausgesprochen peinliche Situation bringt: Ungeachtet der großartigen Geste bei der Bestattung ihrer deutschen Kameraden wünsche Adolf Hitler die Exhumierung der Beigesetzten, damit diese in Wilhelmshaven erneut in feierlicher (und propagandistisch einprägsamer) Form bestattet werden können!

Die Nachricht macht alle Betroffenen ratlos, denn eine Exhumierung von Toten ist nach den in Gibraltar geltenden Gesetzen vor Ablauf eines Jahres unstatthaft.

Das Kommando der *Deutschland* entsendet einen älteren Offizier in die Kronkolonie, der in diplomatisch-taktvoller Form sondieren soll, was in dieser mißlichen Angelegenheit zu tun sei. Er überbringt zunächst den Dank für die großartige Pflege der Verwundeten und die würdige Durchführung der Beisetzung. Das sonstige Anliegen ist, wie erwartet, für die britischen Gesprächspartner, heikel.

In einer Sondersitzung beim Gouverneur beraten Konteradmiral Evans, der Kolonial-Staatssekretär Shelwell-White, der Chefarzt des Hospitals, Dr. Simson, der Chef des britischen Gesundheitsamtes von Gibraltar, Mansell, der deutsche Konsul und der von der *Deutschland* entsandte Offizier über die unerwartet entstandene Situation.

Die Briten verziehen keine Mine. Was auch immer sie über das ungewöhnliche Anliegen denken mögen — der Gouverneur von Gibraltar kommt zu folgendem Entschluß:

Ungeachtet der entgegenstehenden gesetzlichen Bestimmungen wird er, der Gouverneur von Gibraltar, auf alle ihm unterstellten Behörden und Dienststellen einwirken, dem deutschen Sonderwunsch nachzukommen. Es sei eine Würdigung der besonders tragischen Umstände, die diese Todesopfer bei einer friedlichen internationalen Aktion gefordert haben und die deshalb der verständlichen Anteilnahme des gesamten deutschen Volkes gewiß sein dürften. Die Royal Navy findet einen Ausweg, mit dem ein Verwischen der recht tiefen Eindrücke bei der kurz zuvor vonstatten gegangenen feierlichen Beisetzung vermieden werden kann: Sie ordnet die Exhumierung für den 11. Juni 1937 nach Einbruch der Dunkelheit an, was zugleich jedes nochmalige protokollarische Zeremoniell überflüssig macht. Aus demselben Grund schlägt das Kommando von Panzerschiff *Deutschland* vor, die Toten nicht im Kriegshafen von Gibraltar, sondern auf der Reede des Handelshafens zu übergeben.

Verabredungsgemäß läuft Panzerschiff *Deutschland* um 17.00 Uhr des genannten Tages erneut in Gibraltar ein und macht zunächst an der Pier vor dem Hauptverwaltungsgebäude fest, um dort 23 für transportfähig erklärte Verwundete zu übernehmen. Das ist, nach offizieller Lesart, der Zweck des Anlaufens von Gibraltar. Weitere 28 Verwundete müssen freilich in Anbetracht der Schwere ihrer Verwundungen noch weiterhin in Gibraltar bleiben.

Dann verholt die *Deutschland*, mehr oder weniger ungesehen, nach Einbruch der Nacht auf die Reede von Gibraltar. Die Briten bringen die Toten unauffällig in einem Prahm längsseits. Dort werden sie in feierlicher Form und im Beisein des deutschen Konsuls übernommen. Dazu tritt die gesamte Besatzung auf der Schanz an. Jeder Sarg wird einzeln an Bord genommen, durch ein Fackelspalier über das Aufbaudeck nach achtern getragen und unter den Rohren des achteren Drillingsturmes »Hindenburg« aufgestellt.

Nun sind aber nicht nur in Gibraltar Gefallene der *Deutschland* beigesetzt worden: Von den acht Verwundeten, die im Katholischen Hospital von Ibiza gastlich aufgenommen und ebenfalls rührend gepflegt wurden, sind drei Männer ihren schweren Verletzungen erlegen. Sie wurden auf dem Friedhof in Ibiza — ebenfalls in feierlicher Form — in der Militärgruft beigesetzt.

Der Exhumierungswunsch hat bei den strenggläubig katholischen Spaniern einiges Befremden ausgelöst. Es gelingt jedoch dem deutschen Konsul (zuständig für die Balearen und Pytiusen, ansässig in Palma de Mallorca), den Behörden von Ibiza mit Fingerspitzengefühl das deutsche Anliegen zu interpretieren. Es geschähe vor allem mit Rücksicht auf die Angehörigen der Toten, die allzu weit entfernt lebten.

Daraufhin sagen die Spanier einen feierlichen Trauerzug der Exhumierten für den 9. Juni zu. Als nun aber die Deutschen auch noch den Wunsch äußern müssen, aus Zeitgründen die Übergabe der Toten an das nach Ibiza entsandte Torpedoboot *Leopard* noch in der Nacht auf den 9. Juni durchzuführen, kommen die Spanier auch diesem Anliegen bereitwillig nach.

Im Handumdrehen wird durch den Militärkommandanten von Ibiza eine außerordentlich wirkungsvolle Trauerparade durchgeführt, die freilich aus Gründen der Verdunkelung zum Schutz gegen Luftangriffe bei Finsternis sattfinden muß. Wertvolle Kränze mit den spanischen Farben und deutschen Inschriften werden in großer Zahl dem Trauerzug vorangetragen, in den sich Vertreter aller Behörden eingereiht haben. Die Bevölkerung von Ibiza nimmt starken Anteil an der Zeremonie. Besatzungsmitglieder vom Torpedoboot *Leopard* und spanische Soldaten umsäumen gemeinsam die drei Leichenwagen, denen Hornisten, Trommler und drei spanische Kompanien unter Waffen folgen. Nachdem auf der Pier die deutsche und spanische Nationalhymne gespielt und die Trauerparade durch den Militärkommandanten abgenommen ist, übernimmt *Leopard* die Särge mit Großem Fallreepszeremoniell. Zuletzt übergibt der spanische Militärkommandant tief bewegt je eine spanische Flagge mit einer herzlich gehaltenen Widmung und einem Säckchen Erde aus Ibiza, die den drei Männern mit ins Grab gelegt werden soll.

Noch in derselben Nacht werden die aus Ibiza abgeholten Särge sowie die fünf in Ibiza behandelten Verwundeten außerhalb der Hoheitsgewässer von *Leopard* an die *Deutschland* übergeben.

Am 29. Mai fielen in Ibiza

Stabsmatrose Walter Lobitz	Obermatrose Johann Schubert
Stabsmatrose Otto Martens	Obermatrose Rudolf Inglen
Stabsmatrose Wilhelm Schmitz	Obermatrose Matthias Bochem
Stabsmatrose Richard Martin	Obermatrose Josef Mies
Stabsmatrose Reinhold Zimmermann	Obermatrose Werner Fischer
Stabsmatrose Wilhelm Busche	Obermatrose Felix Faltin
Stabsmatrose Oswald Sehm	Obermatrose Christian Gallus
Obermatrose Josef Denno	Oberheizer Kurt Manja
Obermatrose Friedrich Gerhardt	Oberheizer Heinrich Röbers
Obermatrose Heinz Männing	Oberheizer Karl Schöllkopf
Obermatrose Alfred Oellrich	Oberheizer Heinz Bismark

Ober-Hoboistengast Georg Wollweber

An den Folgen ihrer schweren Verletzungen starben in den Lazaretten von Gibraltar und Ibiza

Obermatrose Hermann Brückner am 31.V.		Oberheizer Heinz Holzwarth am 2.VI.	
Matrose Albert Steiger	am 1.VI.	Oberheizer Alfred Meyer	am 3.VI.
Oberheizer Albert Eckart	am 2.VI.	Heizer Helmut Dürr	am 5.VI.
Oberheizer Helmut Schubert	am 2.VI.	Obermatrose Georg Wille	am 11.VI.

Nachdem wir unsere gefallenen Kameraden in die Heimat überführt und sie hier zur letzten Ruhestätte gebracht haben, gedenken wir ihrer noch einmal in treuer Kameradschaft.
Ihr Soldatentod wird uns stets ein Beispiel höchster soldatischer Pflichterfüllung und Einsatzbereitschaft bleiben. Wir werden ihr Andenken am besten ehren, wenn wir wie sie weiterhin unsere ganze Arbeit und unser Leben einsetzen für Volk und Vaterland.

Wilhelmshaven, den 17. Juni 1937

Im Namen der Besatzung des Panzerschiffes
„DEUTSCHLAND"

gez. **Plath**
Fregattenkapitän und I. Offizier

gez. **Fanger**
Kapitän zur See und Kommandant

Die britische Marinewerft Gibraltar war bei der Beschaffung ausreichend großer Zinksärge behilflich, die nun die Toten einschließlich ihrer englischen Holzsärge aufbewahren. Sie stehen jetzt unter den Geschützrohren von Turm »Bruno« aufgebahrt, Tag und Nacht von einer Totenwache mit gezogenen Seitengewehren flankiert.

Vor Cadiz muß die *Deutschland* noch einmal umkehren, um in Gibraltar auch noch einen nachträglich verstorbenen Obermatrosen an Bord zu nehmen. Damit hat sich die Zahl der Todesopfer auf 31 erhöht. Insgesamt wurden bei dem Bombenangriff 110 Besatzungsmitglieder verwundet (74 schwer), von denen nun noch immer 27 als nicht transportfähig in Gibraltar bleiben müssen.

Auf der Heimreise wird pausenlos am Schiff gearbeitet, das schließlich äußerlich keine Beschädigung mehr erkennen läßt. Nach dem Dichtschweißen aller Splitterlöcher in Bordwand und Aufbauten wird alles frisch mit grauer Farbe übermalt. Vom verbrannten Bordflugzeug stehen nur noch die beiden Schwimmer auf dem Katapult. Und der als Ablöser aus der Heimat entgegenkommende Kreuzer *Köln* bringt neue Uniformen mit, weil viele Besatzungsangehörige ihre gesamten Kleiderbestände durch das Großfeuer eingebüßt haben.

Die Besatzung der *Deutschland* erfährt wenig davon, in welchem Maße ihr Schiff seit dem Ibiza-Zwischenfall die Schlagzeilen der Weltpresse beherrscht und nun der »Vergeltungsschlag« des Schwesterschiffes *Admiral Scheer* gegen Almeria erneut den Blätterwald zum Rauschen bringt. Fast ungesehen ankert die *Deutschland* am 15. Juni nachmittags auf Schillig-Reede, weil zunächst der Gesamtablauf von Einlaufen, Trauerparade und Trauerfeier minutiös mit den für die Durchführung beauftragten Offizieren und Festungskommandantur Wilhelmshaven durchgesprochen werden muß. Auch werden schwarze Sargtücher, Kriegsflaggen für jeden Sarg, Holzkreuze mit den Namen der Toten sowie blumengeschmückte Kränze an Bord gebracht.

Am 16. Juni 1937, um 19.00 Uhr, macht die *Deutschland* vor den Wochenschau-Kameras und einer großen Menschenmenge an der Gazelle-Brücke fest. Um 20.00 Uhr sprechen der Kommandant und der Flottenchef (jetzt Vizeadmiral Carls) die Abschiedsworte, bevor unter Trommelwirbel — über drei extra breite

Gangways — die 31 Särge von jeweils acht Besatzungsmitgliedern von Bord getragen und auf bereitstehende Militärlastwagen abgesetzt werden. Um 21.30 Uhr setzen sie sich mit der großen Trauerparade in Bewegung. Fahnen- und Fackelspaliere umsäumen den gesamten Weg.

Am nächsten Vormittag (17. Juni) um 11.00 Uhr finden auf dem Ehrenfriedhof nacheinander die kirchliche und die zum Staatsakt erhobene militärische Trauerfeier im Beisein von Hitler, Reichskriegsminister, Ob.d.M., Kommandierendem Admiral der Nordseestation und vom spanischen Geschäftsträger statt. Die ganze Stadt hat halbmast geflaggt, sämtliche Geschäfte sind geschlossen. Die Anteilnahme Wilhelmshavens ist groß, die versteinerten Mienen der *Deutschland*-Fahrer — von denen viele noch Verbrennungsspuren in den Gesichtern tragen — sind erschütternd.

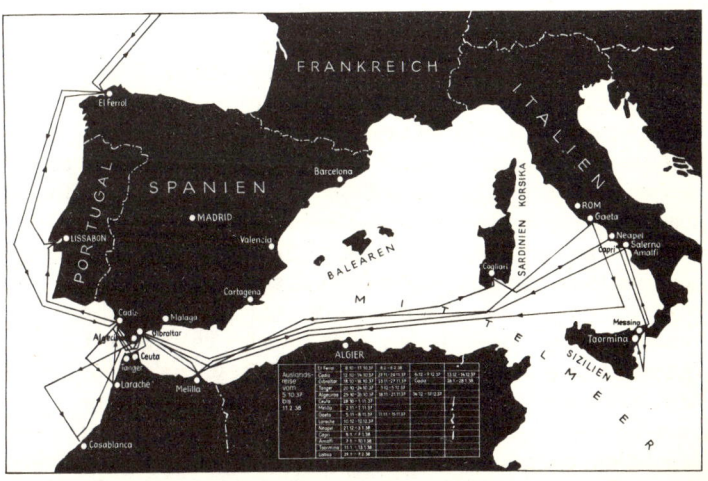

Der Bürgerkrieg macht insgesamt fünf längere Spanien-Einsätze des Panzerschiffes *Deutschland* zum Schutz und zur Evakuierung bedrohter Ausländer und im Rahmen der internationalen NIC-Seeüberwachung erforderlich. Das Schiff wurde buchstäblich zum »Auslandskreuzer«. Diese Karte veranschaulicht die Fahrtrouten und die angelaufenen Häfen im Rahmen der 5. Spanien-Reise, bei der zeitweilig italienische Häfen als Stützpunkte oder Ruheplätze benutzt werden dürfen. (Siehe nachfolgendes Kapitel!)

In Tanger haben die Wände Ohren

Binnen zehn Tagen werden von der Werft die Wohndecks repariert. Im Laufe des Monats Juli werden alle an Mittelartillerie, Flakleitständen, im Vormars und an den Zünderstellmaschinen entstandenen Schäden endgültig beseitigt, so daß Panzerschiff *Deutschland* im Sommer 1937 seine routinemäßigen Artillerie- und Torpedoschießen sowie Verbandsübungen absolvieren kann.

Am 1. Oktober 1937 übernimmt Kapitän zur See Paul Wenneker das Panzerschiff als neuer Kommandant. (Kommandantenwechsel ist, wie üblich, alle zwei Jahre.) Sofort nach dem Herbststellenwechsel, Anfang Oktober, werden zur Verwunderung der »Lords« in Papiersäcke gepackte und in Holzkästen eingepflanzte Christbäume übernommen. Es sieht also nicht gut aus mit baldiger Heimkehr von der bevorstehenden 5. Spanien-Reise! Tatsächlich bleibt *Dora-Emil* diesmal über vier Monate im Ausland. Sie läuft zunächst El Ferrol, Cadiz und Gibraltar, dann Tanger, Algeciras, Ceuta und Mellila an und unternimmt außerdem eine Übungsfahrt bis auf die Höhe von Cassablanca.

Dora-Emil ist nicht das erste Mal in Tanger. Aber auch diesmal ziehen zwei zeitlich getrennte Besuche von insgesamt acht Tagen Dauer einen »Kondensstreifen«, der bis in die Abwehrstelle Wilhelmshaven hineinreicht: Zwei auffällig rührend um die Betreuung der Besatzung bemühte Schweizer Schiffahrtsmakler entpuppen sich ebenso als Agenten des französischen Nachrichtendienstes »IIème Bureau« wie einige höchst charmante Damen, die sich von »Lords« und auch von Offizieren ausführen ließen. Die Inhaberin einer Bar, in der fröhliche *DE*-Fahrer einkehren, wird als »internationale Abenteurerin« und Inhaberin einer »Roten Zelle« entlarvt. Ein Unteroffizier, der sich mit zwei »furchtbar netten Briten« anfreundet, ahnt nicht, daß ihn Agenten des Intelligence Service freihalten und unter Alkoholeinfluß auszuhorchen versuchen. Tanger ist tatsächlich ein »heißes Pflaster«, wo die Wände Ohren haben.

Anfang November 1937 laufen Panzerschiff *Deutschland* und die ihm beigegebene Torpedobootsflottille den Hafen in Gaëta in Italien an. Am 11. August hatte sich die Kgl. Italienische Regierung in einer Verbalnote »*gern damit einverstanden*« erklärt, »*daß die deutschen Seestreitkräfte, die den Handelsschutz in den spanischen Gewässern ausüben, in Anbetracht der gegebenen Umstände sich der Häfen von Cagliari, Neapel und Genua sowie der Anlagen der italienischen Marine (Schlepper, Pumpendampfer, Docks, Schwimmkräne) bedienen*«.

Und es wurde hinzugefügt, daß in größerem Umfang und fortlaufend die genannten Häfen benützt werden könnten — einschließlich der Möglichkeit, kleinere Reparaturen auszuführen, falls während des Winters 1937/38 eine Torpedobootsflottille ständig im Mittelmeer stationiert werden sollte.

Die deutsche Marine nimmt diese Einladung allzugern an, zumal damit auch die Möglichkeit eingeräumt wird, Artillerie-, Flak- und Torpedoschießen gleich unten im Mittelmeer zu erledigen. Und so besucht *Dora-Emil* nach abermaligen Kontrollfahrten und Anlaufen von Algeciras, Gibraltar, Cadiz und Tanger nacheinander auch die italienischen Häfen Neapel, Capri, Amalfi und Taormina. Obwohl dabei strammer Ausbildungsdienst weiterläuft, wird es für die Besatzung eine »Traumreise« — wohl die schönste seit Indienststellung des Schiffes überhaupt. Sogar Rom-Ausflüge für die Besatzung sind möglich. Weihnachten und Neujahr werden im Hafen von Neapel verbracht. Auf Turm »Bruno« ist ein illuminierter Christbaum aufgestellt. Das Lichterspiel der Schiffsscheinwerfer erhöht die Stimmung der beiden Nächte, die teilweise an Oberdeck gefeiert werden können.

Über Cadiz und El Ferrol geht es in der ersten Februarhälfte 1938 endlich wieder nach Wilhelmshaven, dessen Frostwetter den »verwöhnten« Mittelmeerfahrern gar nicht behagen will.

Wie sehr das Panzerschiff seit seiner Indienststellung — vor allem aber durch die fünf Spanien-Einsätze — strapaziert wurde, geht schon daraus hervor, daß an allen schiffbaulichen Fundamenten der Motorenanlage Risse entstanden sind, die in der jetzt anschließenden Werftliegezeit — zunächst in den Motorenräumen 1 und 4 — durch neue, verstärkte und besser ausgebildete Fundamente ersetzt werden müssen. Immerhin hat inzwischen jeder einzelne Antriebsdiesel 72 Millionen Umdrehungen erzeugt, die Antriebsanlage pro Motor eine Fahrtstrecke von 130 000 Seemeilen hinter sich!

Auf Messers Schneide

Am 13. März 1938 marschiert die deutsche Wehrmacht auf Befehl Hitlers nach Österreich ein und vollzieht den »Anschluß« seiner sechs Millionen Einwohner an das Deutsche Reich. Dieser »Blumenfeldzug« wird vom Ausland ebenso hingenommen wie zwei Jahre zuvor die Wiederbesetzung des »entmilitarisierten« Rheinlandes. Hitlers Renommee als »Mann der friedlichen Eroberungen« steigt damit im Volke erneut.

Niemand ahnt, daß nun auch Vorbereitungen für die Zerschlagung der Tschechoslowakei befohlen werden. Leider hat der tschechoslowakische Staatspräsident Benesch am 21. Mai 1938, angeblich aufgeschreckt durch unwahre Meldungen über deutsche Truppenkonzentrationen in Sachsen, die Mobilmachung angeordnet und Hitler den Vorwand für seine Maßnahmen geradezu geliefert. Anfang Juli stellt das Oberkommando der Wehrmacht einen Mobilmachungskalender auf, der den Abschluß der Angriffsvorbereitungen zum 28. September zum Ziel hat. In der Generalität regt sich Widerstand, weil die Ausweitung eines Tschechoslowakei-Konfliktes auf England und Frankreich und damit eine Niederlage Deutschlands befürchtet werden.

Der Generalstabschef, Generaloberst Beck, reicht am 18. August seinen Rücktritt ein. Obwohl der britische Sonderbeauftragte Lord Runciman im Juni 1938 in die Tschechoslowakei entsandt wird, grundsätzliche Forderungen der Sudetendeutschen als rechtmäßig anerkennt und zu einer friedlichen Lösung auf Kosten der Tschechoslowakei drängt, gerät die Opposition in der deutschen Generalität bis an den Rand eines Staatsstreichs.

Auch der ungarische Reichsverweser, Vizeadmiral Nikolaus v. Horthy, gibt Hitler bei seinem Staatsbesuch (21.–26. 8. 1938) besorgt zu verstehen, daß Ungarn zwar an einem Beuteanteil im Falle einer Niederwerfung der CSR noch immer interessiert sei, aber kein Interesse an einer ernsthaften kriegerischen Verwicklung haben könne.

Die Signale scheinen unweigerlich auf Krieg zu stehen, obwohl der britische Premierminister Chamberlain am 15. September in Berchtesgaden die Abtrennung der sudetendeutschen Gebiete der CSR billigt, Großbritannien und Frankreich sogar ein entsprechendes Ultimatum an Prag richten. Am 22. September schraubt Hitler seine Forderungen noch höher. Er erklärt Chamberlain in Bad Godesberg rigoros, daß er am 1. Oktober »marschieren« werde, falls die deutschen Forderungen auf sofortige Besetzung des Sudetenlandes nicht angenommen werden.

Hitler muß aber erkennen, daß er die Schraube überdreht hat: Frankreich beginnt mit der Mobilisierung von Truppen, die britische Flotte macht sich kriegsbereit. Am 26. September erhält Hitler eine Botschaft Chamberlains, daß im Falle eines deutschen Angriffs auf die CSR London zu seinen Bündnisverpflichtungen stehen werde. London und Paris werden zur Übung luftschutzmäßig verdunkelt!

Am 27. September schwankt Hitler, ob er den Angriffsbefehl erteilen soll oder nicht. Dann unterbreitet Mussolini in seinem Auftrag den Vorschlag zur Münchner Konferenz der vier Großmächte, bei der Deutschland auf einen Angriff verzichtet, dafür jedoch freie Hand bekommt, in den Tagen 1.—10. Oktober die von den Tschechen freizugebenden Sudeten-Gebiete etappenweise zu besetzen. Der Jubel der Sudetendeutschen, aber auch aller von Kriegsfurcht befreiten Menschen ist ungeheuer. In deutschen, englischen und französischen Kirchen werden Dankgottesdienste abgehalten. Chamberlain verkündet bei seiner Rückkehr nach London: »It is peace in our time.«

Panzerschiff *Deutschland* erlebt diese kritische Phase auf seine Weise. Nach der Teilnahme an einer Flottenparade in der Kieler Bucht aus Anlaß der Taufe des Schweren Kreuzers *Prinz Eugen* am 23. August durch den ungarischen Reichsverweser Admiral von Horthy — an der als neues Flottenflaggschiff erstmals auch die *Gneisenau**teilnimmt — folgt ein Kaliberschießen in der Ostsee. Und schon am 20. September 1938 läuft die *Deutschland* — unter dem Vorwand einer Übungsfahrt — in Richtung Atlantik aus. In Wirklichkeit ist sie voll für einen etwaigen Handelskriegseinsatz von 60 Tagen Fahrt »auch unter anderen klimati-

---

* Schlachtschiff *Scharnhorst* wurde noch als Panzerschiff *D* in Auftrag gegeben, später aber, nach Wegfall der Versailles-Klauseln, zu einem vergrößerten Typ mit drei statt zwei Drillingstürmen (28 cm) gleicher Konstruktion wie auf der *Deutschland* und 31 850 ts Wasserverdrängung »aufgepumpt«. Dasselbe gilt für Schlachtschiff *Gneisenau*, das zunächst Panzerschiff *E* werden sollte.

schen Verhältnissen« ausgerüstet. Außerdem stehen ihm zur weiteren Seeversorgung die Troßschiffe *August Schultze* (zunächst stationär in Vigo) und *Samland* (auf See) zur Verfügung. Das Panzerschiff hat den Mob-Zuschlag* an Offizieren und außerdem Prisenoffiziere, Tropenausstattung, über 200 000 RM in Dollar, Goldpfunden und anderen hochwertigen Devisen sowie in Gold an Bord, dazu die Dampferfahrpläne und Routenkarten der Weltschiffahrt, die Linienkarten des Weltluftverkehrs sowie sämtliche Seekarten von Nord- und Südatlantik, Indischem Ozean und Pazifik.

Zunächst läuft die *Deutschland* am 22. September den spanischen Hafen Vigo an und wird dort vorsorglich von einem britischen Flottenverband observiert, der sich im Konfliktfalle das wertvolle Wild nicht entgehen lassen möchte. Aber es gelingt Kapitän Wenneker, bei dichtem Nebel unbemerkt wieder auszulaufen und dadurch die britischen Fühlungshalter abzuschütteln. Dabei hilft ihm freilich ein streng geheimer Gegenstand, der seit Herbst 1937 gelegentlich an der Vormarsdrehhaube festgemacht wird. Niemand weiß mit diesem merkwürdigen Metallkörper etwas anzufangen, der einer Matratze ähnelt. Es sind mitsamt dem Gerät ein paar Angehörige der Funklaufbahn an Bord gekommen, die auf strengstes Stillschweigen vereidigt sind und strikte Anweisung haben, diese »Matratze« grundsätzlich vor dem Anlaufen von Häfen wieder zu entfernen. Allzu neugierigen Kameradenfragen weichen sie mit dem Hinweis aus, das sei ein neuartiges »DeTe«-Gerät (Dezimeterwellen-Telegrafie-Gerät), mit dem man fremde Funkfrequenzen zu überwachen habe. In Wirklichkeit handelt es sich um ein Funkmeßgerät (Radar), das zu diesem Zeitpunkt keine andere Marine der Welt besitzt. Dieses eigens für den Bordgebrauch entwickelte »Seetakt«-Gerät arbeitet mit 80 cm Wellenlänge. So kann die »blind« aus Vigo auslaufende *Deutschland* auf der Braunschen Röhre ihres »DeTe«-Gerätes jene Lichtschraffierung genau erkennen, die jeweils einem britischen Schlachtschiff oder Kreuzer entspricht.

Kapitän Wenneker hat Order, im Falle eines Kriegsausbruchs als Operationgebiet wahlweise den mittleren Atlantik, die Wege nach Südamerika, die Kaproute und die Hauptwege im Indischen

---

* Mobilmachungszuschlag an Führungspersonal: Es wurden ein II. FlaA.O., ein III. F.T.O., ein Mars-A.O. und ein dritter Sanitätsoffizier an Bord kommandiert.

Ozean aufzusuchen. Im Falle einer verstellten Rückkehr soll er versuchen, mit dem Panzerschiff zur Werftüberholung nach Japan auszuweichen!

Wenneker war vorher Marineattaché in Japan, spricht fließend Japanisch und ist sich illusionslos über die Weltlage im klaren. Er weiß, daß sich die Vereinigten Staaten im Konfliktfalle nur bedingt neutral verhalten werden. Aber eines weiß Wenneker auch: Das artilleristische und technische Können seiner Besatzung ist hervorragend. Und diese geht für »Wenny, the Gentleman«, wie sie ihren Kommandanten nennt, durch dick und dünn. Sie ist derart gut eingefahren, daß sie beinahe unbegrenztes Vertrauen zu ihrem Schiff hat.

Der bittere Ernst der Lage offenbart sich am 27. September: Kein deutsches Handelsschiff darf mehr nach Übersee auslaufen. Alle in britischen, französischen und amerikanischen Häfen liegenden Schiffe erhalten die Order, die Heimreise anzutreten oder Kurs auf einen neutralen Hafen zu nehmen. Unter dem Stichwort »Wundergarten« ist ab sofort für die *Deutschland,* ihre beiden Versorger sowie die auf den Schiffsverkehr um Gibraltar angesetzten Unterseeboote U 25, U 27 und U 30 Kriegsfunkverkehr befohlen. Weit und breit ist das einsame Panzerschiff die einzige Überwasser-Streitmacht des nun sogenannten »Großdeutschen Reiches«! Die *Admiral Graf Spee* wird nicht vor Anfang Oktober den Versuch unternehmen können, ebenfalls in den Atlantik durchzubrechen.

Wenneker hat auftragsgemäß seine Ausgangsstellung auf der Linie Kanarische Inseln—Azoren erreicht. Und sobald der Ablauf der Ereignisse es nur zuläßt, wird er den zu langsamen Behelfsversorger *Samland* in abgelegene Seegebiete entlassen, damit er sich dort umtarnen und abrufbereit halten kann. Die *Samland* hat rund 7000 cbm Dieselöl, also zwei komplette Bunkerfüllungen, für das Panzerschiff an Bord. Das bedeutet (einschließlich der noch auf *Dora-Emil* vorhandenen Vorräte) eine Seeausdauer von 90—120 Tagen.

Nur *Dunkerque, Hood, Renown* und *Repulse* können der *Deutschland* als überlegene Gegner gefährlich werden. Aber erst nach und nach erfährt man durch die eingeschiffte B-Dienst-Gruppe (Funkbeobachtungsdienst), daß tatsächlich alle drei genannten Briten auf das Panzerschiff angesetzt sind! Von der *Hood,* dem derzeit größten Schlachtkreuzer der Welt, weiß man freilich seit dem Zusammentreffen in Gibraltar, daß sie vorübergehend auch nicht schneller als die *Deutschland* ist. Alles kommt also darauf an, dem artilleristisch weit überlegenen Briten durch rechtzeitige Funkmeßortung aus dem Weg zu gehen.

Am 26. 9. gelingt es der *Hood,* die *Deutschland* aufgrund eines abgegebenen Kurzsignals durch Funkpeilung zu orten. Sie schafft aber das Heranschließen nicht. Wenneker ist klug genug, zwischen den Azoren und Rio de Oro mit dem Gegner Katze und Maus zu spielen, so daß der ihn in einem falschen Seegebiet sucht.

Wenneker möchte im Ernstfall die Nordatlantik-Route möglichst meiden, da sie das (für einen Handelskrieg nach Prisenordnung ungeeignete) schlechtere Wetter und die intensivere Überwachung durch den Gegner erwarten läßt.

Ständig werden zu den Programmzeiten der Blindfunk auf der U-Boot-Fernverkehrswelle (UFVW) der Marinefunkstelle Kiel, dazu weitere vereinbarte Flotten- und B.d.P-Verbandswellen abgehört. Für alle Funksprüche, die *DE* mit Kurzsignal bestätigt, fällt die Wiederholung fort. Beobachtet werden auch der Kurzwellenverkehr von Norddeich Radio und der Überseepressedienst der Station Nauen. Auch Troßschiff *Samland* ist mit Schlüsselunterlagen für den Marinefunkschlüssel ausgerüstet. Zu den Programmzeiten schaltet der Tanker dieselbe Fernverkehrswelle wie *DE.*

Am 29. September kommt zwar der Funkspruch vom Zusammentreten der Münchner Konferenz durch, aber zugleich der Befehl: »*Zunächst keine Einschränkung der befohlenen Maßnahmen.*«

Erst am folgenden Tag wird offenbar, daß man noch einmal davongekommen ist. *Dora-Emil* darf am 3. Oktober für einen Tag Cadiz anlaufen. Danach verzieht sie sich wieder ins Seegebiet zwischen Gibraltar, Rio de Oro und den Kanarischen Inseln, um dort mit U 27 und U 30 Handelskriegsübungen abzuhalten, die der britischen Seite nicht verborgen bleiben.

Erstmals wird die Zusammenarbeit zwischen einem Handelsstörkreuzer und U-Booten geübt. Dabei funkt das O.K.M. alle bekannten Unterlagen über den Schiffsverkehr. Die *Deutschland* fungiert im Seegebiet Gibraltar—Kanarische Inseln—Rio de Oro als Führungsschiff und setzt die U-Boote entsprechend an. Die Übung offenbart jedoch die Mängel des Verfahrens: Die

Marschgeschwindigkeit der U-Boote ist zu gering, während die Standortkenntnisse zu lückenhaft sind. Auch ist das Panzerschiff als Führungszentrale denkbar ungeeignet, weil es sich durch Funkverkehr unnötig selbst gefährdet. Der Ansatz für eine erfolgreiche atlantische U-Boot-Kriegsführung darf also nur durch die Heimatdienststelle selbst erfolgen.

Das freilich setzt ein »Mehr« an Aufklärungsmitteln voraus. Der Ansatz einzelner U-Boote erweist sich als wenig effektiv. Diese Erkenntnis trägt wesentlich zur Einführung der nun von Dönitz entwickelten Rudeltaktik deutscher Unterseeboote bei.

Auf der Weiterreise läuft das Panzerschiff Tanger an und löst eine Geheimnachricht der Deutschen Botschaft Paris ans Auswärtige Amt in Berlin aus, weil 200 Mann der *DE*-Besatzung — ganz ohne Arg — in militärischer Formation vom Schiff zum Badestrand marschiert sind und dabei Lieder gesungen haben. Darin sieht der Direktor der Afrika-Abteilung im französischen Außenministerium einen Verstoß gegen die in Tanger gültigen Gesetze. Er sieht im Marsch der geschlossenen Abteilung und im Absingen von Liedern eine Manifestation, die der Polizei hätte gemeldet werden müssen. Frankreich wünscht — in Anbetracht der streng zu beachtenden Neutralität der »entmilitarisierten Zone« Tanger — keine politischen Besorgnisse.

Dieser Rüffel schlägt natürlich Wellen bis hinauf ins O.K.M. — er wird sämtlichen Marinekommandos zur Kenntnis gebracht.

Zwei Tage später ist *Dora-Emil* wieder in Gibraltar. Und nun wird es ihrer Besatzung heiß und kalt: Dort liegen — wie imposante stählerne Burgen — die Schachtschiffe *Hood, Rodney* und *Nelson* versammelt, die recht interessante Größenvergleiche mit dem »klitzekleinen« Westentaschen-Schlachtschiff ermöglichen!

Aber so ist das: Eben noch hat die *Hood* Jagd auf die *Deutschland* machen müssen. Jetzt begrüßen sich die »Lords« von Royal Navy und Kriegsmarine wieder als »dear old friends«. Sie tauschen ihre Mützen, so daß die *DE*-Fahrer mit den Mützenbändern der *Hood,* die *Hood*-Fahrer mit den Mützenbändern der *Deutschland* von dannen ziehen und begeistert dem Freundschaftsspiel der Fußballelf der *Dora-Emil* gegen die der *Hood* folgen — das übrigens die deutsche Mannschaft gewinnt. Und gerade deswegen spendieren die sportlich fairen Briten in ihrer Begeisterung Freibier. Eine seltsame Welt!

Jubel in Memel, Entrüstung in London

Die noch immer in Spanien-Bereitschaft befindliche *Deutschland* wird am 6. Febr. 1939 — mit dem B.d.P. an Bord — auf eine dreiwöchige Ausbildungsreise »zum Zeigen der Flagge« abermals in spanische Gewässer entsandt. Zwischen den Kanarischen Inseln Lanzarote und Fuerteventura wird ein Atlantik-Übungsschießen auf vom Troßschiff geschleppte Scheiben absolviert. Anschließend werden wiederum Teneriffa, Palma und — heimreisend — El Ferrol angelaufen. Am 26. Februar ist das Panzerschiff wieder zu Hause. Am 15. März 1939 rückt die Wehrmacht in Prag ein. Die Rest-Tschechoslowakei gerät als »Reichsprotektorat Böhmen-Mähren« unmittelbar in den deutschen Machtbereich. Der Westen sieht sein latentes Mißtrauen endgültig bestätigt, denn Hitler hatte bei Unterzeichnung des Münchner Abkommens — knapp ein halbes Jahr zuvor — feierlich versprochen, keine weiteren territorialen Ansprüche mehr zu stellen. Die Reaktion in London ist eisig und klar. Knapp eine Woche nach dem Einmarsch in Prag besteigt Hitler in Swinemünde die *Deutschland.* Mit allen drei Panzerschiffen, drei Leichten Kreuzern sowie zahlreichen Zerstörern, Torpedo- und Minensuchbooten läuft er am 23. März Kurs Ost, um das 1923 von Litauen annektierte Memelgebiet »heim ins Reich« zu holen. Demonstrativ benutzt Hitler dazu jenes Schiff, das den Landesnamen trägt.

Der Jubel der Memelländer ist gewaltig und echt. Aber sie wissen nicht, wie unheilvoll auch dieser Schritt der deutschen »Regierung« gerade in diesen Tagen ist. Am 31. März gibt der britische Premierminister Sir Neville Chamberlain eine englisch-französische Garantieerklärung für Polen ab. In Birmingham verkündet er in einer Rede offiziell das Ende seiner Friedens- und Ausgleichspolitik gegenüber Deutschland und Italien, die ihm seine Gegner als »Appeasement Policy« (Politik der Beschwichtigung und des Nachgebens) angekreidet haben.

Das politische Barometer steht endgültig auf Sturm.

Am 14. April 1939 fordert der amerikanische Präsident Roosevelt Hitler auf, allen europäischen Staaten und darüber hinaus der Türkei, dem Irak, den arabischen Staaten, Syrien, Palästina,

Ägypten und dem Iran Zusicherungen ihrer Unverletzlichkeit zu geben.*

Hitler nimmt die britische Garantieerklärung für Polen und die »amerikanische Herausforderung« zum Anlaß, um am 28. April in einer Reichstagsrede den deutsch-polnischen Nichtangriffspakt von 1934 und den deutsch-englischen Flottenvertrag von 1935 zu kündigen. Er erklärt, die englische, französische, polnische und amerikanische Politik laufe auf eine »Einkreisung« des Deutschen Reiches hinaus, die Vertragsgrundlagen seien damit hinfällig geworden.

Panzerschiff *Deutschland* ist inzwischen (am 17. April) abermals in den Atlantik ausgelaufen — unter dem Befehlshaber der Panzerschiffe, Vizeadmiral Marschall. Es wird forciert Gefechts- und Klarschiff-Ausbildung betrieben und die neu entwickelte Kampfgruppentaktik praktiziert, die auch im Handelsstörkrieg die größte Chance zu haben verspricht. Man geht davon aus, daß künftig ein Panzerschiff, ein Spähkreuzer, ein Flugzeugträger und zwei bis drei Tanker gemeinsam operieren werden. Jedes Kampfschiff muß stark genug sein, notfalls gegen bewaffnete gegnerische Handelsschiffe selbständig vorzugehen, überlegenen Seestreitkräften jedoch ausweichen zu können. Dem Spähkreuzer soll dabei als Hauptaufgabe die Unterstützung des Panzerschiffes im Auffinden, Untersuchen und Sicherstellen von Prisen zufallen, die durch die eigene Luftaufklärung (durch Bord- bzw. Trägerflugzeuge) erfaßt werden. Das Konzept ist gut, aber Spähkreuzer stehen erst auf dem Papier des Z-Planes. Der erste Flugzeugträger *(Graf Zeppelin)* ist zwar im Dezember 1938 vom Stapel gelaufen, wird aber keinesfalls vor 1941 einsatzbereit sein.

Der B.d.P. hat anstelle eines Spähkreuzers nur drei von den neuen Zerstörern zur Verfügung. Aber er kann erstmals drei

---

* Professor Michael Salewski bemerkt dazu: »*Eine schallende diplomatische Ohrfeige, die Hitler aufs äußerste empörte. An einer antideutschen und pro-englischen amerikanischen Politik konnte seitdem nicht der geringste Zweifel sein; trat England in den Krieg ein, so war über kurz oder lang auch mit der amerikanischen Intervention zu rechnen. Diese Perspektive hatte in sämtlichen Erörterungen während des Jahres 1938 keine Rolle gespielt. Die Einbeziehung der Sowjetunion als auch der Vereinigten Staaten in das europäische Spannungsgeflecht mußte die Lokalisierung eines europäischen Krieges immer unwahrscheinlicher machen.*« (Handbuch zur deutschen Militärgeschichte 1939—1948, Teil VII)

Neubauten, die seit 1937 unter Geheimhaltung entwickelt worden sind, in seine Dispositionen einbeziehen, und zwar die bis zu 22 kn schnellen, »aktiven« Troßschiffe *Westerwald, Altmark* und *Ermland.*

Diese drei Versorger befinden sich allerdings ebenso noch im Erprobungsverhältnis wie das vierte Troßschiff *Dithmarschen,* das bereits im Vorjahr beim »Fall Grün« der *Admiral Graf Spee* zugeteilt war, jedoch in der Irischen See durch Versalzen der Turbinenanlage schweren Maschinenschaden erlitt und dann vom Panzerschiff abgeschleppt werden mußte.

So unsinnig es auch ist, daß drei von den vier (vornehmlich zur ozeanischen Versorgung der Motor-Panzerschiffe entwickelten) Troßschiffen Turbinen- statt Dieselantrieb haben: Die äußerlich zivilen Tankern ähnelnden und deshalb leicht zu tarnenden Neubauten sind sonst ausgezeichnet durchdachte Konstruktionen. Sie sind bis zu 22 kn schnell, haben rund 22 800 ts Wasserverdrängung und 133 Mann Besatzung. Sie halten in ihren Tanks jeweils mehr als 10 000 t Treibstoff, 300 t Schmiermittel und größere Quoten Fliegerbenzin, in ihren Laderäumen hingegen Munition, Ersatzteile, Proviant und Bekleidung vorrätig. Alle Lagerräume sind durch Aufzüge zugänglich, die Munition wird teilweise — wie auf den Panzerschiffen — mit elektrischen Geschoßhebezangen und Laufschienen an der Raumdecke bewegt. Im Mob-Fall sind die Troßschiffe mit je drei 15-cm-Geschützen und vier Flugabwehrkanonen relativ stark bewaffnet. Alle Geschütze sind, wie bei Hilfskreuzern, hinter elektrisch verschließbaren Tarnklappen aufgestellt. Sogar ein Bordflugzeug ist für jedes Troßschiff vorgesehen, das freilich Wasserstarts vornehmen muß. Ein großes Schiffslazarett rundet die Ausrüstung ab. Die großzügig konzipierten Troßschiffe (siehe S. 154) sind eine konsequente Antwort auf die Tatsache, daß Deutschland über keinen einzigen Ozean-Stützpunkt verfügt.

Vizeadmiral Marschalls Klarschiff- und Gefechtsausbildungsfahrt ist zugleich Generalprobe für die neue Konzeption: Die Troßschiffe verlassen bereits in der »Spannungszeit« ihren heimatlichen oder überseeischen Bereitstellungshafen, tarnen sich von vornherein als Handelsschiffe mutmaßlich neutraler Staaten und bilden draußen auf dem Ozean, weit abgesetzt von allen Dampferrouten, auf vorher bestimmten Wartepositionen der ge-

heimen Quadratkarte »Versorgungspunkte«, die das Panzerschiff jederzeit beliebig anlaufen kann, ohne vorher verräteri-
schen Funkverkehr mit dem Troßschiff führen zu müssen.

Die Panzerschiffe laufen möglichst auch schon während der
Spannungszeit in den Atlantik aus. Andernfalls müssen sie
schlechteste Wetterverhältnisse ausnutzen, um die Bewacherlinien des Gegners in den Engen zwischen den Shetlands und
Bergen, zwischen den Färöer und Island oder zwischen Grönland
und Island ungesehen zu durchbrechen.

Dementsprechend kommt das schwere Wetter geradezu »wie
bestellt«, das den B.d.P.-Verband kurz nach dem Verlassen der
Jade (17. April 1939) überfällt. Bei den Verbandsübungen in der
mittleren Nordsee halten die Zerstörer nur unter Schwierigkeiten mit. Auch Kanal und Biskaya spielen Fortissimo. Der nicht
früh genug eingeschwungene Backbord-Kutter der *Deutschland*
wird voll von einem Brecher erfaßt, aus dem vorderen Heißha-
ken geschlagen und bugüber zum Absturz gebracht. Er hängt
zwar noch am Davit, kann aber nicht mehr geborgen werden.

Marschalls Übungsfahrt führt bis vor Gibraltar. Nach deren
Ende besucht die *Deutschland* mit ihren drei Zerstörern vom 27.
April bis zum 1. Mai 1939 im soeben befriedeten Spanien den
Hafen Malaga.

Anschließend verlegen die Kriegsschiffe aus dem Mittelmeer
in den Atlantik zurück. Sie nehmen dort an einer großen Handelskriegsübung unter Führung des Flottenchefs (Admiral
Boehm) teil. Dabei bildet das neue Flottenflaggschiff *Gneisenau*
zusammen mit der *Deutschland*, der 3. Zerstörerdivision, der 6.
und 7. U-Flottille, dem Unterseebootbegleitschiff *Erwin Wassner*
und dem Troßschiff *Samland* die II. Manöver-Gruppe.

Was im Vorjahr bei der Handelskriegsübung nach dem »Fall
Grün« nur ein Torso war und infolge vieler Mißhelligkeiten fehl-
schlug, wird jetzt mit neuen Methoden und Möglichkeiten — im
großen Stil — in der Biskaya sowie in der Spanischen See durchexerziert: Das Zusammenspiel von Überwasserstreitkräften und
U-Booten im Handelskrieg, wie es der B.d.U., Kapitän zur See
und Kommodore Dönitz, gerade in seiner Winterarbeit 1938/39
vorgeschlagen hat. Dönitz ist selbst an Bord der als schwimmende Führungszentrale eingerichteten *Erwin Wassner*. Er operiert
erstmals mit breiten Aufklärungsstreifen von U-Booten und ge-

schlossener Heranführung von deren Rudeln an den Gegner. Von Cap St. Vincent bis hinauf nach Quessant greifen insgesamt 20 U-Boote immer wieder einen »Geleitzug« aus Troßschiffen der Flotte an. Er hat wenig Chancen zu entkommen. Zugleich wird die Diversion der Gegnerflotte durch getrenntes Operieren von Handelsstörkreuzern und U-Booten erprobt. Für die »Dickschiffe« ist das Zusammenspiel mit den U-Booten zum anderen eine ausgezeichnete Gelegenheit, Ortungsübungen abzuhalten, neue Marschsicherungsformationen zu erproben und die U-Boot-Sicherung realistisch zu üben.

Ausfahrt ins Ungewisse

Am 22. August 1939 melden sich am Liegeplatz der *Deutschland* in Wilhelmshaven vier neu an Bord kommandierte Offiziere. Sie sollen an einer »Übung« des Panzerschiffes teilnehmen. Ihr Kommandierungsbefehl enthält den Zusatz: Persönliche Ausrüstung für sechs Monate (!), keine Gala, keinen Messeanzug. In der Fernschreibstelle des Panzerschiffes laufen immer neue SSD-Schreiben (Sehr sehr dringend!) vom Vorbereitungsstab des Marine-Gruppenkommandos West ein mit Angaben über atlantische Dampferpositionen britischer Handelsschiffe, weitere mit erkannten Positionen britischer Seestreitkräfte. Die Werftliegezeit soll beschleunigt zu Ende gebracht werden. Für die Besatzung ist Urlaubssperre angeordnet. Auf einen besonderen Antrag des Flottenkommandos wird das Schiff mit neuen, aufblasbaren Gummischwimmwesten ausgerüstet. Eine Geheime Kommandosache (GKdoS) ordnet an, daß in heimischen Gewässern alte, in außerheimischen Gewässern neue Quadratkarten benutzt werden müssen.

Unverkennbar ist etwas »im Busch«.

Gestern hat Panzerschiff *Admiral Graf Spee* den Stützpunkt Wilhelmshaven mit unbekanntem Reiseziel verlassen. Heute nacht um 1.30 Uhr ist auch das der *Deutschland* fest zugeteilte Troßschiff *Westerwald* (unter Korvettenkapitän d. R. Grau) unbemerkt in See gegangen.

Gestern wurde plötzlich das Bordflugzeug der *Deutschland*, der altvertraute He-60-Doppeldecker, gegen ein Schwimmerflugzeug Arado 196, mit verglastem Cockpit, ausgetauscht, obwohl weder der Flugzeugführer noch der Beobachter jemals mit dieser »Ente« geflogen sind. Auch vom fliegertechnischen Personal hat kein Mensch je eine Ar 196 gesehen. Das Modell ist so brandneu, daß die technische Ausrüstung mit Ersatzteilen und Verbrauchsmaterial noch nicht möglich ist!

Der Pilot und sein 1. Wart hocken stundenlang im Cockpit, mit der Betriebsanleitung in der Hand. Und wenn man den Flugzeugführer etwas fragt, erwidert er grantig: »*Still jetzt, ich lerne nämlich fliegen!*«

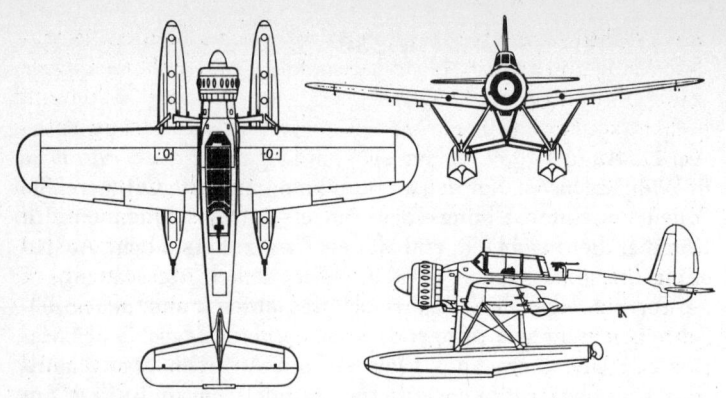

Bordflugzeug Arado 196, Version 196 A-3

Die Zeit reicht gerade noch, draußen auf der Jade einige Wasserstarts und Wasserlandungen vorzunehmen und sich bei diversen »Ehrenrunden« einigermaßen mit dem Flugzeug vertraut zu machen. In der Tat ist die Arado 196 ein bemerkenswert ausgereiftes Modell, dessen Entwicklung auf rund vierjähriger Bordfliegerpraxis der Flotte basiert — ein moderner Tiefdecker, der mit zwei eingebauten 2-cm-Kanonen (zusätzlich zu den MGs), Bombenzielgerät und Nebelvorrichtung in den Schwimmern Aufklärer und leichtes Seekampfflugzeug zugleich ist. Der als Beobachter eingesetzte Fliegeroffizier kann seinen auf Schienen laufenden Rollsitz an drei verschiedenen Stellen des langgestreckten Cockpits einrasten, je nachdem, ob er die Funkgeräte bedient, als Bordschütze fungiert oder das Bombenzielgerät bzw. die Leuchtbombenkästen bedient. Die Ar 196 ist wirklich eine neue Flugzeuggeneration, aber mit Ausnahme bestimmter Hydronalium-Blechverkleidungen an Rücken, Bauch, Flügelstummeln und Heck nach wie vor ein stoffbespannter »Leukoplastbomber«, der beim Anbordnehmen mit dem Flugzeugkran dieselbe umständliche Sorgfalt erfordert wie zuvor die He 60.

Am 23. August passieren das letzte polnische und das letzte französische Schiff den Nord-Ostsee-Kanal. Am gleichen Tag finden sich fünf Reservisten (Handelsschiffskapitäne) als Prisenoffiziere und drei B-Dienst-Beamte sowie vier Funkmaate als Funkbeobachtungsspezialisten an Bord der *Deutschland* ein. In der Wachtmeisterei des Schiffes melden sich außerdem telegrafisch zurückgeholte Lehrgangsteilnehmer und Urlauber. Überzählige Fähnriche und Sanitätskadetten packen ihre Sachen und gehen von Bord. Mittlerweile wurde Post- und Landgangssperre verhängt.

Die Werftarbeiten werden endgültig eingestellt, nachdem man die Restarbeiten zur Verstärkung der Motorenfundamente in den Motorenräumen 2 und 3 überstürzt zu Ende gebracht hat. Vom Marineobservatorium Wilhelmshaven wird eine neue, komplette Bordwetterwarte samt Meteorologe und Kriegswetterfunkschlüsselunterlagen übernommen.

Nach Übernahme von Gefechtsmunition wird unverzüglich die Schießbereitschaft aller Waffen hergestellt. Und damit Panzerschiff *Deutschland* möglichst unbemerkt die Heimatgewässer verlassen kann, hat der B.d.P. beim O.K.M. für den 24. August 1939 dringend verstärkte Luftaufklärung über der Nordsee beantragt. Es ist jener Tag, an dem der letzte britische Dampfer den Hamburger Hafen verläßt. Und es fällt aufmerksamen Beobachtern auf, daß fortan kein einziges britisches, französisches oder polnisches Schiff mehr deutsche Häfen berührt!

An eben diesem 24. August meldet Abschnitt Maschine um 14.30 Uhr die Motorenräume 1 und 4 für 17,5 kn Fahrt seeklar. Eine halbe Stunde später verläßt *Dora-Emil* ihren Heimathafen durch die Südschleuse und steuert ab Jadeausgang Kurs 340 Grad, also in nördliche Richtung. Man fährt wohlweislich so, daß Helgoland bei dem herrschenden sonnigen Wetter außer Sicht bleibt.

Gleich nach dem Inseegehen spricht der Kommandant — nach wie vor Kapitän zur See Paul Wenneker — über den Bordrundfunk. Er weist auf die Verschärfung der politischen Lage hin und erklärt, daß Panzerschiff *Admiral Graf Spee* im Süd-, Panzerschiff *Deutschland* im Nordatlantik zum Kreuzerkrieg bereitgestellt werden sollen. Man werde eine geheime Warteposition beziehen. Zunächst komme es darauf an, möglichst ungesehen in den Atlantik auszubrechen.

Um 19.00 Uhr werden die Kriegswachen eingeteilt. Es wird volle Kriegswache befohlen und das Schiff vollständig abgeblendet, d. h. verdunkelt gefahren.

Am nächsten Morgen erweist sich die Richtigkeit der Maß-

nahme, Luftaufklärung angefordert zu haben: Ein Seefernaufklärer der Küstenfliegergruppe 506 meldet im Quadrat 2492 (und
damit bei Utsira/Norwegen) einen Verband kleinerer Flugzeuge
und einen britischen Flugzeugträger. Um von dessen Maschinen
nicht vorzeitig mit Nordkurs gesichtet zu werden, läßt Kapitän
Wenneker einen Scheinkurs nach Osten steuern, der eine Fahrt
rund Skagen zur Ostsee vortäuschen soll. Kurs und Fahrt werden aber so eingerichtet, daß die *Deutschland* in Wirklichkeit genau bei Nacht die Bergen-Shetlands-Enge passiert. Ab 17.00 Uhr
ist das Schiff gefechtsklar. Erfreulicherweise nimmt die Sicht gegen Abend immer weiter ab, sie ist nach Einbruch der Dunkelheit
nur noch gering. Das Panzerschiff läuft mit allen acht Motoren
und hoher Fahrtstufe durch die kritische Enge, längst wieder mit
Kurs Nord, und weicht mehrfach Schiffslichtern aus, die zu Fi-
schereifahrzeugen gehören dürften.

Für 4.00 Uhr am Morgen des 26. August ist abermals volle
Kriegswache befohlen, weil dann mit Trägerflugzeugen zu rechnen ist. Aber zwei Stunden vorher kann dieser Befehl aufgrund
eingegangener Funknachrichten wieder rückgängig gemacht
werden: Der bereits für diesen Tag vorgesehen gewesene Angriff der deutschen Wehrmacht gegen Polen findet nicht statt!
Sollte man abermals, wie elf Monate vorher beim »Fall Grün«,
glimpflich davonkommen?

Es ist eine makabre, zwielichtige Situation: Immerhin werden
die seit dem Vortage ausgestrahlten Warntelegramme an die
deutschen Handelsschiffe nicht widerrufen, was Skepsis angebracht erscheinen läßt. In der Frühe des 25. August hatte Norddeich Radio das erste Warntelegramm QWA 7 als Weitergabe-
Nachricht an die deutsche Seeschiffahrt in aller Welt ausge-
strahlt. Sie enthielt das Stichwort für das Öffnen des allen Handelsschiffen mitgegebenen versiegelten Briefes mit den Sonder-
anweisungen, ab sofort die üblichen Dampfertracks zu verlassen
und sich 30—100 Seemeilen von ihnen abzusetzen. Fortan unter-
steht die deutsche Handelsflotte nicht mehr den Reedern, sondern dem Reichsverkehrsministerium. Wenig später befahl das
Warntelegramm QWA 8, die Schiffe zu tarnen, den englischen
Kanal zu meiden und für den Funkverkehr den eigens dafür an
Bord gegebenen Sonderschlüssel H als Geheimcode zu verwenden.

Das alles ist also nach wie vor gültig, während am Vormittag des 26. August auf der unverändert nach Norden marschierenden *Dora-Emil* bei dickem Nebel Gefechtsdienst durchgeführt und die Fahrt vorsorglich reduziert wird. Gegen Mittag klart es jedoch auf, die Fahrt kann wieder auf 18 kn erhöht werden. Und während die Besatzung nahezu friedensmäßig Reinschiff macht, wird mehrfach Dampfern ausgewichen, deren Mastspitzen an der Kimm in Sicht kommen. Vermutlich handelte es sich um deutsche Handelsschiffe, die sich nach Hause durchzumogeln versuchen, im Wettlauf mit der Zeit.

Noch ist ja kein Krieg. Im Funknachrichtendienst ist durchgekommen, daß der britische Botschafter in Berlin, Sir Arthur Henderson, mit einer Botschaft Hitlers nach London geflogen sei. Die Weltgeschichte hält sozusagen erneut den Atem an.

Für die *Deutschland* kommt jedoch kein Rückrufbefehl. Bei starken Regenböen und Wetterleuchten marschiert sie weiter, weicht abermals Dampfern aus und läuft ab Hellwerden am Morgen des 27. August weiter. Ab 6.30 Uhr steuert das Panzerschiff Kurs West. Um 11.20 Uhr erklärt der Kommandant seiner Besatzung über die Lautsprecher, daß die Sicht südlich Island zu gut sei. Er habe sich deshalb entschlossen, durch die Dänemarkstraße zu gehen. Der Entschluß ist richtig. Die Prophezeihungen des Bord-»Wetterfrosches« Dr. Fabricius stellen sich am nächsten Tag als zutreffend korrekt heraus. Zwischen Grönland und Island brodeln Nebelschwaden empor, die Sicht beträgt maximal eine halbe Seemeile. Vorübergehend muß die Fahrt auf 12 kn reduziert werden. Um 9.00 Uhr und 10.00 Uhr werden während des Gefechtsdienstes Eisberge passiert, deren schweigende Majestät die ernste Stimmung an Bord verstärken. Für den Nachmittag ist Waffenreinigen angesetzt, dem eine Klarschiff-Übung folgt — bei immer noch wechselndem Wetter mit Nebelbänken. Das DeTe-Gerät soll wegen Einpeilungsgefahr grundsätzlich unbenutzt bleiben!

Ausgerechnet an der engsten Stelle der Dänemarkstraße läuft ein Hilfsdrucklager heiß. Die Steuerbordwelle muß über acht Stunden lang gestoppt werden. Das Panzerschiff läuft mit 12 kn Fahrt — allein mit der Backbordwelle — weiter. Zu allem Überfluß bessert sich gegen Abend ringsum die Sicht. Aber der Vormars kann keine Mastspitze anderer Schiffe melden. Abends läuft in einem der durch Hochklappen der »Backen und Banken« zum Kino umgestalteten Mannschaftswohndecks der Spielfilm »Tanz auf dem Vulkan«!

Nachrichten kommen nur noch selten durch, sie sind zumeist atmosphärisch gestört. Man weiß aber, daß Botschafter Henderson aus London nach Berlin zurückgekehrt ist und die Besprechungen in der Reichskanzlei noch andauern.

Am 29. August herrschen wechselnde Bewölkung und sehr gute Sicht. Nur einmal kommt eine Rauchwolke in Sicht, der beizeiten ausgewichen wird. Um 14.00 Uhr kommt über die Wachdienstanlage der Befehl »*Alle Mann achteraus*«. Kapitän zur See Wenneker erläutert, daß die Situation noch immer ungeklärt ist, politische Verhandlungen im Gange sind und *Dora-Emil* sich auf dem Marsch zum Treffpunkt mit Troßschiff *Westerwald* befindet.

So kurz und prägnant die Ansprache des Kommandanten auch ist — die »Lords« frieren dabei gehörig. Die Nähe Grönlands macht sich durch unangenehm niedrige Lufttemperatur bemerkbar.

Am 30. August rückt bei Wind Nordost 4 und abermals ungewöhnlich guter Sicht um 7.23 Uhr ein Schiff ins Blickfeld der Ausguck-Ferngläser und schließlich der Zieloptiken. Der Austausch der vereinbarten Erkennungssignale bestätigt die Vermutung: Es ist Troßschiff *Westerwald* auf seiner Warteposition 59°05′ Nord/38°15′ West. Die beiden Kommandanten beglückwünschen sich gegenseitig zu dem Erfolg ihres unbemerkt gebliebenen Durchbruchs. Sie bilden jetzt ein Team, in dem jeder auf den anderen angewiesen ist: Solange das Troßschiff existent ist, bleibt auch die Seeausdauer des Panzerschiffes erhalten. Umgekehrt fühlt sich die *Westerwald* während der Dauer ihres jewei-

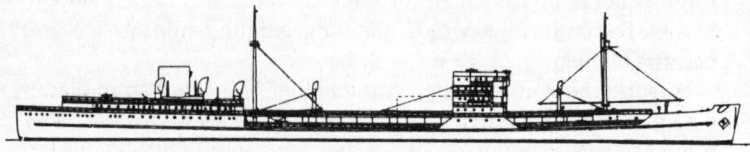

Troßschiff *Westerwald*, 10847 BRT/22853 ts Wasserverdrängung, 21500 WPS, 21 kn. Kriegsbewaffnung drei 15-cm-Seezielkanonen, vier 2-cm-Flak. Aus Irreführungsgründen im März 1940 in *Nordmark* umbenannt.

ligen Versorgungsaufenthaltes von den schweren Waffen des Panzerschiffes geschützt.

Um 9.00 Uhr beginnt im Schlepp der *Westerwald* eine dreistündige Ölübernahme, der ab 12.30 Uhr eine ebenfalls dreistündige Proviantübernahme mit den pendelnden Verkehrsbooten beider Schiffe folgt. Die Devise lautet fortan: Was man hat, das hat man. Alle Vorräte des Panzerschiffes sind so oft wie möglich wieder aufzufüllen, weil damit gerechnet werden muß, daß dem schwimmenden Stützpunkt irgendwann etwas passiert.

Die Nacht über bleiben beide Schiffe zusammen.

Am 31. August unternehmen sie gemeinsam E-Meß- und Koppelübungen, wobei sie immer wieder in Nebel- und Regenschwaden verschwinden. Um 11.00 Uhr wird das Troßschiff auf den nächsten Treffpunkt entlassen.

Um 18.00 Uhr trifft das Funktelegramm FT 2035/49 der Seekriegsleitung »An alle« ein, dessen Inhalt der Kommandant anderthalb Stunden später seiner Besatzung bekanntgibt:

1. Beginn Feindseligkeiten gegen Polen in heimischen Gewässern 1.9.39 4.45 Uhr.
2. Verhalten Westmächte ungewiß.
3. Bei Kriegsantritt Westmächte Eröffnung Feindseligkeiten durch eigene Streitkräfte nur in Abwehr feindlicher Angriffe oder auf besonderen Befehl.
4. Panzerschiffe Atlantik, U-Boote zunächst in Wartestellung bleiben, auch gegen polnische Handelsschiffe zunächst keine Feindhandlung.

In den Wohndecks der *Deutschland* breitet sich eine ernste, gefaßte Stimmung aus. Das Zivilpersonal wird militärisch eingekleidet und vereidigt. Man sieht die eingegangene Nachricht als reinigendes Gewitter in einer schwülen, unklaren Atmosphäre, als eine Art Erlösung aus der Nervenanspannung völliger Ungewißheit. Diese Reaktion ist gepaart mit dem naheliegenden Vertrauen in die Kampfkraft des Schiffes und in »Wenny, the Gentleman«. Der »Alte« wird es schon machen!

Die Männer sehen in dieser Stunde ihren Kommandanten nicht. Sie wissen nicht, daß er sich in die äußerste Ecke einer Brückennock zurückgezogen hat, um mit sich allein sein zu können.

Wenneker glaubt längst nicht mehr daran, daß sich das »Wunder von München« noch einmal wiederholt. Er kennt die Angelsachsen zu gut, um das den Polen gegebene Garantieabkommen anders als realistisch zu deuten. Und er weiß, daß die USA voll hinter Großbritannien stehen. Der Polen-Konflikt wird also auf keinen Fall lokalisiert bleiben.

Wieviel Galgenfrist bis zur britisch-französischen Kriegserklärung auch noch gegeben sein mag: Kapitän zur See Wenneker gehört ab sofort zu den einsamsten Menschen der Welt. Er ist Kommandant eines auf sich allein gestellten Handelsstörkreuzers, für den es vielleicht keine Rückkehrmöglichkeit in die Heimat geben wird. Er ist ein Seebefehlshaber, dessen Aktionen sämtlich am seidenen Faden hängen, der außer dem wackeren Begleiter *Westerwald* keine Verbündeten und schon gar keine Beschützer hat. Ihm geht es jetzt wie weiland dem Vizeadmiral Graf Spee, der nach dem für ihn siegreichen Seegefecht bei Coronel in Valparaiso einem chiledeutschen Gesprächspartner anvertraute:

»Sie müssen nicht vergessen, daß ich ganz heimatlos bin. Nach Deutschland kann ich nicht. Irgendeinen sicheren Hafen sonst auf der Welt besitzen wir nicht; ich muß mich so durch die Weltmeere schlagen und so viel Unfug anrichten, als ich kann, bis uns an Bord die Munition ausgeht oder mich ein an Machtmitteln weit überlegener Feind zu packen kriegt.«

Kühl wägend geht der Kommandant dieses einsamen Schiffes in seinem selbstgewählten »Abseits« der Brückennock noch einmal das Für und Wider der gegebenen Möglichkeiten durch. Einerseits drängt sich ihm das Märchen vom tapferen Schneiderlein auf, wenn er daran denkt, welcher Übermacht er mit seinem Schiff gegenübersteht. Auf der anderen Seite weiß Wenneker sehr wohl, daß ein Weltreich von der 137fachen Größe seines Mutterlandes mit seinen Seeverbindungen verwundbar ist. Die Royal Navy wird nicht umhin können, einen beträchtlichen Teil ihrer Flotte weltweit zu dislozieren. Dieses Auseinanderziehen kann Blößen geben, denn die britischen Inseln sind vollständig von den Zufuhren aus Übersee abhängig. Bei geschickt angewendeter Tip-and-run-Taktik, beim permanenten Zuschlagen und Wieder-Zurückziehen in die Weite des Atlantik, müßte es also durchaus reale Erfolgschancen für sein Schiff geben. Panzerschiff *Deutschland* und die jetzt im Südatlantik stehende *Admiral Graf Spee* (Kommandant Kapitän zur See v. Langsdorff) dürften der britischen Admiralität schon einige Kopfschmerzen bereiten.

Flugzeug vermißt!

Der ereignisreiche 1. September mit dem Einmarsch der Wehrmacht in Polen beginnt für *Dora-Emil* bei schlechter Sicht von nur 1—2 sm mit vergeblicher Ausschau nach dem Troßschiff. Erst um 14.45 Uhr kommt es in Sicht. Ein Besteckunterschied der beiden Schiffe hat dazu geführt, daß diese zunächst aneinander vorbeigestoßen sind. Zur künftigen Vermeidung von Zeitverlusten beim Wiederauffinden seines »Vasallen« — der ja ebenso wie die *Deutschland* selbst strikte Funkstille wahren muß — behält Wenneker das Troßschiff zunächst bei sich.

Um 19.45 Uhr geht ein FT »An alle« ein: *»England und Frankreich Generalmobilmachung angeordnet. Weitere Haltung noch ungeklärt. Italien wird auf jeden Fall neutral bleiben.«*

Lage für *DE* bleibt damit wie bisher, keine neuen Entschlüsse.

Ab Frühstück des 2. September wird auf dem Panzerschiff kriegsmäßig Einheitsverpflegung befohlen. Ab sofort werden die in Friedenszeiten üblichen getrennten Küchen für Mannschaften, Unteroffiziere, Portepee-Unteroffiziere und Offiziere aufgehoben. (Ein Kardinalfehler im Weltkrieg 1914—1918 soll auf keinen Fall wiederholt werden.)

Am 3. September bei Nordnordostwind Stärke 7 und grober See »stehen« die beiden Schiffe vor der grönländischen Südostküste noch immer »auf und ab«, d. h. sie treten mehr oder weniger auf der Stelle. Ein um 9.00 Uhr mitteleuropäischer Zeit wiederholtes Ultimatum der britischen Regierung zum Zurückziehen der deutschen Truppen aus Polen wird von Berlin nicht beantwortet, so daß sich Deutschland ab 1.00 MEZ mit Großbritannien im Krieg befindet. Auch mit dem Eintritt Frankreichs in den Krieg ist jederzeit zu rechnen.

Die Ausgangslage für Panzerschiff *Deutschland* ist nicht beneidenswert: Nachrichten über die Verteilung der britischen Seestreitkräfte fehlen so gut wie gänzlich. Der Kommandant kann sich nur auf seine Kenntnis von deren letzter friedensmäßiger Lokation verlassen. Er geht davon aus, daß sie erst dann auf die *Deutschland* operieren werden, wenn diese gemeldet ist. Bis jetzt darf mit Recht angenommen werden, daß das Panzerschiff noch nicht geortet ist. Auf der amerikanischen Seite des Atlantik ist vorerst nur mit den bisherigen Amerika- und Westindien-Streitkräften der britischen Flotte zu rechnen.

Der eingeschiffte Funkbeobachtungsdienst hat zwar herausgefunden, daß die Engländer schon jetzt am Kanaleingang mit der Zusammenstellung von Geleitzügen beginnen. Hinsichtlich der geringeren Gegenwehr dürften zunächst die Gebiete in der Atlantikmitte die lohnenderen sein, vermutlich ist dort noch überwiegend mit Einzelgängern zu rechnen. Falls es die Wetterverhältnisse auf der Nordatlantik-Route — wo es zur Zeit mit Windstärken 8—10 aus Nordwest weht — nicht zulassen, nach der Prisenordnung mit jeweiligen Schiffsdurchsuchungen (die das Aussetzen eines Bootes erfordern) Handelskrieg zu führen, müßte die Panama-Azoren-Route aufgesucht werden. Die Grönland-Region wird aber als vorläufige Basis der *Dora-Emil* beibehalten, da hier das Troßschiff am sichersten ist, zumal auf der Westseite. Kapitän Wenneker entschließt sich aus diesen Erwägungen heraus, zwecks Handelskriegsführung zum Punkt 50 Grad Nord/30 Grad West vorzustoßen, um von dort nach Westen den Amerika-England-Track anzugreifen. Troßschiff *Westerwald* wird einstweilen zur Davisstraße entlassen und erhält Order, auf dem Quadrat AJ 18 Mitte 20 Seemeilen in Ost-Westrichtung »auf- und abzustehen«.

Um 17.00 Uhr an diesem denkwürdigen 3. September, nachdem Panzerschiff *Deutschland* schon seit zwei Stunden auf dem Marsch ins Kriegsgebiet ist, spricht der Kommandant vom Funkraum aus zu seiner Besatzung, während das Schiff stark rollt.

Marsch ins Kriegsgebiet. Mancher *DE*-Fahrer macht sich durchaus Gedanken darüber, wie es nun weitergehen wird. Ist man jetzt auch auf der Anfahrt zu Taten, die eines Tages in den Schullesebüchern stehen? Die Worte des »Alten« klingen nach, die sie nun plötzlich auf eine Stufe mit den Männern der *Emden* und der *Karlsruhe* stellen.

Ab 17.00 Uhr MEZ betrachtet sich auch Frankreich mit Deutschland als im Kriege befindlich.

Am 4. September immer noch Grundkurs 150 Grad, Fahrt 18 kn mit je zwei Motoren pro Welle. Zweimal kommen Dampfer in Sicht, denen aber vorsorglich ausgewichen wird. Zwischendurch herrscht Sauwetter mit Regen und Hagel von vorn, später aufklarend. Gegen 14.45 Uhr Prisenalarm zur Übung und Musterung des Prisenkommandos. Um 16.45 Uhr sichtet der Vormars-Ausguck in Richtung 338 Grad zwei sehr weit auseinanderstehende Masten. Ob das der heimkehrende Lloyd-Schnelldampfer *Bremen* ist? Auf jeden Fall wird ihm wie auch einem bald darauf gesichteten zweiten Dampfer ausgewichen, weil verfrühtes Gemeldetwerden den geplanten Aktionen schaden würde.

S.A. und M.A. gehen eingeschränkte, die Flak hingegen tagsüber volle Kriegswache. So recht kann man sich immer noch nicht vorstellen, was es heißt: Wir befinden uns im Krieg . . .

Am 5. September wird während des Übergangs von einer Nacht mit abnehmendem Mondviertel und aufkommender Morgendämmerung einem Dreimastschoner ausgewichen, bei dem es sich möglicherweise um einen heimkehrenden französischen Neufundlandfischer handelt. Um 6.06 Uhr startet das Bordflugzeug zu seinem ersten Kriegs-Aufklärungsflug in Richtung Süden. Um 9.00 Uhr ist die Maschine noch immer nicht zurück. Zwar wurde sie von einem Flakausguck um 7.30 Uhr an Backbord auf Gegenkurs gemeldet, aber es muß wohl eine Sinnestäuschung gewesen sein. Die »Ente« bleibt verschwunden. Kein gutes Omen für eine Kreuzerkriegs-Unternehmung.

Gegen 9.20 Uhr schrecken sie im Funkempfangsraum hoch: *»Meldung an Brücke: Flugzeug sendet Peilzeichen!«*

Also muß irgend etwas passiert sein. Um keinen Preis der Welt würde der Flugzeugführer sonst die unbedingt notwendige Funkstille brechen und Peilzeichen senden.

In der Aufregung überträgt jemand auf der Kommandobrücke der *Deutschland* die Schiffsrichtung der Funkpeilung um 180° falsch auf die Kompaßrichtung — eine simple Fehlleistung, die auch anderen »großen Geistern« in vergleichbarer Lage schon passiert ist. Aber immerhin rauscht das Panzerschiff mit 22 kn Fahrt in entgegengesetzte Richtung, ehe schließlich jemand den gemachten Fehler bemerkt.

Also auf Gegenkurs das Ganze noch einmal von vorn. Jetzt stimmt der Kurs. Tatsächlich werden alle halbe Stunde die Peilzeichen V-V aufgenommen — leider nicht nur vom Panzerschiff. Auch ein estnischer Dampfer empfängt sie und fragt sogar an: *»Kann ich etwas für Sie tun?«* Bleiben dann die Peilzeichen dem Gegner verborgen?

Um 11.00 Uhr kommt ein schwedischer Dampfer in die Quere. Eine dumme Situation! Das Panzerschiff führt zwar keine Flagge, aber die Gefahr einer Sichtmeldung ist groß. Doch der Kommandant will die Suche nach dem Flugzeug nicht gefährden. Er wagt es, den Kurs durchzuhalten. Der Schwede rührt sich zum Glück nicht, er gibt keine Sichtungsmeldung ab. Vielleicht hält er das Panzerschiff für einen britischen Kreuzer? 12.30 Uhr kommt abermals ein Segler in Sicht, von dem aber auch kein Funkverkehr beobachtet wird. Die *Deutschland* muß unbedingt ihr Aufklärungsflugzeug wiederbekommen, sie nimmt dafür fast jedes Risiko in Kauf.

Nachmittags werden die Peilzeichen unverkennbar immer schwächer, weil die Batterien der Maschine zur Neige gehen. Aber aus rund 250 Hektometern (25 km) Entfernung wird im Vormars-E-Meßgerät schließlich ein roter Signalstern gesichtet, den der Fliegeroffizier abgeschossen hat. Wenig später, um 16.05 Uhr sichtet der Flakausguck im Vormars auch das treibende Flugzeug selbst. Fünfundzwanzig Minuten später geht das Panzerschiff auf der Luvseite bei ihm längsseits. Ein ausgesetzter Kutter schleppt die Maschine pullend, also mit Menschenkraft, unter den Flugzeugkran.

Alles atmet auf, als der »Papagei« wieder auf seiner »Stange« sitzt. Er hat sich bei der Wasserlandung nur das Höhensteuer geringfügig beschädigt. Das Bodenpersonal beginnt sofort mit der Reparatur.

Was aber war die Ursache der Notlandung? Infolge schlechter Sicht hatte das Bordflugzeug das Panzerschiff nicht wiedergefunden und war am Ende seiner Flugdauer wegen Kraftstoffmangel niedergegangen.

Die Hochstimmung über die gelungene Flugzeugbergung wird schon um 17.00 Uhr durch ein F. T. (Nr. 1621) der Seekriegsleitung an *Admiral Graf Spee* und *Deutschland* erheblich gedämpft:

1. *Zurückhaltende Haltung Frankreichs und noch zögernde Kriegführung Englands machen Einsatz Panzerschiffe zur Zeit unzweckmäßig.*
2. *Durch erkennbares Abstoppen Feindhandels und vermuteten planmäßigen Feindeinsatz gegen Panzerschiffe steht Einsatz zur Zeit in ungünstigem und erwünschtem Verhältnis zu Erfolgsaussichten.*

3. Handelskrieg unterbrechen und weit von Operationsgebieten absetzen.
   In Frage kommen: Nordmeer, Südatlantik, Indischer Ozean.
   Funkstille!

Der »Rückzugsbefehl« löst an Bord Verbitterung und Niedergeschlagenheit, besonders bei den jungen Offizieren, aus.

Paul Wenneker muß wieder einen einsamen Entschluß fassen.
Er notiert ins Kriegstagebuch:

*»Ich breche den Handelskrieg ab und weiche ins Nordmeer aus. Ich
steuere zunächst einen Punkt südlich der Dänemarkstraße an, um mich
dann von dort nach dem mit ›Westerwald‹ für den 10. 9. verabredeten
Punkt Quadrat AJ 18 zu begeben. Begründung: Ein Ausweichen nach
dem Nordmeer bedeutet für mich und den Tanker die höchstmögliche
Brennstoffersparnis, einmal wegen der in Frage kommenden Entfernungen
und zweitens wegen des derzeitigen Aufenthalts der ›Westerwald‹. Außerdem scheint mir die Möglichkeit des Verborgenbleibens im Nordmeer am
ehesten gegeben, da der Verkehr schon auf dem Wege dahin äußerst gering
ist, während bei einem Ausweichen nach dem Südatlantik auf dem langen
Marsch eher die Gefahr des Entdecktwerdens besteht... Um das größtmögliche Maß an Sicherheit für meinen Aufenthalt in meinem Wartege-
biet zu erreichen, steuere ich bis 6. 9. abends einen Scheinkurs nach dem
Südausgang der Dänemarkstraße, um dann von dort aus den Treffpunkt
Quadrat AJ 18 anzusteuern.«*

Während das alles in die Tat umgesetzt wird und *DE* Kurs 320°,
zwei Tage später Kurs 253° steuert, einmal einem Dampfer, dann
einem Segler an der Grenze der Sichtweite ausweicht und aus Er-
probungsgründen zeitweilig Höchstfahrt läuft, ehe wegen Eisschollen und kleinen Eisbergen die Fahrt auf rund 7 kn reduziert
werden muß, beleuchtet ein weiteres FT der Seekriegsleitung die
politischen Illusionen, denen man sich in Reichskanzlei und
Auswärtigem Amt noch immer hingibt: Die Lage gegenüber
Frankreich sei noch immer ungeklärt. Als französisch ausge-
machte Handelsschiffe nicht anhalten. Zwischenfälle mit Frankreich unbedingt vermeiden.

Drei Tage später erreicht die Deutschland in der Labradorsee
den vereinbarten Treffpunkt mit der *Westerwald.* Bei schlechter
Sicht, Windstärke sechs und grober See scheitert der Versuch einer Ölübernahme aus dem Troßschiff, während sich das Panzerschiff von diesem schleppen läßt. Zweimal bricht die Schlauch-

verbindung, so daß aufgegeben werden muß. Wenneker läßt beide Schiffe weiter nach Norden marschieren, um im Schutz der grönländischen Westküste Öl und Proviant übernehmen zu können. Das Versorgungsmanöver wird erst am 11. 9. möglich.

Wie dieses jedesmal mit harter Arbeit verbundene Manöver einer eigens für die Panzerschiffe entwickelten, 1938 im Seegebiet Helgoland erstmals von der *Deutschland* — zusammen mit Troßschiff *Dithmarschen* — versuchsweise durchgeführten »Seebeölung« vor sich geht, schildert Jochen Brennecke[*] in seiner packenden und anschaulichen Art. Er erlebte auf dem *DE*-Schwesterschiff *Admiral Scheer* ein Jahr später, bei dessen großer Handelskriegsunternehmung im Südatlantik und Indischen Ozean, solche Ölübernahmen auf See:

»Die ›Nordmark‹ (Troßschiff) nimmt den Kreuzer mit geringster Fahrt in Schlepp. Dazu wird ein dünner Vorholer, an dessen Ende ein Ballon angebracht ist, von dem Versorger achteraus gelassen. ›Scheer‹, von achtern ansteuernd, nimmt den Ballon über, holt mit dem dünnen Vorholer eine stärkere Trosse, dann eine dicke Manilaleine ein, und an dieser wieder ist die schwere Stahlschlepptrosse befestigt. Der I.O. wühlt auf der Back umher und kommandiert einen ansehnlichen Schwung von ›Scheer‹-Seeleuten, die unter Stöhnen und Ächzen die schwere Stahltrosse herüberholen. Bootsmannsmaatenpfeifen schrillen dazu in taktmäßigen, abgehackten Pfiffen, die Füße scharren und krallen sich gegen die Planken, die Gesichter werden krebsrot, und der Schweiß läuft in Strömen. Nach kurzer Zeit ist die 300 m lange Schlepptrosse herübergeholt und wird mit der etwas ausgefahrenen Ankerkette verbunden. Die Schleppverbindung ist hergestellt. An zwei Beiholern, die an der Schlepptrosse befestigt sind, werden nun die dicken Ölschläuche nachgezogen, an die Anschlußstutzen der Bordölleitung auf der Back angeschlossen, und nach einem Blinksignal zur ›Nordmark‹ beginnen die starken Pumpen des Versorgungsschiffes, den Lebenssaft für die ›Scheer‹-Motoren in die Tanks des Kreuzers zu pumpen.«

Den ganzen Tag (11. 9. 1939) über schleppt *Westerwald* die *Dora-Emil* mit rund 2 kn quer zur See, während die V-Boote unermüdlich zwischen beiden Schiffen pendeln.

Am 12. 9., nach Gefechtsdienst und Zielübungen gegen *WE*,

---

[*] In seinem bereits erwähnten Buch »Schwerer Kreuzer *Admiral Scheer*«, das er zusammen mit dem *Scheer*-Kommandanten Theodor Krancke verfaßt hat. (Koehlers Verlagsgesellschaft, Herford)

setzt sich das Panzerschiff zur Ostküste Grönlands in Marsch, beläßt das Troßschiff jedoch in seinem Labradorsee-Versteck.

Im Seegebiet von Grönlands Kap Farwell stehen Polarlichter in langen, fahlen Streifen am Himmel. 24 Stunden später erhellt diese faszinierende Himmelserscheinung nachts die Szenerie derart, daß man auf der Kommandobrücke Zeitung lesen könnte. Am nächsten Tag sind vom Flakeinsatzstand aus die Eiszacken Grönlands in 50 Seemeilen Entfernung gut zu erkennen. Um Treiböl zu sparen und die Maschinen zu schonen, gehen die Maschinentelegrafen auf »Stop«. Das Panzerschiff läßt sich tagelang treiben.

Am 17. 9. wieder Zusammentreffen mit der jetzt als norwegischer Tanker *Thorhövdi* aus Sandefjord getarnten *Westerwald*. Ölübernahme quer zur See, nachdem der mit viel Mühe angeschlagene, in Luv schwimmende Schlauch endlich frei von der Schleppverbindung bleibt. Ringsum sind unzählige Pottwale und Eisbergreste in Sicht.

Der B-Dienst ermittelt eine Flugzeugnotlandung ca. 70 sm südwestlich Kap Farwell. Ein kanadisches Flugzeug leistet Hilfe. Vieles spricht dafür, daß die verunglückte Maschine ein gegen *Dora-Emil* angesetztes kanadisches Aufklärungsflugzeug war! Es verunglückte also in gefährlicher Nähe.

18. 9.: Gefechtsdienst und Fahren eines Gefechtsbildes gegen die *Westerwald*. Der Kurzwellen-Nachrichtendienst meldet das Eindringen sowjetischer Truppen nach Polen. »*Die Begründung dafür*«, notiert sich der Flak-A.O. in sein privates Tagebuch, »*könnte von Goebbels sein: Minderheitenschutz!*«

Die Männer an Deck frieren auf Wache jammervoll, es mangelt an Wachmänteln und Ohrenschützern, an Gummistiefeln und Ölzeug. Das überhastete Auslaufen rächt sich auf vielerlei Weise. So ausgezeichnet und reichhaltig die Verpflegung auch ist: Das Frischobst ist schon am 13. Seetag, das Frischgemüse nach 21 Seetagen zu Ende gegangen.

20. 9. auf Punkt »Blau« erneutes Treffen mit dem Troßschiff, Proviantübernahme mit V-Booten. Dann wieder tagelang Treibenlassen des Panzerschiffes in der unwirtlichen Einsamkeit. Konservierungsarbeiten, Gefechtsdienst, Geschützreinigen, Flugzeugstart zur Probe, schlechte Sicht, Nachtübung. Paul Schmalenbach notiert in sein Tagebuch:

»Wir treiben, üben, überlegen, verbessern, politisieren, schimpfen.«

Dazwischen »des Dienstes ewig gleichgestellte Uhr«, die Bordroutine mit präziser Pünktlichkeit, während die britische und französische Flotte nach der *Dora-Emil* fahndet. Genau wie in Wilhelmshaven an der Pier wird der jeweilige Tagesdienstplan erstellt und eingehalten: I. und III. Division Arbeitsdienst, II. und IV. Division Divisionsdienst (Unterricht) usw. Präzise zur gleichen Ortszeit wie in heimatlichen Gewässern wird jedesmal gepfiffen: »*Dienst und Arbeitsstellen aufklaren!... Alle Decke fegen!... Ronde!*« Sonnabend für Sonnabend wiederholt sich außerdem das Possenspiel der seit sechseinhalb Jahren eingefahrenen Backsgeschirrmusterung: Der Obersachverwalter, der jeweilige Divisionsfeldwebel und einzelne Korporäle inspizieren jede einzelne Back (Tischgemeinschaft) der Mannschaftsdecks und überprüfen die Vollzähligkeit der Teller, Tassen, Messer, Gabeln, Löffel. Das Ordnungsritual ist seit der Indienststellung jedesmal gleich: Alle Brotbretter stehen ebenso sauber aufgeschichtet bereit wie das Geschirr. Und jede einzelne Zählung ergibt natürlich die Vollzähligkeit! Jeder Backschafter weiß, was ihm andernfalls blüht: Eine Woche länger »Backschaft«, d. h. Arbeit als Essenholer, Aufwäscher und Geschirrtrockner vom Dienst.

Natürlich gibt es keine einzige Back, wo nicht doch längst das eine oder andere Stück Inventar fehlt, weil es schon vor Jahr und Tag außenbords gegangen oder bei Seegang kaputtgebrochen ist. Aber das Wunder der Vollzähligkeit ist dennoch überall und immer gegeben.

Unmittelbar hinter dem Rücken der gravitätisch weiterwandernden Musterungskommission huschen auf leisen Sohlen die Backschafter von der anderen Schiffsseite durch die Quergänge, um sich bei ihrem soeben gemusterten Gegenüber genau jene Stücke auszuleihen, die an der eigenen Back fehlen. Eben hat man denen da drüben ja selbst ein bißchen ausgeholfen — so ist eine Liebe immer der anderen wert! Backsgeschirr-Vollzähligkeitsmusterung im Grönland-Treibeis . . .

Dabei kann jeden Augenblick ein Trägerflugzeug aus den Wolken herunterstoßen und zum Torpedoangriff ansetzen, kann die Mastspitze eines gegnerischen Schlachtschiffes auftauchen, können die Alarmglocken durch die Decks gellen . . . Die *Deutschland* wird gesucht.

23. 9.: Nichts Besonderes, das Schiff treibt. Kinovorstellung: »Napoleon ist an allem schuld.« Schmalenbach notiert: *»Die körperliche Welt mit Land und Leuten, Häusern und Bäumen kommt einem nach viereinhalb Wochen Seefahrt recht komisch vor.«*

Am 27. 9. kommt ein FT der Seekriegsleitung an, das im Nu knapp 1000 müde Männer munter macht:

»An ›Deutschland‹ (DE) und Graf Spee (GS):

1. Handelskrieg gem. Operationsbefehl durch Vorstöße in Operationsgebiete wieder aufnehmen. Bisherige Sonderbefehle bezüglich Frankreich sind aufgehoben. Kriegführung wie gegen England.

2. SKL nimmt an: Standort ›DE‹ Nordmeer, ›GS‹ Südatlantik. Falls Annahme nicht zutrifft, keinesfalls FT-Berichtigung, sondern in dort beabsichtigtes Operationsgebiet vorstoßen.

3. Bei Feindberührung oder Gemeldetsein durch Handelsschiffe eigenen Standort und Absicht melden.«

Endlich: Jagd frei!

Paul Wenneker faßt den Entschluß, auf etwa 36° W südwärts bis etwa 43° N zu den Golf*-Mittelamerika-Kanalrouten vorzustoßen und dort Kreuzerkrieg zu führen. Dauer des Aufenthalts im Op-Gebiet nach der ersten Sichtungsmeldung 3,5 Tage. Wenneker verzichtet zunächst bewußt auf einen Angriff gegen die Nordamerikarouten, um dem Gegner keinerlei Hinweis auf seinen Ausgangspunkt zu geben, außerdem erscheinen ihm die zahlreichen Tanker auf der Golf- und Mittelamerikaroute verlockend, vielleicht sogar zur Ergänzung des eigenen Treibölvorrats.

Die Besatzung ist nicht wiederzuerkennen. Endlich soll es losgehen!

Die Funker beobachten lebhaften Verkehr amerikanischer Schiffe auf der Atlantikroute. Die nach Süden marschierende *Deutschland* weicht einem in Sicht kommenden Dampfer aus, peilt und umgeht einen zweiten, verringert schließlich die Fahrt auf 12 kn, um am übernächsten Abend erst bei Dunkelwerden im vermuteten Dampfertrack zu stehen. Wenneker will ihn queren, ohne gesehen zu werden.

Am 28. 9. zieht um 4.00 Uhr morgens wieder volle Kriegswache auf. Es herrscht unwahrscheinliche Helligkeit, die See bleibt jedoch leer. Am folgenden Tage, während der Kurzwellen-Nach-

---

* Gemeint ist der Golf von Mexiko.

richtendienst vom Abschluß eines neuen deutsch-sowjetischen Vertrages mit Drohung auch eines Militärbündnisses gegen England und Frankreich berichtet, gehen kurz nacheinander zwei Funktelegramme an *DE, GS* ein. Sie enthalten die Weisung für die Panzerschiffe:

»1. *Größtmögliche Wirkung anstreben, aber kein voller Einsatz. England braucht im Augenblick Erfolge. Jeder englische Prestigegewinn daher unerwünscht.*

2. *Bindung an Operationsgebiete gemäß Operationsbefehl Ziffer 8 aufgehoben. Alle Seegebiete freigegeben.*

3. *Eigene U-Boote operieren zwischen 20° Nord und 64° Nord bis 20° West.*«

Und in den nachgeschobenen Richtlinien des zweiten Telegrammes wird festgestellt:

»1. *Im Nordatlantik Ansatz Schlachtkreuzer und Flugzeugträger nach Gemeldetsein Panzerschiffe zu erwarten, daher nur kurzfristig in wechselnde Gebiete vorstoßen. Absetzen in verkehrsleeres Gebiet notwendig, bevor Eintreffen überlegener Feindstreitkräfte in Nähe Standort Panzerschiff möglich.*

2. *Im Südatlantik bzw. Indischen Ozean geringere Gegenwirkung zu erwarten, daher längerer Aufenthalt im Operationsgebiet möglich.*«

Wenneker findet seine eigenen Auffassungen durch diese Telegramme voll bestätigt. Weitere FT-Meldungen der Skl. sowie Ermittlungen des bordeigenen B-Dienstes ergeben, daß auf der Route Halifax—England längst der Geleitzugverkehr eingeführt ist und daß auch auf Jamaika 26 Tankschiffe und 9 Frachtdampfer mit einem britischen Kreuzer versammelt sind. Das Vorhandensein der beiden Panzerschiffe im Atlantik hat gehörige Scheuchwirkung hervorgerufen!

Kurz nach dem 20.00-Uhr-Wachwechsel rasseln die Alarmglocken durch die *Deutschland.* Bei sehr schlechter Sicht, auf nahe Entfernung ist ein abgeblendetes Schiff in Sicht gekommen, bei dem es sich entweder um einen britischen Dampfer oder einen deutschen Blockadebrecher handelt. Das Panzerschiff dreht nach Backbord ab und bleibt offenkundig ungesehen. Später kommt noch ein Dampfer in Sicht, dessen Lage schwer abschätzbar ist. Da er aber seine Gaffelflagge offensichtlich angestrahlt fährt, scheint es sich um einen ostwärts laufenden (wohl neutralen) Passagierdampfer zu handeln.

Während *Dora-Emil* bei gutem, klarem Wetter und Windstärke 4 von achtern am 30. 9. mit Kurs 220° etwa Südwestkurs hält, kann wiederum mehreren Dampfern beizeiten ausgewichen werden. Und während die Abendwache bei Mondschein aufzieht, meldet *Admiral Graf Spee* vor Pernambuco/Brasilien seinen ersten Erfolg. Das Panzerschiff versenkte den 5000 BRT großen britischen Dampfer *Clement,* der noch gefunkt hat, von einem »Raider« (Handelsstörer) angegriffen zu sein.

Am 2. Oktober, bei hellem Sonnenschein, fangen die bisherigen Grönlandfahrer gehörig an zu schwitzen. Man ist immerhin auf 32° nördlicher Breite und damit in den Subtropen angelangt. In den Rechenstellen werden 40° gemessen, in den Motorenräumen ist es noch heißer. Der Kommandant nimmt gegen 16.00 Uhr Kurswechsel auf 290° vor, weil Wind und Seegang derart zugenommen haben, daß zunächst kein Boot ausgesetzt werden könnte, um Krieg nach Prisenordnung zu führen. Weiter im Südwesten ist noch gröbere See zu erwarten. Wenneker hofft jedoch weiter nördlich auf ruhigeres Wetter. Bislang hat die *Deutschland* fast sämtliche Westindenrouten ohne Sichtung eines Schiffes geschnitten. Es ist wie verhext. Diese im Frieden am meisten befahrenen Routen sind wie ausgestorben. Vermutlich ist der ganze Verkehr weiter nach Norden umgeleitet worden. Wenneker wird noch einen Tag westliche, dann nördliche und nordöstliche Kurse laufen.

Am 3. und 4. 10. wird jeweils morgens das Bordflugzeug zur Aufklärung gestartet. Es fliegt Aufklärungsstreifen von 60—70 sm nach jeder Seite und voraus. Nichts in Sicht. Dafür havariert die Arado bei der zweiten Wasserlandung, ihre Motoraufhängung bricht an der Sollbruchstelle. Und während das Fliegerbodenpersonal unermüdlich an der Reparatur der wieder aufs Katapult gehobenen Maschine arbeitet, geht ein strahlend schöner Tag in ein herrliches Abendrot über. Seit Tagen schwirren fliegende Fische rings um das Schiff, sie geraten bisweilen auch auf das Deck der niedrigen Schanz. Lange, braune Streifen treibenden Golfkrautes unterbrechen hier an der Peripherie der Sargassosee das schwarzblaue Einerlei der Wasserfläche. Auch sieht man immer wieder Schildkröten treiben, die plötzlich durch das näherkommende Schiff aufgescheucht werden und rudernd von dannen flüchten.

Über Funk kommt die Nachricht durch, daß die in Südamerika an Land gesetzten Überlebenden der *Clement* angegeben haben, vom Panzerschiff *Admiral Scheer* versenkt worden zu sein. Der Trick mit den absichtlich ausgetauschten und übermalten Namensschildern der beiden Schwesterschiffe hat also Erfolg. Aber der Gegner weiß jetzt immerhin, daß kein Hilfskreuzer, sondern tatsächlich eines der beiden Westentaschenschlachtschiffe seine Südatlantikrouten bedroht.

Wo aber steckt das zweite Panzerschiff — und wann wird dieses selbst zu seinem ersten Erfolg kommen?

Das geht jetzt schneller als man denkt.

Einen Tag später, am 5. 10. — sie ist inzwischen genau sechs Wochen in See —, hält die *Deutschland* mit Westkurs auf die Bermudas zu, als um 11.10 Uhr Prisenalarm gegeben wird. Voraus ist ein Dampfer in Sicht gekommen.

Schon in 210 hm Entfernung erkennt man durch die Zieloptiken, daß es sich um einen etwa 5000 BRT großen, schwarzen Fünflukenfrachter mit grauen Aufbauten handelt. Er ist voll beladen.

Der Dampfer kommt zunächst arglos entgegen, riecht dann aber Lunte, dreht ab und funkt auf der 600-Meter-Langwelle: *»Gefahr! Unbekanntes Kriegsschiff!«* Damit ist der Fall eindeutig: ein Brite. Er wird durch Flaggensignal zum Stoppen aufgefordert. Als das nicht fruchtet, wird ihm von einer 8,8-cm-Flak ein Schuß vor den Bug gesetzt. Als er abermals zu funken beginnt, hämmert man im Funksenderaum der *Deutschland* nach Art des zwischenstaatlichen Verkehrs einen Störfunkspruch dazwischen. Zugleich gibt der Kommandant für eine 3,7-cm-Flak »Feuer frei!« Sie jagt dem Briten ein paar niedrige Warnschüsse über die Back. Jetzt endlich gibt man drüben auf. Die Besatzung geht in die Boote, pullt aber nach verschiedenen Richtungen auseinander, um dem Panzerschiff Schwierigkeiten zu bereiten. Aber *Dora-Emil* sammelt alle 37 Mann Besatzung auf. Es ist eine »mixed crew« aus Briten und Arabern, außerdem ist ein chilenischer Architekt als Passagier an Bord.

Das Wachtmeisterpersonal untersucht die Ankömmlinge sofort auf etwa vorhandene Waffen, nimmt ihnen gegen Quittung die Fotoapparate ab und die Personalien nach Vordruck auf. Der Schiffsarzt untersucht die Gefangenen auf ansteckende Krankheiten, bevor sie in ihre vorgesehenen Unterkünfte weitergeleitet werden. Die Offiziere und Ingenieure ziehen in die leerstehende Admiralsmesse, die Mannschaften in eines der beiden Stabsdecks ein, jeweils von einem Posten und einem Läufer bewacht. Sie schlafen dort in Hängematten und erhalten dieselbe Verpflegung wie die *DE*-Besatzung. Den britischen Schiffsoffizieren wird sogar ein deutscher Backschafter zugeteilt!

Kaum sind alle Gefangenen sicher an Bord, gibt der Kommandant den gestellten Frachter zur Versenkung durch die 8,8-cm-Flak und die 15-cm-Mittelartillerie frei. Die M.A. verschießt Granaten mit Bodenzündern, die nur kleine Einschußlöcher verursachen, aber innen detonieren und das Schiff anzünden, das bald heftig brennt und qualmt. Treffer ins Vorschiff geben ihm bald den Rest.

Aus den Gefangenenaussagen geht hervor, daß es sich um den Dampfer *Stonegate* (5044 BRT) der Turnbull Scott & Co., London, handelte. Er war mit 8600 t Salpeter von Tocopilla/Chile nach Alexandria unterwegs.

Da die *Stonegate* ohnehin gefunkt hatte, setzt Wenneker sofort einen Funkspruch an die Skl. ab, meldet den Erfolg und die Absicht, nach Norden zu gehen. Mit Rücksicht auf die nun vorhandene Gegnerortung marschiert das Panzerschiff mit 18 kn und Kurs 30° davon.

Nach eingegangenen Meldungen aus London haben drei britische Kreuzer Befehl zur Jagd auf »das deutsche Kriegsschiff im Südatlantik« bekommen. Es soll sich um die Schweren Kreuzer *York*, *Berwick* und *Exeter* handeln. Da zwei von ihnen zur Kanada-Station gehören, ist diese Nachricht für *Dora-Emil* als Entlastung günstig. Der Kommandant wird dadurch in seinem Beschluß bestärkt, nun auch auf der Nordatlantik-Route zu operieren.

Um 21.30 Uhr weicht *DE* einem Schiff aus, das durch seinen Funkverkehr als jugoslawischer Dampfer *Recina* identifiziert wird. Das Panzerschiff setzt dabei zeitweilig Positionslaternen, um sich als friedlicher Handelsfahrer zu tarnen.

Am 6. 10. kommt Südweststurm mit Windstärke 9—11 auf. Bei Seegang 9 schlingert die *Deutschland* entsetzlich, sie muß bald zwei Dez mehr nach Steuerbord abfallen, weil die Schaukelei einfach nicht auszuhalten ist. Erst einen Tag später flaut es auf Windstärke 4—6 ab, so daß Kutteraussetzen gerade wieder möglich wäre. Der Kommandant entschließt sich deshalb zur Fortsetzung des »Krieges nach Prisenordnung« und läßt das Bordflugzeug erneut zur Luftaufklärung im dreiseitigen 60-Meilen-Bereich starten.

Die britische Admiralität hat längst allen britischen Handelsschiffen weitmögliche Funkstille befohlen. Somit ist seit Kriegsausbruch der britische und französische Funkverkehr im Mittelwellenband schlagartig verschwunden. Luftaufklärung bleibt somit das wirksamste Mittel, die Anwesenheit alliierter Schiffe im Trackbereich festzustellen. Dennoch tun sechs zusätzlich eingeschiffte DEBEG*-Funker — erfahrene Funkoffiziere der Handelsschiffahrt, die meisten mit dem Seefunkzeugnis I. Klasse — ihr Möglichstes, rund um die Uhr den Handelsfunkverkehr abzuhören. Sie besetzen jeweils eine Kurzwelle, während das eigene Funkpersonal der *Deutschland* die Langwellen 600 m, 715 m und 800 m beobachten. Wenn die Handelsschiffe der Briten und Franzosen auch selbst nicht funken, so erhalten sie doch chiffrierte Ordertelegramme, deren Bestimmungshafen-Angaben sich großenteils entschlüsseln lassen, und man bekommt auf diese Weise einige Kenntnis über Schiffsbewegungen des Gegners. Außerdem werden im Funkempfangsraum der *Deutschland* durch Schaltung sämtlicher »Verkehrslisten« von Portishead Radio, Chatham Radio und Amagansett Radio durchaus die richtigen Folgerungen gezogen, ob ein Dampfer auf dem Wege von oder nach der aussendenden Küstenfunkstelle unterwegs ist.**

Im Augenblick tut sich allerdings in der Nähe nichts, auch nicht auf den ebenfalls überwachten Frequenzen für Grenzwellen-Telefonie.

Auch das Bordflugzeug kommt schließlich ohne Sichtungserfolg zurück. Beim Landen auf der noch recht bewegten See wird die Arado erneut beschädigt. Die Anbordnahme des heftig dümpelnden »Vogels« wird zur akrobatischen Einlage.

Immer deutlicher zeichnet sich ab, daß mit Einzelfahrern nur

---

* DEBEG = Deutsche Betriebsgesellschaft für drahtlose Telegrafie
** In der Zeit vom 24. 8. bis 31. 10. 39 gelingt es den Handelsfunk-Überwachern und den B-Dienst-Spezialisten der *Deutschland* gemeinsam, aus 1100 abgehörten Meldungen 34 Positionen von britischen, 9 von polnischen und 3 von französischen Handelsschiffen zu ermitteln!

selten zu rechnen ist, während ein gemeinsamer Ansatz beider Panzerschiffe gegen einen stark gesicherten Geleitzug gewiß größte Wirkung hervorrufen könnte. Aber eine solche Operation zu zweit verringert andererseits die fraglos große Diversionswirkung im gesamten Atlantik und enthält zudem das Risiko, mangels weitreichender Aufklärungsmittel am Konvoi vorbeizustoßen.

Es ist wieder kühler geworden, der Himmel wird zeitweilig herbstlich grau. Um 15.15 Uhr gellen die Glocken: Prisenalarm! Rauchwolke in 357°. Im Navigationsseerohr erkennt man bald zwei Masten und einen Schornstein. Mißtrauisch werden alle Aufbauten, die langsam über der Kimm erscheinen, abgesucht. Zuerst hat man auf der Brücke der *Deutschland* den Eindruck, daß die Aufbauten mittschiffs stark in die Höhe verzerrt sind und es sich damit um ein Kombischiff, einen Frachter mit Passagiereinrichtung, handelt. Doch dann erkennen die Beobachter, daß der vermeintliche unterste Gang der Aufbauten in Wirklichkeit Neutralitätsabzeichen in den USA-Farben sind. Der Schiffsname *City of Flint* ist weithin lesbar auf die Bordwand gemalt. Die Schornsteinfarben verraten, daß es sich um ein Schiff der United Maritime Commission handelt. Das sofort aufgeschlagene Lloyds Register (Schiffsverzeichnis der Welthandelsflotte) gibt die Schiffsgröße mit 4963 BRT an. Es setzt bald sein Unterscheidungssignal und stoppt weisungsgemäß ohne zu funken, während die *Deutschland* auf seine Backbordseite geht, um einen Kutter mit dem Prisenkommando hinüberzuschicken. Bald kommt der gespannt erwartete Winkspruch mit dem Untersuchungsergebnis: »*Unterwegs von New York nach den britischen Häfen Manchester, Liverpool, Dublin, Glasgow mit Schmieröl, Maschinenteilen, Asphalt, Lebensmitteln und anderen Gütern. Über 4000 t der Güter sind für britische Rechnung.*«

Also Bannware, klarer Fall. Auch als Schiff der neutralen USA darf der Dampfer nach dem Prisenrecht versenkt werden. An Bord außerdem zahlreiche undefinierbare Kisten, die Mißtrauen erregen.

Kapitän Wenneker kommt jedoch zu dem Entschluß, den hinsichtlich seiner Brennstoff- und Proviantvorräte dafür geeigneten Dampfer statt dessen als Prise nach Deutschland zu senden. Auf diese Weise wird die wertvolle Ladung eigenen Zwecken dienstbar gemacht, und zugleich kann bei der Gelegenheit die Durchbruchsmöglichkeit für Prisen unter Benutzung der norwegischen Gewässer erprobt werden. Auch wird das Panzerschiff die *Stonegate*-Gefangenen los, und es werden diplomatische Querelen vermieden. Wenneker hat recht mit der Annahme, daß gerade jetzt, zur Zeit der inneramerikanischen Kämpfe um das Neutralitätsgesetz, die Versenkung eines US-Schiffes in jedem Fall unzweckmäßig sein dürfte.

Also meldet sich Leutnant zur See d. R. (Kapitän) Pussbach als Prisenkommandant mit zwei Offizieren und 18 Mann Fahrkommando von Bord. Die 21 Deutschen besetzen die Prise und treten damit die Reise nach Europa unter Mitnahme der 37 Gefangenen an. Der Prisengerichtshof in Hamburg wird sich eingehender mit der Rechtslage der *City of Flint* und ihrer Ladung befassen können, als das hier draußen auf See in aller Eile möglich wäre. Um 18.00 Uhr trennen sich die beiden Schiffe mit drei langen Typhon-Tönen: »*Gute Reise!*« Ob es ein Wiedersehen gibt, ist für alle ungewiß.

Um 21.51 Uhr gibt es Alarm »*Klar Schiff zum Gefecht!*«

Die Ausguckposten haben an Steuerbord in 80° einen flachen Schatten, wie von einem U-Boot, gesichtet. *Dora-Emil* unterläßt jedoch jedes Scheinwerferleuchten und jede Kampfhandlung und weicht mit hoher Fahrt — einen Haken schlagend — aus, ehe sie parallel zum Dampfertrack weiterläuft.

Am nächsten Morgen stürmt es mal wieder aus Nordnordost mit Windstärke 8—10. Sehr grobe See verbietet jedes Bootaussetzen und damit den Prisenkrieg. Um nicht unnötig gesehen zu werden, zieht sich die *Deutschland* zunächst aus dem Track heraus. Einem Dampfer wird noch in großem Bogen ausgewichen.

Zuverlässige Nachrichten aus Havanna besagen, daß ein Geleitzug von 40 Schiffen unter Kreuzerbedeckung Kingston/Jamaika mit Kurs England verließ. Die Route ist jedoch zu unbestimmt, als das *DE* etwas unternehmen könnte.

11.10 bei Nordnordost 7 marschiert die *Deutschland* tagsüber in Nähe der vermuteten Routen und geht nachts noch dichter an sie heran, auf besseres Wetter hoffend. Kurs 60°, 12 kn, dann Kurs 270°, 18 kn. Aber die Hoffnung erfüllt sich nicht. Am 12. 10. bläst es mit Windstärke 8 aus West, die Sicht beträgt gerade noch 4 Seemeilen.

15.40 Uhr Prisenalarm. Auf 80 hm ist plötzlich aus dem Dunst heraus ein Frachter in Sicht gekommen, dem man nicht mehr ausweichen kann, ohne gesehen zu werden. Er wird mit Flaggensignal und Morselampe nach Name, Ladung und Bestimmungshafen gefragt. Es handelt sich um den norwegischen Dampfer *Jacob Christensen*, nach eigenen Angaben mit Kohle von Baltimore nach Oslo unterwegs. Man muß dem Glauben schenken, die grobe See verbietet eine Untersuchung des Schiffes. Der Dampfer wird höflich zur Weiterreise entlassen.

Nachts jault ein Nordwest mit Stärke 10—11 in den Antennen. Sehr grobe See fetzt mit schweren Brechern über Deck. Die Fahrt wird zwar auf 4 kn reduziert, dennoch wird an Deck einiges kurz und klein geschlagen. Schließlich dreht das Schiff mit 7 kn Fahrt auf Kurs 320° bei.

Verdammtes Rauhbein Nordatlantik . . . eine ungünstigere Ekke für den Handelskrieg gibt es nicht, zumal während der Herbststürme. Nicht ohne Zorn denkt mancher an die nutzlos zwischen Grönlandeisbergen vertanen Schönwetterwochen zurück!

Ein Frachter, der nicht »unter Wasser« will

Am 13. 10. flaut es auf Nordwest 6 ab, am 14. 10. gibt es um 9.15 Uhr Prisenalarm. Voraus wurde eine Frachter gesichtet, der infolge Strahlenbrechung zuerst recht groß erscheint, beim Näherkommen jedoch merklich auf nur 1918 BRT zusammenschrumpft. Es handelt sich um den norwegischen Dampfer *Lorentz W. Hansen.* Das übergesetzte Prisenkommando kann schließlich melden, daß das Schiff von Nelson/Neu-Braunschweig nach Garston/Großbritannien unterwegs ist und 2000 t Holz geladen hat. Der Fall ist eindeutig, das Schiff kann versenkt werden. Die 21köpfige Besatzung wird an Bord der *Deutschland* genommen, sie steigt willig über. Eins der norwegischen Rettungsboote wird mit dem Kran an Bord genommen, weil man die »Schiffbrüchigen« vielleicht damit eines Tages wieder von Bord geben kann, ohne erst ein eigenes Beiboot aussetzen zu müssen.

Das Prisenkommando schlägt Sprengpatronen an und geht von Bord des Frachters. Wenig später ertönen drei dumpfe Detonationen. Die *Lorentz W. Hansen* legt sich rasch nach Backbord über, so daß jeder *DE-* Fahrer mit dem schnellen Kentern des Schiffes rechnet. Aber was ist das? Der »Pott« bleibt plötzlich unverändert schief liegen — er schwimmt auf seiner Holzladung. Der Kommandant befiehlt *»Feuer frei!«* für die M.A. Sie darf geschützweise schießen und vernichtet den Kessel und den Maschinenraum. Schließlich verursacht eine Kohlenstaubexplosion einen Brand.

Doch dieser bockbeinige Frachter sinkt noch immer nicht, Holzladungen haben nun einmal ihre Tücke.

Aber da befindet sich doch ein nicht mehr ganz intakter Torpedo in einem der beiden Vierlingssätze. Bei ihm liegt eine Undichtigkeit zwischen Hauptverbindungsrohr und Kesselabsperrventil vor. Diesen Torpedo sollte man wohl opfern, um endlich das Wrack aus dem Wege zu räumen. Und die Männer von der Torpedowaffe glühen vor Stolz, daß sie endlich auch zum Schuß kommen. Aber viel »Staat« ist mit dem abgeschossenen »Aal« leider nicht zu machen: Als Oberflächenläufer detoniert er ziemlich hoch an der gerade in die See eintauchenden Bordwand des schlingernden Frachters. Eine Beschleunigung des Sinkens kann auch nach diesem Treffer nicht festgestellt werden.

Nun wird es Kapitän Wenneker zu bunt, das Panzerschiff kann sich unmöglich noch länger auf dieser Position aufhalten. Er setzt die S.A. auf den kleinen Frachter an. Drei 28-cm-Schüsse vom Turm ›Anton‹ zerschlagen das Vorschiff, während die Flak in die vordere Decksladung hineinschießt. Danach wird der *DE*-Besatzung reichlich mulmig: ein breiter Strom von Treibholz kommt ihr nun entgegengeschwommen, mitten auf dem Dampfertrack der Neufundlandbänke. Noch verräterischer geht es nicht.

Inzwischen macht aber der Funkempfangsraum mit großer Lautstärke die Funkzeichen anderer Dampfer in nächster Nähe aus. Nun aber weg von hier — das Wrack ist allemal erledigt.

Mit westlichen bis südlichen Kursen kreuzt *DE* weiter auf dem mutmaßlichen Dampferweg und operiert schließlich mit östlichen Kursen nach Funkpeilung auf den norwegischen Tanker *Kongsdal*. Mit 18 kn läuft das Panzerschiff dem Tanker auf und bekommt ihn, hell erleuchtet, gegen 23.00 Uhr in Sicht.

Wieder Prisenalarm. Das bedeutet jedesmal im Funkempfangsraum den Befehl des F.T.O. der Wache: »*Dampferschaltung!*« Sofort werden dort die Wellen 600 m, 705 m, 24 m und 36 m besetzt, im Funksenderaum außerdem ein Langwellenempfänger 800 m sowie zwei Kurzwellenempfänger für 27 m und 48 m (B-Dienst). Außerdem sind im Funksenderaum folgende Sender noch abgestimmt und klar zum Einschalten: Welle 46,05 m, Welle 36 m, Welle 48 m und (gegeneinander verstimmt) die Sender S 4 und S 5 für die 600-Meter-Welle. Aufmerksam werden alle genannten Wellen beobachtet, ob der gesichtete Dampfer etwa funkt.

Das ist plötzlich der Fall: Die *Kongsdal* hämmert auf der 36-m-Kurzwelle los. Sofort gibt die *Deutschland* auf derselben Frequenz einen belanglosen englischen Text. Aber als sich herausstellt, daß der Tanker nicht etwa das Panzerschiff melden will, sondern nur eine normale funktelegrafische Verständigung mit einer Küstenfunkstelle herzustellen versucht, gibt der Funksenderaum der *Deutschland* das Signal QRT = Stellen Sie Ihren Funkverkehr ein! Dieser für fremde Mithörer unverfänglichen Aufforderung kommt der *Kongsdal*-Funker sofort nach.

In nächtlichem Bootsmanöver wird das Prisenkommando zwecks Untersuchung zum Tanker hinübergeschickt. Alles wartet gespannt auf den bald fälligen Blinkspruch von der Tankerbrücke. Aber der ist schließlich ernüchternd: Die *Kongsdal* hat blütenreine Papiere. Ihre Ladung ist eindeutig nach Nyborg im neutralen Dänemark bestimmt. Aber bevor der Tanker entlassen wird, gibt ihm Panzerschiff *Deutschland* gegen Devisen-Barzahlung der Verpflegungskosten (!) die 21 Gefangenen der *Lorentz W. Hansen* an Bord. Also hat die vermeintliche Prise *Kongsdal* doch noch einen Nutzen für das Panzerschiff. Es wird zum zweiten Male seine Gefangenen los, die auf einem Kriegsschiff zwangsläufig Probleme mit sich bringen, zumal im etwaigen Gefechtsfall.

Nach dieser Aktion zieht Kapitän Wenneker die *Deutschland* mit 18 kn auf den Dampfertrack südlich der Neufundlandbänke ab, um dort weiterzuoperieren.

Am nächsten Tag startet das Bordflugzeug erneut zur Luftaufklärung. Bald herrscht helle Freude an Bord, denn die Maschine kommt zurück, »wackelt« mit den Tragflächen und blinkt das Morsezeichen »L-L« hinunter: »*Folgen Sie mir!*«

Das Bordflugzeug hat neue Beute gesichtet und führt das Panzerschiff auf den richtigen Kurs. Als es schließlich zum Wiedereinsetzen auf dem Wasser landen muß, havariert es erneut. Diesmal ist's ein Rahmenbruch. Es ist zum Haare-Ausraufen . . .

Nach der Flugzeugübernahme läuft *DE* mit hoher Fahrt in die angegebene Richtung 320°. Leider wird der vom Flugzeug gesichtete Dampfer jedoch verfehlt — er muß abgedreht oder der Flugzeugführer dessen Kursrichtung falsch beobachtet haben.

15.15 Uhr, erneut Prisenalarm!

Aber das gesichtete Schiff stellt sich als der japanische Fahrgastdampfer *Hakone Maru* der Nippon Yusen Kaisha heraus. *Deutschland* dreht ab, um eine weitere Enttäuschung reicher.

Auch brist es schon wieder auf. Alle Anzeichen sprechen für einen neuen Sturm. Kapitän Wenneker überlegt: Während mehrerer Schlechtwettertage ohne Prisenuntersuchungsmöglichkeit würde man den Brennstoffbestand ohne jeden Sinn weiter herunterfahren. Außerdem dürfte die Anwesenheit von *DE* im Bereich der Neufundlandbank beim Gegner inzwischen bekannt sein. Er entschließt sich daher zum Marsch nach Norden, um die

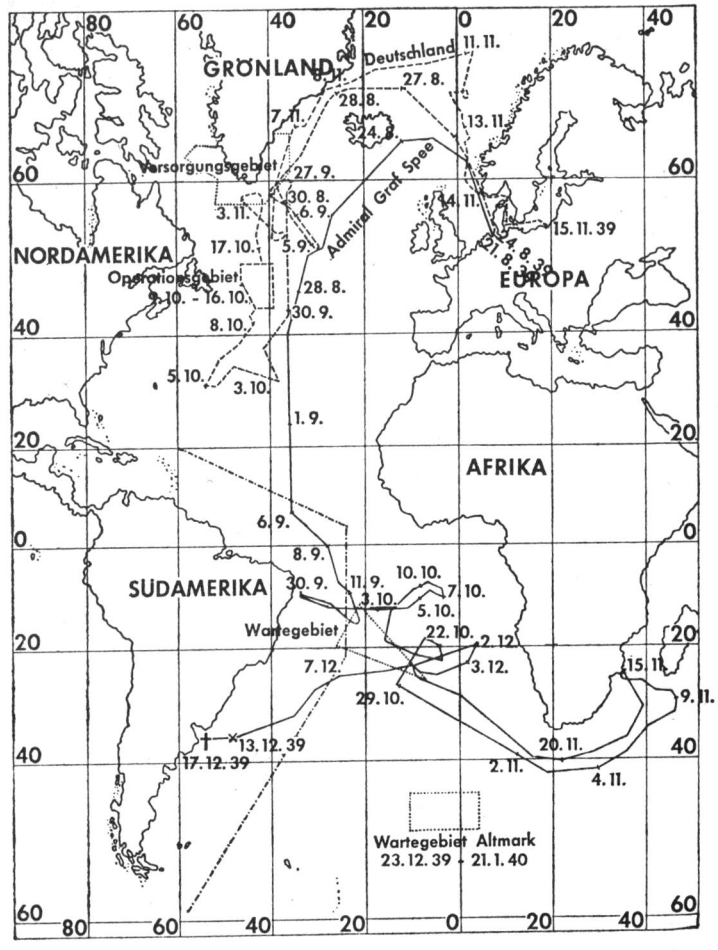

Die Karte von den Kursen, Versorgungs- und Operationsgebiete der Panzerschiffe *Deutschland* (gestrichelte Linien) und *Admiral Graf Spee* zeigt die Bedrohung weiter Seeräume des Atlantik durch die beiden Handelsstörer und läßt die von ihnen hervorgerufene gewünschte Diversionswirkung auf den Gegner erahnen.

Ölvorräte aus der *Westerwald* zu ergänzen und eine zehntägige dringend notwendige Maschinenreparatur durchführen zu lassen.

Am nächsten Tag steigert sich der Sturm aus Westnordwest auf volle Orkanstärke, das Schiff dreht zeitweilig auf 320° bei und reitet mit 7 kn Fahrt die groben Seen ab. In den beiden folgenden Tagen wird der Marsch bei Windstärke 9—10 mit 18 kn fortgesetzt, wobei drei Dampfern ausgewichen werden muß. Am 18. 10. erfaßt die B-Dienstgruppe chiffrierte Warntelegramme der britischen Admiralität an alle Schiffe in einem bestimmten nordatlantischen Seegebiet. Alles spricht dafür, daß es sich um eine Warnung vor der *Deutschland* handelt. Wenneker hat seinen Standort also genau im richtigen Augenblick verlegt. Am 19. 10. funkt die Skl, daß Schlachtschiff *Revenge* und Flugzeugträger *Hermes* im Bereich Kanada-Westindien mit den Schweren Kreuzern *York* und *Berwick* Verbindung aufgenommen haben, außerdem mit den Kreuzern *Glasgow* und *Newcastle* im östlichen Atlantik. Man hat zur Jaged geblasen auf *DE*.

Die liegt schon wieder beigedreht, um einen Südoststurm mit Stärke 10 abzureiten. Der Teufel hole diesen Einsatzraum!

Da die Verdampferkapazität zur Frischwassererzeugung für die fast 1000köpfige Besatzung nicht ausreicht und das zusätzlich gebunkerte Wasser zur Neige geht, teilen sich praktisch 30 Mann in die Wassermenge einer Waschschüssel. Die Ausrüstung mit Wetterschutzkleidung ist für dieses Seegebiet, wie es sich immer unangenehmer herausstellt, völlig unzulänglich. Das seemännische Personal kommt aus den nassen, salzklebrigen Kleidungsstücken kaum noch heraus.

Sorge um die ›Westerwald‹

Am 21. 10. hat das Panzerschiff den unter dem Codenamen »Punkt Grün« vereinbarten Treffpunkt erreicht und steht dort auf und ab. Keine Spur von der Westerwald. Um 14.00 Uhr startet das nur bedingt einsatzklare Bordflugzeug und fliegt zwei Stunden lang Aufklärung. Gerade noch vor dem frühen Einbruch der Dunkelheit kann die Arado wieder an Bord gehoben werden.

Das Troßschiff bleibt unsichtbar. Dafür herrscht Gewißheit, das die französische »Force de raid« unter Vizeadmiral Gensoul mit dem Schlachtschiff Dunkerque, den Kreuzern Georges Leygues, Glorie und Montcalm sowie den Großzerstörern Mogador, Volta, L'Indomptable, Le Triomphant, Le Malin, Le Fantasque, Le Terrible und L'Audacieux zur Deckung der großen Konvois KJ 4 zwischen den Antillen und dem Kanal gegen einen Angriff des Panzerschiffes Deutschland operieren. Man nimmt die Bedrohung durch das »Westentaschen-Schlachtschiff« außerordentlich ernst. Der Gegner ist zur weiträumigen Diversion seiner großen Kriegsschiffe gezwungen. Der Hauptzweck der Panzerschiff-Operation von DE und GS ist damit erreicht. Aber die Stimmung an Bord der Deutschland ist an diesem 21. 10. ungeachtet des herrlichen Sonnenscheins und der im Westen klar sichtbaren, schneebedeckten Berge Grönlands recht bedrückt. Die ganze Besatzung ist voller Sorge um das Schicksal der Westerwald. Der Pessimismus verstärkt sich, als bekannt wird, daß sich soeben der heimkehrende Laeisz-Frachter Poseidon beim Versuch des Blockadedurchbruchs in der Dänemarkstraße selbstversenken mußte. Wurde auch das Troßschiff vom Gegner überrascht und aufgebracht? Aber warum ist es dann nicht zur Funkmeldung gekommen?

Die Unsicherheit ist so groß und das Gefühl der Bedrohung durch die gegnerischen Seestreitkräfte zum anderen so stark, daß ab 20.00 Uhr wieder volle Kriegswache aufzieht. Ein großer Teil der Geschützbedienung schläft in unmittelbarer Nähe der Waffen bzw. Türme. Irgendwie sind die Nerven zum Zerreißen gespannt, während ein strahlend helles Polarlicht von noch nie gesehener Schönheit flackernd den Himmel überspielt.

Keiner spricht es aus, aber jeder denkt dasselbe: Bei solcher

Festbeleuchtung haben sie die *Westerwald* geschnappt. Vielleicht hat ein U-Boot-Torpedofächer sie in die Luft geblasen. 133 Mann auf einen Schlag ausgelöscht? Viele von ihnen hat man inzwischen bei den Übernahmemanövern kennengelernt . . .

Es setzt sich in den Köpfen der *Deutschland*-Besatzung fest: Diese braven Kerle haben sich für uns geopfert . . . ein recht hoher Preis für die Versenkung zweier Schiffe und die Heimsendung einer Prise!

Am Morgen des 22. 10. wird ein treibendes Faß gesichtet. Die böse Ahnung verstärkt sich. Der Kommandant läßt das Treibgut näher untersuchen. Aber es ist keinerlei Hinweis zu entdecken, woher dieses Faß stammt. Und wieder ist Seegang 4—5 aufgekommen, die erneute Verwendung des Bordflugzeuges verbietet sich damit leider.

Um 11.00 Uhr spricht der Kommandant zur Besatzung. Er steht durch das Vermissen der *Westerwald* vor schweren Entschlüssen. Die Möglichkeit, daß der Gegner das Schiff vernichtet hat, ist durchaus gegeben. Kapitän Wenneker will noch bis zum Nachmittag warten, dann muß er die Funkstille brechen und das Troßschiff trotz des damit verbundenen Risikos anrufen.

Das Panzerschiff muß zuvor aber weit nach Südosten ablaufen, um die eigentliche Warteposition nicht zu verraten. Dann sendet *DE* die besonderen Funksignale gemäß »Befehl Grönland«. Es besteht der dringende Verdacht, daß »Punkt Grün« vom Gegner beschattet wird, daß er auch für das Panzerschiff zur Falle werden könnte. Die am Abend des 21. 10. für *Westerwald* abgegebenen Funksignale bleiben ohne Antwort.

Am 22. 10. herrscht noch immer kein Flugwetter. Um 17.00 Uhr wagt Kapitän Wenneker den Funkspruch an die Skl: »*Westerwald Quadrat AD 6911 vermißt. Vermute Verlust. Gehe ›Punkt Grau‹ westlich Grönland. ›WE‹ Marsch dorthin bestätigen. Öl (noch) 1500 t. Schmieröl halb. Erbitte Befehl, falls ›Westerwald‹ schweigt.*«

Um 18.50 Uhr gibt es in allen Decks der *Deutschland* einen Freudenausbruch, dessen Heftigkeit nur der ermessen kann, der die Nervenanspannung der langen Wochen auf See und die Tiefe der Sorge um die Troßschiff-Kameraden selbst erlebt hat. Die Seekriegsleitung meldet, daß *Westerwald* soeben den Funkspruch bestätigt hat. Sie marschiert zum »Punkt Grau«, ist also nicht in feindliche Hände gefallen!

23. 10. Die französische Admiralität hat an zwei Boote der 4. U-Bootsdivision die Meldung vom Sichten eines Panzerschiffes weitergegeben. Es handelt sich eindeutig um *DE,* deren vorheriger Aufenthalt auf den Neufundlandbänken also tatsächlich bekanntgeworden ist.

24. 10. Südsüdost Stärke 7—8, schlechte Sicht. »Punkt Grau« erreicht. Das Panzerschiff »steht auf und ab«. *WE* noch nicht in Sicht. In der folgenden hellen Mondnacht gucken sich die Ausgucks die Augen aus dem Kopf. Die Kimm bleibt leer.

Am 25. 10. wartet man immer noch auf das Troßschiff. Nichts in Sicht. Wind 9 und Seegang 6 aus Süden. Um 18.00 Uhr, beim Abendessen, gellen die Alarmglocken: *»Schatten backbord voraus, vermutlich Kriegsschiff!«* Aber bald erkennt man in Navigationssehrohr und Zieloptik ein markant langes Achterschiff und einen achtern stehenden, dunklen Schornstein: es ist die *Westerwald!* Sie hatte bei Kap Farwell einen Frachter und einen Fischdampfer getroffen und mußte einen großen Haken schlagen, um unbemerkt zu bleiben.

Das Nichterscheinen des Troßschiffes auf »Punkt Grün« zum vereinbarten Zeitpunkt (21.10.) klärt sich nun auch auf: *WE* hatte einen Tag länger schweres Wetter gehabt als das Panzerschiff und war beim Beigedrehtliegen über 150 sm südlich des Punktes geraten.

Aber jetzt haben sich »die beiden Unzertrennlichen« endlich wieder. Sie marschieren sicherheitshalber gemeinsam zum »Punkt Gelb« weiter und beginnen bei Südostwind 5—7 und Seegang 3—4 gleich am nächsten Morgen mit der Ölübernahme. Immerhin hat das Panzerschiff während seines Prisenkriegsvorstoßes vom 25. 9. bis 25. 10. mit Fahrtstufen von 6 bis 24 kn insgesamt 8829 sm zurückgelegt und dabei 1665 Kubikmeter Treiböl verbraucht. Die Seebeölung ist bei dieser Wetterlage mehr denn je Schwerarbeit. Dank der ausgezeichneten Mitarbeit des Troßschiffes gelingt am 27. 10. sogar eine Schmierölübernahme durch Spiralschläuche. Es ist die erste Übernahme dieser Art, die jemals praktiziert wurde. Die beiden Kommandanten haben herausgefunden, daß ein Kurs mit Wind aus Richtung 4 Dez von vorn besonders günstig ist. Schlauch und Schleppleine müssen stets frei voneinander gefahren werden. Und weil bei kräftigem Wind die Schiffe schneller treiben als der Schlauch, muß dieser stets in Luv der Schleppleine liegen. Freilich lassen sich Treiböl- und Schmierölübernahme nicht gleichzeitig durchführen. Zwei Schläuche würde man unmöglich von der Schleppleine freihalten können, zumal der Schmieröl-Spiralschlauch noch zusätzlich durch einen mit Preßluft gefüllten Schlauch schwimmend gehalten werden muß. Beide Besatzungen sind aber schon froh, das Schmieröl, das bislang immer faßweise per V-Boot »herangekarrt« werden mußte, auf diese neu erprobte Weise mit 12 cbm Förderleistung pro Stunde übernehmen zu können.

Am 28. 10. folgen Proviant- und Vorratsergänzung mit vier Kraftbooten an beiden Schiffsseiten der im Schlepp von *WE* fahrenden *Deutschland*. Dann ist die zweitägige Wetterberuhigung auf der Tiefdruck-Rückseite wieder vorbei. Es gibt abermals Sturm, der zum verläßlichsten Wegbegleiter der beiden einsamen Schiffe geworden ist. Schlingernd läßt sich *DE* treiben, weil die im Gang befindliche Maschinenüberholung noch weitere fünf Tage dauern wird.

Während der Abendwache springt der Wind zweimal binnen zehn Minuten um 5—8 Dez um, so daß die Schleppverbindung gelöst werden muß — bei Schneetreiben und Regen keine angenehme Arbeit. Am Sonntag liegt das Panzerschiff bei Windstärke 9 und Dünung aus allen Richtungen, heftig schlingernd, beigedreht im Zentrum eines Tiefs. Es ist der 10. Sonntag in See. Morgens wird mit Musik geweckt. Mittags gibt es sogar Kartoffeln, die inzwischen zur Rarität geworden sind. Obgleich sie Frost abbekommen haben, schmecken sie den Männern vorzüglich. Nachmittags gibt es, wie an jedem Sonntag, Kuchen aus der Bordbäckerei, dazu aber Kakao und eine Tafel Schokolade pro Mann — ein Ereignis!

In der Nacht steigert sich der Sturm aus Nord zum vollen Orkan. Windgeschwindigkeit 28 m/sec, hohe See. Dauernd steht eine weißgrüne Wasserwand auf der Back und dem vorderen Drillingsturm, während *DE* über Steuerbordbug beigedreht liegt. Das Schiff läßt sich nur noch mit Maschinenkraft einigermaßen auf dem Wind halten. Um 2.00 Uhr morgens kann die Besatzung des achteren Standes gerade noch abgelöst werden, während alle Niedergänge schon längst geschlossen sind. Und bald löst sich der Backbord-Kutter in seine Bestandteile auf. *Dora-Emil* muß durch den Wind gehen. Zwischendurch fällt das Schiff einmal, von einer riesigen See beiseite gedrückt, um rund 60° aus der neuen Lage ab, während gerade auf dem Aufbaudeck angeleinte Freiwillige wild umherkollernde Schmierölfässer und die Kuttertrümmer beseitigen. Weiß brandende See läuft 3—4 m hoch über Deck und schwallt vor allem in die Lüfterschächte der Steuerbordmotoren. Die Motorenräume 2, 3 und 4 müssen sofort stillgesetzt werden. Die Unterkanten der Zuluftöffnungen enden ca. 1,50 m über dem seitlichen Aufbaudeck — viel zu niedrig für ein Atlantikschiff. Zwar sind Verschlußdeckel vorhanden, aber ohne Verbrennungsluft können Motoren nun einmal nicht laufen.

Drei Viertel der Antriebsanlage sind jetzt also ausgefallen, nur Motorenraum 1 ist noch klar — so lange wie es dauert! Alle Hoffnungen klammern sich jetzt an diesen Motorenraum, dessen Luftschachtöffnungen auf der Hinterkante des Brückenhauses immerhin 5—6 m hoch über Deck und damit ziemlich geschützt liegen. Wenn auch die Diesel vom Mot-Raum 1 aussetzten, wäre vermutlich das Schicksal des Schiffes besiegelt. Ohne Antrieb würde es sofort quer zur See geraten, was bei dieser Wellenhöhe Kentergefahr bedeuten dürfte.

Die Backbordwelle dreht aber unverdrossen mit Umdrehungen für 12 kn. Mit Steuerbord-Hartruder läßt sich *DE,* wenn auch nur mit Mühe, beigedreht halten, bis endlich auch die andere Welle wieder Umdrehungen aufnehmen kann. Die Brückenfenster und die meisten Aufbauten vereisen. Das Barometer zeigt 722 Millibar.

Morgens gegen 5.30 Uhr kracht es ganz fürchterlich: Auch der Steuerbordkutter und das Dinghi sind nun vernichtet, die Davits zum Teil geknickt. Der Achterkante Kajüte festgelaschte Reserve-Propellerflügel hatte sich losgerissen und diese Verwüstungen angerichtet, bevor er gegen den achteren Geschützturm schlittert, sich umbördelt und darunter liegen bleibt.

Geschätzte Wellenhöhe jetzt etwa 30 Meter!

Bei Hellwerden erkennt man an Oberdeck, in den Niedergängen und am Schornsteinhals große Risse, durch die laufend Seewasser ins Schiffsinnere eindringt. Das Thermometer zeigt 2—3 Grad unter Null. Man kann sich im Schiff kaum noch auf den Beinen halten. Fortwährend geht irgend etwas »über Stag« und muß wieder eingefangen und festgebändselt werden.

Trotz allem schafft es das Maschinenpersonal nach und nach,

die vom Seewassereinbruch in die Zuluftkanäle betroffenen Motorenräume wieder klarzumachen, so daß *DE* am 31. 10. mit den Motorenräumen 1 und 3 zum »Punkt Gelb« marschiert — zu einem erneuten Treff mit dem Troßschiff.

Auf der Brücke gelingen bei sich bedeckendem, noch dunklem Himmel auf der Morgenwache drei Gestirnsbeobachtungen. Nachdem jeder der drei Sterne (ihre Namen sind mangels Umgebung nicht feststellbar) achtmal »gerechnet« worden ist, gelingt es endlich — nach tagelanger Koppel-Navigation — einen brauchbaren Schiffsort zu ermitteln.

Vormittags Gefechtsdienst, nachmittags Proviant-, Heizöl- und Treibölübernahme aus dem Troßschiff. Bei dem abermals zunehmenden Wind kostet es große Anstrengungen, das V-Boot wieder einzusetzen. Aufgrund einer vom Horchraum vermuteten U-Boot-Gefahr muß es außerdem noch besonders eilig gehen. Dabei wird einem der »Heizer« das Wadenbein abgequetscht. Der Mann kommt sofort ins Schiffslazarett.

Um 19.00 Uhr die Sensation des Tages: Der Kommandant gibt den Eingang eines Funkbefehls der Seekriegsleitung bekannt, nach dem die *Deutschland* Mitte November — genau zur Neumondphase — in die Heimat zurückzukehren habe, zunächst ohne das Troßschiff.

Aber es gehen nicht etwa Freude oder gar Jubel durchs Schiff, sondern eher eine Art Verbitterung. Hat man nun zehn Wochen hier draußen im Nordatlantik durchgehalten, einen Sturm nach dem anderen abgeritten, immer von neuem Katze und Maus gespielt, ist unrasiert und kaum noch gewaschen, hat kaum jemals trockenes Zeug am Leibe und hat frierend seine Wachen durchgestanden, um nun mit dem niederschmetternden Ergebnis von nur zwei versenkten Dampfern und einer aufgebrachten Prise wieder nach Hause zu schippern, obwohl Munitionskammern und Ölbunker voll sind? Hat man etwa nur dafür seit Monaten Verschlußzustand mit Panzerblenden vor sämtlichen Bullaugen ertragen, jede Nacht Blaulicht im Schiff, oft genug Schlaf auf der gezurrten Hängematte, Schufterei bei allen Vorratsergänzungen, Artillerie- und Maschinenreparaturen . . .

Aber in Berlin rechnet man sich wegen der permanent schlechten Wetterlage im Nordatlantik keine reellen Chancen für einen Handelskrieg nach Prisenordnung mehr aus. Hinzu kommt, daß

Hitler immer ungeduldiger auf die Heimkehr des Panzerschiffes drängt. Wenn ausgerechnet der *Deutschland* etwas passiert, könnte es als böses Omen für das weitere Schicksal des Landes angesehen werden, dessen Namen es trägt.

Am 2. 11. geht die Maschinenüberholung programmgemäß zu Ende. Die dabei vollbrachte Leistung des technischen Personals wird — wie immer — von allen anderen kaum registriert. Wer kann schon ermessen, was dazu gehört, damit die Arbeit dort unten »im Keller« ständig weiterläuft — auch im Sturm? Wer weiß schon, daß beispielsweise — wie gerade geschehen — die Beschädigung einer Stopfbuchse des Hilfsmotors den Totalausbau der Kolbenstange und der Stopfbuchse nach sich zog?

Vormittags wird ein Gefechtsbild mit Treffer im Kommandostand durchgefahren, nachmittags steht Gefechtsdienst aller Waffen auf dem Dienstplan. Auch die Ottern* werden übungshalber ausgebracht und Fla-Übungen auf das katapultierte Bordflugzeug vorgenommen, das bei dichten Schnee- und Hagelschauern immer wieder zeitweise außer Sicht kommt.

Kapitän zur See Wenneker ist nicht der Mann, der jetzt — nur weil es befohlen ist — schnurstracks »nach Hause« fährt. Er kalkuliert alle nautischen und meteorologischen Gegebenheiten der rund 1800 Seemeilen langen Durchbruch-Distanz zur Nordsee in aller Sorgfalt durch und findet, daß ihm noch Zeit (3.—8. 11.) für einen erneuten Vorstoß zur Handelskriegsführung übrig bleibt. Rechnet er 3—4 Tage für den An- und Rückmarsch bis zu den nördlichen Dampfertracks, bleiben ihm zur eigentlichen Kreuzerkriegführung noch 1—3 Tage. Und »Old Wenny« kann es nur recht sein, dabei gesehen und gemeldet zu werden. Der Gegner wird kaum auf den Gedanken kommen, daß *DE* nach längerer Zwangspause nur einen kurzen Vorstoß (vor dem Rückmarsch) unternimmt, sondern wird das Panzerschiff am Beginn eines neuen Tätigkeitsabschnittes wähnen! Dafür nimmt man es sogar in Kauf, während der kritischen Phase des Durchbruchs vielleicht 1—2 Besatzungen versenkter Dampfer an Bord haben zu müssen . . .

Wennekers Entschluß steht fest: Die *Deutschland* muß erneut auf der Nordatlantikroute auftauchen, damit ihr Rückmarsch weniger auffällt.

* Minenabwehr-Bugschutzgeräte

Am Nachmittag des 2. 11. sind nach der Maschinenüberholung auch die Übungen beendet. *DE* signalisiert an ihr Troßschiff, daß sie jetzt nach Süden vorstößt und daß *WE* am 6. 11. zum »Punkt Blau« verlegen solle. Dort müsse sie ausharren, bis der Durchbruch des Panzerschiffes mit Sicherheit geglückt sei. Also wieder ein Abschiednehmen. Man sieht den Schatten des anderen Schiffes kleiner werden und schließlich wesenlos im Nichts verschwimmen . . .

Für die *Deutschland*-Männer ist die neue Aktivität wie eine Erlösung: Die Antriebsanlage ist mit allen acht Motoren wieder klar. Das Schiff befindet sich mit den Motorenräumen 1 und 4 auf dem Kriegsmarsch nach Süden. Die B-Dienstfunker und die Handelsfunküberwacher haben sorgfältig vorgearbeitet. Die *Deutschland* operiert jetzt auf den holländischen Dampfer *Jonge Johanna*, der seine Position gefunkt hat. Und die Funkspezialisten haben auch weiteren Schiffsverkehr registriert.

Am 4. 11. um 12.08 Uhr gellen die Glocken: Prisenalarm! Binnen einer Minute ist die Antriebsanlage einsatzbereit mit acht Motoren. Drei Minuten nach dem Alarm ist auch die E-Anlage voll betriebsfertig, das gesamte Personal auf Station. Der Leitende Ingenieur meldet beide Propellerwellen klar. Die Männer vom Maschinenpersonal des Prisenuntersuchungskommandos I treten am Wachstand an.

Panzerschiff *Deutschland* ist, wie sich jetzt herausstellt, beim Ansteuern der *Jonge Johanna* unversehens auf den norwegischen Frachter *Tyrifjord* der Norsk Amerika Linje, Oslo, gestoßen — ein Fünflukenschiff.

»Heiße Herzen« begleiten das Prisenkommando auf seinem Weg nach drüben. Auf der ganzen Reise waren die Nerven der *DE*-Besatzung vielleicht noch nie so angespannt wie jetzt. Die Minuten werden zur Ewigkeit, seitdem das drüben aufenternde Prisenkommando sich über die *Tyrifjord* verteilt hat.

Die Besatzung der *Tyrifjord* ist verständlicherweise voller Freude genau über das, was nun auf dem Panzerschiff tiefe Niedergeschlagenheit auslöst. Der Winkspruch des Prisenkommandos besagt, daß dieses Schiff — mit 4553 t einwandfrei neutraler Ladung (Süßöl, Mehl, Stückgut und Eisenwaren) von Philadelphia und New York unterwegs nach Oslo — »in Ordnung« ist.

Man läßt die *Tyrifjord* allerdings mit sehr gemischten Gefühlen

Nach gründlicher Auswertung des Kriegstagebuches und aller Erfahrungsberichte kommt später die Seekriegsleitung zu folgendem Resümee:

Bezogen auf die geringe Zeit im Operationsgebiet ist das Ergebnis (5 Tage auf der Westindienroute: 1 Dampfer versenkt, 7 Tage auf der Kanada-Route: 1 Dampfer versenkt, 1 Dampfer aufgebracht, 3 Neutrale entlassen) nicht ungünstig. Die erzielte Diversionswirkung ist ein voller Erfolg.

Bei Beurteilung der zukünftigen Erfolgsaussichten muß in Rechnung gestellt werden:

a) Abgesehen von Begegnungen mit Fahrzeugen während der Wartezeit und in der Nähe der Grönlandbasis wurde ausgewichen:

6 Dampfern auf dem Marsch zur Südroute, da beabsichtigt war, dort zuerst aufzutreten, um die Basis nicht zu verraten;

1 Dampfer auf der Nordroute, da wahrscheinlich Neutraler;

4 Dampfern auf der Nordroute, da Wetterlage eine Untersuchung nicht gestattete;

1 Dampfer wurde vom Flugzeug gemeldet und nachher verfehlt.

b) Während der Zeit im Operationsgebiet war ein planmäßiges Absuchen des Gebietes an 6 von 12 Tagen nicht möglich. Luftaufklärung konnte nur an 4 Tagen stattfinden. An 6 Tagen war das Aussetzen eines Bootes nicht möglich.

c) Die meisten der angetroffenen Dampfer waren Neutrale. Das Gros der Feinddampfer fährt in Sammelfahrten oder Geleitzügen.

d) Die gewählten Operationsgebiete lagen auf der Mitte der feindlichen Handelswege, weitab von Knotenpunkten und geographischen Punkten, die eine Bündelung des Verkehrs bewirken.

e) Andererseits lagen über die Geleitzugwege noch keinerlei Nachrichten vor. Die Zeit im Operationsgebiet fiel in eine äußerst ungünstige Phase des Krieges.

laufen, denn gerade ist über Funk bekanntgeworden, daß die DE-Prise *City of Flint* nach einer vorerst noch unverständlichen Odyssee über Tromsö und Murmansk soeben in Haugesund bei der Abgabe eines amerikanischen Schwerkranken von zwei norwegischen Torpedobooten angehalten und zur Weiterfahrt nach England freigegeben worden ist. Die deutsche Prisenbesatzung aber wurde von Bord geholt und von den Norwegern interniert. Niemand begreift in diesem Augenblick, wie sich dieses Geschehen mit der neutralen Haltung eines Landes in Einklang bringen läßt ...

Die Erfolgsquote der *Deutschland* ist damit noch weiter gesunken.

Der Kommandant sieht die Sache anders, weil er konsequent strategisch denkt. Er weiß, daß die *Deutschland* und die *Graf Spee* tatsächlich den gesamten Atlantik aufgescheucht und den Gegner zu beträchtlichen, aufwendigen Vorsichtsmaßnahmen gezwungen haben. Viele Wochen wurden verloren, weil die Handelsschiffe der Briten überall zurückgehalten und schließlich zu langsamen Geleitzügen zusammengestellt werden mußten. Die beiden Deutschen, sie sind eine Bedrohung der britischen Seeverbindungen im Atlantik. Sie können überall auftreten und sind nirgends zu finden. Und so ist mittlerweile die gesamte britische Home Fleet aufgeboten worden, um die Nordatlantikroute zu sichern! Der B-Dienst und der Kommandant wissen, daß eben erst wieder ein Geleitzug aus Halifax ausgelaufen ist, der von zwei Schlachtschiffen, einem Schweren und einem Leichten Kreuzer gesichert werden muß!

Am 4. 11. abends bricht Wenneker freilich den Vorstoß ab, weil die voraussichtliche Wetterlage für den kommenden Tag Prisenuntersuchungen nicht mehr möglich machen dürfte.

Orkan, Eis und »Zahnrad-Salat«

Mit wechselnden Kursen steuert *DE* durch das Eis vor der Dänemarkstraße. Einzelne Eisberge und viele Schollen treiben vorbei. Die Back vereist teilweise, die Sicht ist gering. Vom Vormars aus erkennt man Kong-Christian-Land/Grönland zeitweilig recht gut. Kapitän Wenneker beschließt, mit 21 kn Fahrt zunächst bis zur Eisgrenze bzw. bis 30 sm Abstand an die Grönlandküste heranzugehen. Falls dort die Eis- und Wetterverhältnisse günstig sind, wird die *Deutschland* den Durchbruch durch die Dänemarkstraße bei Tage, mit hoher Fahrt, unter der Grönlandküste wagen. Nur bei hellem Licht, meint Wenneker, läßt sich infolge der Eisgefahr Höchstfahrt verantworten, die beim baldigen Eintritt ins gefährdete Gebiet erforderlich ist. Vermutlich werden sich die Bewachungsstreitkräfte des Gegners kaum direkt im eisgefährdeten Gebiet dicht unter Grönland aufhalten. Wählte aber Wenneker die Nacht für den Durchbruch, müßte er mehr in der Mitte der Straße und mit geringerer Fahrt laufen — sich damit länger in einem Gebiet aufhalten, in dem mit höherer Wahrscheinlichkeit Gegner-Kriegsschiffe anzutreffen sind. Außerdem ist nachts mit Nordlicht zu rechnen, das die Sichtverhältnisse tagähnlich macht. (De-Te-Einsatz ist wiederum untersagt.) Mit Kurs 65° und 24 kn Fahrt setzt *DE* vormittags um 10.00 Uhr kurzentschlossen zum Durchbruch an, geht zeitweilig wegen stärkerer Eisschollen und Growler auf 70—90°. Nachmittags zwingen starke, auffrischende Nordostwinde mit Stärke 7—8 zur Fahrtverringerung auf 18 und schließlich 12 kn. Bei Einbruch der Dunkelheit ist dennoch der gesamte Eisgürtel ausmanövriert, dessen Grenze zuletzt etwa 50 Seemeilen von der Grönlandküste entfernt liegt.

Die Richtigkeit eines Kommandanten-Entschlusses hat sich ein weiteres Mal voll bestätigt: Bei Nacht hätte das Passieren der angetroffenen, zeitweilig sehr starken Eisfelder das Panzerschiff auch mit geringer Fahrt erheblich gefährdet. Und bei der jetzt herrschenden Wetterlage wäre es in nur einer Nacht keinesfalls durch die Bewacherlinie hindurchgekommen! In der Nacht zum 9. 11. nimmt der Sturm auf Stärke 11 zu. Das Schiff vereist extrem. Dauernd fetzt Gischt über den Nachtleitstand. Rund drei

Tage lang kann sich niemand mehr am Oberdeck aufhalten. Relingdrähte und Deck sind zu weißen Mauern zusammengewachsen. An Backbord bricht schließlich die Reling unter der Eislast weg. Ein etwa in Sicht kommender Gegner wäre jetzt wohl in ähnlichen Schwierigkeiten. Turm »Anton« ist festgefroren, ebenso die vorderen 15-cm-Geschütze, die vorderen Flaks, die leichten Waffen. Die Brücke ist völlig vereist, und jeder Brecher setzt neues Eis an. Mit den herrschenden Nord- und Ostwinden strömt arktische Kaltluft mit Temperaturen von -11° südwärts. Schließlich wird an der Luvseite der *Deutschland* Eisansatz bis zu einem halben Meter Dicke festgestellt! Die Gefechtsfähigkeit ist infolge der Vereisung ganz stark eingeschränkt. Von der Mittelartillerie und der gesamten Flak sind — mit Ausnahme der vorderen — nur noch die Geschütze der Leeseite, von der schweren Artillerie nur Turm »Bruno« bedingt einsetzbar. Die Torpedowaffe ist völlig funktionsunfähig, die meisten optischen Zielgeräte sind unbrauchbar. Aber immerhin hat das Schiff langsam auch nach Osten Raum gewonnen, ein Gesichtetwerden durch den Gegner braucht kaum noch befürchtet zu werden. Der Kommandant hält jetzt einen goßen Hakenschlag für richtig und steuert deshalb mit 12 kn weiter nordwärts. Am nächsten Tag befindet sich *DE* südlich von Jan Mayen, die Temperaturen steigen infolge des wieder bemerkbaren Einflusses von Golfstromausläufern allmählich etwas an. Es gelingt langsam, mit viel Plackerei des Eises an Oberdeck Herr zu werden und die Waffen wieder der klarzumachen.

Die Seekriegsleitung telegrafiert, daß die Schlachtschiffe *Scharnhorst* und *Gneisenau* ab 13. 11. um 16.00 Uhr Sofortbereitschaft haben werden und daß deutsche Zerstörer auf der Breite von etwa 58° Nord nach der Durchbruchsnacht bei Hellwerden das heimkehrende Panzerschiff sichernd aufnehmen sollen. Vor dem Durchbruch durch die Shetland-Bergen-Enge soll *DE* nachmittags auf Welle 46,05 m Funksondersignal für die (Zerstörer-) Trefflinie »Fritz« mit Datumsangabe für den Tag des Durchbruchbeginns senden. Aber während *DE* am 11. 11., mit Schräglagen bis zu 30° nach beiden Seiten fürchterlich schlingernd, bei geringer Sicht, wegen Wiederzunahme von Wind und Seegang im Nordmeer erneut beidrehen muß, um vor der See nicht zu früh allzu weit südwärts zu gelangen, erreicht den Kommandanten eine Hiobsbotschaft, wie sie in diesem Augenblick schlimmer nicht kommen kann: In Motorenraum 1 ist der für den Betrieb zweier Antriebsdiesel zuständige Hilfsmotor durch schweren Schaden im Gebläsegetriebe — der zum Gehäusebruch führte — ausgefallen.

Alle 23 Zylinder von Motorenraum 1 hat dieser 3750-PS-Hilfsdiesel mit Spül- und Verbrennungsluft, Kühlwasser, Brennstoff und Schmieröl zu versorgen. Durch seinen Totalausfall sind 17 250 PS der Betriebsanlage lahmgelegt. Das Panzerschiff kann ausgerechnet bei seinem gefährlichen Durchbruch in die Nordsee keine Höchstfahrt mehr laufen!

Ein außergewöhnliches Pech — eine haarige Situation! Zwar ist es durch die Gefechtsschaltung der Motorenanlage der *Deutschland* möglich, auch mit nur drei Hilfsmotoren alle acht Hauptmotoren der Antriebsanlage zu fahren. Aber dann sind als Höchstfahrt allenfalls etwa 23,5 kn zu erwarten. Für das Gelingen des Durchbruchs ist aber gerade die Schnelligkeit des Schiffes der wichtigste Faktor. — Es muß also etwas geschehen!

Trotz der erbärmlichen Schlingerei, die es fast unmöglich macht, überhaupt auf den Beinen zu bleiben, bringen es die sich dabei gegenseitig festhaltenden Männer im Motorenraum 1 fertig, das Gehäuse-Oberteil des defekten Getriebes mit einem Differentialflaschenzug hochzuheben. Nun zeigt sich die Bescherung in ihrem ganzen Ausmaß: Das äußere Lager des Ritzels ist aus dem Gehäuse herausgerissen. Über 80 der etwa 350 Zähne des Getrieberades und die Ritzelzähne sind an der äußeren Kante schräg weggebrochen, als seien sie aus Glas gewesen. — Wie konnte das überhaupt passieren?

Als Übeltäter findet man ein etwa 60 mm langes Stahlstück, das vielleicht bei der überstürzt abgeschlossenen Werftliegezeit, möglicherweise auch schon früher in den Ölsumpf geraten war. Beim 30-Grad-Schlingern des Schiffes muß der Ölsumpf im Gehäuseunterteil soweit gekippt sein, daß das Ritzel der Pumpenwelle in die Ölfüllung des Motorenuntergestells eintauchte. Damit wurde die doppelte Pfeilradverzahnung von Getrieberad und Ritzel plötzlich zur Ölpumpe, deren Saugwirkung den festen Bodensatz des Ölsumpfes aufwirbelte und das tückische Stahlstück aus der Versenkung emporholte. Dieser 8 mm dicke Fremdkörper wurde auf der Außenseite des Ritzels hochgesaugt und in die auf ¹⁄₁₀mm Passung ausgelegte Verzahnung geschleudert. Dadurch riß das äußere Lager des Ritzels auf dem Gehäuse, das seinerseits aufgesprengt wurde. Das zunächst noch einige Umdrehungen machende Ritzel beschädigte die eigene Verzahnung sowie die des großen Getrieberades, bewirkte Ölausbruch und plötzlichen Stillstand.

Obgleich die Sache äußerst böse aussieht, geben sich die Männer nicht geschlagen. Das nun folgende Bravourstück dürfte mit so manchem aus der Marinegeschichte bekannten »Kampf bis zur letzten Granate« gleichzusetzen sein: Der für den Schiffsabschnitt »Motorenanlage« verantwortliche I. Wachingenieur, Oberleutnant (Ing.) Schaefer-Rolffs — er ist Diplomingenieur — und seine mit allen Wassern gewaschenen Obermaschinisten beschließen, diesen eigentlich irreparablen Schaden mit den wenigen vorhandenen primitiven »Bordmitteln« wenigstens provisorisch auszubessern. Dazu muß ein Meisterstück der Metallhandwerkskunst vollbracht werden, das eigentlich jeder Machbarkeit spottet.

Vom Gros der knapp tausendköpfigen *Deutschland*-Besatzung ungesehen, beginnt die ungewöhnlichste aller Maschinenreparaturen, während am 11. 11. abends über dem aufgewühlten Nordmeer einige Sterne durchkommen und bald darauf ein ebenso herrliches wie gefährliches Polarlicht den gesamten Himmel überspannt.

Nach fünfeinhalb Tagen ohne Astronavigation ergibt sich erstmals wieder die Möglichkeit für eine astronomische Beobachtung und Standortbestimmung. Dabei stellt man einen (Koppel-)Besteckfehler von 84 sm fest.

Am 12. 11. nimmt der Sturm bei Regen und Hagel wieder auf Stärke 11 zu. An Oberdeck werden abermals Enteisungsarbeiten zum Klarhalten der Waffen notwendig, während der B-Dienst zahlreiche Funksignale britischer Kriegsschiffe aufnimmt und darunter auch das Flaggschiff der Scapa-Flow-Streitkräfte identifiziert.

Währenddessen schuften tief unten im Schiff, unter dem Panzerdeck, die Männer (gelernte Maschinenschlosser und Fräser) im Motorenraum geschlagene 36 Stunden lang, um mit Hilfe von zwei kleinen Handschleifmaschinen die Zahnbruchkanten wieder zu glätten und mit einem Zehntel Millimeter Toleranz paßbar zu machen. Dabei müssen die Feinschleifer auf diesem torkelnden Schiff von je zwei Mann festgehalten werden. Als Lichtquellen dienen zwei Kabellampen!

In einer strapaziösen »Angelaktion« werden gleichzeitig die Zahnbruchstücke so vollzählig wie möglich, Stück für Stück aus dem Ölsumpf herausgefischt und wird schließlich das Ritzelaußenlager, »etwa« in der Flucht sitzend, wieder ins Gehäuse eingeschweißt. Bei diesem »Etwa« kommt es wiederum auf Millimeterbruchteile an. Die Männer der »Laufbahn II« geben ihr Bestes: Der britischen Flotte darf es auf keinen Fall gelingen, die *Deutschland* nur deshalb abzufangen, weil sie in der entscheidenden Phase des Durchbruchs 3 — 4 Knoten zu langsam ist!

Nach dem Wiederzusammenbau des Getriebes halten alle Mann im »Mot-Raum 1« den Atem an: Hat man es wirklich geschafft? Der Probelauf des Motors ruft ein schreckliches Getöse hervor. Jeder zieht schon den Kopf ein. Aber das Wunder geschieht — das Gehäuse bricht nicht wieder auf! Nach Abstimmung mit seinen brillanten Obermaschinisten meldet der I.W.I.: *»Der Hilfsmotor ist wieder zusammen. Probelauf hat stattgefunden. Der Motor ist für den Notfall betriebsbereit. Ich glaube, daß er eine gewisse Zeit laufen wird.«* — Tja, ich glaube . . .

Kapitän Wenneker muß den Durchbruch mit einer großen, zusätzlichen Belastung antreten.

Durchbruch mit schwarzer Rauchfahne

Das Panzerschiff geht wieder auf südlichen Kurs. Der Kommandant ruft seine Abschnittsoffiziere in der Offiziersmesse zusammen. Er teilt ihnen seine Absicht mit, die Bergen-Shetlands-Enge auf etwa 2° — 3° östlicher Länge zu durchlaufen. Dort ist man seiner Ansicht nach relativ gut frei von etwaigen Bewachern an der norwegischen Küste, man kommt aber andererseits der gegnerischen Luftaufklärung aus dem Bereich der Britischen Inseln nicht allzu nahe. Wenneker erläutert: »*Als entscheidend für das Gelingen der Aktion betrachte ich das ungesehene Durchlaufen der Tagesstrecke vor der Nacht des eigentlichen Durchbruchs. Ich rechne, soweit nördlich, nicht mit gegnerischen See-, sondern höchstens mit Luftstreitkräften. Somit ist für mich die Wetterlage am Tage vor dem Durchbruch dafür entscheidend, wie weit ich mich der Enge nähern kann. Für den 13. 11. läßt die Wetterlage zunächst klares, kaltes Wetter mit kräftigen nördlichen Winden und zahlreichen Schneeböen erwarten. Nachmittags erhoffe ich Eintrübung durch eine herrannahende Warmfront. Bordmeteorologe Dr. Fabricius sagt Nebelbänke und sehr diesiges Wetter vor der britischen Küste voraus. Der Punkt zum Durchbruchsbeginn muß ferner so gewählt werden, daß ich von dort aus in der Nacht mit hoher Fahrt bis zur Morgendämmerung südlich Utsira stehen kann.*«*

Eines bereitet dem Kommandanten allerdings schwere Sorgen (abgesehen von der fragwürdigen Strapazierfähigkeit des Hilfsmotors 1): Bei der seinerzeit im August überstürzt abgebrochenen Werftüberholung wurden die Schornstein-Isoliermatten nicht erneuert. Die ohnehin bei Panzerschiff *Deutschland* seit je bestehende Neigung zu Schornsteinbränden ist dadurch akuter denn je. Hinzu kommt, daß alle 92 Großzylinder der Antriebsanlage (einschließlich der Hilfsdiesel) auf den vielen Schlechtwetterkursen und während der wochenlangen Warterei vorwiegend, wenn auch umschichtig, mit kleiner 10%-Leistung und schlechtester Verbrennung gelaufen sind. Als Folge davon hat sich im Schornstein eine Ölkohleschicht von 10 — 15 cm Stärke gebildet, die ständig in Rotglut glost und schweren Qualm erzeugt. Kann man überhaupt annehmen, mit so einem »Stänkerkasten« bei einem Blockadedurchbruch unbemerkt zu bleiben?

Am 13. 11. rollt das Schiff zunächst sehr stark in achterlichen Seen. Schon um 8.00 Uhr zieht volle Kriegswache auf. Alle Waffen und Zieloptiken, alle BÜ-Telefone und Feuerleitanlagen werden noch einmal durchgefahren. Heute ist, wie die »Lords« sagen, »der Tag des Herrn«.

Um 13.45 Uhr wird *»Klarschiff zum Gefecht!«* geschlagen.

Ein nicht näher erkennbares Fahrzeug ist in Sicht gekommen, das von einigen Ausguckposten als U-Boot, von anderen als Fischkutter angesehen wird. Das Panzerschiff vergrößert, so diskret wie möglich, die Distanz zu diesem unbekannten Objekt. dann läuft es wieder Kurs Süd. Der als Ausgangsposition für den Nachtdurchbruch in Aussicht genommene Punkt wird schon eine Stunde vor Dunkelwerden erreicht. *Dora-Emil* marschiert zunächst noch mit 18 kn weiter, um möglichst viel Raum nach Süden zu gewinnen.

Um 16.40 Uhr gibt es erneut Gefechts-Alarm. An der Sichtgrenze ist ein gerade noch schemenhaft erkennbares, abgeblendetes Schiff mit Ostkurs in Sicht gekommen. Die B-Dienst-Funker und die Männer im Funkempfangsraum können keine Sichtmeldung des Unbekannten feststellen, während *DE* mit 24 kn Fahrt weitmöglich einen Bogen schlägt und dadurch wieder anderthalb Stunden Zeit verliert. Um 18.00 Uhr wird das vereinbarte Funksondersignal gesendet.

Die »Gruppe West«* teilt mit, daß ab 7.30 Uhr vier Zerstörer bei bestimmten Standlinien längs der Norwegischen Rinne bereitstehen werden, daß außerdem östlich des Längengrades 1° Ost einschließlich Skagerrak verstärkte Luftaufklärung geflogen wird und überdies Kampffliegerverbände zum Eingreifen bereitgestellt sind.

Und zur Sicherheit setzt die »Gruppe West« noch hinzu: *»Zerstörer sammeln auf ›Deutschland‹, wenn diese von (Luft)aufklärung gemeldet. Zerstörer geben Funksignal ›Max Beta‹, wenn Sammeln bis Abend nicht gelungen oder keine der Standlinien wie befohlen erreicht werden kann. ›Deutschland‹ marschiert dann weiter.«*

Gut gebrüllt, Löwe! denkt Wenneker. Falls ich zu keinem Ma-

---

* Gemeint ist das Marinegruppenkommando West in Sengwarden bei Wilhelmshaven, seit August 1939 als operativer Führungsstab zuständig für Deutsche Bucht, Nordsee und Atlantik.

növer gezwungen werde und die augenblickliche Fahrt beibehalten kann, erreiche ich die Zerstörer sowieso erst gegen 15.00 und 16.00 Uhr mitten im Skagerrak! Bis dahin rausche ich also wie auf dem Präsentierteller durch die Geografie. Und kann man dem defekten Hilfsmotor trauen? Höchstfahrt werde ich wohl kaum laufen können.

Der bis zur Dämmerung beobachtete Nordwestwind springt auf Südost um und frischt langsam auf. Draußen erhellt starker Funkenflug der *Deutschland* die stockdunkle Nacht. Dieser feuerspeiende Vulkan muß doch meilenweit zu sehen sein!

Kapitän Wenneker kann freilich nicht wissen, daß eben diese Schornstein-Malache ein ganz besonderer Glücksumstand ist. Das beim ersten »Klarschiff«-Alarm um 13.45 Uhr gesichtete »undefinierbare Fahrzeug« war tatsächlich ein innerhalb eines Aufklärungsstreifens aufgetaucht fahrendes britisches U-Boot und das gesichtete abgeblendete Schiff ein britischer Bewacher. Beide haben die *Deutschland* zwar gesehen, aber beim besten Willen nicht als Westentaschenschlachtschiff identifizieren können. Sie hielten dieses schwarzqualmende Schiff für einen kohlegefeuerten Dampfer, auf keinen Fall für ein Schiff mit Motorantrieb!

Um 3.00 Uhr am Morgen des 14. 11. wird die engste Stelle bei Südoststurm mit Stärke 6—9 passiert. Der Kommandant setzt alles auf eine Karte und befiehlt Höchstfahrt. Im Motorenraum 1 wagt man daraufhin tatsächlich, den laut rumorenden Hilfsdiesel 1 anzustellen und 3—4 Stunden lang durchlaufen zu lassen. Und wenn die Besatzung des Mot-Raumes 1 nicht inzwischen halb taub geworden ist, dann hat sie recht: Allmählich lassen die schlimmen Geräusche des kranken Diesels sogar etwas nach. Getriebe und Ritzel scheinen sich gewaltsam »eingelaufen« zu haben!

Das Vorschiff boxt bei der mehrstündigen, nur zweimal wegen Störungen vorübergehend auf 22 kn reduzierten Höchstfahrt mit Getöse in die schräg von vorn anlaufenden Seen und jagt den Gischt bis zur Gefechtsmasthöhe empor. Nur immer weiter! . . .

Die *Deutschland* hält, mindestens 50 Seemeilen frei von der Küste, auf den Rand der tiefen Norwegischen Rinne zu, nachdem die Bewacherlinien zwischen den Shetlands und Norwegen senkrecht durchstoßen worden sind. Bei Skudernes ist abermals mit feindlichen Bewachern und U-Booten zu rechnen, aber der

Kommandant hat das verständliche Bestreben, sich dennoch auf kürzestem Weg dem Skagerrak und den vereinbarten Standlinien der eigenen Zerstörer zu nähern.

Nach Hellwerden besagt ein eingehendes Telegramm, daß wegen Nebels vorerst kein Start zur Luftaufklärung möglich sei. Aber Wenneker tröstet sich damit, daß dementsprechend auch die gegnerische Luftwaffe einige Probleme haben dürfte. Der »Wetterfrosch« bejaht das sogar mit Nachdruck. — Also keine Fliegerei.

Hilf dir selbst, so hilft dir Gott.

Das Panzerschiff steuert seit Hellwerden Zickzackkurse mit Generalkurs 130°. Um 9.35 Uhr gibt es U-Boot-Alarm. Das Schiff dreht sofort. Der Ausguck im Vormars schwört Stein und Bein, ein wegtauchendes Unterseeboot einwandfrei ausgemacht zu haben.

Im Laufe des Vormittags werden noch sechsmal Dampfer gesichtet, und um 11.00 Uhr meldet ein englischer Dampfer deutsche Seestreitkräfte im Skagerrak. Es bleibt dabei offen, ob er damit die *Deutschland* oder die vielleicht gesichteten Zerstörer meint.

Auf U.K., wie man bei der deutschen Kriegsmarine die Ultrakurzwelle bezeichnet, bekommt *DE* gegen 14.00 Uhr Sprechfunkkontakt mit den zur Aufnahme bereitstehenden Zerstörern. Und um 15.03 Uhr, südlich Kristiansand, stoßen bei allenfalls 2—3 Seemeilen Sicht kurz nacheinander zwei dunkelgraue Schatten aus dem grauen Einerlei heraus, die diesmal kein Alarmklingeln auslösen: Es sind die deutschen Zerstörer *Friedrich Eckoldt* und *Friedrich Ihn*, die sofort die U-Boot-Sicherung ihres Schützlings übernehmen. Der erstgenannte wird 1000 m vorgesetzt, der zweite angehängt. Mit 22 kn Fahrt und Kurs 75° geht die Reise weiter.

Vor allem in der Antriebsanlage atmet jedermann auf. Zwar ist man noch längst nicht zu Hause. Die U-Boot-Gefahr ist im Skagerrak und Kattegat besonders groß. Aber *Dora-Emil* ist zum erstenmal nicht mehr allein. Jetzt kann Hilfsmotor 1 endgültig »wegtreten« und der ganze Mot-Raum 1 den Betrieb einstellen.

Noch weiß niemand, daß heute nacht, als Höchstfahrt gelaufen wurde, »der liebe Gott den Daumen dazwischengehalten hat«: Etwa 300 Zähne sind aus dem großen Getrieberad weggebrochen. Aber keins dieser Bruchstücke hat sich eingeklemmt, sie sind alle nach unten in die Bilge gefallen! Allerdings schlingerte *DE* zu diesem Zeitpunkt auch schon nicht mehr, sondern lief mit »Äußerster Kraft« auf ebenem Kiel geradeaus.

Um 17.55 Uhr schließen auch die Zerstörer *Bruno Heinemann* und *Erich Steinbrinck* mit dem Chef der 4. Zerstörerflottille heran. Sie erhalten den Befehl zum Anhängen. Der Flo-Chef gibt über U.K. seinen herzlichen Glückwunsch zu dem erfolgreichen Durchbruch herüber. Um 19.00 Uhr wird Kap Skagen passiert und befehlsgemäß eine kurze Funkmeldung an die Seekriegsleitung abgegeben.

Die an Deck und auf der Brücke befindlichen Kriegswachgänger sehen wie eine Vision die Lichter der unverdunkelten Stadt Korsör herauskommen — es ist die erste menschliche Ansiedlung, die sie nach 84 Tagen Feindfahrt sichten. Also wohnen doch noch Menschen auf diesem Wasserplaneten ... Der B-Dienst meldet beträchtlich starken, fast hektischen Funkverkehr auf der Gegnerseite. Alles spricht für eine Massierung schwerer Seestreitkräfte in der nördlichen Nordsee.

Bei der Friedensposition des Feuerschiffs *Fehmarnbelt* kommt der Zerstörer *Anton Schmitt* längsseits und bringt den Oberbefehlshaber des Marinegruppenkommandos Ost* an Bord. Nanu, den Herrn kennt man doch? Es ist Admiral Carls.

In den Wohndecks zwitschern die Bootsmannspfeifen *»Alle Mann achteraus!«*

»Papa« Carls begrüßt die ihm so vertraute Besatzung in heimatlichen Gewässern. Und diese ist jetzt teilweise genauso vollbärtig wie er selbst. Der Admiral macht den Männern klar, daß die Erfolge des Atlantikeinsatzes zwar nicht in Tonnage-Erfolgen meßbar seien. Aber mehr als sich das wohl jeder vorstellen könne, habe die *Deutschland* als Hecht im Karpfenteich gewirkt, den gesamten Atlantikverkehr verunsichert und nahezu die ganze britische Heimatflotte gebunden. Dieses Katze-und-Maus-Spiel müsse nun so lange wie möglich fortgesetzt, die Rückkehr des Schiffes in die Heimat weitgehend geheimgehalten werden. Und die »Lords« erfahren: Das Schiff wird zunächst in die östliche Ostsee verlegt. Anlaufen des Heimathafens Wilhelmshaven ist

---

* Als operative Führungsstelle zuständig für die Ostsee bis zur Skagerrak-Sperre.

vorerst noch illusorisch. Es besteht strikte Postsperre. Die Angehörigen werden, wie bisher, nur durch turnusmäßige Mitteilungen vom Wohlsein des Vaters, Ehemannes, Sohnes, Bruders unterrichtet. Auf etwa versuchte postalische oder telefonische
Kontaktaufnahme steht Kriegsgericht!

Carls läßt keinen Zweifel daran, daß die beiden Panzerschiffe
bislang die Hauptlast des Atlantikkrieges getragen haben und
daß sie es auch weiterhin tun müssen.

Am Morgen des 16. November 1939 umgeht das Panzerschiff
das Sperrgebiet in der Danziger Bucht und macht um 6.30 Uhr
am ehemaligen Seebahnhof der Polnischen Ozean-Linie im erst
kürzlich eroberten Gdingen fest, das auf den Namen Gotenhafen
umgetauft worden ist.

Das Kaigelände ist jetzt von Wachtposten abgesperrt. Das
Festmachen des Schiffes geschieht in aller Heimlichkeit noch vor
Hellwerden. Und dann wird als allererste Maßnahme Trinkwas-
ser übernommen. Endlich kann überall geduscht werden. Einem
ausgiebigen Rasieren steht nichts mehr im Wege. Man fühlt sich
wie neu geboren.

Wieder kommt der Befehl »*Alle Mann achteraus!*«. Die übernächtigten, teilweise an leichtem Skorbut erkrankten Männer erfahren etwas Niederschmetterndes: Auf Befehl des Oberkom-
mandos der Kriegsmarine wird das Schiff mit sofortiger
Wirkung auf den Namen *Lützow* umgetauft!

Die Erregung in den Wohndecks ist beträchtlich. Man nimmt
dem »Schiff Nummer Eins« der deutschen Flotte seinen Namen
weg, auf den jeder so stolz ist. *Lützow,* was soll denn dieser Unsinn? Der Name ist doch längst an einen in Bau befindlichen
Schweren Kreuzer vergeben!

Niemand blickt in dieser Sache durch.

Aber außer der schon erwähnten ständigen nervösen Sorge
Hitlers um einen möglichen *Deutschland*-Untergang steckt noch
mehr hinter dem Namenswechsel: Die Sowjets, als nunmehrige
Verbündete des Dritten Reiches, haben die Überlassung der neu-
en, im Bau befindlichen *Lützow* als Gegenleistung für sowjetische
Öl-, Getreide- und Rohstofflieferungen verlangt. Dieser Forde-
rung konnte man sich in Berlin nicht entziehen. Doch die Auslie-
ferung des Schweren Kreuzers unterliegt selbstverständlich der
Geheimhaltung. Also bietet es sich an, den Namen *Lützow* gleich

jetzt auf das ohnehin umzutaufende Panzerschiff zu übertragen! Die Feldpostnummer M 35078 der Baubelehrungskompanie Schwerer Kreuzer *Lützow* geht mitsamt dem Schiffsnamen auf das Panzerschiff über. Mag doch der britische Geheimdienst zusehen, wie er dahinterkommt — die *Deutschland* hat sich jedenfalls in Nichts aufgelöst, nur die *Lützow* korrespondiert weiter ...

Aber der Nackenschlag des Namenswechsels »sitzt«. Die Männer sind wie betäubt. Besonders die alten »Stammrollennummern« trifft es schwer, die dieses Schiff schon mit in Dienst gestellt haben. Von Anfang an wurden sie zum Stolz auf *das* Schiff erzogen, das den Namen des Vaterlandes trug.

Das soll nicht mehr gelten? — Fünf Tage Liegezeit in Gotenhafen. Nach dem Rasieren und Duschen, nach dem ersten richtigen Essen mit umgehend angelieferten Kartoffeln, Frischgemüse und Obst folgen erste, sozusagen tastende Gehversuche an Land. Es gibt also doch noch festen Erdboden, der nicht schaukelt ... Unfaßbar ist das alles. Endlich darf auch »einer zur Brust genommen werden« — dazu ein bißchen Musik und Ringelpiez im Soldatenheim »Café Berlin«. Doch ständig hat man die kriegsgerichtliche Drohung im Nacken, daß ja kein Wort über das Schiff und sein Woher gesagt werden darf. Wenn die »Lords« von anderen Marinekameraden »angemorst« werden, wo sie denn herkommen, haben sie »ein Vorhängeschloß vorm Maul«.

Vielleicht ist das aber auch gut so, obwohl es einen schon mal »juckt«, ein bißchen anzugeben. Doch was würden die braven Minensucher wohl sagen, die seit Kriegsbeginn in der Danziger Bucht herumkreuzen und deren großes Erfolgserlebnis der »Polenfeldzug« war? Und was soll man den Männern anderer Ostseeverbände antworten, denen selbst *dieses* Erlebnis fehlt? Sie würden es ohnehin kaum glauben, daß man von Grönland, von den Neufundlandbänken und aus dem Sargassomeer kommt — sie würden einen glatt für verrückt erklären.

Panzerschiff *Lützow* alias *Deutschland* ist der erste Heimkehrer der Kriegsmarine aus überseeischen Gewässern. Die Sensation wäre vollkommen, wenn man es wüßte — besser gesagt: wissen dürfte!

Man hat aber ja alles selbst noch kaum verkraftet. Und auch nur zögernd nimmt man zur Kenntnis, daß es jetzt Lebensmittelmarken, Fliegerverdunklung, Urlaubssperre gibt. Da werden Frauen zum Granatendrehen dienstverpflichtet. Auch gibt es ein neues Gesetz, demzufolge das Abhören feindlicher Rundfunksender und die Weitergabe von deren Meldungen u. U. mit der Todesstrafe geahndet werden kann. Wenn es danach ginge, müßten ja alle Funker des Panzerschiffes einen Kopf kürzer gemacht werden. Sie haben jeden nur verfügbaren Pressedienst abgehört.

Die fünf Tage an Land sind nur ein kurzes Intermezzo. Alle spüren es — ein neuer Einsatz liegt in der Luft, obwohl das Schiff mehr als werftreif ist.

Am 21. November wird Sofortbereitschaft befohlen. 14.00 Uhr Auslaufen, Kriegsmarsch nach Westen mit 18—21 kn. Immer noch mit unklarem Hilfsmotor 1.

Kap Arkona, Feuerschiff *Kiel*, Kanalschleuse Holtenau: Himmel, wie hat sich hier alles verändert: Flak- und Nebelbatterien stehen an Land, Sperrballons hängen am Himmel.

Lucie-Willy (LW = Abkürzung für den neuen Schiffsnamen *Lützow)* verlegt durch den Kaiser-Wilhelm-Kanal zur Nordsee. Um 20.15 Uhr steuert das Schiff elbabwärts, als U-Boot-Sicherung gesellen sich die Schnellboote S 7 und S 21 hinzu. Noch vor Mitternacht wird Kriegsfeuerschiff »F« passiert und nachts um 1.50 Uhr an der Fernsprechboje von Wilhelmshaven-Reede festgemacht. Die Stadt liegt völlig im Dunkeln, man ahnt sie nur — das eigene Zuhause bleibt unsichtbar. Dafür gibt es um 3.15 Uhr Fliegeralarm. Ein Angriff erfolgt nicht, aber man hat dabei »ein völlig neues W'haven-Gefühl«!

Wie die Aussätzigen bleiben die Männer der *Lützow* isoliert, den Blicken ihrer Angehörigen in Dunst und Regenflagen der Jade verborgen. Und am 24. 11. um 19.00 Uhr wird die Kriegswache auf Station gerufen. Man ahnt in der Finsternis die anderen Schiffe nur, die sich in dieser äußerst dunklen Nacht ringsum zum Verband formieren.

Durchs Schiff schwirrt die Parole, es ginge diesmal zum Minenlegen in die Themsemündung, richtiger gesagt: *Lützow* solle einen Minenlegerverband artilleristisch decken. Tatsächlich läuft das Panzerschiff zusammen mit den Leichten Kreuzern *Leipzig* und *Köln* unter Führung des Befehlshabers der Aufklärungsstreitkräfte (B.d.A.) und vier Zerstörern aus. Aber der Kurs führt keineswegs westwärts, er geht mit 18 kn fast nach Norden: 350°. Und da sich die Nordsee seit Kriegsausbruch wegen der geworfenen eigenen »Westwall«-Minensperren in ein rätselhaftes Labyrinth verwandelt hat, weiß kaum jemand, was das alles bedeutet: Der Marsch geht über »Punkt A«, »Weg L«, »Punkt H«, »Weg P« nach »S«. Die Minenkarte ist natürlich »Geheime Kommandosache«, die nur dem Kommandanten, dem Navigationsoffizier, den Wachoffizieren und dem Steuermannspersonal zugänglich ist.

Am 25. 11. wird man nicht viel schlauer. Im Nachtmarsch geht es auf »Weg Blau« zum »Punkt W«.

Kurz vor Hellwerden setzen sich Boote der 6. Torpedobootsflottille mit ausgebrachten Ottergeräten vor den Verband. Die Zerstörer werden in einen Vorpostenstreifen entlassen.

Der B.d.A. ordnet an, daß die drei großen Schiffe bei Fliegeralarm sofort mit Höchstfahrt den Verband auflösen: *Leipzig* soll sich 3 Dez nach Steuerbord, *Lützow* 3 Dez nach Backbord, *Köln* 6 Dez nach Steuerbord abwenden.

Zwei eigene Flugzeuge kommen in Sicht und schießen Erkennungssignal (E.S.), *Leipzig* sichtet eine Treibmine. Auf Höhe von 56° Nord hält sich der Verband im Planquadrat 9151 auf. Die dänische Küstenfunkstelle Blavand Radio meldet 14 Treibminen.

Um 10.15 Uhr Fliegeralarm. Die Schiffe preschen wie befohlen auseinander, aber es handelt sich um drei Ketten eigener Flugzeuge, die sinnigerweise genau aus der Sonne kommen und sehr spät E.S. schießen. Es wäre ihnen fast an den Kragen gegangen.

Generalkurs West. Generalkurs Ost. Generalkurs Südwest. Und alles im Zickzackkurs.

Werde jemand aus dieser Unternehmung schlau!

Die Kritiker können natürlich nicht wissen, daß sie eine gut durchdachte Scheinunternehmung hinter sich haben, deren alleiniger Zweck in der Ablenkung der gegnerischen Funkaufklärung lag. Und das dürfte geglückt sein! Während man nämlich bei der Royal Navy den B.d.A.-Verband argwöhnisch observierte, haben sich die beiden Schlachtschiffe *Scharnhorst* und *Gneisenau* ungesehen davongemogelt und nachts unbemerkt die Bergen-Shetland-Enge durchstoßen, um einen Durchbruch in den Atlantik zu fingieren. Diese Ablenkungsaktion soll heimkehrenden Blockadebrechern »Luft« schaffen und außerdem die einsame *Admiral*

Graf Spee durch neue Kräftekonzentration des Gegners entlasten. Es kommt bei diesem Vorstoß zum Gefecht und zur Versenkung des 16 697 BRT großen britischen Hilfskreuzers *Rawalpindi*.

Der Vorstoß hat aber noch einen zweiten kalkulierten Effekt: Man möchte dem Gegner vorspiegeln, daß die 28-Zentimeter-Granaten, die im Schneesturm die *Rawalpindi* zusammengeschlagen haben, aus den Rohren der *Deutschland* stammten!

Tatsächlich meldet der britische Hilfskreuzer-Kommandant über Funk, daß er eben von diesem Panzerschiff angegriffen worden sei und erhöht dadurch die Verwirrung in der britischen Admiralität.

Die *Deutschland* verunsichert also noch immer den Nordatlantik, sie operiert nunmehr vermeintlich im Europäischen Nordmeer!

Noch weiß man in London nicht, daß es die *Deutschland* gar nicht mehr gibt und daß jenes Schiff, das früher diesen Namen trug, längst wieder wohlbehalten in Gotenhafen an der Pier liegt.

Noch ist der polnische Nachrichtendienst nicht wieder aufgebaut, noch kommen aus diesem Raum keine Geheimdienstmeldungen. Und dieser neue Hafen der Kriegsmarine liegt auch noch außerhalb des Bereichs derzeitiger Royal Air Force-Luftaufklärung.

Der Notruf der *Rawalpindi* hat übrigens eine großangelegte Razzia auf das »Geisterschiff« *Deutschland* zur Folge, an der 3 Schlachtschiffe, 3 Schlachtkreuzer, 1 Flugzeugträger, 3 Schwere Kreuzer, 8 moderne Leichte Kreuzer und 8 alte Leichte Kreuzer teilnehmen. Die Suche bleibt erfolglos. Die beiden deutschen Schlachtschiffe brechen am 26. 11. in schwerem Wetter wieder unbemerkt durch die Bergen-Shetland-Enge und erreichen wohlbehalten ihre Heimathäfen.

Aus der Massierung des Gegners kann man jedoch erkennen, was der *Deutschland* elf Tage vorher beschieden gewesen wäre, hätte man sie tatsächlich bemerkt!

Die Karte auf Seite 204 ist jedenfalls recht aufschlußreich.

Nun möge diese Armada getrost Meile um Meile des Nordmeeres abkämmen.

Der Seekriegsleitung kann das nur recht sein, auch im Interesse der zu entlastenden *Graf Spee*.

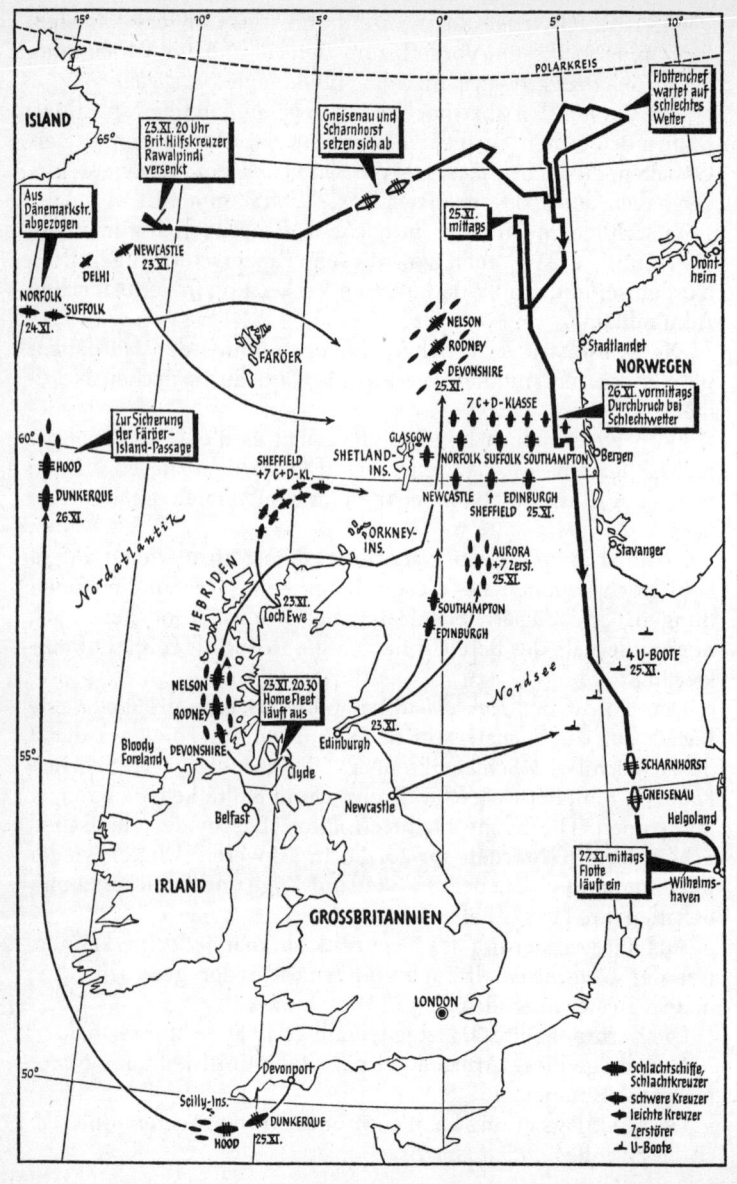

ISLAND

POLARKREIS

Flottenchef wartet auf schlechtes Wetter

23.XI. 20 Uhr Brit.Hilfskreuzer Rawalpindi versenkt

Gneisenau und Scharnhorst setzen sich ab

Aus Dänemarkstr. abgezogen

NEWCASTLE 23.XI.

DELHI

NORFOLK

SUFFOLK

24.XI.

FÄRÖER

25.XI. mittags

Stadtlandet

NORWEGEN

NELSON

RODNEY

DEVONSHIRE

25.XI.

26.XI. vormittags Durchbruch bei Schlechtwetter

Zur Sicherung der Färöer-Island-Passage

HOOD

DUNKERQUE

26.XI.

SHEFFIELD +7 C+D-KL.

7 C+D-KLASSE

GLASGOW

SHETLAND-INS.

NORFOLK SUFFOLK SOUTHAMPTON

NEWCASTLE ↑ EDINBURGH

SHEFFIELD 25.XI.

Bergen

Stavanger

Nordatlantik

HEBRIDEN

ORKNEY-INS.

23.XI. Loch Ewe

AURORA +7 Zerst. 25.XI.

SOUTHAMPTON

EDINBURGH

Nordsee

4 U-BOOTE 25.XI.

NELSON

RODNEY

23.XI. 20.30 Home Fleet läuft aus

DEVONSHIRE

Clyde

Edinburgh

23.XI.

SCHARNHORST

GNEISENAU

Belfast

Newcastle

Helgoland

Bloody Foreland

IRLAND

GROSSBRITANNIEN

27.XI. mittags Flotte läuft ein

Wilhelmshaven

LONDON

Devonport

Scilly-Ins.

DUNKERQUE

HOOD 25.XI.

Schlachtschiffe, Schlachtkreuzer

schwere Kreuzer

leichte Kreuzer

Zerstörer

U-Boote

Zur nebenstehenden Karte: Die Massierung von Seestreitkräften der Royal Navy beim »*Rawalpindi*-Unternehmen« der Schlachtschiffe *Gneisenau* und *Scharnhorst* (bei dem *Lützow* zusammen mit den Leichten Kreuzern *Leipzig* und *Köln* sowie vier Zerstörern in der Nordsee eine Scheinunternehmung zur Täuschung der britischen Aufklärung fährt). Das große Aufgebot von britischen Kriegsschiffen ist zum Abfangen der bereits neun Tage vorher unbemerkt in die Heimat durchgebrochenen *Lützow ex Deutschland* bereitgestellt! Cajus Bekker schreibt dazu in seinem Buch »*Verdammte See*«:

»*Am 5. Oktober befiehlt die Londoner Admiralität die Bildung von acht Jagdgruppen, die auf dem ganzen Atlantik verteilt werden. Vom Kreuzer bis zum Schlachtschiff und zum Flugzeugträger machen insgesamt 22 Kriegsschiffe Jagd auf die deutschen Raider (»Deutschland« und »Admiral Graf Spee«). Jede dieser Gruppen ist, nach Meinung der Admiralität, stark genug, den Gegner zu vernichten oder ihn zumindest so schwer anzuschlagen, daß seine Operationsfreiheit beeinträchtigt wird. Um diese Jagdgruppen zu bilden, muß die Royal Navy etliche Schiffe von anderen Kriegsschauplätzen abziehen . . . Nichts könnte der deutschen Seekriegsleitung gelegener kommen. Ein, zwei Handelsstörer irgendwo in der Weite des Ozeans bewirken schon, daß sich die an Zahl weit überlegenen britisch-französischen Seestreitkräfte verzetteln müssen: Das ist genau das, was der deutsche Marinechef unter ›Diversionswirkung‹ versteht.*

Jetzt gilt es, den Vorteil entschlossen zu nutzen. Die Home Fleet ist geschwächt — also können deutsche Seestreitkräfte aus der Nordsee heraus vorstoßen (Karte!). Sollen die Engländer glauben, die Deutschen wollten weitere Handelsstörer in den freien Atlantik durchbringen! Hauptsache: Die Royal Navy wird in Atem gehalten. Hauptsache, sie gerät in die Zwickmühle zwischen weiträumigem Atlantikeinsatz und nahem Schutz der eigenen Nordflanke . . . Der (auf der Karte dargestellte) Vorstoß soll den Feind davon abhalten, seine ganze Kraft auf die Suche nach der im Süden operierenden »Admiral Graf Spee« zu konzentrieren. Der Ob.d.M. wünscht ›den strategischen Druck auf die Nordatlantikwege des Gegners‹ aufrechtzuerhalten, ›unterstrichen durch greifbare Erfolge gegen unterlegene Feindstreitkräfte‹.«

Der hier kartographisch dargestellte Vorstoß der beiden Schlachtschiffe hat zur Folge, daß sowohl Hilfskreuzer *Rawalpindi* als auch Kreuzer *Newcastle* die gesichtete *Scharnhorst* für die *Deutschland* halten, die man noch immer im Atlantik bzw. Nordmeer wähnt!

Vor neuem Ausbruch nach Übersee

Anfang Dezember 1939 beginnt endlich die dringend notwendige Werftliegezeit. Mitte Februar 1940 soll das Schiff wieder kriegsbereit sein und an Stelle des am 13. 12. 1939 in der La-Plata-Mündung selbstversenkten Panzerschiffes *Admiral Graf Spee* unter Führung ihres neuen Kommandanten, Kapitän zur See August Thiele, im Südatlantik und Indischen Ozean Handelskrieg führen.

Nachdem bis Mitte Dezember 1939 trotz der geringen zur Verfügung stehenden Mittel das Ziel der Atlantik-Kriegführung — den Gegner durch weitläufige Diversion in Atem zu halten — erreicht wurde, bedeutet der Ausfall der *Admiral Graf Spee* praktisch den Verlust eines Drittels der überhaupt für Ferneinsätze solcher Art brauchbaren Kriegsschiffe. Da sich das Schwesterschiff *Admiral Scheer* wegen eines größeren Umbaues noch immer in der Werft befindet und auch noch kein einziger Hilfskreuzer nach Übersee auslaufen konnte, war seitdem aus Mangel an Reserven eine Unterbrechung der großräumigen Handelskriegführung im Atlantik eingetreten. Diese sollte durch neuen Einsatz der nunmehrigen *Lützow* baldmöglich beendet werden.

Bei strengem Frost wird Ende Januar 1940 mit dem Wieder-Einfahren des grundüberholten Schiffes begonnen. Und währenddessen wird am 25. Januar plötzlich die »Heimkehr der *Deutschland*« ganz groß in Presse und Rundfunk hervorgehoben, die Umbenennung auf den neuen Namen *Lützow* öffentlich bekanntgegeben und das Geheimhaltungsspiel offiziell beendet.

Zwar schütteln die »Lords« amüsiert den Kopf, als sie lesen, daß das heimgekehrte Panzerschiff »nun seiner Werftliegezeit und die Besatzung der verdienten Erholung entgegensieht.« Aber man begreift sehr wohl, daß dieses auffällige Propagieren bisher streng geheim gewesener Tatsachen ein Manöver zur Irreführung des Gegners ist. Übrigens wird bald nach dieser Bekanntgabe das Panzerschiff offiziell zum Schweren Kreuzer umkategorisiert. Über diese Maßnahme kann man geteilter Meinung sein, denn jedes Kriegsschiff mit mehr als 20,3-cm-Kaliber seiner Hauptbewaffnung zählt nach internationaler Definition nicht mehr zur Kategorie der Kreuzer, sondern der Schlachtschiffe, in diesem Falle wohl richtiger der Schlachtkreuzer. Bei 14° Celsius Kälte wird Ende Januar ganztägig Munition und Proviant übernommen. Weitere Partien von Proviant und Ausrüstung werden später schubweise »nachgereicht«. Unauffällig wird die *Lützow* schließlich für volle vier Monate neu bevorratet. Nur wenige Eingeweihte in Kleiderkammer und Materialverwalter-Schreibstube haben Kenntnis davon, daß dabei bemerkenswert viel weißes Zeug, Khakihemden und sogar Tropenhelme an Bord gekommen sind.

Die hart realistische Gefechtsausbildung für diese Tropen-Unternehmung wird bei immer stärkerem Eisgang nur mit Schwierigkeiten durchgeführt. Und wieder bekommt das vormalige Panzerschiff sein altvertrautes Troßschiff *Westerwald* als Trabanten zugeteilt. Es kehrte ebenfalls glücklich zurück und wurde aus Tarnungsgründen in *Nordmark* umgetauft.

Der nächste Einsatz beschäftigt die Gemüter beträchtlich, aber nur Kapitän zur See Thiele kennt den streng geheimen »Operationsbefehl für die zweite Antlantikunternehmung des Panzerschiffes *Lützow*«, den nunmehrigen Schweren Kreuzer, datiert vom 6. Februar 1940.

Thiele soll nördlich den Färöer in den Atlantik durchbrechen, freilich ist ihm auch die Dänemarkstraße freigestellt. Der Marsch durch den Atlantik soll westlich des 20. Längengrades (West) bis zur Breite 55° Nord vor sich gehen, möglichst ungesehen. Von dort ab ist »*Ausnutzung sich bietender Operationsmöglichkeiten anheimgegeben*«. Die Linie Bahia — Freetown soll ebenfalls möglichst unbemerkt passiert werden, gegebenenfalls erst während der Neumondperiode Anfang April. Danach stehen *Lützow* alle Operationsgebiete im Südatlantik und Indischen Ozean nach eigenem Ermessen zur Verfügung, als Ausweichgebiet kommt auch der Pazifik in Frage! Anfang Februar haben sich auch die Verhandlungen mit Japan günstig entwickelt, so daß die Ausnutzung von Stützpunkten auf den japanischen Inseln in den Bereich der Möglichkeiten rückt.

Die Seekriegsleitung (Skl.) stellt fest, daß der Gegner nicht imstande ist, seinen gesamten Überseehandel in Form von gesicherten Geleitzügen zu führen und die ausgedehnten Handelsrouten mit seinen Streitkräften lückenlos zu überwachen. Es ist daher auch jetzt noch mit unbewachten Seeräumen und zahlreichen Einzelfahrern zu rechnen. Zur Zeit ist das Geleitsystem im Nordatlantik nur bis etwa zur Linie Freetown—Bahia weitgehend ausgebaut. Südlich davon werden nur besonders wichtige Transporte geleitet.

Der Einsatz von zunächst fünf Hilfskreuzern im Atlantischen, Indischen und Stillen Ozean ist ab Februar bzw. März 1940 beabsichtigt. Für ein gemeinsames Operieren von *Lützow* und den Hilfskreuzern werden von der Skl. Operationsräume zugewiesen, die eine gegenseitige Störung nach Möglichkeit ausschließen sollen. Sollte es jedoch zu unmittelbarer Zusammenarbeit kommen müssen, hat der *Lützow*-Kommandant die Führung.

Kapitän Thiele kennt und bejaht die Aufgabe seines Schiffes, über weite Räume hinweg feindliche Streitkräfte zur Entlastung der Heimat zu binden und den Gegner weitmöglich zu schädigen durch den Zwang zur Geleitzugbildung und verstärkter Sicherung seiner Schiffahrt auch in entfernten Seegebieten und damit verbundene starke Beanspruchung seiner Streitkräfte. *Lützow* soll aber auch die neutrale Schiffahrt gegen das Fahren im Dienst des Gegners abschrecken. Und wie schon bei der Atlantikunternehmung vom August bis November 1939 ist langdauernde Bindung und Beunruhigung des Gegners wichtiger als eine hohe Versenkungsziffer bei schnellem Aufbrauchen des Schiffes. Darum besteht erneut die Weisung für die bewährte »Tip-and-run-Taktik«:

»Durch überraschendes Auftreten in wechselnden Seegebieten ist der Gegner immer vor neue Lagen zu stellen und zum Ansatz zahlreicher Handelsschutzstreitkräfte zu zwingen, der feindliche Überseehandel durch die erforderlichen Schutzmaßnahmen zu hemmen.

Das Auftreten in einem anderen Operationsgebiet erfolgt sinngemäß erst dann, wenn der zu erwartende Aufmarsch des Gegners im vorherigen Operationsgebiet als so weit abgeschlossen angesehen werden kann, daß weitere Aktionen des Panzerschiffes dort nicht mehr möglich erscheinen. Zeitweiliges Absetzen in entlegene Seegebiete, auch für längere Zeit — wie vorher von Wenneker praktiziert — kann daher zweckmäßig sein. Es entzieht nicht nur das Panzerschiff der feindlichen Gegenwehr, sondern schafft auch Unsicherheit beim Gegner.«

Die von Thiele erteilten Weisungen für die Durchführung lauten unmißverständlich:

3. Die Bekämpfung feindlicher Seestreitkräfte mit Ausnahme von Hilfsschiffen wird stets zum schnelleren Aufbrauch der Kampfmittel führen, setzt das Schiff der Gefahr aus, schon durch wenige unbedeutende Treffer operationsunfähig zu werden und steht damit im Gegensatz zu seiner Hauptaufgabe. Der Kampf ist daher nur, wenn er unvermeidbar ist, anzunehmen, dann jedoch mit vollem Einsatz durchzukämpfen.

4. Auf Geleitzüge ist nur zu operieren, falls hohe Wahrscheinlichkeit besteht, daß sie unter geringerer als Kreuzerbedeckung fahren.

5. Die Stärke des Panzerschiffes liegt in seiner hohen maschinellen Bereitschaft, seinem hohen Aktionsradius, seiner hohen Dauergeschwindigkeit und der Fähigkeit, weiträumig und doch verhältnismäßig schnell über weite Räume hinweg zu operieren. Dieser Stärke muß sich der Kommandant stets bewußt sein und sie weitestgehend zu nutzen suchen.

6. Sind die Möglichkeiten, Kreuzerkriege zu führen, erschöpft, so hat das Schiff in die Heimat zurückzukehren. Ist die Rückkehr nach dem Zustand des Schiffes oder nach der allgemeinen Lage unmöglich und geht eine neue Weisung der Skl. nicht ein, so entscheidet der Kommandant der Lage entsprechend über weitere Verwendung des Schiffes, der Besatzung und der Waffen nach eigenem Ermessen. Alle noch verbleibenden Möglichkeiten, den Gegner zu schädigen, sind gegebenenfalls unter vollem Einsatz auszunutzen. Solche Möglichkeiten können gesehen werden in:

a) Aufteilung der Besatzung auf mehrere Hilfsfahrzeuge

b) Durchbruchsversuch auf aufgebrachten Prisen

c) Kriegführung an Land in feindlichen Kolonien*, Protektorats- oder Mandatsgebieten bzw. Dominien.

Ist keine der obigen Möglichkeiten gegeben, so ist ein neutraler Hafen anzulaufen. Während des augenblicklichen Krieges mit England ist nicht damit zu rechnen, daß eine neutrale Macht außer Rußland (!), Italien und Japan ein deutsches Kriegsschiff »zu treuen Händen« bis Kriegsende verwalten wird. Gelingt es nicht, einen Hafen dieser Staaten zu erreichen, so ist das Schiff außerhalb der Hoheitsgewässer auf tiefem Wasser zu versenken.

Als Thiele um 14.00 Uhr wieder an Bord kommt, überbringt ihm der Leitende Ingenieur, Korvettenkapitän (Ing.) Günther, die Hiobsbotschaft, daß Hilfsmotor 1, der seinerzeit mitten in der Durchbruchsphase bei der Heimkehr des Schiffes den schweren Getriebeschaden hatte, erneut defekt geworden ist. Er zeigt Risse

* Analog dem Einsatz der Besatzung des Kleinen Kreuzers *Königsberg* in Ostafrika (1915—18) nach dem Verlust des Schiffes im Rufidji-Delta.

an Schweißnähten der vertikalen Längs- und Querwände und im sog. »gesunden« Blech der Fußleiste. Nach genauen Untersuchungen besagt das Gutachten des Wilhelmshavener Werftpersonals: Nach Durchführung behelfsmäßiger Reparatur Einsatz des Schiffes für 8—14 Tage möglich, wenn leistungsfähige Werft im Hintergrund. Dauerverwendung ohne Stützpunktnähte dagegen nicht. Eine wirklich sachgemäße Reparatur nimmt 48 Stunden in Anspruch, die behelfsmäßige Reparatur kann bis etwa 20.00 Uhr beendet sein.

Das ist ein Keulenschlag für den Kommandanten!

Er steht jetzt einer völlig neuen Situation gegenüber: Der Ausfall dieses vertrackten Hilfsmotors setzt die Höchstfahrt wiederum auf 23 kn herab. Diese Tatsache schon bei Antritt eines Ferneinsatzes in Kauf zu nehmen, hält Thiele bei der geringen Höchstgeschwindigkeit nicht für vertretbar. Wird dagegen die 48stündige Reparatur noch durchgeführt, ist Teilnahme der *Lützow* am Unternehmen »Weserübung« nicht möglich. Andererseits ist es aber auch sehr fraglich, ob nach Beginn der »Weserübung« (Besetzung von Norwegen und Dänemark), deren Auswirkungen nicht zu übersehen sind, der Durchbruch in den Atlantik überhaupt noch gelingt. Ferner ist zu prüfen, ob Teilnahme bei der Detmold-Gruppe jetzt noch richtig, wenn wegen der Reparatur Rückkehr zum eigenen Stützpunkt erforderlich, die Enge Shetland—Bergen also erneut passiert werden muß.

Schon eine Stunde später ist Kapitän Thiele beim Flottenchef, um die neue Lage vorzutragen. Anschließend meldet sich Thiele gemeinsam mit dem Chef des Stabes Flotte erneut bei Gruppe West, um die Entscheidung zu erbitten. Das O.K.M. reagiert jetzt sofort: *»Lützow zur Oldenburg-Gruppe, also nunmehr zur Einnahme von Oslo bereitstellen.«*

Diese Zuweisung entspricht Thieles Auffassung voll. Aber er weiß auch, daß die Maschinerie der Truppentransporte und -einschiffungen längst im Gang und deshalb nicht mehr aufzuhalten oder umzudirigieren ist. Also bleibt ihm nichts anderes übrig, als die eigentlich für Drontheim gedachten Truppen tatsächlich in Wilhelmshaven an Bord zu nehmen und, statt nach Drontheim, nach Oslo zu bringen.

Um 21.00 Uhr wird es im Scheerhafen von »Schlicktown« lebendig: Mit halbstündiger Verspätung rollen Transportzüge her-

an, die wegen der latenten Fliegergefahr bei spärlichstem Licht-
gebrauch abgedunkelter Taschenlampen sofort entladen werden.

Die Verwunderung der *Lützow*-Besatzung ist grenzenlos. Kein
Mensch kann sich erklären, was plötzlich 400 Gebirgsjäger und
50 Mann Bodenpersonal der Luftwaffe auf ihrem Schiff sollen.
Und noch ungewöhnlicher sind die 23 t Ladung, die binnen zwei
Stunden über zwei Laderampen, mit Hilfe zweier Kräne, übernommen und seefest gezurrt werden: Heeresmunition und -pro-
viant sowie drei Krafträder mit Beiwagen.

Dann legt *Lützow* unverzüglich ab, geht kurz vor Mitternacht
durch die Schleuse der Dritten Einfahrt und läuft via Kaiser-Wilhelm-Kanal zur Ostsee zurück.

Das alles verstehe, wer will. Man ist doch eben erst von dort
gekommen? Während der Kanalfahrt darf sich keiner der Hee-
ressoldaten an Oberdeck sehen lassen.

Am 7. 4. um 15.05 Uhr ankert der Schwere Kreuzer in der
Strander Bucht. Immer noch bleiben die Landser unter Deck eingesperrt, während der Kommandant, der Navigationsoffizier und
die Führer der eingeschifften Landungstruppen mit dem K-Boot
der *Lützow* zur Besprechung auf den aus Swinemünde eingetrof-
fenen Schweren Kreuzer *Blücher,* das neueste Schiff der deutschen Flotte, übergesetzt werden. Sie melden sich dort beim Führer der »Kriegsschiffgruppe 5«, Konteradmiral Kummetz, und
beim dort eingeschifften Kommandeur der 163. Infanteriedivi-
sion, Generalmajor Engelbrecht.

Am 8. 4. um 3.00 Uhr geht die in der Kieler Bucht versammelte
»Kriegsschiffgruppe 5« endgültig ankerauf und formiert sich zur
Kiellinie: Der *Blücher* folgen *Lützow* und *Emden* sowie die sichern-
den Torpedoboote *Möwe, Albatros* und *Kondor.*

Um 6.00 Uhr werden im Großen Belt die dänischen Minen-
sperren und ihre dort liegenden Wachschiffe und Torpedoboote
passiert, unangenehmerweise bei wolkenlosem Himmel, Sonne
und sehr guter Sicht. Die Torpedo- und U-Boot-Sicherung wird
nach Plan vorgenommen, der Verband läuft nach wie vor in Kiellinie mit 18 kn.

Inzwischen wissen die Besatzungen, welcher Einsatz bevor-
steht. Sie sind »vergattert«, der beträchtlichen U-Boot-Gefahr im
Kattegat und Skagerrak erhöhte Aufmerksamkeit zu schenken.
Alle sind entsprechend nervös.

Um 12.41 Uhr U-Boot-Alarm auf *LW*. Der Fla-Ausguck meldet aufgetauchtes U-Boot in der Kimm, Richtung 330 Grad. Die Sichtmeldung deckt sich mit der Geräuschmeldung. Aber bald stellt sich das gesichtete Objekt als kleines Fischereifahrzeug heraus!

13.02 Uhr abermals U-Boot-Alarm, diesmal auf *Blücher,* wo ein Sehrohr gesichtet wurde. Der Kreuzer schießt mit seiner Schweren Flak und den Maschinenwaffen. *Lützow* dreht nach Backbord ab und schießt auch eine Salve M.A. Sie liegt zu kurz. Das vermeintliche Sehrohr wird schließlich als Fischereizeichen erkannt. *»Halt, Batterie, halt . . .«* Aber die Salve blieb nicht ohne Wirkung: Durch die Druckwelle ihrer Schüsse wurden Spanten im Flügel und Rumpf des vorderen Flugzeugs eingedrückt.

Das fängt ja gut an, denkt Thiele. Zwar hat *Lützow* auf Grund der beim ersten Atlantikeinsatz gemachten negativen Erfahrungen diesmal ein zweites Flugzeug an Bord, das hinter dem Schornstein, einigermaßen wetterfest verpackt, als nicht aufgetankte Reservemaschine bereitsteht. Aber wenn schon jetzt eins der beiden Flugzeuge ausgefallen ist . . .

Reichlich eine Stunde später meldet der deutsche Dampfer *Kreta* auf der 600-Meter-Welle, daß er westlich vom Oslofjord von einem feindlichen U-Boot beschossen wird. Man wird also doch sehr auf der Hut sein müssen. Ein Aufklärungsflugzeug meldet schwere britische Seestreitkräfte im Quadrat 8172 mit nördlichem Kurs. Demnach steht die Abwehr des Gegners genau dort, wo sie erwartet werden mußte. Thieles Bedenken gegen die Eingliederung von *LW* in die Drontheim-Gruppe waren also nicht unbegründet. Um das bereits in den Atlantik vorausgeschickte Troßschiff *Nordmark,* das jetzt etwas nördlich von den gemeldeten Gegner-Einheiten stehen dürfte, macht sich Kapitän Thiele allerdings ernste Sorgen.

Der Verband befindet sich inzwischen im Kattegat. Er hat sich längst um die 1. Räumbootsflottille und die beiden zu Vorpostenbooten umgerüsteten Walfangdampfer *Rau VII* und *Rau VIII* erweitert.

16.55 Uhr falscher U-Boot-Alarm.

19.06 Uhr, bei Dunkelwerden, auf der Höhe von Skagen, unweit der Paternosterschären, erneut U-Boot-Alarm, diesmal ist er »echt«. An Steuerbord passiert eine Torpedolaufbahn vor dem

Schiff. Torpedoboot *Albatros* dreht sofort in die Blasenbahn und wirft Wasserbomben. Das T-Boot meldet die Torpedo-Abschuß-stelle des U-Bootes. Die beiden Vorpostenboote schießen weiße Sterne und machen ebenfalls U-Boots-Alarm. Der Verband wird weiter durch Wendungen geführt. Hierdurch fahren *Blücher* und *Emden* zeitweilig ohne U-Boot-Sicherung. Die Schiffe überprüfen gegenseitig den Zustand ihrer Abblendung.

Noch weiß niemand, daß die *Lützow* soeben durch eine glückliche Fügung ihrer sicheren Vernichtung entgangen ist, bei der es wohl kaum Überlebende gegeben haben dürfte: Das auf der Lauer liegende britische U-Boot *Trident* unter Lieutenant-Commander Seale hat zehn (!) Torpedos gleichzeitig auf den Schweren Kreuzer »losgemacht«, den er als »Pocket Battleship« und damit als das für England gefährlichste Schiff des Verbandes identifizierte. Seale setzte mit dem Zehnerfächer alles auf eine Karte — und schoß vorbei. Genau im Augenblick nach dem Abfeuern der »Aale« hatte die *Lützow* im Zuge ihres Zickzack-Fahrens einen fast rechtwinkligen Kurswechsel vorgenommen, ohne das U-Boot geortet zu haben!

Um 22.46 Uhr meldet Gruppe Ost, daß am Südausgang des Oslofjordes zwei deutsche Dampfer U-Boot-Torpedotreffer erhalten haben*. Man wird weiterhin auf der Hut sein müssen.

Tatsächlich hat der britische »Flag Officer Submarines« (Befehlshaber der U-Boote), Vice-Admiral Horton, sämtliche fahrbereiten U-Boote der britischen 2., 3., 6. und der 10. französischen U-Flottille Positionen im Kattegat und Skagerrak sowie vor der Süd- und Südwestküste von Norwegen einnehmen lassen, um deutsche Gegenmaßnahmen gegen die britische »Operation Wilfred«** abfangen zu können.

Um 23.25 Uhr verbreitet der Rundfunksender Oslo den auf *Lützow* mitgehörten Befehl der norwegischen Marineführung zum sofortigen Löschen aller Leuchtfeuer. Kapitän Thiele ist sich darüber im klaren, daß das eine unmißverständliche Abwehrmaßnahme ist. In Norwegen ist man also ganz eindeutig ge-

---

* U-Boot *Trident* hat am Nachmittag des 8. 4., sechs Stunden, bevor ihm die *Lützow* ins Seerohr-Fadenkreuz lief, den deutschen 8000-BRT-Tanker *Posidonia* versenkt!

** Unter dem Decknamen »Operation Wilfred« wurde die britische Verminung bestimmter Gewässer vor Norwegen — zwecks Unterbindung der deutschen Erzzufuhren aus Narvik — begonnen.

warnt*. Ein überraschender Einbruch in den Fjord erscheint kaum mehr möglich.

Selbstverständlich gibt der Kommandant die aufgefangene Meldung sofort an das Führerschiff des Verbandes weiter und fügt einen weiteren Vorschlag hinzu, der ihm eigentlich »dienstgradmäßig nicht zusteht«: Er rät dem Admiral, sofort mit hoher Fahrt einzulaufen, um die gefährliche Dröbak-Enge möglichst noch zu passieren, bevor die Löschung der Feuer erfolgt ist. Konteradmiral Kummetz vertritt eine gegenteilige Auffassung. Er hat anscheinend noch Illusionen. Zum anderen hat er den Befehl, erst 5.15 Uhr vor Dröbak zu stehen, überdies auch zwei Sperrbrecher abzuwarten, die sich dort davorsetzen sollen.

Kurz vor Mitternacht hat der Verband mit 59° nördlicher Breite den Eingang zum Oslofjord erreicht und erlebt nun, daß nach und nach die Leuchtfeuer tatsächlich gelöscht werden. Auch geht ein Funktelegramm der Gruppe West ein, daß die norwegische Fliegertruppe ihre Bereitschaft erhöht habe. Wer also jetzt noch Zweifel daran hat, daß sich dieses Land zäh und tapfer zu verteidigen gedenkt, ist in Thieles Augen kein Realist.

Plötzlich leuchtet ein norwegisches Küstenwachboot den Verband an.

Albatros hält auf das Fahrzeug zu und bekommt einen Schuß vor den Bug gefeuert. Den Funkbefehl zu stoppen und die FT-Anlage nicht zu gebrauchen, führt der Norweger nicht aus. Sein FT wird allerdings sofort von *Albatros* gestört. Beim Versuch, längsseits zu gehen, wird das deutsche Torpedoboot von dem Norweger absichtlich gerammt. Im Scheinwerferlicht ist zu sehen, daß er sein vorderes Geschütz besetzt hat. Der norwegische Kommandant praktiziert kaltblütig beste Marinetradition: Er verlangt durch Zuruf die Übergabe des an Bewaffnung weit überlegenen deutschen T-Bootes (!) — das nun freilich das Feuer eröffnet. Das Geschütz des Norwegers fällt durch Volltreffer aus, das leckgeschossene Fahrzeug sinkt. 14 Mann der Besatzung werden gerettet. Der Name dieses tapferen »Winkelriedes« verdient fest-

---

* Im Skagerrak wurde an diesem Tage auch der deutsche Truppentransporter *Rio de Janeiro* torpediert. Als seine Überlebenden in Lillesand an Land gebracht wurden, entdeckte man feldgrau gekleidete Heeres-Soldaten darunter und zog daraus ebenso richtige Schlüsse wie aus dem starken deutschen Schiffsverkehr nach Norden. Die Dänen hatten 15—20 Transporter mit Kurs Nord gemeldet!

Diese Karte faßt den Ablauf der Ereignisse von der Versenkung des norwegischen Küstenwachbootes *Pol III* bis zum Untergang der *Blücher* zusammen. Die Ausschiffung der für Oslo bestimmten Truppen in der Sons-Bukten wird nach dem Zurückziehen von *Lützow* und *Emden* aus der Feuerzone vorgenommen. Der nunmehrige Verbandschef, Kapitän zur See Thiele, ist fest davon überzeugt, daß die drei erhaltenen Artillerietreffer von den 28-cm-Geschützen der Festung Oscarsborg stammen. In Wirklichkeit handelt es sich um 15-cm-Granaten der Batterie Dröbak! Exakte Nachforschungen des Verfassers in Norwegen brachten zutage, daß die veralteten schweren Geschütze von Oscarsborg tatsächlich nur auf die *Blücher* gefeuert haben und mit lediglich zwei Granaten erhebliche Verwüstungen an Deck des Kreuzers erzielten. Die im K.T.B. angegebenen und von der gesamten Seekriegsliteratur wiederholten 28-cm-Treffer der *Lützow* beruhen auf einem Irrtum bei der Kalibereinschätzung!

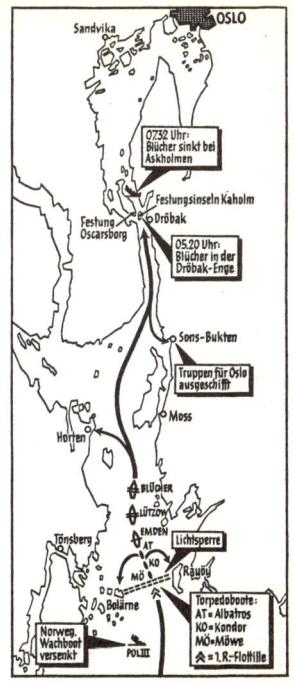

gehalten zu werden: Es handelt sich um das norwegische Wachboot *Pol III* unter Kapitän Welding Olsen, der bei diesem Einsatz fällt.

Um 0.25 Uhr legen Scheinwerfer auf der befestigten Insel Rauöy und Bolärne Lichtsperren quer über den Oslofjord, durch die der Verband mit 18 kn Fahrt hindurchläuft. *Blücher* wird vom Scheinwerfer zuerst erfaßt und längere Zeit festgehalten. Der Kreuzer leuchtet gegenan. Die Batterie Rauöy eröffnet das Feuer. Etwas später schießt auch die Batterie von Bolärne. Man sieht sowohl die Abschüsse als auch die Aufschläge im Wasser. Auf der Kommandobrücke der *Lützow* schätzt man das Kaliber der schießenden Geschütze auf 15 cm.

Vorübergehend wird auch *Lützow* vom Scheinwerferlicht erfaßt, doch läßt man nach Gegenanleuchten bald wieder von ihr ab. Es fallen noch weitere Schüsse von norwegischer Seite, ohne

freilich einen Treffer zu erzielen. Es ist ganz eindeutig, die norwegische Küstenverteidigung ist gewarnt und hat ihre Batterien
besetzt. Ist sie tatsächlich zu ernsthaftem Widerstand entschlossen?

Um 0.49 Uhr stoppt der Verband zur Umschiffung der Landungstruppen und wird dabei nach Süden von *Kondor* und *Möwe*
gesichert.

Das Führerschiff *Blücher* gibt über U.K.-Sprechfunk: »*Mit Umschiffung beeilen, Meldung wenn klar!*«

Zeitweilig setzt der Verband schwach Laternen, um das Sammeln zu erleichtern. Um 3.00 Uhr läuft er gemeinsam mit 9 sm
weiter. Und eine halbe Stunde später, während die Sicht zwar
langsam besser wird, Horten jedoch noch immer im Dunst liegt,
wird die Hortengruppe (*Kondor, Albatros, R 21, R 17 und Rau VII*)
detachiert. Konteradmiral Kummetz teilt mit, daß er mit der *Blücher*-Gruppe nördlich Horten warten wolle, bis die Dämmerung
einsetzt! Dann wolle er den Vormarsch nach »Oldenburg« (Oslo)
antreten.

Um 3.35 wird die Fahrt sogar auf 7 kn reduziert. Viele Offiziere ertappen sich bei dem gleichen Gedanken: Bei diesem
Schleichtempo wird man genau im — für die Norweger richtigen
— »Büchsenlicht« vor den Geschützrohren der norwegischen
Küstenbatterien beiderseits des Nadelöhrs der Dröbak-Enge stehen, die das Innere des Oslofjords gegen Angriffe von See schützen. Zu allem Überfluß nimmt ab 4.30 Uhr auch noch die Sichtig-
keit weiter zu. Beim Passieren der Insel Tofteh beginnt es schon
zu dämmern. Seit Einlaufen in den Oslofjord besteht auf *Lützow*
Klarschiffzustand, in der Maschine Gefechtsgrundschaltung.

»Heißer Empfang« vor Dröbak

Seit dem um 4.31 Uhr Alarm gegeben wurde, ist die Stimmung ausgesprochen unheimlich geworden. Beim Einbiegen in das Fahrwasser Dröbak wird *Blücher* von zwei Bewachungsfahrzeugen angeleuchtet, die offensichtlich nach dem Namen des Schiffes suchen und anschließend bestimmte Lichtzeichen geben. Auch Feste Oscarsborg ist also gewarnt und vom Kommen des Verbandes genau unterrichtet, der immer noch mit niedriger Fahrt von 9 kn vorwärtstastet, um im Zeitplan des Op-Befehls zu bleiben. Voraus bei Dröbak spielen Scheinwerfer, auch dort ist man demnach hellwach. Um 5.20 Uhr wird es zunehmend heller, die Schiffe sind gut zu erkennen, die Einzelheiten an Land dagegen nicht auszumachen, weil sie im leichten Dunst verborgen liegen. Für die Küstenverteidiger eine geradezu ideale Lage!

Von *Blücher* kommt der Befehl: »*Halbe Fahrt!*«

Lützow vermindert jedoch die Fahrt und stoppt, weil sie etwas zu nahe aufgekommen und die Lage nicht recht klar ist. Fünf Minuten später läuft *Blücher* voll ins Scheinwerferlicht von Dröbak. Gleichzeitig fällt die erste schwere Salve von Kaholmen. Auf *Blücher* schlagen etwa mittschiffs Treffer in die Backbordseite, die Detonation und Brand zur Folge haben. *Blücher* erwidert sofort nach beiden Seiten das Feuer. Die Schwere Artillerie des Kreuzers kommt jedoch nicht zum Einsatz, weil gleich der erste Treffer den Vormars außer Gefecht setzt.

Blücher schießt nur mit der Schweren und Leichten Flak, während sein Kommandant »*Äußerste Kraft voraus!*« befiehlt. Mit zunehmender Fahrt dreht der Kreuzer auf die Felsen bei Nord-Kaholmen zu, das Ruder klemmt infolge der Treffer hart backbord. Dem Kommandanten, Kapitän zur See Heinrich Woldag, gelingt es jedoch, durch Maschinenmanöver das Auflaufen zu verhindern. Noch im Drehmanöver wird *Blücher* von zwei Torpedos aus der Torpedobatterie Kaholmen getroffen. Alle Maschinen fallen aus. Der Kreuzer ankert hart östlich von Askholmen, während starke Brände ausbrechen, die immer neue Detonationen hervorrufen.

Der Kommandant *Lützow* hat sofort nach Feuereröffnung

durch die Batterie Oscarsborg ebenfall Feuererlaubnis gegeben. Die Backbord-15-cm-Batterie eröffnet unter Leitung des II.A.O. mit Haltepunkt Hügel, Zielrichtung etwa 340°, auf Schußentfernung 18 hm das Feuer, mit einer Geschwindigkeit von 10—20 Sekunden! Und noch bevor die erste 28-cm-Salve der S.A. die Rohre von Turm »Anton« verlassen kann, schlagen fast gleichzeitig drei Granaten vom Kaliber 15 cm auf *Lützow* ein.

Die eine trifft genau auf der Oberseite des mittleren Rohres den Turm »Anton« in Höhe der Rohrschartenblende. Die Rohrschartenwalze rutscht 400 mm nach vorn, die Schartenverkleidung wird nach innen geschleudert, das Blech der Rohrhose abgerissen. Dann hebt die Druckwelle die Turmdecke einige Millimeter an. Ein Sprengstück reißt einen Teil aus der rechten Vorderkante der Kronpanzer-Schartenöffnung heraus. Viele leichte Splitter fetzen gegen den Innenteil der Turmdecke und gegen den hinteren Teil des rechten Rohres. Die Wiege des mittleren Rohres bricht bis zum Schildzapfen in große Stücke. Der Rohrvorholer wird beschädigt, die Führung und Dichtung der Schartenwalze zerstört. Splitter und Schrauben plattern in die Maschinenplattform hinunter. Die Kabelbahn über dem Bodenstück des mittleren Rohres und die Rauchabsaugeschächte werden durch mehrere Splitter zerfetzt bzw. durchlöchert. Der gesamte Turm fällt zunächst aus, da die hydraulische Höheneinrichtung der besetzten Richtstelle unklar und die Sicherung im Regelgenerator des Hauptschwenkwerks herausgeflogen ist. Wie durch ein Wunder gab es aber im Turm keine Todesopfer. Vier Mann erlitten lediglich leichte Verbrennungen und Splitterverletzungen. Der zweite Treffer schlägt bei Spant 135, Abteilung XIII, mit flachem Einfallswinkel in Höhe der Bulleyes ins Zwischendeck und detoniert noch in der Bordwand, schlägt ein ovales Loch von einem Meter Länge, reißt einen Querspant zwischen Bulleyes und Decke ab und durchschlägt an drei Stellen das Oberdeck. Ein Dutzend Splittereinschläge knallen in Decke und Wand, andere schlagen in die Wand vom Lazarett zum Isolierraum, beulen sie ein und reißen sie los. 15 Splitterlöcher durchschlagen die Schottwand zwischen Abteilung XII und XIII, eine Tür und drei Blechwände. Auch in den Operationssaal und Lazarettabort fetzten Splitter. Zwei Mann von den Landungstruppen fallen, der II. Schiffsarzt, ein Maschinengefreiter und sechs Landungssoldaten werden schwer verwundet, das Lazarett und das Oberdeck in Abteilung XIII (Backbordseite) brennen.

Die dritte 15-cm-Granate detoniert auf der Innenseite des Backbord-Bootskranes im Innern des Kranschaltkastens. Ihre Splitter schwirren bis zum 26 m entfernten achteren Nachtleitstand und nach oben bis übers Scheinwerferpodest am Schornstein, dessen Außenmantel samt Typhon-Dampfrohr beschädigt wird. Der Bedienungspodest des Krans reißt ab, der linke Träger des Hebebaumes wird zerschlagen, das Aufbaudeck an 40 Stellen durchsiebt, das hinter dem Schornstein stehende zweite Bordflugzeug beschädigt, die Kabelbahn zum Scheinwerfer IV abgerissen. Drei Granatpatronen im Bereitschaftsspind der Schweren Flak brennen mit hoher Stichflamme ab. Zwei Kraftrollen werden demoliert und aus ihren Halterungen gerissen, ebenso die Führungsräder der Trossenrolle abgeschlagen. Am 3. Geschütz der Backbord M.A. fallen drei Mann, einer wird schwer, einer leicht verwundet. Am 4. Geschütz werden der Batterieoffizier, ein Unteroffizier und fünf Mann leicht verwundet. Am 2. Flakgeschütz fällt ein Mann, ein anderer wird leicht verwundet. Ebenfalls leicht verwundet sind zwei Munitionsmänner und ein Mann vom Scheinwerferpersonal.

Das vordere Aufbaudeck und das Backbord-Mittelschiff werden von den Forts von Kaholmen und Dröbak mehrere Minuten lang mit dem Feuer von 4-cm-Maschinenkanonen und MGs bestrichen.

Während das alles in minutenschneller Folge gleichzeitig geschieht, zieht Kapitän Thiele das Schiff mit »Äußerster Kraft« mit Fahrt über den Achtersteven zurück, da die Forcierung der Dröbak-Enge nach den auf *Blücher* beobachteten Treffern unmöglich ist. Feuer im Vorschiff und starker Rauch behindern auf *Lützow* die Sicht nach vorn. Plötzlich besteht Rammposition mit der nachfolgenden *Emden.* Thiele läßt sofort die Maschinentelegrafen wieder auf »Äußerste Kraft voraus« legen und verhindert den Zusammenstoß. Gleich darauf setzt er aber das Zurückziehen seines Schiffes zügig fort. Er hütet sich, den feuernden Küstenbatterien vorzeitig die Breitseite zu bieten.

Unmittelbar nach dem Zwischendeckstreffer in Abt. XIII und Ausbruch des Feuers im Schiffslazarett werden die Feuerlöschsteigerohre V und VI angestellt. Man bekämpft das Feuer vom Durchgang zu Abteilung XIV aus, gibt zum anderen Löschwasser durch die Sprenglöcher aus dem Oberdeck und Zwischendeck, weil sich die Tür im Backbord-Splitterlängsschott nicht öffnen läßt. Um 5.49 Uhr ist das Feuer gelöscht. Die Meistergruppe wird zum Abdichten der Außenhaut angesetzt. Zwanzig Minuten später ist die Reparatur beendet, und man stellt fest, daß etwa 20 cm unter der Wasseroberfläche auch die Trimmzelle XII.4.4. angeschlagen ist.

In Turm »Anton« ist, trotz verdrehter Steuerwellenkupplung, das rechte Rohr nach Abkuppeln binnen fünf Minuten, das linke Rohr nach einer halben Stunde — zunächst nur mit elektrischem Hilfsbetrieb, nach anderthalb Stunden auch hydraulisch — wieder klar. (Kleine Ursache, große Wirkung: Eine Schraube hatte den Hub des Verblockungsmagneten begrenzt!) Das mittlere Rohr aber bleibt bewegungsunfähig, es hängt »tot« herunter. Durch den Trefferausfall des vorderen Turmes wurde der I.A.O. im Vormars zunächst am Feuereröffnen verhindert. Er ließ Turm »Bruno« deshalb auf den vorderen Zielgeber vom Vormars schalten, konnte aber weder das Fort von Kaholmen noch das Fort Dröbak mit dem Bestreichungswinkel dieses Turms erreichen.

Für die Flak-Artillerie war ebenfalls von vornherein Gefechtsschaltung befohlen. Der vordere Flakleitstand richtete auf Dröbak, der achtere auf Kaholmen. Bei Feuererlaubnis feuerte Flak I (ein Schweres Zwillingsgeschütz) auf das Mündungsfeuer der Batterien Dröbak, Husvik und Kopas in schneller Folge 30 Schuß, der achtere Flak-Leitstand mit Flak III auf Kaholmen. Beim 5. Schuß wurde durch den 15-cm-Treffer am Backbord-Bootskran die Optik des Standes durch ein Sprengstück beschädigt, zugleich die Sicht durch die Stichflamme der »hochgehenden« Bereitschaftsgranaten und durch den Dampf des von Trefferauswirkungen zerfetzten Dampfrohres erschwert.

Flak I sichtete inzwischen Mündungsfeuer einer leichten Batterie an Steuerbord querab und feuerte mit zehn Schuß in diese neue Richtung, bis die dortige Batterie schwieg. Auch das I. und III. Geschütz der 3,7-cm-Flak eröffneten gleich bei Feuererlaubnis das Schießen auf die Mündungsfeuer der beiden Dröbak-Batterien und — nach Zielwechsel rechts — auf eine weitere leichte Batterie.

Um 5.43 Uhr wird »*Halt, Batterie halt!*« befohlen. Zwei Minuten später dreht Kapitän Thiele das Schiff auf der Stelle und läuft mit Südkurs endgültig aus der Feuerzone. Die alte Faustregel hat sich ein weiteres Mal bewahrheitet: Kriegsschiffe haben keine Chance, gut geschützte und getarnte Seebefestigungen sofort auf kurze Entfernungen niederzukämpfen. Alle Vorteile liegen während eines solchen ungleichen Kampfes bei den Landbatterien. Von *Blücher* kommt der Funkbefehl, daß *Lützow* die Führung der »Oldenburg«-Gruppe übernehmen solle. Danach meldet sich der Schwere Kreuzer nicht mehr, über dessen Schicksal fortan Unklarheit herrscht.

Kapitän zur See Thiele als nunmehriger Verbandschef entschließt sich, die Landungstruppen außerhalb des Feuerbereichs der Festung Kaholmen und Dröbak in der Sonsbucht an Land zu setzen. Dort bietet sich eine gute Ausschiffungsmöglichkeit. Inzwischen kommt über Funk die Meldung, daß der Kriegshafen Horten von einem Küstenpanzerschiff wirksam verteidigt, Torpedoboot *Albatros* von Küstenbatterien beschossen wird. Ein deutsches R-Boot *(R 17)* wurde beim Einlaufen nach Horten vernichtet. Auch *R 23* steht im Kampf mit einem norwegischen Kriegsschiff und kann seine für Bolärne bestimmten Landungstruppen nicht ausschiffen. Wenig später kapert es im Nahkampf ein norwegisches U-Boot und nimmt seine Besatzung gefangen.

Der mit Geschick und Hartnäckigkeit durchgeführte norwegische Widerstand verdient Hochachtung und Bewunderung. In Horten wehren sich auch die im Hafen liegenden Schiffe der Kgl. Norwegischen Kriegsmarine mit Bravour, vor allem der Minenleger *Olaf Tryggvason*. Es ist unmöglich, die Hafeneinfahrt zu passieren, es muß mit sehr schwachen Kräften eine Landung außerhalb unternommen werden. Auch auf Rauöy und Bolärne sind die Truppenlandungen noch nicht gelungen. Die Gesamtlage im Oslofjord ist kritisch. An keiner militärisch wichtigen Stelle ist die Überraschung gelungen, jede Landung hat kräftigen Widerstand gefunden!

Um 7.57 Uhr hält *Lützow* den kleinen Fjorddampfer *Oscarsborg I* durch Schuß vor den Bug an und benutzt ihn zur beschleunigten Ausschiffung der Truppen in der abgelegenen und deshalb unverteidigten Sonsbucht. Der Zeitplan für die Einnahme von Oslo ist nicht mehr einzuhalten.

Zugleich müssen dort die Torpedo- und Räumboote von *Lützow* dringend mit neuem Brennstoff und Treibstoff versorgt werden. Kapitän Thieles Plan besteht darin, die ausgeschifften Truppen eilends auf Dröbak vorrücken und die dortigen Befestigungsanlagen von der Landseite her einnehmen, die Festung Oscarsborg auf Kaholmen jedoch von der Luftwaffe angreifen und mit deren Unterstützung niederkämpfen zu lassen.

Um 9.30 Uhr ist die Lage der *Blücher* noch immer ungeklärt. Kapitän Thiele nimmt allzu gern das Angebot des deutschen Küstenmotorschiffs *Norden* an, einen Erkundungsvorstoß zur Klärung des *Blücher*-Verbleibs vorzunehmen. Ein Unteroffizier und ein Funkgast steigen zu diesem Zweck auf das Kümo über.

Zwischenzeitlich fanden mehrere deutsche Luftangriffe auf Dröbak statt. Thiele entschließt sich, ebenfalls einen Vorstoß gegen Dröbak zu unternehmen, die Forts an Land und auf Kaholmen mit der Schweren Artillerie zu beschießen und dabei gleichzeitig für das Kümo *Norden* den Feuerschutz zu übernehmen.

Um 14.17 Uhr beginnt unter Leitung des I.A.O. (im Vormars) über die vordere Rechenstelle bei Windstille und klarer Sicht die systematische Beschießung von Kaholmen. Mit 10 Salven von insgesamt 27 Sechszentnergranaten der S.A. wird die Insel eingedeckt. Das Feuer liegt gut. Es werden große Rauchentwicklung und Explosionen beobachtet, die auf Treffer in Munitionsstapeln hindeuten. Und gegen Ende der Beschießung feuert auch die M.A. eine Salve.

Die *Norden* kommt dank dieser Feuerunterstützung tatsächlich unangefochten durch die Dröbak-Enge und meldet um 14.15 Uhr, daß der Schwere Kreuzer *Blücher* bei Askholmen gesunken ist. Die Besatzung, soweit gerettet, befindet sich — naß und unterkühlt frierend — teils auf Askholmen, teils auf dem Festland. Zugleich meldet ein Hauptmann die restlose Besetzung von Rauöy, 30 norwegische Offiziere und 300 Mann seien dort gefangengenommen worden.

Lützow läuft jetzt unverzüglich nach Horten, um auch dort eventuell einzugreifen. In Horten ist jedoch mittlerweile an Land und auf den im Hafen liegenden Schiffen die weiße Flagge gesetzt worden. T-Boot *Albatros* läuft um 15.30 Uhr dort unangefochten ein. Aber die »Besatzungstruppe« ist äußerst schwach. In Horten stehen nur 100 Deutsche einer 1000 Mann starken Garnison und dazu noch den norwegischen Kriegsschiffsbesatzungen gegenüber! Bisher haben die Deutschen zwar erfolgreich zu bluffen vermocht. Aber jetzt muß der an Bord von *Lützow* gekommene Kommandeur der Marine-Artillerie-Abteilung um personelle Verstärkung bitten. *Lützow* entsendet daraufhin ein Landungskorps von einem Offizier, sieben Unteroffizieren und 37 Mann. Auch *Emden* und *Albatros* geben je ein Landungskorps ab, so daß sich die Besatzungstruppe von Horten wenigstens auf 280 Mann erhöht.

Diese beginnt am Abend des 9. April mit der Demobilisierung der im Hafen liegenden norwegischen Kriegsschiffe, der Landmarineteile und Batterien.

Nach Ausschiffung der Landungskorps setzt Kapitän zur See Thiele wieder alle verfügbaren Kriegsschiffe und Boote zum gemeinsamen Angriff auf die Dröbak-Enge an. *Lützow* und *Emden* sollen den Feuerschutz übernehmen, während die Torpedoboote *Kondor* und *Möwe* sowie vier R-Boote in die Enge eindringen und Landungskorps zur Ausschaltung der Batterien anlanden sollen. Es ist zu vermuten, daß sie sich mit den inzwischen auf Dröbak vorgerückten Heeres-Landungstruppen vereinigen können.

Gegen 16.00 Uhr nehmen *Lützow* und *Emden* ihre verabredeten Feuerstellungen ein, während die beiden T- und die vier R-Boote befehlsgemäß vorgehen. Inzwischen greift aber das Fliegerkorps 10 erneut Dröbak aus der Luft an. Die Kriegsschiffe warten also dementsprechend ab, bis »Lage klar!« erkannt wird. Um 19 Uhr meldet der Landungsoffizier Dröbak die Besetzung der dortigen Batterie. Ein R-Boot erhält daraufhin Befehl, den II.A.O. der *Lützow*, Kapitänleutnant Freiherr v. Schnurbein, als Parlamentär nach Kaholmen zu bringen. Von der Insel kommt im gleichen Moment ein Boot mit weißer Parlamentärflagge den Deutschen entgegen. Es kommt zu Verhandlungen v. Schnurbeins mit dem norwegischen Kommandanten Oberst Birger Christian Eriksen auf Kaholmen. Die Verhandlungen ziehen sich aber derart in die Länge, daß an ein Einlaufen der restlichen Kriegsschiffgruppe 5 nach Oslo an diesem Abend nicht mehr zu denken ist. Nur *Kondor* und die übrigen drei Räumboote laufen durch die Dröbak-Enge, um endlich die Überlebenden der *Blücher*-Besatzung aufzunehmen. Zweihundert von ihnen werden im Laufe der Nacht vom Küstenmotorschiff *Norden* und von den R-Booten auf die

Lützow gebracht — ausgelaugte, unrasierte Gestalten, denen die Strapazen des Schwimmens im eiskalten Wasser, die Unterkühlung, der Hunger und die seelische Last der furchtbaren Eindrükke vom Ende des Schiffes noch deutlich im Gesicht stehen. Viele von ihnen sind noch von Heizöl verschmiert. Die meisten von den *Blücher*-Männern hatten beim Schwimmen ihre Seestiefel abgestreift und haben sich nachher aus ihrer Schwimmweste behelfsmäßige Fußbekleidung gebastelt.

Einige an Bord gebrachte Schwerverwundete werden an *Emden* weitergegeben, weil das Lazarett der *Lützow* ausgebrannt ist.

Da noch Unklarheit herrscht, ob tatsächlich alle Batterien der Enge — vor allem jene gefährliche Torpedobatterie auf Nord-Kaholmen, die *Blücher* die Fangschüsse gab — wirklich ausgeschaltet sind oder kapituliert haben, wartet Kapitän Thiele die Nacht über noch vor der Enge auf den weiteren Gang der Dinge. *Lützow* gibt in dieser Zeit Öl an *Kondor* ab.

Um 8.45 Uhr läßt Kapitän Thiele zum Schutz gegen Überraschungen »Klar Schiff zum Gefecht« schlagen. *Lützow, Emden, Möwe* und die 1. R-Flottille steuern nun endgültig die Dröbakenge zur Durchfahrt an. In diesem Augenblick geht auf Kaholmen die deutsche Kriegsflagge hoch. Die norwegische Kriegsflagge darf aber daneben auf Thieles persönlichen Befehl weiterhin wehen! Der deutsche Verbandschef ehrt damit die tapferen Verteidiger und ihren großen Waffenerfolg gegen die *Blücher*. Er erspart ihnen das Setzen der weißen Flagge und läßt sie im Besitz ihrer persönlichen Waffen. Dem Festungskommandanten wird volle persönliche Freiheit zugestanden. Auch bleibt die norwegische Besatzung zunächst in der Festung und übergibt lediglich die restlichen Munitionsbestände und Geschützverschlußteile der nur aus einem Offizier (v. Schnurbein) und acht Mann bestehenden deutschen Mini-Besatzung. Und diese Deutschen staunen nicht schlecht, als sie gewahr werden, daß die schweren Volltreffer-Verwüstungen auf *Blücher* von den uralten, museumsreifen Kanonen ›Moses‹ und ›Aron‹ hervorgerufen wurden, die völlig frei, von allen Seiten sichtbar, auf den Befestigungen stehen und ihre Munition im Handbetrieb gefördert bekommen. Es handelt sich — einschließlich des z. Z. unklaren ›Joshua‹ — um drei Krupp-Geschütze aus den neunziger Jahren des vorigen Jahrhunderts!

Die beiden auf *Blücher* abgefeuerten 45-cm-Torpedos waren ebenfalls schon Jahrzehnte alt und hatten bereits unzählige Übungsschüsse hinter sich. Die Abschußanlage liegt in einer bombensicheren Felshöhle, der Ausstoßkanal unter Wasser. Die Torpedobatterie ist völlig unversehrt, vor zwei weiteren von insgesamt drei Schießständen liegen noch immer je zwei Torpedos, die einsatzklar mit Preßluft aufgefüllt und klar zum Versenken in die Schußstellung sind. Sie hätten auch für *Lützow* und *Emden* noch gereicht . . .

Am überraschendsten ist für die kleine deutsche Oscarsborg-Abteilung die Erkenntnis, daß die schweren Bombardierungen der Festung aus der Luft das Terrain der Festung zwar wie einen Sturzacker aufgewühlt und alle dortigen Häuser mehr oder weniger schwer beschädigt haben, daß aber die etwa 250 Mann starke Besatzung keinerlei Ausfälle hatte und völlig sicher in den Kasematten saß. Auch die gut liegenden 28-cm-Salven der *Lucie-Willy* haben nur an der Oberfläche Schaden anrichten können.

Die 1. R-Flottille läuft mit ausgebrachten Räumgeräten voraus, um etwaige Minen festzustellen und zugleich nach dem Wrack von *Blücher* zu suchen (das aber in der unerreichbaren Tiefe von 96 m liegt und Bergung ausschließt). Um 11.45 Uhr legt *Lützow* mit Lotsenhilfe dicht bei der Oslo-Feste Akershus an und nimmt *Möwe* sowie weitere R-Boote zur Ölabgabe längsseits. Generalmajor Engelbrecht, der den Untergang der *Blücher* überlebt hat, bekommt von Kapitän Thiele eine ausführliche Lagemeldung: Bis auf Bolärne befinden sich alle Befestigungen im Oslofjord jetzt in deutscher Hand. Kapitän Thiele hat vom Marinegruppenkommando Ost den Befehl, noch am gleichen Tage wieder auszulaufen, damit die *Lützow* in Kiel sofort ihre Gefechtsschäden und ihren Schaden an Hilfsmotor 1 repariert bekommt. Der Durchbruch zur Handelskriegführung im Atlantik ist immer noch vordringlich. Er eilt sogar, weil die immer helleren Nächte die Ausbruchschancen schmälern.

Kurz bevor die *Lützow*, nach Ausschiffung der Verwundeten, um 15.26 Uhr ohne Schlepper und Lotsenhilfe wieder ablegt, gibt es ein unerwartetes Wiedersehen: Leutnant zur See d. R. Pussbach und das 20köpfige Prisenkommando der *City of Flint* melden sich an Bord zurück. Sie haben bis jetzt in norwegischer Internierung gesessen, nachdem man sie im Herbst 1939 von Bord der Prise heruntergeholt und diese nach England entlassen hatte!

Kapitän Thiele läßt die *Emden*, ein Torpedoboot, die 1. Räumbootflottille und die beiden Walfangboote als Sicherung für den Oslofjord zurück. Die beiden anderen Torpedoboote sollen die U-Boot-Sicherung der nach Kiel zurückmarschierenden *Lützow* übernehmen. Aber zunächst nimmt dieser Kreuzer sein neunköpfiges Parlamentär-Detachement wieder an Bord, das bis dahin Kaholmen und die Festung Oscarsborg besetzt hält.

Die Wiedereinschiffung seines Landungskorps vor Horten mißlingt jedoch, weil dieses sich schuldlos verspätet. Es muß in Norwegen zurückbleiben.

Kapitän Thiele hatte triftige Gründe, nicht länger zu warten. Das T-Boot *Albatros* war beim Artillerieeinsatz gegen Bolärne auf einen Felsen aufgelaufen und hatte vorn starken Wassereinbruch erlitten. Das aus Gründen der Gewichtserleichterung und der vorsorglichen Materialrettung leergeräumte Boot mußte kurz nach 18.00 Uhr wegen Kentergefahr von der Besatzung geräumt werden. Danach kam Kapitän Thiele zu einem Entschluß, der seine seemännische Denkweise und kameradschaftliche Gesinnung offenbart: Er entläßt die beiden T-Boote *Möwe* und *Kondor* und schickt sie zwecks Hilfeleistung zu ihrem Schwesterschiff *Albatros*, immer noch in der Hoffnung, daß der Totalverlust dieses wertvollen Bootes vielleicht durch Unterfangen desselben vermieden werden kann. Allerdings beraubt er sich damit seines eigenen U-Boot-Sicherungs-Geleits. Die Chance, ohne dieses doch heil an die andere Seite des Skagerraks zu gelangen, sieht Thiele in der mit z. Z. 24 kn immer noch relativ hohen Geschwindigkeit seines Schiffes und der vor ihm liegenden Nacht. Darum darf er auch keine Stunde Dunkelheit mehr versäumen.

Laut eingegangener Meldung weiß Thiele, daß unter der schwedischen Küste mehrfach feindliche U-Boote gemeldet worden sind. Also läuft *Lützow*, im Skagerrak wohlweislich weit nach Westen ausholend, südwärts.

Per Bahn von Feindfahrt zurück!

Es ist eine sternklare Nacht mit sehr guter Sicht. Der Wind weht mit Stärke 4, der Seegang wird auf Stärke 3 geschätzt. Um 0.20 Uhr läßt der Kommandant Kursänderung auf 138° vornehmen und damit den Kurs zum Passieren der Linie Kap Skagen—Paternosterschären absetzen.

Eine Stunde später meldet das DeTe-Gerät ein georteptes Objekt in 6° Schiffsrichtung, Entfernung 150 Hektometer. Vielleicht ist es nur eins der vielen Fischereifahrzeuge? Als die Entfernung 115 hm beträgt, läßt Thiele nach Backbord, ostwärts, abdrehen. Bald ist nichts mehr zu erkennen, und auch das DeTe-Gerät meldet keine weiteren Impulse (Ortungsechos.) Thiele läßt das Ruder wieder nach Steuerbord legen, um wieder auf Südkurs zu kommen und möglichst schnell die Skagen-Enge zu schneiden.

Das Schiff ist noch in der Drehung, als um 1.29 Uhr eine schwere Erschütterung das Achterschiff erbeben läßt. An Backbord wird in sehr spitzem Winkel eine Torpedolaufbahn gesichtet. Es muß also ein getaucht fahrendes U-Boot von Backbord angegriffen haben. Sollte es etwa zuvor über Wasser auf der Lauer gelegen haben? Das Verschwinden des DeTe-Echos auf der Braunschen Röhre läßt nachträglich nur diese Erklärung zu.

Lützow dreht weiter nach Steuerbord. Nach dem Ruderlagenanzeiger klemmt das Ruder bei »Steuerbord 20«, also im Winkel von 20 Grad. Die Abteilung II antwortet über die Telefone nicht und folgt auch den Befehlen des Rudertelegrafen nicht mehr. Befehl an die Artillerie: *»Handruder besetzen!«* Aber der Versuch der Leute, in die betreffende Abteilung vorzudringen, mißlingt. Meldung an die Brücke: *»Handruderraum kann nicht besetzt werden.«* Die Leckgruppe I des im Alarmverschlußzustand fahrenden Schiffes meldet sich auf die Frage *»Parole?«* nicht mehr.

In der unterm Panzerdeck liegenden Kommandozentrale war schon im Augenblick des Einschlags gefühlsmäßig zu erkennen, daß der Treffer im Achterschiff sitzen muß. Telefonmeldungen aus beiden Wellentunneln bestätigen jetzt Wasser- und Öleinbrüche an beiden Stellen mit ziemlich schnell steigendem Wasserstand. Das Schiff krängt zunehmend nach Backbord und sackt spürbar achtern tiefer. Weitere telefonische Meldungen über das Arbeitsgruppentelefon aus dem Zwischendeck Abteilung III/IV besagen, daß der Leckgruppenführerstand I und der Regelmaschinenraum geräumt werden müssen, außerdem machen das Zwischendeck Abteilung II/IV durch die Panzerwand bei Spant 31 und die Munitionskammern IV.7.9. und IV.8.9. ziemlich viel Wasser durch das Schott 37 1/2. Daraus ist zu schließen, daß die Abteilungen I—III vollgelaufen sind und das Achterschiff wenigstens 1,5 m zusätzlichen Tiefgang hat. Ein Lenzen irgendwelcher Räume in diesem Bereich ist demnach aussichtslos. Die durch den Pumpenmeister zum Saugen aus den Wellentunneln angestellte Leckpumpe I in Abt. III fällt sehr bald wegen Kurzschluß aus.

Auf dem Nachtleitstand, bald auch im Kommandostand — in den die Schiffsführung überwechselt — findet man auf den Umdrehungsanzeigern noch immer die Anzeige für die vorgeschriebenen Schraubenumdrehungen vor. Dennoch verändert das Schiff seine Kurslage nicht! Kommandant, Navigationsoffizier und Obersteuermann setzen zunächst Zweifel in die Kompaßanlage. Aber ein Vergleich mit den Kompassen der Friedenssteuerstelle sowie eine Peilung des Nordsterns zeigen das richtige Arbeiten der Kompasse. Die gleich nach dem Torpedotreffer einsetzenden Versuche des Kommandanten, mit den Schrauben zu steuern, um die Wirkung des klemmenden Ruders auszugleichen, haben keinerlei Erfolg gebracht. Das Schiff nimmt trotz laufender Motoren weder Drehung noch Fahrt auf. Es muß also beide Propeller verloren haben!

Tatsächlich meldet jetzt die Maschine den Leerlauf der Motoren. Die Steuerbordschraube ist abgerissen. Daß die Backbordschraube zwar noch vorhanden ist, kann zu der Zeit keiner wissen, jedoch sind beide Propellerwellen im Kupplungsflansch vor der Sternbuchse abgesprengt worden.

Das Schiff dreht weiter nach Steuerbord und bleibt dann in Kielrichtung 220° liegen — bewegungsunfähig im Skagerrak, 10 sm nordöstlich von Skagen — das gefundene Fressen für U-Boote. Für das Boot, das eben angegriffen hatte, doch wohl eine sichere Beute!

Thiele meldet sofort über Funk seinen Standort im Marinequadrat 4462 und fordert dringend Schlepperhilfe an. Von der

augenblicklichen Dislokation deutscher Seestreitkräfte im Skagerrak hat er aber keinerlei Kenntnis. Er funkt an Gruppe Ost,
daß U-Boot-Sicherung dringend erforderlich ist. Der Abschnitt
Maschine meldet, daß nun Abteilung IV Zwischendeck aufgegeben werden muß. Es wird damit klar, daß das gesamte Achterschiff ausgefallen ist. Das Schiff treibt quer zur See mit 2 kn in
südwestliche Richtung, kommt also näher an Skagen heran.
Thiele hofft, in der Aalbäck-Bucht Jütlands Lee zu finden und auf
flaches Wasser zu kommen. Da das Schiff in der hellen Nacht
weit zu sehen sein muß, ist jeden Augenblick mit weiteren Torpedos zu rechnen. Alle Beiboote werden deshalb klar zum Aufschwimmen gemacht, die ganze Besatzung legt Schwimmwesten
an. Alle unteren Decks werden bis auf die Raumüberwachung
(Leckwache, E-Werke usw.) vom Personal geräumt. Turm »Bruno« gibt zur Erleichterung des Achterschiffes Munition über
Bord. Der U-Boot-Ausguck wird weiter verschärft, alle leichten
Waffen sind schußbereit.

Da von nirgendwo erkennbare Hilfe kommt, läßt der Kommandant um 3.08 Uhr ein Kraftboot aussetzen und schickt Oberleutnant zur See Vogler damit nach Skagen, damit er von dort
Schlepp- und Sicherungsfahrzeuge bestellen kann.

Von Gruppe Ost gehen FT's ein, aus denen hervorgeht, daß inzwischen alle nur erreichbaren Fahrzeuge zur Sicherung der *Lützow* in Bewegung gesetzt worden sind: Sechs Torpedoboote (die
freilich noch in Südnorwegen sind), die (aus Fischdampfern bestehende) 17. U-Jagdflottille, die 2. S-Bootflottille und der U-Jäger 172.

Aber nach einer weiteren halben Stunde ist die Kimm immer
noch leer. Thiele kann die Schutzlosigkeit seines bewegungsun-
fähigen Schiffes nicht länger verantworten. Er setzt um 3.40 Uhr
ein V-Boot mit einem Offizier zur U-Boot-Sicherung aus, das
fortan ständig sein »Mutterschiff« umkreist. Das Boot ist mit einem MG und geballten Ladungen von Handgranaten provisorisch bewaffnet! Außerdem wird das am 8.4. durch das Schießen
der Mittelartillerie beschädigte Bordflugzeug in aller Eile klargemacht, um Sicherung fliegen zu können. Der Fliegeroffizier,
Oberleutnant zur See Albring, hält trotz Beschädigung der Maschine den Katapultstart für möglich. Aber die Sache ist auf jeden Fall halsbrecherisch. Als um 4.33 Uhr im Nordosten an der

Kimm die 17. Unterseebootsjagdflottille in Sicht kommt, wird das soeben mit viel Mühe startklar gemachte Flugzeug doch lieber nicht mit dem Katapult abgeschossen.

Vierzig Minuten später kommt auch die 19. Minensuchflottille heran, die anfragt, ob ihr ausgebrachtes Gerät weitergefahren werden soll. Kapitän Thiele erteilt den Befehl, das Gerät aufzunehmen und umgehend zwei Boote zum Schleppen zu schicken. Alle anderen M-Boote sollen sich in die von der 17. Unterseebootsjagdflottille soeben gebildete U-Boot-Sicherung eingliedern.

Den Männern auf der *Lützow* ist völlig rätselhaft, wieso ihr manövrierunfähiges Schiff bis zu diesem Zeitpunkt nicht erneut von dem U-Boot angegriffen worden ist, das ihm den Torpedotreffer verpaßt hat. Sie wissen nicht, daß der Treffer um 1.29 Uhr der einzige Treffer eines vom britischen Unterseeboot *Spearfish* auf die *Lützow* abgeschossenen Viererfächers war. Drei »Aale« waren also vorbeigegangen wie drei Tage vorher alle zehn Torpedos vom U-Boot *Trident*. Auch der *Spearfish*-Kommandant, Lieutenant-Commander Forbes, hatte in der klarsichtigen Nacht nach seinem Alarmtauchen das mit 24 kn Fahrt heranstiebende Kriegsschiff an seiner unverwechselbaren Silhouette als eines von den gefährlichen »German pocketbattleships« erkannt und deshalb gleich alle vier noch in den Rohren befindlichen Torpedos für diesen »fetten Braten« geopfert.

Aber die *Spearfish* hatte dasselbe Pech wie zuvor die *Trident:* Der unerwartete Kurswechsel der *Lützow* machte den sorgfältig berechneten Vorhaltewinkel ungültig. Drei »Aale« sausten jedenfalls vorbei, nur der vierte traf gerade noch das Achterschiff. (Übrigens glaubte Forbes, *Admiral Scheer* getroffen zu haben!) Commander Forbes hatte nun keinen einzigen Torpedo mehr. Welche Qualen muß dieser Mann durchgemacht haben: Vor sich eine mit abgeknicktem Heck hilflos treibende *Lützow* und keine Möglichkeit, ihr den Fangschuß zu verpassen!

Ab 5.00 Uhr ist eine U-Sicherung aufgebaut, die das Annähern an den noch einige Seemeilen von Skagen entfernten Schweren Kreuzer schon erheblich schwieriger machen dürfte.

Was dem *Lützow*-Kommandanten hingegen wachsende Sorgen bereitet, ist das Auffrischen des Windes auf Nordnordost Stärke 6 und Seegang 5. Zwar hat sich die Trimmlage des Schiffes gebessert, weil Öl umgepumpt wurde. Die Krängung konnte dadurch aufgehoben werden. Liegt auch das Schiff jetzt wieder waagrecht, so wird der Tiefgang achtern inzwischen auf 12 m geschätzt. Die an Oberdeck stehenden Torpedorohrsätze liegen bereits unter Wasser!

Bei dem zunehmenden Seegang wird die Lage für das abgeknickte Achterschiff immer bedenklicher. Thiele will versuchen, so schnell wie möglich vor die See zu kommen, um in geschlepptem Zustand den Seegang »auszudampfen«.

Mittlerweile ist ein Schwimmer-Kampfflugzeug vom Typ He 115 als Luftsicherung eingetroffen. Und von Skagen ist Oberleutnant zur See Vogler mit zahlreichen Fischkuttern sowie mit dem dortigen Motorrettungsboot auf der Bildfläche erschienen. Einen Bergungsschlepper hat er in Frederikshavn bestellt.

Die Fischkutter und das Rettungsboot werden mit Dank für ihre Hilfsbereitschaft wieder entlassen, weil die U-Jäger und M-Boote ja zur Stelle sind. Kapitän Thiele nimmt noch ein drittes M-Boot zu Hilfe, das an Steuerbord festmacht. Auf diese Weise bringt der Schleppzug immerhin eine Schleichfahrt von 4,5 kn zustande. Das Achterschiff wird durch Lenzen der beiden Wellentunnel entlastet, deren dabei gewonnener Auftrieb es etwa 50 cm höher kommen lassen.

Nachdem aber um 8.00 Uhr der Wind schon fast Stärke 7 erreicht hat und der Kreuzer in der groben See, die brandend aufs Achterschiff aufläuft, immer härter arbeitet, erscheint es fraglich, ob das Achterschiff noch gehalten werden kann. Kapitän Thiele gibt um 8.21 Uhr ein FT an die Gruppe Ost, daß das Heck bis einschließlich Abteilung III abzubrechen drohe und daß er das Schiff in der Wiso-Rinne aufzusetzen beabsichtige.

Um 8.30 Uhr kommt das frühere Seebäderschiff *Rugard,* Führerschiff des Führers der Vorpostenboote Ost, bei *Lützow* längsseits. Auf Befehl von Kapitän Thiele geschieht nun, was in der Seekriegsgeschichte einzigartig dastehen dürfte: Der *Lützow*-Kommandant schickt 537 Mann von seiner Besatzung mit der *Rugard* nach Frederikshavn und befiehlt ihnen, mit der Eisenbahn nach Kiel zu fahren! Per Bahn von Feindfahrt nach Hause?

Aber »Curry« Thiele weiß, was er tut. Für ihn ist klar, daß alle nicht mehr benötigten Männer auf diesem geschleppten Wrack nur sinnlos weiteren U-Boot- oder Luftangriffen ausgesetzt sein würden. Der Waffeneinsatz der Schweren und Mittleren Artillerie ist mit dem abgeknickten Achterschiff ebensowenig noch möglich wie der Einsatz der Antriebsanlage. Thiele behält deshalb nur die Flakbedienungen, die Leckwehr, die E-Werk-Spezialisten und das zur sicheren Überführung des Schiffes unbedingt notwendige Mindestpersonal an Bord.

Mit sehr gemischten Gefühlen verlassen die 537 zur Bahn-Heimfahrt abkommandierten Soldaten ihr Schiff, das jetzt ein Bild des Jammers bietet und von dem sie nicht wissen, ob es durchkommen wird. Viele sind sieben Jahre auf der *Deutschland* bzw. *Lützow* gefahren, haben Freud und Leid mit diesem Schiff geteilt und kommen sich nun vor, als ließen sie es im Stich. — Morgens gegen 9.00 Uhr können die M-Boote das schwere, zudem mit 1300 t Wasser vollgelaufene Schiff allein nicht mehr halten. Das als Kopfschlepper fahrende M-Boot treibt wegen seines relativ geringen Tiefgangs unversehens nach Steuerbord querab von *LW* und kommt schließlich sogar achteraus, so daß sofort die Verbindung geslippt werden muß. Thiele nimmt das Boot nun ebenfalls längsseits zum Schleppen. Eine Dreiviertelstunde später kommt der dänische Bergungsschlepper *Garm* zur Leinenübernahme heran und setzt sich als weniger stark abdriftgefährdeter neuer Kopfschlepper vor die *Lützow*. Fortan fährt nur noch auf jeder Seite des Kreuzers ein Minensucher als Steuerschlepper. Gegen 10.00 Uhr warnt Gruppe Ost in einem FT vor einem vorzeitigen Aufsetzen der *Lützow* und kündigt den Anmarsch zweier Pumpendampfer an, die nachmittags beim Havaristen eintreffen dürften. Außerdem ist inzwischen der Führer der Torpedoboote (F.d.T.) mit *Seeadler*, *Möwe* und *Kondor* zur Verstärkung der U-Boot-Sicherung herbeigeeilt, von drei weiteren Vorpostenbooten ergänzt. Gegen Mittag entläßt Kapitän Thiele die VP-Boote sowie die 19. Minensuchflottille mit Dank, weil die Sicherung einfach zu groß geworden ist. Die Boote behindern sich gegenseitig. Nur die Torpedoboote und die U-Jäger der 17. Unterseebootsjagdflottille bleiben weiterhin als Sicherung beim Kreuzer. T-Boot *Luchs* mit dem F.d.T. an Bord setzt sich als Navigationsboot vor den allzu langsamen Schleppzug, die anderen T-Boote sichern gegen U-Boote. Um 14.20 Uhr treffen die Hochseeschlepper *Wotan* und *Seeteufel* ein, die als zweiter Kopfschlepper und zusätzlicher Längsseits-Steuerschlepper an *LW* herangehen.

Um 16.00 Uhr knirschte es verdächtig und »die Peilung steht«: Der schwerbeschädigte Kreuzer rührt sich nicht mehr von der Stelle. Er ist in der Läso-Rinne auf Grund gelaufen, bei 12 m Wasser. Das abgeknickte Heck hakt dort fest. Die Minensuchboote loten ringsum die Wassertiefen aus. Kapitän Thiele fürchtet, daß nur ein Hebefahrzeug zum »Anlüften des Schwanzes« noch helfen kann und empfiehlt die Entsendung eines Bergungsfachmannes per Flugzeug. Leider ist der Tidenhub in diesem Seegebiet gering (ca. 50 cm), so daß kaum Hoffnung auf Flottwerden bei Hochwasser besteht. Die an Bord befindliche Restbesatzung muß nicht ohne Grund fürchten, daß die britische Luftaufklärung das festsitzende Wrack kurz über lang entdecken und LW dann sehr bald einem britischen Bomberverband »zum Fraß vorgesetzt« wird. Das eine steht fest: Die Briten werden nicht ruhen, ehe sie das Westentaschenschlachtschiff endlich »unter Wasser getreten« haben.

Die Schlepper arbeiten mit aller Energie weiter, sie versuchen es mit wechselseitigem Abscheren, um das aufsitzende Achterschiff wieder zu lockern. Stunden später hat dieses »Lockern« Erfolg, die Fahrt geht weiter — aber immer nur bis zum nächsten Festsitzen. Schließlich muß auch noch der dänische Schlepper *Garm* wegen Kohlenmangels entlassen werden. Der deutsche Bergungsschlepper »Seeteufel« tritt an seine Stelle. Um 22.30 Uhr ist der Kreuzer bei 12 m Wassertiefe auf Grund gelaufen.

Kurz nach Mitternacht, in der sternenklaren hellen Nacht vom 11. zum 12. April 1940, werden an jeder Seite zwei U-Jäger zur Hilfeleistung festgemacht. Die beiden Kopfschlepper *Wotan* und *Seeteufel* schleppen abwechselnd nach Steuerbord und nach Backbord. Wieder der alte Trick, diesmal durch Umtrimmen von Treiböl und durch Fluten des Vorschiffes der *Lützow* unterstützt. Durch die künstlich erzeugte »Kopflastigkeit« kommt schließlich um 4.30 Uhr das Schiff wieder frei.

Gegen 6.00 Uhr hält alles an Bord den Atem an: Beim dänischen Feuerschiff *Östre Flak* müssen mehrere Elf-Meter-Stellen passiert werden.

Aber mit dem kopflastig gemachten Schiff kommt man tatsächlich durch!

Um 8.00 Uhr können die U-Jäger loswerfen, denn wenig später machen die Schlepper *Norden* und *Thor* an ihrer Stelle fest. Der

Tiefgang achtern beträgt nur noch 10 m. Um 9.30 Uhr erscheinen drei Sperrbrecher und übernehmen in enger Sicherung den Torpedoschutz an Backbordseite der *Lützow*. So wird der Samsö-Belt des Kattegat angesteuert. Leider ist erneut U-Boot-Gefahr gemeldet.

Um 15.33 Uhr passiert das, was der völlig übermüdete Kapitän zur See Thiele, der seit Wilhelmshaven und damit seit einer Woche praktisch kaum Schlaf bekommen hat, am meisten fürchten muß: Es gibt tatsächlich U-Boot-Alarm. Aber die Torpedoboote verhalten sich taktisch vorzüglich. Sie preschen derart geschickt zum Wasserbombenangriff vor, daß das eindeutig geortete Boot nicht zum Schuß kommen kann. Der Schleppzug behält seinen Kurs bei, während das U-Boot reglos am Grund liegen bleiben muß — von immer neuen Wasserbombenwürfen eingedeckt. Jedes Hochgehen auf Sehrohrtiefe wäre für die Briten Selbstmord.

16.42 Uhr dasselbe: Abermals U-Boot-Alarm. Die T-Boote greifen mit verbissener Wut an, das gegnerische Boot kommt wieder nicht in Schußposition. Nun erhält auch die 3. Räumbootsflottille vom F.d.T. den Befehl, mit Höchstfahrt ins Marinequadrat 7190 vorzulaufen und dort ebenfalls die U-Jagd zu eröffnen. Der »Wasserbombentanz« der T-Boote und R-Boote geht bis nachts um 3.00 Uhr weiter, zumal in der Nähe tatsächlich ein U-Boot gesichtet und nicht nur geortet wurde. Es muß unter allen Umständen verhindert werden, daß dieses Boot nach dem Passieren des Schleppgeleits etwa wieder auftaucht und nachläuft. Zwei U-Jäger werden vorsorglich zum Geleit zurückgeschickt.

Im Samsö-Belt treten zwei weitere Sperrbrecher zum Verband. Es marschieren fortan drei an Steuer- und zwei an Backbord als »Torpedofänger« dicht neben der *Lützow*.

Am 13. 4. gegen 4.00 Uhr morgens geht das Schleppgeleit mit 6—7 kn Fahrt durch den Großen Belt. Bei Dunkelheit macht es den Schleppern große Schwierigkeiten, das schwerfällige, geschleppte Schiff hinter dem Navigationsboot *Luchs* auf Kurs zu halten. Zur Erleichterung riskiert es Kapitän Thiele, auf *Lützow* Positionslaternen setzen zu lassen.

Um 8.00 Uhr, bei blauem Himmel, sehr guter Sicht und nur noch geringem Seegang, steht das Schiff vor der Minensperre im Süden des Großen Belts. Weitere Kieler Schlepper treffen jetzt dort ein. Zum Passieren der deutschen Minensperre werden die Leinen der Kopfschlepper durchgeholt.

In der Kieler Bucht werden Wind und Seegang leider wieder stärker, die längsseits liegenden Schlepper »arbeiten« so stark, daß sie loswerfen müssen. Es wird eine dritte Schleppleine geschoren und je ein Schlepper vor *Seeteufel* und *Wotan* gesetzt, so daß zeitweilig fünf Schlepper vorn ziehen. Um 17.00 Uhr erreicht der Schleppzug, längst auch mit Pumpendampfern längsseits der *Lützow*, ohne weiteren Zwischenfall das Feuerschiff *Kiel*, zuletzt unter alleiniger Sicherung der 17. Unterseebootsjagdflottille. Und um 20.22 Uhr macht der Schwere Kreuzer mit dem abgeknickten und vollgelaufenen Achterschiff am Probefahrtkai seiner Bauwerft Deutsche Werke AG fest.

Leckgruppe 1 antwortet nicht

Im Schiffsinnern haben sich in jenen Stunden nach der Torpedierung furchtbare Tragödien abgespielt. Rekonstruieren wir diese Ereignisse einmal aus der Sicht des Maschinen- und des zu dieser Laufbahn gehörigen Leckwehrpersonals. Diese Männer stehen im gespenstischen Blaulicht der Kriegsmarsch-Beleuchtung im Schiffsinnern auf ihrer Kriegswache, ohne Sicht nach draußen, nur auf die Informationen der Alarmglocken und Telefone, vielleicht auch noch der Lautsprecher angewiesen. Und sie stehen teilweise unter der Wasserlinie auf ihren Stationen, in Räumen, die durch den Kriegsmarschverschlußzustand vollständig voneinander abgeschottet, unter Umständen regelrechte Fallen sind.

1.29 Uhr Schwere Erschütterungen im Schiff, die Männer fliegen in die nächste Ecke. Im gleichen Augenblick gellen die Alarmglocken.

1.30 Uhr *»Von Kommandozentrale an alle Stellen: Parole?«*

1.30 Uhr Leckgruppe 1 (im Achterschiff) antwortet auf Parole nicht.

1.31 Uhr Von Steuerbord-Wellentunnel/Abteilung III: *»Wellentunnel macht Wasser und Öl. Wasser steigt ziemlich schnell.«* Von Backbord-Wellentunnel sofort danach dieselbe Meldung.

1.33 Uhr Regelmaschinenraum Abteilung II voll Wasser und vom Personal geräumt. Schiff krängt 4° nach Backbord und zeigt Tiefertauchung achtern; Werte nicht ablesbar, da Trimmlageanzeiger ausgefallen.

1.34 Uhr Leckpumpe 1 fällt beim Anstellen durch Kurzschluß aus.

1.45 Uhr Munitionskammer IV.7.9. macht Wasser

2.15 Uhr Alle Räume der Abteilungen I-III voll Wasser. Oberdeck bei Spant 31 durchgebrochen. Achterschiff ziemlich tief im Wasser. Lenzen in diesem Bereich nicht möglich, da Leckpumpe 1 ausgefallen. Leckpumpe 2 in Abteilung V läuft abwechselnd für die Munitionskammern IV.7.9. und IV.8.9. sowie für die Wellentunnel

IV.6.1. und IV.6.2. Krängung jetzt 6° nach Backbord. Zwischendeck Abteilung III/IV macht stark Wasser durch Schott 31. Schlagseite wird durch Umpumpen von Öl beseitigt.

2.26 Uhr Schiff ist langsam nach Steuerbord umgefallen und hat 4° Schlagseite nach Steuerbord.

4.07 Uhr Lecktelegraf ausgefallen.

6.00 Uhr Beurteilung der Lage: Schiff sackt trotz. Lenzen mit Leckpumpe 2 achtern langsam tiefer, das Zwischendeck Abt. III/IV ist geräumt, die Wellentunnel IV.6.1. und IV.6.2. sind aufgegeben, ebenso die Munitionskammern IV.7.9. und IV.8.9. Durch Umpumpen von Öl ist die Schlagseite beseitigt. Es wird Öl von Abt. V und Abt. VI ins Vorschiff gepumpt. Der Riß über die Schanz bei Spant 31 hat sich auf 200 mm verbreitert, die See schlägt quer zum Schiff sehr hart auf das Achterschiff.

7.00 Uhr Auch die Wellentunnel IV.6.3. und IV.6.4. sind aufgegeben, die Schotten von Abt. IV nach Abt. V im Zwischendeck abgestützt.

8.00 Uhr Wasserstand im Zwischendeck bei Spant 47 beträgt 1,60 m.

Nüchterne, lakonisch kurze Worte für eine Lage, die Grauen, Todesnot und schließlich den Tod von Menschen in diesem Schiff überdecken.

Die Leckwehr ist schon seit dem Verlassen der Strander Bucht von Kiel, wie stets bei Kriegsmarsch oder »Klarschiff zum Gefecht«, auf die drei Stationen vorn, mittschiffs und achtern verteilt. Die Männer sitzen in der Blaulichtdämmerung neben ihren Leckwehrtelegrafen und Sprachrohren. Sie legen sich umschichtig, vierstundenweise, in nächster Nähe auf ihre gezurrte Hängematte — das ist Freiwächterschlaf auf Kriegsmarsch. Sie haben ihn vorher, draußen im Atlantik, mehr als einmal auch in dieser Form »absolviert«. Die jeweilige Leckwehrwache döst oder vertreibt sich die Zeit auf ihre Weise. Einige haben sogar die Kunst entwickelt, bei Blaulicht Karten spielen zu können.

Alle Mann von der Leckwehr kennen die wohlgeordneten Leitungspläne der Pumpenmeisterei trotz ihrer verwirrenden Vielfalt genau. Sie kennen jedes Steigrohr, Fallrohr, Hauptflutrohr, jede Lenzpumpe und jeden Hauptanschluß für die Sauger, jeden

Schieber und Zwischenschieber. Sie sind sozusagen die Maulwürfe des Marinepersonals, die sich auch in absoluter Finsternis zurechtfinden. Sie haben es auch systematisch geübt, das Zurechtfinden bei Notbeleuchtung oder bei völlig verqualmtem Schiff.

Die Schalter für die Schieber sind immer in Zehnergruppen zusammengefaßt. Bei Licht kann man sie an den Farben unterscheiden: Roter, gelber, grün-gelber Ring usw. Bei Licht geht man sicher, zumal jeweils Bezeichnungsschilder aufmontiert sind. Aber wer garantiert Licht, wenn etwas passiert? Also hat man alles im Kopf — und in den Fingerspitzen. Man ertastet sich einen Schieber nach dem anderen. Da ist eine Buchse mit Nippel, über die nun das Gestänge hinweggeführt wird. Überall dasselbe: Kugelgelenk, Stange und Doppelscharnier. Also Stange anheben und das Gestänge nach vorn schieben, bis es schräg heraussteht. Dann wird die Kurbel aufgesetzt. Der Schieber ist funktionsbereit.

Man hat in diesem Spezialistentum eine schlafwandlerisch sichere Routine erworben. Die Schaltungen für Fluten ... die Schaltungen für Lenzen ... Die Schaltungen für das Umpumpen von Wasser aus einer Abteilung in die andere: Alles wurde schon hundertmal durchgespielt. Dazwischen Abdichten und Abstützen von Lecks. Meldungen an die Kommandozentrale ... Und nun ist in Sekundenschnelle der bittere Ernstfall eingetreten.

Telefonische Meldungen über das Arbeitsgruppentelefon aus dem Zwischendeck Abt. III/IV besagen, daß der Leckgruppenführerstand I und, wie erwähnt, der Regelmaschinenraum geräumt worden sind, außerdem machen das Zwischendeck Abt. III/IV durch die Panzerwand bei Spant 31 und die beiden hinteren Munitionskammern der S.A. durch das Schott 37 1/2 ziemlich viel Wasser. Also sind die Abteilungen I-III vollgelaufen, und demnach ist das Lenzen dort aussichtslos!

Der Pumpenmeister, Obermaschinist Schieck, der sich schon vor Ibiza ausgezeichnet hat, ist natürlich sofort zur Stelle, ebenso der normalerweise in der Kommandozentrale postierte Leckingenieur, Oberleutnant (Ing.) Ritzmann. Diese Experten finden einen Ausweg: Sofort Leckpumpe I anstellen zum Saugen aus den Wellentunneln. Nach ihrem Ausfall werden beide Munitionskammern und beide Wellentunnel sofort mit der benachbarten Leckpumpe 2 aus Abt. V gelenzt. Aber die Wellentunnel müssen sofort vom Personal geräumt werden, man kommt mit dem Leerpumpen nicht gegenan.

Was aber ist mit dem Achterschiff? Wie steht es um die Männer im Rudermaschinenraum, im Handruderraum, um die Leckgruppe 1?

Leckgruppe 1 antwortet auf die Frage »*Parole?*« nicht. Hat der Detonationsdruck die Männer zerfetzt oder die Gewalt des Wassereinbruchs sie sofort getötet?

Abteilung II meldet sich ebenfalls nicht.

Aber dann meldet sich die Leckgruppe 1 über ein Nottelefon doch: »*Abteilungen II und III voll Wasser!*«

Diese Nachricht an den Leitenden Ingenieur wird von diesem sofort an die Kommandozentrale weitergegeben, die alle Leckabwehrmaßnahmen koordiniert. Sie steht unter Leitung des I. Offiziers.

In einer Luftblase, ganz am Ende des abgeknickten Achterschiffes, leben also noch Menschen!

Sofort versucht ein Leckwehrtrupp dorthin durchzudringen. Aber es geht hier nicht, und es geht dort nicht. Die Schotten sind durch die Detonation des Torpedos total verbeult und klemmen.

Man hört jetzt die Männer dort unten schreien. Sie sind in völliger Finsternis vom übrigen Schiff abgeschnitten und können nicht mehr aus ihrer Abteilung I heraus. Und das Wasser steigt . . .

Also muß von den Rettern der Weg über Oberdeck versucht werden. Dort befindet sich der Niedergang ins Oberfeldwebeldeck. Auch dieses Schott klemmt hoffnungslos, auch ist das gesamte Deck eindeutig schon vollgelaufen. Man öffnet hastig einen Notausstiegsschacht. Aber er schießt nur noch Wasser als Fontäne heraus. Er muß deshalb sofort wieder geschlossen werden. Währenddessen geht das Heck merklich immer tiefer. Dem Rettungstrupp bleibt nur noch das sofortige Räumen der Schanz übrig.

Die Männer versuchen noch zwei weitere Wege durch das Schiffsinnere. Aber sie bekommen auch dort einmal ein demoliertes Schott nicht auf, und beim anderen Versuch schießt ihnen wiederum Wasser entgegen.

Und deutlich hören die Männer das immer weitere Aufreißen der Nähte. Schon stürzt Wasser von oben auf sie herunter. Also los, Hängematten als Leckstopfen hinein. Sie werden in großen Mengen in die aufreißenden Nähte hineingedrückt und mit Stempeln festgesetzt. Noch brennt wenigstens die Notbeleuchtung. Aber bald ist auch das vorbei. Nur noch Dunkelheit, weiteres Krachen in den Nähten, zunehmende Schlagseite, Wasserschwallen. Aber soviel werden die Männer, die jeden Augenblick mit einem neuen Torpedotreffer rechnen müssen, gewahr: Das Schreien und die Klopfzeichen der Überlebenden in Abteilung I bleiben plötzlich aus.

Ihr Schicksal dürfte sich erfüllt haben.

Das inzwischen angesetzte (Zimmermanns-)Meisterpersonal kann weder die Panzerwand bei Spant 31 im Zwischendeck noch die Schottwand zu den Munitionskammern und den Wellentunneln so weit abdichten, daß nicht doch dauernd größere Mengen Wasser zulaufen. Es ist eine Sisyphusarbeit. Und jeden Augenblick kann das Achterschiff ganz abreißen. Das fortwährende Tiefersacken ist alarmierend. Der anfänglich nur 100 mm breite Querriß bei Spant 31 erweitert sich immer mehr, schließlich auf 300 mm!

Die überkommenden Seen treiben immer mehr Wasser ins Zwischendeck. Schließlich muß dieses bis Schott 55½ ebenfalls geräumt werden. Damit ist auch die Leckpumpe 2 für eine sachgemäße Bekämpfung des Wassereinbruchs nicht mehr zu steuern, weil die dazu benötigten Bedienungsgestänge sich in eben diesem geräumigen Deck befinden. Es bleibt nichts anderes übrig, als auch die Munitionskammern IV.7.9. und IV.8.9., aus denen bis zuletzt Munition zum Überbordwerfen nach oben gefördert wurde, zu verlassen. Ein Versuch des Pumpenmeisters, wenigstens das Zwischendeck Abteilung II/IV hydraulisch zu lenzen und auf diese Weise die Steuerung der Leckpumpe 2 wieder in die Hand zu bekommen, bringt keinen Erfolg. Um 8.00 Uhr ist ein äußerst kritischer Zustand erreicht: Der Wassereinbruch ist zwar eingegrenzt, aber die 1,60 m Wasser im Zwischendeck bei Spant 47 sind mit dem Wasserstand außenbords ausgeglichen! Das bedeutet im Klartext, daß sich 1600 t Wasser im Schiff befinden. Wenn die *Lützow* etwa noch weitere 50 cm eintaucht, wird das Wasser bei Spant 55½ aus dem Zwischendeck in das nicht mehr dichte und an dieser Stelle überhaupt nicht abgedichtete Oberdeck eindringen!

Man überlegt fieberhaft, was getan werden kann — und versucht es schließlich so:

Überschleusen des Wassers aus dem Steuerbord-Wellentunnel in den Treibölübernahmepumpenraum IV.6.3., Wasser aus dem Backbord-Wellentunnel in den achteren Teil des Motorenraumes 1 und von da gleichfalls in den Pumpenraum IV.6.3. Die dort aufgestellte Treibölübernahmepumpe ist zwar primär zum Lenzen von Lecköl aus dem eigenen Raum eingerichtet, sie kann aber auch nach außenbords drücken. Auf diesem Wege gelingt nach und nach, abschnittsweise, das Lenzen der Wellentunnel zur Schaffung von mehr Auftrieb im Achterschiff.

Mit dem Erreichten darf man sich aber noch nicht zufriedengeben: Je ein Freiwilliger von der Leckwehr dringt etappenweise in die beiden Wellentunnel vor, um dort die Hilfslenzventile zu öffnen! Draußen tobt jetzt die See mit Brechern von Windstärke 6—7 über die abgeknickte Schanz, die nur noch »am seidenen Faden« hängt.

Einer dieser Männer der Pumpenmeisterei hat dort unten das Gefühl, in einem Gummischlauch umherzutanzen. Das abgeknickte Achterschiff macht jede einzelne Wellenbewegung schwerfällig mit. Wie soll man — auch ohne neuen Torpedotreffer — aus dieser Falle je wieder herauskommen! Das Ganze muß ja irgendwann abbrechen! Immer schlimmer wird das Knirschen und Rumoren der Nähte! Und der Mann denkt unwillkürlich an die Kameraden, die dicht neben ihm in den drei vollgelaufenen Abteilungen umgekommen sind. Er ist ganz allein in dieser unheimlichen, schwankenden Stahlröhre. Er weiß, daß der Notausgang zur Schanz unbenutzbar ist, weil er längst tief unter Wasser steht.

Tatsächlich erreichen die beiden Männer in den Wellentunneln das Öffnen der Hilfslenzventile und den Lenzerfolg im jeweils nächsten abgeschotteten Tunnelabschnitt. Die Pumpen genügen nachher zum Lenzhalten der beiden Tunnel über die Hilfslenzleitung! Durch den Erfolg dieses mutigen Vordringens, zusammen mit laufendem Umpumpen von Treiböl, wird erreicht, daß im Zwischendeck bei Spant 47 das Wasser um 50 cm sinkt, das Schiff achtern also um diesen halben Meter austaucht.

Aber das Lenzhalten der Wellentunnel muß laufend »vor Ort« überwacht werden! Die beiden Männer müssen also bis Kiel auf diesem schrecklichen Posten in den Tunneln ausharren. Sie hören die Grundberührungen, später die U-Boot-Alarme, das Dröhnen und Krachen der Wasserbomben in vielfacher Unterwasserverstärkung mit. Und die Gefahr, daß das Heck doch noch abreißt, besteht ohnehin weiter!

Am Morgen des 12. 4. gelingt es anderen Leckwehrmännern, trotz Wasser in Zwischendeck Abt. II/IV, an die dort befindlichen Bedienungsgestänge der beiden vollgelaufenen Munitionskammern heranzukommen und auch diese zu lenzen. Der Wasserstand im Zwischendeck bei Spt. 47 beträgte seitdem nur noch 55 cm!

Die Räume der Abt. IV werden laufend nach dem Leckpumpenraum in die Abt. V entwässert, wo noch immer die Leckpumpe 2 aus eigenem Raum saugt. Außerdem hat man im unteren Turmbeladeraum eine Handlenzpumpe (!) zum laufenden Lenzen der dort eindringenden (geringen) Wassermengen aufgestellt.

Als gegen 13.00 Uhr die überlastete Lenzpumpe 2 »ihren Geist aufgibt«, reicht dank der zwischenzeitlichen Hilfslenzmaßnahmen die Saugleistung der übrigen Lenzpumpen tatsächlich aus, um die gefährdeten Räume bis zum Eindocken des Schiffes in Kiel zu halten!

Wasser war auf alle mögliche Weise ins Schiff eingedrungen, nicht nur direkt durch die Treffauswirkung. Es liefen Räume auch durch undichte Kabelführungen, schlechtes Dichten von Lüftungsklappen, Schleusenschiebern und Gestängedurchführungen voll.

Unter dem am Morgen des 11. 4. auf Befehl des Kommandanten aussteigenden, für entbehrlich gehaltenen Personal befinden sich auch zwei komplette technische Divisionen, so daß der schiffstechnische Betrieb an Bord des Kreuzers allein mit der VII. Division aufrechterhalten werden muß.

Dies wird nur dadurch gewährleistet, daß die bereits übermüdeten Unteroffiziere und Soldaten alle halbe Stunde abgelöst werden. Vom technischen Personal sind nur fünf Offiziere, sechs Obermaschinisten, 18 Unteroffiziere und 77 »Mannschaften« an Bord geblieben. Aus dem Pumpenmeister-, Meister- und Ölanlagepersonal wurden drei Leckgruppen mit je sechsstündiger Ablösung gebildet. Die Belastung dieser Männer ist erheblich, weil eine geregelte Ablösung bis zum Einlaufen in Kiel kaum durchfürbar ist.

Die materielle Bereitschaft der E-Anlage muß — soweit dies unter den schwierigen Verhältnissen überhaupt möglich ist — wiederhergestellt werden. Bis auf E-Maschine 1, deren Generator zwangsläufig im Zuge der Lecksicherungsmaßnahmen unter Wasser geriet, wird die Gesamtanlage laufend auf Kurzschluß untersucht und weitmöglich durch Abschalten bzw. Abklemmen von einzelnen Strängen betriebsklar gehalten. Dabei müssen in den E-Werken zwei Kurzschlußbrände niedergekämpft werden. Auch das antriebslos gewordene, nur noch geschleppte Schiff braucht unbedingt elektrischen Strom für die Lenzpumpen, die Beleuchtung, die Befehlsübermittlungsapparate, die Lüfter, den Brennermotor des Hilfskessels, für die E-Kompaßanlage. Ohne die E-Werke kann im Angriffsfalle die Flak nicht schießen, sind bei den Schleppmanövern die Spills nicht zu betätigen.

Aber im Trockendock der deutschen Werke zeigt sich erst das volle Ausmaß der Schäden. Jedem Betrachter wird klar, daß wirklich allein die beiden Propellerwellen das Achterschiff noch »festgehalten« haben. Der Riß zwischen Schanz und übrigem Rumpf klafft mittlerweile 500 mm (!) weit auseinander. An Steuerbord ist das Panzerdeck (außerhalb des Panzerschutzes) wie von einem riesigen Büchsenöffner aufgeschlitzt. Das Unterwasserschiff im Bereich der Geräte- und der Fleischlast ist völlig verwrungen und wellenförmig eingebeult.

Sobald das Wasser im Dock gänzlich abgelassen ist, gehen Männer vom Leckwehrpersonal daran, nach ihren toten Kameraden zu suchen. Sie schlagen die völlig verklemmten Schotten auf und stellen dann fest, daß im unteren Plattformdeck über einem weiteren, nicht mehr mit normalen Hilfsmitteln zu öffnenden Schott ebenfalls ein breiter Riß aufgebrochen ist, durch den man über das Schott hinweggucken kann. Der Riß muß beim weiteren Abknicken des Hecks sehr plötzlich entstanden sein, denn sein Wassereinbruch hat die Männer der Leckwehrgruppe 1 schlagartig überrascht. Und als es jetzt im Dock endlich gelungen ist, das zerbeulte Stahlschott mit dem Schneidbrenner aufzutrennen, bietet sich ein schockierender Anblick: Dort stehen die Toten der

243

gesamten Gruppe mit einem großen Stützbalken in den Händen genauso da, als ob sie noch lebten. Sie hatten wohl gerade das Aufbrechen der Naht, wie gelernt, abfangen wollen.

Aus dem Stahlknäuel des torpedierten Achterschiffes werden insgesamt drei Unteroffiziere und acht Mann vom Maschinenpersonal, außerdem ein Unteroffizier mit zwei Mann vom seemännischen Personal — die Kriegsmarschposten Notruder — als Gefallene geborgen. Auch findet man den Bordflugzeugführer, an der Raumdecke treibend, in seiner vollgelaufenen Oberfeldwebelkammer vor. Er war im Schlaf von dem Torpedotreffer überrascht worden.

Gelegentlich ein paar Bomben

Dann beginnt die umfangreiche und langwierige Reparatur des schwerbeschädigten Kreuzers. Sein ganzes Achterschiff muß erneuert werden.

Das Jahr 1940 geht über die Reparatur hin. Die britische Admiralität ist erleichtert: Vor diesem »Raider« ist sie auf absehbare Zeit sicher. Und bis Oktober 1940 ist überhaupt kein »Panzerschiff«-Kreuzer einsatzklar. Der eine Torpedo, mit dem Lieutenant-Commander Forbes vor Skagen die *Lützow* traf, hat vielleicht eine ganze Flotte britischer oder für Großbritannien fahrender Handelsschiffe gerettet. Denn welche Chance im Südatlantik und Indischen Ozean ein gut geführter Kreuzer dieses Typs zu der Zeit tatsächlich hat, beweist die große Kaperfahrt des Schwesterschiffes *Admiral Scheer,* das am 23. Oktober 1940 Gotenhafen verläßt, durch die Dänemarkstraße in den Atlantik ausbricht, bis in den Raum nördlich Madagaskar operiert und wiederum via Dänemarkstraße am 1. April 1941 unversehrt nach Kiel zurückkehrt. Das »glückhafte Schiff« versenkt oder erbeutet bei dieser Unternehmung unter Führung von Kapitän zur See Theodor Krancke 17 Schiffe mit 113 233 BRT.

Sogar der Schwere Kreuzer *Admiral Hipper* (9 versenkte Schiffe mit 40 000 BRT) und die Schlachtschiffe *Gneisenau* (14 Schiffe mit 66 514 BRT) und *Scharnhorst* (8 Schiffe mit 49 000 BRT) kommen trotz ihrer »kurzatmigen«, immer wieder neuen Brennstoff benötigenden Turbinenanlagen im Atlantik zu bemerkenswerten Handelskriegserfolgen — von den Hilfskreuzern ganz zu schweigen. Die zweite Jahreshälfte 1940 und die ersten Monate des Jahres 1941 sind die Zeit der ausgesprochen spektakulären Aktivitäten der kleinen deutschen Flotte. Sie leistet mehr, als man von ihr überhaupt erwarten konnte. Sie wird nicht geschont.

Aber ausgerechnet die besonders für solche Einsätze prädestinierte *Lützow* versäumt diese erfolgversprechende Zeit im Trokkendock und am Ausrüstungkai der Werft. Wie günstig ist doch die Gelegenheit zum Ausbruch in den Atlantik gewesen, während die anderen Einheiten der Flotte im Anmarsch zum Norwegen-Unternehmen waren! Die allein durch *Lützow* erzielte Diversionswirkung hätte dem Unternehmen »Weserübung« möglicherweise mehr geholfen als die Teilnahme an einer falsch angelegten Oslo-Operation mit den dadurch verursachten unnötigen Artillerietreffern. Übrigens hatte Großadmiral Raeder die für andere Zwecke so viel wichtigere *Lützow* nur widerstrebend bereitgestellt; ebenso die noch nicht voll kriegsbereite *Blücher*, deren Besatzung zuvor noch nicht einmal ein Übungsschießen absolvieren konnte. Sogar die Seekriegsleitung gibt am 11. 4. 1940 zu, daß zumindest der Einsatz der *Lützow* im Oslofjord ein strategischer Fehler war!

Für das »Reparaturschiff« *Lützow,* das weitmöglich unter Tarnmatten versteckt wird, gehört nun das Wort »Flakalarm!« nahezu zum »täglichen Brot«.

Die Royal Air Force unterstreicht die Bedeutung der kleinen deutschen Flotte durch immer neue, nächtliche Besuche. Wen man auf See nicht erwischt hat, den möchte man wenigstens im Hafen noch »erledigen«. So bangt die Bevölkerung der Stadt nicht ohne Grund bei jedem Einlaufen großer Kriegsschiffe dem mit Sicherheit zu erwartenden nächsten Luftangriff entgegen.

Es kommt zu Bombeneinschlägen, auch von Zeitzündern, in nächster Nähe. Auch gibt es einen Direkttreffer ins Vorschiff. Die Bombe verpufft jedoch im Zwischendeck ohne Detonation, so daß die Schäden geringfügig bleiben.

Die nahezu unausgesetzten Nadelstiche der Royal Air Force können nicht verhindern, daß sich die *Lützow* Ende 1940 wieder mit neuem Leben erfüllt. Ihre angestammte Besatzung schwört auch weiterhin auf ihren »Dampfer«. Sie glaubt fest daran, daß sie doch noch zum Einsatz in Übersee kommt. Und sie hat sich vor allem ihren Humor nicht nehmen lassen.

Am 1. März 1941 übernimmt Kapitän zur See Leo Kreisch als neuer Kommandant die Führung des Schweren Kreuzers *Lützow.* Mit Feuereifer wird das Schiff abermals eingefahren und auf die neue Fernunternehmung vorbereitet. Die glückliche Heimkehr der *Admiral Scheer* und die Erfolge von *Scharnhorst* und *Gneisenau,* die bevorstehende Einsatzbereitschaft von Schlachtschiff *Bismarck,* in absehbarer Zeit auch von seinem Schwesterschiff *Tirpitz* geben der nun größer gewordenen deutschen Flotte einiges Selbstbewußtsein. Was *Admiral Scheer* gelang, das wird auch *Lützow* schaffen!

Im Atlantik befinden sich zur Zeit die Hilfskreuzer *Schiff 16 (Atlantis)* und *Schiff 36 (Orion)* und im Indischen Ozean *Schiff 45 (Komet)* und *Schiff 41 (Kormoran)*. Schwerer Kreuzer *Admiral Scheer* und Troßschiff *Nordmark* sollen schon im Juli 1941 erneut in den Südatlantik und Indischen Ozean ausbrechen. Nun wird es also endlich zum gemeinsamen Operieren der beiden ehemaligen Panzerschiffe kommen können. Im Operationsbefehl heißt es deshalb kühn:

»Beim gemeinsamen Operieren der beiden Kreuzer — beim vorgesehenen Vorstoß in den nordwestlichen Indischen Ozean — hat der ältere Kreuzerkommandant . . . die Führung.

Der Schwerpunkt der Aufgabe liegt in der Bindung feindlicher Streitkräfte zur Entlastung der Heimat und in der Schädigung des Gegners . . . Durch überraschendes Auftreten in wechselnden Seegebieten ist der Gegner immer wieder vor neue Lage zu stellen und zum Ansatz zahlreicher Handelsschutzstreitkräfte zu zwingen . . . Der Kommandant muß sich bewußt sein, daß seine Hauptwaffe gegen den feindlichen Handel im dem Gegner bekannten und auch fühlbaren Vorhandensein seines Schiffes liegt. Mit allen Mitteln muß er bestrebt sein, durch pflegliche Behandlung von Personal und Material die Seeausdauer des Schiffes bis zum Äußersten auszunutzen.«

In dem Operationsbefehl für *Lützow* sind die Tankerrouten Mittelamerika—Westafrika, die La-Plata-Route, die Tracks Trinidad—Freetown bzw. Pernambuco—Kap Verde sowie die Kapstadt-Freetown-Route, im Indischen Ozean das Arabische Meer, der Golf von Bengalen, das Dreieck Madagaskar—Ostafrika—Seychellen als Operationsgebiete genannt. Es heißt im Befehl:

»Im Laufe des Juni 1941 verlegt ›Lützow‹ nach Drontheim und läuft nach Abschluß der Ausrüstung zu einem später zu bestimmenden Zeitpunkt, möglichst vom Gegner unbemerkt, in den Atlantik aus. Vorläufig ist Durchbruch nördlich Schottland unter Ausnutzung der ab Juni im Nordgebiet zu erwartenden Nebelperiode vorgesehen. Als Troßschiff wird dem Kreuzer Troßschiff ›Uckermark‹ zugeteilt. Mit einer Ergänzung von etwa 2000 t Treiböl aus dem im Südatlantik stehenden Begleittanker ›Egerland‹ kann gerechnet werden. Vom Verlassen des Heimathafens ab Funkstille.«

Aber auf der Gegenseite ist man in der Zwischenzeit nicht untätig geblieben. Der britischen Admiralität ist das allzu erfolgreiche Operieren der beiden Schlachtschiffe *Gneisenau* und *Scharn-*

horst im Rahmen der Operation »Berlin« (22. 1. bis 23. 3. 1941 zwischen Neufundland und den Azoren) und die nicht zuletzt dadurch erleichterte, glückliche Heimkehr der *Admiral Scheer* von ihrem großen »Fischzug« arg an die Nieren gegangen. Der britische Geheimdienst setzt deshalb alle Hebel in Bewegung, um beizeiten die Aktivitäten der nächsten »Raider« herauszubekommen. Die Anwesenheit zweier »pocket battle-ships« in Kiel ist ihm bekannt. Zwar weiß man in England nicht, daß der Zustand der überlasteten Antriebsanlage (Fundamentrisse) einen neuen Überseeeinsatz der *Admiral Scheer* wider Erwarten verzögert. Aber man behält auch die *Lützow* genau im Auge, deren offensichtlich wiedererlangte Kriegsbereitschaft die Luftaufklärung und Agentenmeldungen längst festgestellt haben.

Vor allem freilich achtet man auf alle Bewegungen des neuen, großen Schlachtschiffes *Bismarck* und seines Trabanten, des ebenfalls neuen Schweren Kreuzers *Prinz Eugen,* die beide zum Ausbruch in den Atlantik rüsten. Sie sollten sich dort zunächst mit den von Brest auslaufenden Schlachtschiffen *Gneisenau* und *Scharnhorst* treffen, die jedoch beide vorher zeitweilig ausfallen. Diesmal organisiert die Royal Navy die Aufstellung von Fühlunghaltern im Nordmeer so perfekt, daß die deutsche Kampfgruppe schon in der Dänemarkstraße aufgefaßt und von dort an beschattet werden kann. Man scheut nach der Versenkung der *Hood* durch die *Bismarck* keinen Aufwand und keine Entblößung anderer Kriegsschauplätze, setzt alle verfügbaren Einheiten der »Home Fleet« und der »Force H« von Gibraltar gegen das gefährlich starke deutsche Schlachtschiff an und erreicht am 27. 5. 1941 schließlich dessen Vernichtung.

Dennoch ist es nicht ganz richtig, daß schon der Untergang der *Bismarck* die Vorbereitungen deutscher Überwasserstreitkräfte zu weiteren Handelskriegseinsätzen beendet habe. Allerdings hat Hitler bereits am 6. 6. 1941 von Raeder verlangt, vor dem erwarteten Erfolg des Rußlandfeldzuges kein größeres Risiko mit Überwassereinheiten einzugehen.

Genau 16 Tage nach dem Verlust der *Bismarck,* am 12. 6. 1941, beginnt dennoch das »Unternehmen Sommerreise«: Der diesmal für volle sechs Monate Kreuzerkrieg ausgerüstete Schwere Kreuzer *Lützow* geht von Kiel aus nach Norden in See, gesichert durch die Zerstörer *Z 23, Z 24, Hans Lody, Friedrich Eckholdt* und

Karl Galster. Die Skl. hat sich im letzten Augenblick doch wieder für einen Ausbruch durch die Dänemarkstraße entschieden und die Unterseeboote *U 559* und *U 79* zur Sicherung der *Lützow* dorthin entsandt.

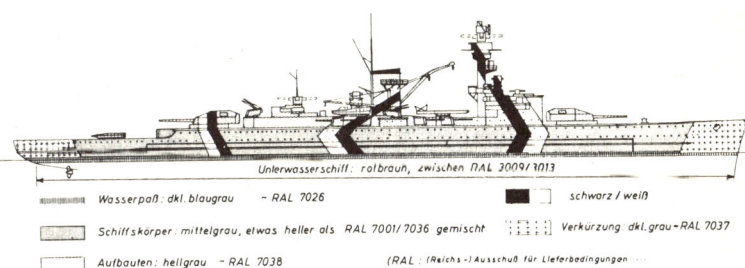

Unterwasserschiff: rotbraun, zwischen RAL 3009/3013

▨ Wasserpaß: dkl. blaugrau – RAL 7026	■ schwarz / weiß
▤ Schiffskörper: mittelgrau, etwas heller als RAL 7001/7036 gemischt	▦ Verkürzung: dkl. grau – RAL 7037
▢ Aufbauten: hellgrau – RAL 7038	(RAL : (Reichs-)Ausschuß für Lieferbedingungen ...

Schwerer Kreuzer *Lützow* (ex Panzerschiff *Deutschland*) gezeichnet im April/ Mai 1941 in Kiel. Die schwarzweißen »Balken« und die »Verkürzung« sollen weniger eine »Tarnung« darstellen, sondern nur die Silhouette zerstören, um eine Erkennung des Schiffstyps zu erschweren. Das hier sowie auf dem Foto im Bildteil gezeigte Streifenmuster führen seit den Vorbereitungen zum *Bismarck*-Unternehmen alle Einheiten der Schweren Seestreitkräfte. Es erweist sich aber bald, daß die recht grellen Streifen und die auffällig dunkel betonten Partien von Bug und Heck die Anpassung an eine Küstenumgebung eher erschweren. Ab 1942 wird durch Auswertung gemachter Erfahrungen immer mehr Systematik in die Tarnungsvarianten gebracht. Im März 1943 entsteht an der Marine-Gasschutz- und Luftschutzschule sogar ein eigenes Referat »Tarnung (Bord)«

Freitag, der Dreizehnte

Aufgrund der Erfahrungen aller bisherigen Handelskriegsunternehmen von *Deutschland, Admiral Graf Spee, Admiral Hipper, Gneisenau, Scharnhorst* und *Admiral Scheer* befindet sich diesmal eine starke B-Dienstgruppe zur Entschlüsselung von Gegner-Funksprüchen an Bord. Sie besteht aus dem B-Leiter, einem Auswertebeamten, drei Portepee-Unteroffizieren und zehn Funkmaaten.

Diese Spezialisten haben ihre Tätigkeit schon Tage vor dem Auslaufen begonnen und in der Nacht vom 10. zum 11. 6. ein auffällig starkes Ansteigen der britischen Aktivitäten im Bereich der 18. Aufklärungs-Gruppe der Royal Air Force festgestellt. Die Seeklar-Vorbereitungen der *Lützow* müssen in England sehr präzise bekanntgeworden sein, denn am 11. und 12. 6. registrieren die B-Dienstler eine noch regere Aufklärungstätigkeit. Sie ermitteln auch, daß deren Schwerpunkt im Sektor Skagerrak — Deutsche Bucht liegt!

Der deutsche Verband passiert zwar Kattegat und Skagerrak ohne besondere Ereignisse. Aber am Freitag, dem 13. 6., wird kurz nach 00.00 Uhr die Meldung eines britischen Flugzeugs der Staffel »w8m« (Tarnziffer) aufgenommen, daß dieses einen Kreuzer und vier (in Wirklichkeit sind es freilich fünf) Zerstörer mit Kurs 270° gesichtet habe. In diesem Augenblick nähern sich die sechs deutschen Schiffe Kap Lindesnes, der Südspitze von Norwegen.

Diese Aufklärermeldung wird sofort an zwei andere Stellen (vermutlich Staffeln) weitergegeben. Und da um 01.00 Uhr ein zweites Flugzeug der Staffel »w8m« bei der Abgabe eines »dringend« verschlüsselten Funkspruches abgehört werden kann, erhält der Kommandant des Kreuzers *Lützow* vom B-Dienst die Meldung, daß wahrscheinlich Fühlung gehalten wird. Es liegt also im wahrsten Sinne des Wortes »etwas in der Luft«.

Aber auch die deutsche Luftwaffe ist präsent. Sie hat beizeiten Jagdschutz bzw. Sicherung durch Zerstörerflugzeuge gestellt. Aber sie beging die Unterlassungssünden, die damit beauftragten Flugzeugführer und Bordschützen nicht vorher zu einer vorbereitenden Besprechung mit Offizieren des Kriegsschiffverbandes zusammenzubringen, keine durchlaufend gültigen Sprechfunkfrequenzen zwischen Schiffen und Flugzeugen festzulegen und bekanntzugeben, aber auch keinen Jägerleitoffizier der Luftwaffe auf *Lützow* einzuschiffen (der ja im Absprunghafen Drontheim wieder von Bord gehen könnte). Die Luftsicherung des Verbandes wird außerdem von Besatzungen geflogen, die keinerlei seetaktische Vorkenntnisse haben und wiederholt sogar den gefährlichen »Schnitzer« begehen, die eigenen Schiffe rechtwinklig statt übers Kielwasser anzufliegen. Die mangelnde Zusammenarbeit zwischen Luftwaffe und Kriegsmarine gerät beim »Unternehmen Sommerreise« vollends zum Trauerspiel, denn an Bord der Kriegsschiffe weiß man noch nicht einmal, über welche Funkfrequenzen man wenigstens die zuständigen Bodenfunkstellen der eingesetzten Fliegerstaffeln erreichen kann!

Die Kommunikation ist also gleich Null.

Die deutschen Flieger haben keinerlei Kenntnis von Kurs und Geschwindigkeit der zu sichernden Einheiten. Auch wurde sträflich versäumt, schon Tage vorher Luftwaffen-Füllfunksprüche auszusenden, die beizeiten den tatsächlichen Funkverkehr am Einsatztag unauffällig gemacht hätten.

Durch diese vielen Unzulänglichkeiten sind die Kriegsschiffsbesatzungen nicht in der Lage, mit Exaktheit eigene Flugzeuge von feindlichen zu unterscheiden. Auch Kapitän zur See Kreisch als Verbandsführer muß ständig herumrätseln, wie viele Maschinen eigentlich zu welcher Zeit »angehängt« sind. Aber wenigstens ist jetzt, während der Nacht, nach allen bisher von der Kriegsmarine gemachten Erfahrungen ein Angriff von Torpedoflugzeugen wohl nicht zu befürchten.

Doch man täuscht sich damit gründlich.

Das seetaktische Können der britischen Torpedoflieger, die gute Koordination zwischen britischen See- und Luftstreitkräften und die immer bessere Ausbildung im Fühlunghalten und Heranführen haben einen hohen Stand erreicht. Und so haben die Funkmeldungen des britischen Aufklärers aus dem Seegebiet von Kap Lindesnes beizeiten die Squadron No. 42 vom Coastal Command der Royal Air Force alarmiert.

So aber gelingt es einem zweimotorigen Torpedoflugzeug vom Typ »Bristol Beaufort« unter der Führung von Flight Sergeant Loveitt, sich unauffällig an den deutschen Verband und seine Luftsicherung anzuhängen. Loveitt bringt es auch fertig, durch Parallelflüge die Fahrt der deutschen Schiffe lange genug zu beobachten und exakt zu kalkulieren. Er benimmt sich dabei so unauffällig wie möglich, wird wegen seines »vorschriftsmäßigen Verhaltens« für ein deutsches Flugzeug gehalten und beseitigt schließlich die letzten Zweifel durch Schießen des richtigen Erkennungssignals. (Loveitt hing nämlich bereits so lange an dem Verband, daß er inzwischen auch Gelegenheit bekam, das für dieses Datum gültige Tages-E.S. bei einer anderen Maschine abzugucken).

Um 02.13 Uhr identifiziert die B-Dienstgruppe auf *Lützow* ein Flugzeug mit der Tarnbezeichnung »x9zm« mit großer Lautstärke im Peilverkehr mit der britischen Funkstelle Leuchars. Man findet sogar heraus, daß die Maschine Zielkurs 216° übermittelt bekommt. Aber für die Meldung an die Kommandobrücke ist es bereits zu spät.

In der wieder hell und sichtig gewordenen Nacht fliegt der britische Feldwebel Loveitt die *Lützow* fast ohne Risiko an, auf der nur die Flak-Kriegswache auf Station ist. Es herrscht also kein Klarschiff-Zustand mit sofortiger Schußbereitschaft aller Waffen. Und im Anflug ähnelt eine »Bristol Beaufort« bei etwas ungewisser Beleuchtung ohne weiteres einem zweimotorigen deutschen Zerstörerflugzeug vom Typ Messerschmitt Me 110.

Aus 600 m Entfernung macht Loveitt seinen Torpedo los, gegen den es nun kein Entrinnen mehr gibt.* Erst als der »Aal« sichtbar ins Wasser klatscht, merkt der Flak-Ausguck, was gespielt wird. Die Alarmglocken gellen los, und fast im gleichen Augenblick trifft schon der Torpedo mit ungeheurem Krach die mit 21 kn Geschwindigkeit marschierende *Lützow* (bei Spant 82, in Höhe des Schlingerkiels) in die Backbordseite. Die ganze Besatzung wird wild durcheinandergerüttelt oder in die nächste Ekke geschleudert. Schlagartig fällt das Licht, an vielen Stellen infolge Kabelbruchs sogar die batterieabhängige Notbeleuchtung aus.

In der vorderen Artillerierechenstelle, direkt neben dem im Trefferbereich liegenden Motorenraum Backbord 2, ist durch die gewaltige Erschütterung der gesamte Staub, der sich seit der In-

---

* Der als Gefechts-W.O. fahrende Rollenoffizier ruft in diesem Augenblick in die Brükke: »Weiche Knie machen, meine Herren, der hat uns!«

dienststellung des Schiffes an unzugänglichen Stellen auf Kabel-
bahnen und Lüfterschächten abgelagert hat, aufgeflogen und erschwert das Atmen. Sofort fängt das Schiff an, auf die Trefferseite »umzufallen«. Vieles, was an Steuerbordseite anmontiert oder
aufgestellt ist, reißt sich los und saust mit Getöse zur Backbordseite hinunter. Die Finsternis macht alles besonders schlimm; dazu kommt das immer weitere Schieflegen, das Brausen und
Schwellen von Wasser, das Zischen, Reißen, Knistern und Poltern überall im Schiff! Die eben erst mit dem Frühjahrsstellen-
wechsel an Bord gekommenen Flottenrekruten drehen teilweise
durch und beginnen, nach Vater und Mutter zu schreien. Ihnen
erscheint klar, daß das Schiff jetzt kentert. Es bedarf des beruhi-
genden Zuredens der besonnenen älteren Soldaten, die Psychose
zu bannen.

Auch im Motorenraum 2 entsteht zeitweilig Panik. Der Torpedo ist genau ins Torpedoschott von dessen Getrieberaum hineingesaust, hat den Getrieberaum teilweise aufgeschlagen und beide Hauptmotoren durch ruckartiges Anheben des Doppelbodens
verschoben. Die Spülluftleitungen beider Motoren sind mit ent-
setzlichem Getöse gerissen. Das Backbordgetriebe ist beschädigt. Beim »Umfallen« des Schiffes packt die Männer im Mot.-
Raum 2 die Angst, daß die beiden schweren Diesel gänzlich her-
ausbrechen und zur Trefferseite hinunterfallen könnten. Zwei
Soldaten sind durch den Stoß des Treffers verwundet — sie
stammeln wirres Zeug.

Im Motorenraum Backbord 1 ist im Moment des Treffers
ebenso alles auf- und durcheinandergefallen. Auch im Neben-
maschinistenstand sowie am Steuerbord-Hauptfahrstand der
Antriebsanlage hat sich niemand auf seinen Beinen halten können. Ruckartig sind sämtliche Motoren des Schiffes stehengeblieben und alle E-Werke ausgefallen.

Damit laufen auch keine Lenzpumpen und kommt kein Licht-
strom mehr.

Wie ein Flächenbrand flackert jetzt an vielen Stellen neue Panik auf, weil jemand durchs BÜ-Telefon gerufen hat: »Gas! Verdammt noch mal, die Tommies haben mit Gasmunition geschossen!«

Tatsächlich breiten sich übelriechende Schwaden durchs
Schiff aus. Sie erregen, im Verein mit den überall aufgewirbelten
Staubwolken, Hustenanfälle und zwingen einen Teil der Besat-

zung unter die Gasmasken. Erst nach und nach begreifen auch die »alten Hasen«, daß es sich ja gar nicht um Kampfstoff, sondern um Bromaceton-Nebel handelt, der von der eigenen Nebelsäure stammt. Durch die Stoßwirkung des Torpedotreffers hat sich die Nebelanlage der *Lützow* selbständig eingeschaltet. Als das Schiff nun an Fahrt verliert, wird der Nebel vom Wind übers Deck geweht und in die Lüfterschächte gedrückt.

Die mit dem Hang zum Ungewöhnlichen behaftete *Lützow*, die sich acht Jahre vorher auch schon selbst vom Stapel gelassen hatte, nebelt sich nun automatisch ein. Und das gerade in dem Augenblick, als Sergeant Loveitt's »Kettenhund« — ein weiteres Torpedoflugzeug der Squadron No. 42 — zum Angriff ansetzt. Der Torpedo saust vorbei — der künstliche Nebel hat die *Lützow* gerettet!

Im Steuerbord-Hauptfahrstand der Motorenanlage hat sich der beim Torpedotreffer äußerst unsanft gegen die Wand geschleuderte Wachingenieur, Kapitänleutnant (Ing.) Bernhardt, im Dunkeln wieder hochgerappelt. Trotz Benommenheit beherrscht ihn nur ein Gedanke: Das Schiff darf nicht ohne Fahrt als Zielscheibe liegenbleiben. Bernhardt tastet so lange im Finstern umher, bis er eine Brechstange findet. Er schlägt damit schräg über sich in die Dunkelheit und trifft dabei tatsächlich den Manövrierhebel des Fahrstandes, der dadurch in die Stellung »Anlassen« herumgeworfen wird. Auf diese Weise kommt zunächst einer der Hilfsmotoren wieder in Gang — wichtigste Voraussetzung für eine neue Fahrtaufnahme. Aber im Licht herbeigeholter Handlampen zeigt es sich, daß infolge der starken Schlagseite das Öl aus dem Steuertrog des Hilfsmotors herausläuft.

Also bilden die Männer mit sogenannten »Barkassen«, mit ovalen Essenholer-Aluminiumtöpfen, eine Eimerkette, um das herauslaufende Öl aufzufangen und immer wieder in die Kurbelwanne des Hilfsdiesels zurückzugießen. Es gelingt dank dieser abenteuerlichen Methode, nach Anlassen von zunächst zwei Hauptmotoren, mit der unbeschädigt gebliebenen Steuerbord-Propellerwelle Umdrehungen und damit Fahrt aufzunehmen. Die Leckwehr arbeitet zwar seit dem Treffer mit gewohnter Präzision. Sie stellt aber fest, daß wegen des Stromausfalls das Gegenfluten nicht funktioniert. Die erste Sofortmaßnahme muß sich darauf beschränken, 150 t Süßwasser aus den Trimmzellen der Trefferseite herauszulassen und dort wenigstens eine bescheidene Gewichtsentlastung zu erzielen. Dafür muß aber sofort eine Munitionskammer geflutet werden. Sie liegt nur 15 m vom Treffer entfernt. Die dort lagernden Sprenggranaten und Kartuschen vom Kaliber 15 cm sind wegen eines im benachbarten Getrieberaum 1 entstandenen Brandes indirekt gefährdet. Aber das infolge zunehmender Schlagseite immer stärker eindringende Wasser löscht schließlich das Feuer selbst.

Nach und nach gehen von überall her die Schadensmeldungen an Maschinenleitstand und Kommandozentrale ein: Die vier Generatoren der E-Werke 2 und 3 sind durch Wassereinbruch sofort ganz ausgefallen, sämtliche andere Generatoren akut durch weiteren Wassereinbruch gefährdet. Die im Getrieberaum 1 und Motorenraum 2 vom Backbord-Torpedoschott losgerissenen und gebrochenen Kabelbündel haben infolge des Wassereinbruchs einen umfangreichen Schluß in der E-Anlage erzeugt, dessen Ausmaß noch nicht voll übersehen werden kann. Stromlosigkeit aber bedeutet, daß die zunächst 18°, schließlich sogar 21° betragende Schlagseite noch nicht behoben werden kann.

Es gelingt später, wenigstens eins der E-Werke wieder in Betrieb zu nehmen. Freilich muß rigoros Strom gespart werden — die Lenzpumpen, die Feuerleiteinrichtungen und die Kommandoelemente der Schiffsführung haben absoluten Vorrang. Alle Lüfteranlagen werden deshalb stillgelegt. In den abgeschotteten Räumen entsteht nach und nach derartiger Luftmangel, daß manche Soldaten die Sauerstoff-Flaschen von den dort griffbereit hängenden Tauchrettern und Flottenatmern aufdrehen. Es nützt jedoch auch nicht viel. Viele »Lords« sind schließlich in Gefahr, aus Sauerstoffmangel »hinüberzudämmern«.

Es ist ausgeschlossen, alle Vorgänge in dem weitverzweigten Wabensystem des in Alarmverschlußzustand fahrenden Schiffes wiederzugeben, die sich nach dem Torpedotreffer abspielen. Nur Andeutungen über das, was 1156 Mann Kriegsbesatzung in diesen Augenblicken erleben, sind möglich.

Im zum B-Empfangsraum umfunktionierten Funksenderaum hat die B-Dienstgruppe z. B. gerade den lautstarken Peilverkehr des ominösen Flugzeugs »x9zm« mit Leuchars abgehört und entschlüsselt, als schon der Treffer ins Schiff kracht. Die schnell zunehmende starke Krängung löst zunächst auch hier Verwirrung aus. Der wachhabende Oberfunkmeister versucht sofort, mit Schiffskartenhaus oder Kommandostand Verbindung zu bekommen — leider vergebens. Da er wegen der Schieflage annimmt, daß das Schiff verlassen werden muß, ordnet er an, die (für die Senderabstimmung im Raum vorhandenen) Geheimsachen in einem dafür bereitstehenden, mit Grundgewichten beschwerten Seesack zu verstauen. Die Funkbeobachtung ist auf diese Weise für kurze Zeit unterbrochen. Gerade sie ist aber wegen des zu erwartenden neuen Angriffs so ungeheuer wichtig. Und nach einem sehr bald eingehenden Anruf des B-Dienstleiters meldet die B-Gruppe trotz extrem schiefliegendem Schiff in kürzester Zeit wieder »klar«. Im Schein der Batterie-Notbeleuchtung nimmt sie prompt die Funkmeldungen zweier weiterer Torpedoflugzeuge auf. Man erfaßt auch die Meldung des (schon erwähnten) zweiten angreifenden Flugzeugs »x9zy«, das den verschlüsselten Spruch absetzt: *»Habe um 02.40 Uhr 1 Kreuzer mit 1 Torpedo angegriffen. Kein Treffer!«* Es ist Loveitts »Kettenhund« — jene Maschine, aus der man die vernebelte *Lützow* nicht mehr richtig hatte sehen können.

Immerhin gelingt es bis zum Morgen, den Kreuzer von seiner schweren Schlagseite zu befreien. Das Schiff läuft inzwischen längst, mit nur einer Propellerwelle, nach Kiel zurück. Die Backbordwelle ist nicht nur durch den eindeutigen Getriebeschaden, sondern auch durch Wassereinbruch in den Schmierölsammeltank endgültig ausgefallen. Es kann also auch nicht mit den beiden hinteren Antriebsdieseln vom Motorenraum Backbord 1 gefahren werden, die unverändert auf ihrem Platz stehengeblieben sind. Der Funkspruch von Kapitän zur See Kreisch über die Torpedierung der *Lützow* hat das Marinegruppenkommando Nord »in gehörige Rotation« versetzt. Sofort werden überall die Bergungsschlepper alarmiert und vorsorglich dem Havaristen entgegengeschickt. Und mit Nachdruck wird verstärkte Luftsicherung durch Zerstörerflugzeuge des Typs Me 110 angefordert. Die Fernaufklärung fliegt massierten Einsatz, die U-Jagd in Skagerrak und Kattegat wird mit allen Fahrzeugen aktiviert.

Kapitän Kreisch ist umsichtig genug, jede Schlepperassistenz abzulehnen, weil das nur unnötige Fahrtverminderung bedeuten würde. Er rauscht »auf einem Bein« (nur mit der Steuerbord-Propellerwelle) in 16-Knoten-Fahrt unverzüglich nach Kiel.

Erst gegen 11.00 Uhr vormittags (!) gelingt es unter großen Schwierigkeiten, ein weiteres E-Werk wieder klarzumachen, dessen Kraftstoffleitung infolge der Treffer-Erschütterung gebrochen war. Zum Glück lag der empfindliche Teil der Generatorenanlage gerade noch über Wasser! Nun können auch das E-Werk selbst gelenzt und endlich die Lüfteranlage wieder angestellt werden. Aber die Männer der Unterdecks-Gefechtsstationen müssen in Anbetracht der durchaus noch labilen Schwimmlage des Schiffes auch weiterhin in ihren Räumen ausharren. Der Verschlußzustand darf auf keinen Fall unterbrochen werden. Wenn jemand austreten muß, hat er gefälligst »auf die Pütz« zu gehen (einen Eimer zu benutzen). Verpflegung läßt sich unter diesen Umständen ebenfalls nicht heranbringen. So bleibt jeder 36 Stunden in seiner jeweiligen stählernen Wabe eingesperrt.

Allmählich besteht Klarheit darüber, was der Torpedotreffer im einzelnen alles angerichtet hat. Er war ein Volltreffer wie im Bilderbuch, besser gesagt, wie man ihn sonst höchstens auf dem Schießstand erzielt. Schlingerkiel, Bordwand, Innen- und Außenwall-Längsschott sowie das Querschott 83 wurden durch ein scheunentorgroßes Loch zerfetzt. Auch das Panzerdeck, die Spanten in Treffernähe, ein Bodenventil und ein Seitenlenzrohr der Abt. VII wurden zerstört, das Zwischendeck hochgebogen und das stabile Torpedoschott hochgebeult. Außen- und Innenwall zwischen den Spanten 63—94, der Doppelboden zwischen Spt. 72—94 und sogar das Zwischendeck von Spant 55 bis 105 liefen schlagartig voll.

Die Flakleitstände sind durch Schockwirkung beschädigt, die Feuerleitwerke für die Flak ausgefallen. Die Scheinwerfer II, III und IV wurden aus demselben Grund im Schwenkwerk schwergängig. Die Haupt- und die Scheinwerferwerkstatt sind durch Öl- und Wassereinbruch ausgefallen. Die Kabelbeschädigungen am Trefferort haben außerdem die Speisung aller Scheinwerfer einschließlich der Scheinwerferrichtanlage und der Flak III zum Ausfall gebracht, eine Störung in der Flaktelefonanlage und einen Erdschluß in den Seezielfeuerleit- und Seezieltelefonanlagen verursacht. Durch den Ausfall zweier E-Werke bestehen Schwierigkeiten in der Stromversorgung der schweren Geschütztürme. Außerdem sind die M.A.-Munitionsaufzüge I und VII wegen Flutung der Munitionskammer ausgefallen. Wie durch ein Wunder ist es bei nur drei Leichtverwundeten geblieben. Aber der Traum vom Kreuzerkrieg bei Madagaskar und im Arabischen Meer ist recht unsanft zu Ende gegangen.

Es wird immer eine Preisfrage bleiben, wer dem wackeren Flight Sergeant Loveitt von der Squadron No. 42 vom Coastal Command der Royal Air Force mehr zu verdanken hat: Die Royal Navy sowie die britische Handelsflotte durch das rechtzeitige Ausschalten eines anrückenden deutschen »Raiders« — oder die Besatzung der *Lützow*, die von diesem bereits anachronistisch gewordenen Handelskriegseinsatz mit einiger Sicherheit nicht zurückgekehrt wäre?

Der Fall *Bismarck* hat bereits bewiesen, daß inzwischen auch die britischen Kreuzer Funkmeßgeräte an Bord haben. Ein unbemerkter Durchbruch durch die Dänemarkstraße wäre *Lützow* vermutlich ebensowenig gelungen wie *Bismarck* und *Prinz Eugen*.

Draußen im Atlantik hätte man erneut die gesamte »Home Fleet« und vielleicht sogar die Gibraltar-Force mitsamt den dazugehörigen Flugzeugträgern gegen das einsame deutsche Westentaschen-Schlachtschiff angesetzt. Es wäre wohl kaum in den Indischen Ozean durchgekommen, zumal seine an Geschwindigkeit überlegenen und damit gefährlichsten Häscher, die Schlachtkreuzer *Renown* und *Repulse*, mittlerweile noch durch die beiden neuen 35 000-ts-Schlachtschiffe *Prince of Wales* und *King George V.* ergänzt worden sind, die mit ihren 28,5 kn Geschwindigkeit die Chance zum Entkommen für die *Lützow* noch weiter geschmälert haben. Auch die Flugzeugträger-Neubauten (23 000 ts) *Formidable* und *Illustrious* sind soeben zur Armada der Royal Navy hinzugekommen.

Was aber niemand auf der nach Kiel zurückhumpelnden *Lützow* fassen kann: Warum nur greifen die Briten das so schwer angeschlagene Schiff jetzt nicht abermals an?

Der B-Dienst kann am 13. 6. noch dreimal Fühlungshalter-Meldungen britischer Aufklärer abhören und entziffern. Und dennoch geschieht nichts, auch nicht in der folgenden Nacht. Des Rätsels Lösung ist einfach: Die nächste Welle Torpedoflugzeuge des Coastal Command kommt wegen Bodennebels nicht mehr in die Luft.

Und nun alles wieder von vorn: Ein halbes Jahr Zwangsaufenthalt im »Eisenluftkurort« Kiel, Deutsche Werke, Dock VI.

Endlich wieder nordwärts

Anfang Januar 1942 gehen die restlichen Reparaturarbeiten und das Fern-Abstimmen der Artillerie an der Abstimm-Mole des Öl-hofes von Kiel-Wik über die Bühne. Der neue Kommandant, Kapitän zur See Rudolf Stange — er ist der sechste im Dasein dieses Schiffes — mustert seine Besatzung. Abermals wird das Schiff durch systematische Erprobungen und unermüdliche Gefechtsausbildung samt Artillerieschießen aller Kaliber, Funkmeß- und Funkmeßbeobachtungs-Übungen sowie Torpedoschießen wieder in Höchstform gebracht. Der neue Kommandant setzt erstmals bei Angriffsübungen von Kampfflugzeugen das eigene Bordflugzeug als Befehlsjäger ein. Er läßt deutsche Flugzeuge vor allem Dämmerungsangriffe fliegen und eigene U-Boote Nachtangriffe fahren. Auch wird dem Sperrfeuerschießen der 15-cm-Artillerie mit sogenannter Zonen-Munition (Schrapnells) viel Übungszeit gewidmet.

Kapitän Stange ist sich illusionslos im klaren darüber, daß die geplanten Einsätze des Kreuzers im Nordmeer riskant sein werden und eine optimal funktionierende Abwehr auch gegen tief-fliegende Torpedoflugzeuge voraussetzen. Stange führt das Aus-bildungsprogramm energisch durch, obwohl abermals ein sehr strenger Winter die Eisverhältnisse in der Ostsee problematisch macht und schließlich das Schiff neun Wochen lang im Hafen von Swinemünde festhält. Aber auch an der Pier geht die Gefechtsausbildung ununterbrochen weiter. Erst Anfang April 1942 kann das Schiff wieder in See gehen und dort seine Ausbil-dungsabschnitte vollenden. Am 10. Mai kann die *Lützow* unein-geschränkt »voll kriegsbereit« gemeldet werden. Zwei Tage spä-ter läuft der Kreuzer um 19.00 Uhr von Swinemünde in die Ostsee aus, obgleich der Operationsbefehl das Liegen im Hafen mit Drei-Stunden-Bereitschaft angeordnet hat. Kommandant Stange ignoriert den gegebenen Befehl, weil eine vorherige Alar-mierung der Besatzung die Geheimhaltung des Unternehmens (Verlegung ins Nordmeer) unnötig gefährden würde. Die »Lords« sind äußerst hellhörig, sie haben in solchen Dingen ei-nen untrüglichen Instinkt. Also erscheint es Stange richtig, den

Kontakt zum Land schon abzubrechen, solange darin noch niemand etwas Besonderes wittert. Alle, die ihre Herzdame auf diese Weise nicht wiedersehen, sind allerdings nicht davon begeistert, daß die *Lützow* zuerst bei Bornholm, dann vor Arkona vor Anker liegt. Wie herrlich hätte man diese Zeit noch in Swinemünde ausnützen können!

Diese Maßnahme genügt Kapitän Stange aber noch nicht. Er hat zur Irreführung des britischen Geheimdienstes das Schiff sogar offiziell für »Restarbeiten« bei der Kieler Werft angemeldet!

Am 14. 5. geht abends das Stichwort für die Ausführung des Operationsbefehls ein, und um 14.00 Uhr gibt der Kommandant der Besatzung den Befehl zur Kenntnis.

Am 15. 5. wird zunächst der Marsch nach Westen angetreten. Nördlich Hiddensee geht es im Geleit von Sperrbrecher 13 weiter. Die Sicherung übernimmt jetzt der Führer der Zerstörer (F.d.Z.) auf *Z 29*, zusammen mit Zerstörer *Richard Beitzen* und Flottenbegleiter *F 1*.

Nachts im Großen Belt plötzlich Flakfeuer achteraus, Fliegeralarm vom F.d.Z. An Land werden sofort die im Rahmen der Sonderbefeuerungsmaßnahmen (SB-Maßnahmen) für diesen Durchbruch angeforderten Leuchtfeuer gelöscht. Die 2-cm-Flak der *Lützow* schießt aus niedriger Höhe eine Maschine brennend ab. Sie muß mit Radar geflogen sein, denn das Fu.M.B. hatte in 340° einen Summerton auf 160 cm Wellenlänge gemeldet.

Bald nach diesem Intermezzo werden die Leuchtfeuer wieder angezündet. Um 8.45 Uhr sind im Kattegat die eigenen Jäger zur Stelle, deren Startmeldung sinnigerweise erst nach ihrer Ankunft eintrifft. Die Koordination und Kommunikation zwischen Luftwaffe und Kriegsmarine ist unverändert fragwürdig. Aber die anfliegenden Maschinen wurden beizeiten von der Funkmeßortung erfaßt. Die Zerstörer nehmen die U-Boot-Sicherung mit Zickzack-Kursen auf.

Knapp eine Dreiviertelstunde später fliegt der Jagdschutz ohne Ablösung wieder davon. Erst um 12.35 Uhr stoßen erneut eigene Jäger zum Verband. Auch diesmal trifft ihre Startmeldung erst nach der Ankunft ein. Es ist zum Davonlaufen!

Dafür aber funktioniert die Luftwaffe »der anderen Feldpostnummer« (der Gegnerseite) auch diesmal vorzüglich: Schon vormittags, als sich der Jagdschutz gerade »auf französisch« emp-

fohlen hatte, sichtet man im Westen, weit in der Kimm, ein tief-
fliegendes Flugzeug mit Nordkurs. Auf den deutschen Schiffen
braucht man nicht viel Phantasie, diesen »geheimnisvollen Vogel« richtig einzuordnen: Um 11.58 Uhr nimmt der B-Dienst an
Bord der *Lützow* die Meldung eben dieses britischen Flugzeugs
an die Funkstelle Donibristle auf: »1 Schlachtkreuzer, 5 Zerstörer
auf Position sowieso mit Kurs 350°.«

Der Fühlungshalter wäre also mal wieder da: Der Verband ist
geortet, die Messer werden irgendwo gewetzt.

Um 13.00 Uhr Fliegeralarm. Unbekanntes Flugzeug passiert an
Backbord. Entfernung 15 hm. Flugzeug wird unter Feuer genommen, erwidert kein Erkennungssignal (E.S.), gibt nur Blinkzei-
chen. Höchst verdächtig, denn so etwas kann schließlich jeder
tun.

14.50 Uhr: Funkspruch von Gruppe Nord: »›Unternehmen Walzertraum‹ kehrt — weiteres folgt.« Der Führerzerstörer gibt Signal
Rot, Abdrehen nach Backbord. Also tatsächlich Rückmarsch.

15.49 Uhr: Zerstörer *Richard Beitzen* hat U-Boot-Ortung, wirft
mehrere Wasserbomben. *Lützow* geht auf hohe Fahrt und nimmt
den Zerstörer achteraus.

16.00 Uhr: Nördlich Skagen geht der Funkbefehl von Gruppe
Nord ein, um 20.00 Uhr erneut auf Gegenkurs zu gehen und am
nächsten Morgen um 4.00 Uhr im Kvarenesfjord bei Kristiansand zu ankern. Zunächst sollte also der Gegner glauben, der
Marsch nach Norden sei tatsächlich abgebrochen worden.

16.12 Uhr: Zerstörer *Richard Beitzen* macht erneut Horchjagd
und wirft Wasserbomben.

16.15 Uhr: In 4000 m Höhe fremdes Flugzeug über dem Schiff.
Das ist bestimmt wieder »Kamerad Holzauge«, der Fühlungshalter.

Zehn Minuten später Fliegeralarm. *Lützow* fährt Ausweichmanöver und nimmt die gesichtete Maschine (vermutlich Bomber
vom Typ Bristol-Blenheim) heftig unter Feuer. Der Brite zieht
sich daraufhin in einen Bereich außerhalb der Flakreichweite zurück.

Aber allen Widrigkeiten zum Trotz macht *Lützow* am 17. 5. um
5.20 Uhr im Kvarenesfjord bei Kristiansand achtern am Felsen
und vorn ankernd fest. Die vom Marinegruppenkommando
Nord und vom Admiral Norwegen befohlenen Funkfeuer- und

Leuchtfeuer-Sondermaßnahmen haben die Navigation vorzüglich unterstützt.

Der Liegeplatz ist sehr günstig ausgewählt worden. Der nur schmale Fjord ist von See praktisch nicht einzusehen. *Lützow* richtet zusätzlich auf dem Felsen westlich des Fjords eine Flugmeldestelle ein.

Drei Stunden nach dem Festmachen wird von der 18. britischen Aufklärungsgruppe in Richtung Norwegenküste eine besonders lebhafte Aktivität entfaltet. Eindeutig ist jene Staffel wieder dabei, die gestern »Walzertraum« erfaßt und beschattet hat. Gegen Mittag meldet ein unbekanntes britisches Flugzeug an Donibristle »ein Panzerschiff und vier Zerstörer mit Kurs 45/«. Kapitän Stange geht schließlich ein Licht auf: Der Gegner hat den Schweren Kreuzer *Prinz Eugen* mit seiner Sicherung erfaßt!*

In der nächsten Nacht »hangelt« sich *Lützow* mit 4 Zerstörern nach Norden weiter. Gruppe Nord und Lister melden U-Boot- und Luftgefahr. Zwei He-115-Schwimmerflugzeuge übernehmen die enge Sicherung. Um 10.20 Uhr meldet ein britischer Aufklärer den Verband — man ist also schon wieder exakt geortet worden.

Kapitän Stange läßt um 10.58 Uhr kehrtmachen und schlüpft gegen 13.00 Uhr auf der Höhe von Bergen in den torpedonetzgeschützten Liegeplatz des Grimstadfjords. Eine Stunde später wird ein gegnerisches U-Boot in der Nähe geortet und von der Hafenschutzflottille Bergen gejagt. Beim wenig später folgenden Fliegeralarm wird ein Feindaufklärer gesichtet und beschossen. Auf der mitgeschalteten Jägerfrequenz geht die Meldung ein,

---

* *Prinz Eugen* verlegt zu der Zeit im Rahmen des »Unternehmens Zauberflöte« in die Heimat. Kurz nach dem Kanaldurchbruch (»Unternehmen Cerberus«, 11.–13. 2. 42) war dem Kreuzer auf dem Marsch nach Nordnorwegen am 23. 2. vor der Ansteuerung von Drontheim durch Torpedotreffer das Heck abgeknickt worden. Die Marinewerft Drontheim und das Werkstattschiff *Huascaran* haben in einer schiffbaulichen Meisterleistung durch Einziehen eines Querschottes und Aufbringen zweier Notruder das hecklose Schiff wieder fahrklar gemacht. Gesteuert wird mit Menschenkraft über Taljen und ein Gangspill! Und in diesem Zustand greifen am Abend des 17. 5. insgesamt 27 Torpedoflugzeuge und 19 Bomber, gesichert durch 8 Jagdflugzeuge, den Kreuzer südlich Lister an. Der *Prinz* bleibt unbeschädigt, schießt aber (zusammen mit seinen Sicherungszerstörern) 7, der Jagdführer Norwegen mit seinen Maschinen weitere 22 Flugzeuge und wahrscheinlich noch drei weitere ab. *Prinz Eugen* erreicht die Germania-Werft Kiel und bekommt dort ein schon vorher in Auftrag gegebenes neues Heck angesetzt.

daß neun »Indianer« (britische Kampfflugzeuge) weiter nördlich gesichtet worden sind. Sie sollten vermutlich die *Lucie-Willy* abfangen. Das Kehrtmachen scheint also richtig gewesen zu sein.

Welch elendes Versteckspiel ohne eigene Luft-, geschweige denn Seeherrschaft — Schwere Seestreitkräfte müssen eingesetzt werden wie Diebe in der Nacht!

Aber die »heiße Ecke« kommt erst noch: Bei Stadlandet muß *Lützow* mit ihren Zerstörern aus dem schützenden Schärenweg hinaus, den sie seit Stavanger benutzt.

Ab 17.00 Uhr geht der Vormarsch nach Norden mit 24 kn weiter. Torpedoboot *T 15* ist dazugestoßen und bildet ebenso wie die Zerstörer Flugabwehrsicherung. Vier eigene Jagdflugzeuge sichern zusätzlich aus der Luft.

Um 20.51 Uhr faßt der B-Dienst eine verstümmelte britische Flugzeugmeldung auf, daß »das Ziel« im Grimstadfjord nicht mehr aufgefunden wurde. Die Maschine wird fortan von ihrer Heimatstelle vergeblich gerufen; sie wurde vermutlich von deutschen Jägern abgeschossen. Aber immerhin wissen die »Tommies« nun, daß das Grimstad-Nest wieder leer ist.

Genau vor Stadlandet gibt es Fliegeralarm. Man hört voraus über den Wolken starkes Flugzeuggeräusch, eine Maschine wird auch kurz sichtbar. Aber bedeckter Himmel und Staubregen schirmt den Verband gegen die britischen Flugzeuge ab.

Viel dunkler, als es nun geworden ist, darf es freilich nicht mehr werden. Die Brandung und die Pricken (Flachwasserseezeichen) können gerade noch rechtzeitig ausgemacht werden. Man hält sich verständlicherweise so dicht wie möglich unter Land.

Erst am nächsten Morgen kurz vor 3.00 Uhr findet ein Aufklärer vom Typ »Hudson« den *LW*-Verband wieder. Die Maschine wird kurz von der Flak beschossen und dreht ab. Anschließend funkt sie eine exakte Fühlungshaltermeldung nach Donibristle. Aber nun hat der deutsche Verband wieder den schützenden Schärenweg erreicht. Ein Doppelrumpf-Flugboot von Typ Bv 138 fliegt enge Sicherung, vorübergehend sichern auch wieder eigene Jäger den Verband. Mit Luftangriffen, vor allem auch von Trägerflugzeugen, muß jetzt laufend gerechnet werden. Die britischen Fühlungshalter lösen einander ab und geben immer neue Meldung.

Am nächsten Morgen, während zunächst kein Jagdschutz zur

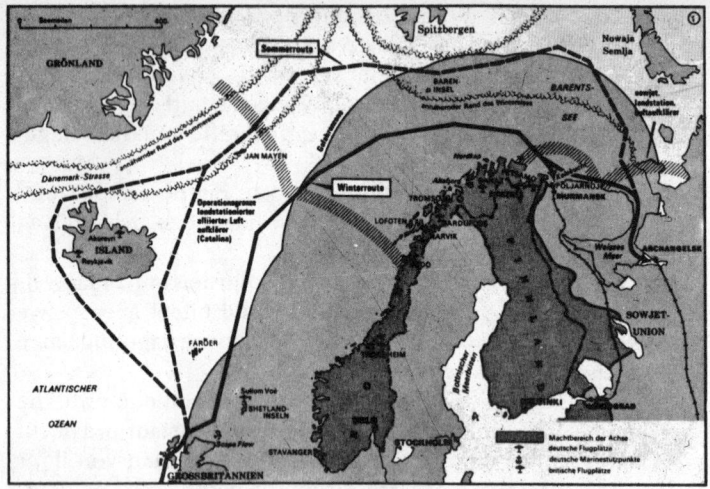

Der erste des im Rahmen eines britisch-amerikanischen Rußland-Hilfsprogrammes nach Murmansk bzw. Archangelsk geschickten PQ-Convoys ging am 28. 9. 1941 auf die Reise. Die Wahl der Buchstabenbezeichnung »PQ« hing mit einem Stabsoffizier in der Operationsabteilung der britischen Admiralität zusammen, dessen Initialen P.Q.R. waren.

Es bürgerte sich ein, daß die in der wärmeren Jahreszeit sämtlich von Halfjord/Island, im Winter hingegen vom schottischen Loch Ewe, nach Osten laufenden Convoys PQ-, die leer nach Westen zurücklaufenden Convoys hingegen QP-Nummern bekamen. Die Geleitzüge PQ 1 bis PQ 6 erreichten sämtlich ohne Verluste ihre Reiseziele. Bis Jahresende 1941 waren 53 Schiffe nach Nordrußland geleitet worden. Sie transportierten 750 Panzer, 800 Jagdflugzeuge, 1400 Fahrzeuge und mehr als 100 000 t Versorgungsgüter zu den hart bedrängten Sowjets. Noch schenkte die deutsche Führung diesen Transporten kaum Beachtung, denn sie war zunächst von einer schnellen Beendigung des Rußland-Feldzuges überzeugt. Erst nach dem Scheitern des Angriffs auf Moskau, als der Krieg gegen die UdSSR ein ganz neues und unerwartetes Gepräge erhielt, wurde eine planmäßige Bekämpfung des Geleitzugverkehrs eingeleitet.

Stelle ist, kommt das, was Kapitän Stange längst erwartet hat: Vom Fliegerführer Nord geht ein Funkspruch ein, daß vier britische Staffeln Angriffsbefehl für eine Position bekommen haben, die *LW* wenig später passieren wird!

Siebzehn Minuten vor dieser Meldung hat Stange zum Glück auf der Verbindungswelle Luftwaffe-Marine den Jägerführer

Nord per SSD-Funkspruch (SSD = Sehr, sehr dringend) um verstärkten Jagdschutz gebeten. Diese Maßnahme kommt rechtzeitig zum Tragen, denn bereits acht Minuten nach Eingang der Luftwaffen-B-Meldung kommen acht deutsche Jagd- und vier Zerstörerflugzeuge von achtern auf. So hat *LW* ausreichenden eigenen Jagdschutz, während »Kamerad Holzauge«, der Fühlungshalter, die erneute Sichtmeldung abgibt, die sofort an die vier anfliegenden britischen Staffeln wiederholt wird. An Bord der Schiffe wird nun Fliegeralarm gegeben, aber es geschieht wider Erwarten nichts. Dem Gegner ist der Braten wegen des starken Jagdschutzes verständlicherweise wohl zu heiß geworden! Um 6.13 Uhr macht *Lützow* im ostwärtigen Netzkasten des Lofjords bei Drontheim fest. Damit ist die Überführung *LW* planmäßig durchgeführt.

Im Lofjord gibt *Lützow* das beim Flakschießen im Kattegat beschädigte Bordflugzeug an Flugzeugbergungsschiff *Max Stinsky* ab. Eine intakte Ersatzmaschine ist bereits im Kvarenesfjord an Bord genommen worden, sie kam — auf Anforderung des Kommandanten — von Wilhelmshaven dorthin nachgeflogen.

Lohnende Beute

Aber der Lofjord ist nur vorübergehend das Norwegen-Domizil der *Lützow*. Drontheim ist vom eigentlichen Einsatzraum Barentssee, dem Verkehrsweg der Murmansk-Geleitzüge, viel zu weit entfernt. Als bisheriger Hauptstützpunkt der deutschen »Dickschiffe« in Norwegen verliert Drontheim angesichts der neuen Aufgabe, Murmansk-Geleitzüge abzufangen, zunehmend an Bedeutung. Am 24. 5. gegen 23.00 Uhr geht *Lucie-Willy* wieder ankerauf, um nach Narvik weiterzumarschieren — vier bis fünf Tage früher, als das ursprünglich vorgesehen war. Das dürfte mit B-Dienst-Erkenntnissen über einen nördlich Islands gesichteten PQ-Geleitzug zusammenhängen. Um so mehr steigt an Bord die Spannung.

Zunächst nur im Geleit von *Z 27*, ab Agdenes gemeinsam mit *Z 29*, *Richard Beitzen* und Troßschiff *Nordmark* (dem früheren treuen Kämpen *Westerwald!*) läuft *LW* auf dem Schärenweg nordwärts — bis zum Vegafjord durch eine Bv 138 und zwei »Arados«, später auch durch das eigene Bordflugzeug in »enger Sicherung« gegen eventuell eingedrungene U-Boote geschützt.

Das Wetter ist am 25. 5. heiter; die Sicht gefährlich gut. Bei Bodö wird das Geleit vorsorglich durch Torpedoboot *T 7* und fünf eigene S-Boote der 6. Schnellbootsflottille verstärkt, denn reichlich eine Stunde später tritt der Verband aus den schützenden Schären heraus, um in den offenen Westfjord (zwischen den Lofoten und dem Festland) einzulaufen. Aber es geht weiterhin alles gut, obwohl das Wetter für U-Boot- und Fliegerangriffe schlechthin ideal ist.

Um 23.45 Uhr liegt das Schiff im torpedosicheren Netzkasten der Bogenbucht bei Narvik fest — mit dem Vorschiff vor beiden Bugankern, mit dem Heck an der Boje und an Land, etwa eine Seemeile vom Schwesterschiff *Admiral Scheer* entfernt.

Gegen Lufttorpedoangriffe sind die Schiffe durch den Netzkäfig erkennbar gut geschützt, bei eventuellen Hochangriffen im Schutz der hohen Berge, von Norden her, vermutlich weniger. Zwar verstärken *Admiral Scheer*, die Zerstörer und zusätzlich der Flakkreuzer *Nymphe* die Luftabwehr der *Lützow* beträchtlich. Mit rechtzeitiger Jagdabwehr ist jedoch wegen allzu großer Entfernung zu den Fliegerhorsten Bodö (180 km) und Bardufoss (220 km) kaum zu rechnen. Es wäre nach Ansicht von Kapitän Stange ratsamer, auch auf den Bergen selbst Flak zu stationieren — was später tatsächlich durch eine Marine-Artillerie-Abteilung geschieht.

Gleich am nächsten Vormittag hat der britische Fühlungshalter die *Lützow* schon wieder beim Wickel. Er meldet deren Aufenthalt in der Bogenbucht an Donibristle. Man sichtet den Aufklärer in großer Höhe und der B-Dienst erfaßt und dechiffriert seine Meldung.

Am 30. 6. funkt der Admiral Nordmeer: Nach bisherigen Erfahrungen und vorliegender Großwetterlage ist mit Passieren PQ 17 bei Jan Mayen ab sofort zu rechnen.

Rund 24 Stunden später meldet ein deutsches U-Boot leichte feindliche Seestreitkräfte 80 sm ostwärts Jan Mayen, eine weitere U-Boots-Meldung den Konvoi PQ 17 etwa 100 sm ostwärts Jan Mayen. Gegen Abend meldet der Fliegerführer Nord: 1 Flugzeugträger, 3 Schlachtschiffe, 6 Kreuzer, 6 Zerstörer, 3 Wachboote Kurs 250° etwa 140 sm ostwärts Island. Aber die Fühlung mit diesem Feindverband geht verloren. Mit Schwerer Sicherung des Geleits muß jedenfalls gerechnet werden. Gegen Abend des 1. 7. sichtet ein U-Boot tatsächlich erneut sechs Schwere Kreuzer. Am 2. 7. meldet Fliegerführer Lofoten, daß PQ 17 am nächsten Abend die geografische Länge der Bäreninsel passieren wird.

Um 16.45 Uhr ist auf *Lützow* Flakalarm, die Fla-Kriegswache zieht auf. Und dann geht ein Raunen und Rufen, ein gegenseitiges Auf-die-Schulter-Schlagen, ein Gefühl der Erlösung durchs Schiff: Es geht endlich und ohne jeden Zweifel los!

Um 23.33 Uhr verläßt *Lützow* den Liegeplatz in der Bogenbucht und steuert bei diesigem Wetter und Regen zum befohlenen Sammelpunkt im Ofotfjord. Die *Lützow*-Fanfare ertönt in den Bordlautsprechern, der Beginn der musikalischen Dichtung: »Das ist Lützows wilde, verwegene Jagd!«, endend in Trommelwirbel.

Ringsum erkennt man trotz schlechter Sicht den ganzen B.d.K.-Verband, der sich jetzt mit Marschfahrt 20 kn in Kiellinie zum Marsch durch den Ofotfjord und schließlich durch den Tjeldsund nach Norden in Bewegung setzt: *Lützow* als Flaggschiff, dahinter *Admiral Scheer,* Troßschiff *Dithmarschen* und die Zerstörer *Z 28, Z 24, Z 27, Z 29* und *Z 30.*

An Bord ist man gehobener Stimmung.

Was macht es da, daß infolge eines durch große Temperaturunterschiede hervorgerufenen »Staues« die niedrige Wolkendecke eine miserable Sicht beschert, daß im Sandtorgstraumen teils dichter Nebel, teils etwas aufreißende, niedrige Wolkenfetzen, dann jedoch wieder neue Nebelschwaden die Sicht kaum ausreichen lassen: Man hat ja Echolot und Funkmeßgerät. Allerdings muß im Tjeldsund mit 3000 m Abstand aufgelöst marschiert werden. Um jede Kollisionsgefahr zu vermeiden, wird schiffsweise selbständig navigiert.

Inzwischen weiß man, daß der anzugreifende Konvoi PQ 17 aus 35 Handelsschiffen besteht und daß diese Versorgungstransporte der Westmächte in die UdSSR für Stalins weitere Kriegsanstrengungen lebenswichtiger denn je sind.[*]

Nachdem man deutscherseits auf die überragende Bedeutung der Murmansk-Hilfslieferung aufmerksam geworden ist, hat man eigens zu ihrer Bekämpfung Bomber- und Torpedoflugzeuge sowie 20 U-Boote ins Nordmeer verlegt, dazu Schlachtschiff *Tirpitz,* drei Schwere Kreuzer und ein ganzes Dutzend Zerstörer. Der Flottenchef, Admiral Schniewind, hat eine große Geleitzugschlacht vorbereitet — *»eine gemeinsame, schlagartige Operation aller in Norwegen liegenden Flottenstreitkräfte mit Unterstützung von U-Booten und der Luftwaffe in Nordnorwegen, um durch Vernichtung des . . . PQ 17 einen durchschlagenden Erfolg gegen den englisch-russischen Geleitverkehr zu erzielen.«*[**] Und dieser Monat Juli mit seiner durchgehenden Helligkeit erlaubt eine fortlaufende Aufklärung namentlich aus der Luft, auch können bei dem jetzt herrschenden ruhigen Wetter die Zerstörer unbehindert ihre volle Geschwindigkeit ausnutzen.

Ununterbrochen wird von allen Flugzeugschleuderschiffen und Fliegerhorsten der deutschen Luftwaffe im Nordraum »Fä-

---

[*] Die ersten 12 PQ-Geleite sind kaum behelligt worden, weil die deutschen U-Boote im Atlantik beschäftigt waren, die deutsche Luftwaffe jedoch in Rußland und Nordafrika vollauf zu tun hatte.
[**] Zitiert aus der Geheimen Kommandosache »Operation und Taktik«, Heft 13, Berlin 1944, der Kriegswissenschaftlichen Abteilung Oberkommando der Kriegsmarine.

cheraufklärung« und »Streifenaufklärung« südlich der Sommereisgrenze geflogen. Allein von den dreimotorigen Doppelrumpf-Flugbooten des Typs Bv 138 (»Fliegender Holzschuh«) werden alle 21 im Nordraum verfügbaren Maschinen als Suchflugzeuge und Fühlungshalter auf PQ 17 angesetzt.

Auf allen Kriegswachstationen der *Lützow* herrscht Hochgefühl. Man wird diesen Geleitzug mit den 28-cm-Geschützen schon gehörig »abzutrocknen« wissen, kaum anders, als es im November 1940 *Admiral Scheer* mit dem Geleit HX 84 getan hat.

Wie sagte doch vorhin der Kommandant: »*Lützow* allen voran!«

Die Kriegsfreiwache hat es nicht leicht, in der nun vorhandenen Begeisterung und Kampfbereitschaft überhaupt noch »ein Auge voll zu nehmen«. Übermüdung würde nachher jedoch gefährlich werden. Also sorgen die Kriegswachleiter dafür, daß jeder zur Zeit abkömmliche Mann auf seiner gezurrten Hängematte Vorrat schläft. Hier im Tjeldsund besteht ja noch keine besondere Gefahr, zumal bei dieser schlechten Sicht mit Fliegerangriffen nicht zu rechnen ist.

Um 2.42 Uhr fahren die bereits Eingeschlafenen und die im ersten Halbschlaf Liegenden mit einem Schlage hoch: Es gab soeben spürbar im Schiff einen Ruck und ein scheußliches Knirschen. Das nach Steuerbord verschobene Schiff macht keine Fahrt mehr — es sitzt fest. Man verfolgt die verzweifelten Maschinenmanöver, gleich darauf gibt es »Schotten-Dicht-Alarm«. Dann aber schrammt die *Lützow* mit der Backbordseite an irgendwelchen Felsen entlang und kommt von selbst wieder frei. Sie bekommt leichte Schlagseite (drei bis fünf Grad). Und schon gehen die Telefonmeldungen der Leckwehr und der Raumbesatzungen ein: »*Trimmzellen Abt. VIII—XIII sowie Treibölbunker im Doppelboden Abt. IX und X an Backbord beschädigt!*«

Jetzt tosen Flüche und Kraftausdrücke durch das Schiff, die der Chronist höflicherweise verschweigen möchte. Sie sind furchtbare Ausgeburten heller Wut und Verzweiflung. Sogar ein normalerweise abgeklärter, ruhiger Stabsoberstückmeister trommelt in ohnmächtigem Zorn gegen die Stahlwand und brüllt: »*Nein, verdammt nochmal, nein — das kann doch einfach nicht wahr sein!*«

Ein Obergefreiter knallt mit voller Wucht sein BÜ-Telefon an

Deck — und handelt sich dafür eine Disziplinarstrafe ein. Aber auch andere schmeißen den erstbesten Gegenstand, den sie gerade in der Hand halten, irgendwo in die Ecke.

Der Sturz aus der Hochstimmung in tiefste Niedergeschlagenheit ist allzu schlimm.

Die *Lützow* — das von allen im tiefen Herzen geliebte Schiff — bekommt Beschimpfungen zu hören, bei dem sich ihr eigentlich die Spanten krümmen müßten. »*Ekelhafter Rattenkasten!*« ist noch das Mildeste, was die verzweifelten »Lords« auf Lager haben.

Einer, der eben zornentbrannt eine Tasse auf dem Eisendeck zertrümmert hat, schreit es so heraus: »*Ehe dieser Saudampfer auch nur einmal ›Hier!‹ gerufen hat, erwischt es ihn schon wieder von neuem. Allmählich gibt es keine Art von Treffer, die dieser Sch . . . pott noch nicht abgekriegt hat. Und nun brummen wir auch noch auf Grund! Und das gerade jetzt!*« Es gibt viele alte *Deutschland*-Fahrer, die sogar Tränen in den Augen haben und heftig schlucken.

Was nun kommt, ist schlimmer als eine Arreststrafe — das Erniedrigendste, was dem Kommandanten und der Besatzung widerfahren kann: Vizeadmiral Kummetz steigt mitsamt seinem Stab um 4.00 Uhr auf *Admiral Scheer* über und entscheidet: »*Entlasssung ›Lützow‹ zurück in die Bogenbucht*«. Und um den Hohn noch vollständig zu machen, fragt Admiral Nordmeer über Funk auch noch an, ob Schlepperhilfe erforderlich sei . . .

Wie ein geprügelter Hund tritt *Lützow* mit den vier Motoren der beiden Motorenräume 1 den Rückmarsch durch den Tjeldsund zur Bogenbucht an, während Nebel gestiegen ist und nur noch einige niedrige Wolkenfetzen an den Bergen hängen.

Kaum hat das Schiff am 3. 7. um 9.04 Uhr in seinem alten »Netzkäfig 1« geankert, beginnen die Schiffstaucher von der Schiffszimmerei mit der Untersuchung der Außenhaut. Sie ergibt eine 30 cm breite und durchgehende tiefere Einbeulung mit gesprungenen Nieten und Rissen (Abt. X und XI) sowie kleinere Löcher etwa 1 m überm Kiel (Abt. XII und XIII). Es sind sieben Trimmzellen im Außenwall, im Doppelboden sechs Treibölbunker und ein Schmutzöltank leckgeschlagen und vollgelaufen, auch unter drei Motoren- und beiden Getrieberäumen. Zwar sind nur 291 cbm Wasser eingedrungen, das Schiff schwimmt auf einem Luftpolster weiter. Aber immerhin ist die Außenhaut auf 70—80 m Länge beschädigt, die »Festigkeitsfrage Schiffskörper« muß umgehend geklärt werden. Kapitän Stange fordert deshalb fernschriftlich die Entsendung von Marineoberbaurat Dr.-Ing. Wrobbel, Schiffbaudirektor der Kriegsmarinewerft Drontheim, als Sachverständigen an.

Zugleich befiehlt der Kommandant dreistündige Bereitschaft und verbietet jeden Landverkehr außer in geschlossenen Formationen unter Führung eines Offiziers. Es wird nur noch die Feldpost von Land geholt und keine mehr von Bord abgegeben. Die Besatzung wird erneut auf die Schweigepflicht bezüglich der Havarie sowie der laufenden Operation hingewiesen. Der britische Geheimdienst darf auf keinen Fall erfahren, was passiert ist! Es wäre sonst ein allzu billiger Sieg . . .

Gegen den Kommandanten, den Navigationsoffizier, den W.O. und den Obersteuermann der *Lützow* erhebt übrigens niemand einen Vorwurf.[*]

Nun also wieder das alte Spiel: Fliegeralarm, Flakalarm. Gefechtsbilder vor Anker — mal im Netzkasten, dann wieder im Skjomenfjord. Der *Lützow*-Besatzung erscheint das alles nur noch wie Hohn.

Am 5. 7. kommt der aus Drontheim angeforderte Schiffbaudirektor Dr.-Ing. Wrobbel an Bord und beurteilt die Schäden am Schiffskörper so: *»Zwar ist durch Vollaufen des Backbord-Bodens im Bereich der Abteilungen VIII—XI der Innenboden in diesem Bereich tragend geworden und hat daher die Sicherheit des Schiffes gegen Minen-, Bombendetonationen u. a. in Schiffsnähe gelitten, jedoch ist die Festigkeit des Schiffskörpers in seinen Verbänden nur unbedeutend beeinträchtigt worden.«*

Einen Tag später kommt der glücklose Vizeadmiral Kummetz von dem Einsatz zurück. Offensichtlich hat *Lützow* wohl doch nichts versäumt. Das »Unternehmen Rösselsprung« wurde vom Pech verfolgt und hinsichtlich der beteiligten Flotteneinheiten zum Fiasko.

---

[*] Der Zusammenhang, der zur Grundberührung bei Storboen am Ausgang des Sandtorgstraumen führte, ist eindeutig: In der Mitte der Sandtorgstraumen war kein Strom festgestellt worden, während bei Storboen der Strom zweifellos heftig nach Norden setzte — auf den Storboen-Grund zu. Im dichten Nebel wurde das Leuchtfeuer selbst erst zu spät erkannt, man konnte nicht mehr ausweichen. Mit Rücksicht auf Voraus gehörte Nebelschallsignale eines Schiffes war die Fahrt auf 7 kn verringert worden, so daß nun der anfangs unbemerkt quersetzende Strom sich besonders hart auswirken mußte. (Im Frieden würde natürlich kein Mensch bei 3—4 kn mitlaufendem Strom und einer Sicht von nur 150 m durch ein so gefährliches Fahrwasser gehen.)

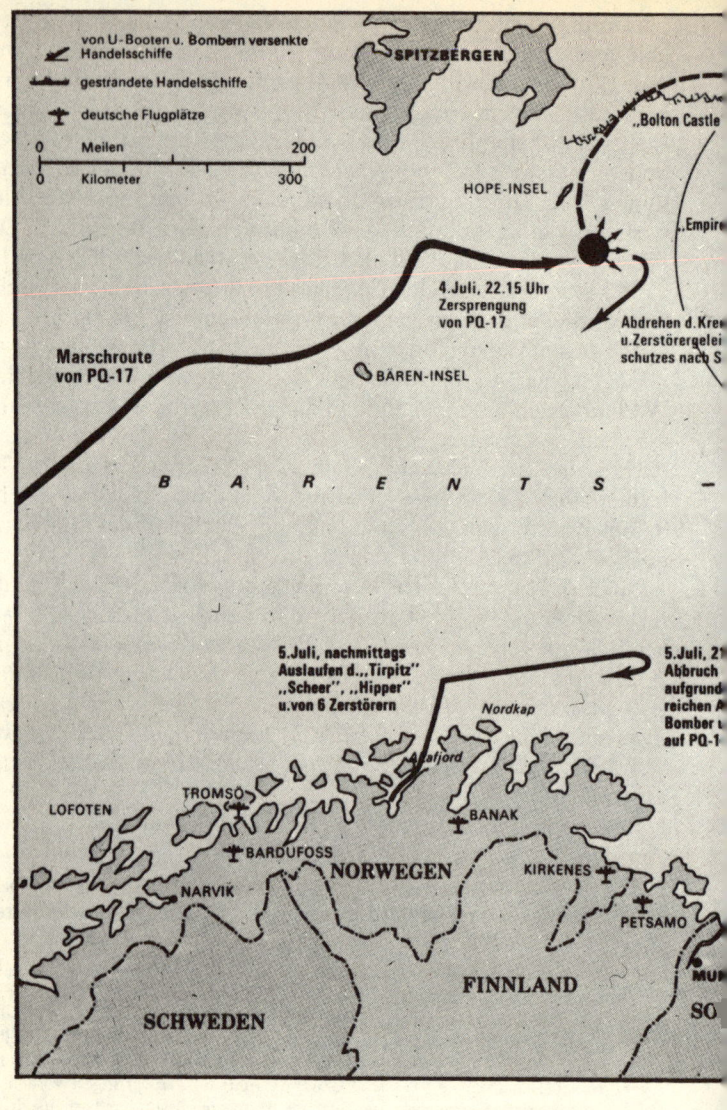

von U-Booten u. Bombern versenkte Handelsschiffe

gestrandete Handelsschiffe

deutsche Flugplätze

| 0 | Meilen | 200 |
| 0 | Kilometer | 300 |

SPITZBERGEN

„Bolton Castle"

HOPE-INSEL

„Empire

4. Juli, 22.15 Uhr
Zersprengung
von PQ-17

Marschroute
von PQ-17

BÄREN-INSEL

Abdrehen d. Kre
u. Zerstörergelei
schutzes nach S

B A R E N T S —

5. Juli, nachmittags
Auslaufen d. „Tirpitz"
„Scheer", „Hipper"
u. von 6 Zerstörern

Nordkap

Altafjord

5. Juli, 2
Abbruch
aufgrund
reichen A
Bomber u
auf PQ-1

LOFOTEN

TROMSÖ

BARDUFOSS

BANAK

NORWEGEN

KIRKENES

NARVIK

PETSAMO

FINNLAND

MU

SCHWEDEN

SO

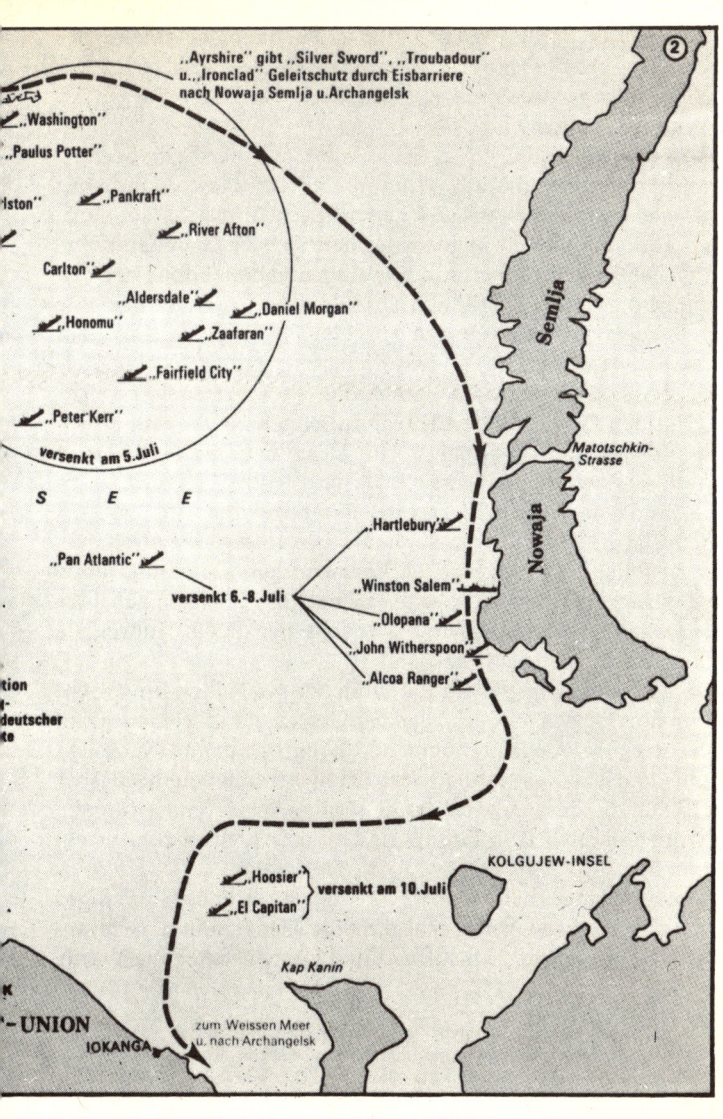

②

„Ayrshire" gibt „Silver Sword", „Troubadour"
u.„Ironclad" Geleitschutz durch Eisbarriere
nach Nowaja Semlja u.Archangelsk

„Washington"

„Paulus Potter"

„Iston"   „Pankraft"

„River Afton"

Carlton"

„Aldersdale"   „Daniel Morgan"

„Honomu"   „Zaafaran"

„Fairfield City"

„Peter Kerr"

versenkt am 5.Juli

S   E   E

Semlja

Matotschkin-
Strasse

Nowaja

„Pan Atlantic"   „Hartlebury"

versenkt 6.-8.Juli   „Winston Salem"

„Olopana"

„John Witherspoon"

„Alcoa Ranger"

„tion
-deutscher
te

KOLGUJEW-INSEL

„Hoosier"   versenkt am 10.Juli

„El Capitan"

Kap Kanin

K

-UNION   zum Weissen Meer
u. nach Archangelsk

IOKANGA

Hauptgrund dafür waren letztlich die unentschlossene Befehlsgebung Raeders aufgrund der übermäßig komplizierten Befehlsstruktur* und das krampfhafte Sich-Gebunden-Fühlen an Hitlers Forderungen**.

Dennoch wurde PQ 17, dessen Auflösung der Erste Seelord der britischen Admiralität, Admiral Sir Doudley Pound, mit Rücksicht auf den ihm bekannt gewordenen Anmarsch der deutschen Flotteneinheiten angeordnet hatte, zu einer äußerst verlustreichen Angelegenheit für die Briten und damit doch noch zu einem Erfolg für die Deutschen: Ihre Bomber, Torpedoflugzeuge und U-Boote dezimierten den aufgelösten Konvoi derart, daß von den 33 Frachtern nur elf den Zielhafen Archangelsk (an Stelle des kurz zuvor wirksam bombardierten Murmansk) erreichten. Mit den 22 versenkten Frachtern gingen 3350 Lastkraftwagen und Jeeps, 430 Panzer, 210 Flugzeuge sowie 99 316 t Munition, Panzerplatten, Ersatzteile und Militärproviant verloren — und eine Vielzahl bedauernswerter Seeleute.

Aber für die Besatzungen der deutschen Überwasserstreitkräfte war es niederschmetternd, so kurz vor dem Ziel von Gruppe Nord zurückgepfiffen zu werden, zumal gute Chancen auf ihrer Seite gestanden hatten. »Wie die begossenen Pudel« fuhren sie wieder zurück zu ihren Netzkästen.

Tatsächlich bewirkt allein die bindende Kraft ihrer Anwesenheit im norwegischen Raum, daß der Gegner ständig eine Anzahl Schlachtschiffe, Flugzeugträger und Kreuzer nur mit Rücksicht auf die deutsche Restflotte in Scapa Flow bereithalten muß. Aber das tröstet die Besatzungen der deutschen »Dockschiffe« wenig, sie wollen endlich zum Einsatz und zu einem sichtbaren Erfolg kommen!

Kapitän Stange hatte nach Klärung des Schadensumfanges nach der unseligen Grundberührung im Tjeldsund um nachträgliche Entsendung seines Schiffes zum Einsatz gebeten. Sie wurde

---

* B-Dienst-Erkenntnisse der Marinepeilhauptstelle Kirkenes gehen z. B. erst nach Kiel oder gar Berlin, von dort zum Admiral Nordmeer und erst von diesem (mit 4–6 Stunden Verzögerung) per Fernschreiben an den eigentlichen zuständigen Seebefehlshaber!

** »Die Flotte darf nicht in eine Seeschlacht mit überlegenen Seestreitkräften verwickelt werden, und es dürfen auch keine Flugzeugträger in der Nähe sein, ohne daß diese vorher von der Luftwaffe ausgeschaltet werden.«

ihm freilich aufgrund von technischen Bedenken verwehrt. Statt dessen wird *Lützow,* nach Treibölübernahme aus Troßschiff *Dithmarschen,* am 9. 7. unter Sicherung von zwei Zerstörern und zwei Torpedobooten zwecks Reparatur nach Süden in Marsch gesetzt. Infolge eines Treiböleinbruchs in den Schmierölkreislauf der Steuerbord-Motorenanlage muß *Lützow* zeitweilig allein mit der Backbordwelle marschieren. Aber nach Behebung des Schadens nimmt der Verband 20 und schließlich 24 Knoten Fahrt auf. Abends wird endlich enge Luftsicherung durch Me-109-Jäger geflogen, auch die Absicherung funktioniert gut. Am nächsten Morgen wird das Bordflugzeug zur engen Sicherung des Verbandes im freien Wasser gestartet.

Ein Funkspruch der Luftflotte 5 besagt, daß ein britisches Kampfflugzeug nördlich Drontheim vermutlich Minen gelegt hat. Für den Kommandanten ist das ein Hinweis darauf, daß der Gegner von der *LW*-Verlegung Kenntnis bekommen haben dürfte. Um die Minengefahr möglichst zu verringern, bricht Stange nun die Schärenfahrt ab und geht durch den Asenleden in die freie See. Die beiden Torpedoboote sichern an Steuerbord nach See hin. Beim Einlaufen in den Drontheimleden befiehlt Stange vorsorglich das Anlegen der Schwimmwesten. Um 16.30 Uhr wird das Schiff im Netzkäfig des Lofjordes festgemacht, in bereits vertrauter Umgebung.

Es folgt ein knapper Monat »Arrest« in diesem Lofjord-Netzkasten. Dabei das übliche Wechselspiel: Flakalarm. Fliegeralarm. Flakalarm. Immer sind es einzelne oder zumindest wenige Flugzeuge, die am Himmel erscheinen. Sie sehen wohl nur in den Netzkäfigen nach, ob die »Dickschiffe« vollzählig darin liegen. Ansonsten Dienst nach Plan. Gefechtsbild vor Anker. Und hinter den Kulissen harte Arbeit: Untersuchung des Schmieröles aus dem Brunnen des Hilfsmotors Steuerbord 2 ergibt wieder Flammpunktabfall. Der Brunnen wird gelenzt, der Regelöltank besser abgeflanscht. Als sich dennoch wieder das Treiböl darin ansammelt, wird ein Leck im Schwimmertank entdeckt und abgedichtet. Auch muß ein Kurbellagerschaden der E-Maschine 3/ vorn behoben werden. Und bei einem der Flakalarme wird das Bordflugzeug durch Schießen der L-Flak beschädigt. Auch das Fliegerbodenpersonal hat also mal wieder »eine feine Beschäftigung«.

Das Dreimeter-Entfernungsmeßgerät vom achteren Flakleit-stand hat einen starken Meß- und Höhenfehler. Es wird mit Hilfe des Steuerbord-Bootskranes ausgebaut. Es soll in den vorderen Flakleitstand umgesetzt werden, dessen bekannt ungünstige Aufstellung (geringer Bestreichungs- und geringer Höhenwin-kel) den Gerätefehler eher verkraften kann. Unbedingt notwen-dig ist es, den wichtigeren achteren Flakleitstand durch Einbau des völlig intakten vorderen Dreimeter-Entfernungsmeßgerätes voll einsatzbereit zu machen.

Aber das ist leichter gesagt als getan, denn es sind weder Schwimmkräne noch Hebeböcke im Raum Drontheim vorhan-den. Doch der »Smarting« (die »Seemännische Nummer 1«), Stabsoberbootsmann Weiß, ist auch diesmal um eine Lösung des Problems nicht verlegen: Mittels Trossen und Spill wird eine Drahtseilbahn vom Vormars zur Back gebaut, an diese wird eine Lasttalje angehängt und »ab geht die Post«. In 19 Stunden Ar-beitszeit ist das schwierige Umsetzen der Geräte geschafft. Die Schwere Flak ist damit wieder klar zum Regelschießen vom ach-teren Stand. Das Schiff muß nicht »außer K.B.« gemeldet wer-den. Das ist jetzt besonders wichtig, weil am 6. 8. 1942 der Ope-rationsbefehl der Flotte zur Verlegung der *Lucie-Willy* von Drontheim nach der Ostsee (unter dem Stichwort »Eiche«) einge-gangen ist. Wegen zeitweiligen Ausfalls von Flottenbegleiter *F 1* will das Flottenkommando die Verlegung noch verschieben. Aber Kapitän Stange erhebt Bedenken, weil diese Verzögerung die Geheimhaltung erschwert. Er fährt lieber mit verringerter Si-cherung als »mit einem gewarnten britischen Geheimdienst« (die Sonderbefeuerungsmaßnahmen beziehen ja alle norwegischen Leuchtturmwärter der Verlegungsstrecke in den Mitwisserkreis ein). Gruppe Nord beharrt aber auf Verschiebung. Daraufhin verfällt der gewitzte Kommandant auf den Trick, für den näch-sten Tag die Befeuerung der Schärenfahrwasser nordwärts von Agdenes zu bestellen und auf diese Weise eine Rückverlegung der *Lützow* nach Norden vorzutäuschen, die angesichts des ge-meldeten Geleitzugs PQ 18 auch glaubwürdig ist. Für den Weg südwärts aber verzichtet Stange auf Befeuerung!

Am Abend des 9. 8. verläßt der Kreuzer den Lofjord, nimmt bei Agdenes die drei Sicherungsfahrzeuge auf und wird von ei-nem Bv 138-Flugboot als »enge Sicherung«, von Jägern und

Zerstörerflugzeugen der Typen Me 109, Me 110 und Fw 190 als Luftsicherung geleitet. Vorübergehend sind bis zu 13 Maschinen am Verband.

Bei Bergen wird ein Gegnerflugzeug gesichtet. Es ist ein britischer Aufklärer, der jedoch von einem deutschen Jäger abgeschossen wird, bevor er eine Funkmeldung absetzen kann. Der B-Dienst kann aus allen weiteren britischen Flugzeugfunkmeldungen keine Kenntnis der *LW*-Verlegung herauslesen.

Am 11. 8. passiert der Kreuzer mit seinen angehängten T-Booten bei Ostsüdost 5—6 in einer pechschwarzen, regnerischen Nacht Kap Lindesnes und Kristiansand, wobei das gegen Land gerichtete Funkmeßgerät die Navigation wirksam unterstützt. Ohne Zwischenfälle wird die Kattegatsperre erreicht. Die beiden noch vorhandenen T-Boote werden zur Brennstoffergänzung nach Aarhus entlassen. *Lützow* marschiert im Geleit von *Sperrbrecher 172* durch den Sund in die Ostsee.

Am 20. August 1942 Einlaufen in Kiel. Treiböl- und Munitionsabgabe. Fliegeralarme. Im Schwimmdock müssen 240 qm Außenhaut mit Spantenwerk ausgewechselt werden. Das sind die Folgen der Grundberührung im Tjeldsund von Nordnorwegen!

Bei der erzwungenen Werftliegezeit wird die Maschinenüberholung fortgesetzt. Das Schiff bekommt dabei Strom und Heizdampf von Land. Und wieder wird der entbehrliche Teil der Besatzung aus Luftschutzgründen außerhalb der Stadt in einem Lager zu einer »Ausbildungseinheit« zusammengefaßt.

Das Seegefecht bei der Bäreninsel

Nach der Reparaturzeit läuft das Schiff am 9. 11. 1942 im Geleit zweier Zerstörer wieder nach Osten aus. Ungeachtet der zeitweilig entstandenen sowjetischen U-Boot-Gefahr in der Ostsee geht die Gefechtsausbildung aller Waffen in altgewohnter Härte weiter. In der Danziger Bucht fliegt das eigene Bordflugzeug mit zwei wurfbereiten Wasserbomben enge Sicherung, während *Lützow* Fahrübungen mit eingelegten Störungen an den Kommandoelementen, Flakschießen aller Kaliber — auch mit Leuchtgranaten — und Schulung der Kriegswachseeposten, Abkommschießen und schließlich Kaliberschießen der Seezielartillerie betreibt. Nach der Gefechtsbesichtigung folgen Verbandsübungen mit zwei Kreuzern, zwei Zerstörern und vier Torpedobooten. Sie gehen teilweise bei Nebel und Schnee vor sich. Ein Vorgeschmack . . . Am 8. 12. wird die Besatzung hellhörig. Es besteht 30-Minuten-Bereitschaft und Urlaubssperre, auch liegen Schlepper klar. Den letzten Zweifel beseitigt der sinnigerweise mit deutlich sichtbarer Filmkamera einsteigende PK-Berichter. Wer bis jetzt noch nicht aus der Mondphase auf eine bevorstehende neue Unternehmung geschlossen hat, weiß es nun endgültig. Sobald er kann, löst Kapitän Stange jede Landverbindung und verholt das Schiff zunächst auf Gotenhafen-Reede.

Ein vom Marinenachrichtendienst eingehendes Fernschreiben besagt, daß im Zuge der Rückverlegung der *Lützow* nach Nordnorwegen (»Unternehmen Prometheus«) »Fall Anton« befohlen wird: Marsch durch den Sund bei Nacht. Am nächsten Nachmittag gegen 17.00 Uhr, also schon nach Dunkelwerden, hat das Schiff bei Punkt Grün 06 zu stehen, am Südausgang des Sundes. Im Geleit dreier Zerstörer marschiert *Lützow* von Gotenhafen aus wieder nach Norwegen.

Die Verlegung wurde organisatorisch besonders gut vorbereitet. Der gesamte Marschweg in Kattegat und Skagerrak ist vorher systematisch durch U-Jagd-Boote abgestreift und abschnittsweise durch Sperrbrecher überlaufen worden. Am 10. 12. steht der Verband nördlich von Skagen, schließlich vor Kristiansand und Kap Lindesnes.

Trotz schlechter werdender Sicht (unter 1 sm) bei starkem Seegang entschließt sich Kapitän Stange abends, die Vormarschge-
schwindigkeit zu erhöhen, denn er hat an Backbord eigene Minenfelder, an Steuerbord die Klippen und möchte verständlicherweise die Abdrift verringern. Dabei läuft *LW* zeitweilig den
Zerstörern weg. Durch Funkmeßortung findet Stange sie
schließlich wieder. Aber die Weiterfahrt auf dem Außenweg vor
Norwegens Küste ist eine Qual. Die Zerstörer stellen mehr Belastung als Sicherung dar, weil ständig die Fühlung mit ihnen in
der dunklen, unsichtigen und stürmischen Nacht abreißt. Und
nur *Z 31* und *Riedel* haben noch ausreichende Ölreserven zur
Fahrt bis nach Narvik, der mit leeren Bunkern instabil gewordene
Karl Galster muß nach Drontheim entlassen werden.

Dreimal meldet der Horchraum des Kreuzers Geräuschpei-
lung. *Lützow* dreht jedesmal mit hartem Ausweichmanöver auf.
Einmal wird Steuerbord achteraus die hohe Wassersäule einer
Detonation gesichtet, die Ursache ist nicht zu erkennen. Trotz
des Sturmes (Südsüdwest 8—9 und Seegang 7—8) sind laut B-
Dienst sechs Flugzeuge der wohlbekannten 18. britischen Aufklärungsgruppe in der Luft. Harte Burschen! Man muß also immer mit ihnen rechnen.

Am frühen Morgen des 12. 12. tritt starkes Nordlicht auf, das
zunächst für Leuchtgranatenschießen gehalten wird. Der Verband stiebt bei wahrer Festillumination mit 24 kn Fahrt dahin,
aber die Zerstörer können schon wieder nicht mithalten, obwohl
die Seen zeitweilig von achtern kommen.

Das Westfjord-Hauptansteuerungsfeuer Skomvaer brennt
nicht, der Admiral Nordmeer will durch Sonderbefeuerung »keine schlafenden Hunde wecken« (die im Fjord befindlichen Geg-
ner-U-Boote). Das Wetter ist so schlecht geworden (Wind Nordost 8, Böen bis 9, Schneetreiben, Sicht 800 m, Vereisungsgefahr),
daß das Bordflugzeug nicht zur engen Sicherung starten kann.
Da mit stärkerem Schneetreiben die Sicht sogar auf 300 m ab-
sinkt, werden trotz Einpeilungsgefahr das Funkmeßgerät sowie
das S-Gerät zur Unterstützung der Navigation herangezogen. An
Ankern ist in dieser Region nicht zu denken, also tastet sich *Lützow* allein mit Hilfe des Lotes und der »Radarortung« sowie nur
einer Standlinie des Funkfeuers Skraaven auf der 200-Meter-Li-
nie in den anfangs 70 sm breiten Westfjord und wiederum mit

Hilfe von Lot und Funkmeßgerät sogar in den Ofotfjord hinein. Dem Navigationsoffizier und dem *Lützow*-Obersteuermann Fischer gebührt Hochachtung, weil sie nach 36 Stunden Sturmfahrt ohne jede Sicht und ohne Leuchtfeuer in dieser »Klamottengegend« genau das richtige »Loch« gefunden haben.

Im Netzkäfig 1 der Bogenbucht geht das Fernschreiben des Marinegruppenkommandos Nord ein: »*Ausspreche Anerkennung für glatte Durchführung ›Prometheus‹ mit zwei Zerstörern, die Schnelligkeitsrekord bei wenig Ölverbrauch bedeutet.*«

Aber *Lützow* wird diesmal in der Bogenbucht nicht alt. Schon am 17. 12. beginnt die »Unternehmung Rudelsburg«: Der Kreuzer verlegt im Geleit von *Z 31* und *Theodor Riedel* über den »Flottenweg« (Tjeldsund—Topsund—Andfjord—Hajafjord) zum Altafjord unweit des Nordkaps. Im Kaafjord, dem innersten »Blinddarm« des Altafjords, wird die *Lützow* vor beiden Ankern »vermoort«, um ihren Drehkreis beim Schwojen zu verkleinern und festeren Halt zu gewähren. Aber das Schiff liegt ohne Netzschutz da — kein gutes Gefühl! Ein zweiter und dritter Netzkasten sind erst im Bau.

Vor Alta liegen auch der Schwere Kreuzer *Admiral Hipper*, die Leichten Kreuzer *Nürnberg* und *Köln* sowie 3—7 Zerstörer. *Lützow* ist anstelle der *Admiral Scheer* nach Nordnorwegen gekommen, die im November zur Werftliegezeit nach Deutschland zurückgekehrt ist. Somit ist *LW* augenblicklich das stärkstbewaffnete deutsche Kriegsschiff im Nordmeer, denn *Tirpitz* liegt seit Oktober zur Überholung in der KM-Werft Drontheim.

Nur der Kommandant, der I. Offizier und der Navigationsoffizier sowie das Personal der Geheimschreibstube kennen bislang den Operationsbefehl für das »Unternehmen Aurora«: Die Seekriegsleitung will die *Lützow* für maximal 4—6 Wochen zum Kreuzerkrieg ins Nordmeer entsenden! Die zeitliche Ausdehnung wird so aufgefaßt, daß eine komplette Treibstoff-Füllung für diese Zeit zur Verfügung steht, daß die Operation jedoch jederzeit verkürzt werden kann, wenn der Gegner durch Erfolge des Schiffes auf seine Anwesenheit aufmerksam geworden ist. *Lützow* soll zwischen 78° und 70° Nord operieren und den deutschen Eismeer-Unterseebooten das Gebiet westlich des 20. Ost-Längengrades überlassen, so daß halbwegs klare Verhältnisse geschaffen werden. *Lucie-Willy* soll zunächst in östlicher Richtung operieren und dann die Eisgrenze nach Westen abfahren. Im übrigen wird dem Kommandanten, soweit es die Lage erlaubt, weitgehend Bewegungsfreiheit in seinem Op.-Gebiet gelassen. Von einer unmittelbaren taktischen Zusammenarbeit des Kreuzers mit U-Booten wird zur Vermeidung auffälligen Funkverkehrs abgesehen. Dagegen ist eine Zusammenführung beider durch Admiral Nordmeer jederzeit möglich.

Es dürfte eine sehr einsame Operation werden, die mit vielen Unwägbarkeiten behaftet ist. Praktisch herrschen im Einsatzraum jeden Tag 22—23 Stunden Polarnacht, die Sonne bleibt unter der Kimm. Ständige Vereisungsgefahr macht die Waffenverwendung von Begleitzerstörern illusorisch, so daß *LW* allein zu diesem Einsatz auslaufen muß. Auch eine Unterstützung des Unternehmens durch die Luftwaffe ist wegen der Wetterlage und wegen Abzugs der meisten Fliegereinheiten an die Afrikafront nicht zu erwarten. Baldiges Anlaufen der Operation ist erwünscht, da ab Mitte Februar mit schnellem Vorrücken des Eises nach Süden zu rechnen ist.

Zwar werden *Admiral Hipper* und mindestens drei Zerstörer im Altafjord in Dreistundenbereitschaft liegen und so eine Auffangstellung bilden oder zu Hilfe eilen, wenn *Lützow* draußen in der Barentssee etwas passieren sollte. Aber ansonsten gilt für Stange, der einen solchen Einsatz selbst gewollt hat, die Devise: *»Hilf dir selbst, so hilft dir Gott.«*

Die Gruppe Nord »begrüßt« die operative Weisung der Skl. für den Kreuzerkriegseinsatz, hebt aber hervor, daß die Erfolgsaussichten nicht sehr hoch veranschlagt werden, da *»hiesigen Erachtens* (im fernen Kiel!) *der Schiffsverkehr zwischen Island und Archangelsk bzw. Murmansk in beiden Richtungen auf ein Minimum gesunken ist«.* Es scheinen also nur Einzelfahrer unterwegs zu sein — und besonders diese erhofft sich Stange als Jagdbeute.

Sowohl der Kommandant als auch seine Vorgesetzten sehen zwar im Vorhandensein gegnerischer U-Boote auf der Murmansk-Route und in der Anwesenheit zweier britischer Kreuzer im Bereich der Kola-Halbinsel Gefahren. Man glaubt, diesen Einsatz dennoch verantworten zu können, weil man sich immer noch Sichtschutz durch lange Polarnacht ausrechnet. Die Tatsache, daß an Bord britischer Kriegsschiffe Radar festgestellt wurde, ist aber wohl doch nicht genügend berücksichtigt.

Außerdem: Alle Theorien über die Einstellung der Murmansk-Geleitzüge sind falsch!

Zwar waren sie, nach neuerlichen Erfolgen deutscher U-Boote und Torpedoflugzeuge auch gegen PQ 18, vorübergehend tatsächlich eingestellt worden. Aber die bevorstehende Entscheidungsschlacht um Stalingrad und weitere Offensiv-Vorbereitungen der Sowjets machen die westliche Rußlandhilfe im Rahmen des Pacht- und Leihabkommens derart vordringlich, daß die britische Admiralität sich jetzt, nach Einbruch der winterlichen Dunkelheit, bei den vorhandenen wetterbedingten Einschränkungen der deutschen Luftaufklärung und den lagebedingten Einschränkungen des Luftwaffeneinsatzes doch wieder zur Aufnahme der Murmansk-Konvois entschlossen hat.

Am 15. 12. 1942 wird die erste, aus 16 Schiffen bestehende Gruppe eines aus Sicherheitsgründen in zwei Hälften geteilten britischen Konvois (neue Bezeichnung »JW 51 A«) von Loch Ewe/Schottland aus auf den Weg geschickt, der zehn Tage später Murmansk erreicht, ohne von der deutschen Luft- und Funkaufklärung (!) erfaßt worden zu sein. Wegen der relativ schwachen Zerstörersicherung sind zwei moderne Leichte Kreuzer zum Kolafjord vorausgeschickt worden. Außerdem wurde eine Fernsicherungsgruppe der »Home Fleet« mit je einem neuen Schlachtschiff und Schweren Kreuzer sowie drei Zerstörer zwischen Island und Norwegen bereitgehalten.

Am 22. Dezember folgt der zweite Teil des Konvois (JW 51 B) mit 14 Frachtern und einer Sicherung durch 6 Zerstörer, 2 Korvetten, 2 Trawler und 1 Minensucher. Ein schwerer Sturm überrollt den Geleitzug in der Nacht vom 27. zum 28. Dezember. Fünf von den schwerbeladenen Frachtern und 1 Trawler verlieren die Verbindung zum Konvoi, einer der Zerstörer muß wegen Kompaßversagens ausscheiden.

Nach Abflauen des Sturmes wird der Hauptteil des Geleitzuges am 30. 12. erstmals von einem deutschen Seefernaufklärer und vom Unterseeboot *U 354* erfaßt. Da die Sicherung offensichtlich nur schwach ist, hält Großadmiral Raeder die Gelegenheit für günstig, nun endlich auch mit der Flotte greifbare Erfolge zu erzielen. Er gibt dem B.d.K. den Befehl, mit *Admiral Hipper*, *Lützow* und 6 Zerstörern diesen Konvoiteil anzugreifen. Die operative Führung soll der neue Admiral Nordmeer, Konteradmiral

Klüber, das taktische Kommando hingegen der B.d.K. übernehmen. Der Operationsbefehl fordert die Vernichtung des Konvois, jedoch die Vermeidung des Gefechts mit überlegenen Kräften — diese Weisung ist freilich seit dem Kreuzerkriegseinsatz
der *Deutschland* im Jahre 1939 nichts Neues, sondern ständig wie-
derkehrende Formulierung. Vizeadmiral Kummetz wird auch
darauf hingewiesen, daß die deutsche Aufklärung das Auslaufen
der beiden vorher im Kolafjord registrierten britischen Kreuzer
gemeldet hat. Es sind übrigens die Kreuzer *Sheffield* und *Jamaica*
unter Admiral Burnett, die den ersten Teil des Gesamtkonvois
bereits nach Murmansk gebracht haben und nun auch den zweiten aufnehmen.

Am 30. 12., an einem Tag mit vier Grad Kälte und zeitweiligem
Schneefall, geht um 13.20 Uhr das Funktelegramm des Admirals
Nordmeer ein, wonach *Hipper, Lützow* und sechs Zerstörer sofort
seeklar machen sollen. Bald danach werden vom B.d.K. die Ope-
rationsbefehle von Gruppe Nord und Admiral Nordmeer für das
bevorstehende »Unternehmen Regenbogen« übersandt. Und
nach einer Kommandantensitzung auf *Hipper* verläßt der Verband gegen 18.00 Uhr in der wieder gut sichtig gewordenen Polarnacht die Netzsperre vor dem Kaafjord und tritt draußen im
Nordmeer mit Kurs 80° den Vormarsch an, gelegentlich von weiteren kurzen Schneeböen überschüttet.

Die Stimmung an Bord ist ausgezeichnet. Noch zehren die
LW-Fahrer ohnehin von der hervorragend durchgeführten
Durchbruchsfahrt nach Nordnorwegen.

Funksprüche des Admirals Nordmeer unterrichten alle deutschen U-Boote vom Inseesein des deutschen Verbandes. Ab Mittag des nächsten Tages dürfen nur noch einwandfrei als feindlich
erkannte Kriegsschiffe angegriffen werden.

Silvestertag 1942.

Wind Nordost 4, hohe Dünung, Seegang 7. Temperatur sechs
Grad unter Null. Starke Sichtverschlechterung durch Nebel und
Schneetreiben. Generalkurs jetzt 120°. Um 3.12 Uhr entschlüsselt das großenteils seekrank gewordene, durch Anhäufung von
Funksprüchen überlastete Funkpersonal der *Lützow* den Befehl
des B.d.K., daß die 5. Zerstörerflottille in bestimmter Richtung
einen Aufklärungsstreifen bilden soll. Die beiden Kreuzer sollen
sich jeweils zehn Seemeilen dahinterhalten. *Lützow* weist *Theodor*

Riedel, Z 30 und *Z 31* entsprechend ein. Ab 6.00 Uhr morgens soll bei Sichtweiten unter 6 sm alle 10 Minuten das Funkmeßgerät für zwei Minuten benutzt werden. Und der Admiral Nordmeer funkt, daß *Lützow* nach Ablauf »Regenbogen«, wie ursprünglich geplant, zum Kreuzerkrieg ins Nordmeer entlassen werden soll, wenn *Lützow* dann noch den halben Bestand an Artillerie- und Torpedomunition hat. »Ein schöner Tee!«, denkt der Kommandant, denn er hat keine Gelegenheit mehr für die ursprünglich für diesen Tag angesetzt gewesene Operationsbesprechung mit seinem Befehlshaber, auch fehlen alle Feindunterlagen zum »Unternehmen Aurora«!

Um 8.00 Uhr steht der Verband 110 sm nördlich des Tanafjords. Immer noch gibt es zeitweise Schneeschauer, die Temperatur beträgt sechs Grad unter Null. Um 8.50 Uhr wird nach alter Marinetradition mit Trommeln und Horn »Klarschiff zum Gefecht« geschlagen. Der Gegner ist durch ein U-Boot etwa 80 sm entfernt im Norden gesichtet worden. *Lützow* geht auf Kurs 45° und »sammelt« auf den feindlichen Geleitzug. Büchsenlicht ist in dieser Region nur von 10.00 bis etwa 11.50 Uhr zu erwarten, und das auch nur dann, wenn der Himmel unbedeckt sein sollte. Der Kreuzer hat also keine Zeit mehr zu verlieren, er läuft nach Herausnehmen der Füllungsbegrenzung mit allen acht Motoren 26 kn.

Vizeadmiral Kummetz hat den taktisch richtigen Plan, mit der noch schnelleren *Admiral Hipper* bei Hellwerden von Norden anzugreifen und dadurch den Geleitzug nach Süden abzudrängen, der von unten heranschließenden *Lützow* entgegen. Er will die Sicherungsfahrzeuge auf sich ziehen und *LW* das »Abtakeln des Geleitzugs überlassen«. Kummetz entwickelt eine Zangenbewegung, bei der es kein Entrinnen für den Konvoi geben dürfte.

Um 8.54 Uhr meldet der bei der *Hipper*-Gruppe stehende Zerstörer *Friedrich Eckoldt* 10 Fahrzeuge mit Kurs 90°, Sicherungsfahrzeuge im Norden, Westen und Süden. *Eckoldt* bleibt als Fühlungshalter »dran«.

Um 9.22 Uhr geht »*Kriegswache Achtung!*« durch die BÜ-Telefone der *Lützow*. Der Fernausguck im Toppstand meldet 1 Dez (10 Grad) an Backbord einen Schatten, wenig später Mündungsfeuer unter der Kimm. Die britische Sicherung hat das Feuer auf die Zerstörer der *Hipper*-Gruppe eröffnet. Um 9.30 Uhr meldet *Z 31*, der nördlich von *LW* steht, den Konvoi. Doch Kapitän Stange will sich offenbar nur auf eigene Sichtung verlassen. Um 9.51 Uhr meldet der B.d.K., daß nun auch *Admiral Hipper* im Gefecht mit dem Geleitzug steht, dessen Fahrt auf 10 kn geschätzt wird. Um 9.48 Uhr gellen auf *Lützow* die Alarmglocken: Backbord voraus mehrere Schatten auf Rauchwolken in Sicht. Aber noch sind die Beobachtungsverhältnisse zu schlecht, weil anhaltende Schneebören die *Lützow*-Gruppe überschütten. Das zum Sucheinsatz — mit Schwerpunkt voraus — rundherum geschwenkte — Funkmeßbeobachtungsgerät meldet 10.07 Uhr die erste Anstrahlung von vorn und ab 10.14 Uhr mit dem 1. Gerät auf Impulsfrequenz 3000 und Lautstärke 4 von Backbord voraus die Erfassung der *Lützow* durch Gegnerradar. Um 10.42 Uhr meldet das 2. Fu.M.B.-Gerät auf Impulsfrequenz 500, aus gleicher Richtung mit Lautstärke 5 ebenfalls Radarortung, die an der *Lützow* festhält. Eine Minute später wird das eigene Funkmeßgerät des Kreuzers wieder eingeschaltet. Sein Empfang ist nur im Oszillographen möglich. Aber da ist es bald offenkundig: In Richtung 308° und Entfernungen zwischen 10600 m und 14100 m geben fünf verschiedene Ziele große und mittlere Zeichen. Wenig später zeichnen sich auch in den Richtungen 298° und 273° je zwei »Ziele« ab — Radarechos also. Kein Zweifel: Das ist der Geleitzug!

Aber der sofortige Angriff unterbleibt, denn im Augenblick des ersten Funkmeßkontaktes, um 10.42 Uhr kommt Backbord voraus trotz neuer Schneeböe, bei nur sehr knappem Büchsenlicht und ganz bedecktem Himmel, eine unbekannte Einheit in Sicht. Entfernung? Der Kommandant zögert und läßt um 2 Dez nach Steuerbord abdrehen. Backbord achteraus flammt kurz danach Mündungsfeuer auf. Klarheit, ob es sich um Freund oder Feind handelt, ist bei dieser Sicht nicht zu erlangen. Aber die Funkmeßechos sind eindeutig: *LW* hat jetzt die Kurslinie des Konvois durchkreuzt. Der Kommandant gibt über Funk entsprechende Sichtungsmeldung und versucht nun, außerhalb der Schneeböe mit geringer Fahrt neben dem Geleitzug herzulaufen, um sofort bei Sichtbesserung zum Angriff überzugehen.*

Um 11.16 Uhr sichtet man Backbord achteraus einen Schatten,

---

* Wir wissen heute, daß ein schneller Vorstoß wahrscheinlich Erfolg gehabt hätte.

feuernd. Der E.S.-Austausch ergibt, daß es sich offensichtlich um *Admiral Hipper* handelt.

Der Kreuzer zog die Sicherung also tatsächlich auf sich. Backbord achteraus sind jetzt weitere Schatten zu sehen, bei denen es sich eindeutig um gegnerische handelt. Man sieht ihr heftiges Mündungsfeuer, aber die Aufschläge liegen nicht bei *Lützow*. Es müssen im Gefecht mit *Hipper* befindliche Briten sein.

Die Sicht ist penetrant schlecht. Kapitän Stange sieht keine Möglichkeit mehr, von Osten an den Geleitzug heranzukommen und dreht deshalb nach Westen, um den Konvoi mehr von Norden her unter Feuer zu nehmen. *Theodor Riedel, Z 30* und *Z 31* folgen, obwohl es taktisch richtiger wäre, sie würden vorausfahrend einen Aufklärungsstreifen bilden.

Um 11.35 Uhr bemerkt man in Qualm und Schnee Schatten an Backbord, die als feindliche Zerstörer angesehen werden. Zugleich hat das Funkmeßgerät Kontakt mit zwei Dampfern in rund 300°. Zum Schießen ist die Entfernung jedoch noch zu groß.

Um 11.38 Uhr kommt im Süden der Geleitzug vorübergehend in Sicht. Einzelne Fahrzeuge sind auch in den stärksten Ziel- und E-Meßoptiken nur selten auszumachen. Die britischen Sicherungsfahrzeuge geben den Frachtern durch Schwarzqualmen Sichtschutz. Um 11. 42 Uhr eröffnet *Lützow* mit der Schweren Artillerie das Feuer auf den Geleitzug. Anfangsgefechtsentfernung 160 hm. Um 11.50 Uhr eröffnet auch die Mittelartillerie das Feuer, das jedoch mangels Beobachtungsmöglichkeit nach der ersten Salve zunächst wieder eingestellt werden muß. Im Funkmeßgerät sind nur sehr kleine Zeichen zu erkennen, außerdem fällt das Gerät durch Hauptschalterausrasten infolge Salvenerschütterung im unpassendsten Moment vorübergehend aus. Die S.A. schießt jedoch weiter. Eine Trefferbeobachtung ist wegen der schlechten Sicht nicht möglich. Zwei gegnerische Zerstörer oder Korvetten erwidern das Feuer, es liegt jedoch zu kurz. Vom Toppstand aus sind aus dem künstlich über den Geleitzug gelegten Qualm zeitweilig sechs Dampfer auf Gegenkurs zu erkennen.

Kreuzer *Admiral Hipper* meldet, daß er weiterhin mit Sicherungsstreitkräften im Gefecht steht.

Auf *Lützow* wird nach sechs Minuten Salvenschießen der S.A. »Batterie halt!« befohlen, weil beim besten Willen keine Beobachtungsmöglichkeit mehr besteht. Zu allem Überfluß fällt auch noch zeitweilig das Überstromrelais des erneut eingeschalteten Fu.M.G. aus. Die Schiffs- und Gefechtsführung aus dem Kommandostand sowie die Leitung der Artillerie aus dem vorderen Stand sind durch Vereisung der Navigationssehrohre und Zielgeber sehr erschwert, teilweise sogar unmöglich.

Plötzlich kommt an Steuerbord in größerer Entfernung ein Fahrzeug in Sicht, das in schwerem Feuer liegt. Nach einem Volltreffer zeigt sich starke Brandwirkung. Längere Zeit ist eine masthohe Feuersäule zu beobachten. Zur Zeit ist es noch nicht klar, ob Freund oder Feind.

Um 12.00 Uhr fällt die frühe Dämmerung wieder herein, die Sicht ist zudem durch Schneeschauer erschwert. Aber *Lützow* geht wieder auf 26 kn. S.A. und M.A. eröffnen abermals das Feuer auf zwei Fahrzeuge des Geleitzuges. Eins davon ist ein nebelnder Zerstörer. Das Feuer wird aus dem Geleitzug heraus erwidert, jedoch nicht von den beiden beschossenen Zielen. Die Aufschläge liegen wiederum zu kurz. Wenig später wird das von der M.A. beschossene Ziel als Dampfer angesprochen. Zwei Treffer werden einwandfrei beobachtet.*

Währenddessen (12.03 Uhr) geht ein Funktelegramm (1149/22) vom Befehlshaber der Kreuzer ein. Der mit der Entschlüsselung beschäftigte Offizier wagt nicht, seinen Augen zu trauen; aber beim nochmaligen Überprüfen läßt sich kein Fehler erkennen. Der Spruch lautet tatsächlich: »*Gefecht abbrechen und nach Westen ablaufen!*« Was soll dieser Unsinn — *Lützow* steht doch seit eben mitten im Geleitzug und feuert »aus allen Knopflöchern«?

---

* Dazu bemerkt Vice-Admiral Brian B. Schofield (RN, Ret.) in seinem Buch »The Arctic Convoys« (deutsch: »Geleitzugschlachten in der Hölle des Nordmeeres«, Koehlers Verlagsgesellschaft, Herford, 1980) unter der Überschrift »Die verpaßte Gelegenheit der *Lützow*«: »*Kapitän zur See Stange fand, daß nun um 11.27 Uhr der Augenblick gekommen war, um heranzuschließen und anzugreifen, deshalb drehte er nach Steuerbord auf einen nordwestlichen Kurs. So konnte er mit der ›Hipper‹ in Fühlung bleiben, mit der er wenige Minuten vorher das Erkennungssignal ausgetauscht hatte. Um 11.42 Uhr konnten im Südwesten einige Schiffe des Geleitzuges ausgemacht werden, und er eröffnete bei einer Entfernung von etwa 167 hm das Feuer auf diese. Doch nur ein Schiff, die ›Calibre‹, wurde getroffen, da die meisten Salven kurz lagen. Der Commodore führte unverzüglich eine gleichzeitige Sofortwendung von 45° nach Steuerbord durch, und Commander Kinloch auf der ›Obedient‹, etwa 4 sm achteraus vom Geleitzug, ließ seine Zerstörer nach Osten schwenken und begann, einen Nebelschleier zwischen die Frachtschiffe und den Feind zu legen. Dieser wurde nach wenigen Minuten wirksam und nötigte die ›Lützow‹, das Feuer einzustellen.*«

Im Kommandostand wird Kapitän Stange, wie das in solchen Fällen für ihn typisch ist, aschfahl. Ihm fehlt jedes Verständnis für diesen Befehl — und auch alle anderen im Schiff begreifen ihn nicht.

Aber aus der Sicht des B.d.K. sieht die Sache anders aus, erscheint der Befehl richtig!

Um 12.05 Uhr läßt der I.A.O. mit einem Stoßseufzer das Feuer der S.A. einstellen. Aber schon eine Minuten später tauchen 3 Dez an Steuerbord Schatten auf, die als Zerstörer angesprochen werden. Sind es etwa eigene?

Lützow geht 2 Dez nach Backbord auf 270°, schließlich auf 290°. Die Zerstörer halten genau mit. Sie werden deshalb Momente lang als eigene angesprochen, aber nun machen Zweifel den E.S.-Anruf nötig. Der vordere Zerstörer antwortet mit demselben Buchstaben — also falsch. Die Artillerie (S.A. und M.A.) erhält sofort neuen Feuerbefehl. Aber noch bevor die erste Salve heraus ist, schießt auch der Gegner. Gleich die erste Salve liegt deckend bei *LW*, auch alle weiteren liegen verdammt gut am Ziel! Mit dem Fu.M.G. werden kleine Zeichen aufgefaßt, Entfernung zunächst 16700 m, dann 15400 m gemessen. Auf diese Entfernung 154 hm schießt nun *Lützow* mit Kopfzündergranaten.

Die Gegner drehen zu Beginn des Gefechtes hart heran, nach wenigen Salven der *Lützow* aber wieder auf etwa gleichen Kurs. Fünf Minuten später dreht der Kreuzer um 5 Dez auf 250°, da schnelle Annäherung gemeldet wird und der Gegner sich immer besser einschießt.

Es ist offensichtlich, daß die Briten nach Radarmessung feuern. Die Aufschläge liegen weiterhin unmittelbar am Schiff. Es muß jetzt ein Zerstörerangriff befürchtet werden, die Beleuchtung erlaubt aber ein rechtzeitiges Erkennen der Blasenbahn nicht mehr.

Aber inzwischen ist auch die S.A. der *Lützow* gefährlich gut eingeschossen. Dem Gegner bleibt nichts anderes übrig, als aus diesem Feuerorkan abzudrehen. Er kommt bei der Dunkelheit schnell außer Sicht. Das Fu.M.G. meldet, daß die Entfernung rasch von nur 12100 m auf 16300 m zunimmt. Bevor die Gegneraufschläge hart neben der *Lützow* endlich aufhören, glaubt der L-Flak-Leiter vom Flakeinsatzstand aus den einen der Gegner

Rechts: Die Zusammenarbeit im Rahmen der vom Internationalen Nichteinmischungsausschuß in London festgelegten Kontrolltätigkeit der französischen, britischen, italienischen und deutschen Seestreitkräfte führte zu häufigen Kontakten des B.d.P. mit der Royal Navy. Hier besucht der britische Flottenchef Admiral Backhouse das Panzerschiff *Deutschland*. Das Foto zeigt ihn (vierter von links) in kameradschaftlichem Gespräch mit Kapitän zur See Fanger und Konteradmiral v. Fischel (B.d.P.)

Oben: Bei den internationalen Verbandsübungen fährt die *Deutschland* (Vordergrund) als »Taktische Nr. 2«. Als drittes Schiff folgt der italienische Zerstörer *Malocello* in ihrem Kielwasser. Und so weiter. Sogar der amerikanische Kreuzer *Quincy* übt zeitweilig mit.

Rechts: Heute kaum noch vorstellbar, es sei denn im Rahmen der NATO: Gemeinsame Verbandsübungen britischer, deutscher und italienischer Kriegsschiffe im Mittelmeer (Mai 1937). Der deutsche Befehlshaber der Panzerschiffe unterstellt sich dabei dem ranghöheren britischen Vizeadmiral Cunningham auf Kreuzer *Aurora* (Bild).

Oben: Durch unkontrollierbare Gewalttaten der Anarchisten spitzt sich die Lage in Katalonien im Mai 1937 derart zu, daß sich auf der Reede von Barcelona die Kriegsschiffe von fünf Nationen (Großbritannien, USA, Frankreich, Deutschland, Italien) zum Eingreifen nach einem gemeinsamen vorsorglichen Operationsplan im Falle eines Blutbades unter den letzten Ausländern bereithalten. Das Kommando dieser »Armada« hat als dienstältester Seeoffizier der französische Vizeadmiral Gensoul übernommen. Links im Bild Panzerschiff *Deutschland,* daneben der amerikanische Schwere Kreuzer *Quincy,* der italienische Schwere Kreuzer *Zara* und der französische Leichte Kreuzer *Jean de Vienne.*

Links unten: Nach dem Bombenangriff am 29. Mai 1937, auf der Reede von Ibiza, werden von der Backbordseite des Aufbaudecks aus Löschangriffe gegen den unter Deck wütenden Großbrand eingeleitet. Inzwischen klappt das Signalpersonal die schwenkbaren Brückennokken zurück und birgt deren Segeltuchverkleidung, damit Turm »Anton« (linker Bildrand) schußklar gemacht werden kann.

Mitte unten: Die bei Spant 116 eingeschlagene 50-Kilo-Bombe hat unter Deck grauenhafte Verwüstungen angerichtet.

Rechts: Der Gefechts-
mast wirkt wie ein
Schornstein, weil seine
Unterdecktür zur Brand-
stelle aufgesprungen ist.
Hinter dem Wellenbre-
cher der Back werden zur
Zeit zwei Schwerver-
wundete versorgt.

Rechts unten: Splitter
zersiebten das Flugzeug,
dessen ausgelaufenes
Benzin auch das Aufbau-
deck mit Feuer überzieht.
Dabei geht die 15-cm-
Bereitschaftsmunition
hoch.

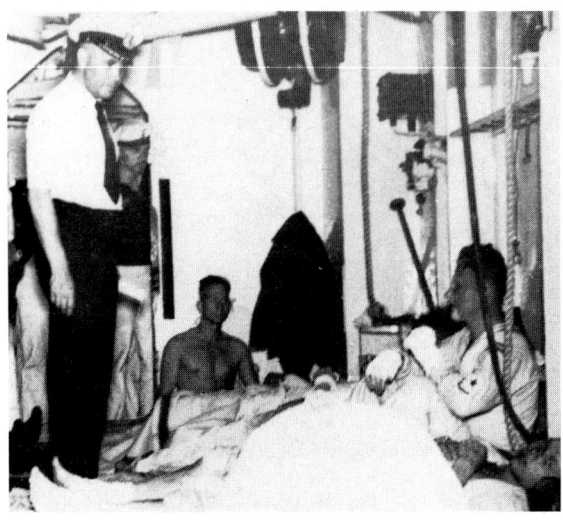

Oben: Marineoberstabsarzt Dr. Sauerland spricht in der achteren Verwunde-
tensammelstelle beruhigend auf erstversorgte Opfer des Bombenüberfalles
ein.

Unten: Das steuerbordvordere 15-cm-Geschütz ist durch »hochgehende«
Munition des brennenden Bordflugzeugs beschädigt.

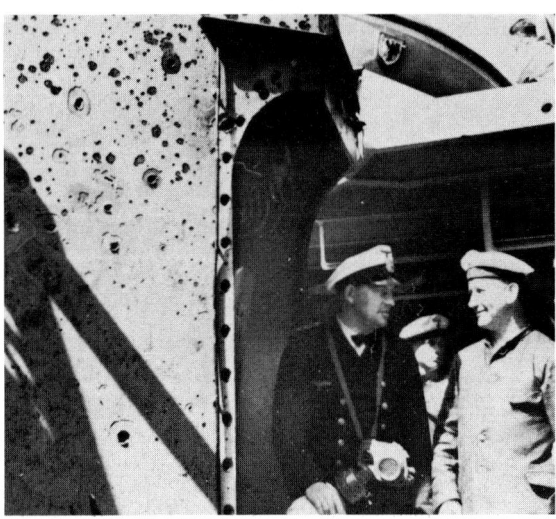

Oben: Das kleine Einschlagloch des Bombentreffers bei Spant 116 läßt das Ausmaß der unter Deck angerichteten Verwüstungen kaum erkennen. Bei näherer Betrachtung erkennt man jedoch, wie der Detonationsdruck der Bombe das Deck von unten her aufgewölbt hat. (Hinter der im Vordergrund stehenden 2-cm-Flak eine der Anfang 1937 eingebauten Artillerie-Druckschotten – mit geöffneter Durchgangstür, die nur beim Feuern des vorderen Drillings-turms geschlossen wird.)

Unten: Der bis zur Unkenntlichkeit verbrannte He-60-Doppeldecker wird bis auf die Schwim-mer demontiert.

Oben: Die große Trauerparade der Royal Navy zur Beisetzung der *Deutschland*-Gefallenen auf Gibraltar. Nach Beisetzung der Toten schießen Abordnungen zweier britischer Kreuzer Ehrensalven über dem Gemeinschaftsgrab ihrer deutschen Kameraden.

Links unten: Anbordnahme des nachträglich in Gibraltar verstorbenen Obermatrosen Wille, mit dem bei Gefallenen üblichen Zeremoniell, das der Ehrenbezeigung vor einem an Bord kommenden Admiral entspricht.

Mitte unten: In der Nacht 11./12. Juni 1937 werden die auf Gibraltar heimlich wieder exhumierten Ibiza-Gefallenen zur Überführung nach Deutschland an Bord gebracht und durch ein Fackelspalier zur Aufbahrung getragen.

Rechts unten: Nach dem Festmachen der *Deutschland* mit den Ibiza-Gefallenen an der Gazelle-Brücke von Wilhelmshaven. Sie sind auf dem »Hindenburgplatz« (unter den Geschützrohren von Turm »Bruno«) aufgebahrt. Noch sprechen der Kommandant und der Flottenchef Abschiedsworte. Gleich werden jeweils acht Mann jeden der 31 Särge über die extrabreiten Gangways zu den bereitstehenden Militärlastwagen hinuntertragen.

Oben: Kapitän zur See Paul Fanger, Herbst 1935 bis Herbst 1937 Kommandant, führte die *Deutschland* bei vier Spanien-Einsätzen und vor Ibiza.

Unten: Auslaufen aus Gibraltar zur Weiterreise nach Tanger. Die britische Kronkolonie, deren Leuchtturm Europa Point man am rechten Bildrand erkennt, ist bei allen fünf Spanien-Einsätzen und nach Beendigung von »Fall Grün« für das Panzerschiff eine Art Zwischenheimat geworden. Die während des Spanischen Bürgerkrieges als Fliegersichtzeichen vorgeschriebenen schwarz-weiß-roten Banderolen um beide Drillingstürme sind auf drei Bildern dieser Doppelseite auf dem Stirnpanzer-Turm »Anton« bzw. »Bruno« deutlich zu sehen.

Rechts oben: Auslaufen des Panzerschiffes aus Swinemünde zu routinemäßigen Artillerie- und Torpedoschießen zwischen den Spanien-Einsätzen. (Neben dem Achterschiff sieht man einen Mann beim Einschwenken des im Hafen ausgebrachten Schraubenschutzes).

Unten: In die Zeit der Spanien-Einsätze fällt auch diese Aufnahme von der schwer schlingern- den *Deutschland* in der Atlantik-Dünung.

Links oben: Dieses leider unscharfe Foto ist die einzige auffindbare Abbildung von der sog. Friedenssteuerstelle im vorderen Teil der Kommandobrücke. Die Gefechtssteuerstelle im gepanzerten Kommandostand der Brücke ist mit derselben elektrischen Ruderwippe (Kontaktsteuerung) und fast gleichen Instrumenten ausgestattet. Vor dem Rudergänger erkennt man die als Steuerkompaß dienende Kreiseltochter und den Reserve-(Magnet-)Kompaß (große Konsole und zwei Weicheisenkugeln zur Verringerung der Kompaßablenkung). Links daneben die beiden Maschinenkommandogeber für jede Propellerwelle, die auf der *Deutschland* die Maschinentelegrafen alter Art ersetzen.

Mitte oben: Beim »Fall Grün« (Spannungszeit wegen der bevorstehenden militärischen Maßnahmen Deutschlands gegen die Tschechoslowakei) im Herbst 1938 bezieht Panzerschiff *Deutschland* bereits eine atlantische Warteposition für etwaigen Kreuzerkrieg. Das Schiff ist gefechtsbereit. Dieses Foto verdeutlicht seine starke Breitseiten-Feuerkraft: Sechs 28-cm-Rohre (drei im Rücken des Fotografen), vier 15-cm- und vier 8,8-cm-Rohre sind nach Backbord gerichtet.

Rechts oben: Panzerschiff *Deutschland* gibt in den Krisentagen 15-cm-Munition an sein Troßschiff *Samland* ab, das im Mobilmachungsfalle ggf. selbständig als Hilfskreuzer eingesetzt werden soll.

Links unten: Nach Beilegung der »Sudetenkrise« durch das Münchner Abkommen entspannt sich die Lage: Jäger und Gejagte sind in Gibraltar wieder, wie zuvor, in herzlicher Freundschaft zusammen. Die »Lords« der *Deutschland* lassen sich mit Mützen von *Hood*-Besatzungsmitgliedern fotografieren – und umgekehrt die Briten mit *Deutschland*-Mützen.

Rechts unten: Im Herbst 1938 hält die Welt den Atem an: Wird es wegen der Tschechoslowakei zum Krieg kommen? Bedrückt sehen britische Zivilisten zu, wie der britische Schlachtkreuzer *Hood* (mit 46 200 ts Maximalverdrängung derzeit größtes Kriegsschiff der Welt) Portsmouth verläßt. Nur Eingeweihte kennen seinen Geheimbefehl: Jagd auf die *Deutschland*, die ab sofort zu beschatten ist. Mit 8 38-cm-Geschützen und normalerweise 31 kn Höchstfahrt ist der Riese ein gefährlicher Gegner für das deutsche »Westentaschen-Schlachtschiff«.

Links: Bei Kriegsausbruch 1939 steht die *Deutschland* unter Kapitän zur See Paul Wenneker (Bild) südlich Grönland schon auf geheimer Warteposition. Am 27. 9. 1939 wird für sie und *Admiral Graf Spee* der Kreuzerkrieg freigegeben.

Mitte: Auf der Höhe der Bermudas wird am 5. 10. 1939 der britische Frachter *Stonegate* angehalten und nach Übernahme seiner Besatzung durch die S-Flak und Mittelartillerie versenkt.

Oben: Problematische Versenkung des mit Bannware für Großbritannien beladenen norwegischen Frachters *Lorentz W. Hansen* am 13. 10. Auch ein abgefeuerter Torpedo der *Deutschland* (das Foto zeigt seinen Treffer) kann nicht verhindern, daß das Wrack weiterhin auf der Holzladung schwimmt. Zuletzt muß sogar die Schwere Artillerie eingreifen!

Rechts: Am 9. 10. 1939 wird auf Höhe der Neufundlandbänke der mit 4000 t Bannware beladene US-Frachter *City of Flint* gestellt und von 21 Mann Prisenkommando der *Deutschland* nach Europa in Marsch gesetzt. Die Reise wird zu einer ungewöhnlichen Odyssee. Sie endet für das Prisenkommando in der Festung Akershus/Oslo.

Links: Schwerer Nordmeer-Orkan begleitet den erfolgreichen Blockadedurchbruch des Panzerschiffes durch die Dänemarkstraße ins Nordmeer südlich Jan Mayen. Durch die Bergen-Shetlands-Enge gelangt die *Deutschland* von dort Mitte November glücklich in Skagerrak und Ostsee.

Rechts: Britische und arabische Seeleute kommen im Rettungsboot ihres aufgebrachten Frachters längsseits. Sie werden als Gefangene an Bord genommen.

Oben: Mit 400 Gebirgsjägern und 50 Luftwaffen-Soldaten an Bord führt Kapitän zur See Thiele (*Bild rechts*) die *Lützow* am 8. 4. 1940 zur Einnahme von Oslo nordwärts.

Links unten: Vom Kreuzer *Emden* aus fotografiert: *Lützow* als Taktische Nr. 2 der »Kriegs-schiffgruppe 5« (Oslo) bei U-Boot-Alarm im Kattegat. Abends verfehlt das britische U-Boot *Trident* die *Lützow* mit 10 Torpedos!

Oben: Nach dem Untergang des Schweren Kreuzers *Blücher* (Bild) bei Dröbak übernimmt *LW* die Oslo-Gruppe als Führerschiff.

Unten: In der Nacht vom 10. zum 11. April 1940 schießt unweit Kap Skagen das britische U-Boot *Spearfish* einen Torpedo-Viererfächer auf die nach Kiel zurückmarschierende *Lützow,* die mit abgeknicktem Heck bewegungsunfähig liegen bleibt. Eine dramatische, drei Tage lange Bergungsaktion zum Einbringen des schwerbeschädigten Schiffes folgt.

Oben links: Frühere Fischdampfer der 17. Unterseebootsjagdflottille und der 19. Minensuchflottille haben am 11. 4. 1940 nach Hellwerden die U-Boot-Sicherung und das Abschleppen der bewegungsunfähig bei Kap Skagen treibenden *Lützow* übernommen. (Das mittlere Geschützrohr von Turm »Anton« liegt seit dem Artillerietreffer bei Dröbak lahm an Deck.)

Unten: Im Trockendock zeigt sich das Ausmaß der Verwüstung: das abgeknickte Achterschiff ist wie von einem Büchsenöffner aufgeschlitzt, das Unterwasserschiff im Bereich der Geräte- und der Fleischlast völlig verwrungen und wellenförmig eingebeult. Aus diesem Trümmerknäuel werden 15 Todesopfer geborgen. Im Vordergrund die Steuerbordpropellerwelle, die Stb.-Schraube ging verloren.

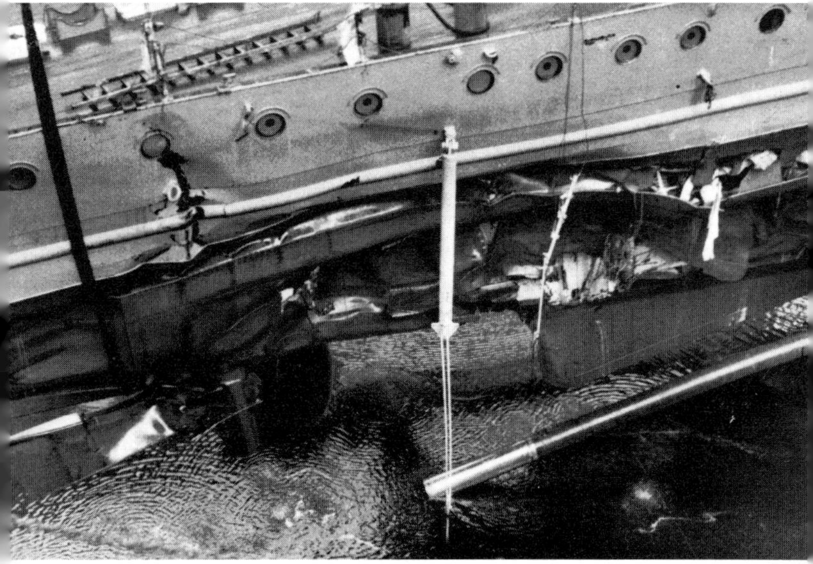

Oben: Mit Sperrbrechern als Torpedofänger neben sich und längsseits gekommenem Pumpendampfer legt der Kreuzer die letzte Etappe der Schleppfahrt nach Kiel zurück.

Unten: Und dieses Geheimfoto zeigt das abgeknickte Achterschiff im ganzen: Vor dem Eindocken hatte man zur Gewichtsentlastung die beiden Vierlings-Torpedorohrsätze mit Kränen abgehoben. Der klaffende Riß zwischen der Schanz und dem übrigen Rumpf war zuletzt 500 mm breit!

Oben: Mit diesem neuartigen Tarnanstrich zur »Verkürzung« und Silhouettenzerstörung beginnt die *Lützow*
am 12. 6. 1941 (und damit 16 Tage nach dem Untergang der *Bismarck!*) das »Unternehmen Sommerreise«.

Mitte: Freitag, der Dreizehnte, steht auf dem Kalender,
als ein britischer Lufttorpedotreffer nachts bei Eger-
sund/Norwegen in Höhe des Schlingerkiels bei Spant
82 die Backbordseite der *Lützow* aufreißt. Mit eigener
Kraft, aber nur einer Propellerwelle »humpelt« der Kreuzer nach Kiel zurück. Das Foto zeigt »freie Nummern«
der L-Flak während des Rückmarsches.

Links oben: Die Ausmaße des Trefferlecks verdeutlicht
nach dem Eindocken ein darin stehender Ingenieur der
Werft. Schlingerkiel, Bordwand, Innen- und Außenwall-
Längsschott sowie das Querschott 83 sind zerfetzt.

Rechts oben: Unter Kapitän zur See Kreisch (Kommandant ab 1. 3. 1941) bereitet sich Kreuzer *Lützow* erneut zum Ausbruch nach Übersee vor. Der Operationsbefehl weist dem Handelsstörer die Tankerrouten Mittelamerika–Westafrika, die La-Plata-Route und den Indischen Ozean einschließlich Arabisches Meer und Golf von Bengalen zu.

Rechts Mitte: Beim Torpedoschießen vor der Greifswalder Oie (April 1942) hilft man sich selbst und benutzt die eigenen V-Boote als Torpedofangboot. (Übernahme eines gefischten »Aales«, der den rot-weißen Übungskopf trägt.)

Ganz rechts: Der I. Torpedo- und Flugzeug-Schleuderoffizier (hier Kapitänleutnant Künkel) bei den Vorbereitungen zum Katapultstart.

Links oben: Kapitän zur See Rudolf Stange, von Januar 1942 bis November 1943 Kommandant der *Lützow.*

Rechts oben: Bei Schneetreiben und 16° unter Null vereist das Vorschiff während pausenloser Übungen zur Wiedererlangung der Kriegsbereitschaft in der Ostsee total.

Links: Flugzeugführer Oberfeldwebel Walter Müller, der auf *Lützow* seinen 50. Katapultstart feiert.

Links unten: Ab Mai 1942 wird Norwegen die Basis der *Lützow.* Bei allen (jedesmal riskanten) Verlegungsmärschen wird, wenn es die Wetterlage irgend erlaubt, das eigene Bordflugzeug zur engen Sicherung herangezogen.

Oben: Lützow auf Kriegsmarsch, fotografiert von Bord
eines Sicherungsfahrzeugs.

Mitte unten: Schneehuhnjagd
als eines von vielen Mitteln
gegen »Polarkoller« und
Netzkasten-Neurosen im winterlichen Nordnorwegen.

Oben: Dieser Wegweiser offenbart die exponierte
Lage des Stützpunktes Altafjord, fast 400 km nördlich
vom Polarkreis!

Links: Das Seegefecht bei der Bäreninsel macht durch das Halbdunkel der Polardämmerung die Unterscheidung von Freund und Feind problematisch.

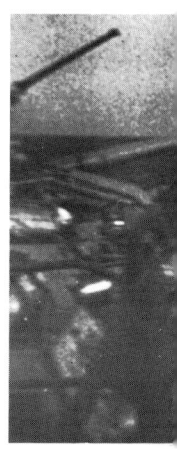

Links: Der achtere Artilleriestand mit Zehn-Meter-E-Meßgerät, davor zwei 3,7-cm-Flak in Doppellafette, dahinter die achtere 10,5-cm-Zwillings-Flak und der 28-cm-Turm »Bruno«. Links vorn ein 2-cm-Vierling auf dem achteren Artilleriedruckschott. Hinter den Kutterdavits einer der beiden 2-cm-»Kajütsvierlinge«.

Mitte: Feuerglocken gegen Truppenkonzentrationen und massierte Panzerangriffe machen das Halten der deutschen Brückenköpfe in Kurland, auf Sworbe, in Ostpreußen sowie in der Danziger Bucht möglich.

Oben: Aussehen der *Lützow* ab Spätsommer 1944: Überall hängen und liegen Vierkant-Rettungsflöße.

Mitte rechts: Einschlag einer 28-cm-Turmsalve der *Lützow* in eine sowjetische Truppenausladung, Kampfraum Krottingen/Litauen. (Aus der Sicht des Vorgeschobenen Beobachters, der das Feuer leitet.)

Rechts: Kapitän zur See Bodo-Heinrich Knoke, 1941–1943 I. Offizier, 1944–1945 Kommandant der *Lützow*.

Oben: Ein viermotoriger Bomber vom Typ »Lancaster« klinkt am 16. April 1945 eine der auf Kreuzer *Lützow* abgeworfenen Riesenbomben aus.

Links: Eine der vom britischen Professor Barner Wallis konstruierten 5,4 t schweren »Tall Boys«-Riesenbomben vom gleichen Typ, wie sie Schlachtschiff *Tirpitz* den Garaus gemacht hatten – werden zum Angriff auf die *Lützow* klargemacht.

Unten: Mit »geköpftem« Vormars und ausgebrannter Brückeninsel, gesprengten Geschützen und Innenräumen blieb *Lützog* ex *Deutschland* bei Kriegsende in der Kaiserfahrt bei Swinemünde zurück.

nicht als Zerstörer, sondern als Kreuzer der *Uganda*-Klasse erkannt zu haben!*

Um 12.37 Uhr läuft *Lützow* mit Westkurs ab und steuert anschließend südwestliche Kurse, um *Admiral Hipper* zu folgen. Wenig später meldet eins der beiden Fu.M.B.-Geräte eine Radaranstrahlung von Backbord achteraus. Es scheint sich um einen Fühlungshalter zu handeln, aber schließlich hört — wider Erwarten — die Anstrahlung auf. Der Gegner scheint also nicht mehr zu folgen.

Die Besatzung der *Lucie-Willy* verläßt das Gefechtsfeld mit äußerst gemischten Gefühlen. Zwar herrscht Genugtuung darüber, daß es auch in unübersichtlichster Lage gelungen ist, Freund und Feind jeweils rechtzeitig zu unterscheiden und daß man auch selbst nicht mit dem Gegner verwechselt worden ist. Und doch hat jeder an Bord das flaue Gefühl, daß das Gefecht keinesfalls hätte abgebrochen werden dürfen. Man mußte den Geleitzug ungeschoren lassen, obwohl man am Ende so dicht heran war. Was, um alles in der Welt, hat den Befehlshaber der Kreuzer mitten im Gefecht zur Erteilung des Rückzugsbefehls veranlaßt?

Admiral Hipper hatte im Feuerwechsel mit den britischen Kreuzern zunächst einen Volltreffer erhalten, der den Kesselraum K 3 und die Steuerbord-Turbine außer Gefecht setzte und durch Überflutung (900 t Wasser im Schiff!) schließlich auch den Kesselraum K 2 zum Ausfall brachte. *Hipper* konnte nur mit seinem mittleren Propeller weiterfahren, mit zeitweilig nur 5 kn Geschwindigkeit. Dann aber schlug ein weiterer Treffer in die Flugzeughalle, die sich — genau wie damals auf der *Blücher* — als höchst gefährlicher Scheiterhaufen erwies. Es entstand jene masthohe Feuersäule, die von *Lützow* beobachtet wurde.

---

* Tatsächlich schossen die Kreuzer *Jamaica* und *Sheffield* aus 133 hm Entfernung beide auf die *Lützow*, wie britische Aussagen ergeben. Im übrigen sagt der schon erwähnte Schofield über den vorangegangenen Schußwechsel klärend aus: »*Die ›Lützow‹ hatte nach Erhalt des Rückzugsbefehls von Kummetz die Fahrt auf 24 Knoten erhöht und bemühte sich, an die ›Hipper‹ heranzuschließen als sie... Backbord querab Kinloch's drei Zerstörer in einer Entfernung von 67 hm in Sicht bekam. Sie eröffnete ein gut liegendes Feuer, das von den Zerstörern erwidert wurde. Um 12.02 Uhr (keine Übereinstimmung mit deutschen Uhrzeitangaben, es müßte zehn Minuten später gewesen sein! D. Verf.) beschädigte ein Nahkrepierer die ›Obdurate‹, und die drei Zerstörer drehten nach Backbord ab, sich aber weiterhin zwischen dem Feind und dem Geleitzug haltend. Doch die ›Lützow‹ behielt ihren westlichen Kurs bei, und das Gefecht (jedenfalls das der Zerstörer! D. Verf.) war damit beendet.«*

289

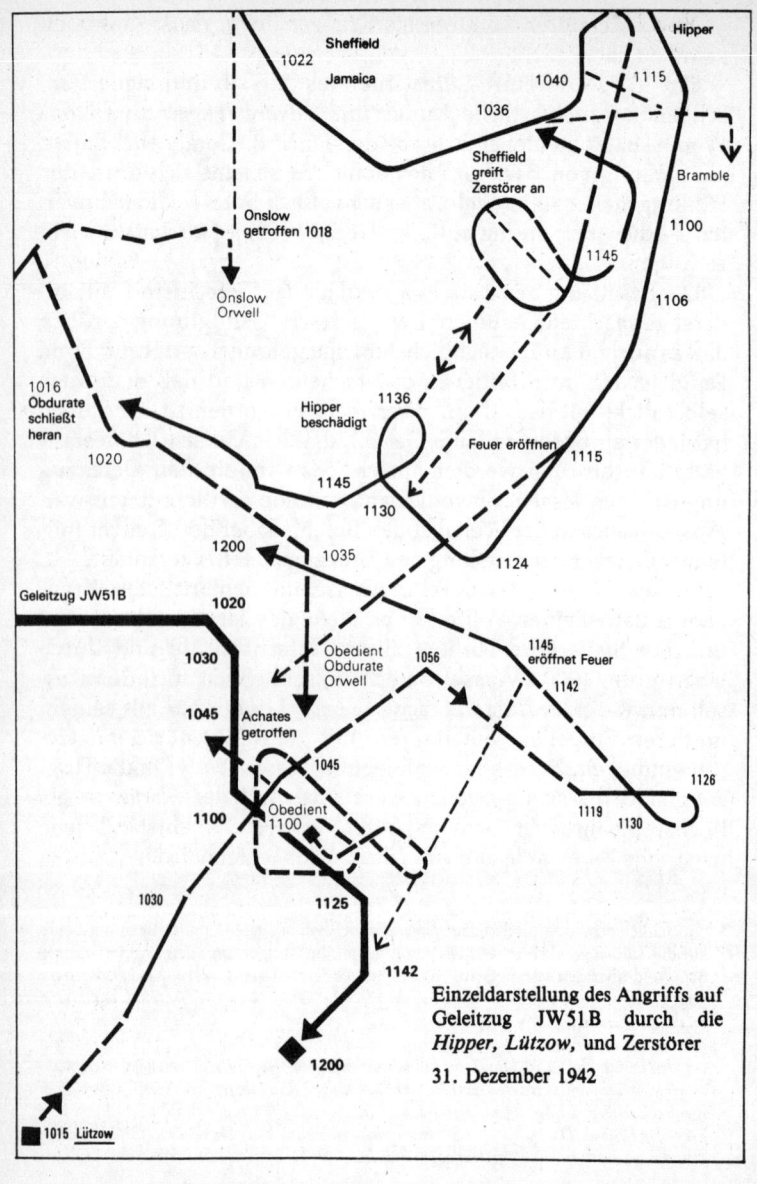

Einzeldarstellung des Angriffs auf Geleitzug JW51B durch die *Hipper*, *Lützow*, und Zerstörer

31. Dezember 1942

Obwohl Vizeadmiral Kummetz fast drei Jahre vorher auf dem Schwesterschiff *Blücher* das Untergangsdrama im Oslofjord miterlebt hat und dementsprechend skeptisch dem weiteren Gefechtsverlauf entgegensah, waren nicht etwa die erlittenen Treffer ausschlaggebend für den Rückzugsbefehl, sondern ein genau in diesem Augenblick — völlig zur Unzeit — eingegangener verstümmelter Funkspruch der Gruppe Nord. Wie »Flammenzeichen« hoben sich daraus für ihn die Worte ab: *»Kein unnötiges Risiko eingehen!«* Kummetz mußte glauben, man wisse höheren Ortes mehr über die Situation auf dem Gefechtsfeld als er selbst.

Gruppe Nord hatte lediglich noch einmal daran erinnern wollen, daß man im Führerhauptquartier auf keinen Fall ein großes Kriegsschiff zu verlieren wünsche!

Als Begleitmusik zu einem in vollem Gang befindlichen Seegefecht, ohne jede Kenntnis der »vor Ort« gegebenen Situation und damit auch der gegnerischen Stärke, erscheint dieser Funkspruch als beträchtliche Fehlleistung. Gegen 13.00 Uhr ergibt sich bei dem wieder nach Süden durch die polare Dunkelheit marschierenden Verband die traurige Gewißheit, daß der eigene Zerstörer *Friedrich Eckoldt* (ohne Überlebende) verlorengegangen ist. Ihm war das Tragischste passiert, was einem Kriegsschiff bei solch einem Gefecht widerfahren kann: Er hatte irrtümlich an einen Kreuzer »herangeschlossen«, den er nach dem Stand der Dinge für *Admiral Hipper* hielt. Aber es war leider die *Sheffield,* die den deutschen Zerstörer unversehens mit vollen »Breitseiten« überschüttete und aus nur 9 hm Entfernung so zusammenschoß, daß dieser nicht mehr zu eigenem Angriff ansetzen konnte.

An Bord der deutschen Einheiten weiß man zu dieser Stunde noch nichts über die trotz allem erzielten eigenen Erfolge: *Admiral Hipper* hat den britischen Zerstörer *Achates* versenkt und die Zerstörer *Onslow* und *Obedient* schwer beschädigt. Die deutschen Zerstörer versenkten den Minensucher *Bramble.* Die *Lützow* hingegen beschädigte mit einem S.A.-Nahkrepierer den Zerstörer *Obdurate* ziemlich schwer und beschädigte einen Frachter. Das sogenannte »Gefecht bei der Bäreninsel«, das in Wirklichkeit viel weiter ostwärts von dieser Insel verlief, war von der Verlustseite her ein deutscher Punktsieg, aber es bedeutet dennoch einen Mißerfolg. Dem bei diesem Gefecht schwerverwundeten briti-

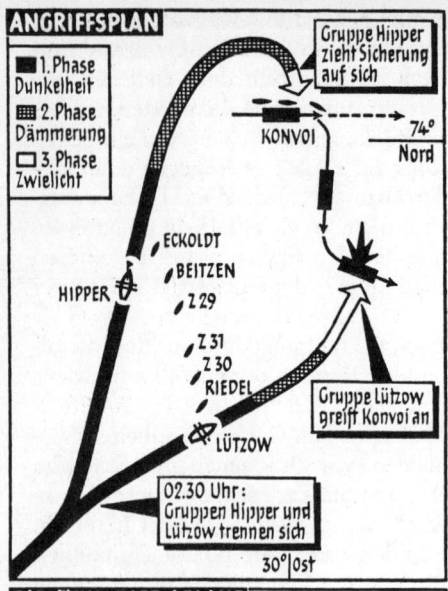

ANGRIFFSPLAN

■ 1. Phase Dunkelheit
▨ 2. Phase Dämmerung
□ 3. Phase Zwielicht

Gruppe Hipper zieht Sicherung auf sich

KONVOI

74° Nord

ECKOLDT
BEITZEN
Z 29
HIPPER
Z 31
Z 30
RIEDEL
LÜTZOW

Gruppe Lützow greift Konvoi an

02.30 Uhr: Gruppen Hipper und Lützow trennen sich

30° Ost

TATSÄCHLICHER ABLAUF

bis ca. 12.00 Uhr

★ Gefechte mit brit. Konvoi-Sicherung

09.36 Uhr: Grp. Hipper im Gefecht

11.32 Uhr: Sheffield u. Jamaica greifen an

KONVOI

74° Nord

10.45 Uhr: Grp. Lützow verpaßt den Konvoi

30° Ost

Vereinfachte Darstellung vom Angriff auf den Konvoi JW—51 B, Silvester 1942

Angriffsplan

1. Phase (Dunkelheit) bis 8.45 Uhr Vormarsch in breitem Aufklärungsfächer.

2. Phase (Dämmerung) 9.00—10.15 Uhr *Hipper* und drei Zerstörer umfassen den Konvoi von Norden, binden seine Sicherung, Konvoi dreht nach Süden ab.

3. Phase (Zwielicht) 10.15—12.00 Uhr *Lützow* und drei Zerstörer stoßen von Süden auf den Konvoi und greifen ihn an.

Tatsächlicher Ablauf

1. und 2. Phase wie Angriffsplan, jedoch drängen britische Zerstörer die *Hipper*-Gruppe im Norden ab.

3. Phase *Lützow* greift Konvoi wegen schlechter Sicht nicht an, sucht weiter nach Osten, Konvoi bricht nach Süden aus. Von Norden greifen britische Kreuzer *Sheffield* und *Jamaica* ein = »Risiko-Fall«, deutsche Kampfgruppe muß Gefecht abbrechen.

schen »Escort Commander«, Captain Sherbrooke*, war es tatsächlich gelungen, die *Hipper* an einem wirksamen Feuer auf die britischen Frachter zu hindern und durch die Rauchschleier des Schwarzqualmens auch der *Lützow* weitgehend die Sicht zu nehmen. Natürlich hatte das nur aufschiebende Wirkung. Letzten Endes rettete der für die Briten unerwartete Abbruch des Gefechtes den Konvoi JW 51 B.

Für die *Lützow* muß jetzt auch das geplante »Unternehmen Aurora« entfallen, weil der Gegner aufgeschreckt ist und eine Operation des einzeln fahrenden ungesicherten deutschen Kreuzers gegen nun doch vorhandene, sogar durch Kreuzer gesicherte Geleitzüge einem Selbstmord gleichkäme.

Der deutsche Verband hat übrigens eine miserable Rückfahrt zum Kaafjord: Das Funkfeuer Ingöy ist unklar, das Funkfeuer Hasvik ebenfalls nicht zu hören. Kein einziges Leuchtfeuer brennt, ein als Peilboot nördlich Söröy, am Eingang des Lopphavet, zur funknavigatorischen Unterstützung des Verbandes auf Position zu legendes Minensuchboot ist infolge eines Irrtums in der Befehlsübermittlung auch nicht zur Stelle. Die Tiefenlinien in den Navigationskarten erweisen sich auch als zu ungenau, um ernsthaften Anhalt zur Feststellung des Schiffsortes zu gewähren.

Aber im Kielwasser des Flaggschiffes *Hipper,* das »diese Gegend« schon mehrfach unter ähnlichen unerfreulichen Umständen befahren hat und die Tücken inzwischen alle kennt, gelingt auch *Lützow* das Einlaufen durch die Schären ohne Havarie. Das ist die Atmosphäre, in der es plötzlich durch die Wachdienstanlage schallt: »*An alle Stellen — Prosit Neujahr!*«

Als am Neujahrsmorgen um 5.40 Uhr wieder im Kaafjord beide Anker fallen, wird bei nunmehr minus elf Grad Celsius für die völlig übermüdeten Männer »Ruh im Schiff« befohlen.

---

* Captain Sherbrooke wurde für die Tat mit dem Victoria Cross ausgezeichnet.

Dicke Luft in Rastenburg

Während die *Lützow*-Besatzung bis auf die Ankerwache und die Fla-Kriegswache in den wohlverdienten Schlaf fällt, finden in einigen tausend Kilometern Entfernung die Admiralstabsoffiziere der Marine ganz und gar keinen Schlaf. Bei dem Geleitzugsgefecht scheint so ziemlich alles schiefgegangen zu sein. Man weiß nur, daß entgegen ersten Meldungen doch Feindkreuzer an dem Konvoi gestanden haben, daß ein deutscher Zerstörer verlorenging, ein deutscher Kreuzer erheblich beschädigt und das Gefecht abgebrochen worden ist — der Konvoi aber weitgehend ungeschoren entkommen konnte.

Hitler ist außer sich, denn noch am Vorabend hatte ihn die Funkmeldung eines jungen U-Boot-Kommandanten *(U 354)* aus der Nähe des Gefechtsfeldes *(»Ich sehe nur noch rot!«)* in eine Euphorie versetzt. Das war verständlich, denn angesichts der kritischen Lage in Stalingrad brauchte H. einen Prestige-Erfolg. Was aber in der Polarnacht vor dem U-Boot-Kommandanten emporloderte, waren nicht etwa Trefferbrände auf britischen Frachtern, sondern leider die brennende Flugzeughalle auf *Hipper* und allenfalls die brennenden Aufbauten des unglücklichen, vor seinem Untergang in Flammen stehenden Zerstörers *Friedrich Eckoldt!*

Die ganze Misere erfährt Hitler am nächsten Morgen zu allem Überfluß auch noch zuerst aus abgehörten englischen Rundfunkmeldungen und nicht von der Marine selbst!

Polarbedingte atmosphärische Störungen machen den Funkverkehr mit dem Admiral Nordmeer und dem B.d.K. zeitweilig ebenso unmöglich wie eine Fernschreib-Leitungsstörung den Drahtverkehr mit Narvik und Alta. So kommt es, daß die Einzelheiten des Gefechtsablaufes der *Hipper*-Gruppe erst nach 20 Stunden, die der *Lützow*-Gruppe gar erst nach 26 Stunden (gerechnet ab Wiedereinlaufen) bei der Gruppe Nord in Kiel und noch später im Führerhauptquartier in Rastenburg eintreffen!

Am 3. Januar werden die Gefallenen der *Admiral Hipper* auf dem Friedhof von Alta beigesetzt und die Toten von *Friedrich Eckoldt* durch eine Trauerfeier geehrt. Am 4. 1. übernimmt *Lützow* vom Troßschiff *Nordmark* Munition, um die in der Barentssee verschossenen Bestände wieder aufzufüllen und gibt einmal mehr sein durch eigenes Artilleriefeuer beschädigtes Bordflugzeug ans Flugsicherungsschiff *Max Stinsky* (zwecks Reparatur in Tromsö) ab. Das wievielte Mal ist solcher Schaden nun schon aufgetreten...

Währenddessen braut sich für den Oberbefehlshaber der Marine, Großadmiral Raeder, Schlimmes zusammen. Als er sich am 6. 1. im Führerhauptquartier meldet, muß er sich einen Anderthalbstundenmonolog Hitlers über die deutsche Marine anhören. An ihren großen Kriegsschiffen läßt Hitler kein gutes Haar. Für ihn sind das Einheiten, die immer nur nutzlos herumliegen, Brennstoff kosten, unnötig Personal sowie Werftkapazität binden und, wie man sieht, keine Kampfmoral haben.

Daß aber seine eigene permanente Scheu vor Prestigeverlusten und die daraus erwachsenen »Bindungen« jedem Seebefehlshaber praktisch von vornherein die Erfolgsmöglichkeiten nehmen — das sieht er nicht ein, will er nicht gelten lassen. Er unterscheidet jetzt zwischen strategischen Bindungen und taktischem Durchschlagen eines begonnenen Gefechtes. So klar ist das aber der Marineführung bisher nicht gesagt worden.

Das »Seegefecht bei der Bäreninsel« erweist sich nachträglich als folgenschwerstes der deutschen Marinegeschichte.

Großadmiral Raeder versucht, Hitler die gravierende Bedeutung der deuschen »Fleet in being« und Grundbegriffe des Begriffes Seemacht auseinanderzusetzen. Aber er kommt nicht zum Zuge: Hitler verlangt in seinem Zorn kategorisch, alle schweren Einheiten der Kriegsmarine außer Dienst zu stellen und abzuwracken!

Raeder weigert sich, diesen törichten Verschrottungsbefehl auszuführen, und tritt von seinem Posten als Oberbefehlshaber der Marine — nach mehr als 14 Jahren Amtszeit! — zurück, weil die angeordnete Maßnahme einem denkbar billigen Sieg des Gegners gleichkäme und vor allem beim japanischen Verbündeten auf völliges Unverständnis stoßen würde.

Raeder schlägt zwei mögliche Nachfolger vor: Den vom Dienstalter her dafür prädestinierten Generaladmiral Carls und den durch drei Vorzugsbeförderungen »nach oben gezogenen«, außerordentlich fähigen Befehlshaber der U-Boote, Admiral Dönitz. Hitler entscheidet sich für den dynamischen, erfolgreichen

»B. d. U.«, der am 30. Januar 1943 zum Großadmiral befördert wird. Gerade von diesem tatkräftigen Führer der Unterwasserwaffe erhofft er sich besonders intensive Unterstützung bei seinem Abwrackplan. Aber er hat sich in Dönitz gründlich getäuscht. Dieser kommt nach intensiven Überlegungen und Recherchen zu derselben Auffassung wie Raeder: Das Verschrotten der »Dickschiffe« wäre höchst absurd, es ergäbe gerade jetzt einen unnötigen Vorteil für die Alliierten!

Zwar ordnet der neue Großadmiral die Einstellung aller Arbeiten an Schlachtschiffen (wie der in Umarmierung auf 38-cm-Geschütze stehenden, seit einem schweren Bombentreffer vom Februar 1942 außer Dienst gestellten *Gneisenau*), Kreuzern, Flugzeugträgern und Truppentransportern — mit Ausnahme der für den Ausbildungsverband bestimmten Schiffe — an, auch den Stop des Umbaues der Kreuzer *Seydlitz* und *De Grasse* sowie des Schnelldampfers *Potsdam* zu Flugzeugträgern. Er legt auch gleich bei seiner ersten Meldung im Führerhauptquartier am 8. 2. den geforderten »Außerdienststellungsplan der schweren Schiffe« vor, wonach die infolge Trefferauswirkungen defekten Kreuzer *Admiral Hipper* und *Leipzig* sowie die in Kampfwert und Nordmeer-Eignung fragwürdige *Köln* sowie die völlig veralteten Linienschiffe und Skagerrak-Veteranen *Schleswig-Holstein* und *Schlesien* außer Dienst zu stellen sind.

Aber hinsichtlich *Scharnhorst* und *Tirpitz* nimmt er abwartende Haltung ein — und die Kreuzer *Prinz Eugen, Admiral Scheer, Lützow, Nürnberg* und *Emden* rettet Dönitz mit dem Schachzug, daß sie als Ausbildungsverband Flotte erhalten bleiben müssen, um dem Offiziersnachwuchs der Kriegsmarine die Ausbildung an modernen Waffen und Geräten zu ermöglichen und ihm die Grundbegriffe der Seetaktik zu vermitteln. Dönitz ist schlau genug, zugleich exakte Berechnungen vorzulegen, aus der Hitler erkennen muß, daß die durch die Verschrottung der großen Kriegsschiffe erhofften materiellen und personellen Vorteile laienhafte Illusionen sind.

Nach dem ersten Schritt zur Erhaltung der Restflotte, der auch die *Lützow* vor einem ebenso unnötigen wie unrühmlichen Ende im Siemens-Martin-Ofen bewahrt, folgt bald der zweite Schritt: Am 19. 2. 1943 gibt die Skl. eine neue Weisung für den Einsatz der Überwasserstreitkräfte heraus, in der als deren wichtigste

Aufgabe wiederum die Sicherung Norwegens und Nordfinnlands gegen feindliche Landungsversuche angeführt wird. Dönitz sorgt dafür, daß die Schiffe auch weiterhin die U-Boote und Kampfflugzeuge gegen den Geleitzugverkehr der Alliierten unterstützen können und damit die schweren Einheiten des Gegners im Nordmeer binden. Im Endeffekt bleibt also alles »wie gehabt«.

Von all diesem Tauziehen hinter den Kulissen erfährt die *Lützow*-Besatzung kaum etwas. Sie nimmt lediglich zur Kenntnis, daß sie einen neuen Ob. d. M. hat. Das Schiff verbleibt nach wie vor im Altafjord, an dessen Ufer humorbegabte Soldaten einen Wegweiser aufgestellt haben, aus dem hervorgeht, daß man sich an dieser Stelle in Luftlinie exakt 3652 km von Berlin und 4299 km von München entfernt befindet. Dieser Einsatzraum ist derart exponiert, daß selbst die Anreise zu einem Heimaturlaub nicht mehr vertretbar ist, noch dazu unter Kriegsverhältnissen. Selbst wenn jemand über Narvik und Schweden nach Trelleborg reist und dort per Fährschiff nach Saßnitz übersetzt, muß er zunächst einmal vom Altafjord, der keine Eisenbahn- und kaum Straßenverbindung oder Luftverkehr mit dem Süden hat, nach Narvik gelangen können!

Kapitän zur See Stange ist Menschenführer genug, um die Probleme zu sehen, die auf die *Lützow*-Besatzung zukommen: Wehe, wenn in dieser von kahlen Felsen umgebenen, vom fahlen Schein des Nordlichts gespenstisch überflackerten Weltabgeschiedenheit Polarkoller, Netzkastengammel und Frustration die auf diesem Schiff zusammengepferchten 1156 Mann packten!

Stange ist ein hervorragender Sprinter und Skiläufer. So wie er in der warmen Jahreszeit seine Männer zu 10 000-Meter-Läufen und Sportfesten animiert hat — bei denen er selbst jedesmal hervorragend und nachahmenswert abschnitt —, organisiert er jetzt Skikurse, Abfahrtsläufe, *Lützow*-Slalom-Meisterschaften. Er stiftet Preise und fährt natürlich in rasanten Schußfahrten vorweg. Er hat es fertiggebracht, zum Zweck der Truppenbetreuung 200 Paar Skier aus der Heimat zu beschaffen. Mit seiner Fürsorge um die Mannschaft praktiziert er das, was seit 1942 im Oberkommando der Wehrmacht unter dem neuen Wort »Inneres Gefüge« zusammengefaßt wird. Er animiert auch zu Tauchervogel-, Schneehuhn- und Schneefuchsjagden und duldet alle originellen

Formen der Freizeitvergnügen bis zum Wettangeln, bis zum Gebirgswandern oder Bastelwettbewerb.

Wohl kaum ein *Lützow*-»Lord«, der freiwillig zur Kriegsmarine gekommen war, hat je gedacht, daß er ausgerechnet bei diesem Wehrmachtsteil soviel Ski laufen würde und daß er eines Tages sogar auf selbsterbauter Sprungschanze die ersten Hüpfer absolviert.

Gewiß, an die Erfolge der U-Boot-Männer darf man nicht denken, sonst stellt sich ein Gefühl der Beschämung und des Beiseitegestelltseins ein. Aber die Art, wie »der Alte« mit seiner Besatzung umgeht, findet man überaus erfrischend. »Zirkus Stange« lacht auch weiterhin, wobei kabarettistisch aufgezogene Kameradschaftsabende in den Decks und das große »Dampfablassen« am »Tag der Wehrmacht« erheblich beitragen. Gegen entsprechende Spenden für das Winterhilfswerk (insgesamt 116 368 Reichsmark) ist jeder nur denkbare Schabernack erlaubt. Es ist nach inzwischen längst geübtem Brauch sozusagen »Ball paradox«, verkehrte Welt: Die Untergebenen kommandieren an diesem Tag ihre Vorgesetzten. Und je nach Beliebtheits- oder auch Mißliebigkeitsgrad werden die Offiziere schonungslos zu dem verurteilt, was die »Lords« ihnen endlich einmal antun möchten. Ein Kapitänleutnant muß für seine Matrosen Backschaft machen. Oberfeldwebel müssen als Essenholer fungieren. Ein als sonderbar bekannter Divisionsoffizier muß eine völlig versalzene Suppe bis zum letzten Löffel essen, ein Stabsoffizier das von ihm beanstandete Holzdeck mit dem »Gebetbuch« (Scheuersandstein) schrubben. Einen allzu forschen Leutnant läßt man »Flagge Lucie« (Anzugwechsel zur Übung) machen. In drei Minuten Anzug Sportzeug antreten, marsch-marsch! In fünf Minuten Anzug 1. Garnitur blau. In zehn Minuten mit tadellos gebautem Spind beim Backältesten, einem Obergefreiten, melden! Untergrabung der »Amtsautorität«? Ganz im Gegenteil — handfester Seemannshumor. Wer dabei nicht mitzuhalten und über sich selbst zu lachen versteht, der hätte sich lieber zur Heilsarmee als nun gerade zur Marine melden sollen. Wer nicht herzlich zu lachen versteht, ist auf einem »fröhlichen Schiff« sowieso fehl am Platz.

Darum schmunzelt auch der Erste Offizier, als er am »Tag der Wehrmacht« »zum Rapport gestellt« wird und eine Stunde lang in der Arrestzelle sitzen muß, und ebenso jener Offizier, der seine schönste Manneszierde, den wallenden Eismeer-Vollbart, trotz verzweifelter Gegenspenden für das WHW opfern muß. Er kommt aber mit seinem Geldbeutel einfach nicht dagegen an: Seine Division bietet laufend einen noch höheren Preis. Also runter mit der Wolle. Kapitänleutnant »Baby-face« — der neue Spitzname für den gewaltsam Rasierten — tröstet sich allenfalls damit, daß einem Oberfeldwebel sogar eine Glatze geschoren worden ist.

Aber diese Altafjord-Idylle ist nur eine Seite der Medaille.

Die andere kennen wiederum nur Eingeweihte, allen voran der B-Dienst: Am 11. 1. 1943 erfaßt die britische Luftaufklärung Schlachtschiff *Scharnhorst* und den Schweren Kreuzer *Prinz Eugen* mit drei Zerstörern vor Südwestnorwegen mit nördlichem Kurs. Das »Coastal Command« setzt daraufhin starke Angriffskräfte gegen die Schiffe ein. Sie stoßen jedoch ins Leere, weil der B-Dienst der Schiffe aufgepaßt und den Angriff erkannt hat. Der deutsche Verband macht rechtzeitig kehrt. Auch ein zweiter Versuch, diese Schiffe nach Nordnorwegen durchzubringen, wird vorzeitig bemerkt und ebenfalls abgebrochen. Die Briten sind aber gewarnt, sie wissen, daß mit weiteren Angriffen gegen ihre Murmansk-Geleite zu rechnen ist. Sie ziehen daraus die Konsequenz, allein für deren Deckung drei moderne 35 000-ts-Schlachtschiffe der *King-George*-Klasse, acht Kreuzer und etwa zwanzig Zerstörer bereitzustellen! Der ebenfalls in zwei Hälften aufgeteilte Konvoi JW 52 und sein Rücklauf RA 52 kommen bis auf ein durch ein U-Boot herausgeschossenes Schiff heil durch. Dem nächsten Konvoipaar macht ein deutscher Minenwurfverband (Minenschiff *Brummer* und zwei Zerstörer) vor der Kildin-Halbinsel Schwierigkeiten. Als sich die Tageslichtverhältnisse im Nordmeer jahreszeitlich bessern, wird JW 53 Mitte Februar wieder in gemeinsamem Verband von 28 Schiffen losgeschickt, aber stürmisches Wetter behindert die darauf angesetzten deutschen Luftwaffen- und U-Boot-Angriffe. Und zur Sicherung der Flanke stellen die Sowjets abermals U-Boote im Nordkap-Bereich gegen die deutschen Überwasserstreitkräfte auf. Auch der im März auf die Reise geschickte JW 54 wird durch U-Boote, die drei Schiffe versenken, praktisch nur angekratzt.

Großadmiral Dönitz macht sich diese Situation zunutze, indem er bei Hitler für deutsche »Dickschiffe« sehr wohl Kampfmöglichkeiten gegen Nordmeer-Geleitzüge bejaht. Er hält es für seine Pflicht, in Anbetracht der schwer kämpfenden Ostfront diese Möglichkeiten durch den Einsatz der großen Schiffe mit allen Mitteln auszunutzen. Er hält deshalb die Verstärkung der im Nordraum liegenden *Tirpitz* durch die *Scharnhorst* für notwendig, um mit diesen beiden Schiffen und der zunächst noch verfügbaren *Lützow* sowie sechs Zerstörern eine beachtliche Kampfgruppe zu bilden.

Tatsächlich trotzt Dönitz dem deutlich widerstrebenden Hitler die Zustimmung zur endgültigen Verlegung der *Scharnhorst* nach Nordnorwegen ab. Am 8. März gelangt das Schiff unter Ausnutzung eines Sturmes unbemerkt nach Bergen und von dort nach Drontheim. Zusammen mit der *Tirpitz* marschiert es am 11./12. 3. 1943 in die Bogenbucht und trifft dort mit der *Lützow* zusammen.

Geheimauftrag Sibirischer Seeweg

Inzwischen sind für alle großen Schiffe torpedosichere Netzkästen vorhanden. *Lützow* macht wiederum im Kaafjord fest, nunmehr besser gesichert. Der Gegnerseite bleibt die bedrohliche Massierung schwerer Seestreitkräfte im nun zur Hauptbasis gewordenen Altafjordsystem natürlich nicht verborgen. Es ist klar, daß er kurz über lang alles dransetzen wird, diese deutsche Kapazität auszuschalten. Zum Schutz gegen zu erwartende Luftangriffe von Trägerflugzeugen werden der Flakkreuzer *Thetis*, zwei zusätzliche Flak- und zwei Nebelbatterien in den Altafjord verlegt. Auch werden britische Kommandounternehmen befürchtet, wie sie schon mehrfach — besonders gegen die *Tirpitz* im Faettenfjord bei Drontheim, gegen die Lofoten und gegen Vagsöy — unternommen wurden. Seit Eintreffen des verstärkten Verbandes wird deshalb strenger denn je der Sicherung gegen Sabotageakte und Landungsunternehmen die nötige Aufmerksamkeit gewidmet: Auch auf *Lützow* sind Tag und Nacht vier Sabotageabwehrposten vorn, achtern und auf den beiden seitlichen 10,5-cm-Flakpodesten aufgestellt. Sie haben schußklare Maschinenpistolen und je sechs Handgranaten dabei, um gegen eventuell gesichtete Froschmänner (mit Haftminen) oder Klein-Unterseeboote vorgehen zu können. Ebenso sind die Signalwache, der Flakeinsatzstand und die Bedienung eines Flakvierlings mit je zwei Maschinenpistolen, die Geschützplattformen beider Drillingstürme außerdem mit je 15 Handgranaten, die Wachdivision mit 60 Handgranaten ausgestattet. Die Artillerieausgabe hält weitere drei Kisten Handgranaten bereit. Außerdem sind 14 Maschinenpistolen an bestimmte Offiziere und Portepee-Unteroffiziere ausgegeben worden, die sie in ihrer Kammer griffbereit halten müssen. Die Wachdivision schläft als Bereitschaftsgruppe für den Soforteinsatz angezogen in Netzhängematten, auch die dazugehörigen Vorgesetzten dürfen nur »feldmarschmäßig zur Koje gehen« (d. h. angezogen schlafen). Sobald »*Alarm — Klar bei Handwaffen!*« kommt, empfangen auch die Soldaten der Landungsabteilung schnellstmöglich Gewehre und Pistolen aus den Handwaffenspinden im achteren Zwischendeck. Jeder Soldat der

Lützow und der anderen Schiffe muß auch bei Dunkelheit mit der MP 40 und der Handgranate sicher umgehen können.

Tatsächlich ist diese Wachsamkeit angebracht. In England laufen bereits geheime Vorbereitungen für ein großangelegtes Kommandounternehmen gegen das »auszuräuchernde deutsche Wespennest am Altafjord«. Und man baut auch mit Hilfe norwegischer Widerstandskämpfer einen Nachrichtendienst aus, der jede einzelne Bewegung der deutschen Schiffe sofort durch verschlüsselte Funksprüche nach London meldet. Wichtigster Meldekopf ist eines Tages die im Dach des Kirchturms von Alta eingerichtete Beobachtungs- und Funkstelle, von der aus der Norweger Thorsten Raaby den Verband im Auge behält. Er hat auch Telekameras in diesem Versteck! (Diese Einzelheiten sind den Deutschen allerdings nicht bekannt.)

Was Raaby freilich entgeht, sind die neuen Schwierigkeiten mit der E-Anlage der *Lützow*. Zu allem Überfluß geht auch noch die Motorenanlage des längsseits liegenden Kraftschiffes »in die Knie«, sie wird vom Maschinenpersonal des Kreuzers repariert. Die Mucken der eigenen Generatordiesel machen es erforderlich, in Deutschland Ersatzteile von soeben auf *Admiral Scheer* ausgebauten Motoren gleichen Typs entnehmen und nach Nordnorwegen schicken zu lassen. Zur Zeit sind nur die E-Werke 1 und 4 voll betriebsfähig, in den E-Werken 2 und 3 sind Laufbuchsenrisse und Treibstangenlagerschäden massiert aufgetreten. Dennoch fährt das Schiff immer von neuem Gefechtsbilder und Verbandsübungen im Altafjord. Was das Maschinenpersonal bei der unentwegten Reparaturarbeit leisten muß, ist für spätere Betrachter kaum vorstellbar.

Am 18. 5. kommt eine Geheimsendung der Werft Wilhelmshaven an Bord, deren Inhalt für *Lützow* von größter Bedeutung ist: Sie enthält die gesamten russischen Seekarten für den nordsibirischen Seeweg!

Die Seekriegsleitung trägt sich mit dem Gedanken, den Kreuzer in der diesjährigen Eisnavigationsperiode das streng geheim gebliebene und damit auch nicht im Wehrmachtbericht erwähnte »Unternehmen Wunderland« des Vorjahres wiederholen zu lassen. Vom 16. bis 31. 8. 1942 war *Admiral Scheer* im Rahmen der »Wunderland«-Aktion ohne Zerstörersicherung (die des Eises wegen nicht möglich war) in die sibirische Karasee vorgestoßen.

In Zusammenarbeit mit Aufklärungs-U-Booten drang *Scheer* bis zur Vilkitskystraße und bis zum Kap Tscheljuskin und damit *»in ein Gebiet ein, das auf dem gleichen Längengrad wie Rangoon in Birma oder Bangkok in Thailand liegt«* (Jochen Brennecke). Häufige starke Nebelfelder und starkes Treibeis bedrohten den Kreuzer ständig, der bei Windwechsel jederzeit durch Eisbarrieren eingeschlossen werden konnte, ebenso durch das Risiko einer Propellerbeschädigung oder Grundberührung gefährdet war. Vor der Jenissei-Mündung versenkte *Scheer* den sowjetischen Eisbrecher *Alexander Sibirjakow* und griff den Hafen sowie die Großfunkstation von Port Dickson an, das als Zentrale des gesamten Sibirischen Seeweges fungierte. Bei der Beschießung wurde der Tanker *Valerian Kuybischew* versenkt, vermutlich auch noch ein weiterer Eisbrecher.

Jetzt soll Kapitän zur See Stange mit der *Lützow* in die Karasee vorstoßen. Der Tarnname des vorgesehenen Unternehmens lautet »Husar«. Der *Lützow*-Kommandant und der Navigationsoffizier werten zur Zeit intensiv das Kriegstagebuch und den Erfahrungsbericht der *Scheer* aus. Sie wissen, daß dieser Kreuzer sein Bordflugzeug bei einem Eisaufklärungseinsatz durch Landeunfall verlor und damit jeglicher Luftaufklärung beraubt war. Diesmal kann und darf ein Unternehmen wie »Husar« nur unter Mitnahme von Seefernaufklärern des Typs Bv 138 verantwortet werden. Für diese Maschinen richtet zur Zeit das deutsche U-Boot *U 255* bei Sporyi Navolok an der Nordostküste von Nowaja Semlja in aller Heimlichkeit einen behelfsmäßigen Stützpunkt ein, den die Sowjets tatsächlich nicht entdecken. Das U-Boot betankt dort ein solches Flugboot, das viermal Fernaufklärung bis in die Vilkitzkystraße fliegt, um Unterlagen für den Ansatz der U-Boot-Gruppe »Wiking« *(U 302, U 354, U 711)* und der *Lützow* gegen sowjetische Sibirien-Konvois zu liefern.

Da die hochseefähigen und voll blindflugfähigen dreimotorigen Flugboote dieses Typs eine große Eindringtiefe haben und dazu eingerichtet sind, auch tagelang irgendwo auf dem Wasser Position zu beziehen, außerdem mit Dieselöl statt Benzin fliegen, kommt es Anfang Juli 1943 im Langfjord von Nordnorwegen — ebenfalls vom Altafjord abzweigend — zur Betankungserprobung mit einem solchen Flugboot. *Lützow* gibt über eine Schlauchleitung Dieselkraftstoff an diese Maschine ab. Die

Kommandanten von Kreuzer und Flugboot bekommen Gelegenheit zu einem außerordentlich wichtigen Erfahrungsaustausch. Stanges anfängliche Skepsis gegenüber dem »Fliegenden Holzschuh« schwindet.

Etwa ab 20. Juli 1943 soll *Lützow* ihr Sibirien-Unternehmen »Husar« durchführen, für das russisch sprechende B-Dienstler an Bord kommandiert werden. Auch wird *LW* die Kapitäne Kraul und Kriepsch als Eislotsen an Bord bekommen. Sie haben 1940 an der Umrundung Sibiriens auf Hilfskreuzer *Komet* bzw. am »Unternehmen Wunderland« der *Scheer* teilgenommen.

Kapitän Stange verspricht sich Angriffsmöglichkeiten gegen den Sibirien-Schiffsverkehr vor der Matotschkinstraße und nordwestlich Nowaja Semlja. Er ist sich freilich darüber im klaren, daß der Gegner seit 1942 die Art des Angreifers mit hoher Wahrscheinlichkeit kennt. Er dürfte einen neuen Angriff auf den Sibirischen Seeweg erwarten und gerade durch die deutsche Nichtveröffentlichung der *Scheer*-Aktion auf eine Wiederholung schließen. Die Sowjets werden vermutlich die Luftaufklärung in der kurzen Sommer-Navigationsperiode intensivieren und Kampfflugzeuge sowie Minen einsetzen gegen die *Lützow*, der man im Falle äußerster Not als 156 000-PS-Eisbrecher und zum artilleristischen Feuerschutz die »dicke« *Tirpitz* vom Altafjord aus zu Hilfe senden will.

Zuvor wird fieberhaft an den beiden defekten E-Werken der *Lützow* weiterrepariert. Auch muß das Zehn-Meter-Entfernungsmeßgerät auf dem achteren Stand vor dem »Unternehmen Husar« noch instandgesetzt werden. Das O.K.M. setzt deshalb einen Zeiss-Monteur zum Altafjord in Marsch, der zusammen mit den Artilleriemechanikern und dem E-Meßpersonal in tagelanger Arbeit die Kupplungsstörung beseitigt. Das Gerät ist rechtzeitig wieder meßklar. Auch beseitigen die Artilleriemechaniker mit Hilfe des Werkstattschiffes *Neumark* noch empfindliche Störungen der Artillerieanlage, die infolge der dauernden Beanspruchung der durch die beiden Torpedotreffer zweifellos geschwächten Anlage entstanden sein dürften.

»Zirkus Stange« ist aktiver denn je: Flakschießen, Verbandsübungen, E-Meß- und Koppelübungen im Altafjord, auffällig häufiger Einsatz des Bordflugzeugs (auch als Zielhilfsbeobachter beim Schießen). Der »Arado« wird bei der bevorstehenden Unternehmung eine besonders wichtige Rolle zufallen, ungeachtet der erwarteten Flugboote.

Am 22. 6. ist Kommandantensitzung auf *Tirpitz.* Am Tage drauf erscheinen der Oberbefehlshaber des Marinegruppenkommandos Nord, der Flottenchef und der Befehlshaber der K-Gruppe auf *Lützow.* »Hein Seemann« pfeift natürlich durch die Zähne, denn ein solches Aufgebot von Prominenz hier oben »am Ende der Welt« hat ganz bestimmt seine Gründe.

Es kommt zu Treffenfahrten mit *Tirpitz* und verstärkt zu Ortungsübungen mit den Funkmeß- und Funkmeßbeobachtungsgeräten. Wer die Augen offenhält, erkennt auch sonst an jeder Einzelheit die Vorbereitungen zu einem großen Einsatz.

Am 5. 7. werden große Verbandsübungen der gesamten Alta-Kampfgruppe bei Langnesholmen und vor Söröy, schließlich sogar, ungeachtet der Minen- und U-Boot-Gefahr, in der Barentssee, bis südlich der Bäreninsel (!) veranstaltet. Vom 9. 7. ab wird dreistündige Bereitschaft angeordnet. Die deutsche Luftaufklärung hat Bewegungen britischer Einheiten (ein Flugzeugträger, mehrere Kreuzer, Hilfskreuzer und Zerstörer) von Island und den Shetlands in Richtung Norwegen festgestellt. Sie können freilich durch das vorherige auffällige Inseegehen der ganzen Kampfgruppe ausgelöst sein. Und wieder erscheint eine Spitfire über dem Kaafjord, die von irgend einem Schiff stammen muß oder aber in Murmansk gestartet ist.

Am 13. und 14. 7. kommt es zu einem letzten intensiven Treffenfahren mit Flakkreuzer *Thetis* im Altafjord und zur auffällig umfangreichen Treibölergänzung vom längsseits festmachenden Troßschiff *Nordmark.* Die Spannung an Bord steigt, zumal am 14. 7. erneut eine Betankungsübung mit einem Bv 138-Flugboot durchgeführt wird. Mit der hinteren Treibölförderpumpe werden in drei Minuten 100 Liter Kraftstoff an den schwimmenden Vogel abgegeben. Man kriegt die Sache immer besser in den Griff.

Alles wartet jetzt auf das Ertönen der *Lützow*-Fanfare, aufs Inseegehen zum großen Abenteuer. — Aber am 14. 7. greift das Schicksal auf besondere, für *LW* geradezu typische Weise ein:

Infolge von Häufigkeitsstörungen sind vier E-Maschinen gleichzeitig zusammengebrochen, darunter gerade die bislang leistungsfähigsten Maschinen. Die Hälfte der gesamten E-Kapazität ist damit betriebsunklar. Der Kommandant kann die *Lützow* beim besten Willen nicht mehr als uneingeschränkt »k.b.« bezeichnen. Ein Dauerbetrieb in See und denkbare Gefechtsbelastungen, womöglich sogar mit Treffereinwirkungen und weiteren E-Ausfällen, sind unter diesen Umständen einfach nicht zu verantworten. Die hundertmal verwünschten E-Diesel, die bei der nächsten Werftliegezeit sowieso endlich gegen bessere Motoren — diesmal von der M.A.N. — ausgetauscht werden sollen, sind so weit »in die Knie gegangen«, daß *Lützow* zunächst nur noch durch Längsseitsnehmen des Troßschiffes *Dithmarschen* ihre Liegeplatz-Stromversorgung aufrechterhalten kann, während das *Lützow*-Maschinenpersonal verzweifelt, aber mit nie erlahmendem Eifer die Reparatur des »Bruchladens« vornimmt.

Durch Störungen an Reglern, Bruch einer Treibstange und andere Überlastungserscheinungen sind die beiden dem Altafjord zugeteilten Kraftschiffe *Karl Junge* und *Wilhelm Brenner* ebenso ausgefallen wie (infolge Defekts der Kühlwasserpumpe) das in Narvik liegende Kraftschiff *Watt*. Ersatzteile sind auf dem Luftwege unterwegs!

Das »technische Krankenhaus Altafjord« ist nun mit *Lützow* um einen Patienten reicher.

Die nächste Zeit steht im Zeichen der Tag- und Nachtarbeit schwarz verschmierter E-Werk-»Wühler« im Langfjord-Netzkasten, während das Bordflugzeug Übungsschießen und -bombenwerfen erledigt und von der *Lützow* nach Rückverlegung in den Kaafjord Funkpeilversuche mit einer Bv 138 abgehalten werden. Wieder zurück im Langfjord, wird — durch Hin- und Herrennen der Besatzung — ein Schlingerversuch unternommen. Die Stabilität des Kreuzers hat sich um 20 Prozent, bei halber Ausrüstung sogar um 42 Prozent verschlechtert, weil die fünf im Vorjahr aufmontierten 2-cm-Vierlingsgeschütze eine zusätzliche Gewichtsbelastung oberhalb des Lateralschwerpunktes bedeuten.

Am 26. 7. kommt endlich das reparierte Kraftschiff *Watt* längsseits, so daß die Reparatur der eigenen E-Werke beschleunigt werden kann. Das Bordflugzeug fliegt unterdes nach Tromsö und überbringt eine Geheimsache für die Bv-Flugboote. Tags darauf überfliegt wieder eine »Spitfire« den Fjord, auch am darauffolgenden Tag ein unbekanntes Flugzeug. Zugleich geht ein Funkspruch vom Fliegerführer Nord-West ein: »*Ein Schlachtkreuzer, ein Flugzeugträger, ein Schwerer Kreuzer mit kleineren Einheiten auf*

06° Ost mit Nordkurs. Es wird erneut dreistündige Bereitschaft verhängt, es ist mit Träger-Luftangriffen zu rechnen.« — Aber nichts geschieht.

Am 2. 8. kann endlich die Fernschreibstelle der *Lützow* an die Kampfgruppe drahten: *»Überholung E-Diesel beendet.«*

Am 3. 8. nochmaliger Schlingerversuch mit »zweibeinigen Lebendgewichten« nach Abgabe aller entbehrlichen Gewichte und nach Umstauung an Bord. Nach abermaliger Treibölergänzung aus einem Ziviltanker erneuter Schlingerversuch. Bei voll ausgerüstetem Schiff ist die Stabilität besser.

Dazwischen Einsatzübungen im Altafjord, das Bordflugzeug fliegt enge Sicherung sowie Bomben- und sogar Torpedoangriffe. Ob es jetzt wohl endlich losgeht?

Anfang August ist der Kommandant zur Rücksprache beim Befehlshaber der Kampfgruppe auf *Tirpitz.* Die Alliierten haben alle Murmansk-Geleite aus Furcht vor der starken deutschen Kampfgruppe eingestellt — ein abermaliger Erfolg der »Fleet in being«. Und die Luftaufklärung der von Nowaja Semlja aus operierenden Bv-Flugboote stellt leider fest, daß auch der Sibirische Seeweg zur Zeit verwaist ist. Die Skl. sieht aus diesem Grunde im Unternehmen »Husar« zur Zeit keinen Sinn. Das Risiko des Vorstoßes mit der störanfällig gewordenen — nahezu werftreifen — *Lützow* steht in keinem Verhältnis mehr zum möglichen Erfolg.

Die Seekriegsleitung hat schwerwiegende Gründe für ihr Zögern. Sie kann den Schweren Kreuzer nicht für einen Vorstoß ins Leere riskieren. Also hat der Langfjord-Netzkasten bei Sopnes vorerst die *Lucie-Willy* wieder.

Am 6. 9. 1943 erreicht die Enttäuschung der *Lützow*-Besatzung ihren Höhepunkt. Das Schiff verholt in den Netzkäfig Straumsneset, den Liegeplatz der *Tirpitz,* und fungiert dort — durch künstlichen Nebel schwer erkennbar gemacht — als »Simulaker«, um die zur Zeit nur in sehr großer Höhe erscheinenden Gegnerflugzeuge darüber hinwegzutäuschen, daß das Nest des gefürchteten Spitzenschiffes der deutschen Flotte in Wirklichkeit leer ist. *Tirpitz, Scharnhorst* und 9 Zerstörer sind unter strenger Geheimhaltung und Mitnahme eines Bataillons vom Grenadierregiment 349 nach Spitzbergen ausgelaufen, um dortige alliierte Stützpunkte anzugreifen, die Küstenbatterien, Kohlengruben, Vorratsläger, E- und Wasserwerke am Eisfjord, Grönfjord und in der Adventsbucht zu vernichten und damit für die Alliierten un-brauchbar zu machen. Die ganze Kampfgruppe ist — bis auf *Lüt-zow* — vollzählig in See gegangen. Der Grund liegt darin, daß es bei diesem riskanten Kommandounternehmen gegen Svalbard (Spitzbergen) sehr darauf ankommt, einen homogenen Verband von Turbinenschiffen mit großer Höchstgeschwindigkeit zusam-menzustellen. Das Unternehmen bedeutet eine derartige Her-ausforderung für den Gegner, daß damit gerechnet werden muß, das Schwere Seestreitkräfte den Schiffen den Weg verlegen wer-den. Wenn die Häscher kommen, könnten 26 kn Höchstge-schwindigkeit der *Lucie-Willy* zu wenig sein. *Tirpitz* schafft 30,8 kn, die *Scharnhorst* sogar 31,5 Knoten!

Inzwischen beschießt die *LW*-Bordflak eine »Spitfire«. Aber die Stimmung an Bord ist so verheerend, daß der Kommandant Mannschaftswettkämpfe im Gebirgswandern durchführen läßt, deren Vorbereitung, Durchführung und Ergebnisse die Gedan-ken der Männer ablenken sollen. Aber das gelingt nur zum Teil. »Zirkus Stange« ist diesmal das Lachen vergangen. Jemand prägt mit Galgenhumor die Scherzfrage: *»Was ist der Unterschied zwi-schen »Tirpitz« und »Lützow?«* Antwort: *»Tirpitz« kämpft um Spitzber-gen, »Lützow« aber um Bergspitzen!«*

Als *»Tirpitz«* wieder zurückkehrt, muß *LW* wieder ihren Netz-kasten räumen. Der Mohr hat seine Schuldigkeit getan...

Zurück in den Langfjord. Und sonst? — Täglich Flakalarm. Auch eine sowjetische Maschine ist unter den Aufklärern. Das deutsche Wespennest ist seit dem Spitzbergen-Unternehmen su-spekter denn je geworden.

Am 22. 9. geht um 9.53 Uhr urplötzlich ein Funktelegramm ein: *»Kaafjord Alarm Tirpitz.«*

Auf *Lützow* schrillt das entsprechende Alarmsignal. Umgehend wird Kriegsmarschverschlußzustand hergestellt und mit vier Motoren seeklar gemacht. Beide Flakkriegswachen sowie die Backbordkriegswache ziehen auf.

Die Besatzung ist hellwach und kampfbereit.

Jetzt teilt die Kampfgruppenführung mit, daß ein Klein-U-Boot innerhalb der Netzsperre von *Tirpitz* vernichtet wurde. Zwei weitere seien außerhalb des Netzkastens versenkt worden bzw. gesunken. Von der einen Besatzung sind vier, von einer zweiten zwei Engländer gefangengenommen worden. Also doch das langerwartete Kommando-Unternehmen gegen die Kampfgruppe Alta!

Die V-Boote I und II der *Lützow* gehen mit je einer bewaffneten Crew unter Offiziersführung außerhalb der Netzsperre auf U-Jagd-Position. Die Männer haben geballte Ladungen von Handgranaten und Maschinenpistolen dabei. Und da keine optische Signalverbindung mit ihm besteht, überbringt Kraftschiff *Watt* auch dem Sperrwachboot der Langfjordsperre Befehl zum Ankerlichten und zur verschärften U-Boot-Sicherung.

Etwa 20 Minuten nach dem Alarm erdröhnt der Altafjord von zwei gewaltigen Detonationen. Zeitzünder haben die unter dem Schlachtschiff *Tirpitz* abgelegten Grundminen »hochgehen« lassen.

Die unter dem Achterschiff abgelegte Mine beschädigt die *Tirpitz* erheblich*, während die vordere Mine ihre Wirkung verfehlt, weil der Kommandant (Kapitän zur See Hans Meyer) das Vorschiff noch rechtzeitig mit Hilfe des Ankerspills von der vermuteten Gefahrenstelle hatte wegverholen können. Sonst aber war *Tirpitz* bewegungsunfähig, sie hatte noch keinen Dampf aufgemacht. Schlepper waren in dem Moment nicht zur Stelle.

Die beiden U-Jagd-Verkehrsboote der *Lützow* bekommen nichts Verdächtiges in Sicht. Auch das sofort besetzte S-Gerät und der Gruppenhorchraum des Kreuzers bekommen keinen Ortungskontakt. Aber nur ein schicksalhafter Zufall läßt alles ruhig bleiben:

Der britische Raid galt keineswegs nur der *Tirpitz,* sondern allen drei großen Schiffen der gefürchteten deutschen Kampfgruppe Alta. Im Schlepp von je einem großen U-Boot sind deshalb sechs Viermann-U-Boote auf die weite Reise von Schottland nach Nordnorwegen gegangen. Drei dieser »X-Boote« (mit je zwei Zeitzündergrundminen) sollten die riesige *Tirpitz,* zwei die *Scharnhorst* und eins die *Lützow* vernichten. Aber auf dem Marsch gehen bei rauher See und infolge technischer Defekte zwei

---

* Die Reparatur des Schlachtschiffes (technische Meisterleistung eines Werkstattschiffes) dauert volle fünf Monate: Alle drei Turbinen sind in ihren Lagern ebenso stark angerüttelt wie die Geschütztürme »Anton« und »Cäsar«, beide Dieselgeneratoren des E-Werkes 2, die Zielsäulen des Artillerieleitstandes und zwei E-Meßgeräte. Mit Caissons müssen Lecks in der Bordwand sowie das Ruder repariert und umgeknickte Spanten im Bereich der Hauptmaschine verstärkt und angeschweißt werden.

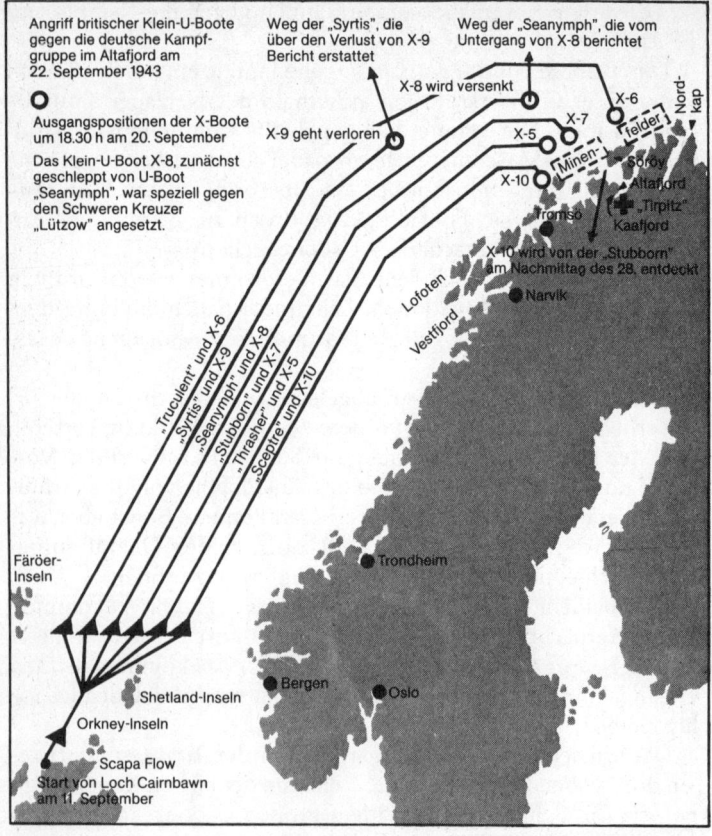

Angriff britischer Klein-U-Boote gegen die deutsche Kampfgruppe im Altafjord am 22. September 1943

O Ausgangspositionen der X-Boote um 18.30 h am 20. September

Das Klein-U-Boot X-8, zunächst geschleppt von U-Boot „Seanymph", war speziell gegen den Schweren Kreuzer „Lützow" angesetzt.

Weg der „Syrtis", die über den Verlust von X-9 Bericht erstattet

Weg der „Seanymph", die vom Untergang von X-8 berichtet

X-8 wird versenkt

X-9 geht verloren

X-6

X-7

X-5

Minenfelder

X-10

Søröy

Altafjord

„Tirpitz"

Kaafjord

Nordkap

Tromsø

X-10 wird von der „Stubborn" am Nachmittag des 28. entdeckt

„Truculent" und X-6

„Syrtis" und X-9

„Seanymph" und X-8

„Stubborn" und X-7

„Thrasher" und X-5

„Sceptre" und X-10

Lofoten

Narvik

Vestfjord

Faröer-Inseln

Trondheim

Shetland-Inseln

Bergen

Oslo

Orkney-Inseln

Scapa Flow
Start von Loch Cairnbawn am 11. September

Klein-U-Boote verloren*, ein drittes sinkt am Fjordeingang vermutlich in einem Minenfeld, das vierte infolge Tauchpanne im Kaafjord.

* Das unter dem Überführungskommandanten Lieutenant Smart und dem Angriffskommandanten McFarlane speziell auf *Lützow* angesetzte Viermann-U-Boot *X-8* riß unterwegs im Sturm zweimal von seinem Schlepp-U-Boot *Seanymph* ab, wurde nach dramatischer Suche zweimal wiedergefunden, war aber auch nach Notabwurf der beiden Minenladungen wegen sich verschlimmernder Defekte nicht mehr zu halten. Zwei harte Jahre Spezialausbildung für die Besatzung waren umsonst: *X-8* mußte am 18. 9. auf Position 71°41' Nord / 18°11' Ost selbstversenkt werden, seine Besatzung auf das Mutter-U-Boot *Seanymph* übersteigen.

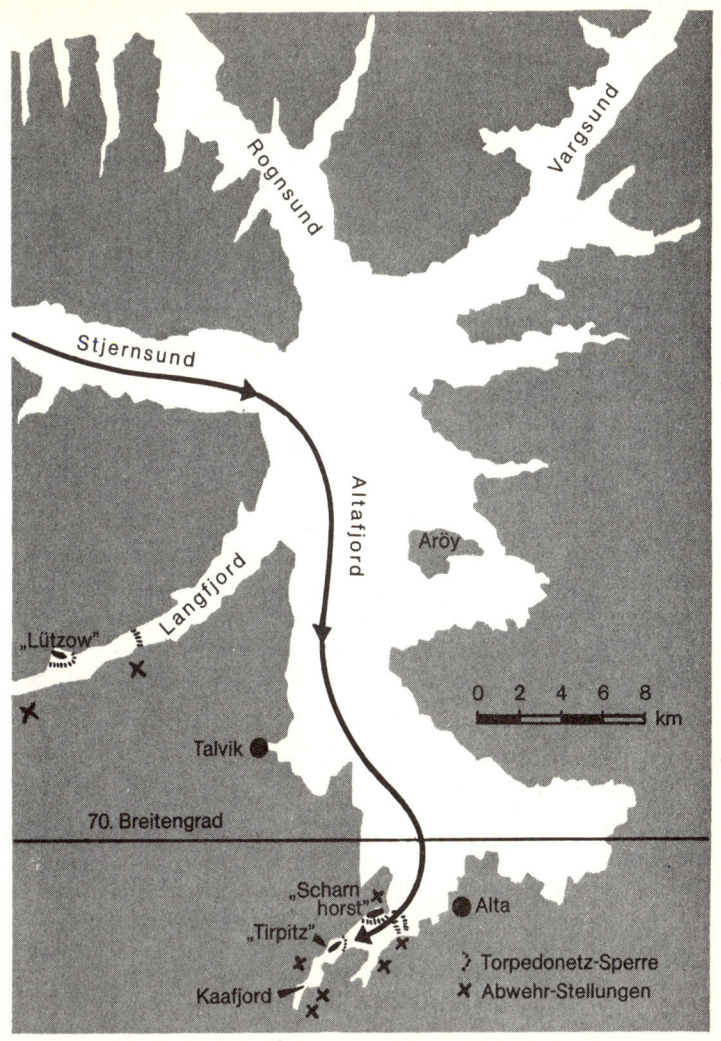

Der Weg der in den Altafjord und schließlich in den davon abzweigenden Kaafjord eingedrungenen »midget submarines« X-5, X-6 und X-7. Die auf *Scharnhorst* und *Lützow* angesetzten Klein-U-Boote fielen vorher aus.

Als sich im Kaafjord und Langfjord stundenlang gar nichts mehr tut, kann der Alarm schließlich zurückgestuft werden. *Lützow* muß jetzt ihren Langfjord-Netzkasten bei Sopnes für die *Scharnhorst* räumen, die — wegen des Ausfalls der *Tirpitz* — das neue Flaggschiff der Kampfgruppe Alta geworden ist. *Lützow* ankert deshalb zeitweilig vor Tappeluft. Da es aber immer noch sein könnte, daß sich ein Klein-U-Boot irgendwo versteckt hält oder eine zweite Angriffswelle zu erwarten ist, bleiben gemäß Alarmrolle die verschärfte Sabotageabwehr und die Alarmrolle bestehen. Der W.O. steht auf der Brücke, das Bugspill hat Sofort-, die Antriebsanlage 10-Minuten-Bereitschaft, die U-Boot-Ortungsgeräte sind wieder besetzt. Das kommt dem Kommandanten freilich wie gerufen, denn so ist das Schiff um so unauffälliger gleich seeklar.

Am nächsten Abend (23. 9.) tritt der Kreuzer hinter einem Minensuchgeleit von schnellen Räumbooten, gefolgt von vier Zerstörern, den Kriegsmarsch nach Süden an. Adjeu, Altafjord — für immer!

Der durch Dönitz vor dem Siemens-Martin-Ofen bewahrte Schwere Kreuzer *Lützow* wird befehlsmäßig in die Ostsee zurückverlegt. Noch weiß die Besatzung zum Glück gar nicht, was ihr dort bevorsteht: *Lützow* soll vom Flottenkreuzer zum Schulschiff degradiert werden, sobald die bevorstehende Werftliegezeit zu Ende ist.

Mit dem Auslaufen aus dem Altafjord — im September 1943 — endet zugleich die Bereitschaft für das Unternehmen »Husar«: Kapitän zur See Stange notiert ins Kriegstagebuch:

»Zwei Monate vergeblich auf diesen Einsatz gewartet. Es wird immer ein Jammer bleiben, daß Schiff und Besatzung auf der Höhe ihrer Gefechtsausbildung und zusammengeschweißt durch fast einjährigen Einsatz im Nordraum nicht noch eine Bewährungsprobe vor der (zeitweiligen) Außer-K.B.-Stellung erhalten!«

Viele Hunde sind des Hasen Tod?

Das jetzt Bevorstehende, der Rückmarsch zur Ostsee, ist keine Kleinigkeit. Sicherlich steht der Gegner schon bereit. Nordöstlich Dyrsnes herrschen ruhige See, unangenehm gute Sicht, schwächerer Mondschein. Die Zerstörer fahren U-Boot-Sicherung an beiden Seiten. Kriegsmarschfahrstufe 22 kn. Um 6.40 Uhr wird das Minensuchgeleit entlassen und dafür das Bordflugzeug zur engen Sicherung gestartet. Bald kommt auch eine angekündigte He 115 als U-Jagd-Maschine in Sicht.

Am nächsten Morgen die »Freudenbotschaft« des Admirals Westküste, daß nach Funkaufklärung britische Schnellboote in See sind. In der nächsten Nacht gibt es wieder schwierige Navigation wegen nicht brennender Feuer. Eine Ju 88 meldet über Funk die Sichtung eines britischen U-Bootes. Um 2.41 Uhr »Kriegswache Achtung!«: Zwei abgeblendete Schnellboote sind an Steuerbord in Sicht. Aber der E.S.-Austausch macht sie als eigene Fahrzeuge kenntlich. Die Schnellboot-Warnung hat eine gewisse Nervosität ausgelöst. Im Laufe der Nacht noch mehrfach *Kriegswache Achtung!*« Es sind freilich jedesmal eigene Fahrzeuge.

Umgekehrt ist es beim Fliegeralarm um 7.26 Uhr: Ein zunächst als eigener Jäger angesprochenes Flugzeug erweist sich als Feindmaschine, es wird vom vorausfahrenden Minensuchboot M 255 beschossen. Der gegnerische Aufklärer ist also mit gewohnter Zuverlässigkeit da, rechtzeitig vor der kritischen Ecke Stadlandet!

Gleich nach Absetzen einer entsprechenden Funkmeldung an Gruppe Nord und Flotte treffen zwei Me 110-Zerstörerflugzeuge als Jagdschutz ein. Aber schon gibt der B-Dienst an die Kommandobrücke, daß der gesichtete britische Aufklärer recht korrekt 1 Schlachtschiff und 5 Zerstörer im »Fjord« gemeldet hat, auch Kurs und Fahrt stimmen. Einziger Beobachtungsfehler: Der Aufklärer hat das vorauslaufende M-Boot als Zerstörer mitgezählt. Donibristle, Hatson/Shetlands, Wick/Nordschottland und Cleethorps wiederholen sämtlich den Sichtungsfunkspruch. *Lützow* kann sich auf etwas gefaßt machen. Die Gegner kennen die

Marschrichtung des Verbandes genau. Um 9.15 Uhr funkt die deutsche Luftflotte 5 »Kr Kr« (dringend): *»Mit Luftangriffen nächster Zeit rechnen!«*

Beide Flakkriegswachen auf Station. Um 10.20 Uhr geht das FT ein: *»8 englische Flugzeuge Kurs Ost bei Stadlandet.«*

Das bedeutet 5 Seemeilen nördlich vom augenblicklichen Standort *LW!* Da sind sie: Acht Maschinen fegen im Tiefflug von achtern heran und werden von der Schweren und Leichten Flak gemeinsam unter rasendes Feuer genommen. Im gleichen Augenblick schießen sie E.S. Verdammte Schweinerei, das sind ja Deutsche: *»Flak haaalt!«*

Immer dieselbe »Krankheit«: Die meisten Startmeldungen von Flugzeugsicherung und Jagdschutz kommen zu spät. Und nun erscheinen diese Pechvögel ausgerechnet Sekunden nach der Sichtmeldung von acht Briten in genau gleicher Stückzahl auf der Bildfläche!

Aber alle acht Flugzeuge sind gottlob oben geblieben. Ihre Besatzungen werden allerdings nicht weniger geflucht haben als die Flakbedienung der *Lützow.*

Die britischen Maschinen stehen tatsächlich bei Stadlandet, es laufen mehrere Sichtungsmeldungen ein. Aber querab Bremanger setzen zur großen Freude der Schiffsführung vereinzelte Regenschauer ein. Und es kommt noch besser: Der Kommandant möchte seinen Bordwetterfrosch am liebsten umarmen: Er prophezeit nun auch Graupelböen bis Windstärke 8 — und behält recht. Die acht britischen Maschinen finden den Verband nicht! Um 15.01 Uhr meldet die Marinefunkstelle Marstene 12 Flugzeuge mit Kurs Ost, das ist 20 Seemeilen südlich von Bergen. Es sind abermals Briten vom Coastal Command. Sie verpassen die *Lützow* wegen der schlechten Sicht ebenfalls und suchen an falscher Stelle!

Um 18.50 Uhr zwei Kondensstreifen über dem Schiff, die entwichene Beute ist also wiedergefunden worden. Während *Lützow* um 19.15 Uhr Haugesund passiert, erfaßt der B-Dienst aus dem britischen Funkbetrieb, daß eine neue Flugzeugstaffel angesetzt worden ist. Donibristle schickte dem britischen Verbandsführer einen sehr dringenden Funkspruch. Es besteht kein Zweifel, daß damit der »Hermelin«-Verband gemeint ist, zumal drei Minuten später schon wieder eine Fühlungshalter-Maschine *»1 Schlacht-*

schiff und 4 andere Schiffe mit Kurs 200°« meldet. Dieses britische Flugzeug besitzt sogar den Nerv, sich genau über den deutschen Schiffen von seinen Bodenstellen einpeilen zu lassen und bekommt damit eine traumhaft genaue Position. Leuchars und Cleethorpe wiederholen die Funksprüche sofort.

Jetzt wird es Kapitän Stange zu bunt. Wenn man schon keinen Meter mehr fahren kann, ohne beobachtet, gemeldet und an der nächsten Ecke angegriffen zu werden, dann wird es Zeit, dem Gegner ein Schnippchen zu schlagen. Koppelt ihr man schön weiter, Kameraden von der »anderen Feldpostnummer«! Wir machen erstmal kehrt — und bei Nacht sind alle Katzen grau. Stange mißachtet sogar seinen Operationsbefehl, der ihm den Austritt aus den Schären bei Skudesnes schon um 21.00 Uhr befiehlt. Die Schiffe stehen bei Haugesund erst einmal »auf und ab«. Und er gibt die beiden Lotsen auch schon jetzt an Z 27 ab. Er denkt gar nicht daran, derart früh bei Skudesnes zu sein und nachher vor Kristiansand-Süd stoppen zu müssen, um die beiden Norweger loszuwerden. Stange beschließt, vor 22.30 Uhr keinesfalls bei Skudesnes aus den Schären herauszulaufen, dann aber bis zum Einsetzen der Morgendämmerung mit vollen 26 kn möglichst weit nach Osten zu preschen.

Während der Verband bei Haugesund hin- und herkreuzt, wird er durch pausenloses Stern-Signal-E.S.-Schießen eigener Sicherungsfahrzeuge, Flugzeuge und Küstenbatterien wie von einem Feuerwerk umringt. Sogar Scheinwerfer und Leuchtfallschirme verursachen eine höchst unerwünschte Festbeleuchtung. Die kann doch auf die Dauer dem Gegner nicht verborgen bleiben!

Um 21.44 Uhr kommt von Gruppe Nord/Flotte die Hiobsbotschaft: *»Sichtungsmeldung 18.50 Uhr ist von Hauptquartier 18. Gruppe auf Verkehrswelle amerikanischer Bomber übergeleitet und an Seestreitkräfte übermittelt. Scapa (Flow) absetzte 19.02 Uhr geschlüsseltes FT an Boote der 30. M.T.B.-Flottille (M.T.B.'s = motor torpedo boats)«.*

Also doch! Mit Schnellboot- und Luftangriffen wird für die Nacht gerechnet, in der Morgendämmerung mit Bombenangriffen. Und im Raum Skagen-Aalborg-Rande sind außerdem 4—5 Feindmaschinen gesichtet worden, die vermutlich Minenflugzeuge sind. Dort wird der weitere Reiseweg der *Lützow* entlangführen!

Um 22.45 Uhr werden beide Kriegswachen auf Station gerufen. Alle Mann müssen Schwimmwesten anlegen. Der Kommandant gibt durch, daß er von jedem einzelnen Besatzungsmitglied höchste Aufmerksamkeit verlangt. Die vollzählig auf Gefechtsstation befindliche Maschinenmannschaft erhält Befehl zum Öffnen der Füllungsbegrenzungshähne. Mit 26 Knoten prescht *Lützow* mit ihren Zerstörern gegen 23.00 Uhr bei Skudesnes aus den Schären. Die Sicht draußen ist geradezu verteufelt gut. Stange hält sich so dicht wie möglich unter der Küste, um wenigstens von der Landseite her einigermaßen sicher zu sein. Die angestellten Leuchtfeuer erscheinen ihm viel zu hell.

Die Schiffssicherungsmannschaft ist schon seit 20.00 Uhr auf ihren Gefechtsstationen und wird dort bis zur Beendigung der vielstündigen Höchstfahrt bleiben müssen. Nur die Seewache und die Maschinenstörungswache des technischen Personals lösen sich gegenseitig ab.

Stunde um Stunde verrinnt, während jeder unwillkürlich auf die Alarmglocke wartet, die Ausguckposten sich die Augen aus dem Kopf bohren und die M.A.-Batterien »klar bei Leuchtgranaten« sind. Aber das monotone Brausen der Bugsee, das Bullern im Schornstein und das Summen des Fahrtwindes in den Antennen und Signalstagen bleiben die einzigen Geräusche. Ungeachtet der weiterlaufenden Höchstfahrt muß unten im Motorenraum Steuerbord 2 eine defekt gewordene Treibölpumpensaugeleitung ausgewechselt werden. Zwei Stunden später ist am Kolbenkühlblock vom Zylinder Nr. 8 von einem der Steuerbord-Motoren eine Schraube abgeschoren. Kühlölverlust zwingt zum zeitweiligen Abschalten dieses Motors und zu einer halbstündigen Eilreparatur, die bei umgelegter Schwimmweste nicht ganz einfach ist. Aber *Lützow* läuft auch in dieser Zeit mit 25 kn weiter.

Gegen 4.00 Uhr schließt bei der Sperrlücke querab Kristiansand-Süd Zerstörer *Z 38* heran, dafür wird *Friedrich Ihn* wegen weitgehender Erschöpfung seines Brennstoffvorrats entlassen. Um 6.20 Uhr muß auf 22-Knoten-Marschfahrt heruntergegangen werden, weil einer der Zerstörer sonst mit dem »Sprit« nicht mehr auskommt. *Lützow* fährt mit sechs Motoren weiter, die beiden anderen bleiben in Sofortbereitschaft. Die Sicht ist immer noch penetrant gut. Der Wetterfrosch hatte für Skagerrak und Kattegat freilich eine andere Prognose gemacht ...

Um 6.05 Uhr können die Schwimmwesten abgelegt werden, denn die Lichtverhältnisse gestatten wieder rechtzeitiges Erkennen etwaiger Angriffe. Auch dürfte in diesem Seegebiet die Torpedoflieger- und Schnellbootgefahr bereits vorüber sein. Um so mehr muß mit Bombenangriffen und U-Booten gerechnet werden. Um 7.12 Uhr stoßen deshalb wieder acht eigene Flugzeuge als Jagdschutz zum Verband. Ab 10.15 Uhr kann mit vier Motoren getrost »Kanalschaltung« gefahren werden, die restlichen vier bleiben in 10-Minuten-Bereitschaft. Das Sperrgeleit ist nämlich zur Stelle. *Lützow* und ihre Zerstörer laufen fortan mit nur noch 10 kn Fahrt hinter *Sperrbrecher 13* sowie den Minensuchbooten *M 406* und *M 301* her.

Es ist einfach nicht zu fassen, daß ein Angriff auf den Verband ausgeblieben ist! Warum eigentlich?

Tatsächlich wurden am Vorabend und während der Nacht von den Shetlands aus nicht weniger als 39 Torpedoflugzeuge vom Typ Bristol »Beaufighter« und »Tarpon«-T-Bomber der FAA-Squadron 832 auf die *Lützow* angesetzt. Aber die erste Welle der Maschinen fand, wie gesagt, den Verband infolge der zeitweiligen Regenböen und Graupelschauer bei Stadlandet nicht, die zweite fiel auf den Kehrttrick des Kommandanten bei Haugesund herein und wartete zu früh und zu lange bei Skudesnes, bis Kraftstoffmangel sie zum Rückflug zwang. Die dritte Welle stieß hinter dem Verband ins Leere. Man hatte sich in der Fahrtstufe der Schiffe verschätzt und falsch gekoppelt. Anschließend suchte man in der falschen Richtung. Auch die Motor-Torpedoboote der 30. M.T.B.-Flottille kamen aus ähnlichem Grund zu spät. Dieses vierfache Pech beim Angriff gegen das »Unternehmen Hermelin« können die Briten nun auch nicht mit einem Bomberverband mehr wettmachen, weil Bodennebel über den Fliegerhorsten der Britischen Inseln jede Flugtätigkeit verhindert.

Intermezzo in der Ostsee

Nach ihrer Rückverlegung in die Ostsee gerät die *Lützow* am 9. 10. 1943 in einen Luftangriff der 8. USAAF auf Gotenhafen (Gdingen) hinein, bleibt aber unbeschädigt. Im lettischen Kriegshafen Libau absolviert das Schiff anschließend seine turnusmäßige Werftliegezeit und nimmt im März 1944 als nunmehriger Kadettenschulkreuzer den Fahrbetrieb im Rahmen des »Ausbildungsverbandes Flotte« auf. Das Schiff legt bei dieser Offiziersanwärter-Ausbildung Tausende von Seemeilen in der Ostsee zurück. Aber es zeigt sich sehr bald, daß diese Verwendung ein Trick des Großadmirals Dönitz war, um den Schweren Kreuzer vor dem jähzornigen Verschrottungsbefehl Hitlers zu retten. Realisten in der Seekriegsleitung stellen sich beizeiten darauf ein, daß sich die Lage an der deutschen Ostfront zunehmend verschlechtern wird und daß die Ostsee, in der bis zum Sommer 1944 die deutsche Kriegsmarine noch weitgehend unangefochten die Seeherrschaft ausübt, zum Kriegsgebiet wird. Immerhin stehen die Sowjets seit Jahresbeginn 1944 mit 57 Divisionen, 9 Brigaden und 33 Panzergroßverbänden im Angriff, ihre Stoßrichtung ist unverkennbar die Ostsee.

Als sich der drohende Zusammenbruch Finnlands abzeichnet, wird die *Lützow* am 23. Juni mit 30 t Heeresmunition zur Panzerabwehr, mit Flugabwehrgeschützen auf Landlafetten und 60 feldgrau eingekleideten Marineartilleristen »beladen« und im Eilmarsch ins Schärengebiet an der Nordkante des Finnischen Meerbusens verlegt. Die mitgebrachte Munition wird sofort an die hart bedrängte finnische Front weitertransportiert, während sich *Lützow* in einem rasch gebauten Torpedoschutz-Netzkasten bei Aspö für das streng geheimgehaltene Unternehmen »Tanne West« bereithält: Der Kreuzer soll im Falle eines finnischen Zusammenbruches die Åland-Inseln* besetzen, damit der Eckpfeiler

---

* Die Åland-Inseln, nach 1918 von Finnland und von Schweden gleichermaßen beansprucht, wurden vom Völkerbund im Juni 1921 Finnland zugesprochen, zugleich wurde jedoch ihre militärische Neutralisierung gesetzlich bestimmt.
54% des deutschen Erzbedarfs wird aus Schweden gedeckt, davon kommen drei Viertel über die Ostsee!

des Finnenbusens nicht in sowjetische Hände und die für Deutschland äußerst wichtigen Erztransporte aus dem Bottnischen Meerbusen ungestört weiterlaufen können. Das Landungsunternehmen ist sorgfältig vorbereitet worden, *Lützow* soll mit ihrer Artillerie die entscheidende Feuerunterstützung geben.

Zusammen mit drei Zerstörern liegt der Kreuzer dort am Finnischen Meerbusen außerordentlich exponiert. Er ist längst von der gegnerischen Luftaufklärung erfaßt worden. Und die Besatzung der *Lützow* kann von Glück sagen, daß wegen einer eingetretenen dramatischen Situation an der deutschen Ostfront das Unternehmen »Tanne West« am 8. Juli plötzlich wieder abgeblasen werden muß. Der Kreuzer verlegt nach Deutschland zurück und entgeht damit den konzentrierten Angriffen von 120 Bombern und Torpedoflugzeugen der Roten Luftwaffe (Baltenflotte unter Generalleutnant Samochin), die sich seit Anfang Juli auf die Ausschaltung des unerwünschten deutschen »Westentaschenschlachtschiffes« konzentriert hat. Als Ersatzziel nimmt sich Samochin den alten Flakkreuzer *Niobe* vor, der bei dem massierten Angriff ein schreckliches Ende nimmt.

Im September 1944 erscheint die *Lützow* erneut in Finnland, um gemeinsam mit dem Schweren Kreuzer *Prinz Eugen*, zwei Zerstörern und zwei Torpedobooten einen beim nunmehr tatsächlich erfolgten Zusammenbruch Finnlands im Bottnischen Meerbusen abgeschnittenen deutschen Geleitzug herauszuholen. Das Verhalten der sowjetischerseits zum Widerstand gezwungenen finnischen Küstenbatterien auf den Åland-Inseln ist ungewiß. Im Morgengrauen des 24. September gelingt doch der deutschen Kampfgruppe die Lösung ihrer Aufgabe ohne Gewaltanwendung. Es kommt zu einem stillschweigenden Agreement mit den Finnen.

Der aus dem Bottenbusen herausgeholte Konvoi bringt die letzten Deutschen, die Finnland über See verlassen haben.

Zwischen den beiden Finnland-Aktionen wurde die inzwischen vom Schulschiff wieder in einen Frontkreuzer rückverwandelte *Lützow* in See vor der Kurland-Küste bereitgestellt, um beim erwarteten sowjetischen Großangriff auf Riga den deutschen Heerestruppen artilleristische Unterstützung zu geben. Nach fast dreiwöchigem Warten auf diesen riskanten Einsatz im Innern des Rigaischen Meerbusens wird der Kreuzer zur soforti-

gen Verstärkung seiner unzulänglich gewordenen Flugabwehr-
bewaffnung eilends nach Gdingen zurückbeordert, weil die in
großer Zahl auftretenden sowjetischen IL-2-Flugzeuge gepanzert
und deshalb mit den bislang verwendeten Geschützen der leichten Flak nicht mehr abschießbar sind.

Genau im Augenblick der eiligen Umarmierung auf schwedische 4-cm-Flugabwehrgeschütze (Bofors) brechen die Sowjets
westlich Riga mit breitem Keil zur Küste durch. Die Verbindung
zwischen den großen deutschen Heeresgruppen Nord und Mitte
wird dadurch abgeschnitten, Riga endgültig eingekesselt und ab-
geschnürt. Ein Panzerkorps unter Generalmajor Graf Strachwitz
tritt am Morgen des 20. August 1944 zum Gegenstoß an. Die
Angriffsstraßen führen zwangsläufig durch den 15 km landeinwärts in einem Talkessel gelegenen lettischen Verkehrsknoten-
punkt Tukkum.

An Stelle der momentan nicht verfügbaren *Lützow* unternimmt
der Schwere Kreuzer *Prinz Eugen*, der sofort ins Innere des Meerbusens eingedrungen ist, einen vorbereitenden Feuerüberfall auf
den Ostrand der Stadt, den Bahnhof und das Straßenkreuz. Die
Salven der 20,3-cm-Geschütze liegen exzellent genau. Der Widerstand der Sowjets wird durch das massierte Trommelfeuer
des Kreuzers gebrochen.

Beiderseits des sowjetischen Korridors können die Deutschen
jetzt ihrerseits angreifen, und die Besatzung des eingekesselten
Riga arbeitet sich ihren Befreiern entgegen. Der 45 km lange,

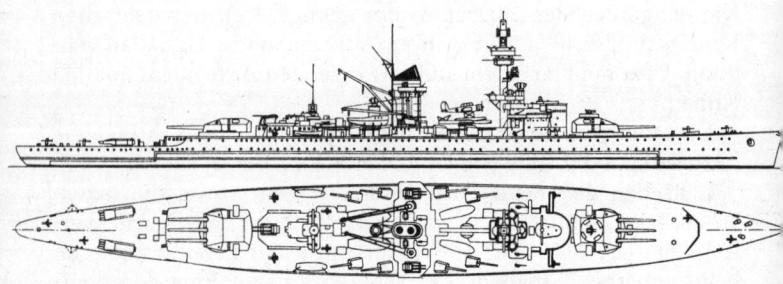

Die sechs 4-cm-Flaks stehen beiderseits der Brückeninsel und des achtern
Artilleriestandes. Die 2-cm-Zwillinge und Vierlinge des Aufbaudecks sind
gut sichtbar.

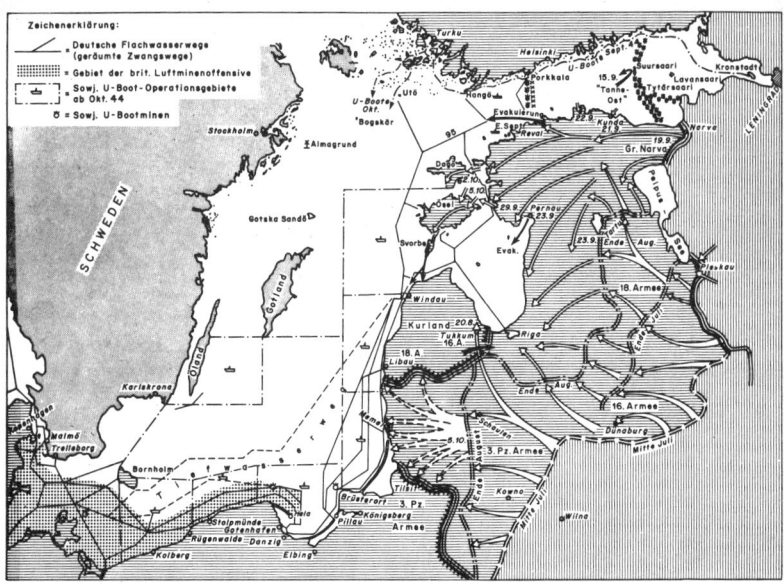

Diese Karte veranschaulicht einerseits den Durchbruch der Sowjets bei Tukkum und den deutschen Gegenstoß, zum anderen die Bildung des Kurland-Brückenkopfes und die Sperriegel-Funktion der Ösel-Halbinsel Sworbe. Auch die Wechselwirkung zwischen dem deutschen Rückzug von der Narwa-Front und der Aufnahme von infolgedessen unvermeidlich gewordenen Waffenstillstandsverhandlungen Finnlands mit der UdSSR wird durch die Karte ebenso erklärt wie die Unsinnigkeit des anachronistisch gewordenen Unternehmens »Tanne Ost« gegen die Insel Hochland (Suursaari). Bald nach der deutschen Evakuierung Revals dringen sowjetische U-Boote in die Ostsee vor, die von Westen her bis auf die Höhe von Hela immer stärker durch britische Flugzeuge vermint wird.

strategisch wichtige Schlauch zwischen Riga und Schlock kommt wieder in deutsche Hand. Durch ihn fließen bis Mitte Oktober 29 Divisionen, zwei Brigaden, 190 Flakbatterien, 28 Heeresartillerieabteilungen und 68 Pionierbataillone mit über 111 000 Fahrzeugen nach Westen ab; sie entkommen der Umklammerung. Das Wirkungsschießen der Geschütztürme eines Schweren Kreuzers hat also einen großen Erfolg erzielt. Wir (der Verfasser gehört seit Januar 1944 zur Besatzung der *Lützow*) betrachten den heimkehrenden *Prinzen* mit Neid, spüren aber gleichzeitig, daß dieser Artillerie-Einsatz erst der Anfang einer neuen Kriegsphase war. Die »Dickschiffe« der Kriegsmarine, die »jemand« anderthalb Jahre vorher »in den Ofen stecken« wollte, haben plötzlich einen hohen Stellenwert erhalten. Man erwartet jetzt Wunderdinge von ihnen.

Feuerglocken gegen Sowjetpanzer

Am 7. 10. erzielt der mit 35 Schützen-Divisionen, vier Panzer-korps und fünf selbständigen Panzerverbänden in Hauptstoß-richtung Memel angreifende Gegner gegen die zum Teil stark angeschlagenen deutschen Verbände weitere Erfolge. Südlich Luknik bricht der Russe mit einem Panzerkorps bis zur Ostpreu-ßen-Schutzstellung westlich Retowo durch. Am 8. 10. steht der Gegner bereits dicht vor dem litauischen Krottingen. Einen Tag später wird bei Tauroggen gekämpft, an einigen Stellen ist die Memel-Brückenkopfstellung bereits durchbrochen. Am 10. 10. stößt der Gegner südlich Libau erstmals bis zur Kurland-Küste durch, und der Kampfkommandant Memel setzt sich mit dem XXVIII. Armeekorps angesichts der gegnerischen Übermacht auf eine neue Stellung im Umkreis von sieben Kilometern um die Stadt ab. Die Panzergrenadier-Division »Großdeutschland«, die 7. Panzer-, die 58. Infanterie-Division und Teile der Division »Hermann Göring« stehen in schweren Abwehrkämpfen gegen den von Norden und aus Richtung Tilsit andrängenden Gegner. Mit starken Offensivkräften setzt die Rote Armee zugleich ost-wärts Riga und in Richtung Libau mit Großverbänden zum An-griff an. 395 abgeschossene gegnerische Panzer binnen zehn Ta-gen, allein im Bereich der Heeresgruppe Nord, lassen die Heftigkeit der Kämpfe erkennen. Die sowjetische Überlegenheit bleibt ungebrochen.

Bei dichtem Nebel marschieren *Prinz Eugen* und *Lützow,* gesi-chert von drei Zerstörern und drei Torpedobooten, am frühen Morgen des 11. 10. nach Nordosten, Nebelschallsignale gebend, außerdem untereinander über die Verbandslangwellennahzone und UK-Kanal 15 in Funkkontakt. Es ist höchste Eile geboten. Wir sollen den schwer bedrängten Heerestruppen im Kampf-raum Memel massive Feuerunterstützung geben. Zeitweilig wer-den deshalb sogar Umdrehungen für 26 kn aufgenommen, da die Funkmeßortungsgeräte den Seeraum frei melden.

Der Waffenstillstand mit Finnland und die deutsche Räumung von Estland haben den bisher abgeriegelten Finnenbusen »ent-korkt«. Es operieren jetzt russische U-Boote in der Ostsee. In der

Nähe unseres Einsatzraumes wurde soeben der Frachtdampfer *Leda* torpediert, der Verwundetentransporter *Nordstern* und der Truppentransporter *RO 24* von U-Boot-Torpedos versenkt. Ein Funkspruch von MOK Ost teilt uns außerdem mit, daß der angeforderte Jagdschutz wegen der Wetterlage möglicherweise nicht gestellt werden kann. Andererseits ist der starke Nebel für die unbemerkte Annäherung unseres Verbandes an die vorgesehene Bombardementstellung günstig.

Mit allen Geräten ist Fu.M.B.-Rundumsucheinsatz im Gange, als um 10.25 Uhr »Klarschiff zum Gefecht« geschlagen wird. Der Nebel ist abermals derart stark geworden, daß die Zielhilfsbeobachtung durch unsere Bordflugzeuge utopisch sein dürfte. In den Braunschen Röhren der Funkmeß-Ortungsgeräte werden zahlreiche Schraffierungen von Radarechos sichtbar, reflektiert von den größeren Gebäuden der Stadt Memel. Voraus ist Geschützfeuer zu hören. Mangels Sicht ist keins der erhofften Hilfsziele zu verwenden. Der Verband benutzt deshalb die nur schwach sichtbare Ansteuerungstonne für diesen Zweck. Die bei unserer Kampfgruppe eingeschifften Heeresfunker bekommen von Land erste Zielzuweisungen. In den Kartenhäusern und Artillerie-Rechenstellen wird fieberhaft gearbeitet, denn die angegebenen Ziele müssen jeweils von den Koordinaten der Heeresgitterkarten in Längen- und Breiten-Koordinaten der Seekarten umgesetzt werden. 1000 m Sicherheitsabstand von den eigenen vorgeschobenen Beobachtern (V.B.s) und größte navigatorische Präzision während der Beschießung sind Voraussetzung dafür, daß das befohlene Vernichtungsfeuer auf massierte sowjetische Panzerbereitstellungen 14 km nordwestlich Memel nicht etwa in die eigenen Linien schlägt. Um 13.36 Uhr eröffnet *Prinz Eugen*, um 13.56 Uhr (mit anderer Zielzuweisung) auch *Lützow* das Feuer, auf 230 Hektometer Entfernung.

Der Gegner ist völlig überrascht. Er wird zunächst überhaupt nicht gewahr, woher der verheerende Geschoßhagel eigentlich stammt. Er vermutet allen Ernstes einen Einsatz der neuen ballistischen Fernkampfflugkörper vom Typ der »Vergeltungswaffe« *V 2*. Besonders die schweren Salven der 28-cm-Geschütze der *Lützow* erzielen furchtbare Wirkung. Sie zerschlagen am Ostausgang von Baugskorallen praktisch eine ganze angreifende Panzerbrigade. Um 14.35 Uhr ist nach dem ersten S.A.-Einsatz zunächst »Feuer durch«. Um 18.01 Uhr kommt neue Feuererlaubnis. Diesmal schießt auch die Mittelartillerie mit. Unheimlich präzise kommen die Zielangaben über Funk; zum Beispiel: »*Lützow* nächstes Ziel Panzerbereitstellung ct 3 linke Kante Mitte bei Thalen«. Die beiden unentwegt schießenden Schweren Kreuzer sehen in der dunstartigen Abenddämmerung wie feuerspeiende, vorzeitliche Fabelwesen aus.

Einmal kommt *Prinz Eugen* — plötzlich durch Nebelschwaden verschluckt — vorübergehend außer Sicht. Durch Drehung um 2 Dez nach Steuerbord und Setzen der Warnlichter wird der Anschluß wiederhergestellt. Und nach vorübergehendem Störungsfeuer wird in der sehr dunklen, regnerischen und diesigen Herbstnacht mit immer neuen Anläufen weitergeschossen, nach genau numerierten Zielen. Es ist Planschießen nach navigatorischen Schiffsortangaben und Verfahren »Ziel verdeckt«, weil das einzige Hilfsziel zu nahe ist.

An Land erhellen zahlreiche Brände den Himmel, die freilich infolge des Dunstes nur als wabernder Widerschein wahrnehmbar sind. Die Schlacht ist voll im Gange, das Schicksal des Brükkenkopfes Memel steht auf dem Spiel.

Das Einpeilen der schwachen Blitzleuchte auf der Ansteuerungstonne ist allzu schwierig und erweist sich für ein genaues Schießen nach dem Landzielrechengerät als zu ungenau. Dem Steuermanns- und Rechenstellenpersonal werden deshalb Meisterleistungen an Koppelkunst und Rechnen mit Zielverdecktschaltung abverlangt, damit nur ja keine der Turmsalven, wie gesagt, in die eigenen Stellungen geht. Morgens um 5.55 Uhr schießt das Steuerbord voraus zur U-Boot-Sicherung eingesetzte T-Boot zwei weiße Sterne: U-Boot-Sichtung! Der Verband macht bei 19 kn Fahrt Ausweichmanöver nach Backbord.

Um 6.15 Uhr reißt die Bewölkung auf, die Sicht bessert sich. Es ist klar, daß der Gegner in Anbetracht der Wetterbesserung den inzwischen erkannten, außerordentlich lästigen Verband angreifen wird. Unser Kommandant läßt deshalb die auf der Back infolge des Schießens der S.A. niedergelegten Flugabwehrwaffen vorsorglich wieder aufstellen. Die Schußrichtung des vorderen Drillingsturmes wird künftig so gewählt, daß die Back nicht mehr überschossen zu werden braucht.

Die Zerstörer *Z 25* und *Z 36* greifen morgens als erste in das

Landzielschießen ein. Sie werden daraufhin von Land beschossen. Auch uns gabelt man ein. Bald donnern auch die Turmsalven der Schweren Kreuzer wieder über die See. Es wird diesmal nach Direktangaben von Vorgeschobenen Beobachtern geschossen, die freilich alle auf eine gemeinsame Funkwelle geschaltet sind und sich deshalb untereinander stören. Endlich kann auch zeitweise nach Landhilfszielen geschossen werden.

Wie zu erwarten war, läßt sich der Gegner diese Herausforderung nicht länger gefallen. Während wir gerade eine massiert angreifende Panzerspitze beim Dorf Daupern beschießen, gibt es Fliegeralarm. Die S.A. muß sofort schweigen: Tiefflieger steuerbord achteraus, Torpedoflugzeug vom Typ »Boston«. Wir drehen hart backbord ab, feuern auf die Maschine mit der S-Flak und zwingen sie zum Abdrehen. Insgesamt sind acht Torpedoflugzeuge gleichzeitig auf uns angesetzt. Dieser Wechsel vom Landzielschießen zum Flakeinsatz auf die nächsten Angreifermaschinen bei zeitweiliger Feuereinstellung der Artillerie wird fortan zur Gewohnheit.

Die bei unserem Verband eingeschifften, aus russisch sprechenden Heeresfunkern vom B-Dienst bestehenden »Büffeltrupps« finden im Funksprechverkehr der sowjetischen Luftwaffe immer häufiger unsere Schiffe erwähnt. Dennoch immer neue Feuerüberfälle unsererseits, die den Gegner treffen: Vor Jankeiten, Peskoje, Waschken.

Das Zusammenspiel der Heeres-V.B.s mit der 2. Kampfgruppe klappt immer perfekter: »Heeresgitterkarte cu 9 c, Rechtswert 16350, Hochwert 81100 = Straßenkreuzung 1,5 km westnordwestlich Baugskorallen: 45 Schuß 28-cm-Kaliber freigegeben.«

Dazwischen weitere Fliegeralarme, Flakschießen, Ausweichbewegungen, ja Kehrtmachen des ganzen Verbandes. Für die Rechenstellen eine Qual, weil sie ganz akkurat jede Abweichung vom gekoppelten Kurs berücksichtigen müssen. Für *Prinz Eugen* ist das leichter, er hat einen moderneren Typ Feuerleitanlagen, der solche Veränderungen korrigiert.

Kaum zu glauben: Um 14.35 Uhr stoßen erstmals vier eigene Jäger als Jagdschutz zum Verband. Sie bleiben freilich nur ganze 40 Minuten bei uns. Danach müssen wir unsere Bordflugzeuge Sicherung fliegen lassen. Sie melden abermals den Anflug von sechs Feindmaschinen.

Als wir gegen 17.50 Uhr infolge eintretenden Munitionsmangels das Schießen zunächst beenden und in die Danziger Bucht ablaufen, sind insgesamt 20 Zielräume zwischen Memel und Krottingen intensiv beschossen worden. Wir haben allesamt taube Ohren: Allein *Lützow* hat mit 400 Schuß S.A.- und 245 M.A.-Granaten im Gesamtgewicht von 2645 Zentnern einen Feuerzauber entfaltet, dem *Prinz Eugen* mit 673 Schuß seiner 20,3-cm-Geschütze nicht nachstand. Das Heer ist spürbar entlastet, die Vorgeschobenen Beobachter sind des Lobes voll. Und alle Angriffe von Torpedofliegern und Jagdbombern waren vergeblich. Der *Prinz* hat übrigens eine Maschine abgeschossen, *Z 25* hat einen (U-Boots-)Torpedostreifschuß abbekommen, der eine Schraube beschädigte. Und mehrfach hat eine sowjetische Batterie bei Nimmersatt mit einem geschätzten Kaliber von 12 cm oder 17 cm den Verband ohne Erfolg beschossen. Die Schüsse lagen jedoch längere Zeit deckend.

Wir marschieren jetzt durch pechschwarze Finsternis nach Süden. Vom Flaggschiff ist »kleinste Lichtstärke von Blauglas« befohlen. Nach wie vor herrscht in diesem Seegebiet U-Boot-Gefahr. Aber was nützt unsere disziplinierte Abblendung, wenn die total verdunkelten Schiffe einen weithin sichtbaren, grünlichen, phosphoreszierenden »Feuerschweif« hinter sich herziehen? Wir haben zur Zeit starkes Meerleuchten. Millionen von Radiolarien (Kugeltierchen) glimmen wie Leuchtziffern auf, wenn sie der Wirbel von Bugsee und Kielwasser erfaßt.

In der Danziger Bucht arbeiten wir im Allemannsmanöver mit aller Beschleunigung, um — zuerst von Leichtern und Lkw, dann vom längsseits kommenden Troßschiff *Franken* — neue Munition zu übernehmen. Bis auf 75 restliche Schuß Panzersprenggranaten haben wir jetzt die gesamte noch vorhandene Bereitschaftsmunition des Bereichs Gotenhafen an Bord!

Für den 14. 10. zeichnet sich ein neuer sowjetischer Großangriff auf den Memel-Brückenkopf ab. Der gesamte Operationsschwerpunkt der deutschen Ostfront liegt zur Zeit im Raum Memel—Libau, er hat das Ziel einer erneuten Wiedervereinigung der beiden Heeresgruppen Nord und Mitte. Der Einsatz der Schweren Seestreitkräfte zur Entlastung des Heeres ist in diesem Raum von entscheidender Bedeutung.

Und da wir während der Schießanläufe nicht jedesmal zur

Wiederanbordnahme unserer Bordflugzeuge stoppen und dabei womöglich U-Booten, Torpedofliegern oder der Landartillerie des Gegners als Zielscheibe dienen dürfen, ist auf Ersuchen der 2. Kampfgruppe das Flugsicherungsschiff *Hans Albrecht Wedel* von der Fliegerbodenorganisation (General des Seewesens der Luftwaffe) in die östliche Ostsee verlegt worden, um unseren »Arados« als schwimmender Stützpunkt zum Nachtanken und Munitionieren zu dienen. Hinsichtlich des Jagdschutzes durch unsere Luftwaffe machen wir uns endgültig keine Illusionen mehr.

Am Morgen des 14. 10. läuft *Lützow* nach harter Arbeitsnacht der ganzen Besatzung sofort wieder aus, gesichert von *Z 36, T 16* und *T 20*. Wir erfahren über Funk, daß 10 sm südlich Memel ein U-Boot zwei Torpedos auf den Artillerieträger *Orion* abgeschossen hat. Um 11.15 Uhr meldet auch unser Torpedoboot *T 16* S-Gerät-Peilung steuerbord querab, Entfernung 1300 m, einwandfreie Messung. Der Verband weicht durch Wendung nach Steuerbord aus. Uns wird wohler, als wenig später ein einzelnes (!) dreimotoriges BV-138-Flugboot die enge Sicherung aus der Luft übernimmt, dem sich später unser katapultiertes Bordflugzeug hinzugesellt. Bald kommt *Prinz Eugen* in Sicht, bereits feuernd.

Und kaum wird auch bei uns wieder »Klarschiff zum Gefecht« geschlagen, als es schon Fliegeralarm gibt. Steuerbord achteraus sind mehrere Flugzeuge gesichtet. Auch voraus kommen zehn Maschinen in zwei Pulks in Sicht, ihnen sitzen jedoch deutsche Jäger im Nacken. Unsere L-Flak greift ebenfalls ein. Wir können zwei Abschüsse beobachten. Bald werden achteraus zwei, an Backbord fünf weitere Feindflugzeuge gesichtet, schließlich erneut weitere zehn. Der Kommandant befiehlt, das Flakfeuer einzustellen, solange eigene Jäger an Feindverbänden hängen. Alles spricht dafür, daß es einen recht »munteren« Kampftag gibt.

Aus dem Vormars ist die Stadt Memel gut zu erkennen, in und vor der mehrere Brände wüten. Einmal ist die etwa 300 m hohe Rauchwolke einer heftigen Detonation zu sehen, wohl von Angreifer-Maschinen verursacht.

Unser Kreuzer schaltet die Welle 5815 kHz zur Entgegennahme der Schießbefehle. Es ist wieder Planschießen ohne V.B.'s angeordnet. Um 15.40 Uhr eröffnet die S.A. der *Lützow* das Feuer.

Später ist, während einer Drehung des Schiffes, voraus erneut eine starke Rauchwolke sichtbar, es scheint gerade ein Dampfer oder ein Öltank in die Luft geflogen zu sein. Im Sprechfunk hört man, wie »Pflanze« (Codewort für das XXVIII. Armeekorps) an »Hecke« (Panzerdivision »Großdeutschland«) durchgibt, daß »Tiger« auf Ziel 4 drei Salven schießen soll. »Tiger« — das ist die *Lützow*.

Und die Maßarbeit setzt sich weiter fort: »Acht Salven für ›Pflanze‹ 1 km ostwärts Gut Pangen, 200 bis 300 m südlicher streuen.« Wir schießen intensiv mitten in die unaufhörlich vorgetragenen Panzerangriffe hinein. 24 Torpedo- und 17 Bombenflugzeuge, die man insgesamt gegen uns ansetzt, können das nicht verhindern, sie bleiben meistens schon am Flakschutz der Zerstörer und T-Boote »hängen«. Bei Einbruch der Dunkelheit läuft der Verband in Dwarslinie seewärts ab. Um 17.21 Uhr gibt *T 16* neuen U-Boot-Alarm infolge Ortung im S-Gerät. Wir weichen aus, das Torpedoboot fährt seinen Wasserbombenangriff.

Nachts hat unser Funkmeßortungsgerät alle 10 Minuten Sucheinsatz, in den Fu.MO-Pausen wird mit den Fu.MB's nach etwaiger Gegneranstrahlung gesucht. Sämtliche Unterwassergeräte bleiben besetzt. Man rechnet jetzt mit einem neuen Großangriff der Roten Armee. *Lützow* wird deshalb vorsorglich mit drei angehängten T-Booten zur nochmaligen Munitionsergänzung aus Troßschiff *Franken* in die Danziger Bucht entlassen.

In Gotenhafen steigt der Kampfgruppenbefehlshaber mit seinem Stab auf *Lützow* über, denn *Prinz Eugen* ist (bei Rückkehr vom zweiten Memel-Einsatz) nördlich Hela so schwer mit Kreuzer *Leipzig* kollidiert, daß er eilends zur Reparatur seines Vorschiffes ins Dock muß. Ausgerechnet jetzt! *Lützow* wird nun Flaggschiff der Kampfgruppe und geht am 22. 10. als einzelner Kreuzer, freilich von *Z 28, Z 35, T 21, T 13* und *T 20* gesichert, zum drittenmal in den Einsatz vor die Memelküste.

Schon auf dem Anmarsch erhalten wir die »freudige Botschaft«, daß Jagdschutz wegen Kräftemangels abermals entfallen muß. Lediglich ein BV-138-Flugboot soll uns auch diesmal von Hell- bis Dunkelwerden sichern. Vizeadmiral Thiele hilft sich selbst und leiht von *Prinz Eugen* und *Admiral Hipper* drei Bordflugzeuge aus. Auch unser *Lützow*-Bordflugzeug läßt er gleich am nächsten Morgen starten und stellt jeweilige Ablösung innerhalb des Flugzeugquartetts sicher, sobald eine Arado beim erwähnten Flugsicherungsschiff zwischentanken und neu munitioniert werden muß.

Bei unserer Ankunft vor Memel wird durch den Heeres-B-Dienst festgestellt, daß die Russen diesmal unsere Kampfgruppe frühzeitig erfaßt haben. Sinnigerweise ist die für jede Aufnahme des Sprechverkehrs mit dem Artilleriekommandeur des Heeres (an Land) und den V.B.s notwendige Senderabstimmung nun schon zum drittenmal mit genau gleicher Frequenz und gleichen Decknamen vorgenommen worden. Und als über Sprechfunk die ersten Zielzuweisungen eintreffen, mischt »der Iwan« kräftig mit: Er stört unseren Funkverkehr durch einen Dauerton in Lautstärke 10. Wir sind zum Frequenzwechsel gezwungen, wenn wir den Kontakt mit unseren Vorgeschobenen Beobachtern (Funkdecknamen »Pilz 1« und »Pilz 2«) aufrechterhalten wollen. Um 9.50 Uhr brüllt dann aber doch unser Drillingsturm los. Schon nach der 3. Salve liegt das Schießen wieder voll im Ziel. Deshalb können wir sofort zum Wirkungsschießen mit Vollsalven übergehen. Aber diesmal feuert der Gegner hartnäckig zurück. Beim vorauslaufenden T-Boot steigen sofort die ersten Granateinschlagfontänen einer Landbatterie aus dem Wasser. Dennoch schlagen die besser gezielten Salven der *Lützow* während der voll entbrannten Schlacht ungehindert in die Bereitstellungen und immer wieder angreifenden Panzerspitzen. Um 10.23 Uhr fällt auch unsere M.A. wieder mit in das Wirkungsschießen ein. Dazwischen schießen wir zeitweilig Störfeuer, dann folgt erneut massiertes Wirkungsschießen aller Kaliber.

Später wird der Granathagel unserer 28-cm-Geschütze auch auf den Bahnhof Krottingen geleitet, weil dort Ausladungen und starker Verkehr beobachtet worden ist. Wir schießen die dortigen Barackenkomplexe der Bahnhofskommandantur und der vormaligen deutschen Frontleitstelle buchstäblich in Trümmer. Anschließend nehmen wir den Bahnhof Plicken sowie den Südteil der litauischen Stadt Krottingen selbst unter Feuer.*

Immer noch schlagen Granaten der sowjetischen Küstenbatterie in unserer Nachbarschaft ins Wasser. Vizeadmiral Thiele gibt deshalb unserem Bordflugzeug den Befehl, deren genauen

---

* Die Wirkung ist, wie Aufklärungsfotos ermitteln, ausgesprochen verheerend.

Standort im Rahmen der engen Sicherung zu erkunden. Unsere Arado fliegt daraufhin von Memel aus entlang der kurischen Küste nach Norden, etwa 1500 m Abstand haltend. Sie erhält tatsächlich aus einem bestimmten Planquadrat bei Nimmersatt Flakbeschuß. Alles spricht dafür, daß es sich bei der Flakstellung um den gleichzeitigen Standort der schießenden Küstenbatterie handelt.

Nach diesem Erkundungsauftrag betätigt sich unsere Arado vorübergehend als Schlachtflugzeug. Sie greift eine für russische Panzer wichtige Kanalbrücke im Kampfgebiet mit zwei 50-Kilo-Bomben an und beschießt im Tiefflug mit Kanonen und MGs Bunkerstellungen und Truppenteile.

Bei Fortsetzung der engen Sicherung am Verband kommt die »Ente« der *Lützow* recht plötzlich in einen heftigen Luftkampf mit vier gleichzeitig angreifenden sowjetischen Jägern von Typ »Airecobra«. Die Maschinen »beharken« sich gegenseitig aus allen Knopflöchern. Keine Seite kann einen Abschuß erzielen. Das allein ist aber für die Arado 196 schon ein beachtlicher Erfolg, denn sie hatte es als schwerfälligere Schwimmermaschine mit vier weitaus wendigeren und damit überlegenen Gegnern zu tun.

Es dauert nicht lange, bis sich unser Bordflugzeug erneut als Jäger betätigen muß. Rechts voraus sind zwei russische »Jak 9« in Sicht gekommen, deren Angriffe ebenfalls durch heftige »Kurbelei« ausgekurvt werden können.

Niemand hat verhindern können, daß *Lützow* alle Schießaufträge mit sehr guten Trefferwirkungen erfüllt. Mit 207 Schuß S.A. und M.A. hat der Kreuzer in 19 beschossenen Zielräumen erneut eine hohe Panzerabschußquote. Auch die Begleitzerstörer *Z 28* und *Z 35* haben mit fast 500 Schuß der Kaliber 12,7 cm und 15 cm beträchtlichen Erfolg. Die rollenden Angriffe gegen den Brückenkopf Memel kommen tatsächlich zum Stehen!

In der Schlacht um Sworbe

Für das Gros der Besatzungen völlig unerwartet kommt der Befehl: »Kampfgruppe 16.00 bis 5.00 Uhr Funkstille.«

Was mag dahinterstecken?

Lützow läuft um 15.00 Uhr mit ihren Zerstörern und Torpedobooten nach Norden ab. Für den nächsten Morgen um 4.00 Uhr wird Klarschiffzustand mit Kriegsmarschstufe 24 kn befohlen.

Während der Nacht setzen sich die Zerstörer vier Seemeilen vor. Der Verband wird mit Kurzsignalen auf der Langwellennahzone geführt. Um 4.00 Uhr soll übrigens ein mit unserem nächsten Einsatzraum vertrauter Heeresverbindungsoffizier auf *T 21* übersteigen. Wichtige Nachrichten sind aus Gründen der Funkstille per Postbeutel an das Flaggschiff *Lützow* zu übermitteln. Wenn doch nur das verräterische Meerleuchten nicht wäre! Stärker denn je verwandelt es das Kielwasser der Schiffe in einen Feuersee.

Um 3.30 Uhr gibt der Kommandant an die Besatzung durch: *»Der Verband marschiert nach Ösel zur Unterstützung des schwer kämpfenden Heeres auf der Halbinsel Sworbe ... Mit bolschewistischen U-Booten und S-Booten muß gerechnet werden!«*

Um 5.30 Uhr schließen die bereits in diesem Kampfraum befindlichen, zerstörerähnlichen »Flottentorpedoboote« *T 23* und *T 28* heran. Um 7.00 Uhr befindet sich der Verband, von einem verankert liegenden Markboot präzise eingewiesen, auf seiner Feuerstellung an der Westseite des seit Tagen erbittert und unter schwersten beiderseitigen Verlusten umkämpften Flaschenhalses, der Ösel mit der Halbinsel Sworbe verbindet. Am Vortage sind hier *T 23* und *T 28* beim Eingreifen in die Landkämpfe mit gut liegendem Feuer von Küstenbatterien eingedeckt worden.

Hornist und Trommler schlagen wieder »Klarschiff zum Gefecht«. Über der See herrscht noch gespenstisches Zwielicht, kaum anders als in den Decks mit ihrem dunklen Blaulicht. Irgend jemand ist auf den Einfall gekommen, die sinfonische Dichtung »Les Preludes« von Liszt über die Bordlautsprecher zu verbreiten. Wir lassen uns durch diese Musik stimulieren, während wir die tresordicken Panzertüren unserer Drillingstürme von innen zukurbeln. Die an Bord befindlichen »Büffeltrupp«-Heeresfunker beobachten den regen, verschlüsselten Funkverkehr der Russen, der auf einen bevorstehenden Großangriff schließen läßt. Wir unterlassen die vorherige Senderabstimmung, weil der Gegner auf Sworbe erwiesenermaßen jeden Abstimmverkehr mithört und die von uns geschalteten Heereswellen sofort vorzeitig stören würde.

Der Flaschenhals von Sworbe ist nur etwa 3 km breit, dicht bewaldet oder mit undurchdringlichem Unterholz bestanden: Sworbe ist die letzte Bastion auf den Baltischen Inseln — neben dem inzwischen gebildeten Kurland-Brückenkopf der letzte Punkt des Baltikums, der sich noch nicht in sowjetischer Hand befindet. Sworbe aber liegt der Irbenstraße gegenüber und beherrscht den immer noch laufenden Schiffsverkehr in den Rigaischen Meerbusen.

Diesmal stehen alle Zielräume schon vorher genau fest. Das ist von großem Vorteil: Die Rechenstellen konnten alle wichtigen Grunddaten für die Artillerie im voraus ermitteln. Das bereits in der Luft befindliche Hilfsziel-Beobachtungsflugzeug einer Nahaufklärungsgruppe wird das Feuer leiten.

Als fixiertes Hilfsziel wird die Kirche Jamaja angegeben. Die Zielräume wurden nach ihrer Dringlichkeit verteilt: Zuerst sollen wir den Leuchtturm Lou »umlegen«, der den angreifenden Sowjets als Feuerleit- und Beobachtungsstelle dient. Zweitens haben wir die Gehöftreste in einer nahegelegenen Bereitstellungsmulde, dann den Raum Morise und den Ort Lou einschließlich des südlich davon gelegenen Waldes unter konzentriertes Feuer zu nehmen, anschließend den Ort Ansekuela mit einer dort stehenden Batterie abzustreuen und eine weitere Batterie bei Moibykyela auszuschalten.

Kurz vor Feuereröffnung gibt der I.A.O. durch, daß es über Sworbe bereits von Flugzeugen wimmele. Der Flak wird Vorsicht empfohlen, weil sich einige deutsche Maschinen darunter befinden!

Uns hat man als enge Sicherung wiederum *eine* BV 138 zugestanden. Der brave »Fliegende Holzschuh« kurvt bereits um uns herum. Freilich wurde auch das Flugsicherungsschiff *Hans Albrecht Wedel* mit den drei von unserer Kampfgruppe zusammengepumpten Arados ins nahegelegene Windau verlegt —

»*Deutschlands einziger Flugzeugträger*«, wie jemand im Stab des Kampfgruppen-Befehlshabers frotzelt.

Der Gegner beschießt uns bereits seit 7.07 Uhr, aber seine Landbatterien bringen immer nur Kurzschüsse zustande, obwohl wir wie auf dem Präsentierteller vor seiner Nase herumkreuzen müssen.

Jemand schießt Erkennungssignal. Es kann einfach nicht wahr sein: Völlig unerwartet brausen vier deutsche Jagdflugzeuge vom Typ FW 190 heran. die abgekämpfte und ausgeblutete, zudem durch Treibstoffmangel behinderte Luftflotte 1 hat dieses Quartett zusammengekratzt, damit wir doch noch Jagdschutz bekommen. Wir werden ihn in dieser Ecke auch bitter nötig haben.

Um 7.19 Uhr brüllt einer der Drillingstürme los und erledigt Aufgabe Nr. 1 mit genau 35 Schuß. Dann nehmen wir sofort Zielwechsel auf eine Angriffsbereitstellung in Divisionsstärke vor. Es wird ein schreckliches Gemetzel.

Bald greift auch unsere Mittelartillerie ein, sie eröffnet das Feuer auf die russische Batterie beim Leuchtturm. Auch ihre Schüsse liegen gleich exakt im Ziel.

Mit furchtbarer Genauigkeit setzen die Batterien der *Lützow* und die Geschütze der Zerstörer ihre Vernichtungsarbeit nach angegebener Reihenfolge fort, obwohl unser ZHB-Flugzeug seine Aufgabe wegen zu niedriger Wolkendecke bald abbrechen muß. Überall sind jedoch Vorgeschobene Beobachter vorhanden, die sämtlich auf die richtige Frequenz geschaltet sind. Das V.B.-Wirkungsschießen hat im wahrsten Sinne des Wortes durchschlagenden Erfolg. Und als zeitweilig einer von den V.B.s den Zielraum nicht ausreichend einsehen kann, wird das Schießen solange als »Planfeuer« fortgesetzt. Alles wird genau dosiert: 40 Schuß ... Feuer durch. Zielwechsel ... 35 Schuß ... Feuer durch. Zielwechsel ...

An Land zeigen mehrfach weiße Signalsterne die Lage der eigenen HKL an. Um 8.07 Uhr nehmen wir Kurswechsel nach Steuerbord vor, damit die Entfernung für die M.A. nicht zu groß wird. Sie eröffnet jetzt das Feuer auf eine erkannte Feindbatterie nördlich Ziel 1.

Kaum ist um 8.25 Uhr der eigene Jagdschutz wegen Brennstoffmangel zur Ablösung abgeflogen, jagen sofort zehn gepanzerte IL-2-Schlachtflugzeuge wie wütende Hornissen heran. Sie umfliegen den Verband recht geschickt und greifen geradezu schulmäßig mit Bomben und Bordwaffen zugleich an. Obwohl ihnen höllisches Flakfeuer entgegenschlägt, gelingen ihnen fünf Bombenvolltreffer auf dem unmittelbar hinter *Lützow* mit hoher Fahrt eindrehenden Führer-Zerstörer *Z 28*. Eine Bombe detoniert mitten im Kartenhaus der Kommandobrücke. Fünf Mann fallen, vier weitere fliegen mitsamt dem Funkmeßhaus außenbords. *Z 28* fährt trotz der schweren Schäden ohne Unterbrechung seine Einsätze weiter. Zwölf Minuten später sind wieder vier neue FW-190-Jäger beim Verband.

Die Seezielartillerie schlägt weiter mit Vollsalven auf die Ziele ein. An Land flackern immer mehr Brände auf, dafür ist immer weniger Mündungsfeuer der Feindbatterien auszumachen. Der Erfolg unseres Schießens ist offensichtlich. Dann aber taucht neues, starkes Mündungsfeuer feindlicher Raketenwerfer — sogenannter Stalinorgeln — auf, außerdem eine wohl künstlich geschossene Nebelwand. Die Sowjets wollen offensichtlich ihre bereitgestellten Kräfte möglichst schnell zur Wirkung kommen lassen, bevor sie unserem weiteren Wirkungsfeuer erliegen.

Immer wieder jagen die sowjetischen Gardeflieger mit an Sturheit grenzendem Schneid und unglaublicher Kaltblütigkeit heran: Acht IL-2-Maschinen von Backbord achteraus. Drei IL-2-Maschinen von Steuerbord querab und Steuerbord achtern. Der Angriff wird zwar durch gute Feuerverteilung aller Flakkaliber abgewehrt, aber die Flugzeuge haben es erstmals fertiggebracht, auch den aus allen Rohren schießenden Kreuzer mit ihren eigenen Bordwaffen zu erreichen. Die ersten Verwundeten brechen an Deck zusammen. Ein deutscher Begleitjäger erzielt in dem Getümmel einen Abschuß. Aber in weiteren Wellen nehmen uns die Gardeflieger auf Korn, während das Schießen auf immer neue Zielräume vorgenommen wird. Ein größerer Pulk Feindmaschinen steht jetzt an Backbord querab. Ein zweiter kommt von Steuerbord. Dann sind es weitere sechs IL-2 in 250°. S- und L-Flak feuern aus allen Rohren, sogar die M.A. greift mit Zonenmunition in das Abwehrschießen ein. Dennoch kommen die Maschinen abermals unmittelbar an die *Lützow* heran. Ihr Angriff wird aufgesplittert abgewehrt. Eine Maschine wird durch eine Vierlingsgarbe des Kreuzers in Brand geschossen und stürzt unter Rauchentwicklung ins Meer. Wieder hat es Verwundete bei uns an Deck gegeben. Ihre Zahl wäre ohne die neuen Flakschutz-schilde ungleich höher.

Jetzt sind auch russische Lagg-Jäger an Steuerbord aufge-taucht, die sich unsere S-Flak aufs Korn nimmt. Sie beharken un-sere Sicherung fliegende BV 138 mit den Bordwaffen. Als das wirkungslos bleibt, stößt eine IL-2 herunter und wirft eine Bom-be auf die niedrig fliegende Maschine. Sie saust genau zwischen deren beiden Leitwerkträgern hindurch. Doppelrumpf-Kon-struktionen haben eben ihre Vorteile!

Wir können von Glück reden, daß uns die niedrige, völlig zu-sammenhängende Wolkendecke vor zusätzlichen Hochangriffen und im wesentlichen vor kombinierten Luftangriffen schützt. Und wir haben wenigstens Jagdschutz, zeitweilig sogar in Stärke von acht Maschinen!

Unser Schiff ist durch das Dauerschießen über Gebühr bean-sprucht. Turm »Anton« fällt zeitweilig aus, weil eine Lade-schwinge mechanisch verstellt ist. Schließlich bricht ein Füh-rungskugellager am rechten Rohr, verbiegt die Rauchablen-kungsklappen und verhindert das Öffnen des Verschlusses. Nach Abkuppeln des Rohres wird die Störung sofort beseitigt. Auch bei der M.A. fallen gleich drei von den vier Munitionsför-derwerken der vorderen Munitions-Aufzugsgruppe aus. Es muß auf Hilfsförderung mit Hilfe von Dieckmann-Winden überge-gangen werden — eine schreckliche Plackerei. Auch beim 2. Ge-schütz der S-Flak reißen beide Winden durch Schießschäden aus ihren Befestigungen heraus. Im Flakeinsatzstand bricht infolge der ständigen Salvenerschütterungen eine federnd gelagerte Peilscheibe. Im achtern Ortungsgerät fällt das Feinsystem im Richtungsweiser-Empfänger aus. Die Optik der Backbord-Ziel-säule bekommt einen Höhenfehler. Zeitweilig lassen sich auch die Umdrehungen der Steuerbordpropellerwelle nicht mehr re-geln. Sie muß zunächst Umdrehungen für 19 kn halten, während nur die Backbordwelle klar für Höchstfahrt bleibt. Aber die Artil-leriemechaniker und die Störungswehr der Maschine werden präzise und schnell mit allen derartigen Schießschäden fertig.

Schweißnaß, mit nacktem Oberkörper und umgekrimpter Schwimmweste über der Takelhose, wuchten wir Munitions-manner in den Granatkammern und Geschoßplattformen der S.A. nun schon seit Stunden im Dreißig-Sekunden-Takt Sechs-

Zentner-Granaten auf die Ladetische. Immer wieder müssen wir klemmenden Geschoßhebezangen mit Brechstangen zu Leibe rücken. Bei Störungen stellen wir zeitweilig auf Handbetrieb um. Wir arbeiten wie im Akkord. Dabei umgibt uns ein Höllenlärm. Polternde Geschosse, kreischende Fahrstühle, jaulende Förderbänder, dazwischen das Gedröhn der Salven und — nicht zu überhören — die metallisch hellen Einschläge der Gegnergeschosse ins Wasser. Dann wieder gellen die Alarmglocken, bellt und rattert die Flak, zerknallen Bordwaffengeschosse an unserem Seitenpanzer. Unter Wasser hört man alles wie durch Hydrophone verstärkt.

Ab und zu kommen nüchterne, kurze Durchsagen. Man sieht ja nichts vom Kampfgeschehen, nimmt nur die nächsten Gegneranflüge zur Kenntnis und bemalt vielleicht in den dadurch erzwungenen S.A.-Feuerpausen rasch eine der gelben Spreng- oder der blauen Panzersprenggranaten, um dem Gegner einen »Gruß« mitzugeben. Ein irrsinniger Brauch, dieses Bemalen von Granaten mit Karikaturen und launigen Versen. Aber wohl doch ein Seelenventil. Nachdenken darf man nicht darüber, was jedes Geschoß im Zielraum anrichten wird. Andererseits müssen wir den Kameraden helfen, die sonst in ihren Stellungen an dem nur 3 km schmalen Flaschenhals von Sworbe von der massierten Übermacht dreier sowjetischer Divisionen überrannt werden würden.

Viereinhalb Stunden lang dauert der Geschoßhagel der *Lützow* und ihrer Begleitzerstörer, wie er in dieser Salvenfolge auf so engem Raum seit der deutschen Eroberung von Sewastopol nicht wieder vorgekommen sein dürfte. Als der neue Großangriff der Sowjets losrollt, ist seine Kraft eindeutig gebrochen. Die hart bedrängte, stark dezimierte 23. Infanterie-Division und ihre angeschlossenen deutschen Mitverteidiger halten stand. Sie sind auch moralisch gestärkt, weil sie im entscheidenden Augenblick einen noch immer mächtigen Verbündeten gefunden haben: die 2. Kampfgruppe der Kriegsmarine.

Um 12.43 Uhr treten wir mit 22 kn Fahrt und Kurs 244° im Geleit von *Z 28, Z 35, T 23* und *T 28* den Rückmarsch an, denn unsere Drillingstürme sind mit ihrer Munition nun schon zum zweitenmal (seit den beiden ersten Memel-Kampftagen) völlig »ausverkauft«. Auch die M.A. hat nur noch geringe Bestände, so

daß unser weiterer Verbleib auf diesem gefährlichen Präsentierteller vor Sworbe sinnlos und nicht zu verantworten wäre.
Längst entnehmen unsere »Büffeltrupps« den Funkfrequenzen
der Gardeflieger, daß in Bälde weitere, inzwischen noch verstärkte Verbände gegen uns angesetzt werden sollen.

Der Verteidiger von Sworbe, Generalleutnant Schirmer, funkt
»besonderen Dank für tatkräftige Unterstützung«.

Die deutsche HKL hat für Wochen »Luft«. Das Heer ist über
die Treffergenauigkeit des Lobes voll. Die Führung durch den
Kampfgruppen-Befehlshaber, die Fahrkunst der Kommandanten,
die navigatorische Meterarbeit des Steuermannspersonals und
die Arbeit der Rechenstellen sind gleichermaßen anzuerkennen.
Menschlich allzu verständlich: Die Besatzung ist stolz auf die
Leistungen der *Lützow*.

Vergessen sind Frustration und Enttäuschungen, die lange
Zeit das Denken dieser Männer bestimmten. Vergangenheit ist
die Zweiteilung in Stammbesatzung und Offiziersanwärter des
vorherigen Schulkreuzers. Was noch nie in der deutschen Marine der Fall war: Wir Seekadetten sind jetzt ganz in eine Kreuzer-
Besatzung integriert, weil wir voll eingefahren und damit unent-
behrliches Personal geworden sind. Unsere Crew-Kameraden
auf der Marinekriegsschule sind längst befördert. Aber wir beja-
hen unser Weiterfahren nicht nur aus Einsicht in die militärische
Notwendigkeit. Wir sind inzwischen selbst ein Stück von diesem
»Dickschiff mit Kleinbootsatmosphäre« geworden. Das besondere »Betriebsklima« des einstigen Panzerschiffes *Deutschland* hat
alle wechselhaften Zeitabläufe unbeschadet überdauert und auch
uns erfaßt.

Trotz der Erfolge bekommen wir jedoch immer mehr Grund
zur Sorge: Bei allen Seegefechten und Seeschlachten beider
Weltkriege traten die Seezielgeschütze großer Kriegsschiffe immer nur über Minuten, allenfalls einzelne Stunden in Aktion.
Jetzt waren es zusammengezählt tagelange Schießeinsätze. Der
Munitionsverbrauch unserer *Lützow* ist schon jetzt höher als bei
allen anderen deutschen »Dickschiffen« des Ersten und Zweiten
Weltkrieges, ausgenommen *Prinz Eugen*. Wir haben allein heute
wieder verfeuert:

    304 Schuß 28 cm
    292 Schuß 15 cm

282 Schuß 10,5 cm
121 Schuß 4   cm
 56 Schuß 3,7 cm
1501 Schuß 2   cm

Die Rohrbelastung ist erheblich. Die Reichweite und Treffergenauigkeit (vor allem der S.A.) verringern sich fortan galoppie-
rend.

Beim Artilleriezeugamt Gotenhafen haben wir per Funk schon
wieder über 1000 Schuß neue Munition für die Kaliber der S.A.,
M.A. und S-Flak bestellt. Zunächst sind wir auch diesmal stundenlang damit beschäftigt, die zu Hunderten umherliegenden
Kartuschhülsen vom Aufbaudeck zu sammeln und ordnungsge-
mäß zu stapeln. Sie sind aus Messing und damit knappes, wert-
volles Buntmetall. Sie müssen vollzählig zurückgegeben werden!

Während unserer unfangreichen Munitionsübernahme und
Schießschäden-Beseitigung in Gotenhafen treffen neue Nachrichten über Sworbe ein: Der Großangriff des Gegners konnte
endgültig abgeschlagen werden, ebenso dessen Landungsver-
such an der Ostküste der Halbinsel. Die vom Druck entlasteten
Sworbe-Verteidiger bereiten sich sogar zum Gegenstoß auf den
sogenannten Anna-Riegel beiderseits von Lou vor. Sie wollen im
Zuge des Unternehmens »Herbstnebel« die Hauptkampflinie sicherheitshalber wieder vorverlegen.

Inzwischen ist ein Major von der Heeresartillerie zur Auswertung aller bisherigen Erfahrungen im Landzielschießen bei uns
an Bord eingetroffen. Und wir haben Kontakt mit Krupp-Spezia-
listen aufgenommen: Sie werden die überstrapazierten und länger gewordenen Verbrennungsräume unserer 28-cm-Geschütz-
rohre nachmessen und den Gasdruck für die Anfangsgeschwin-
digkeiten der S.A.-Granaten neu berechnen müssen. Zudem sind
unsere Seelenrohre merklich ausgeleiert. Wir können es uns
nicht leisten, eines Tages ungewollt in die eigenen Truppen
hineinzuschießen.

Wenig später sind wir wieder auf See und fahren — mit dem
Flottenstab an Bord — Verbandsübungen. Sie zeigen, daß sich
Ausbildungsstand und Gefechtsbereitschaft des Schiffes in
Höchstform befinden.

Zwei Tage später laufen wir — riskanterweise ohne Sperrbre-
chergeleit — durch die stark verminte Danziger Bucht, um dem

südwestlich Memel durch Bombentreffer in Brand geworfenen deutschen Kühlschiff *Bremerhaven* zu Hilfe zu eilen. Der als Truppentransporter eingesetzte und mit 3062 Mann belegt gewesene Dampfer brennt von vorn bis achtern lichterloh und hat starke Backbord-Schlagseite. Leider kommen unsere inzwischen vorbereiteten Feuerlöschmaßnahmen zu spät: Diesem Brand ist offensichtlich nicht mehr beizukommen. Die Bordwände des Schiffes gehen schon in Rotglut über. Ein schauriger Anblick, aber dem Vernehmen nach sind alle Überlebenden des Angriffes bereits durch T- und U-Boote, mehrere Kleinfahrzeuge und ein Seenot-Flugboot von Bord geholt worden. Allerdings werden rund 370 Mann vermißt, für die es keine Chance mehr geben dürfte. Wir können nur noch mit Schaudern eine Runde um das lodernde, glühende Etwas drehen. Diese armen Teufel, die nicht mehr aus dem Schiff herausgekommen sind . . .

Anderntags werden die Flottenverbandsübungen intensiv wieder aufgenommen, bis schwere Herbststürme erneut ihren zeitweiligen Abbruch erzwingen. Diesmal gibt es sogar an Deck der *Lützow* einiges »Kleinholz«. Außerdem sind die Übungen um das Novum »bereichert«, daß zwei Boston-Torpedoflugzeuge mit zwei feindlichen Jägern als Fühlungshalter am Verband hängen. Kriegsspiel und wirklicher Krieg gehen immer deutlicher ineinander über.

Am 18. 11. werden die Übungen abrupt abgebrochen. Die Sowjets haben auf Sworbe einen neuen Großangriff begonnen. Die 6. Zerstörerflottille wird sofort zur Irbenstraße in Marsch gesetzt. Der Kampfgruppen-Befehlshaber steigt auf den wiederhergestellten Kreuzer *Prinz Eugen* um, weil wir zunächst zum Nachmessen und Nachbearbeiten unserer 28-cm-Geschütze nach Swinemünde in Marsch gesetzt werden sollen. So greift *Prinz Eugen* zunächst allein mit seinen Sicherungsbooten in die Schlacht ein. Sein Geschoßhagel bringt die Angreifer erneut zum Stehen. Als er »verschossen« ist, gelingt es dem Kreuzer, sich gerade noch rechtzeitig in eine Nebelbank zu verdrücken und damit einen starken, eigens auf ihn angesetzten Verband von Torpedoflugzeugen abzuschütteln.

Kaum hat der *Prinz* den Rückmarsch angetreten, tritt zunächst unser frisch ausgerüstetes Schwesterschiff *Admiral Scheer* an seine Stelle. Sogleich stürzen sich die sowjetischen Torpedoflieger und Bomber mit mehr als 30 Maschinen aus drei verschiedenen Richtungen zugleich darauf.

Cajus Becker sagt darüber:

»Admiral Scheer nimmt die Fehde an, wie ein mächtiger Keiler, der von einer Meute von Saufindern umstellt ist. Ein unglaublicher, wirbelnder Tanz beginnt. Die Torpedos, an ihren Blasenbahnen gut zu erkennen, werden von dem geschwind drehenden Schiff durch immer neue Wendungen ausmanövriert. Ringsum schlagen die Bomben ein . . .«

Inzwischen haben sich auch vier Feindbatterien unangenehm gut auf die 2. Kampfgruppe eingeschossen. Wir laufen mit der 6. Z-Flottille zusammen aus, um *Scheer* vor Sworbe abzulösen. Es ist klar, daß es diesmal nicht mehr darum geht, Sworbe noch zu verteidigen, sondern den endgültigen Rückzug seiner deutschen Verteidiger zu decken. Seit dem Fall von Riga entfällt die Hauptfunktion einer Offenhaltung der Irbenstraße für den deutschen Schiffsverkehr.

Unsere Rohrnachmessungen müssen wir jetzt »vergessen«. Mit 24 kn stieben wir nach Norden. In der Nacht auf den 24. 11. erhalten wir auf der Höhe von Gotland den Funkbefehl, bei Hellwerden die Einschiffung der deutschen Nachhut beim inzwischen zerschossenen Leuchtturm von Zerel auf Sworbe zu decken. Bis dahin greift abermals *Admiral Scheer* zum Schutz der Absetzbewegung ein. Der Kreuzer hat freilich nur noch 73 Schuß für die S.A. und 180 Schuß für die M.A. an Bord. Wir sollen ihn notfalls auch schon sofort beim Aufbrauchen seiner Restmunition ablösen.

Deshalb stehen wir bis zum Hellwerden westlich der Südspitze von Sworbe. Einmal lodert drüben an Land ein gewaltiger Brand auf — vermutlich eine Selbstsprengung von Munitionsvorräten. In der Morgendämmerung schießt unsere S-Flak auf ein sowjetisches Flugzeug vom Typ PE 2. Wir sind also auf jeden Fall gesichtet worden. Zugleich meldet ein Funkspruch, daß leider keinerlei Jagdschutz mehr gestellt werden kann.

Um 9.20 Uhr befiehlt man uns, auf das Führerschiff — es ist noch die *Scheer* — zu sammeln. Um 10.55 Uhr funkt der Admiral Östliche Ostsee des Rätsels Lösung: »Aufgabe Sworbe beendet«.

Während des Rückmarsches bleiben *Z 35, Z 36* und *Z 43* bei unserem Verband, die T-Boote aber decken die letzten Marine-Fährprähme und Heeres-Siebelfähren, die zu der Zeit noch nach

Windau unterwegs sind. Der Chef der 9. Sicherungsdivision meldet, daß Sworbe restlos von Menschen geräumt sei. Freilich kommen nur 4695 Mann von ursprünglich 15 000 Verteidigern unverwundet zurück. Allein von den auf Sworbe eingesetzten Landtruppenteilen der Kriegsmarine sind von 59 Offizieren sowie 3382 Unteroffizieren und Mannschaften nur noch 22 Offiziere und 1091 Mann übrig. Die Ausfälle betrugen auch bei ihnen etwa 65%.

Im Norden Kurlands hat die Heeresgruppe Nord nunmehr von See her eine offene Flanke. Die uneingeschränkte Herrschaft über alle Baltischen Inseln bedeutet eine wesentliche Verbesserung der sowjetischen Position und vermehrt die Gefahr von Gegner-Landungen an der Kurlandküste und von Angriffen auf deutsche Kurland-Geleite.

Auf unserem Rückmarsch teilt das MOK Ost mit, daß nunmehr im gesamten Bereich ostwärts von Kap Arkona mit sowjetischen U-Booten gerechnet werden müsse. Mangels Fahrzeugen kann uns außerdem die 3. Sicherungsflottille kein Grundminengeleit mehr stellen. Kommentar eines an Bord der *Lützow* als Original bekannten Oberbootsmannsmaaten: »*Dann macht eben eure Knie weich, verdammt nochmal. Einen weichen Keks haben die meisten sowieso schon. Und euer Rückgrat? Dem kann sowieso nichts passieren, weil ihr ja gar keins habt!*«

Wir erreichen Gotenhafen ohne Zwischenfall. Nach Eintreffen im Stützpunkt wird in der Maschinenanlage sofort wieder nach Kräften »gewühlt«. Ein in der Gestellwand beschädigter Antriebsdiesel muß samt Ölzubringerpumpe ausgebaut werden. Dazu wird eigens das Schott zwischen dem Motorenraum Backbord 1 und und dem Backbord-Getrieberaum durchbrochen, damit die Zwischenwelle von Motor Backbord 2 und Flüssigkeitskupplung angehoben werden kann.*

Infolge der eingetretenen Komplikationen und Zusatzarbeiten

---

* Ursache für den Defekt war ein beschädigter Treibstangenlagerbolzen. Trotz vorsichtiger, langwieriger Schweißarbeiten beim Einfügen des Ersatzstückes für die beschädigte Gestellwand und durch Restarbeiten an Einzelteilen hat sich das Motorengestell derart verzogen, daß die Gleitbahn durch Auftragen von Material, mühsames Schichten und Tuschieren angepaßt werden muß. Was doch diese tüchtigen, von den Seeleuten als »Ölprinzen« milde belächelten Fachhandwerker des Maschinenpersonals immer wieder leisten!

kann der ausgefallene Motor erst am 10. 12. 1944 wieder fertiggestellt werden.

Dennoch fährt der Kreuzer *Lützow* zwischendurch weiter zur See, zumal erneut M.E.S.-Schleifenfahrten vor Hela vorgenommen werden müssen.

Neuerdings behalten schnelle britische Jagdbomber vom Typ »Mosquito« die Belegung des wichtigsten deutschen Marinestützpunktes Gotenhafen ständig im Auge. Wir haben mehrfach Fliegeralarm. Die Konzentration der deutschen Restflotte in diesem Hafen bereitet Unbehagen — besonders seit Versenkung der *Tirpitz* am 11. 11. durch einen Spezialverband von Lancaster-Bombern der Royal Air Force. Man gewinnt den Eindruck, daß nunmehr die Danziger Bucht Nahtstelle zwischen den angloamerikanischen und sowjetrussischen Luftwaffenaktivitäten geworden ist.

An Bord entstehen Diskussionen darüber, ob die Briten wirklich an der Ausschaltung auch der letzten in der Ostsee noch vorhandenen deutschen »Dickschiffe« interessiert sein können. Angesichts der immer stärker spürbaren sowjetischen Übermacht sei die traditionelle »Balance of Power« doch bereits nicht mehr gegeben und eine noch weitere Ausdehnung des sowjetischen Machtbereichs nach Westen für Großbritannien kaum akzeptabel. Sogar Offiziere vertreten deshalb die Ansicht, daß man wohl bald mit stillschweigender Duldung deutscher Ostfront-Flottenaktivitäten durch die Briten rechnen könne. Das sind freilich Utopien, wie sich allzubald herausstellen soll.

»Tannenbäume« am Winterhimmel

Der soeben abgelöste Sabotageabwehrposten Heck kommt am 18. 12. 1944 nach dem 20.00-Uhr-Wachwechsel mit der Mitteilung ins Deck, daß auf dem hinter uns liegenden Transporter *Warthe* in hellen Scharen die Ratten aussteigen. Wir lassen uns das Schauspiel natürlich nicht entgehen: Im Widerschein der trotz Fliegerverdunklung eingeschalteten Sonnenbrenner — zum Ableuchten unserer Bordwände gegen etwaige Haftminenangriffe — sehen wir es nun selbst: Auf den »Festmachern« des Motorschiffes herrscht ein reger Ratten-»Verkehr« vom Schiff zum Land. Nach Seemannsmeinung dürfte es um die *Warthe* nun bald geschehen sein. Viele denken es, und einer spricht es auch aus. Ein forscher Leutnant aber weist auf die Unsinnigkeit dieses Aberglaubens hin, denn die *Warthe* soll am nächsten Morgen zu einer mehrwöchigen Werftliegezeit ins Trockendock.

Im Deck der IV. Division ist an diesem Abend Kino angesetzt. In dem deutschsprachig synchronisierten französischen Film singt eine Chansonette gerade das melancholische Lied:

>*»Was du jemals auch machst,*
>*ob du weinst oder lachst:*
>*Einmal ist alles vorbei . . .«*

als die Alarmglocken das Signal kurz-kurz-lang-kurz gellen: Fliegeralarm! Alle Flakmannschaften und das dazugehörige Feuerleit-, BÜ- und Munitionskammerpersonal, das Maschinenpersonal für Gefechtsgrundschaltung mit den beiden Motorräumen Steuerbord 2 und Backbord 2 (»Seebereitschaft 10 Minuten«), das E-Werk-Personal sowie die Schiffssicherung/Leckwehr stürzen auf ihre Stationen. Die übrige Besatzung geht befehlsmäßig in den schützenden Luftschutzbunker auf der Pier.

Über der Ostsee sind mehrere starke Feindverbände im Anflug aus Westen gemeldet. Bald erfaßt der Flugmeldedienst einen zweiten, über Land anfliegenden Verband. Um 21.50 Uhr eröffnen Landflak und Bordflak gemeinsam Sperrfeuer. Plötzlich stehen am Himmel gleißend helle »Christbäume«: mehrfarbige Zielmarkierungs-Leuchtbomben der vorausfliegenden »Pathfinder«-Leitflugzeuge — stets ein böses Vorzeichen. Zwar haben

sehr bald rund 900 Nebelgeräte und Nebelboote die Hafenbek-
ken von Gotenhafen unsichtbar gemacht; aber die Leitflugzeuge
scheinen Funkmeßgeräte an Bord zu haben. Der Gegner weiß offensichtlich recht genau, was er will: Schon rauscht und heult es
in der Luft mit einer solchen Lautstärke, daß unser äußerst heftiges Flakfeuer davon übertönt wird. Wer von uns irgend kann,
wirft sich flach an Deck. Haushohe Wassersäulen, Riesengeysire
wachsen unmittelbar neben der *Lützow* aus dem Wasser und
überschütten beim Zusammenfallen das Schiff mit Flugwasser.
Der Kreuzer wird durchgerüttelt wie ein Mixbecher. (Fünf Rei-
hen-Bombenwürfe sind in die Netzsperre an unserer Backbordseite sowie in dichtestem Abstand zwischen Netzsperre und
Schiff gesaust.) Auch unsere L-Flak schießt jetzt wie besessen, ihre Leuchtspuren zerrädern den gesamten Himmel über uns zu
einem bizarren Schnittmusterbogen. Neue Bombenwürfe, Erschütterungen im Schiff. Eine Minute später dasselbe — derart
schlimm, daß zwei Festmacher brechen. Befehl vom stellvertre-
tenden Kommandanten: S-Flak Sperrfeuer einstellen, weil das
Mündungsfeuer das Schiff allzu deutlich verrät. Eine Minute
später wird jedoch auf Anforderung des Luftverteidigungskom-
mandanten weitergeschossen. Wieder zwei Reihen-Bombenwür-
fe direkt neben uns. Das Deck des Kreuzers tanzt Rumba. Es sollen jetzt 200 Feindmaschinen genau über uns stehen. Nochmals
Bombenwürfe. Erschütterungen. Schießverbot für die L-Flak.
Und nochmals eine Ladung Bomben, daß uns Hören und Sehen
vergeht. Als der böse Tanz nach 19 Minuten wenigstens zeitweise zu Ende ist, brennt die nur wenige Meter hinter uns liegende
Warthe lichterloh. 50 Mann von unserer Besatzung werden eilends aus dem Luftschutzbunker geholt, um als zusätzliche
Löschmannschaft eingesetzt zu werden. Und während noch weitere Wellen von Bombern anfliegen und ihre todbringende Last
tonnenweise herunterregnen lassen, brennt die *Warthe* immer
heftiger. Meldung an den Seekommandanten ist zwecklos, alle
Fernsprechleitungen einschließlich der Verbindung zum Fla-
Gruko sind unterbrochen. Zwei seemännische Divisionen müssen jetzt die Munition von der brennenden *Warthe* abbergen.
Währenddessen gehen Feuerlöschtrupp und Pumpenmeister-
trupp unter Führung von L.I. und Schiffssicherungsoffizier mit
Schlauchleitungen von Bord der *Lützow* gegen den Großbrand

vor — schließlich auch von einem Löschzug der Werftfeuerwehr unterstützt. Zum Glück steht der Wind quer zur Pier, so daß wir vom Funkenflug frei bleiben. Am frühen Morgen sinkt die *Warthe* auf ebenem Kiel, ihre noch aus dem Wasser ragenden Aufbauten brennen noch immer lichterloh. Die Ratten sind also keine Stunde zu früh ausgestiegen ...

Ringsum sieht es wüst aus. Die Geysire eines ins Becken schlagenden Bombenteppichs haben in geringer Entfernung von uns einen Schlepper aus dem Wasser gehoben und auf der Pier zerschellen lassen. Der Kaischuppen neben uns hat einen Volltreffer erhalten. Tankdampfer *Blexen*, die Frachter *Trude Schünemann*, *Theresia L. M. Russ* und *Leverkusen* sowie zwei Schwimmdocks sind ebenso gesunken wie die *Warthe*, Pumpendampfer *Zoppot*, Torpedoboot *T 10*, Netzleger *IX* und Unterseebootsbegleitschiff *Waldemar Kophamel*. Walfangmutterschiff *Unitas* brennt, Dampfer *Heinz Horn* liegt mit dem Vorschiff, das Linienschiff *Schleswig-Holstein* mit dem Achterschiff auf Grund (und zugleich mit Backbordschlagseite gegen die Pier gelehnt). Die Werft der Deutschen Werke ist schlimm zugerichtet, in ihren Splitterschutzgräben liegen noch schätzungsweise 150—200 Menschen verschüttet. Nahezu alle Straßen in unserem Umkreis sind vorerst unpassierbar. In den Hafenbecken treiben Hunderte von betäubten Fischen an der Wasseroberfläche.

Eine Erklärung für die zahlreichen Bombenabwürfe (insgesamt hat das RAF-Bomber-Command 824 ts Bomben abgeworfen) in unmittelbarer Nähe der *Lützow* gibt das nachträglich eingehende Protokoll von der Vernehmung der Besatzung eines bei diesem Fliegerangriff abgeschossenen Bombers. Diese möglicherweise sogar von der Flak des Kreuzers heruntergeholte Maschine habe, wie jeweils zwei Flugzeuge aus jeder Squadron, als Punktziel ausdrücklich die *Lützow* zugeteilt bekommen. Ihren Liegeplatz kannte man durch Luftfotos genau. Die Vernebelung sei zwar sehr gut gewesen, so daß das Einzelziel *Lützow* beim ersten Anflug optisch nicht auszumachen gewesen sei. Beim zweiten Anflug, bei dem die Maschine dann abgeschossen wurde, sollten die Bomben laut Befehl auf die rote und grüne Zielmarkierung eines mit elektronischen Ortungsgeräten ausgerüsteten »Pathfinders« geworfen werden.

Wiewelt außerdem das trotz künstlichem Nebel bei Nacht

sichtbare Mündungsfeuer der stark massierten Bordflak der »Pathfinder« die Orientierung erleichtert haben, verrieten die gefangengenommenen Briten nicht.

Auf jeden Fall ist es ein Wunder, daß die so oft in diesem Krieg speziell zum Angriffsziel erkorene *Lützow* bei allen Bombenteppichen rings um ihren Liegeplatz mit Ausnahme eines kleinen Lecks in Trimmzelle VI. 4. 6. unbeschädigt geblieben ist. Es ist lediglich eine Niete herausgesprungen. Durch Einsetzen einer Leckschraube wird der minimale Schaden mit Taucherhilfe beseitigt.

Der Anfang vom Ende

Ende Dezember wird Kreuzer *Lützow* sicherheitshalber nach Pillau verlegt. Dort melden sich Anfang Januar 1945 jene 200 Überlebenden der *Tirpitz* an Bord, die uns »Uralt-Kadetten« endlich ablösen sollen. Wir werden einstweilen auf das KdF-Schiff *Robert Ley* umquartiert und im strammen Dienstbetrieb der U-Boot-Lehrdivision Pillau einer »militärischen Wiederauffrischung« unterzogen. Aber dieses Intermezzo dauert keine zwei Wochen. Am 16. 1. werden wir morgens gegen 3.00 Uhr alarmmäßig aus den Kojen gescheucht: »*Alarm! Die Russen kommen!*« In größter Hast stauen wir die Seesäcke und kehren auf die *Lützow* zurück, die noch vor Hellwerden unter Geleit von *T 4* in See geht. Bei Windstärke 7 und Frost bleiben wir zwei Tage draußen. Sie sind ausgefüllt mit Tag- und Nachtgefechtsdienst für die Neukommandierten von der *Tirpitz*. Inzwischen klären eingehende Funkmeldungen mosaikartig die Lage: Am 15. 1. ist die sowjetische 2. Weißrussische Front aus dem Narew-Brückenkopf zum Angriff auf Ostpreußen angetreten, am 16. 1. auch die 3. Weißrussische Front. Ihre Stoßrichtung zielt auf Königsberg, während die 43. Armee der 1. Baltischen Front von Tilsit aus angreift. Der Anfang vom Ende Ostpreußens ist da.

Wir sind jetzt auf *Lützow* 200 Mann zuviel. Wir haben keine Hängematten und keine Spinde mehr und packen uns nachts zum Schlafen irgendwo an Deck. Aber noch getraut sich niemand, uns schon abzukommandieren, bevor unsere Ablöser mit den Waffen und Geräten unseres Schiffes vollständig vertraut sind. Jeden Augenblick können Einsätze notwendig werden. In welchem seelischen Zustand sich freilich einige der *Tirpitz*-Überlebenden befinden, wird uns beim nächsten Fliegeralarm in Gotenhafen erst richtig klar. Sie fahren beim ersten Schlag der Alarmglocke in solcher Panik hoch, daß sie alles umstoßen, was gerade auf der »Back« steht. Auf ihrer Gefechtsstation zittern sie am ganzen Leibe. Das erlebte Grauen hat die Männer seelisch zermürbt. Sie waren teilweise in dem gekenterten Schlachtschiff eingeschlossen. Gerade diese, auf dramatische Weise mittels Schneidbrenner Geretteten sind mit dem Trauma, daß ihnen so etwas mit der *Lützow* noch einmal passieren könnte, eigentlich gar nicht mehr fronttauglich. Aber man hat keine anderen Leute mehr. Unentwegt geht der Drill an den Waffen weiter.

Währenddessen räumen wir als zeitweiliges Arbeitskommando bei strengem Frost und tiefem Schnee erst eine bereits von den Sowjets bedrohte unterirdische Torpedo-Produktionsanlage in Westpreußen und treiben schließlich an der noch friedlich erscheinenden, aber ebenfalls schon gefährdeten Idylle im Danziger Werder (Bangschin bei Praust) noch einen vergessenen Bestand von dringend benötigten 28-cm-Granaten für unseren Kreuzer auf und transportieren ihn nach Gotenhafen. Wir erleben dabei das hereinbrechende Chaos und sehen sogar amerikanische, französische und britische Kriegsgefangene ohne deutsche Bewachung vor ihren eigenen Verbündeten fliehen. Die Rote Armee steht »ante portas«. Sie kesselt den Raum Danzig-Gotenhafen ein.

Zwar hat man das XXVIII. Korps des deutschen Heeres am 24.—28. 1. 1945 übers Eis aus dem Brückenkopf Memel auf die Kurische Nehrung überführt und endlich begonnen, wenigstens acht von insgesamt 35 sinnlos im Kurland-Brückenkopf gebundenen Divisionen auf dem Seeweg nach Ostpreußen zu transportieren. Aber die Ereignisse überstürzen sich. Die sowjetische 39. und 43. Armee sind mittlerweile zwischen Königsberg und Cranz nach Westsamland vorgedrungen und stehen bereits vor Fischhausen. Damit ist die Landverbindung zwischen Pillau und Königsberg unterbrochen. Das XXVIII. Korps setzt aus dem Brückenkopf Cranz heraus einen Gegenstoß nach Südwesten zur Wiederherstellung der abgerissenen Verbindung an, die nur mit Hilfe der beim Gegner gefürchteten Feuerglocken der 2. Kampfgruppe möglich wird.

Prinz Eugen, Z 25, Zerstörer *Paul Jacobi, T 23* und *T 33* machen den Anfang. *Lützow* hingegen geht zur Unterstützung der deutschen 4. Armee bei Frauenburg und Elbing gegen die Angriffsspitzen zweier sowjetischer Armeen in den Einsatz, gesichert und unterstützt von *T 8, T 28* und wiederum *T 33.* Schneeschauer und Regenflagen behindern immer wieder die Sicht und machen auch den Feuerleiteinsatz des Bordflugzeuges unmöglich, schützen jedoch andererseits gegen sowjetische Luftangriffe. Um den als Hilfsziel benutzten Leuchtturm Kahlenberg wenigstens einigermaßen orten zu können, hat man auf ihm ein selbststrahlendes Funkmeßkenngerät (Fu.KG) installiert, das aber vom Funkmeßortungsgerät der *Lützow* nur schwach aufgenommen wird und sich deshalb zum Feinpeilen leider nicht eignet. Es muß dann eben auch ohne dieses Hilfsmittel gehen. Das Steuermannspersonal vollbringt besondere navigatorische Kunststücke, um das Schießen nach Farbcodewerten möglich zu machen.

Vizeadmiral Thiele ist wieder auf *Lützow* eingestiegen. In seinem Stab erinnert man sich, daß die Linienschiffs-Ersatzbauten der Weimarer Republik einst vor allem zum Schutz der Provinz Ostpreußen und zur Sicherung ihrer Seeverbindungen konzipiert wurden. Jetzt ist, zwei Jahrzehnte später, dieser Fall tatsächlich eingetreten. Die Salven der einstigen Panzerschiffe »A« und »B« werden Ostpreußen zwar nicht mehr retten können, aber den sowjetischen Vorstoß weitmöglich verlangsamen, um den Abtransport der Flüchtlinge, Verwundeten und hoffnungslos Eingekesselten aus den verteidigten Brückenköpfen möglich zu machen.*

Am 8. 2. 1945 gibt die 7. Panzerdivision dem Kreuzer *Lützow* die ersten vier Zielräume bekannt. Diesmal sind es durchwegs deutsche Ortsnamen, die auf der Heereswelle durchgegeben werden. Einer der Geschützführer im Turm »Bruno« zuckt erschrocken zusammen, denn er ist in Tolkemit zu Hause. Jetzt soll er selbst daran mitwirken, seinen eigenen Heimatort in Schutt und Asche zu legen. Aber die Sowjets stehen bereits darin. Die durch Flüchtlinge bekannt gewordene, über Ostpreußen hereingebrochene sowjetische Mord- und Schändungsorgie macht dem Geschützführer den furchtbarsten Befehl seines Lebens leichter.

Feuer frei auf die Ortsmitte von Tolkemit, Heinrichsdorf, Kreuzdorf, Neukirchhöhe. Standort des Vorgeschobenen Beobachters: der Turm des Doms zu Frauenburg am Frischen Haff, eins der herrlichsten backsteingotischen Bauwerke.

10.43 Uhr Zielwechsel auf den Raum Elbing. Erst kommt der

---

* Insgesamt werden über zwei Millionen Menschen über See abtransportiert. Der amerikanische Historiker Philip Karl Lundeberg von der Smithsonian Institution, Washington, bezeichnete die Evakuierungsmaßnahmen als *»ein Unternehmen, das sich tatsächlich als der erfolgreichste Abzug über See in der modernen Geschichte erwies«.* (»American Historical Review«, April 1960)

Bahnhof Mattendorf dran, dann Lärchwalde und der Nordrand von Elbing selbst. Lakonische Funkmeldung vom V.B.: »*Schießen lag jeweils direkt im Ziel!*« Um 13.40 Uhr wird der Anlauf abgebrochen, weil im Kampfraum der 349. Volksgrenadier-Division höchste Bedrängnis entstanden ist und andere Ziele momentan noch vordringlicher geworden sind. Abermals müssen die vier schon am Morgen zuerst unter Feuer genommenen Orte beschossen werden, dann nimmt sich die S.A. der *Lützow* als neues Ziel Conradswalde vor. Auch die M.A. kann sich nunmehr intensiv am Schießen beteiligen. Bis zu 35 km weit hat *Lützow* ihre Salven landeinwärts geschickt. Die deutsche Front beginnt sich danach wieder zu stabilisieren, der wichtigste Fluchtweg übers Eis des Frischen Haffs zur Nehrung und nach Pillau bleibt benutzbar. Er wird von 450 000 Menschen gewählt! Und deswegen setzen am 9. und 10. 2. *Admiral Scheer,* ein Zerstörer und drei T-Boote die Einsätze der *Lützow*-Gruppe noch fort. Am 19. 2. beschießen dann *Scheer* und seine Sicherungsboote zur Unterstützung eines eigenen Gegenangriffes Ansammlungen der sowjetischen 39. Armee bei Peyse und Groß-Heydekrug an der Südküste von Samland. Tatsächlich gelingt es dadurch einstweilen, sogar die Landverbindung nach Königsberg wiederherzustellen. Ostpreußen hat damit noch eine Galgenfrist bekommen. Die große Evakuierungsaktion kann weiterlaufen, obwohl sowjetische U-Boote einzelne Spektakulär-Erfolge erzielen und außerdem britische Flugzeuge im Februar bei 159 Einsätzen 668 Minen, im März bei 270 Einsätzen sogar 1198 Minen in die Danziger Bucht und auf die nach Westen führenden Schifffahrtswege werfen. 49 Schiffe werden dadurch zum Sinken gebracht, 24 beschädigt.

Inzwischen ist jedoch Hinterpommern in größter Gefahr: Am 26. 2. sind die Armeen der sowjetischen 1. Weißrussischen Front aus dem Raum ostwärts Stargard zum Angriff aufs Stettiner Haff und auf Kolberg angetreten. Aus dem Raum Friedland stößt ein Teil der 2. Weißrussischen Front in Richtung Köslin vor, das am 5. 3. genommen wird. Bereits zwei Tage vorher hat die 2. Garde-Panzerarmee der Sowjets das Stettiner Haff erreicht, die 3. Stoßarmee bei Dievenow den Übergang nach Wollin. Die Lage auf deutscher Seite ist so prekär, daß die Schiffe der 2. Kampfgruppe dort eingreifen müssen. *Lützow,* der man aus Gründen der fortschreitenden Brennstoffverknappung eilends den Hilfskessel auf das immerhin etwas leichter erhältliche Pechheizöl umgestellt hat, bekommt Befehl, am 6. 3. zusammen mit *Admiral Scheer, Z 34, Z 43, T 23* und *T 33* auf Weg 76 westwärts nach Swinemünde zu verlegen. Wiederum werden auf beiden Kreuzern Heeresverbindungsoffiziere und Heeresfunktrupps eingeschifft. Da sich auf den Kais von Gotenhafen nach wie vor herzzerreißende Szenen abspielen und Zehntausende von Menschen danach drängen, in den rettenden Westen mitgenommen zu werden, wird zeitweilig die Frage erörtert, ob nicht die Kampfgruppe Flüchtlinge mit nach Swinemünde nehmen soll. Alles spricht jedoch dagegen, weil bereits auf dem Marsch mit Kampfeinsätzen gerechnet werden muß. Außerdem steht wegen der gebotenen Eile zunächst wieder kein Minensuchgeleit zur Verfügung. *Lützow* bringt deshalb ihr eigenes Bugschutzgerät aus und setzt sich an die Spitze der Kampfgruppe.

Auf dem Kriegsmarsch dreht der Kreuzer plötzlich auf Befehl des Kommandanten ab, da in Richtung 200° und Entfernung 100 hm ein Funkmeßkontakt festgestellt wurde. Zugleich bekommt der Kommandant vom Horchraum Unterwassertelegrafie-Signale gemeldet. Also U-Boot-Gefahr. Bei der daraufhin von der Kampfgruppe befohlenen Wendung dreht Zerstörer Z 43 zunächst nicht mit. Er hat wegen einer UK-Störung den Befehl nicht erhalten. Außerdem wurde auf *Lützow* fälschlicherweise nicht »grün« geblinkt, d. h,. »ich drehe nach Steuerbord«. So entsteht eine ernsthafte Gefahrenlage. Aber beide Schiffe entgehen durch das seemännische Geschick ihrer Kommandanten der Kollision.

Scheer wird zwischenzeitlich entlassen, um mit Z 38, Z 31, *Paul Jacobi* und *T 36* an der Dievenow-Front einzugreifen und den störenden sowjetischen Brückenkopf auf Wollin zusammenzuschießen. Für *Lützow* hat man eine andere Aufgabe parat: Sie wird am 7. 3. bei starkem Schneetreiben vor der Ansteuerungstonne von Swinemünde von einem Stabsoffizier des Flottenkommandos in Empfang genommen, zur Verwunderung der gesamten Besatzung durch ganz Swinemünde hindurchdirigiert und erst auf halbem Weg zum Stettiner Haff mit Schlepperhilfe, in einem äußerst schwierigen Manöver, im schmalen Fahrwasser unweit der Kaseburger Fähre mit dem Bug wieder seewärts gedreht. Zuvor mußten die Schlepper erst einen im Swineknie auf Grund liegenden Dampfer beiseite drücken, um den Weg für den Kreuzer freizumachen.

Lützow wird beim sogenannten Lognitzer Ort an einer Dalbengruppe vertäut — an jener Stelle, wo die Mellinfahrt bei der Swine-Flußschlinge in die Kaiserfahrt übergeht.*

Aber was soll *Lützow* an diesem einsamen, von Wald umgebenen Liegeplatz, der durch einen rasch gezimmerten Holzsteg und eine Floßbrücke mit der Uferböschung verbunden wird? Mit einem kunstvollen System schnell lösbarer Drahtstander und Schäkel wird das Schiff recht intensiv zusätzlich vertäut. Auf diese Weise ergibt sich eine gute Feuerstellung für zu erwartende Kämpfe im Bereich Dievenow-Front und Stettiner Haff, aus der sogar Breitseiten (Salven) der 28-cm-Geschütze möglich sind!

Doch sonderlich wohl ist der Besatzung hier nicht. Sobald die feindliche Luftaufklärung die *Lützow* in diesem Schlupfwinkel entdeckt oder das Schiff seine ersten Salven abgefeuert haben wird, dürften unweigerlich Bomben fallen. Kapitän zur See Knoke läßt sicherheitshalber die gesamte Flak volle Kriegswache gehen und bis eine Stunde nach Sonnenuntergang und ab eine Stunde vor Sonnenaufgang auch zwei Geschütze der M.A. zum Zonenschießen bereithalten.

Ein gegenüberliegender Dampfer wird verholt, um das Schußfeld — besonders bei Tiefangriffen aus Richtung Swine — freizumachen. An der Westseite verhindert allerdings ausgedehnter Wald das frühzeitige Auffassen von Tieffliegern. Auch ist die Nachbarschaft zu einem dort liegenden großen Minen- und Sprengmittel-Depot nicht übermäßig angenehm.

Sobald aber anderntags endlich eine Telefonverbindung zum Fla-Gruko** der Festung Swinemünde hergestellt ist, erfährt der Kommandant, daß dieser eigenartige Liegeplatz der *Lützow* rings durch vier Schwere und drei Leichte Flakbatterien doch einigermaßen gut gesichert ist. Zudem verspricht das ganz schmale

---

* Diese beiden künstlichen Durchstiche wurden Ende des vorigen Jahrhunderts geschaffen, weil die immer größeren Schnelldampfer-Neubauten des Stettiner Vulcan auf geradem Weg zur Ostsee hinausgebracht werden mußten. Die Mellin- und die Kaiserfahrt sind also Schiffahrtskanäle, die seitdem als Hauptfahrwasser und Großschiffahrtsweg für den Verkehr durchs Oderdelta nach Stettin verwendet werden.
** Flugabwehr-Gruppenkommando.

Fahrwasser der hier beginnenden Kaiserfahrt einen guten Schutz gegen Lufttorpedos.

Der Artillerie-Kommandeur und das Flottenkommando haben sich gemeinsam alles genau überlegt: Von hier aus kann der Kreuzer den bedrängten deutschen Stellungen an der Dievenow von Scharchow (südlich Cammin) bis hinüber nach Neusarnow (ostwärts vom Stettiner Haff) mit beiden Drillingstürmen zugleich Feuerschutz geben. Außerdem kann die *Lützow*, mit nur einem Turm und in Höchstreichweite, sogar die Gegend von Stepenitz und Wilhelmsdorf beschießen. Diese Orte liegen am Papenwasser der Odermündung ins Haff, kurz vor Stettin!

Bei dem zu erwartenden Landangriff auf Wollin und Swinemünde sowie bei Kämpfen um Stettin dürfte diese Feuerstellung ausgesprochen ideal sein. Dagegen würden sich Schießeinsätze aus dem flachen Stettiner Haff mit seinem äußerst schmalen Fahrwasser praktisch verbieten. Der Kreuzer könnte dort nur mit Schlepperhilfe manövrieren und müßte sich beim Feuern vor Bug- und Heckanker zugleich legen, Torpedofliegern ein willkommenes Ziel bietend.

Am 9. 3. kreist erstmals ein feindlicher Aufklärer in 10 000 m Höhe über dem Schiff. Vor allem die früheren *Tirpitz*-Fahrer ziehen ahnungsvoll die Köpfe ein. Aber der Aufklärungsflug gilt nicht der *Lützow*, sondern der Stadt Swinemünde, die am 12. 3. bei Tage von einem amerikanischen Bomberverband aus 4000 m Abwurfhöhe schwer bombardiert wird. Mehrfach hört man Flugzeuggeräusche auch direkt über dem Schiff. Anderthalb Stunden lang registriert das Fu.MB laufende Funkmeßanstrahlung mit Grillenton im 3-cm-Bereich. Die 400 Bomber werfen also nach Radarpeilung durch die Wolkendecke. Die Bordflak des Kreuzers schießt jedoch nicht, weil bei dem bedeckten Himmel keine Luftziele auszumachen sind.

Swinemünde ist schwer mitgenommen, alle Telefonverbindungen sind unterbrochen. Gleich nach Beendigung des Fliegeralarms wird der Navigationsoffizier der *Lützow* zur Feststellung der Lage mit einem der Kraftboote nach Swinemünde geschickt. Er sieht, daß am Eichstaden das große Fahrgastmotorschiff *Cordillera* gekentert ist. Es bildet aber kein Schiffahrtshindernis. Ein großer Leichter liegt ebenfalls abgesackt im Fahrwasser, würde ein Auslaufen der *Lucie-Willy* jedoch noch gestatten. Auch der

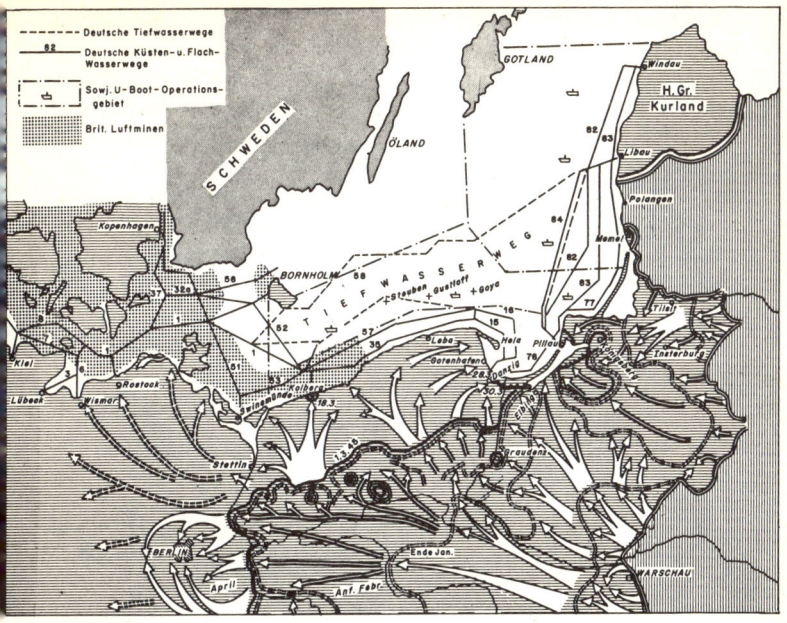

Diese Karte spricht mehr als alle Worte und läßt die Dramatik der Schlußphase im Frühjahr 1945 erkennen.

gesunkene Mittelteil der Pontonbrücke zwischen Wollin und Usedom könnte bei dringlichem Auslaufen wohl gerade noch passiert werden. Und das Wiederauslaufen wird sehr bald notwendig!

Während nämlich der sowjetische Vormarsch im Raum Dievenow-Stettin einstweilen zum Stehen gekommen ist, hat am 7. 3. die sowjetische 2. Weißrussische Front bei Marienwerder zum Großangriff gegen den Brückenkopf Danzig-Gotenhafen angesetzt. Die deutsche 2. Armee wurde dabei auf die Linie Rixhöft—Neustadt—Karthaus zurückgeworfen, wo es ihr nur mit Hilfe neuer Feuerglocken der Schiffsartillerie gelingt, die Front zunächst wieder zu stabilisieren. Von den großen Kriegsschiffen schossen erst *Prinz Eugen,* dann das längst wieder in Dienst gestellte alte Linienschiff *Schlesien* in die anrennenden Verbände des Gegners.

Admiral Scheer hat man wegen seiner völlig ausgeschossenen Geschützrohre zur Neubeseelung nach Kiel entlassen müssen, wobei der Kreuzer 400 Flüchtlinge und 200 Verwundete mitnahm. Deshalb trifft nun am 23. 3. 1945 das Schwesterschiff *Lützow* mit *Z 31* und *Z 34* gerade noch rechtzeitig auf den Feuerstellungen der Danziger Bucht ein.

Genau an diesem Tag haben die sowjetischen Truppen erstmals den Strand der Danziger Bucht erreicht, sie sind in Zoppot eingedrungen. Zerstörer *Z 34* wagt sich bis auf die Höhe des Seesteges vor und verjagt eingedrungene Sowjetpanzer durch Direktbeschuß. Aber der Gegner drängt nach.

»Walpurgisnacht« in der Danziger Bucht

Schließlich muß *Lützow* wohl oder übel mit V.B.-Leitung nach Zoppot hineinschießen. Dabei erhält unter anderem das so vertraute Kurhaus einen Volltreffer und stürzt zusammen. Abends sind die Kondensstreifen der M.A.-Granaten des Kreuzers bis an Land zu verfolgen. Während der Nacht sind pausenlos Artillerie- und Raketenwerferfeuer an der Küste zu sehen und zu hören. Immer wieder werden *Lützow*-Salven angefordert, die teilweise sogar dem Fahrtempo der anrückenden Panzer präzise folgen müssen. *LW* schaltet auch eine sowjetische Batterie aus, die vorher von Zoppot aus das zur Verwundetenübernahme auf Reede liegende Lazarettschiff *Pretoria* beschoß.

Tatsächlich gelingt es noch einmal, die Sowjets wieder aus dem Seebad zu vertreiben. Aber die Rote Armee läßt nicht locker, sie setzt alles auf eine Karte und drückt mit immer größeren Truppenverbänden in die vorherige Durchbruchsstelle Zoppot nach. Schließlich schaffen es die abgekämpften deutschen Truppen einfach nicht mehr, durch immer neue Gegenstöße die alte Hauptkampflinie wiederherzustellen. Danzig und Gotenhafen sind fortan voneinander getrennt, und die Sowjets rollen die Küstenstellungen nach beiden Seiten auf. Die deutschen Verteidiger werden auf zwei enge Abwehrringe an den Außenrändern der Städte zurückgedrängt. Die Reste der deutschen 2. Armee wehren sich verbissen. Sie kämpfen mit dem Rücken zu den Häfen, über die weiterhin Zehntausende von Frauen, Kindern und Verwundeten an Bord einiger letzter Großschiffe und von pendelnden Kleinfahrzeugen, zum Übersetzen zur Einschiffungsstation Hela-Reede, gebracht werden. Noch immer zählt man 2,5 Millionen Menschen. Mit besonderer Bravour kämpft das 9. Marine-Flakregiment. Es verfeuert bei diesen mörderischen Kämpfen um Zoppot und Gotenhafen 245 000 Schuß an Schwerer Flakmunition. Mit den zur Landseite umgedrehten Geschützen schießt es in großer Zahl Feindpanzer ab und dirigiert mit seinen verbunkerten Feuerleitständen das Schießen der *Lützow,* schließlich auch wieder das von *Prinz Eugen,* in die anrennenden Sowjettruppen.

Eine dramatische Phase wird erreicht, nachdem die deutschen Marine-Flakbatterien auf dem zuletzt im Nahkampf verteidigten Steinberg und der Anhöhe von Hoch-Redlau überrannt und durch sowjetische Batterien ersetzt sind. Mit ihnen feuern die Sowjets von oben mitten in die Stadt, bis sie von der Kampfgruppe zum Schweigen gebracht werden.

Die ganze Bucht ist nur ein einziges Schlachtfeld, ein Hexenkessel ohnegleichen — Feuerschein steht am Himmel, Danzig brennt.

Der Höhepunkt der Kämpfe rückt heran.

Werferbatterien ziehen ihre Kometenschweife über den Himmel — Stalinorgeln. Und in Danzig wie in Gotenhafen setzt Tag für Tag neues Artilleriefeuer ein. Sobald die Sonne im Rücken der Sowjets steht, bestreichen diese die Hafenausfahrten und die Reede. Und nachts steht zu allem Überfluß der Mond hell am Himmel. Es besteht U-Boot- und sogar Schnellbootgefahr! Am Palmsonntag 1945, dem 25. März, steigert sich das sowjetische Artilleriefeuer in Gotenhafen zum Inferno. Die Granaten krachen unablässig ins Stadtzentrum. Aber der Übersetzverkehr hinüber zur letzten Rettungsbastion, der Oxhöfter Kämpe, läuft noch immer weiter. *Lützow*, drei Zerstörer und zwei Torpedoboote können durch immer neues Eingreifen in die Kämpfe verhindern, daß Gotenhafen vor dem 28. 3. aufgegeben werden muß. Dieser Zeitgewinn rettet Zehntausende von Menschen vor Tod oder grausamer Gefangenschaft, Vergewaltigung oder Verschleppung.

Die Angriffe russischer Jagdbomber sowie Schlachtflugzeuge in Pulks von 20 bis 40 Maschinen werden immer häufiger, ergänzt durch die Angriffe von Horizontalbombern und Torpedoflugzeugen. Rückblickend betrachtet erscheint den Männern an Bord von *Prinz Eugen* und *Lützow* selbst die Schlacht um Sworbe wie eine Ouvertüre zum jetzt Erlebten.

Längst hat man auf *Lützow* ein neues Verfahren erarbeitet: Die gesamte Flak ist nach Sektoren zu einer »Igelstellung« eingeteilt. Dadurch ist sichergestellt, daß bei den inzwischen zur Selbstverständlichkeit gewordenen Angriffen aus mehreren Richtungen auch tatsächlich sämtliche Angreifermaschinen ohne Ausnahme beschossen werden. Und bei den immer häufigeren Angriffen von Boston-Torpedoflugzeugen, die ja tief über dem Wasser anfliegen, schießt auch die M.A. mit Zonenmunition dazwischen, was stets durchschlagende Wirkung zeigt.

Es erweist sich als günstig, während eines Torpedofliegerangriffes das Schiff in bezug auf die Ausweichmanöver kurzfristig vom hochgelegenen Flakleitstand aus zu dirigieren, der durch Telefon und Sprachrohr mit dem Gefechtsrudergänger verbunden ist. Der dort oben postierte Oberschreibersmaat Sturm von der Geheimschreibstube, ein Mann mit rheinischem Mutterwitz, ist für schnelles Reaktionsvermögen bekannt. Er erkennt auf seiner Gefechtsstation in der Regel als erster die Kursrichtung der anlaufenden Torpedos nach dem Wurf. Der W.O. steht unten auf dem Nachtleitstand und beobachtet die anfliegenden Maschinen ebenfalls, die bisweilen in ganzen Geschwadern operieren. Die Zusammenarbeit zwischen Flakleitstand und Brücke ist ideal. Mit den scharfen Stativgläsern erkennt Sturm auch zwangsläufig am ehesten, ob die heranpreschenden Tiefflieger tatsächlich Torpedoflugzeuge sind oder nicht. An ihren Flugbewegungen erkennt man sofort, ob sie einen »Aal« geworfen haben. Und dann gibt es nur zwei mögliche Ausweichkurse. Der bessere ist: So drehen, daß das Schiff ganz kleine Silhouette zeigt.

Die Wachoffiziere haben inzwischen Routine bekommen. Die meisten anfliegenden Torpedoflugzeuge sind deshalb relativ »harmlos«, weil sie ihre Torpedos aus viel zu großer Entfernung werfen. Britische Piloten würden anders fliegen . . .

Und während die *Lützow* ihre schweren Granaten an die Landfront südlich und südwestlich von Danzig hinüberschickt, zerreißen auch die Sicherung fahrenden Zerstörer und Torpedoboote mit dem vereinten Feuer ihrer 15-cm- bzw. 10,5-cm-Geschütze so manche Formation der verbissen angreifenden Sowjet-Maschinen.

Doch auch von Land schicken russische 17-cm- und 21-cm-Geschütze ihre Granaten herüber. Sie liegen oft verteufelt nah. Zeitweilig müssen *T 23* und *T 28* die *Lützow* einnebeln, um sie der Sicht der Feindbatterien auf Hoch-Redlau und dem Steinberg bei Gotenhafen zu entziehen. Cajus Bekker: »*Die ganze Küste ist überlagert vom schmutziggrauen Rauch des brennenden Landes. Davor kriechen klein und geduckt die Fahrzeuge, die aus den verschiedenen Weichselarmen hervorkommen und hastig in Richtung Hela davonlaufen. Uralte Raddampfer sind dabei, Schlepper mit Flußkähnen. Ausflugsschiffe, ein*

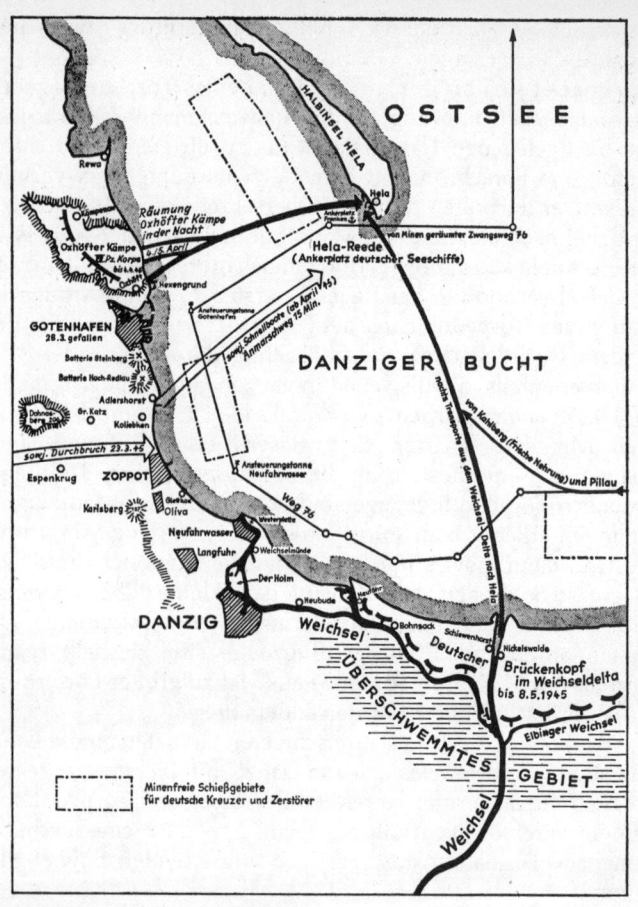

OSTSEE

HALBINSEL HELA

Hela

Hela-Reede
(Ankerplatz deutscher Seeschiffe)

Rewa

Räumung
Oxhöfter Kämpe
in der Nacht

von Minen geräumter Zwangsweg 76

Oxhöfter Kämpe z. 1/5. April
II. Pz. Korps
Bär u. a. ust

Revengrund

Ansteuerungstonne
Gotenhafen

sowj. Schnellboote (ab April 1945)
Ammarschweg 15 Min.

nach Trelleborg aus dem Weichsel-Delta nach Hela

von Kolberg (Frische Nehrung) und Pillau

GOTENHAFEN
28.3. gefallen

DANZIGER BUCHT

Batterie Steinberg

Batterie Hoch-Redlau

Adlershorst

Dohnasp
Gr. Katz

Koliebken

sowj. Durchbruch 23.3.45

Espenkrug

ZOPPOT

Ansteuerungstonne
Neufahrwasser

Karlsberg

Glettkau
Oliva

Weg 76

Neufahrwasser

Uferbefestigung

Langfuhr

Weichselmünde

Der Holm

Heubude

Heubuder

DANZIG

Weichsel

Bohnsack

Deutscher

Schiewenhorst

Nickelswalde

Brückenkopf
im Weichseldelta
bis 8.5.1945

ÜBERSCHWEMMTES

Elbinger Weichsel

GEBIET

Weichsel

Minenfreie Schießgebiete
für deutsche Kreuzer und Zerstörer

*Feuerlöschboot . . . und überall sind die Decks gedrängt voller Menschen.
Die beiden Torpedoboote liegen auf östlichem Kurs vor der Küste, während der Kreuzer weiter abgesetzt im Hintergrund folgt.«*

Am 28. März 1945 wird Gotenhafen (Gdingen) geräumt, nachdem der Rumpf des fahrunklaren Schlachtschiffes *Gneisenau* als Blockschiff in der Hafeneinfahrt versenkt wurde. Aller Schutz gilt nun der letzten Fluchtburg und Bastion, der Oxhöfter Kämpe. *Lützow* schlägt sich deshalb mit einer hartnäckig feuernden

17-cm-Batterie bei Oxhöft herum, während sie weiterhin stur ihre Schießkurse zum Eingreifen in die Landkämpfe ablaufen muß. Und diese Batterie kommt zum einzigen Treffererfolg gegen den Kreuzer: erster Einschlag 300 m weit, zweiter 200 m weit, dritter — Treffer!

Die Granate ist in die achteren Aufbauten hineingesaust, genau in die Admiralskajüte. Aber im Gefecht steht der Befehlshaber (»Curry« Thiele) natürlich (übrigens als einziger ohne Stahlhelm) auf der Brücke, so daß es keine Ausfälle oder Verluste gibt. In wenigen Tagen haben die tüchtigen Fachhandwerker des Meisterpersonals alles wieder repariert.

Absoluter Höhepunkt unter den Einsätzen der *Lützow* in den 14 Tagen im Tohuwabohu der Danziger Bucht ist das Unternehmen »Walpurgisnacht«. Unter diesem Stichwort vollzieht sich in zwei Nächten die heimliche Evakuierung der restlichen 8000 Soldaten des VII. Panzerkorps und von rund 30000 Flüchtlingen von der Igelstellung Oxhöfter Kämpe nach Hela. 27 Marinefährprähme, 25 Kriegsfischkutter, fünf Schwere Artillerieträger und fünf weitere Schiffe vollbringen diese Übersetzoperation, gedeckt von *Lützow, Paul Jacobi, Z 31, Z 38* und einigen anderen Fahrzeugen. *(Prinz Eugen* fällt wegen Mangels an 20,3-cm-Munition für diesen Einsatz aus.) Das Feuer der *Lützow* hat vor allem dazu beigetragen, daß sich die eigenen Truppen überhaupt aus der Front herauslösen und ungestraft zum Strand des Hexengrundes absetzen konnten.

Fünf-Tonnen-Bomben aus
heiterem Himmel

Am 5. April ist die Munition der *Lützow* ein weiteres Mal verbraucht. Die Geschützrohre sind außerdem so stark ausgeschossen, daß sie eine Abnahme der Anfangsgeschwindigkeit (Vau Null) von 12% verzeichnen! Das bedeutet eine Verdoppelung der normalen Streuung, die bei noch weiterer Rohrabnutzung sehr schnell steigt. Sie wird bei 17% bereits die Verdreifachung der normalen Streuung ergeben. Seezielschießen wären schon jetzt kaum noch durchzuführen. Für Landzielbeschießungen kann diese recht abenteuerliche Streuung gerade noch hingenommen werden. Aber die große Sorge gilt jetzt vor allem der Beschaffung weiterer Munition, nachdem auch die letzten in Drontheim und Narvik aufgetriebenen Restbestände der *Scharnhorst* und der Kampfgruppe Nordmeer verfeuert sind. Was jetzt noch auf Troßschiff *Franken* verfügbar ist — das schon seit Wochen als schwimmender Versorgungspunkt im Hexenkessel westlich der Südspitze von Hela tapfer ausharrt — gilt als allerletzte Flottenreserve, als »Eiserne Ration«. Nachdem auch *Prinz Eugen* die letzten vierzig überhaupt vorhandenen 20,3-cm-Granaten aus einem Kriegsfischkutter (!) übernommen hat, geht *Lützow* nachts erneut beim Troßschiff *Franken* längsseits. Mit höchster Erlaubnis »plündert« sie dessen Restbestand an 28-cm-Munition, während dichter Nebel die beiden Schiffe gegen etwaige Fliegerangriffe schützt. Dafür wird die hektische Munitionsübernahme zeitweilig durch Schnellbootalarm unterbrochen. Aber die sowjetischen S-Boote (die mittlerweile in Adlerhorst bei Zoppot einen eigenen Stützpunkt haben!) finden in der »Waschküche« ihre Ziele nicht.

Die Besatzungen der beiden deutschen Schiffe arbeiten bis zum Umfallen bei der Munitionsübernahme. Danach fährt der Kreuzer noch zwei Tage lang — zwecks Treibölersparnis mit möglichst geringer Fahrt — auf und ab, um notfalls wieder Feuerunterstützung und vor allem Flakschutz für die zahlreichen Schiffe der Evakuierungsflotte vor Hela geben zu können.

Es werden noch zwei hitzige Kampftage mit immer neuen Luftangriffen. Dabei erlebt die *Lützow* das tragische Ende ihres treuen Troßschiffes *Franken* mit, das am 8. 4. 1945 nach Bombentreffern brennend übers Heck im eisigen Wasser der Ostsee versinkt.

Am Abend desselben Tages werden *Prinz Eugen* und *Lützow,* gesichert von *Paul Jacobi, Z 31, Z 38* und *T 36,* nach Swinemünde in Marsch gesetzt. Dort läuft freilich nur die *Lützow* ein*, um wieder — mit dem Bug in Richtung Ostsee — ihre vorherige Feuerstellung beim Lognitzer Ort einzunehmen, denn das Finale im Kampfraum Stettin-Swinemünde zeichnet sich jetzt endgültig ab.

Die *Lützow* ist jetzt der letzte Schwere Kreuzer an der Front. Sie hat zwar noch Munition, jedoch nur einen Restbestand an Treiböl, der für etwa 300 sm Fahrstrecke ausreicht. Darum ist das Beziehen der festen Feuerstellung vor der Kaiserfahrt auch im Sinne strikter Treibstoffsparmaßnahmen angeordnet worden. Und die alten Drahtstander und Schäkel an den Dalben der Feuerstellung sind noch vorhanden — genauso, wie man sie vor Monatsfrist verlassen hat.

Noch führt der kleine Kosmos Schiff sein Eigenleben. Er ist sozusagen eine noch heile Welt inmitten von Endkämpfen, Rückzügen, Bombenteppichen, Einkesselungen, Flüchtlingstragödien und Zerfallserscheinungen.

Sonnabends ist, wie von alters her, noch immer Backsgeschirrmusterung. Tagsüber ist Dienst nach genau festgelegtem Plan: Pönen der Außenhaut (der Kreuzer ist noch immer tiptop in Farbe, sein Holzdeck sieht noch immer respektabel aus), Geschützexerzieren, Kadettenausbildung, Waldlauf! Eine unheimliche Irrealität, die dennoch greifbarer Alltag ist.

Und doch sitzt den »alten Hasen« eine dumpfe Angst im Nakken: Aus diesem Mauseloch kommt das Schiff diesmal nicht wieder heraus. Gerade erst am 7. 4. hat die Royal Air Force in Kiel mit einem Bombenteppich die *Admiral Scheer* zum Kentern gebracht und versenkt, außerdem wurde der Schwere Kreuzer *Admiral Hipper* zum Wrack geschlagen.

Mit Galgenhumor zitiert jemand den vorletzten Vers des Ge-

---

* Der munitionslos gewordene *Prinz Eugen* wird nach Kopenhagen beordert, wo er aufgelegt werden muß, zumal er wegen seiner Abmessungen in Swinemünde Schwierigkeiten bekäme.

dichtes von den »Zehn kleinen Negerlein«: »*Da war'n es nur noch zwei.*«*

Nur *Prinz Eugen* und *Lützow* sind jetzt von den modernen Schweren Einheiten noch übrig — und davon die *Lützow* allein noch gefechtsbereit — außerdem freilich das Linienschiff *Schlesien,* jener Veteran, der 1906 vom Stapel lief und schon in der Skagerrakschlacht veraltet war.

Während sich im Wald unmittelbar neben dem Schiff eine Art »Wallensteins Lager« ausbreitet, ganze Züge und Divisionen ihren Unterricht und Sport aus dem engen Schiff dorthin verlegt haben, werden nach wie vor mit immer neuem Gefechtsdienst die Waffen der *Lützow* »scharf« gehalten.

Aber auch der vermeintlich unumgängliche Papierkrieg in den Schiffsschreibstuben hält nach wie vor alle 24 Schreibmaschinen in Betrieb.

Aber es bestehen untrügliche Zeichen dafür, daß diese Idylle nicht von längerer Dauer sein wird: Bereits am Abend des Einlaufens war der erste Aufklärer zur Stelle, der sogar mit Hilfe einer Leuchtbombe nach dem Rechten sah. Ihm genügten die Radarechos seines Rotterdam-Gerätes nicht. Und diese obskuren Flugzeug-Besuche wiederholen sich.

Ein »blödes Gefühl«, in ein Loch gepackt zu werden, in dem man sich nicht mehr bewegen kann. Draußen auf See war der Kreuzer mit seinen Ausweichbewegungen immer schnell genug. Es gehört dort schon einiges dazu, die *Lützow* zu erwischen. Aber hier . . .

Warum legt man das Schiff nicht auf Reede oder verlegt es wenigstens hin und her? Der Kommandant plädiert heftig dafür.

Beim Flottenkommando sieht man es anders: Auf Reede bestehen U-Boot-, Minen- und Torpedofliegergefahr, beim Lognitzer Ort jedoch nicht. Außerdem ist die jetzige Feuerstellung für den Soforteinsatz artilleristisch günstiger. Die Frontlage läßt Einsätze jeden Augenblick erwarten.

Am 13. April gibt es auf *Lützow* wieder Fliegeralarm. Ein Kampfverband ist im Anflug aus Westen gemeldet. Man hört

---

* Von den großen Kriegsschiffen der deutschen Flotte sind inzwischen acht verlorengegangen: *Admiral Graf Spee, Blücher, Karlsruhe, Königsberg, Bismarck, Scharnhorst, Tirpitz* und *Admiral Scheer.* (Dazu kommen praktisch auch noch der wohl irreparable *Admiral Hipper* und die zerbombte *Emden.*)

seine Motoren dröhnen, aber nichts geschieht. Man mißt in diesen turbulenten Tagen solchen Flugzeugen, die nur über Swinemünde kreisen und schließlich ohne Bombenabwurf abdrehen, keine besondere Bedeutung mehr bei. Vermutlich sind es wieder Minenflugzeuge, die anschließend ihre gefährlichen »Eier« irgendwo in die Ostsee legen wollen.

Aber es sind diesmal keine Minenflugzeuge! Statt dessen sind es die berühmten »Dambusters«* der 617. Bomber Squadron mit einer tödlichen Last an Bord. Sie kreisen in 22 000 Fuß (7000 m) Flughöhe über dem mit Radar georteten Punkt-Ziel, Kreuzer *Lützow*. Da ein Abwurf ihrer 5,4 t schweren Spezialbomben** nur bei optischer Auffassung des zu vernichtenden Objekts im Bombenzielgerät möglich ist, müssen die viermotorigen »Lancaster« infolge der dichten Wolkendecke unverrichteterdinge wieder abziehen.

Am 15. 4. starten die »Dambusters« von ihrem englischen Fliegerhorst Woodhall Spa in Lancashire erneut. Sie müssen jedoch wegen Wetterverschlechterung noch vor dem Erreichen von Bremen »zurückgepfiffen« werden. Neuer »Tag X« soll nun aber gleich der nächstfolgende werden, für den die Meteorologen der Royal Air Force gutes Angriffswetter prophezeien. Der Plan bleibt unverändert: Glatter, direkter Anflug auf 22 000 Fuß Flughöhe, dann Herunterstoßen zum Bombenabwurf auf Kreuzer *Lützow* zwischen 14 000 und 16 000 Fuß (4,5 bis 5,5 km) Höhe.

Die Wetterfrösche haben recht behalten: Am 16. 4. 1945 befindet sich auf dem gesamten Weg von England bis nach Swinemünde keine Wolke am Himmel. Es herrscht ganz leichter Wind, ideal zum Bombenwurf. Eine Viertelstunde vor dem Ziel verläßt der aus zwölf Maschinen bestehende Jagdschutz den Verband. Die achtzehn viermotorigen »Lancaster« fliegen allein weiter. Schon Meilen vorher wird das Angriffsziel *Lützow* klar ausgemacht. Der Verband kann in aller Ruhe auf Wurfhöhe hinun-

---

* Den Namen »Dambusters« (Staudamm-Zerschmetterer) hat diese Spezialeinheit deshalb bekommen, weil sie die großen Staudämme der Möhne- und der Edertalsperre mit furchtbaren Folgen zerstörte. Auf ihr Konto kommt u. a. die Zerstörung des Bielefelder Viaduktes, der Arnsberger Brücke und der für bombensicher gehaltenen riesigen U-Boot-Bunker in Brest, Le Havre, Ijmuiden u. Bremen-Farge.

** Die vom britischen Professor Barner Wallis entwickelten gigantischen Bomben von dreifacher Mannsgröße, »Tallboys« (Große Kerle) genannt, haben auch die *Tirpitz* zum Kentern gebracht.

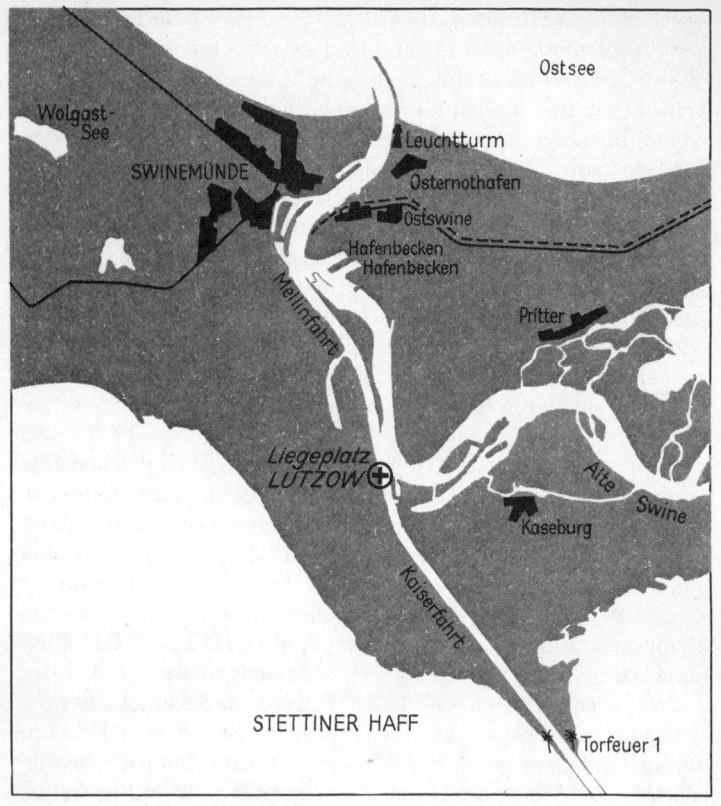

tergehen. Fünf Minuten vor dem Ziel ist alles klar, die 5,4-t-Bomben sind scharf. Das Bombenzielgerät ist überprüft, die Trefferaufnahme-Kamera schußklar. Die Bomber fliegen in mehreren Reihen hintereinander, in oft geübtem Zusammenspiel: Hören wir Kettenführer Flight Captain Horsley von der 617. Bomber Squadron:

»Plötzlich Flakfeuer rund um uns her. Gutliegend? Ja. Die Nummer Drei in der vorderen Reihe wird getroffen.

Über die Eigenverständigungsanlage unserer Maschine ertönt die ruhige Stimme meines Bordschützen: ›Links ... links ... rechts, rechts ... ruhig, ganz ruhig ... Ziel liegt an!‹ Rums, rums, machen wieder die Flak-

sprengwolken. Ich konzentriere mich darauf, die Maschine ruhig zu halten. Der Fahrtwind muß ebenso exakt stimmen wie die Flughöhe . . . — Peng! Das Dach der Bugkanzel wird fortgerissen.

›Ruhig bleiben!‹ besänftigt der Bombenschütze. Mein Mund ist trocken, aber ich bin entschlossen, die Bombe ins Ziel zu kriegen.

›Bombe weg!‹ ruft endlich der Bombenschütze. ›Ruhig halten zur Trefferaufnahme!‹ Das sind nochmals siebzehn Sekunden. Immer noch Flaksprengwolken um uns herum. Es zieht mächtig in der Kanzel ohne das Dach, das sie uns weggeschossen haben.

Im Sturzflug verlassen wir den Zielraum. Ich höre über Funk von einem meiner Piloten, daß ihm ein Motor ausgefallen ist, als er gerade zum Bombenwurf anflog. Als er getroffen wurde, hat es ihm das Ziel ›verdorben‹. Er hat also nicht werfen können. Ich löse mich vom Hauptverband, um mich ihm anzuschließen und ihn gegen etwaige Angriffe deutscher Jäger zu schützen. Er setzt erneut zum Angriff an, aber wieder geht sein Anflug daneben. Er muß einen dritten unternehmen, ehe er endlich seine Bombe ausklinken kann. Um diese Zeit sind die übrigen Bomber schon auf dem Rückflug. Ich geleite die beschädigte Maschine nach England, wo sie als letzte landet.

Wir können die ›Lützow‹ nicht sofort als durch uns versenkt betrachten, wenngleich die sofort entwickelten Luftaufnahmen besagen, daß wir sie gekillt haben müssen. Das Schiff ist aber nicht gekentert, wie das bei der ›Tirpitz‹ der Fall war.

Erst drei Tage danach, als eine tieffliegende ›Mosquito‹ mit einer Tief-Schräg-Aufnahme heimkommt und wir darauf die ›Lützow‹ tief im Wasser liegen sehen, wissen wir, daß wir das letzte deutsche Westentaschenschlachtschiff versenkt haben. Es mag ihm zur Ehre gereichen, daß wir von der 617. Squadron stets vor dem Feuer der deutschen Marineflak Respekt hatten. Und wir sind der Ansicht, daß die Mannschaft der ›Lützow‹ mit dem Abschuß eines und der Beschädigung weiterer Bomber — darunter meines eigenen — einen tapferen letzten Kampf geliefert hat.« [*]

---

[*] Vor allem in letzterem irrte der damalige britische Luftwaffen-Hauptmann freilich doch. Die letzten Kämpfe standen noch bevor!

367

Alle Mann von Bord!

Bemerkenswert ist, daß das sowjetische Armeeoberkommando vor Beginn der Offensive gegen Stettin und Swinemünde zunächst die Ausschaltung des als gefährlich betrachteten Kreuzers *Lützow* von der Royal Air Force erbat. Man hatte das Schiff offensichtlich in unangenehmer Erinnerung! An Bord der *Lützow* hat man an jenem 16. April 1945 kurz nach 17.00 Uhr schon klar gemacht zum »Backen und Banken«. Die Luftlage ist laut Radiodurchsage unverdächtig: »*Kleiner feindlicher Kampfverband über Mecklenburg.*« Es ist normale Flakwache aufgezogen, weil ja Telefonverbindungen mit dem Flugmeldedienst an Land besteht.

In der Offiziersmesse sind gerade die Gläser zu einem Gratulationsschluck eingeschenkt. Kapitän zur See Knoke, dem Kommandanten der *Lützow,* soll das Deutsche Kreuz in Gold verliehen werden. Aber noch bevor der an Bord erschienene Flottenchef, Admiral Meendsen-Bohlken, es ihm anheftet, kommt durch Bordlautsprecher: »*Die Schwere Flak auf Station!*« und fast unmittelbar danach: »*Die gesamte Flak auf Station!*« Die gefüllten Gläser bleiben unberührt.

Schon ertönt Flakfeuer von den Artillerieträgern und — zwar noch vereinzelt — von den L-Flaks der *Lützow.* Die Glocken schrillen: »Fliegeralarm!« In den Wohndecks jagt alles mit Getöse und »Wahrschau«-Rufen zu den Niedergängen oder auf Verschlußstation, um die Panzerblenden vor die Bulleyes zu schrauben.

Aber mitten in das Rennen und Drängen der Männer und das scharfe Gebell der 4-cm-Flak dringt ein schrilles Pfeifen und Fauchen. Es kracht und knirscht im Schiff — einmal, zweimal. Etwas poltert dumpf an Deck. An den Niedergängen werfen sich die nach oben drängelnden Menschentrauben in Deckung.

Einige Seeleute haben in ihrem Laufschritt nach achtern gerade eins der Schotten erreicht, als haargenau hinter ihnen mit furchtbarem Geprassel ein Loch durch beide Decks gefetzt wird. Der I. Offizier und der Leckingenieur können gerade noch rechtzeitig in den gepanzerten Kommandostand springen, um durch den Panzerschacht ihre (Schiffssicherungs-)Zentrale zu erreichen. Ein nie gehörtes Rauschen hängt sekundenlang in der Luft. Dann ertönt eine ungeheure, dumpfe Detonation. Wie von einer Riesenfaust gepackt, wird das Schiff durchgeschüttelt. Und noch weitere furchtbare Schläge folgen sofort hinterdrein. Die Menschenknäuel auf den Niedergängen werden in die nächste Ecke geschleudert. Einer der Niedergänge reißt sogar ab. Mit Prellungen, Verrenkungen und Knochenbrüchen rappeln sich die Heruntergefallenen wieder hoch. Rotbrauner Qualm dringt ihnen entgegen. Und laut rauscht jetzt Wasser ins Schiff.

Unheimlich schnell legt sich die *Lützow* nach Backbord über.

»*Los, raus, wir versaufen!*«

Helle Panik bricht aus, vor allem von geschockten *Tirpitz*-Überlebenden geschürt. Wer nicht rasch genug über die noch immer verstopften Niedergänge zu dem schrägliegenden Deck emporgelangen kann, reißt die Bullaugen auf und flüchtet ins Wasser. Und wer bereits oben an Deck ist, schlittert stellenweise im Schlamm durch Trümmer und verstreutes Inventar. Auch Tote liegen dort. Verwundete kriechen wimmernd dazwischen herum, andere treiben im Wasser. Immer mehr suchen im Wasser ihre Rettung. Offiziell wird jetzt empfohlen: »*Alle Mann von Bord, außer Flak und Schiffssicherung!*«

Während noch immer Soldaten um ihr Leben schwimmen, andere noch durch Bulleyes nachstürzen oder bereits drüben auf dem Knüppeldamm in den Wald rennen, verstärkt sich das Gebelfer der Flak, dröhnt bereits die nächste Welle der »Lancasters« heran. Auch die eigene S-Flak eröffnet das Feuer. Insgesamt ist das Flakfeuer aller Beteiligten so konzentriert, daß der Anflug der Bomber durcheinandergerät. Dennoch fallen erneut Bomben, gibt es einen weiteren dumpfen Schlag, dem eine Art Erdbeben folgt. Eine Schlammfontäne schießt aus dem Ufermorast empor. Motoren dröhnen diesmal ungewöhnlich laut. Einer der viermotorigen Bomber kommt mit Geheul herunter und schlägt am anderen Ufer, beim Kaseburger Forsthaus, abstürzend eine Schneise in den Wald.

Und dann herrscht plötzlich Stille. Unbegreiflich tiefe Stille. Nicht ein einziges Aggregat bullert irgendwo. Die großenteils noch unter Schockwirkung stehende Besatzung braucht einige Zeit, diesen Wirbel von Ereignissen zu verkraften und die Realität zu erfassen, daß sie soeben ihr Schiff verlor.

Helfende Hände haben inzwischen mit der Bergung der Toten begonnen, nachdem schon vorher die Verwundeten weggetragen worden sind. Kommandos und klare Initiativen bringen allmählich Ordnung in den weiteren Ablauf der Dinge.

Die Floßbrücke zum Schiff muß zuallererst erneuert werden. Nach etwa einer Viertelstunde kehren die ersten von den an Land Geflüchteten wieder zu dem zurück, was vorher ihr Schiff gewesen ist: Die Schanz ist bis knapp unters Oberdeck abgesackt. Der Bug des mit über 50 Grad Schlagseite (!) dem Land zugekehrt liegenden Kreuzers ragt schräg nach oben. Das Schiff ist gegen die Unterwasserböschung gefallen und entging nur deshalb dem Kentern. Die ganze Backbordseite des Wracks ist mit Schlamm bedeckt. Auf dem Vormars fehlt die gesamte Drehhaube mitsamt dem E-Meßgerät, dem daraufstehenden Funkmeßhaus und dem Toppstand. Diese drei Aufbauten sind, von einer schrägfliegenden Bombe getroffen, aus den Angeln gehoben und trotz ihrem Gewicht von mehreren Tonnen im hohen Bogen außenbords geworfen worden! Nahezu alles lose Gerät wie Beiboote, Gerätekisten, Rettungsbojen sind zertrümmert oder über Deck verstreut. Und jetzt erkennt man nicht nur vorn bei den Abteilungen III/IV den Einschlag der schon erwähnten 250-Kilo-Bombe, sondern auch einen weiteren achtern bei Abteilung XIV.

Der Erste Offizier, Fregattenkapitän Lange — der erst nach Wegräumen von davorliegenden Toten und durch Aufkurbeln der Panzertür von außen, gegen die Schräglage des Schiffes, aus dem Kommandostand befreit werden konnte —, untersucht sofort die Lage dieser zweiten eingeschlagenen Bombe: Sie ist genau in den Bereich der Munitionskammer von Turm »Bruno« gefallen, hat aber nicht gezündet, sonst wäre die *Lützow* atomisiert worden. Und genau das wäre übrigens auch beim Volltreffer von einem der »Tallboys« geschehen, die man dem Kreuzer zugedacht hatte. Diese sind aber fast alle in die Uferböschung und ins Unterholz gerauscht. Ganz in der Nähe klafft ein bereits voll Wasser gelaufener Riesentrichter mit dem Durchmesser einer Torpedobootslänge. Die Steine der Uferböschung müssen wie Geschosse umhergeflogen sein. Nur eine dieser Riesenbomben wurde, zwischen Ufer und Schilf einschlagend, zum Nahtreffer. Sie hat mit unvorstellbarem Druck ein zehn Meter langes, etwa ein Meter hohes Leck in den Kreuzer gestanzt und damit die starke Schlagseite verursacht. Weite Teile des Backbordseitenpanzers sind aufgeklappt, als habe jemand die *Lützow* mit einer Blechschere tranchiert.

Aber das stets mit dem Hang zum Ungewöhnlichen behaftete Schiff hat einmal mehr unbeschreibliches Glück im Unglück gehabt: Die ein halbes Jahr vorher bei dem Riesenschlachtschiff *Tirpitz* mit Erfolg angewandte Überdosis von »Tallboys« und dazwischengemischten Viertel-Tonnen-Bomben hat diesmal das soviel kleinere Westentaschenschlachtschiff weder zum Kentern noch zur Detonation bringen können. Der Morast des Oderdeltas hat alle physikalischen Berechnungen zunichte gemacht.

Noch wissen die Briten nicht, was sie mit sieben zielnah geworfenen »Tallboys« erreicht haben. Der Kommandant ist klug genug, alle Geschützrohre auf »halb acht« (verdreht) stehenzulassen (man könnte sie immerhin von Hand in Nullstellung kurbeln!), so daß der zu erwartenden Luftaufklärung der Totalausfall der Artillerie vorgetäuscht wird.

Vorerst ist das Wrack völlig tot, es gibt weder Dampf noch Strom. Keine Lenzpumpe funktioniert. Gegenfluten konnte die Schräglage des Schiffes nur mildern, nicht beseitigen. Es ist in diesem Zustand unbewohnbar. Und auch mit Rücksicht auf die noch im Schiff befindlichen Blindgänger, die eventuell doch Zeitzünder sein könnten, kampiert die gesamte Besatzung die Nacht über mit ihren Hängematten im Wald. Als jener denkwürdige 16. April 1945 zu Ende geht, bläst der Hornist der Wache zum Gedenken an die Toten dieses Tages den Zapfenstreich.

Die vorher angesetzten Vollzähligkeitsmusterungen haben ergeben, daß acht Mann gefallen und achtzehn verwundet sind, weitere vier Mann werden vermißt.

Die Verwundeten wurden inzwischen alle ins Landlazarett Swinemünde gebracht. Einer von ihnen, Stabsoberfeldwebel Pölking, der E-Meßmeister des Kreuzers, wurde total durchnäßt an Deck aufgelesen. Wenn man seinen Wahrnehmungen glauben darf — er steht immerhin noch unter Schockwirkung —, ist er vom Luftdruck einer Bombe erst über Bord geworfen und dann vom Wasserschwall des »Tallboy«-Nahtreffers wieder aufs Schiff zurückgeschleudert worden!

Am nächsten Morgen findet man auch die vier Vermißten: Sie liegen, mit noch umgehängter Maschinenpistole, völlig von

Schlamm bedeckt und deshalb kaum sichtbar, am Rand eines »Tallboy«-Kraters. Sie waren Posten vorm Schiff, hatten Sabotageabwehrwache im Gelände, hatten sich beim Fallen der Bomben in Deckung gelegt und dabei den Tod gefunden — ihre Lungen sind geplatzt.

Aus Swinemünde ist mittlerweile ein Dieselprahm (Kraftschiff) herbeigekommen, um dem Wrack zunächst Fremdstrom zu liefern. Bald trifft auch ein Pumpendampfer ein. Das Meisterpersonal der *Lützow* schnitzt Leckpropfen und Holzkeile, bastelt Abdeckplatten und nimmt hier und dort Abdichtungen vor, damit die Lenzpumpen des Dampfers mit dem Entleeren dieses und jenes Raumes beginnen können. Die Aktion steht unter Leitung des Kapitänleutnants (Ing.) Kühlhorn, eines brillanten Praktikers, der seinem unvergessenen Vor-Vorgänger Ritzmann (der 1942 wegen einer Netzhautablösung borduntauglich wurde) alle Ehre macht. Kühlhorn hatte sofort einen Plan entwickelt, die waidwunde *Lützow* durch wechselseitiges Lenzen und Fluten aus ihrer Schräglage wieder aufzurichten. Zum Aufschwimmen wird sie freilich nach seinem Dafürhalten niemals wieder gebracht werden können. Die *LW*-Taucher bestätigen diesen Sachverhalt am Ende ihrer gründlichen Inspektionen. Sie haben nun alle Leckstellen genau untersucht und machten dabei die bemerkenswerte Entdeckung, daß sich vom »abgesoffenen« E-Werk 4 jetzt nur noch die beiden E-Diesel unter dem Wasserspiegel befinden. Die dazugehörigen Dynamos sind durch das Geradelegen des Schiffes ausgetaucht.

Und jetzt tritt der Mann wieder auf den Plan, der 1941 nach dem Torpedotreffer im schrägliegenden, dunklen Motorenraum als Wachingenieur mit einer Brechstange den über ihm hängenden Hilfsdiesel wieder angeworfen und damit die wesentlichste Voraussetzung für das Wiederinfahrtbringen des Kreuzers geschaffen hatte: der jetzige Korvettenkapitän (Ing.) Bernhardt, der an Bord inzwischen die Dienststellung des Elektro-Ingenieurs innehat. Dieser aus dem Mannschaftsstand hervorgegangene und mit allen praktischen Kniffen eines einstigen Obermaschinisten vertraute Offizier hat unter Hinzuziehung des Pumpendampferkapitäns, des Leckingenieurs, des Oberzimmermeisters und der Obermaschinisten von den E-Werken einen Plan entwickelt, wie E-Werk 4 gelenzt und wieder klargemacht werden könnte, nachdem die Taucher unter Wasser ein Schott geschlossen haben.

Tatsächlich gehen alle mit der Sache befaßten Männer sofort ans Werk. Mit Taucherhilfe wird von außen eine »Patsche« — ein mit Segeltucheinlage versehener Leckflicken aus zwei Bretterlagen — auf die Bordwand gesetzt und mit Hakenschrauben festgezogen. Eine leckgesprungene Naht wird zunftgerecht kalfatert und verschalt. Dann beginnen die Lenzpumpen ihr Werk und erreichen tatsächlich, daß das Wasser im E-Werk 4 weit genug fällt. Ob freilich das Öl in den Dieseln noch in Ordnung oder etwa doch Seewasser in die Kurbelwannen eingedrungen ist, muß sich zeigen.

Korvettenkapitän Bernhardt läßt in der mit Fremdstrom provisorisch wieder betriebsbereit gemachten Kombüse einen großen Kessel Wasser zum Kochen bringen, das dann mit Pützen ins E-Werk hinuntergetragen wird. Damit läßt er sicherheitshalber alle elektrischen Teile des Dynamos auswaschen, die Seewasser abbekommen haben könnten. Vor allem reinigt er persönlich die Kollektorbürsten und Kontakte mit Süßwasser.

Nach vielen Stunden Schufterei des E-Personals kommt der spannende Moment. Trotz aller Sorgfalt ist noch alles möglich: Starkstrom-Selbstmord, Masseschluß, E-Brand... also volle Deckung!

Bernhardt startet gespannt die Generatordiesel — schaltet schließlich die Dynamos drauf. Nichts Schlimmes geschieht. Alles läuft wieder wie vor dem Bombenangriff. Die Messungen ergeben 50 000 Ohm Widerstand. Das Wrack verfügt also wieder über eine Stromversorgung. Nun kann auch der Hilfskessel wieder gezündet werden. Freilich kann der E-Werkbetrieb nur fortgesetzt werden, wenn die benachbarte Lenzpumpe Tag und Nacht läuft. Ein völliges Abdichten der in den Nähten angebrochenen Schiffsverbände ist unmöglich.

Ein Wrack kämpft weiter

Am 17. 4. wird der Kreuzer vorübergehend von der gesamten Besatzung geräumt, weil aus Swinemünde herbeigeholte Feuerwerker und Häftlinge die beiden noch im Schiff liegenden Blindgänger unschädlich machen und entfernen. Wenig später landet eine Arado 196 auf der Swine und bringt Vizeadmiral Thiele an Bord. Er besichtigt die erlittenen Schäden der *Lützow,* bemerkt das wieder funktionierende E-Werk, versammelt den I. A.O. und II. A.O., den Artillerietechnischen Offizier und die Obermechaniker um sich: *»Was meinen Sie, meine Herren, könnte die auf Grund liegende Lützow trotzdem weiterschießen, ist Eingreifen in die Landkämpfe im Falle eines sowjetischen Angriffs auf Swinemünde auch jetzt noch möglich?«*

Swinemünde ist wichtigster noch verbliebener »Umschlagplatz« für Flüchtlinge und Verwundete. Bislang gingen dort 579 000 Menschen von den Transportern und Lazarettschiffen an Land, um per Bahn westwärts weiterzureisen, solange die Festung noch nicht eingekesselt ist. Zur Zeit kommen täglich neue Flüchtlinge in die Stadt, diesmal übers Haff, denn die sowjetischen Operationen gegen Stettin sind voll im Gange, dementsprechend auch die Räumungstransporte. Auch diese Menschen müssen weitergeleitet werden. Vermutlich können sie bald nur noch über See weiterreisen, weil die Rote Armee die Landverbindungen abschneidet. Zugleich müssen die Flüchtlingsschiffe, die von Hela kommen, mit Brennstoff, Proviant und Medikamenten versorgt werden. Swinemünde ist eine Art Rettungszentrum. Das gilt es, so lange wie möglich zu erhalten.

Die Steuerbord-Batterie der M.A. erweist sich nach ein paar Probeschüssen in den Schlick der unteren Kaiserfahrt als voll intakt. Und nun sind die Artilleriemechaniker mit Feuereifer dabei, wenigstens auch den vorderen Drillingsturm wieder funktionsfähig zu machen (was bei Turm »Bruno« aussichtslos ist). Am 22. 4. ist es so weit, daß nach vorher vereinbarter Feuerleitung durch einen V.B. ein paar Probeschüsse zum sowjetisch besetzten Ufer der Dievenow abgegeben werden. Das Ergebnis ist tadellos!

Inzwischen hat freilich »Heldenklau« zugegriffen: Jedes ent-

behrliche Besatzungsmitglied wurde von Landdienststellen erfaßt, schubweise in Feldgrau eingekleidet und zum neu aufgestellten »Flotten-Flakregiment« abkommandiert. Die im Landkampf völlig unerfahrenen *Lützow*-Männer bekommen Lkw mit,
auf die man einige L-Flaks des Kreuzers aufmontiert hat. Mit diesen makabren, ungeschützten »Selbstfahrlafetten« versucht man
verzweifelt, den im Raum Stettin—Berlin Kämpfenden zu helfen.

Der 1. Törn und 2. Törn in Gesamtstärke von 394 Mann verlassen schon am 18. 4., der 3. Törn in Stärke von 120 Mann am
19. 4. das Schiff. Am 30. 4. werden weitere 273 Mann mit dem
kleinen Frachter *Irmtraut Cordts* nach Westen in Marsch gesetzt,
darunter das gesamte »arbeitslos« gewordene Restpersonal der
Flak. Mit einem Schwimmkran hat man nämlich inzwischen
nacheinander alle noch an Bord befindlichen Flakgeschütze (samt
Munition) abgeholt. Man hat sie am 26. 4. zur Luftabwehrverstärkung auf Zerstörer *Z 33* und *Z 34* eingebaut und gleich sieben Unteroffiziere und 49 Mann von den Geschützbedienungen
auf die Zerstörer (auch *Z 31*) mit überstellt.

Die völlige Vonbordnahme der Flak ist am grünen Tisch verfügt worden; aber sie ist inkonsequent. Man hat das Wrack also
einerseits offiziell abgeschrieben, zum anderen fordert man aber
seine erneute Kampfbereitschaft! Es dürfte eigentlich klar sein,
daß sich die Sowjets neue Artillerieeinsätze des verhaßten Kreuzers nicht ohne Gegenwehr gefallen lassen werden. Kapitän zur
See Knoke protestiert deshalb heftig gegen die völlige Wegnahme der Luftabwehr und erreicht, daß wenigstens zeitweise ein
Artillerieschulboot zum Flakschutz in unmittelbare Nähe der *Lützow* gelegt wird. Schließlich wird es jedoch für anderweitige Aufgaben benötigt. *Lützow* ist »nach oben hin« völlig wehrlos
geworden.

Am 28. 4. 1945 reißt die Alarmklingel die Restbesatzung aus
kurzem, bleiernem Schlaf: »Klarschiff zum Gefecht!«

Gegen 4.00 Uhr morgens haben die Sowjets bei Pasewalk die
deutsche Hauptkampflinie überrannt und stoßen nun massiert
nach Norden vor. Ihr Angriffsziel ist Swinemünde. Aber da geschieht etwas, womit sie kaum noch gerechnet hatten: Vollsalven
Schwerer Schiffsartillerie schlagen mitten zwischen ihre Panzerkolonnen. Die Rohre von Turm »Anton« feuern, was das Zeug
hält. Sie verfolgen sogar die Panzer bei ihrer Weiterfahrt. Man

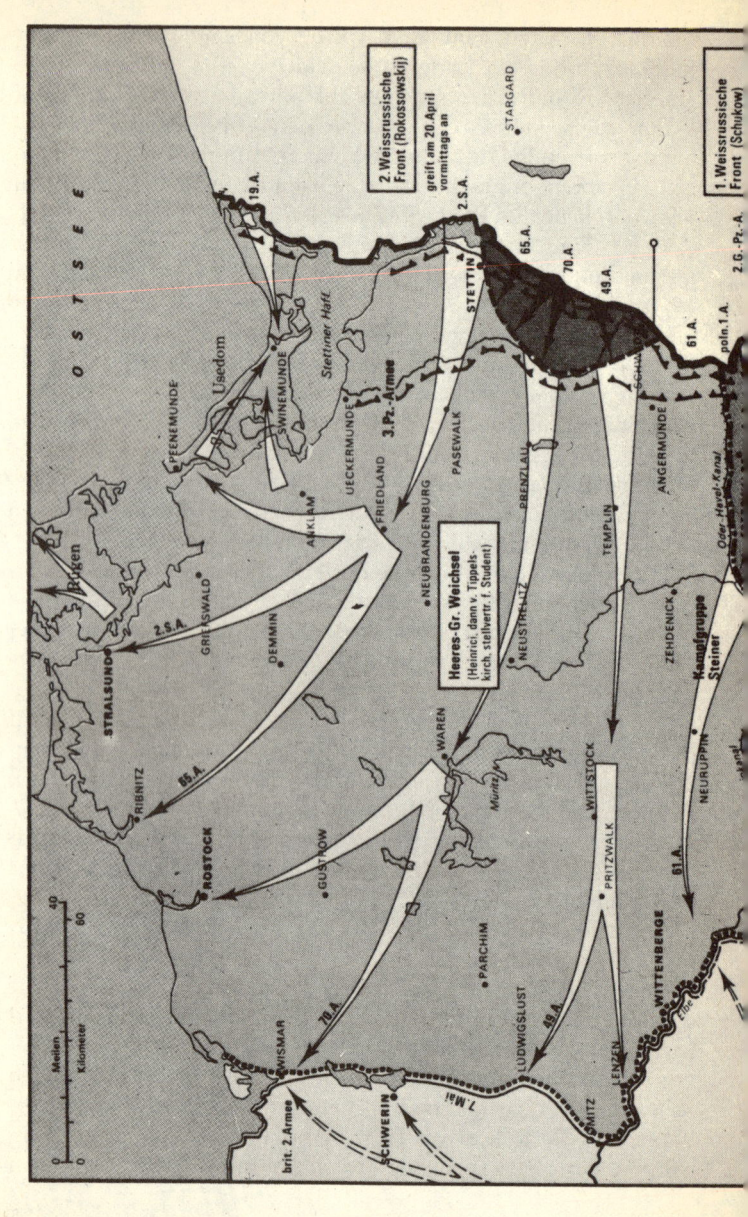

O S T S E E

STARGARD

2. Weissrussische
Front (Rokossowskij)

greift am 20. April
vormittags an

2.S.A.

19.A.

65.A.

70.A.

STETTIN

49.A.

1. Weissrussische
Front (Schukow)

2.G.-Pz.-A.

poln.1.A.

61.A.

Rügen

Usedom

Stettiner Haff

PEENEMÜNDE

SWINEMÜNDE

UECKERMÜNDE

3.Pz.-Armee

FRIEDLAND

PASEWALK

ANKLAM

STRALSUND

2.S.A.

GREIFSWALD

DEMMIN

NEUBRANDENBURG

PRENZLAU

TEMPLIN

ANGERMÜNDE

Oder-Havel-Kanal

BARTH

88.A.

Heeres-Gr. Weichsel
(Heinrici, dann v. Tippels-
kirch, stellvertr. f. Student)

NEUSTRELITZ

ZEHDENICK

Kampfgruppe
Steiner

ROSTOCK

GÜSTROW

WAREN

Müritz

WITTSTOCK

NEURUPPIN

88.A.

40 Meilen

60 Kilometer

PARCHIM

PRITZWALK

81.A.

WITTENBERGE

ELBE

70.A.

WISMAR

SCHWERIN

LUDWIGSLUST

DÖMITZ

LENZEN

49.A.

7.Mai

brit. 2.Armee

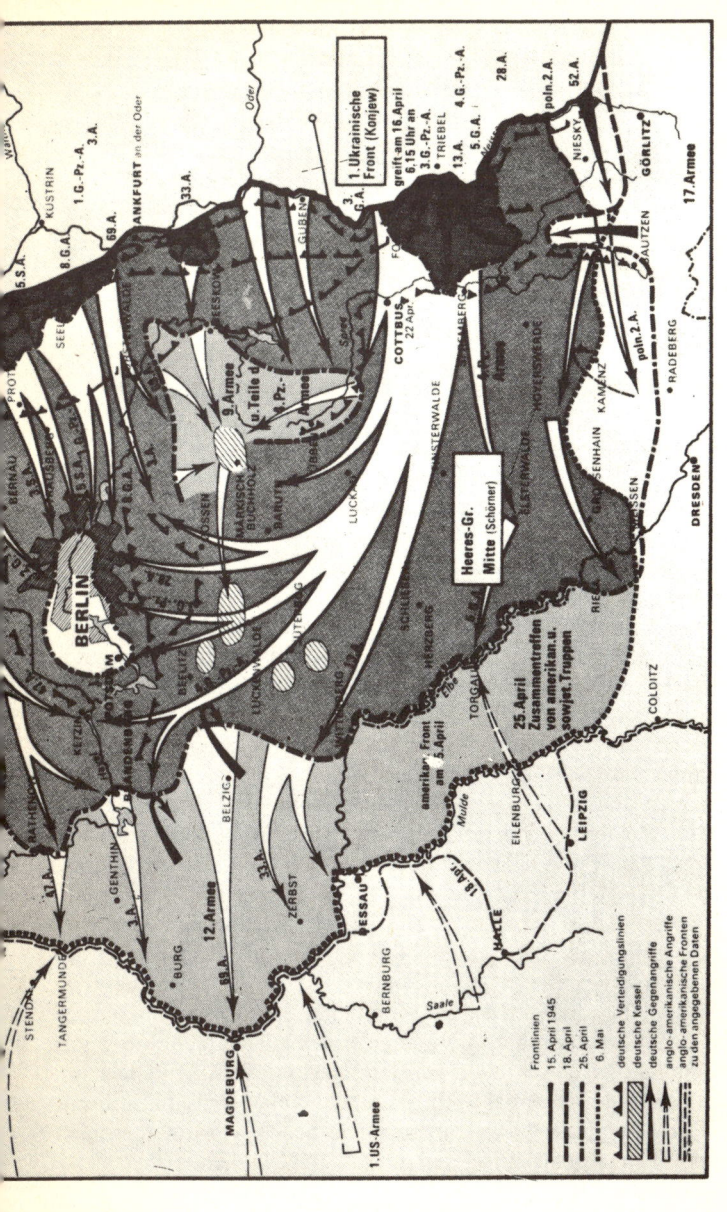

hat es in der Rechenstelle der *Lützow* längst gelernt, auch mit dem Schußwertrechner des Landzielgerätes die »Gegnerfahrt« wie bei einem Seegefecht weiterzukoppeln. Das Gefecht wird aus einer Entfernung von 420 hm geführt — mit der jetzt noch möglichen Höchstreichweite von 42 Kilometern!

Es bereitet den Angreifern noch einmal empfindliche Verluste und verschafft den deutschen Verteidigern der Insel Usedom einen — freilich nur kurzen — Zeitgewinn. Aber verhindern kann der Feuerüberfall letztlich nicht, daß die Sowjets bis ans Südufer des Stettiner Haffs und bis zur Peenebrücke durchstoßen.

Auch die M.A. beginnt zu feuern. Ihr Zielraum ist freilich die Dievenowfront, an der zugleich mit dem Offensiv-Vorstoß bei Pasewalk Übersetzversuche des Gegners abgeschlagen werden. Die vier Geschütze der Steuerbord-Batterie verfeuern dabei den gesamten Restvorrat an 15-cm-Munition. Wohl jedermann an Bord ist verblüfft, daß das ungleich auf Grund aufsitzende Kreuzerwrack sogar volle Breitseiten von Turm »Anton« und von der Steuerbord-M.-A.-Batterie gleichzeitig aushält, ohne durchzubrechen. Die Schußrichtungen sind dabei entgegengesetzt!

Inzwischen haben die Taucher des Schiffes aus den überfluteten Lasten des Achterschiffes alle dort vorhandenen Infanteriewaffen samt Munition, aber auch Spirituosen und Zigaretten herausgetaucht. Handfeuerwaffen und Munition sind bei der Restbesatzung begehrt und bald nur noch durch Tauschgeschäfte erhältlich. Wer sich persönlich bewaffnet, so glauben viele, hat nachher vielleicht eine schmale Chance, auf dem Weg des Durchschlagens auf eigene Faust einer Gefangennahme und dem Transport nach Sibirien zu entgehen. Denn irgendwann wird ja dies alles zu Ende sein — und plötzlich werden Russen neben dem Wrack stehen.

Hier und dort gibt es Einzelfälle von Befehlsverweigerung. Insgesamt ist der Zusammenhalt der Besatzung noch immer bemerkenswert gut.

In der Abenddämmerung erscheinen hin und wieder beobachtende IL-2-Jagdbomber, die mangels Flak aus Galgenhumor mit Leuchtpistolen beschossen werden. Nachts, bisweilen sogar am Tage, greifen manchmal auch russische »Ratas« mit Splitterbomben an. Es genügt, wenn man sich zum Schutz vor ihnen einfach unter einen Geschützturm legt oder in den Wald läuft.

Am 29. April stehen die sowjetischen Truppen in der Wilhelmstraße und damit im Regierungsviertel von Berlin.

Aber noch immer werden die Ostseebrückenköpfe verteidigt, laufen die Evakuierungstransporte ohne Unterbrechung weiter, werden geflüchtete Stettiner mit Flugbetriebsbooten und Artillerieträgern aus der Oderniederung abgeholt und nach Swinemünde oder über die Peene nach Stralsund durchgebracht, retten sich deutsche Restverbände und versprengte Soldaten über Haff und Peene nach Usedom.

Nach dem Auslaufen der *Irmtraud Cordts* aus Swinemünde (30. 4. um 18.00 Uhr) schrumpft die Restbesatzung der »*Lützow*« auf 206 Mann. Jetzt sind nur noch das Personal von Turm »Anton«, von der Steuerbord-Batterie der M.A. (für die man soeben irgendwo an Land noch 3000 Schuß neue Munition aufgetrieben hat), von den noch benötigten Rechen- und Schaltstellen, die Artilleriemechaniker der Seezielgeschütze, restliche E-Meß-Spezialisten sowie Kontingente von Funk-, Signal-, Sanitäts- und Zimmermannslaufbahn, das Personal von E-Werk 4 und von der Pumpenmeisterei, ferner Köche und Bootssteuerer an Bord. Seit Einlieferung des verwundeten Kommandanten in ein Landlazarett (22. 4.) steht das Wrack, das noch immer Flagge und Wimpel führt, unter dem Kommando von Fregattenkapitän Lange, des bisherigen I. Offiziers.

Seine unbekümmerte, eher weltmännisch-legere statt militärische Art, der er auch seinen Spitznamen »Hans Albers« verdankt, läßt ihn jetzt zum Fixpunkt für die »letzten Mohikaner« der *Lützow* werden. Man ist überzeugt davon, daß er im kritischen Augenblick das Richtige tut, selbst wenn schließlich der »Iwan« mit Maschinenpistolen herüberschießen sollte.

Am 1. Mai 1945 läßt Lange seine Restbesatzung antreten, um ihr offiziell den Tod Adolf Hitlers mitzuteilen. Er macht sich keine Illusionen: Es müssen jetzt unbedingt Anstalten getroffen werden, das Schiff zur Sprengung vorzubereiten. Als einziger von den Offizieren hat Oberleutnant zur See Lipps, Wachoffizier der Backbord-Kriegswache, einen Sprenglehrgang absolviert. Er wird deshalb beauftragt, die »restliche *Lützow* erforderlichenfalls so auseinanderzufetzen, daß garantiert niemand mehr etwas damit anfangen kann«.

Das Sperrzeugamt Swinemünde ist nicht weit, Sprengmittel

gibt es dort noch in Hülle und Fülle. Mit ganzen Lkw-Ladungen bringt Lipps die Teufelsfracht zunächst in die Nähe: 25-Kilo-Sprengkisten, Sprengpatronen und entschärfte britische Luftminen, die mittels Zeit-Zündern jederzeit wieder »aktiviert« werden können. Lipps teilt eine reguläre Sprengrolle ein. Er bildet 20 Mann im Schnellverfahren aus und bringt ihnen bei, wie man Zeitzünder anbringt und in Gang setzt. Vor allem aber lernen die Männer, wie man mehrere Ladungen gemeinsam »hochgehen« lassen kann. Elektrische Zündleitungen scheiden aus, denn sie müßten durchflutete Räume im Schiffsinnern durchqueren. Zum anderen muß jeden Augenblick mit neuem Stromausfall gerechnet werden.

Am 3. Mai wird es mit jener Pumpe kritisch, die den Motorenraum 2 in Nachbarschaft des einzigen noch funktionsfähigen E-Werks einigermaßen lenzhält. Das Wasser wird also auch im E-Werk wieder steigen. Bei Stromausfall könnte die S.A. nicht mehr schießen!

Auf Grund dieser gemeldeten Tatsachen befehlen Seekommandeur und Artillerie-Kommandant, Swinemünde, die gesamte noch vorhandene Munition umgehend auf sowjetische Bereitstellungen an der Dievenow zu verfeuern. Das ist willkommen, weil der Gegner eine neue Übersetzbewegung vorbereitet. Die Vorgeschobenen Beobachter bei Cammin und Wollin gehen auf Frequenz. Die Schußwerte werden errechnet. Turm »Anton« meldet Feuerbereitschaft.

Zum letztenmal wimmern die elektrischen Geschoßhebezangen, poltern die Geschosse auf die Übergabetische, rummeln Ringwagen und Drehtisch auf ihren Kugellagern davon, rasseln die Schleppaufzüge. Knurrend fahren die elektrischen Ansetzer auseinander und schieben die Chargierungen ins Rohr. Ziel aufgefaßt, Entfernung Zwounddreißighundert — Feuer frei!

Wirkungsschießen nach V.B.

Die deutschen Landser am Flußufer der Dievenow ziehen die Köpfe ein, als es über ihnen orgelt und tost. Auf der anderen Seite fliegen plötzlich Gebäude mit einem Feuerblitz auseinander, wirbeln Trümmer, Geschützteile, Sturmboote in die Luft. Graubraune Rotarmisten rennen in volle Deckung. Salve auf Salve folgt. Die Granaten überqueren teilweise auf ihrer Flugbahn ganz Wollin.

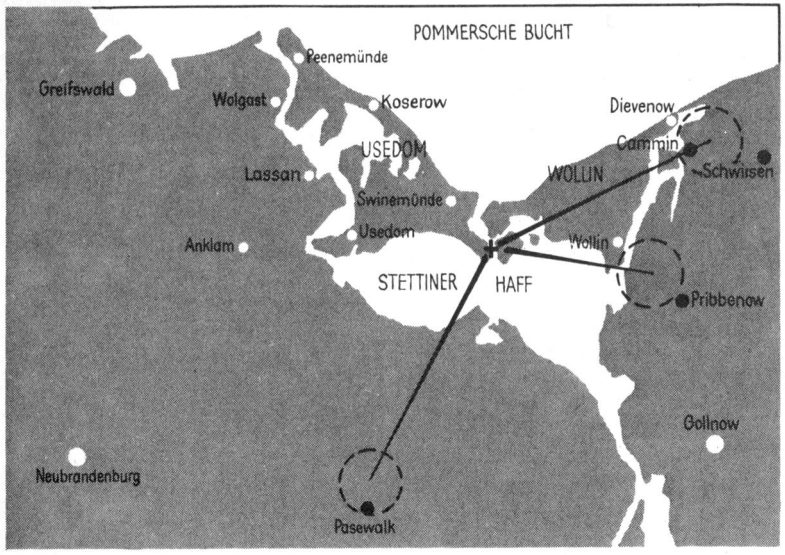

Die letzten Artillerie-Einsätze der zum Wrack gewordenen *Lützow*.

»*Feuer durch — Zielwechsel auf Planquadrat X, jetzige Entfernung dreiundzwanzighundert, Ziel: sowjetische Schwimmwagen-Bereitstellungen.*«

Wieder verläßt Salve auf Salve die ausgeschossenen, sträflich weit streuenden Rohre. Und doch liegt das Wirkungsschießen noch immer unheimlich gut im Ziel. Noch einmal mäht die Todessense von Turm »Anton« in Einheiten der Roten Armee.

Mit diesem letzten Feuerüberfall verabschiedet sich das ehemalige Panzerschiff *Deutschland*, beim Gegner Verwirrung stiftend und der morbide gewordenen deutschen Stellung an der Dievenow noch eine Gnadenfrist setzend.

Als schließlich »*Halt, Batterie, halt!*« befohlen werden muß, weil die letzten Chargierungen verschossen sind, haben seit der Versenkung des Schiffes insgesamt 350 Granaten vom Kaliber 28 cm die Rohre verlassen — mit einem Geschoßgewicht von 105 Tonnen.

Mit Chargierungen aus neu an Bord gebrachten Munitionsbeständen (3000 Schuß) setzt die M.A. das Schießen fort, während der vom Schlachtschiff *Tirpitz* übernommene Kapitänleutnant Schönherr mit Hilfe einiger umgedreht von außen eingeschobener 28-cm-Granaten (für die es keine Kartuschen mehr gab) alle Geschützrohre der S.A. schon zum Sprengen vorbereitet und anschließend auch die Türme mit Hilfe von darin aufgestapelten 15-cm-Granaten für die Sprengung bereitmacht.

Bald danach wird die Rechenstelle überflutet, weil die dafür zuständige Lenzpumpe ausfällt. Für die Mittelartillerie besteht fürs Weiterschießen jetzt als einzige Nachrichten- und Feuerleitmöglichkeit nur noch die Einweisung über ein Wählertelefon. Daraufhin verlangt das Kommando Kreuzer *Lützow* vorsichtshalber erst eine entsprechende Feuerleitübung mit den Vorgeschobenen Beobachtern. Aber der Artillerie-Kommandeur Swinemünde muß das ablehnen, weil die Leitungen dringend für eine Landbatterie größeren Kalibers benötigt wird. Auf nur behelfsmäßig über Telefon geleitetes Feuer könne wohl ohnehin kein großer Wert gelegt werden. Also Schluß mit den Einsätzen. *Lützow* meldet ihre Feuerbereitschaft beim Seekommandanten ab, und Kapitänleutnant Schönherr macht nun auch die 15-cm-Geschütze klar zum Sprengen.

Dann werden die Sprengladungen bei M.A. und S.A. rasch miteinander gezündet. Unter ungeheurem Detonationsdruck heben die stark gepanzerten Turmdecken der S.A. wie Pappdeckel ab. Das Turminnere ist total verwüstet — die Drillingstürme schweigen für immer.

Die brennende »Lützow« sprengt sich selbst

Mittlerweile nehmen die Sowjets das Kreuzerwrack mit 17-cm-Geschützen unter Feuer — es liegt zu kurz. Die Granaten schlagen immer wieder in den Morast des anderen Kaiserfahrt-Ufers. Die Aufschläge kommen kaum näher als 300 m heran.

R-Boote kommen längsseits und nehmen etwa 105 Mann von der *Lützow*-Besatzung an Bord, um sie auf den in Swinemünde bereitliegenden *Z 34* zu bringen. Der nur noch mit 12 kn fahrklare Zerstörer hat zwar ein provisorisch abgedichtetes Riesenleck, das von einem kürzlich erhaltenen S-Boot-Torpedotreffer in der Danziger Bucht herrührt. Aber immerhin ist eine solche »Torschluß-Fahrgelegenheit« in den Westen besser als gar keine.

Es bleiben noch 80 Mann, zuletzt nur noch das 20köpfige Sprengkommando an Bord. Die Geheimsachen werden vernichtet und wichtige Akten auf Flottentender *Jagd* in Sicherheit gebracht. Der Gegner ist schon mit Sturmbooten über die Swine gesetzt und befindet sich praktisch am anderen Ufer der Kaiserfahrt. Beim Forsthaus Kaseburg ist MG-Feuer zu hören.

Das Sprengkommando arbeitet recht zügig, genau nach Plan. Überall im Schiffsinnern werden an den entscheidenden Stellen die Sprengpatronen und Sprengkästen samt Zeitzündern befestigt. Zur Zerstörung der Außenhaut sind rings ums Schiff in gleichmäßigen Abständen Stahlleinen mit dranhängenden Luftminen zur Wasserfläche herabgelassen. Die Zünder dafür bewahrt der Sprengoffizier einstweilen noch in seiner Kammer auf. Sobald in der Nacht der Sprengbefehl in Kraft tritt, wird er diese Zeitzünder an die Stahlleinen der Luftminen schäkeln und mittels Tampen zu ihnen wegfieren.

Bei Sonnenuntergang läßt Fregattenkapitän Lange feierlich Flagge und Wimpel für immer niederholen. Er hat für den Notfall ein V-Boot als Fluchtfahrzeug für das in der Offziersmesse kampierende Sprengkommando bereitgelegt. Es wartet, gut gedeckt, neben der *Lützow* am Ufer. Abends fällt die letzte noch arbeitende

Lenzpumpe aus. Der Wasserspiegel in den von ihr bearbeiteten Räumen steigt schnell. Er ist von einer Treibölschicht aus den leckgeschlagenen Bunkern bedeckt. Und dieses Öl entzündet sich an der heißgelaufenen, seit zwei Wochen ununterbrochen in Tätigkeit gewesenen Pumpe. Das Feuer greift sofort auf das nun ausfallende E-Werk 4 über, breitet sich wie durch einen Schornstein nach oben ins Deckshaus und zum Aufbaudeck aus.

»Feuer im Schiff!«

Aber es gibt keine Feuerlöschmöglichkeiten mehr, weil alle Pumpen auf dem endgültig toten Schiff funktionsunfähig sind. Jetzt erfaßt der Brand die ersten an Deck aufgestapelten 15-cm-Kartuschen, die mit Getöse detonieren. Rette sich wer kann!

Der Ausstieg kommt in diesem Moment für alle doch völlig unerwartet. Fregattenkapitän Lange kommt trotz allem der Einfall, zur Erinnerung an dieses todgeweihte Schiff wenigstens noch das Indienststellungsgeschenk des Reichspräsidenten von Hindenburg zu bergen — Adolf Bocks Ölgemälde von der Panzerfregatte *Deutschland,* das vom ersten bis zum letzten Tag das Schicksal der *Deutschland* und *Lützow* geteilt hat. Langes Aufklärer, der Matrosenobergefreite Behrens, hat als guter Seemann natürlich ein scharfes Bordmesser bei sich. Er schneidet das Bild rasch aus dem Rahmen. Lange wickelt es hastig auf einen Besenstiel. Dann flüchten beide von Bord. Die übrigen Leute sind schon an Land. Sie melden, daß leider ein Mann vermißt wird: Oberleutnant zur See Lipps, der Sprengoffizier. Der hatte sich, nachdem er tagelang nicht mehr aus den Kleidern gekommen war und kaum noch Schlaf bekommen hatte, völlig übermüdet noch einmal in seiner Kammer für einige Stunden aufs Ohr gelegt, weil ja die Sprengung erst in der Nacht erfolgen sollte.

Plötzlich befällt Lipps der Alptraum, man wolle ihn erwürgen. Er fährt aus dem Schlaf hoch und ist tatsächlich schon dem Ersticken nahe. Seine Kammer im Backsdeck brennt bereits lichterloh! Lipps schafft es gerade noch, seine Kammertür aufzureißen, da wird er mit einem gewaltigen Stoß regelrecht nach draußen geblasen. Genau in diesem Augenblick sind nämlich die in seiner Kammer aufbewahrten Luftminen-Sprengzünder explodiert.

Wie Oberleutnant Lipps aus dem brennenden Deckshaus überhaupt noch hinausgelangt, weiß er selbst nicht. Er kommt erst halbwegs wieder zu sich, als er draußen über die an Deck durcheinandergefallenen 15-cm-Kartuschen stolpert, von denen ihm hier und dort welche — vom Feuer erfaßt — um die Ohren fliegen. Lipps rennt in wilden Zickzack-Sprüngen um sein Leben, erreicht tatsächlich noch den Landgangsteg und wird als halb angesengtes, kaum noch wiederzuerkennendes »Gespenst« mit großem Hallo von den Männern an Land begrüßt. Sie hatten keinen Pfifferling mehr um das Leben ihres Sprengoffiziers gegeben.

Und er sieht es jetzt selbst: Eine masthohe Feuerlohe steht über dem Wrack. Mit gewaltigem Feuerwerk geht immer weitere M.-A.-Munition »hoch«. Und wenn auch die außenbords hängenden Luftminen mangels Zündern unversehrt bleiben — in allen Innenräumen sprengt sich die »Lützow« nachhaltig selbst. Die Ladungen gehen der Reihe nach hoch, sobald das Feuer sie erfaßt. So, wie es sich einst auch selbst vom Stapel ließ, schafft sich das eigenwillige und in jeder Hinsicht ungewöhnliche Schiff auch selbst aus der Welt. Mit dem Getöse eines Weltuntergangs öffnen sich über ihm Feuerschlünde, lodern Stichflammen empor, schießen flache Flammenbündel heraus. Die Männer vom Sprengkommando sehen das alles, vom Ufer aus, mit verhaltener Erregung an. Sie spüren dumpf, was mit diesem Schiff in Wirklichkeit dahingeht.

Kurz nach Mitternacht ist alles vorbei. Das glühendheiße Wrack ist nur noch eine Fassade.

Das langlebigste moderne Schiff unter den schweren Einheiten der Reichs- und Kriegsmarine, das einstige »Enfant terrible« der Weimarer Republik, das als technisches Novum weltberühmt gewordene Panzerschiff »A«, ist nicht mehr existent.

Über zwölf Jahre nach seiner Indienststellung ist es ausgelöscht — genau zur gleichen Stunde wie Deutschland, dessen Namen es einst trug. Denn zu diesem Zeitpunkt finden in dieser schicksalshaften Nacht vom 3. zum 4. Mai 1945 im Hauptquartier von Feldmarschall Montgomery in Lüneburg die ersten Kapitulationsverhandlungen statt. Das Deutsche Reich ist dabei, sich — wenn auch nicht vor dem Völkerrecht, aber zunächst de facto — in seine Bestandteile aufzulösen.

Anhang

Vorentwürfe für das Panzerschiff »A«

Nach Gert Sandhofer »*Das Panzerschiff ›A‹ und die Vorentwürfe von 1920 bis
1928*« befaßte sich die Marinekonstruktionsabteilung in den Jahren 1920 bis 1928 mit
folgenden Entwürfen, die jeweils in verschiedenen Variationen durchgerechnet wurden:
1. Erstentwurf »Ersatz Preußen« im Jahre 1920, mit dem Admiral Behncke als
   Chef der Marineleitung untersuchen ließ, ob es grundsätzlich möglich sei,
   alle Eigenschaften der deutschen Linienschiffe auch mit einem Deplacement
   von 10000 Tonnen zu erreichen. Man wollte zu diesem Zeitpunkt
   ein kampfkräftiges, standhaftes Linienschiff, das mit Aussicht auf Erfolg
   den Kampf gegen französische Linienschiffe aufnehmen konnte. Die zehn
   französischen Linienschiffe (18400—23000 Tonnen, Geschwindigkeit
   19,7—21,7 kn, Kaliber 30,5 cm — 34 cm) waren zwischen 1909 und 1913
   vom Stapel gelaufen. Der Entwurf, zu dem die Konstruktionsabteilung
   1923 gelangte, bewies, daß ein Linienschiff von 10000 Tonnen theoretisch
   eine Armierung von vier 38-cm-Seezielkanonen (SK) würde tragen können. Freilich bewies der in mehreren Ausführungen durchgerechnete Entwurf, daß der betonte Gefechtswert soviel von dem begrenzten Gesamtgewicht verschlang, daß für alles andere (Panzerung usw.) nicht genug übrig
   blieb.

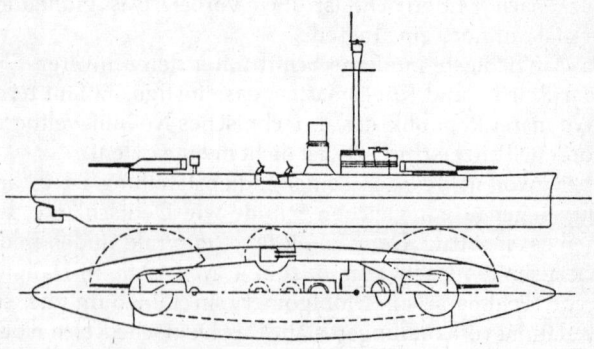

1. Abmessungen:	L = 124 m; B = 21,4 m; T = 6,80 m
2. Maschinenanlage:	Turbinen auf 2 Wellen mit 25000 WPS; gemischte Feuerung
3. Geschwindigkeit:	22 kn
4. Panzerung:	Seitenpanzer, Kommandoturm, Hauben bis zu 200 mm, Deck 30 mm
5. Bewaffnung:	vier 38-cm-SK, vier 15-cm-SK, zwei 8,8-cm-Flak, zwei 50-cm-Unter-wasser-Torpedorohre

2. Um zu einer brauchbaren Alternativlösung zu gelangen, wurde von der K-Abteilung ein Kreuzer, der gleichfalls 10000 Tonnen Deplacement hatte, entworfen. Das Marinekommandoamt kam jedoch zu der Erkenntnis, daß ein solcher Kreuzer als Linienschiffsersatz den Seestreitkräften nicht die nötige Kampfkraft verleihen würde. 1923 schien es nicht möglich zu sein, die bewährten Eigenschaften der früheren deutschen Kriegsschiffe optimal in einem Schiff von 10000 Tonnen zu vereinigen. Die Ähnlichkeit des dennoch beachtlichen Kreuzerentwurfs mit der Silhouette des damals ebenfalls in der Konstruktion befindlichen Leichten Kreuzers *Emden* ist auffällig:

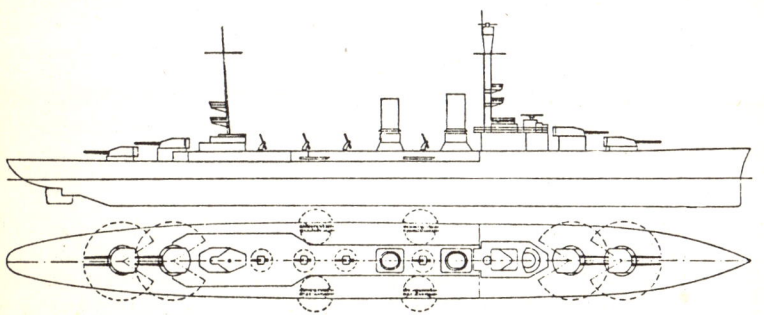

1. Abmessungen:	L = 176 m, B = 18,80 m, T = 6,50 m
2. Maschinenanlage:	Turbinen, 2 Wellen, 6 Einender- und 4 Doppelender-Ölkessel, 80000 WPS
3. Geschwindigkeit:	32 kn
4. Panzerung:	80 mm Seitenpanzer, Hauben bis zu 100 mm, Deck 30 mm
5. Bewaffnung:	acht 21-cm-SK, vier 8,8-cm-Flak, acht 50-cm-Überwasser-Torpedorohre

3. Nach längerer Pause in der Entwurfsarbeit am Linienschiffsersatzbau wurde die Diskussion neu belebt, nachdem Admiral Zenker im Oktober 1924 Chef der Marineleitung geworden war. Es wurden zwei Möglichkeiten erwogen: Monitor oder Kreuzer. Ein flachgehendes Küstenpanzerschiff vom erstgenannten Typ bot bei geringerer Länge und Geschwindigkeit die Möglichkeit starker Armierung und Panzerung. Die mangelnde Flexibilität machte ein solches Schiff zwar für Einzelaufgaben wertvoll, nicht jedoch für die Gesamtheit der Aufgaben, die der Reichsmarine im Kriege zufallen würde. Ein Kreuzer aber bot bei schwächerer Armierung und Panzerung die Möglichkeit größerer Geschwindigkeit und schien im Prinzip geeigneter zu sein. Da beide Typen nicht befriedigten, wandte man sich erneut dem Linienschiff zu. Zunächst erwog man 38-cm-Geschütze, weil der Artikel 190 des Versailler Vertrages für Ersatzbauten lediglich eine Tonnagebegrenzung vorsah, das Geschützkaliber aber nicht erwähnte. Als Bedenken auftauchten, ob die En-

tente eine solche so drastische Kalibererhöhung hinnehmen würde, wurde im Januar 1925 ein Schiff mit drei Doppeltürmen vom Kaliber 30,5 cm und drei 10,5-cm-Flak entworfen, das eine Panzerung von Wasserlinie und Türmen in Stärke von 200 mm zuließ und — erstmals mit Dieselantrieb ausgestattet — 21 kn laufen sollte. Deshalb glaubte man irrtümlicherweise, ohne jeden Schornstein auszukommen — auch noch bei späteren Entwürfen.

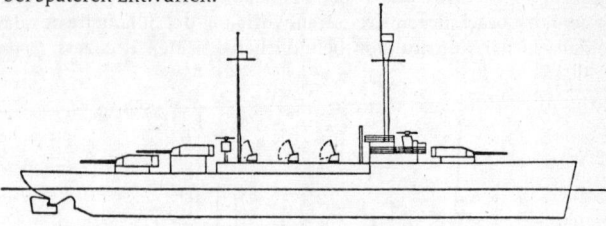

1. Abmessungen:	L = 132 m, B = 22 m, T = 6,5 m
2. Maschinenanlage:	Dieselmotoren, 3 Wellen, 24 000 WPS
3. Geschwindigkeit:	21 kn
4. Panzerung:	Seitenpanzer und Hauben bis zu 200 mm, Deck 25 mm
5. Bewaffnung:	sechs 30,5-cm-SK, drei 10,5-cm-Flak, zwei 53-cm-Unterwasser-Torpedorohre

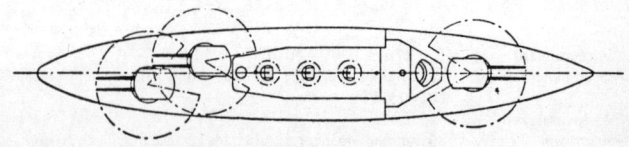

4. Bei einer Sitzung des Marinekommandoamtes wurde am 15. Mai 1925 von Fachleuten moniert, daß der Panzer des vorgelegten Entwurfes zu schwach sei. Es müsse größerer Wert auf Standfestigkeit gelegt werden. Da jedoch keine Gewichtsreserven für eine Verstärkung des Panzers mehr verfügbar waren, sah man Verringerung der Armierung auf drei 30,5-cm- und vier 15-cm-Geschütze vor.

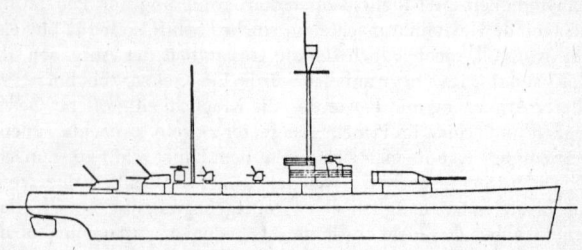

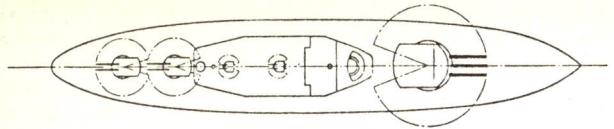

1. Abmessungen:	L = 126 m, B = 21 m, T = 7,20 m
2. Maschinenanlage:	Dieselmotoren, 2 Wellen, 16 000 WPS
3. Geschwindigkeit:	19 kn
4. Panzerung:	Seitenpanzer 300 mm, Deck 30 mm, Türme 350 mm, Vorderer Stand 300 mm
5. Bewaffnung:	drei 35-cm-SK, vier 15-cm-SK, vier 8,8-cm-Flak, vier 53-cm-Unterwasser-Torpedorohre

Freilich bestanden berechtigte Bedenken, ob die in Versailles genehmigten Ersatzbauten überhaupt das 28-cm-Kaliber der Linienschiffe überschreiten durften. Deshalb rechnete man vorsorglich auch Entwürfe für ein Schiff mit sechs 28-cm-Geschützen durch. Artillerie und Panzerung machten auch dabei ungefähr 50% des Gesamtgewichtes aus! Als Ergebnis der Expertensitzung vom Mai 1925 wurden zwei weitere Entwürfe angefertigt. Man hielt auch dabei am Dieselantrieb fest, wie übrigens auch bei den nachfolgenden Entwürfen, rechnete jedoch sicherheitshalber alle technischen Werte auch für Turbinenantrieb durch. Und man glaubte immer noch, im Falle der Verwirklichung von passenden Großdieseln ohne Schornstein auskommen zu können:

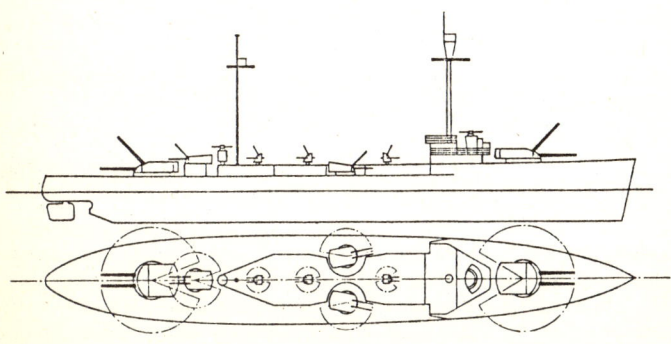

1. Abmessungen:	L = 141 m, B = 20,2 m, T = 7,0 m
2. Maschinenanlage:	Dieselmotoren, 3 Wellen, 36 000 WPS
3. Geschwindigkeit:	24 kn
4. Panzerung:	Seitenpanzer 180 mm, Türme und Vorderer Stand 200 mm
5. Bewaffnung:	vier 30,5-cm-SK, sechs 15-cm-SK, sechs 8,8-cm-Flak, zwei 53-cm-Unterwasser-Torpedorohre

Die Flottenmanöver des Jahres 1926 brachten zahlreiche Erkenntnisse, die einen Forschritt in der Typenfrage zur Folge hatten. Die Fachleute gaben nunmehr einem schnellen Linienschiff, das eher einem Kreuzer mit schwerer Bewaffnung glich, den Vorzug. Und das politisch ohnehin unbedenkliche Kaliber 28 cm wurde in solchem Falle für ausreichend gehalten. Zunächst kam man zu einem Entwurf, bei dem die Mittelartillerie aus acht 12-cm-Flak-Geschützen bestehen sollte.

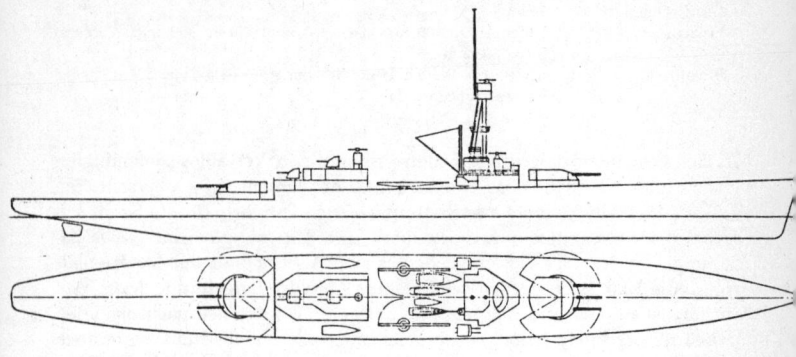

1. Abmessungen: L = 188 m, B = 20,7 m, T = 5,5 m
2. Maschinenanlage: Dieselmotoren 54 000 WPS
3. Geschwindigkeit: 28 kn
4. Panzerung: Seitenpanzer, Türme und Vorderer Stand 100 mm
5. Bewaffnung: sechs 28-cm-SK, acht 12-cm-Flak

Am 12. Januar 1927 versammelten sich die Amtschefs, Abteilungsleiter und die zuständigen Referenten erneut zur Beratung beim Chef der Marineleitung. Geheimrat Preße hob hervor, daß die Technik seit 1922/23 erhebliche Fortschritte gemacht habe und daß die Anwendung neuer Technologien eine Verbesserung des Panzers, der Bewaffnung und der Geschwindigkeit gestatte. Admiral Zenker lehnte wider Erwarten den Entwurf ab. Er bezweifelte, daß ein »Linienschiffskreuzer« wegen seines geringeren Panzerschutzes zur Verteidigung von Sund und Belten eingesetzt werden könne. Man benötige doch ein standfesteres Schiff. Dagegen betonte der Leiter der Flottenabteilung, Konteradmiral v. Loewenfeld, hingegen, »daß der Linienschiffskreuzer hauptsächlich einen politischen Zweck zu erfüllen habe, weil er geeignet ist, das Washington-Abkommen (der großen Seemächte) zu stören und dadurch zu erreichen, daß Deutschland in dieses Abkommen aufgenommen wird«. Loewenfeld formulierte die beiden wesentlichsten Gedanken, die dem Panzerschiff-Gedanken zum Durchbruch verhalfen: Das Schiff und seine späteren Nachfolger müßten schneller als stärkere, stärker als schnellere Gegner sein und dadurch praktisch die Aufnahme Deutschlands in die Seerüstungsverträge erzwingen. Im

Juni 1927 entschied man sich für den Typ C des letztgültigen Entwurfs, der bis auf Details der endgültigen Konstruktion schon sehr nahe kam. Es war der letzte von insgesamt 18 Entwürfen bzw. Entwurfsvarianten. Am 11. April 1928 unterschrieben Admiral Zenker und Ministerialdirektor Preße die für die Anfertigung der Detailzeichnungen verbindliche endgültige Typskizze und gaben damit den Weg frei zur Herstellung der vorläufigen Bauunterlagen, die bereits vier Monate nach der Genehmigung an die Bauwerft gegeben werden konnten.

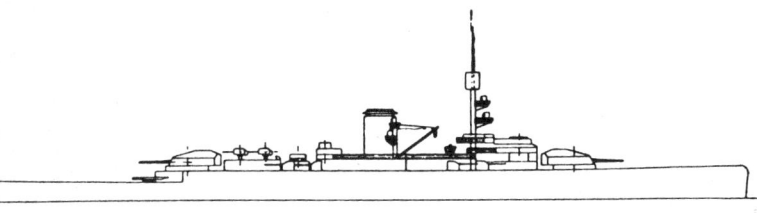

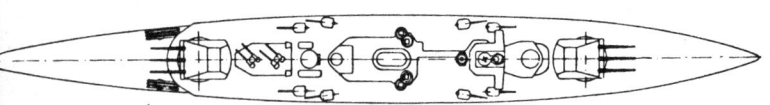

1. Abmessungen:	L = 181,7 m, B = 20,0 m, T = 5,7 m
2. Maschinenanlage:	Dieselmotoren mit Vulcangetriebe, 54 000 WPS
3. Geschwindigkeit:	26—27 kn
4. Panzerung:	Seitenpanzer 45 mm, Türme 85—105 mm, Vorderer Stand 50—150 mm
5. Bewaffnung:	sechs 28-cm-SK, acht 15-cm-SK, vier (später drei) 8,8-cm-Flak, acht 50-cm-Überwasser-Torpedorohre.

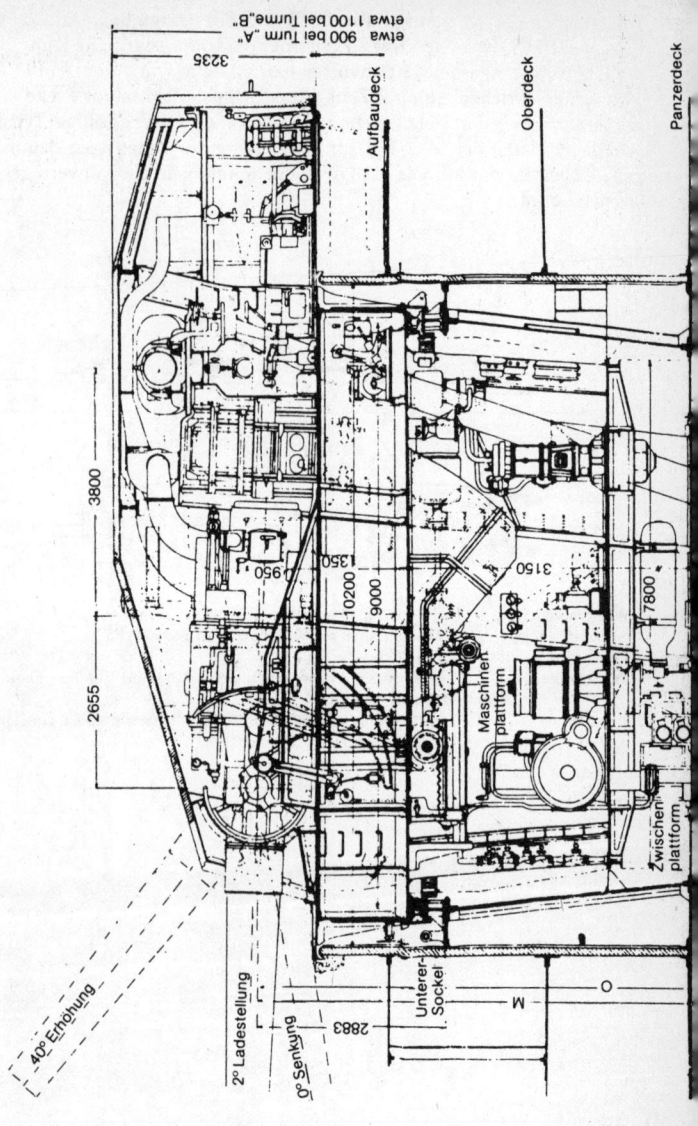

etwa 900 bei Turm „A"
etwa 1100 bei Turme „B"

3235

Aufbaudeck

Oberdeck

Panzerdeck

3800

2655

950

1350

10200

9000

3150

7800

Maschinen
plattform

Zwischen-
plattform

40° Erhöhung

2° Ladestellung

0° Senkung

Unterer-
Sockel

2883

M

O

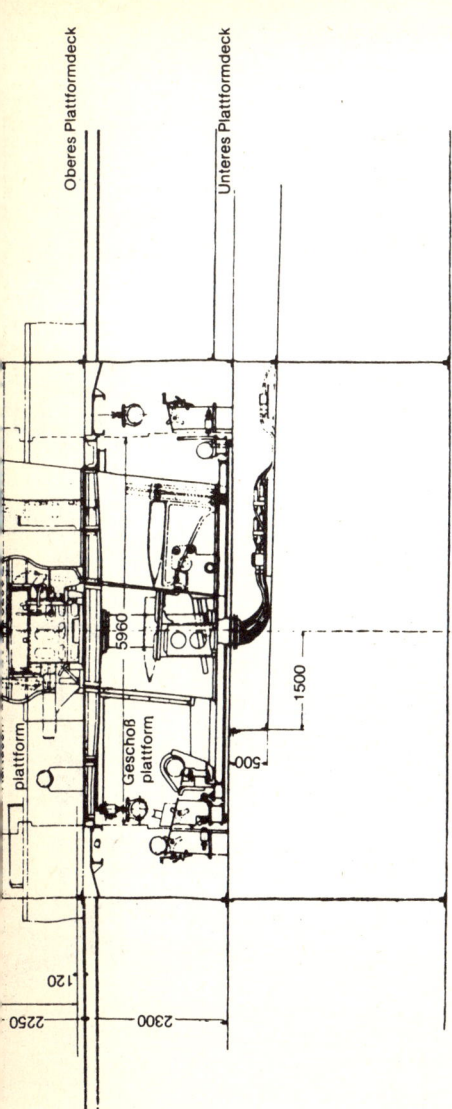

28-cm-Seezielkanonen (SK) C/28 in 28-cm-Drehlafette C/28

Turmlängsschnitt

393

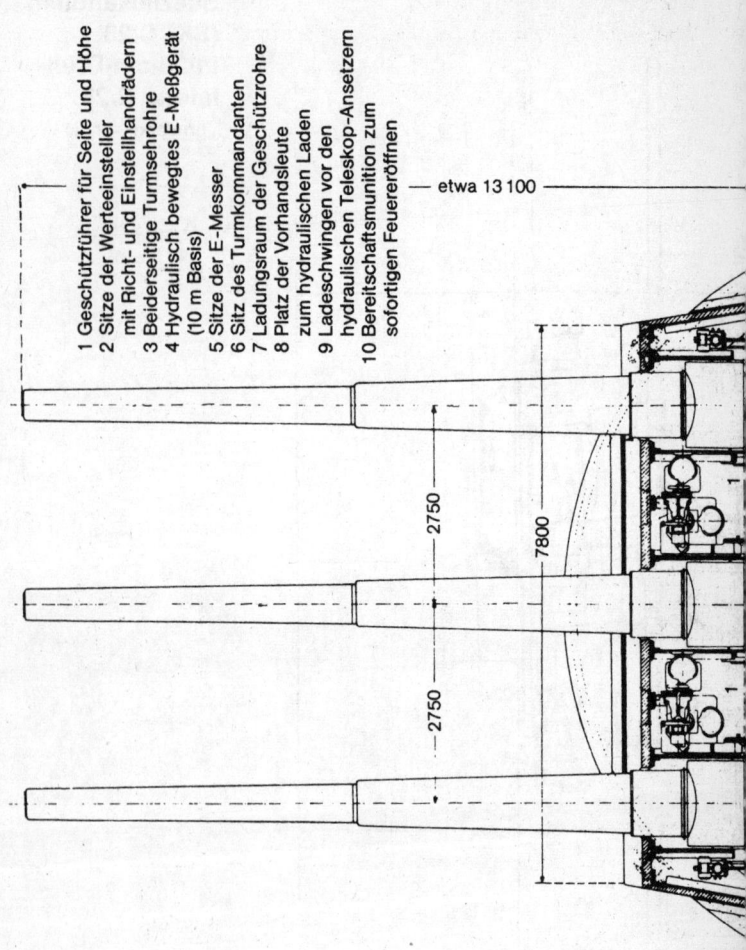

1 Geschützführer für Seite und Höhe
2 Sitze der Werteeinsteller mit Richt- und Einstellhandrädern
3 Beiderseitige Turmsehrohre
4 Hydraulisch bewegtes E-Meßgerät (10 m Basis)
5 Sitze der E-Messer
6 Sitz des Turmkommandanten
7 Ladungsraum der Geschützrohre
8 Platz der Vorhandsleute zum hydraulischen Laden
9 Ladeschwingen vor den hydraulischen Teleskop-Ansetzern
10 Bereitschaftsmunition zum sofortigen Feuereröffnen

etwa 13 100

2750

2750

7800

28-cm-Seezielkanonen (SK) C/28 in 28-cm-Drehlafette C/28

Waagerechter Schnitt über der Geschützplattform

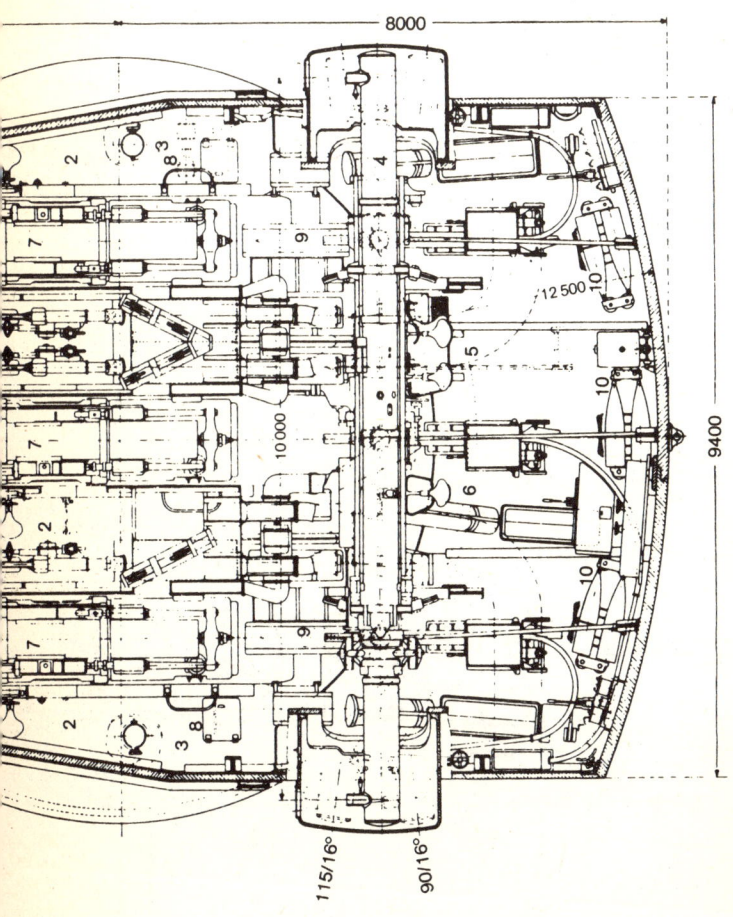

Schiffsführung und Artillerieleitung

Kommandobrücke

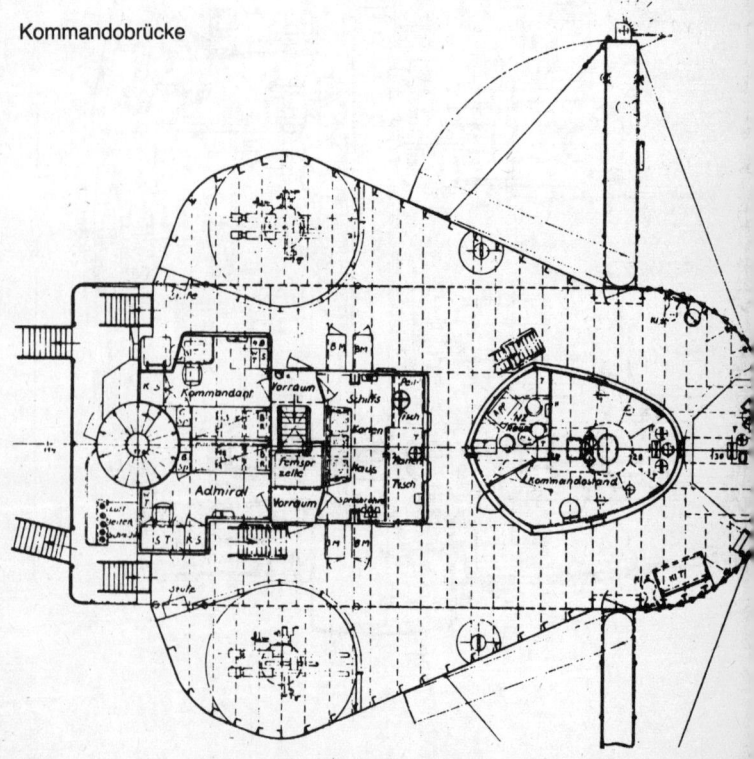

Signalbrücke

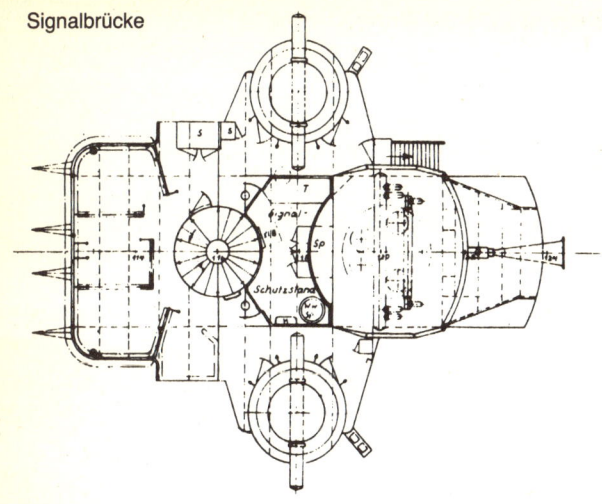

Admiralsbrücke

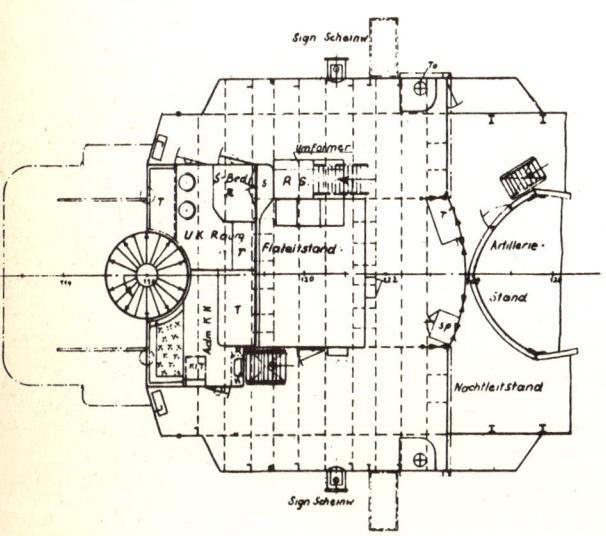

Quellenverzeichnis

Aktenmaterial des Bundesarchivs/Militärarchivs Freiburg/Brsg.

OKM Box 3	PG 34061	Denkschrift des französischen Admiralstabes über die Operationsziele der beabsichtigten französischen Seekriegsführung gegen Deutschland, Frühjahr 1927
	RM 8/152	Reichsministerium — Zeitungsaufsätze
	RM 23/691	Akte Reichsmarineamt/Verwaltungsdepartement: Besatzungsstärke S.M. Schiffe und Fahrzeuge 1. September 1918 bis 31. Dezember 1932 (Kap. IX, Titel 4, Abt. 1—No. 3, Heft 9)
	PG 81774/NIC	Der Chef der Marineleitung — Handakte Abrüstung/Schiffbauersatzplan
	II M 34/1	Planstudio Marinekommandoamt über den »A-Neubauplan«
	RM 6/23	Handakte Schiffbauersatzplan 1930
	RM 6/24	Stellungnahmen Auslandspresse/Auslandskreuzer
	RM 6/25 - II M	(Pr.): Abschriften und Faksimiles Pressestimmen Stapellauf Panzerschiff *Deutschland*
	RM 6/235	Reichsmarine-Aktivitäten
	RM 6/17	Denkschrift Panzerschiff *A* 2. 10. 1928
	RM 6/18	Panzerschiff *A* (Pressestimmen, Reichstagsverhandlungen, Parteieinstellungen)
	RM 6/31	Großadmiral Raeder/Handmaterial: Deutsche Marine-Politik 15. 1. 1932—27. 5. 1944 (PG 31783, später Militärgeschichtliches Forschungsamt, Dokumenten-Zentrale)
	RM 6/32	Großadmiral Raeder — Handmaterial
	RM 6/33	Auslandsstimmen/NS-Deutschland
	RM 6/46	Handmaterial Deutsch-Englisches Flottenabkommen 22. 5. 35—4. 4. 39
	RM 6/49	Handmaterial Ob.d.M. Spanienkrieg/Marinekommandoamt v. 28. 11. 1936 (PG 31769)
	RM 6/50	Spanischer Bürgerkrieg
M Box 1374	PG 80688	Akte *Deutschland*/Almeria 30. 5. 1937—24. 9. 1937
	PG 80689	R.K.M. *Deutschland*/Ibiza 5—10/1937

M Box 1406	PG 80841	Tätigkeitsbericht des Befehlshabers der Panzerschiffe (B. d. P.) 1. 10.—19. 11. 1936
M Box 1406	PG 80847	KTB Panzerschiff *Deutschland/*(3.)Spanien-Einsatz 1. 2.—24. 3. 1937
	PG 80848	KTB Panzerschiff *Deutschland/*(4.) Spanien-Einsatz 10. 5.—10. 6. 1937
M Box 1407	PG 80861	KTB des B. d. L. Konteradmiral Carls
Case GE 1201	PG 33310	1. Skl. I Op 24—3 »Maßnahmen Spanien« 23. 12. 1936—21. 7. 1938
	PG 80598-601	Eingehende Funksprüche von Spanienstreitkräften 4. 8. 1936—25. 3. 1939
	PG 80672	O. K. M. Funkmeldungen Spanien, 31. 1.—21. 4. 1939
	PG 31319/NID	Tätigkeits- und Erfahrungsbericht Panzerschiff *Deutschland* sowie des zugeteilten Versorgungsschiffes *Samland* während der Sudetenspannung 25. 9.—1. 10. 1938
II M 90/1	PG 33986	»Fall Grün«
II M 90/2	PG 33987	»Fall Grün«
II M 90/3	PG 33988	»Fall Grün«
	PG 31783/NID	Auszug verschiedener Schriftstücke aus dem französischen Gelbbuch (Paris 1939, zur Lage Herbst 1938)
	RM 7/1	KTB der Seekriegsleitung — Maßnahmen betr. Spanien 24. 4. 1936—28. 1. 1937
	RM 7/2	KTB der Seekriegsleitung 10. 3.—21. 3. 1938
	RM 7/3	KTB der Seekriegsleitung 27. 9.—30. 9. 1938
Case GE 1399	PG 33425	1. Skl. II a Handelskrieg Januar 1934 — Mai 1936
Case GE 1400	PG 33426	1. Skl. II a Handelskrieg Mai 1936 — Oktober 1938
Case GE 1401	PG 33427	1. Skl. II a Handelskrieg April 1938 — Juni 1939
Case GE 1402	PG 33428	1. Skl. II a Handelskrieg Januar 1939 — März 1940
III M (F) 8		R.K.M./O.K.M. Zusammenfassende Darstellungen der politischen Lage durch A Ic, 10/ 1936—4/1939
	RM 7/192	1. Skl. Teil C VIII: Niederschriften über die Besprechungen des Ob.d.M. mit dem Führer November 1932 — April 1945
	RM 25/13	Konstruktionszeichnungen Schwerer Kreuzer *Lützow* ex Panzerschiff *Deutschland*
III M 155/9	PG 33985	Fall »Weiß«, Heft 7: Auslösungsbefehle
	RM 7/84	1. Skl. Teil B I, Atlantik 19. 8. 39—31. 12. 40

	RM 7/85	1. Skl. Teil B I, Lage Atlantik 31. 12. 1940 – 31. 3. 1944
	RM 7/118	1. Skl. Teil C I, Kreuzerkrieg außerheimische Gewässer — Lageübersicht Atlantik hinsichtlich der Panzerschiffe
	RM 7/119	1. Skl. — Teil C I, Kreuzerkrieg außerheimische Gewässer 1939/40
	RM 7/120	1. Skl. — Teil C II, Kreuzerkrieg außerheimische Gewässer 1941
Case GE 903	PG 32894	Tätigkeitsbericht Panzerschiff *Deutschland* auf Grund seiner Tätigkeit im Kreuzerkrieg vom 25. August 1939 bis 14. November 1939
Case GE	PG 4828/NID	Kriegstagebuch Panzerschiff *Deutschland* 24. 8. 1939 – 15. 11. 1939
M/551(E)		Bordakte *Lützow*
III M 15/5	RM 7/179	Quellensammlung Bidlingmaier: Der Einsatz der schweren Einheiten Bd. II, 2
	RM 7/124	1 Skl. Teil C II Lageübersicht Nordsee – Norwegen 1939 – 1940
	PG 48284/NID	Kriegstagebuch Kreuzer *Lützow* 16. 1. – 31. 1. 1940
	PG 48286/NID	Kriegstagebuch Kreuzer *Lützow* 16. 2. – 29. 2. 1940
	PG 48287/NID	Kriegstagebuch Kreuzer *Lützow* 1. 3. – 25. 3. 1940
	PG 48289/NID	Kriegstagebuch Kreuzer *Lützow* 1. 4. – 15. 4. 1940
	PG 48215/NID	Kriegstagebuch Kreuzer *Lützow* 15. 6. – 30. 9. 1941
	PG 48219/NID	Kriegstagebuch Kreuzer *Lützow* 1. 1. – 15. 1. 1942
		Kriegstagebuch Kreuzer *Lützow* 16. 1. – 31. 1. 1942
	PG 48225/NID	Kriegstagebuch Kreuzer *Lützow* 1. 4. – 15. 4. 1942
	PG 48225/NID	Kriegstagebuch Kreuzer *Lützow* 16. 4. – 30. 4. 1942
	PG 48227/NID	Kriegstagebuch Kreuzer *Lützow* 1. 5. – 15. 5. 1942
	PG 48228/NID	Kriegstagebuch Kreuzer *Lützow* 16. 5. – 31. 5. 1942
	PG 48229/NID	Kriegstagebuch Kreuzer *Lützow* 1. 6. – 15. 6. 1942
	PG 48230/NID	Kriegstagebuch Kreuzer *Lützow* 16. 6. – 30. 6. 1942

PG 48231/NID Kriegstagebuch Kreuzer *Lützow*
          1. 7.—15. 7.1942
PG 48232/NID Kriegstagebuch Kreuzer *Lützow*
          16. 7.—31. 7.1942
PG 48233/NID Kriegstagebuch Kreuzer *Lützow*
          1. 8.—15. 8.1942
PG 48234/NID Kriegstagebuch Kreuzer *Lützow*
          16. 8.—31. 8.1942
PG 48239/NID Kriegstagebuch Kreuzer *Lützow*
          1.11.—15.11.1942
PG 48240/NID Kriegstagebuch Kreuzer *Lützow*
          16.11.—30.11.1942
PG 48241/NID Kriegstagebuch Kreuzer *Lützow*
          1.12.—15.12.1942
PG 48242/NID Kriegstagebuch Kreuzer *Lützow*
          16.12.—30.12.1942
PG 48243/NID Kriegstagebuch Kreuzer *Lützow*
          31.12.42—3.1.1943
PG 48245/NID Kriegstagebuch Kreuzer *Lützow*
          16. 1.—31. 1.1943
PG 48246/NID Kriegstagebuch Kreuzer *Lützow*
          1. 2.—15. 2.1943
PG 48247/NID Kriegstagebuch Kreuzer *Lützow*
          16. 2.—28. 2.1943
PG 48248/NID Kriegstagebuch Kreuzer *Lützow*
          1. 3.—15. 3.1943
PG 48248/NID Kriegstagebuch Kreuzer *Lützow*
          16. 3.—31. 3.1943
PG 48250/NID Kriegstagebuch Kreuzer *Lützow*
          1. 4.—15. 4.1943
PG 48251/NID Kriegstagebuch Kreuzer *Lützow*
          16. 4.—30. 4.1943
PG 48252/NID Kriegstagebuch Kreuzer *Lützow*
          1. 5.—15. 5.1943
PG 48253/NID Kriegstagebuch Kreuzer *Lützow*
          16. 5.—31. 5.1943
PG 48254/NID Kriegstagebuch Kreuzer *Lützow*
          1. 6.—15. 6.1943
PG 48255/NID Kriegstagebuch Kreuzer *Lützow*
          16. 6.—30. 6.1943
PG 48256/NID Kriegstagebuch Kreuzer *Lützow*
          1. 7.—15. 7.1943
PG 48257/NID Kriegstagebuch Kreuzer *Lützow*
          16. 7.—31. 7.1943
PG 48258/NID 1. 8.—15. 8.1943

	PG 48259/NID	Kriegstagebuch Kreuzer *Lützow* 16. 8.—31. 8. 1943
	PG 48260/NID	Kriegstagebuch Kreuzer *Lützow* 1. 9.—15. 9. 1943
	PG 48261/NID	Kriegstagebuch Kreuzer *Lützow* 16. 9.—30. 9. 1943
Case GE	PG 48263/NID	Kriegstagebuch Kreuzer *Lützow* 16. 6.—30. 6. 1944
	PG 48264/NID	Kriegstagebuch Kreuzer *Lützow* 1. 7.— 9. 7. 1944
	PG 48266/NID	Kriegstagebuch Kreuzer *Lützow* 1. 8.—15. 8. 1944
	PG 48267/NID	Kriegstagebuch Kreuzer *Lützow* 16. 8.—31. 8. 1944
	PG 48268/NID	Kriegstagebuch Kreuzer *Lützow* 1. 9.—15. 9. 1944
	PG 48269/NID	Kriegstagebuch Kreuzer *Lützow* 16. 9.—25. 9. 1944
	PG 48270/NID	Kriegstagebuch Kreuzer *Lützow* 26. 9.—30. 9. 1944
	PG 48271/NID	Kriegstagebuch Kreuzer *Lützow* 1. 10.—13. 10. 1944
	PG 48272/NID	Kriegstagebuch Kreuzer *Lützow* 13. 10.—15. 10. 1944
	PG 48273/NID	Kriegstagebuch Kreuzer *Lützow* 15. 10.—25. 10. 1944
	PG 48274/NID	Kriegstagebuch Kreuzer *Lützow* 26. 10.—15. 11. 1944
	PG 48275/NID	Kriegstagebuch Kreuzer *Lützow* 16. 11.—30. 11. 1944
	PG 48276/NID	Kriegstagebuch Kreuzer *Lützow* 1. 12.—15. 12. 1944
	PG 48277/NID	Kriegstagebuch Kreuzer *Lützow* 16. 12.—31. 12. 1944
	PG 48278/NID	Kriegstagebuch Kreuzer *Lützow* 1. 1.—15. 1. 1945
	PG 48279/NID	Kriegstagebuch Kreuzer *Lützow* 16. 1.—31. 1. 1945
	PG 48280/NID	Kriegstagebuch Kreuzer *Lützow* 1. 2.— 8. 2. 1945
Case GE	PG 48293/NID	Kriegstagebuch Kreuzer *Lützow* 1. 3.—15. 3. 1945
	RM 7/88	1. Skl. Teil B II a, Lageübersicht Marinegruppenkommando Nord
	RM 7/90	1. Skl. Teil III, Lageübersicht Ostseeraum

	RM 7/270	1. Skl. Teil D Lageberichte Ostsee, Nordsee, Atlantik, Mittelmeer, Schwarzes Meer 1. März — 31. Juli 1941
	RM 7/95	1. Skl. Teil B V: Anlagen verschiedenen Inhalts Dezember 1941 — Juli 1942
III M 1000/33		1. Skl. KTB Teil A, 1. 1.—30. 6. 1942
Case GE 820	PG 32810	1. Skl. I g, Rüstungs- und Versorgungsangelegenheiten Heimat, Juli 1941 — Juni 1942
	RM 13	Marine-Sonderdienst
	RM 7/85	Marine-Sonderdienst
	RM 7/257	1. Skl. KTB Teil C a: Grundlegende Fragen der Kriegführung (Bd. 1) Mai 1939 — November 1943
	RM 7/260	1. Skl. KTB Teil C a: Grundlegende Fragen der Kriegführung (Bd. 4) Januar — Dezember 1943
	RM 7/264	1. Skl. KTB C d: Februar 1943 — Dezember 1944
Case GE 459	PG 32514	Akte VIII »Aurora«, »Hektor« Dezember 1942 — Januar 1943
Case GE 459	PG 32515	Akte VIII »Aurora«, »Hektor« Dezember 1942 — Januar 1943
III M 153/8		Quellensammlung Kapitän zur See Bidlingmaier »Angriffe auf die Murmansk-Geleite«, Band VI
	RM 7/127	1. Skl. Teil II C a: Lageberichte Nordsee—Norwegen Januar 1942—Dezember 1942
	RM 6/77	Vortrag Ob.d.M. beim Führer 19. 11. 1942 auf dem »Berghof«
	PG 31747/NID	Grundlegende Fragen der Seekriegführung einschl. Abschließender Bericht über das Gefecht im Nordmeer am 31. Dezember 1942
	RM 6/77	Ob.d.M. persönlich — OKM Großadmiral Raeder 8. 11. 1942 — 23. 1. 1943
	RM 7/160	1. Skl. KTB Teil C III: Ostsee Mai 1943 — Januar 1945
	RM 7/161	1. Skl. KTB Teil C III: Ostsee Januar 1944 — Juni 1944
	RM 7/315	1. Skl. — Teil D: Heereslage 30. 7. 1944 — 31. 12. 1944
	RM 7/291	1. Skl. — Teil D: Lage Ostsee—Norwegen Januar—Dezember 1944
	RM 7/323	OKH/Tagesmeldung Ost 1. 9.—31. 10. 1944
	RM 7/90	1. Skl. Teil B III Lageübersicht Ostsee 30. 8. 1939—28. 2. 1945

RM 7/71	1. Skl. Teil A Lageübersicht/Allgemein 1.—20. April 1945
RM 7/91	1. Skl. Teil B — Kriegstagebuch S. 40—114
RM 7/87	1. Skl. Teil B II+II a — Kriegstagebuch S. 262—458
RM 7/103	2. Skl. Kriegstagebuch S. 5—67
RM 7/186	1. Skl. Teil C Kriegstagebuch S. 118—122
RM 7/189	Rückwirkung Verlust Sworbe und Landungsbedrohung Kurland
M. Dv. 550	Schriftenreihe »Taktik«/O.K.M., Heft 4, S. 1—8 Unterwassertreffer d. Krz. *Lützow* 11. 4. 1940

Darstellungen

Assmann, Kurt	*Deutsche Schicksalsjahre, historische Bilder aus dem Zweiten Weltkrieg und seiner Vorgeschichte,* Wiesbaden 1951
	Deutsche Seestrategie in zwei Weltkriegen, Heidelberg 1957
Bekker, Cajus	*Augen durch Nacht und Nebel. Die Radar Story,* Herford 1980
	Ostsee — Deutsches Schicksal 1944/45, Oldenburg-Hamburg 1959
	Verdammte See. Ein Kriegstagebuch der deutschen Marine, Herford 1978
Benoist-Méchin, Jacques	*Histoire de l'armée allemande (1918—1946),* Bd. I—VI, Paris 1965—1967
van den Berg, Hans Joachim	*Deutschland und der spanische Bürgerkrieg 1936 bis 1939,* Würzburg 1953
Bidlingmaier, Gerhard	*Seegeltung in der deutschen Geschichte. Handbuch des Seeoffiziers,* Band 5, Darmstadt 1967
	Einsatz der schweren Kriegsmarineeinheiten im ozeanischen Zufuhrkrieg, Neckargemünd 1963
Brennecke/Krancke	*Schwerer Kreuzer »Admiral Scheer«,* Herford 1955
Brustat-Naval, Fritz	*Unternehmen Rettung. Letztes Schiff nach Westen,* Herford 1970
Breyer, Siegfried	*Schlachtschiffe und Schlachtkreuzer 1905—1970. Die geschichtliche Entwicklung des Großkampfschiffes,* München 1970
Buber-Neumann, Margarete	*Kriegsschauplätze der Weltrevolution. Ein Bericht aus der Praxis der Kommunisten 1919—1943,* Stuttgart 1967

Buckley, Henry   *Life and Death of the Spanish Republic*, London
                                   1940
Churchill, Winston   *The Second World War*, Vol. II. London 1949
Czisnik, Ulrich   *Gustav Noske. Ein sozialdemokratischer Staats-*
                                   mann, Göttingen u. a. 1969
Dahms, Hellmuth-Günther   *Der spanische Bürgerkrieg 1936 – 1939*, Tübin-
                                   gen 1962
                                   Der Zweite Weltkrieg, Tübingen 1960
Dönitz, Karl   *Zehn Jahre und zwanzig Tage*, Frankfurt/M. 1967
Dülffer, Jost   *Weimar, Hitler und die Marine. Reichspolitik und*
                                   Flottenbau 1920 – 1939, Düsseldorf 1973
Fredmann, Ernst   *Sie kamen übers Meer. Die größte Rettungsaktion*
                                   der Geschichte, Köln 1971
Gemzell, Curt-Arthur   *Raeder, Hitler und Skandinavien. Der Kampf für*
                                   einen maritimen Operationsplan, Lund 1965
Groener, Erich   *Die deutschen Kriegsschiffe 1815 – 1945*. Bd. 1,
                                   München 1966
Güth, Rolf   *Der Marine des Deutschen Reiches 1919 – 1939*,
                                   München 1972
Hart, Basil Henry Liddell   *Europe in Arms*, London 1937
Heiber, Helmut   *Die Republik von Weimar*, München 1968
Heinkel, Ernst   *Stürmisches Leben*, Stuttgart-Zürich-Salzburg
                                   1953
Henderson, Sir Nevile   *Failure of a Mission*, Berlin 1937 – 1939. Lon-
                                   don 1940
Hoare, Sir Samuel   *Neun bewegte Jahre. Englands Weg nach München*,
                                   Düsseldorf 1955
Hubatsch, Walter   *Der Admiralstab und die obersten Marinebehörden*
                                   in Deutschland 1848 – 1945, Frankfurt 1958
                                   Weserübung. Die deutsche Besetzung von Däne-
                                   mark und Norwegen 1940, Göttingen 1960
                                   Hitlers Weisungen für die Kriegführung 1939 –
                                   1945. Dokumente des Oberkommandos der
                                   Wehrmacht, Frankfurt/M. 1962
Hümmelchen, Gerhard   *Handelsstörer*, München 1960
Ingrim, Robert   *Hitlers glücklichster Tag*, Stuttgart 1962
Jones Geoffrey   *Under Three Flags. The Story of »Nordmark« and*
                                   the Armed Suppley Ships of the German Navy,
                                   London 1973
Karweina, Günter   *Geleitzug PQ 17*, München 1976
Kast/Juanita/Turai   *Un ano de las brigadas internacionales*, dtsch. Ber-
                                   lin 1976
Kieser, Egbert   *Danziger Bucht 1945. Dokumentation einer Kata-*
                                   strophe, Esslingen 1978
Koestler, Arthur   *Die Geheimschrift*. 1932 bis 1940, München 1955

Lehmann-Russbüldt, O.	*Die Reichswehr. Gedanken eines Zivilisten.* Anhang Wortlaut der Denkschrift des Reichswehrministers zum Panzerkreuzerbau, 1930
Lohmann, W./ Hildebrand, H. H.	*Die deutsche Kriegsmarine 1939—1945. Gliederung, Einsatz, Stellenbesetzung.* 3 Bde., Bad Nauheim 1956—1964
Maschinenfabrik M.A.N.	*Beschreibung und Betriebsvorschriften M.A.N. Schiffsdieselmotoren für die Motorenanlagen der Panzerschiffe »Deutschland«, »Admiral Scheer« und »Admiral Graf Spee«.* Augsburg 1936
Meier-Dörnberg	*Ölversorgung der Kriegsmarine 1935—1945*
Meinck, G.	*Hitler und die deutsche Aufrüstung 1933—1939,* Frankfurt 1969
Meister, Jörg	*Der Seekrieg in den osteuropäischen Gewässern 1941—1945,* München 1958
Merkes, Manfred	*Die deutsche Politik im spanischen Bürgerkrieg 1936—1939,* 2. erw. Aufl., Bonn 1969
Mordal, Jacques	*25 Jahrhunderte Seekrieg,* München 1976
Nagel, Alfred G.	*Vier Kriegsschiffe »Deutschland«,* Neumünster 1933
Noske, Gustav	*Von Kiel bis Kapp. Zur Geschichte der deutschen Revolution,* Berlin 1920
Paul, Elliot	*The Life and Death of a Spanish Town,* New York 1937
Peillard, Leonce	*Versenkt die »Tirpitz«!,* Wien-Bergisch Gladbach 1976
Piekalkiewicz, Janusz	*Spione — Agenten — Soldaten,* München 1969
Pope, Dudley	*Die Schlacht in der Barentssee* in *Die Schlacht im Atlantik,* München 1976
von der Porten, Edward P.	*Die deutsche Kriegsmarine im Zweiten Weltkrieg,* Stuttgart 1976
Potter/Nimitz/Rohwer	*Seemacht. Eine Seekriegsgeschichte von der Antike bis zur Gegenwart,* München 1974
Puttkammer, Karl-Jesko v.	*Die unheimliche See. Hitler und die Kriegsmarine,* Wien-München 1952
Raeder, Erich	*Mein Leben,* 2 Bde, Tübingen 1956/57
Rahn, Werner	*Reichsmarine und Landesverteidigung 1919—1928,* München 1976
Rasenack, Friedrich-Wilhelm	*Panzerschiff »Admiral Graf Spee«,* Herford 1957
Robertson, E. M.	*Hitlers Pre-War Policy and Military Plans 1933—1939,* London 1963
Rohwer/Hümmelchen	*Chronik des Seekrieges 1939—1945,* Hamburg 1968
Ruge, Friedrich	*Der Seekrieg 1939—1945,* Stuttgart 1954

Salewski, Michael	*Die deutsche-Seekriegsleitung 1935 — 1945,* Bd. 1, Frankfurt 1970
Schmalenbach, Paul	*Die Geschichte der deutschen Schiffsartillerie,* Herford 1968
	Kreuzer »Prinz Eugen« — unter 3 Flaggen, Herford 1978
Schmidt, Paul	*Statist auf diplomatischer Bühne 1923 — 1935,* Bonn 1949
Schofield, Brian B.	*Geleitzug-Schlachten in der Hölle des Nordmeeres,* Herford 1980
Seeckt, Hans v.	*Landesverteidigung,* Berlin 1930
Selbstverlag des Kommandos	*Äquatortaufe Panzerschiff »Deutschland« 27. März 1935*
Sorge, Siegfried	*Die Reichmarine* in F. v. Gaertner: *Die Reichswehr in der Weimarer Republik. Erlebte Geschichte,* Darmstadt 1969
Steinert, Marlis G.	*Die 23 Tage der Regierung Dönitz — Die Agonie des Dritten Reiches,* Düsseldorf und Wien 1967
Tansill, Charles Callan	*Die Hintertür zum Kriege,* Düsseldorf 1956
Thomas, Hugh	*The Spanish Civil War,* Harmondsworth-New York 1961
Wacker, Willi	*Der Bau des Panzerschiffes »A« und der Reichstag,* Tübinger Studien zur Geschichte und Politik, Nr. 11, Tübingen 1959
Wagner, Gerhard	*Lagevorträge des Oberbefehlshabers der Kriegsmarine vor Hitler 1939 — 1945,* München 1972
de Zayas, Alfred M.	*Die Anglo-Amerikaner und die Vertreibung der Deutschen,* München 1978

Nachtrag Darstellungen

Bonatz, Heinz	*Die deutsche Funkaufklärung 1914 — 1945,* Darmstadt 1970
Diecker/Großmann	*Der Kampf um Ostpreußen,* Stuttgart 1976
Euler, Helmut	*Als Deutschlands Dämme brachen,* Stuttgart 1979
Freund, Michael	*Deutschland unterm Hakenkreuz. Die Geschichte der Jahre 1939 — 1945,* Gütersloh 1965
Geßler, Otto	*Reichswehr-Politik in der Weimarer Zeit,* Stuttgart 1958
Gladisch/Schultze-Hinrichs	*Seemannschaft. Handbuch für Unterricht und Praxis,* 4. Auflage, Berlin 1943
Hauge, Andreas	*Kampene i Norge,* Oslo 1978
v. Kardorff/Zittl	*Ibiza — Formentera: Richtig reisen,* Köln 1978
Roskill, S. W.	*The War At Sea 1939 — 1945.* Volume I: *The Defensive,* London 1954

Templewood, Viscount (Sir Samuel Hoare)	*Nine Troubled Years,* London 1954
Thorwald, Jürgen	*Es begann an der Weichsel,* Stuttgart 1949
	Das Ende an der Elbe, Stuttgart 1950
Witthöft, Hans Jürgen	*Lexikon zur deutschen Marinegeschichte,* Herford 1978

Veröffentlichungen in Fachzeitschriften und anderen Periodica

Alleman, Fritz René	*Tragödie einer Revolution. Der spanische Bürgerkrieg aus der Sicht der Geschichte* in: »Der Monat«, Nr. 170/1962
Assmann, Kurt	*Die deutsche Flotte nach dem Kriege* in: »Nauticus« 1923
Becker, Heinrich	*Die doppeltwirkende Zweitakt-M.A.N.-Dieselmaschine für Schiffsantrieb* in: »Schiffbau und Schiffahrt«, Hefte 15/16 1929
	Der Großdieselmotor mit besonderer Berücksichtigung des Schiffsantriebes in: »Brennstoff und Wärmewirtschaft«, Heft 21/1929
Bensel, Rolf	*Die deutsche Flottenpolitik 1933—1939,* in: Beiheft zur »Marine-Rundschau«, 1958
Brandes, Ferdinand	*Der schnellaufende Dieselmotor und der Hochdruckheißdampf als Antrieb von Kriegsschiffen* in: »Schiffbau, Schiffahrt und Hafenbau«, Heft 8—10/1940
Brennecke, J./Michaux, Th.	*Der deutsche Schlachtschiffbau zwischen den Kriegen* in: »Schiff und Zeit«, Heft 2, Herford 1975
Burkhardt, Hermann	*Die Entwicklung des Schiffbaumaterials der Deutschen Kriegsmarine* und *Die Entwicklung des Unterwasserschutzes in der Deutschen Kriegsmarine,* beides in: »Marine-Rundschau 1961« (s. 94—109, S. 151—169, 204—218)
Foerster, Prof.	*»Deutschland« im Dienst — »Admiral Scheer« vom Stapel* in: »Werft, Reederei, Hafen«, Heft 8/1933
Freyberg-Eisenberg, Frhr. v.	*Die Marinepolitik der Seemächte seit 1919 und ihr Einfluß auf die Weltpolitik* in: »Militärwissenschaftliche Rundschau« 1/1936
Gadow, Reinhold	*Die neuen Panzerschiffe* in: »Marine-Rundschau 1929«, Heft 1
Garner, James W.	*Recognition of Belligerency* in: »The American Journal of International Law«, Bd. XXXII 1938

Guérin, Robert · · · · · · · · · · · · · · *L'Experience du »Deutschland«* in: »La vie Aérienne« vom 16. Juni 1937

Hubatsch, Walter · · · · · · · · · · · *Schiffbauplanung, technischer Rückstand und politische Zielsetzung beim Ausbau der deutschen Flotte 1848 — 1955* in: »Marine-Rundschau« 60/1963

Kauffmann, D. L. · · · · · · · · · · *German Naval Strategy in World War II* in: »U.S. Naval Institute Proceedings«, Nr. 1/1944

Laudahn, Wilhelm · · · · · · · · · *Der neue doppeltwirkende Zweitakt-Schiffsdieselmotor der M.A.N.* in: »Schiffbau« Nr. 6/1926

Die doppeltwirkenden Zweitakt-Dieselmotoren der Reichsmarine in: »Zeitschrift des Vereins deutscher Ingenieure« Nr. 47/1931

The First Motor Battleship — Full Description of the Machinery of the »Deutschland« in: »The Motor Ship«, Dezember 1931

Die Betätigung der Maschinenfabrik Augsburg-Nürnberg A.G. bei der Entwicklung des dieselmotorischen Schiffsantriebs in der deutschen Marine in: »Mitteilungen aus den Forschungsanstalten des Gutehoffnungshütte-Konzern«, 1/1932

Llabres, J. · · · · · · · · · · · · · · · · *El bombardeo des Acorazado aleman »Deutschland« en Ibiza* (29 de mayo de 1937) in: »Historias de la Mar« — Del Instituti Historico de Marina«, Madrid Nr. 7/72

Mordal, Jacques · · · · · · · · · · *Die französische Marine im Zweiten Weltkrieg* in: »Marine-Rundschau« 54/1957

Orlowsky, Werner · · · · · · · · *Das Vorspiel zum Kriege. Zum 20. Jahrestag des spanischen Bürgerkrieges* in: »Der Monat«, 8/1956

Pflaum, Walter · · · · · · · · · · · *Zusammenwirken von Motor und Gebläse bei Auflade-Dieselmaschinen* in: »Zeitschrift des Vereins deutscher Ingenieure« Nr. 49/1931

Preuss, Lawrence · · · · · · · · · *Die Vereinigten Staaten und der spanische Bürgerkrieg* in: »Völkerbund und Völkerrecht«, 1937/38 S. 627

Proctor, A. M. · · · · · · · · · · · · *Fleet Reduction and Germanys Reply — Diesel Propulsion at Ersatzbau »Preußen« as a Revolution of Cruiser Construction — A Cruiser Smasher«* in: »Motorship«, März 1929

Rahn, Werner · · · · · · · · · · · · · *Ibiza und Almeria — eine Dokumentation der Ereignisse vom 29. bis 31. Mai 1937* in: »Marine-Rundschau« Heft 7/1971

Salewski, Michael · · · · · · · · *Die Washingtoner Abrüstungskonferenz von 1922. Ein Beispiel für geglückte Abrüstung?* in: »Marine-Rundschau« Heft 70/1973

Salewski, Michael — *Von Raeder zu Dönitz — Der Wechsel im Oberbefehl der Kriegsmarine 1943* in: »Militärgeschichtliche Mitteilungen«, Heft 14/1973

Sandhofer, Gert — *Das Panzerschiff »A« und die Vorentwürfe von 1920 bis 1928* in: »Militärgeschichtliche Mitteilungen« 1/1968, Freiburg 1968

Scelle, Georges, Paris — *Die Nichteinmischung im spanischen Bürgerkrieg* in: »Völkerbund und Völkerrecht« 1937/38 S. 69

Scheibe, A. — *Zum Fliegerangriff auf die »Deutschland«* in: Völkerbund und Völkerrecht«, Juli 1937

Schindler, Dietrich — *Völkerrecht im Bürgerkrieg* in: »Neue Schweizer Rundschau«, Heft 10, Febr. 1938

Schmidt, F. — *Die Entwicklung der langsam- und mittelschnelllaufenden Dieselmotoren im Werk Augsburg der M.A.N. 1918 — 1945, Kapitel IV, Die Entwicklung der Zweitakt-Marine-Motoren (MZ, LZ, 1926 — 1944), interner Bericht M.A.N.*

Schoeffel, M. F. — *The Objective in Aereal Warfare* in: »U.S. Naval Institute Proceedings« Nr. 420, Februar 1938

Schütte, Albert — *Die Spülung bei Auflademaschinen* in: »Mitteilungen aus den Forschungsanstalten des Gutehoffnungshütte-Konzerns«, Band 6, Heft 3, April 1938

Trebisius, Ernst — *Technische Fortschritte in Schiffbau und Schiffahrt 1932/1933* in: »Köhlers Flottenkalender 1934«

de Vito (jun.), Edgardo — *I Grandi Apparati Motori Diesel della Marina da Guerra Germanica* in: »La Marina«, Oktober 1932

Wagner-Ulm, Erich — *Die Linienschiffe der Seemächte und das neue Panzerschiff »Deutschland«* in: »Köhlers Flottenkalender 1934«

Wegener, Edward — *Selbstverständnis und historisches Bewußtsein der deutschen Kriegsmarine* in: »Marine-Rundschau« 1970, S. 321 — 340

United States Naval Institute Proceedings — *The Pocket Battleship* verschiedene Aufsätze im Dezemberheft 1932

Redaktionsbeitrag — *Short History of the Development of Marine Motors at the M.A.N. — Augsburg* in: »The Motor Ship«, April 1929

Amtliche Angabe — *List of Ships interfered with, attacked or sunk during the war in Spain, Juli 1936 — June 1938 Press Department of the Spanish Embassy in London, 1938*

Nachtrag Veröffentlichungen in Fachzeitschriften und anderen Periodica

Gadow, Reinhold
Panzerschiffe neuer Art im Gefecht. Eine militärische Studie in: »Deutsche Wehr« Nr. 39/1928 (Seite 849 ff.)

Hümmelchen, Gerhard
Die Handelskriegsoperationen der deutschen Panzerschiffe 1939, in: »Marine-Rundschau« Nr. 6/1959

Knackstedt, Heinz
Der »City of Flint«-Fall in: »Marine-Rundschau« Nr. 2/1960

Rahn, Werner
Ein überraschender Luftangriff und seine Folgen in: »Truppenpraxis« Heft 4/1976

Unveröffentlichte Seminararbeiten, Vorträge und Sonderdokumente

v. Arnswaldt, W. Ehrenreich
Bericht über den Bombenangriff am 29. 5. 1937 aus der Sicht des I.A.O. (aus dem Nachlaß Paul Fanger)

Detlefsen, Günter
Eine kritische Würdigung des Einsatzes deutscher Seestreitkräfte und der politischen Hintergründe während des spanischen Bürgerkrieges 1936—1939, Seminararbeit beim Stabsoffizierlehrgang 2/60 der Bundeswehr

Fanger, Paul
Bericht über den Überfall rotspanischer Bombenflieger auf Panzerschiff »Deutschland« auf der Reede von Ibiza am 29. 5. 1937 (Dienstlicher Geheimbericht des damaligen Kommandanten ans O.K.M. Aus dessen Nachlaß)

Bericht über die Beisetzung der Gefallenen und Pflege der Verwundeten des Panzerschiffes »Deutschland« vom 13. 6. 1937 (obige Herkunft)

Grosser, Oblt. (Ing.)
Bericht über Trefferwirkung, Leckdienst und Feuerbekämpfung bei und nach dem Bombenangriff vom 29. 5. 1937 (aus dem Nachlaß Paul Fanger)

Lange, Ernst
Handakte des mit der Wahrnehmung der Geschäfte des Kommandanten beauftragten Ersten Offiziers des Kreuzers »Lützow«, geführt in der Zeit zwischen der Versenkung (16. 4.) und der durch Brand vorzeitig ausgelösten Sprengung des Schiffes (4. 5. 1945) einschließlich Gefallenen-Übersicht, Abkommandierungslisten und Flak-Demontage-Aufstellungen, erstellt unter

	Mitwirkung des damaligen D.O.I. und R.O. Kaptlt. Emmerling (Privatverwahrung Fregattenkapitän a. D. Lange)
Laudahn, Wilhelm	*Die Nachkriegsentwicklung des dieselmotorischen Schiffsantriebes in der Deutschen Marine*. Vortrag vor der 32. Ordentlichen Hauptversammlung der Schiffbautechnischen Gesellschaft. 18.— 22. 11. 1931 in Berlin.
Luther, Klaus	*Dieselmotoren für Kriegsschiffe*. Lehrgangs-Referat 19. 1. 1966 an der Akademie für Wehrtechnik, Mannheim
M.A.N. Werkarchiv Augsburg	Reichswehrministerium/Der Chef der Marineleitung K II c 223 geh.: *Oelmotorenanlage für ein Panzerschiff 15. 6. 1927* (Schreiben an M.A.N.)
	Panzerschiff *Deutschland — Programm zur zweiten Werftprobefahrt 7./8. 2. 1932 Schadensmeldungen und Reparaturen Antriebsanlage Panzerschiff »Deutschland« 1931—1940, 1940—1945*
Reichswehrministerium/ Marineleitung A II 795/28	*Der militärische Wert der Panzerschiffsneubauten.* (Gedruckte Stellungnahme/geheim, für dienstliche Zwecke)
Sauerland, Hermann	*Ärztliche Erfahrungen vom Bombenüberfall sowjetischer Flieger am 29. 5. 1937 auf Panzerschiff »Deutschland«* Aussage des Schiffsarztes in: »Der deutsche Militärarzt«, Heft 9/1938
Usborne, Vice-Admiral	Vortrag 1. Dezember 1937 *Der Einfluß der Seemacht auf die Kämpfe in Spanien*
Zenker, Hans Admiral a. D.	Rundfunkrede vom 2. März 1932 über alle deutschen Sender Generalthema: *Rüstungsvergleich französische/deutsche Flotte*
Brinkmann, Joachim	Persönliches Tagebuch 29. 1. 1944—29. 1. 1945
Hartmann, Günther	Persönliches Tagebuch 29. 1. 1944—29. 1. 1945
Prager, Hans Georg	Persönliches Tagebuch 29. 1. 1944—29. 1. 1945
	Darüber hinaus Tonbandaufzeichnungen und Niederschriften von allen Interviews einzelner Augenzeugen.
Schmalenbach, Paul	Persönliches Tagebuch 24. 8.—15. 11. 1939
Heymann, Erich	*Gefechtsbericht Kreuzer »Blücher«, 9. April 1940,* Nr. 9141 XVI, Wehrgeschichtliches Ausbildungszentrum der Marineschule Mürwik

Tagespresse

Berliner Börsenzeitung vom 11. 8. 1928: *Der Panzerkreuzer wird gebaut, Das peinliche Panzerschiff* u. *Überzeugungstreue*

Berliner Lokalanzeiger Nr. 378/28 vom 11. 8. 1928: *Panzerkreuzer »A« wird gebaut*

Berliner Volkszeitung vom 11. 8. 1928: *Der Panzerschiffbau*

Börsenkurier vom 11. 8. 1928: *Panzerkreuzer-Bau beschlossen*

Der Abend vom 11. 8. 1928: *Staatsräson*

Deutsche Zeitung vom 11. 8. 1928: *Wir gratulieren!*

Die Rote Fahne vom 11. 8. 1928: *Die Koalitionsregierung beschließt seinen Bau*

Frankfurter Zeitung vom 11. 8. 1928: *Das Panzerschiff*

Vorwärts Nr. 377 vom 11. 8. 1928: *Sitzung des Reichskabinetts — Panzerkreuzer »A« wird gebaut*

Welt am Abend vom 11. 8. 1928: *Hurra, Panzerkreuzer wird gebaut — Das Verfassungs-Geschenk der sozialdemokratischen Minister*

Berliner Volkszeitung vom 12. 8. 1928: *Elastische Parteien*

Deutsche Allgemeine Zeitung vom 12. 8. 1928: *In der Regierung anders als draußen*

Deutsche Allgemeine Zeitung vom 13. 8. 1928: *Sozialdemokratische Entrüstung über den Bau des Panzerkreuzers*

Die Rote Fahne vom 12. 8. 1928: *Der Panzerkreuzer-Skandal* und *Wahlkampflüge und Verrat*

Berliner Lokal Anzeiger vom 13. 8. 1928: *Millionen von Wählern getäuscht*

Montagspost vom 13. 8. 1928: *Der ersparte Panzerkreuzer*

Schleswig-Holsteinische Volkszeitung vom 13. 8. 1928: *Ein Sühnegeschenk Severings* und *Panzerschiff wird gebaut*

Die Rote Fahne vom 14. 8. 1928: *Der Panzerkreuzer der SPD-Führung* und *Organisiert den Massenprotest in Betrieb und Gewerkschaften*

Welt am Abend vom 14. 8. 1928: *Man baut vier Panzerkreuzer*

Lokal Anzeiger vom 15. 8. 1928: *Die Revolte in der SPD, Müller entschuldigt sich, Sofortiger Austritt aus der Reichsregierung gefordert* und *Das Verdienst um den Panzerschiffbau*

Berliner Volkszeitung vom 15. 8. 1928: *Das Panzerkreuzer-Ärgernis*

Berliner Tageblatt vom 14. 8. 1928: *Offizielle Erklärung zum Bau des Panzerkreuzers*

Die Rote Fahne vom 15. 8. 1928: *Ausflüchte der Panzerkreuzerregierung*

Frankfurter Zeitung vom 15. 8. 1928: *Panzerschiff »A« — Eine offiziöse Erklärung*

Berliner Börsenzeitung vom 14. 8. 1928: *Kommunistisches Flottenmanöver gegen den sozialistischen Feind*

Der Abend vom 14. 8. 1928: *Eine Erklärung der Regierung — Zum Bau des Panzerschiffes »A«*

Deutsche Allgemeine Zeitung vom 14. 8. 1928: *Panzerschiff »Ersatz Preußen«*

Staatspolitische Correspondenz vom 14. 8. 1928: *Panzerkreuzer »A«*

Vossische Zeitung vom 14. 8. 1928: *Regierung und Panzerkreuzer* und *Gegen den Panzerkreuzer*

Lokal Anzeiger/Der Tag vom 15. 8. 1928: *Der Streit um den Panzerkreuzerbau*
Schleswig-Holsteinische Volkszeitung vom 15. 8. 1928: *Panzerkreuzer und Abrüstung*
Vorwärts vom 15. 8. 1928: *Panzerschiffdebatte in Brüssel* und *Panzerschiff »A«*
Vossische Zeitung vom 15. 8. 1928: *Die Opposition gegen den Panzerkreuzer*
Welt am Abend Nr. 191 vom 16. 8. 1928: *Der Panzerkreuzerkrach in der SPD*
Berliner Tageblatt vom 16. 8. 1928: *Der Panzerkreuzer*
Die Rote Fahne vom 16. 8. 1928: *Volkssturm gegen Panzerkreuzer — Mobilisiert alle Kräfte zur Abrechnung!*
Vorwärts vom 16. 8. 1928: *Panzerschiff und Partei — Eine Entgegnung*
Berliner Volkszeitung vom 17. 8. 1928: *Kommunistisches Volksbegehren gegen den Panzerkreuzer* und *Bayerns Jungdemokraten protestieren gegen den Panzerkreuzerbau*
Deutsche Zeitung vom 17. 8. 1928: *Volksentscheid gegen die Reichsregierung*
Die Rote Fahne vom 17. 8. 1928: *Volksentscheid gegen Panzerkreuzer*
Schwäbische Tagwacht vom 17. 8. 1928: *Neckar-Echo und Panzerkreuzer*
Vorwärts vom 17. 8. 1928: *Einheitsfront-Manöver — Kommunistisches Kriegsgeschrei*
Germania vom 17. 8. 1928: *Panzerschiff-Krise?*
Berliner Tageblatt vom 18. 8. 1928: *Sozialdemokratie und Panzerkreuzer*
Börsenkurier vom 18. 8. 1928: *Die sozialdemokratische Krise*
Berliner Volkszeitung Nr. 389 vom 18. 8. 1928: *Gefahren der Panzerkreuzer-Politik!, Kreuzerkrise vor S.P.D.-Instanzen* und *Gegen den Panzerkreuzer*
Deutsche Zeitung vom 18. 8. 1928: *Wer sich entschuldigt . . . Der Panzerkreuzerskandal der Demokraten und der Sozialdemokraten*
Kölnische Zeitung vom 18. 8. 1928: *Panzerkreuzer im Gefecht*
Vorwärts vom 18. 8. 1928: *Panzerschiff und Partei*
Vossische Zeitung vom 18. 8. 1928: *Müller und Severing im Kampf*
Weserzeitung vom 18. 8. 1928: *Selbstmord — Militarismus gegen sich selbst*
Börsenkurier vom 19. 8. 1928: *Verzicht auf die Macht?*
Der Tag vom 19. 8. 1928: *Das Panzerschiff*
Schleswig-Holsteinische Volkszeitung v. 20. 8. 1928: *Partei und Panzerkreuzer*
Berliner Tageblatt vom 21. 8. 1928: *Severing über den Panzerkreuzer*
Telegraphen-Union/Internationaler Nachrichtendienst G.m.b.H. Nr. 464 vom 21. 8. 1928: *Der Marine-Mitarbeiter des Daily Telegraph zum Panzerschiffbau*
Berliner Tageblatt vom 22. 8. 1928: *Gegen den Panzerbau*
Vorwärts vom 22. 8. 1928: *Berliner Partei und Panzerbau*
Wilhelmshavener Tageblatt vom 22. 8. 1928: *Der Streit um den Panzerkreuzer*
Welt am Abend vom 24. 8. 1928: *Auf zum Volksbegehren! — Wer hat Nutzen vom Panzerschiff?* sowie *Panzerkreuzer und Volksentscheid*
Kieler Zeitung vom 20. 5. 1931: *Kiels großer Tag — der Stapellauf des Panzerschiffes »Deutschland« im Beisein Hindenburgs*
Neue Augsburger Zeitung vom 2. 6. 1931: *Die Dieselmotoren für den Panzerkreuzer »A«*
Berliner Börsenzeitung Nr. 177 vom 14. 4. 1933: *Friedenswille und Gleichberechtigung*

Bremer Nachrichten vom 10. 12. 1934: *»Deutschland« fährt nach Schottland*

Münchner Neueste Nachrichten Nr. 140 vom 22. 5. 1935: *Die 13 Punkte d. Führers*

Münchner Neueste Nachrichten Nr. 166 vom 19./20. 6. 1935: *Wortlaut des Flottenabkommens*

Lengericher Zeitung vom 20. 7. 1935: *Die Atlantikfahrt des Panzerschiffes »Deutschland«*

Berliner Börsenzeitung vom 16. 6. 1937: *Tatsachenbericht über Ibiza*

Wilhelmshavener Zeitung vom 18. 6. 1937: *Die Gefallenen der »Deutschland« bei uns* und andere Originalberichte von der Schiffsankunft, Trauerfeier und Beisetzung am 17./18. 6.

Reichsgesetzblatt Teil II, Nr. 47/1937 vom 21. 12. 1937: *Bekanntmachung über das deutsch-englische Flottenabkommen* vom 21. Dezember 1937

Kieler Nachrichten vom 16. 9. 1977: *Als die »Deutschland« geklaut wurde*

Diario de Ibiza 31. 3. und 5. 4. 1975: *Bombardeo del »Deutschland« el 29 Mayo 1937*

Bildnachweis

Textzeichnungen: S. 22, 48, 59, 320, 332 Siegfried Breyer aus dessen Standardwerk *»Schlachtschiffe und Schlachtkreuzer 1905–1970«*, J. F. Lehmanns Verlag München 1970; S. 19, 39, 42, 43, 47 M.A.N. Werk-Archiv Augsburg; S. 65 *»Ausbildungsvorschriften für den Geschützdienst, Seezielartillerie 28 cm«*, herausgegeben vom Oberkommando der Kriegsmarine 1942; S. 51 Bundesarchiv/Militärarchiv Freiburg; S. 194 Erich Gröner *»Die Schiffe der deutschen Kriegsmarine und Luftwaffe 1939–45 und ihr Verbleib«*, J. F. Lehmanns Verlag, München, 1972; S. 85 aus: Gladisch / Schulze-Hinrichs *»Seemannschaft – Handbuch für Unterricht und Praxis«*, 4. Auflage, Berlin 1943; S. 87, 150 Dennis Punnet aus: William Green *»The Warplanes of the Third Reich«*, Verlag MacDonald, London; S. 249 Obering. Werner Jaeger aus: *»Schiff und Zeit«*, Nr. 9, Deutsche Gesellschaft für Schiffahrts- und Marinegeschichte, Koehlers Vertragsgesellschaft, Herford; S. 386, 387, 388, 389, 390, 391 Gert Sandhofer.

Kartografie: S. 21, 100, 107, 135, 310, 312, 366, 381 Ernst A. Eberhard, Bad Salzuflen; S. 119, 126 Dr. Werner Rahn; S. 177 Joachim Martin aus: Gerhard Hümmelchen *»Handelsstörer – Handelskrieg deutscher Überwasserstreitkräfte im Zweiten Weltkrieg«*, Mercator Verlag, München 1960; S. 204, 215, 292 Werner Schmidt aus: Cajus Bekker *»Verdammte See«*, Koehlers Verlagsgesellschaft, Herford 1978; S. 320, 355 Rolf Schindler aus: Potter/Nimitz/Rohwer *»Seemacht – Eine Seekriegsgeschichte von der Antike bis zur Gegenwart«*, Bernard & Graefe Verlag für Wehrwesen, München 1974; S. 290 Brian B. Schofield aus dessen Buch *»Geleitzugschlachten in der Hölle des Nordmeeres«*, Koehlers Verlagsgesellschaft, Herford 1980; S. 264, 274/275, 376/377 Richard Natkiel aus: *»Der Große Atlas zum II. Weltkrieg«*, Buch und Zeit Verlagsgesellschaft mbH, Köln 1980; Herford; S. 360 Cajus Bekker aus dessen Buch *»Ostsee – deutsches Schicksal 1944/45«*.

Schwarzweißfotos: Ullstein Bilderdienst, West-Berlin (18); Bundesarchiv/Bildarchiv, Koblenz (15); Wehrgeschichtliches Ausbildungszentrum der Marineschule Mürwik (21); Foto-Drüppel, Wilhelmshaven (2); M.A.N. Werk-Archiv Augsburg (1); dpa-Bild Deutsche Presse-Agentur GmbH (1); Imperial War Museum, London (2); Dienstfotos Otto Gramkow, Wilhelmshaven (14); Foto Gramkow-Academia (3); Paul Schmalenbach (5); Dienstfotos Nikolaus Bekker (4); Archiv Ernst de Jong (1); Archiv Hans H. Hildebrand (1); ferner Fotos aus den Privatarchiven Hans H. Bödecker (12), Günther Detlefsen (8), Willy Hölters (8), Walter Nielsen (4), Hans Helms (6), Bodo-Heinrich Knoke (4), Horst Kunkel (2), Walter Müller (3) und Franz Kerschbaumer (2).